Vertrags-Check Arbeitsrecht
Band 1 Basisverträge

Die wichtigsten Arbeitsverträge mit rechtssicheren Ausfüllhilfen, strategischen Tipps, Erläuterungen und allen wichtigen Sonderklauseln.

Als Kopiervorlage und auf CD-ROM

Vertrags-Check Arbeitsrecht

Die wichtigsten Arbeitsverträge

I. Was Sie vor Vertragsabschluss mit Ihrem Mitarbeiter klären sollten

- 4 Inhaltsangabe/Fragebogen für Ihren Bewerber
- 12 Fragebogen für geringfügig Beschäftigte
- 18 Verpflichtung auf das Datengeheimnis (Datenschutzerklärung)
- 22 Urheberrechtserklärung bei PC-Nutzung

II. Verträge für Geschäftsführer und leitende Angestellte

- 24 Dienstvertrag für den Fremdgeschäftsführer
- 38 Dienstvertrag für den Gesellschafter-Geschäftsführer
- 50 Dienstvertrag für den sozialversicherungspflichtigen Gesellschafter-Geschäftsführer
- 62 Dienstvertrag für Prokuristen
- 72 Arbeitsvertrag für leitende Angestellte

III. Beginn des Arbeitsverhältnisses, Unternehmen ohne Tarifbindung

Angestellte, Vollzeit

- 82 Unbefristeter Arbeitsvertrag
- 90 Befristeter Arbeitsvertrag aus sachlichem Grund
- 98 Befristeter Arbeitsvertrag nach dem Beschäftigungsförderungsgesetz
- 106 Befristeter Arbeitsvertrag, Erziehungsurlaubsvertretung
- 114 Befristeter Arbeitsvertrag zur Probe

Angestellte, Teilzeit

- 124 Unbefristeter Teilzeitarbeitsvertrag
- 132 Jobsharing-Vertrag
- 142 Befristeter Teilzeitarbeitsvertrag

Gewerbliche Arbeitnehmer

- 150 Arbeitsvertrag gewerblicher Arbeitnehmer, Vollzeitkraft
- 158 Teilzeitarbeitsvertrag gewerblicher Arbeitnehmer

Aushilfsarbeitsverträge

- 166 Arbeitsvertrag für geringfügig Beschäftigte
- 172 Arbeitsvertrag für kurzfristig Beschäftigte
- 178 Stunden-Abrufarbeitsvertrag
- 184 Schülerarbeitsvertrag
- 190 Praktikantenvertrag

Arbeitsverträge für Kleinbetriebe, ohne Tarifbindung

- 196 Arbeitsvertrag Vollzeitkraft
- 206 Teilzeitarbeitsvertrag
- 214 Befristeter Arbeitsvertrag für Kleinbetriebe
- 222 Arbeitsvertrag Vollzeitkraft in der Produktion
- 230 Arbeitsvertrag für ein mitarbeitendes Familienmitglied
- 238 Arbeitsvertrag gewerblicher Arbeitnehmer

IV. Beginn des Arbeitsverhältnisses, Unternehmen mit Tarifbindung

Angestellte, Vollzeit

- 246 Arbeitsvertrag für leitende Angestellte
- 252 Unbefristeter Arbeitsvertrag
- 258 Befristeter Arbeitsvertrag aus sachlichem Grund
- 264 Befristeter Arbeitsvertrag nach dem Beschäftigungsförderungsgesetz
- 270 Befristeter Arbeitsvertrag, Erziehungsurlaubsvertretung
- 276 Befristeter Arbeitsvertrag zur Probe

Angestellte, Teilzeit

- 282 Teilzeitarbeitsvertrag, unbefristet
- 288 Jobsharing-Vertrag
- 296 Befristeter Teilzeitarbeitsvertrag

Gewerbliche Arbeitnehmer

- 302 Arbeitsvertrag gewerblicher Arbeitnehmer, Vollzeitkraft
- 308 Teilzeitarbeitsvertrag gewerblicher Arbeitnehmer

Aushilfsarbeitsverträge

- 314 Arbeitsvertrag für geringfügig Beschäftigte
- 320 Arbeitsvertrag für kurzfristig Beschäftigte
- 326 Stunden-Abrufarbeitsvertrag
- 332 Schülerarbeitsvertrag
- 338 Praktikantenvertrag

Arbeitsverträge für Kleinbetriebe, mit Tarifbindung

- 344 Arbeitsvertrag Vollzeitkraft
- 350 Unbefristeter Teilzeitarbeitsvertrag
- 356 Arbeitsvertrag Vollzeitkraft in der Produktion

Band 1 Basisverträge

362 Arbeitsvertrag für ein mitarbeitendes Familienmitglied
368 Arbeitsvertrag gewerblicher Arbeitnehmer

V. Änderungen im Arbeitsverhältnis

374 Änderungsvertrag für den Arbeitsort
376 Änderungsvertrag für die Arbeitszeit
378 Änderungsvertrag für den Aufgabenbereich

VI. Beendigung des Arbeitsverhältnisses

382 Aufhebungsvertrag, ohne Tarifbindung
390 Aufhebungsvertrag, mit Tarifbindung
396 Stichwortverzeichnis

... Und diese Musterarbeitsverträge finden Sie im Vertrags-Check Arbeitsrecht Band 2 Spezialverträge

I. Verträge für besondere Leistungen/Aufwendungen

Erfolgsprämien-Vereinbarung
Umsatzbeteiligungs-Vereinbarung
Reisekostenvereinbarung
Rückzahlungsvereinbarung
Arbeitgeberdarlehen

II. Verträge für besondere Mitarbeiter

Vertrag über freie Mitarbeiter
Arbeitsvertrag Außendienstmitarbeiter, ohne Tarifbindung
Arbeitsvertrag Außendienstmitarbeiter, mit Tarifbindung
Handelsvertretervertrag
Arbeitnehmerüberlassungsvertrag
Berufsausbildungsvertrag, ohne Tarifbindung
Berufsausbildungsvertrag, mit Tarifbindung
Arbeitsvertrag für einen Meister, ohne Tarifbindung
Arbeitsvertrag für einen Meister, mit Tarifbindung
Arbeitsvertrag für einen Gesellen, ohne Tarifbindung
Arbeitsvertrag für einen Gesellen, mit Tarifbindung
Arbeitsvertrag für einen Kampagne-Mitarbeiter, ohne Tarifbindung
Arbeitsvertrag für einen Kampagne-Mitarbeiter, mit Tarifbindung
Telearbeitsvertrag, ohne Tarifbindung
Telearbeitsvertrag, mit Tarifbindung
Heimarbeitsvertrag, ohne Tarifbindung
Heimarbeitsvertrag, mit Tarifbindung
Saisonarbeitsvertrag, ohne Tarifbindung
Saisonarbeitsvertrag, mit Tarifbindung

III. Zusatzvereinbarungen für das laufende Arbeitsverhältnis

Dienstwagen-Verträge
Nutzungsvereinbarung über den privaten Pkw
Nutzungsvereinbarung über den Dienstwagen
Nutzungsvereinbarung über ein Leasingfahrzeug

Sondervereinbarungen
Weihnachtsgratifikation
Zusatzvereinbarung nach dem Nachweisgesetz
Zusatzvereinbarung über den Internet-Zugang am Arbeitsplatz
Alkoholverbot
Wettbewerbsverbot
Zusatzvereinbarung Arbeitnehmererfindung
Zusatzvereinbarung Überstunden
Zusatzvereinbarung Nebentätigkeit
Zusatzvereinbarung Geheimhaltung
Zusatzvereinbarung Altersversorgung
Zusatzvereinbarung Urlaub
Zusatzvereinbarung Nebenleistungen
Sonderklausel bei Kündigung vor Ablauf des befristeten Arbeitsverhältnisses

IV. Beendigung des Arbeitsverhältnisses

Ausgleichsquittung, ohne Tarifbindung
Ausgleichsquittung, mit Tarifbindung

Vertrags-Check Arbeitsrecht

I. Was Sie vor Vertragsabschluss mit Ihrem Mitarbeiter klären sollten

1 Es ist dringend zu empfehlen, Bewerber vor Beginn des Gespräches einen derartigen Fragebogen ausfüllen zu lassen. Auf diese Weise haben Sie als Arbeitgeber den Beweis, welche Aussagen ein Bewerber gemacht hat. Sie können dann, falls ein Bewerber auf eine zulässige Frage wahrheitswidrig geantwortet hat, den Arbeitsvertrag anfechten. Eine solche Anfechtung ist immer dann besonders wichtig, wenn ein Mitarbeiter bereits Kündigungsschutz oder von Anfang an z. B. das Sonderkündigungsschutzrecht nach dem Mutterschutzgesetz genießt.

Aber der Fragebogen hat auch praktische Bedeutung. Der Bewerber ist zunächst beschäftigt, während er auf sein Gespräch wartet, und Sie haben gleich ein Einstiegsthema für das Bewerbergespräch, indem Sie zunächst auf die gestellten Fragen eingehen.

Die vorgeschlagenen Fragen müssen nicht alle für Ihren Betrieb von Bedeutung sein. Streichen Sie die für Ihr Unternehmen oder für die zu besetzende Position unwichtigen Fragen heraus.

2 Informationen zum beruflichen Werdegang sind in Fragebögen in der Regel nicht erforderlich. Sie haben ja die schriftlichen Bewerbungsunterlagen, die Ihnen für den Fall von fehlerhaften Angaben die Möglichkeit einer Anfechtung gewähren.

3 Die Frage nach einer HIV-Infektion ist nur begrenzt zulässig. Besteht aber unmittelbare Übertragungsgefahr – dies wird in der Regel nur bei Heilberufen der Fall sein – dürfen Sie die Frage zulässigerweise stellen.

4 Die Frage nach der Bildschirmtauglichkeit macht natürlich nur Sinn, wenn auch tatsächlich ein Bildschirmarbeitsplatz zu besetzen ist. Ist dies nicht der Fall, streichen Sie bitte diese Frage.

5 Nach einer chronischen Erkrankung zu fragen, ist rechtlich zulässig. Sie als Arbeitgeber müssen wissen, ob der Bewerber an dem vorgesehenen Arbeitsplatz eingesetzt werden kann.

---

1 ▶ Fragebogen für Ihren Bewerber

der Firma <u>Musterstädter Automobilwerkstätten AG</u>

für Frau/Herrn
Name : <u>Johanna Marie Ulmen</u> ◀ **2**
Straße : <u>An der Aue 2</u>
Wohnort : <u>12345 Musterstadt</u>
Telefon : <u>09876/54321</u>
Familienstand : <u>ledig</u>

Bitte beachten Sie, dass dieser Fragebogen bei Einstellung zum festen Bestandteil des Arbeitsvertrages wird.

1. Leiden Sie an einer ansteckenden Krankheit?

   ☒ Ja
   ☐ Nein

   Wenn ja, an welcher? <u>Tuberkulose</u>

   Erläuterung: Hierzu zählt unter anderem die bereits ausgebrochene AIDS-Erkrankung sowie weitere Krankheiten, bei denen unmittelbare Ansteckungsgefahr besteht. Eine noch nicht ausgebrochene Infektion (das gilt auch für eine HIV-Infektion) ist zu nennen, wenn aufgrund der auszuübenden Tätigkeit eine unmittelbare Übertragungsgefahr besteht. **◀ 3**

4 ▶ 2. Sind Sie bildschirmtauglich?

   ☐ Ja
   ☐ Nein
   ☒ Noch nicht getestet

   Erläuterung: Ein augenärztliches Attest über die Untersuchung G 37 ist bei Einstellung vorzulegen. Die Kosten für das Attest übernimmt der Arbeitgeber bei Vorlage eines entsprechenden Beleges.

5 ▶ 3. Waren Sie in den letzten 2 Jahren wegen einer schwerwiegenden oder chronischen Erkrankung, die Einfluss auf die vorgesehene Tätigkeit haben könnte, arbeitsunfähig krank?

   ☐ Ja
   ☒ Nein

   Erläuterung: Unter chronischen Erkrankungen sind insbesondere solche Erkrankungen zu verstehen, die auch unter ärztlicher Behandlung nicht vollständig auszukurieren sind und in gewissen Zeitabständen wieder auftreten. Von Interesse sind nur solche Erkrankungen, die direkten Einfluss auf den Arbeitsablauf haben.

   Beispiel: Allergien gegen Arbeitsmaterialien, Überempfindlichkeiten bei künstlicher Beleuchtung und Ähnliches.

1/4

Kopiervorlage

Bewerberfragebogen

der Firma _____

für Frau/Herrn
- Name : _____
- Straße : _____
- Wohnort : _____
- Telefon : _____
- Familienstand : _____

Bitte beachten Sie, dass dieser Fragebogen bei Einstellung zum festen Bestandteil des Arbeitsvertrages wird.

1. Leiden Sie an einer ansteckenden Krankheit?

   ❏ Ja
   ❏ Nein

   Wenn ja, an welcher? _____

   Erläuterung: Hierzu zählt unter anderem die bereits ausgebrochene AIDS-Erkrankung sowie weitere Krankheiten, bei denen unmittelbare Ansteckungsgefahr besteht. Eine noch nicht ausgebrochene Infektion (das gilt auch für eine HIV-Infektion) ist zu nennen, wenn aufgrund der auszuübenden Tätigkeit eine unmittelbare Übertragungsgefahr besteht.

2. Sind Sie bildschirmtauglich?

   ❏ Ja
   ❏ Nein
   ❏ Noch nicht getestet

   Erläuterung: Ein augenärztliches Attest über die Untersuchung G 37 ist bei Einstellung vorzulegen. Die Kosten für das Attest übernimmt der Arbeitgeber bei Vorlage eines entsprechenden Beleges.

3. Waren Sie in den letzten 2 Jahren wegen einer schwerwiegenden oder chronischen Erkrankung, die Einfluss auf die vorgesehene Tätigkeit haben könnte, arbeitsunfähig krank?

   ❏ Ja
   ❏ Nein

   Erläuterung: Unter chronischen Erkrankungen sind insbesondere solche Erkrankungen zu verstehen, die auch unter ärztlicher Behandlung nicht vollständig auszukurieren sind und in gewissen Zeitabständen wieder auftreten. Von Interesse sind nur solche Erkrankungen, die direkten Einfluss auf den Arbeitsablauf haben.

   Beispiel: Allergien gegen Arbeitsmaterialien, Überempfindlichkeiten bei künstlicher Beleuchtung und Ähnliches.

Vertrags-Check Arbeitsrecht

I. Was Sie vor Vertragsabschluss mit Ihrem Mitarbeiter klären sollten

6 Auch bei der Frage nach der Schwerbehinderteneigenschaft handelt es sich um ein berechtigtes Interesse des Arbeitgebers. Sie müssen wissen, ob Ihr zukünftiger Mitarbeiter Anspruch auf zusätzlichen Urlaub (5 Arbeitstage) hat. Auch die erschwerte Kündigung eines Mitarbeiters nach Ablauf einer 6-monatigen Beschäftigung ist eine wichtige Information. Schließlich sollten Sie – sofern Sie mehr als 16 Arbeitsplätze haben – mindestens 6 % (Pflichtplätze) Schwerbehinderte beschäftigen. Werden Pflichtplätze nicht besetzt, müssen Sie eine Ausgleichsabgabe zahlen. Im Gegenzug können Sie eine Förderung für die Ausstattung der Arbeitsplätze beantragen, auf denen Sie zusätzliche (also mehr als gesetzlich verlangt) Schwerbehinderte beschäftigen.

7 Die direkte Frage nach der Schwangerschaft ist nur in Ausnahmefällen zulässig. Wird lediglich ein befristeter Vertrag abgeschlossen, kann die Schwangerschaft dazu führen, dass die Mitarbeiterin während der Dauer der Befristung nicht tätig wird. Sie dürfen ebenfalls zulässigerweise nach der Schwangerschaft fragen, wenn die Schwangere aufgrund der Beschäftigungsverbote nach dem Mutterschutzgesetz nicht auf dem zu besetzenden Arbeitsplatz eingesetzt werden dürfte. Dies ist insbesondere dann der Fall, wenn die Mitarbeiterin giftigen Dämpfen und Gasen ausgesetzt wäre, die das ungeborene Leben gefährden würden.

8 Es ist für Sie wichtig zu wissen, ob der Bewerber zukünftig für längere Zeit ausfallen wird. Allerdings ist diese Frage nur zulässig, wenn ein befristeter Vertrag abgeschlossen werden soll. Ansonsten wären die – nach dem Grundgesetz ausschließlich betroffenen – Männer wegen ihres Geschlechtes unzulässig diskriminiert.

Zum Zeitpunkt des Redaktionsschlusses war geplant, den Wehrersatzdienst abzuschaffen. Sofern dieses Gesetzesvorhaben durchgesetzt wird, streichen Sie diesen Teil.

9 Die Frage nach eventuellen Vorstrafen ist immer dann zulässig, wenn diese konkret mit dem Arbeitsplatz in Verbindung stehen. Dies ist z. B. bei der Besetzung von Vertrauenspositionen oder Positionen, bei denen ein Mitarbeiter mit personenbezogenen Daten arbeitet, der Fall. Kraftfahrer dürfen nach Verkehrsdelikten gefragt werden. Besteht kein Bezug zum Arbeitsplatz, darf der Bewerber Sie auf diese Frage anlügen, ohne dass Sie das Arbeitsverhältnis aus diesem Grund anfechten könnten.

Fragebogen für Ihren Bewerber

4. Ist zum Zeitpunkt der Arbeitsaufnahme oder in absehbarer Zeit mit einer längeren Arbeitsunfähigkeit zu rechnen, die auf Krankheit, Operation oder Kur beruht?

☒ Ja
☐ Nein

Wenn ja, worum handelt es sich und wann ist mit diesem Arbeitsausfall zu rechnen? _Mandeloperation, voraussichtlich ab 24.03._

6 5. Unterliegen Sie den Bestimmungen des Schwerbehindertengesetzes?

☐ Ja
☒ Nein

Erläuterung: Diese Frage ist auch zu beantworten, wenn Gleichstellung beantragt wurde.

7 6. Sind Sie schwanger?

☐ Ja
☒ Nein

Erläuterung: Diese Frage muss nur beantwortet werden, wenn der zu besetzende Arbeitsplatz lediglich befristet ausgeschrieben ist oder der Arbeitsplatz Gesundheitsgefahren für Mutter und Kind in sich birgt.

8 7. Haben Sie Ihren Wehrdienst bzw. Wehrersatzdienst abgeleistet?

☐ Ja
☒ Nein

Wenn ja, in welchem Zeitraum? _____
Wenn nein, wann ist mit der Einberufung zu rechnen? _____

Erläuterung: Diese Frage muss nur beantwortet werden, wenn ein befristetes Arbeitsverhältnis abgeschlossen werden soll.

9 8. Sind Sie wegen eines Vermögensdeliktes, wegen eines Verkehrsdeliktes oder wegen Datenmissbrauchs vorbestraft?

☒ Ja
☐ Nein

Erläuterung: Nicht zu nennen sind solche Vorstrafen, die gemäß §§ 32, 51, 53 Bundeszentralregistergesetz (BZRG) nicht in das Führungszeugnis aufgenommen bzw. aus dem Bundeszentralregister getilgt wurden. Unter Vermögensdelikten sind insbesondere Diebstahl, Unterschlagung, Betrug, Computerbetrug, Untreue und anderes zu verstehen.

2/4

Kopiervorlage

Bewerberfragebogen

4. Ist zum Zeitpunkt der Arbeitsaufnahme oder in absehbarer Zeit mit einer längeren Arbeitsunfähigkeit zu rechnen, die auf Krankheit, Operation oder Kur beruht?

   ❑ Ja
   ❑ Nein

   Wenn ja, worum handelt es sich und wann ist mit diesem Arbeitsausfall zu rechnen?
   _____

5. Unterliegen Sie den Bestimmungen des Schwerbehindertengesetzes?

   ❑ Ja
   ❑ Nein

   Erläuterung: Diese Frage ist auch zu beantworten, wenn Gleichstellung beantragt wurde.

6. Sind Sie schwanger?

   ❑ Ja
   ❑ Nein

   Erläuterung: Diese Frage muss nur beantwortet werden, wenn der zu besetzende Arbeitsplatz lediglich befristet ausgeschrieben ist oder der Arbeitsplatz Gesundheitsgefahren für Mutter und Kind in sich birgt.

7. Haben Sie Ihren Wehrdienst bzw. Wehrersatzdienst abgeleistet?

   ❑ Ja
   ❑ Nein

   Wenn ja, in welchem Zeitraum? _____
   Wenn nein, wann ist mit der Einberufung zu rechnen? _____

   Erläuterung: Diese Frage muss nur beantwortet werden, wenn ein befristetes Arbeitsverhältnis abgeschlossen werden soll.

8. Sind Sie wegen eines Vermögensdeliktes, wegen eines Verkehrsdeliktes oder wegen Datenmissbrauchs vorbestraft?

   ❑ Ja
   ❑ Nein

   Erläuterung: Nicht zu nennen sind solche Vorstrafen, die gemäß §§ 32, 51, 53 Bundeszentralregistergesetz (BZRG) nicht in das Führungszeugnis aufgenommen bzw. aus dem Bundeszentralregister getilgt wurden. Unter Vermögensdelikten sind insbesondere Diebstahl, Unterschlagung, Betrug, Computerbetrug, Untreue und anderes zu verstehen.

Vertrags-Check Arbeitsrecht

I. Was Sie vor Vertragsabschluss mit Ihrem Mitarbeiter klären sollten

10 Als Arbeitgeber haben Sie das Recht zu erfahren, ob Ihnen Ihr neuer Mitarbeiter uneingeschränkt zur Verfügung steht.

11 Ohne gültige Aufenthaltsgenehmigung bzw. Arbeitserlaubnis darf der ausländische Bewerber nicht beschäftigt werden.

12 Ohne ärztliche Erstuntersuchung gemäß § 32 Jugendarbeitsschutzgesetz besteht ein gesetzliches Beschäftigungsverbot.

Fragebogen für Ihren Bewerber

9. Bestehen Wettbewerbsverbote aus vorangegangenen Arbeitsverhältnissen?

   ☒ Ja
   ☐ Nein

   Wenn ja, geben Sie bitte

   die Branche: **Computerbranche**
   die örtliche Eingrenzung: **20 km Testhausen**
   und den Zeitraum: **2 Jahre seit dem 23.04.**

   an.

10 ▶ 10. Üben Sie eine Nebentätigkeit oder ein Ehrenamt aus?

   ☒ Ja
   ☐ Nein

   Wenn ja, geben Sie bitte Art und Umfang der Tätigkeit an:
   Ehrenamtliche Arbeitsrichterin

11 ▶ 11. Bei ausländischer Staatsangehörigkeit (ausgenommen EG-Staaten):
   Liegen Ihnen bereits eine gültige Aufenthaltsgenehmigung sowie die Arbeitserlaubnis vor?

   ☐ Ja
   ☐ Nein

   Diese Unterlagen sind spätestens bei Vertragsabschluss vorzulegen.

   Hinweis: Die Arbeitserlaubnis wird Ihnen vom Arbeitsamt ausgestellt.

12. – Betrifft nur Jugendliche unter 18 Jahren –

   Haben Sie bereits eine Bescheinigung über die ärztliche Erstuntersuchung gemäß § 32 Jugendarbeitsschutzgesetz?

   ☐ Ja
   ☐ Nein

12 ▶ **Erläuterung:** Eine solche Bescheinigung ist spätestens bei Vertragsabschluss vorzulegen. Die Kosten hierfür übernimmt der Arbeitgeber gegen Nachweis. Die Untersuchung darf nicht länger als 14 Monate zurückliegen.

Kopiervorlage

Bewerberfragebogen

9. Bestehen Wettbewerbsverbote aus vorangegangenen Arbeitsverhältnissen?

    ❏ Ja
    ❏ Nein

    Wenn ja, geben Sie bitte

    die Branche: _____
    die örtliche Eingrenzung: _____
    und den Zeitraum: _____

    an.

10. Üben Sie eine Nebentätigkeit oder ein Ehrenamt aus?

    ❏ Ja
    ❏ Nein

    Wenn ja, geben Sie bitte Art und Umfang der Tätigkeit an:
    _____

11. Bei ausländischer Staatsangehörigkeit (ausgenommen EG-Staaten):

    Liegen Ihnen bereits eine gültige Aufenthaltsgenehmigung sowie die Arbeitserlaubnis vor?

    ❏ Ja
    ❏ Nein

    Diese Unterlagen sind spätestens bei Vertragsabschluss vorzulegen.

    Hinweis: Die Arbeitserlaubnis wird Ihnen vom Arbeitsamt ausgestellt.

12. – Betrifft nur Jugendliche unter 18 Jahren –

    Haben Sie bereits eine Bescheinigung über die ärztliche Erstuntersuchung gemäß § 32 Jugendarbeitsschutzgesetz?

    ❏ Ja
    ❏ Nein

    Erläuterung: Eine solche Bescheinigung ist spätestens bei Vertragsabschluss vorzulegen. Die Kosten hierfür übernimmt der Arbeitgeber gegen Nachweis. Die Untersuchung darf nicht länger als 14 Monate zurückliegen.

Vertrags-Check Arbeitsrecht

I. Was Sie vor Vertragsabschluss mit Ihrem Mitarbeiter klären sollten

13 Sie haben die Möglichkeit, diesen Fragenkomplex bereits zu streichen, bevor ein hiervon nicht betroffener Bewerber den Fragebogen erhält.

Fragebogen für Ihren Bewerber

 13. – Betrifft nur Bewerbung auf Vertrauenspositionen –

Sind Sie Mitglied bei einer Gewerkschaft, wenn ja, welche:
Ja, ÖTV
Gehören Sie einer Partei an, wenn ja, welcher:
Nein
Sind Sie Mitglied einer Sekte, wenn ja, welcher?
Nein
Geben Sie die Höhe Ihres bisherigen Bruttojahresgehaltes an:
DM 90.000,--/EUR ...

Erläuterung: Vertrauenspositionen liegen nur vor, wenn Sie sich auf eine leitende Position oder eine Stellung bewerben, die besondere Bedeutung für das Unternehmen hat, etwa weil das Unternehmensimage hierdurch geprägt wird.

Der Unterzeichnende versichert durch seine Unterschrift, die oben aufgeführten Fragen nach bestem Wissen und Gewissen wahrheitsgemäß beantwortet zu haben.

Bei vorsätzlich falscher oder unvollständiger Beantwortung kann der Arbeitgeber den Arbeitsvertrag wegen arglistiger Täuschung anfechten oder die fristlose bzw. fristgemäße Kündigung erklären. Zudem kann der Arbeitgeber Schadensersatz fordern.

Musterstadt, 25.01.
Ort, Datum

Johanna M. Ulmen
Unterschrift

Bewerberfragebogen

13. – Betrifft nur Bewerbung auf Vertrauenspositionen –

Sind Sie Mitglied bei einer Gewerkschaft, wenn ja, welche:
_____

Gehören Sie einer Partei an, wenn ja, welcher:
_____

Sind Sie Mitglied einer Sekte, wenn ja, welcher?
_____

Geben Sie die Höhe Ihres bisherigen Bruttojahresgehaltes an:
_____

Erläuterung: Vertrauenspositionen liegen nur vor, wenn Sie sich auf eine leitende Position oder eine Stellung bewerben, die besondere Bedeutung für das Unternehmen hat, etwa weil das Unternehmensimage hierdurch geprägt wird.

Der Unterzeichnende versichert durch seine Unterschrift, die oben aufgeführten Fragen nach bestem Wissen und Gewissen wahrheitsgemäß beantwortet zu haben.

Bei vorsätzlich falscher oder unvollständiger Beantwortung kann der Arbeitgeber den Arbeitsvertrag wegen arglistiger Täuschung anfechten oder die fristlose bzw. fristgemäße Kündigung erklären. Zudem kann der Arbeitgeber Schadensersatz fordern.

_____
Ort, Datum

_____
Unterschrift

# Vertrags-Check Arbeitsrecht

I. Was Sie vor Vertragsabschluss mit Ihrem Mitarbeiter klären sollten

1 Ein Arbeitsverhältnis auf Basis geringfügiger Beschäftigung ist durch die am 01.04.1999 in Kraft getretene Novellierung für Arbeitnehmer fast nur noch attraktiv, wenn der Beschäftigte keine weiteren Einkünfte im Sinne des Gesetzes hat. Dieser Fragebogen dient zum einen dazu, bei dem Bewerber abzufragen, unter welchen Konditionen die Abrechnung des Lohns zu erfolgen hat. Zum anderen werden Fragen gestellt, die für den Arbeitsplatz des geringfügig Beschäftigten von Bedeutung sein können. Fragen, die für den zu besetzenden Arbeitsplatz nicht relevant sind, streichen Sie bitte.

2 Informationen zum beruflichen Werdegang sind in Fragebögen in der Regel nicht erforderlich. Sie haben ja die schriftlichen Bewerbungsunterlagen, die Ihnen im Falle fehlerhafter Angaben die Möglichkeit einer Anfechtung gewähren.

---

1 ▶ Fragebogen für geringfügig Beschäftigte

der Firma _Eckehard Esche GmbH_

2 ▶ für Frau/Herrn
Name : _Rudolf Valentin_
Straße : _Italienallee 36_
Wohnort : _12345 Musterstadt_
Telefon : _09876/12345_
Familienstand : _ledig_

Bitte beachten Sie, dass dieser Fragebogen bei Einstellung zum festen Bestandteil des Arbeitsvertrags wird. Insbesondere die Angaben zu den Fragen 1 und 2 dienen zur Feststellung der korrekten Abrechnung des geringfügigen Beschäftigungsverhältnisses und müssen wahrheitsgemäß beantwortet werden.

1. Haben Sie weitere Einkünfte aus Beschäftigungsverhältnissen (z. B. aus einem Hauptarbeitsverhältnis, aus kurzfristigen Beschäftigungen, aus Saisonbeschäftigungen oder aus weiteren geringfügigen Beschäftigungsverhältnissen)?

☒ Ja
☐ Nein

Wenn ja, welche? _Aufwandsentschädigung als Platzwart (Verein)_
Mit welchen Einkünften? _DM 150,--/EUR ..._

Erläuterung: Sobald Sie weitere Einkünfte haben, unterliegt auch Ihr Entgelt aus dem geringfügigen Arbeitsverhältnis in vollem Umfang der Sozialversicherungspflicht. Dies bedeutet, dass Sie die Hälfte der Sozialversicherungsbeiträge tragen müssen.

2. Haben Sie anderweitige Einkünfte aus

■ Arbeitslohn
■ Zinseinnahmen oberhalb des Sparerfreibetrages
■ Vermietung
■ Renten
■ Unterhaltszahlungen von Ehegatten
■ Gewerbebetrieb
■ selbstständiger Tätigkeit

☐ Ja
☒ Nein

1/3

Kopiervorlage

Fragebogen für geringfügig Beschäftigte

der Firma _____

für Frau/Herrn	Name	: _____
	Straße	: _____
	Wohnort	: _____
	Telefon	: _____
	Familienstand	: _____

Bitte beachten Sie, dass dieser Fragebogen bei Einstellung zum festen Bestandteil des Arbeitsvertrags wird. Insbesondere die Angaben zu den Fragen 1 und 2 dienen zur Feststellung der korrekten Abrechnung des geringfügigen Beschäftigungsverhältnisses und müssen wahrheitsgemäß beantwortet werden.

1. Haben Sie weitere Einkünfte aus Beschäftigungsverhältnissen (z. B. aus einem Hauptarbeitsverhältnis, aus kurzfristigen Beschäftigungen, aus Saisonbeschäftigungen oder aus weiteren geringfügigen Beschäftigungsverhältnissen)?

   ❏ **Ja**
   ❏ **Nein**

   Wenn ja, welche? _____
   Mit welchen Einkünften? _____

   Erläuterung: Sobald Sie weitere Einkünfte haben, unterliegt auch Ihr Entgelt aus dem geringfügigen Arbeitsverhältnis in vollem Umfang der Sozialversicherungspflicht. Dies bedeutet, dass Sie die Hälfte der Sozialversicherungsbeiträge tragen müssen.

2. Haben Sie anderweitige Einkünfte aus

   ■ Arbeitslohn
   ■ Zinseinnahmen oberhalb des Sparerfreibetrages
   ■ Vermietung
   ■ Renten
   ■ Unterhaltszahlungen von Ehegatten
   ■ Gewerbebetrieb
   ■ selbstständiger Tätigkeit

   ❏ **Ja**
   ❏ **Nein**

Vertrags-Check Arbeitsrecht

I. Was Sie vor Vertragsabschluss mit Ihrem Mitarbeiter klären sollten

3 Zur korrekten Abrechnung müssen Sie auch wissen, ob der Aushilfslohn zu versteuern ist. Legt der Beschäftigte eine Steuerfreistellungsbescheinigung des Finanzamts vor, müssen Sie keine Steuern abführen. Legt der Beschäftigte eine Lohnsteuerkarte vor, so ist der Arbeitslohn nach der Steuerklasse abzuführen, die auf der Lohnsteuerkarte bescheinigt ist. Ohne Steuerkarte oder Steuerfreistellung müssen Sie – so wie immer – von der für Ihren Mitarbeiter ungünstigsten Steuerklasse ausgehen, also nach Steuerklasse VI abrechnen.

4 Die Frage nach einer HIV-Infektion ist nur begrenzt zulässig. Besteht aber unmittelbare Übertragungsgefahr – dies wird in der Regel nur bei Heilberufen der Fall sein – dürfen Sie die Frage zulässigerweise stellen.

5 Nach einer chronischen Erkrankung zu fragen, ist rechtlich zulässig. Sie als Arbeitgeber müssen wissen, ob der Bewerber an dem vorgesehenen Arbeitsplatz eingesetzt werden kann.

Fragebogen für geringfügig Beschäftigte

3 **Erläuterung:** Seit dem 01.04.1999 müssen Sie auch Ihre Einnahmen als geringfügig Beschäftigte/r versteuern, wenn die Summe aller Einnahmen positiv sind. Das für Sie örtlich zuständige Finanzamt prüft, ob dies der Fall ist, und erteilt Ihnen auf Ihren Antrag hin gegebenenfalls eine Steuerfreistellung in Form einer Freistellungsbescheinigung. Liegen die Voraussetzungen für eine Steuerfreistellung nicht vor, haben Sie zur Abrechnung des Lohns eine Steuerkarte beim Arbeitgeber vorzulegen. Ohne Vorlage einer Lohnsteuerkarte oder Steuerfreistellung wird Ihr Verdienst mit Lohnsteuerklasse VI abgerechnet.

3. Leiden Sie an einer ansteckenden Krankheit?

☒ Ja
☐ Nein

Wenn ja, an welcher? _Hepatitis C_

4 **Erläuterung:** Hierzu zählt unter anderem die bereits ausgebrochene AIDS-Erkrankung sowie weitere Krankheiten, bei denen unmittelbare Ansteckungsgefahr besteht. Eine noch nicht ausgebrochene Infektion (das gilt auch für eine HIV-Infektion) ist zu nennen, wenn aufgrund der auszuübenden Tätigkeit eine unmittelbare Übertragungsgefahr besteht.

4. Liegt bei Ihnen eine Krankheit oder Behinderung vor, durch die die Eignung für die vorgesehene Tätigkeit periodisch wiederkehrend oder auf Dauer eingeschränkt ist?

☐ Ja
☒ Nein

5 5. Waren Sie in den letzten 2 Jahren wegen einer schwerwiegenden oder chronischen Erkrankung, die Einfluss auf die vorgesehene Tätigkeit haben könnte, arbeitsunfähig krank?

☐ Ja
☒ Nein

Erläuterung: Unter chronischen Erkrankungen sind insbesondere solche Erkrankungen zu verstehen, die auch unter ärztlicher Behandlung nicht vollständig auszukurieren sind und in gewissen Zeitabständen wieder auftreten. Von Interesse sind nur solche Erkrankungen, die direkten Einfluss auf den Arbeitsablauf haben.

6. Ist zum Zeitpunkt der Arbeitsaufnahme oder in absehbarer Zeit mit einer Arbeitsunfähigkeit zu rechnen, die z. B. auf Krankheit, Operation oder Kur beruht?

☒ Ja
☐ Nein

Wenn ja, worum handelt es sich, und wann ist mit diesem Arbeitsausfall zu rechnen?
Kuraufenthalt in der Zeit vom 01.06. bis zum 30.06.

2/3

Kopiervorlage

Fragebogen für geringfügig Beschäftigte

Erläuterung: Seit dem 01.04.1999 müssen Sie auch Ihre Einnahmen als geringfügig Beschäftigte/r versteuern, wenn die Summe aller Einnahmen positiv sind. Das für Sie örtlich zuständige Finanzamt prüft, ob dies der Fall ist, und erteilt Ihnen auf Ihren Antrag hin gegebenenfalls eine Steuerfreistellung in Form einer Freistellungsbescheinigung. Liegen die Voraussetzungen für eine Steuerfreistellung nicht vor, haben Sie zur Abrechnung des Lohns eine Steuerkarte beim Arbeitgeber vorzulegen. Ohne Vorlage einer Lohnsteuerkarte oder Steuerfreistellung wird Ihr Verdienst mit Lohnsteuerklasse VI abgerechnet.

3. Leiden Sie an einer ansteckenden Krankheit?

    ❏ Ja
    ❏ Nein

    Wenn ja, an welcher? _____

    Erläuterung: Hierzu zählt unter anderem die bereits ausgebrochene AIDS-Erkrankung sowie weitere Krankheiten, bei denen unmittelbare Ansteckungsgefahr besteht. Eine noch nicht ausgebrochene Infektion (das gilt auch für eine HIV-Infektion) ist zu nennen, wenn aufgrund der auszuübenden Tätigkeit eine unmittelbare Übertragungsgefahr besteht.

4. Liegt bei Ihnen eine Krankheit oder Behinderung vor, durch die die Eignung für die vorgesehene Tätigkeit periodisch wiederkehrend oder auf Dauer eingeschränkt ist?

    ❏ Ja
    ❏ Nein

5. Waren Sie in den letzten 2 Jahren wegen einer schwerwiegenden oder chronischen Erkrankung, die Einfluss auf die vorgesehene Tätigkeit haben könnte, arbeitsunfähig krank?

    ❏ Ja
    ❏ Nein

    Erläuterung: Unter chronischen Erkrankungen sind insbesondere solche Erkrankungen zu verstehen, die auch unter ärztlicher Behandlung nicht vollständig auszukurieren sind und in gewissen Zeitabständen wieder auftreten. Von Interesse sind nur solche Erkrankungen, die direkten Einfluss auf den Arbeitsablauf haben.

6. Ist zum Zeitpunkt der Arbeitsaufnahme oder in absehbarer Zeit mit einer Arbeitsunfähigkeit zur rechnen, die z. B. auf Krankheit, Operation oder Kur beruht?

    ❏ Ja
    ❏ Nein

    Wenn ja, worum handelt es sich, und wann ist mit diesem Arbeitsausfall zu rechnen?
    _____

Vertrags-Check Arbeitsrecht

I. Was Sie vor Vertragsabschluss mit Ihrem Mitarbeiter klären sollten

6 Die direkte Frage nach einer Schwangerschaft ist nur in Ausnahmefällen zulässig. Wird lediglich ein befristeter Vertrag abgeschlossen, kann die Schwangerschaft dazu führen, dass die Mitarbeiterin während der Dauer der Befristung nicht tätig wird. Sie dürfen ebenfalls zulässigerweise nach der Schwangerschaft fragen, wenn die Schwangere aufgrund der Beschäftigungsverbote nach dem Mutterschutzgesetz nicht auf dem zu besetzenden Arbeitsplatz eingesetzt werden dürfte. Dies ist insbesondere dann der Fall, wenn die Mitarbeiterin z. B. giftigen Dämpfen und Gasen ausgesetzt wäre, die das ungeborene Leben gefährden würden.

7 Ohne gültige Aufenthaltsgenehmigung bzw. Arbeitserlaubnis darf der ausländische Bewerber nicht beschäftigt werden.

Fragebogen für geringfügig Beschäftigte

7. Sind Sie anerkannter Schwerbehinderter oder Gleichgestellter oder haben Sie einen entsprechenden Antrag gestellt?

☒ Ja
☐ Nein

Wenn ja, Grad der Behinderung oder Tag der Antragstellung: __40 %__

6 ▶ 8. Sind Sie schwanger?

☐ Ja
☒ Nein

Erläuterung: Diese Frage muss nur beantwortet werden, wenn der zu besetzende Arbeitsplatz lediglich befristet ausgeschrieben ist oder Gesundheitsgefahren für Mutter und Kind in sich birgt.

9. **Bei ausländischer Staatsangehörigkeit (ausgenommen EG-Staaten):**
Liegen Ihnen eine gültige Aufenthaltsgenehmigung sowie die Arbeitserlaubnis vor?

7 ▶ ☐ Ja
☐ Nein

Diese Unterlagen sind spätestens bei Vertragsabschluss vorzulegen.
Hinweis: Die Arbeitserlaubnis wird Ihnen vom Arbeitsamt ausgestellt.

Der Unterzeichnende versichert durch seine Unterschrift, die oben aufgeführten Fragen nach bestem Wissen und Gewissen wahrheitsgemäß beantwortet zu haben.

Bei vorsätzlich falscher oder unvollständiger Beantwortung kann der Arbeitgeber den Arbeitsvertrag wegen arglistiger Täuschung anfechten oder die fristlose bzw. fristgemäße Kündigung erklären. Zudem kann der Arbeitgeber Schadensersatz fordern.

__Musterstadt, 12.03.__
Ort, Datum

__Rudolf Valentin__
Unterschrift

Kopiervorlage

Fragebogen für geringfügig Beschäftigte

7. Sind Sie anerkannter Schwerbehinderter oder Gleichgestellter oder haben Sie einen entsprechenden Antrag gestellt?

   ❏ Ja
   ❏ Nein

   Wenn ja, Grad der Behinderung oder Tag der Antragstellung: _____

8. Sind Sie schwanger?

   ❏ Ja
   ❏ Nein

   Erläuterung: Diese Frage muss nur beantwortet werden, wenn der zu besetzende Arbeitsplatz lediglich befristet ausgeschrieben ist oder Gesundheitsgefahren für Mutter und Kind in sich birgt.

9. **Bei ausländischer Staatsangehörigkeit (ausgenommen EG-Staaten):**
   Liegen Ihnen eine gültige Aufenthaltsgenehmigung sowie die Arbeitserlaubnis vor?

   ❏ Ja
   ❏ Nein

   Diese Unterlagen sind spätestens bei Vertragsabschluss vorzulegen.
   Hinweis: Die Arbeitserlaubnis wird Ihnen vom Arbeitsamt ausgestellt.

Der Unterzeichnende versichert durch seine Unterschrift, die oben aufgeführten Fragen nach bestem Wissen und Gewissen wahrheitsgemäß beantwortet zu haben.

Bei vorsätzlich falscher oder unvollständiger Beantwortung kann der Arbeitgeber den Arbeitsvertrag wegen arglistiger Täuschung anfechten oder die fristlose bzw. fristgemäße Kündigung erklären. Zudem kann der Arbeitgeber Schadensersatz fordern.

_____
Ort, Datum

_____
Unterschrift

Vertrags-Check Arbeitsrecht

I. Was Sie vor Vertragsabschluss mit Ihrem Mitarbeiter klären sollten

1 § 5 Bundesdatenschutzgesetz (BDSG) schreibt dem Arbeitgeber vor, den Arbeitnehmer vor Aufnahme seiner Tätigkeit auf das Datengeheimnis zu verpflichten.

2 Die hier genannten Paragraphen finden Sie als Auszug aus dem Bundesdatenschutzgesetz auf der nächsten Seite.

Verpflichtung auf das Datengeheimnis gemäß § 5 Bundesdatenschutzgesetz (BDSG)

1 Ich habe zur Kenntnis genommen, dass es mir untersagt ist, geschützte personenbezogene Daten unbefugt zu einem anderen als dem zur jeweiligen rechtmäßigen Aufgabenerfüllung gehörenden Zweck zu verarbeiten, bekannt zu geben, zugänglich zu machen oder sonst zu nutzen.

Ich verpflichte mich, das Datengeheimnis nach § 5 BDSG zu wahren.

Mir ist ferner bekannt, dass diese Verpflichtung auf das Datengeheimnis auch nach Beendigung meiner Tätigkeit fortbesteht.

Verstöße können gemäß § 43 BDSG und anderen einschlägigen Rechtsvorschriften mit Geld- oder Freiheitsstrafen geahndet werden.

2 Die umseitig abgedruckten §§ 5 und 43 des BDSG sowie die erwähnten anderen Paragraphen habe ich gelesen und verstanden.

Die obigen Verpflichtungen gelten ohne zeitliche Begrenzung.

Musterstadt, 21.04.
(Ort, Datum)

Elfriede Nickel
(Unterschrift)

1/2

Kopiervorlage

Verpflichtung auf das Datengeheimnis gemäß § 5 Bundesdatenschutzgesetz (BDSG)

Ich habe zur Kenntnis genommen, dass es mir untersagt ist, geschützte personenbezogene Daten unbefugt zu einem anderen als dem zur jeweiligen rechtmäßigen Aufgabenerfüllung gehörenden Zweck zu verarbeiten, bekannt zu geben, zugänglich zu machen oder sonst zu nutzen.

Ich verpflichte mich, das Datengeheimnis nach § 5 BDSG zu wahren.

Mir ist ferner bekannt, dass diese Verpflichtung auf das Datengeheimnis auch nach Beendigung meiner Tätigkeit fortbesteht.

Verstöße können gemäß § 43 BDSG und anderen einschlägigen Rechtsvorschriften mit Geld- oder Freiheitsstrafen geahndet werden.

Die umseitig abgedruckten §§ 5 und 43 des BDSG sowie die erwähnten anderen Paragraphen habe ich gelesen und verstanden.

Die obigen Verpflichtungen gelten ohne zeitliche Begrenzung.

_____
(Ort, Datum)

_____
(Unterschrift)

Vertrags-Check Arbeitsrecht

I. Was Sie vor Vertragsabschluss mit Ihrem Mitarbeiter klären sollten

3 Kopieren Sie diesen Auszug, §§ 5 und 43 des Bundesdatenschutzgesetzes (BDSG) auf die Rückseite der Erklärung zum Datenschutz.

3 ▶ Auszug aus dem Bundesdatenschutzgesetz (BDSG)

§ 5 Datengeheimnis

Den bei der Datenverarbeitung beschäftigten Personen ist es untersagt, personenbezogene Daten unbefugt zu verbreiten oder zu nutzen (Datengeheimnis). Diese Personen sind, soweit sie bei nicht öffentlichen Stellen beschäftigt werden, bei der Aufnahme ihrer Tätigkeit auf das Datengeheimnis zu verpflichten. Das Datengeheimnis besteht auch nach Beendigung der Tätigkeit fort.

§ 43 Strafvorschriften

Absatz 1
Wer unbefugt von diesem Gesetz geschützte personenbezogene Daten, die nicht offenkundig sind,

1. speichert, verändert oder übermittelt,

2. zum Abruf mittels automatisierten Verfahrens bereithält oder

3. abruft oder sich oder einem anderen aus Dateien verschafft, wird mit einer Freiheitsstrafe bis zu einem Jahr oder mit einer Geldstrafe bestraft.

Absatz 2
Ebenso wird bestraft, wer

1. die Übermittlung von durch dieses Gesetz geschützten personenbezogenen Daten, die nicht offenkundig sind, durch unrichtige Angaben erschleicht,

2. entgegen § 16 Absatz 4 Satz 1, § 28 Absatz 4 Satz 1, auch in Verbindung mit § 29 Absatz 3, § 39 Absatz 1 Satz 1 oder § 40 Absatz 1 die übermittelten Daten für andere Zwecke nutzt, indem er sie an Dritte weitergibt, oder

3. entgegen § 30 Absatz 1 Satz 2 die in § 30 Absatz 1 Satz 1 bezeichneten Merkmale oder entgegen § 40 Absatz 3 Satz 3 die in § 40 Absatz 3 Satz 2 bezeichneten Merkmale mit den Einzelangaben zusammenführt.

Absatz 3
Handelt der Täter gegen Entgelt oder in der Absicht, sich oder einen anderen zu bereichern oder einen anderen zu schädigen, so ist die Strafe Freiheitsstrafe bis zu zwei Jahren oder Geldstrafe.

Absatz 4
Die Tat wird nur auf Antrag verfolgt.

Kopiervorlage

Auszug aus dem Bundesdatenschutzgesetz (BDSG)

§ 5 Datengeheimnis

Den bei der Datenverarbeitung beschäftigten Personen ist es untersagt, personenbezogene Daten unbefugt zu verbreiten oder zu nutzen (Datengeheimnis). Diese Personen sind, soweit sie bei nicht öffentlichen Stellen beschäftigt werden, bei der Aufnahme ihrer Tätigkeit auf das Datengeheimnis zu verpflichten. Das Datengeheimnis besteht auch nach Beendigung der Tätigkeit fort.

§ 43 Strafvorschriften

Absatz 1
Wer unbefugt von diesem Gesetz geschützte personenbezogene Daten, die nicht offenkundig sind,

1. speichert, verändert oder übermittelt,

2. zum Abruf mittels automatisierten Verfahrens bereithält oder

3. abruft oder sich oder einem anderen aus Dateien verschafft, wird mit einer Freiheitsstrafe bis zu einem Jahr oder mit einer Geldstrafe bestraft.

Absatz 2
Ebenso wird bestraft, wer

1. die Übermittlung von durch dieses Gesetz geschützten personenbezogenen Daten, die nicht offenkundig sind, durch unrichtige Angaben erschleicht,

2. entgegen § 16 Absatz 4 Satz 1, § 28 Absatz 4 Satz 1, auch in Verbindung mit § 29 Absatz 3, § 39 Absatz 1 Satz 1 oder § 40 Absatz 1 die übermittelten Daten für andere Zwecke nutzt, indem er sie an Dritte weitergibt, oder

3. entgegen § 30 Absatz 1 Satz 2 die in § 30 Absatz 1 Satz 1 bezeichneten Merkmale oder entgegen § 40 Absatz 3 Satz 3 die in § 40 Absatz 3 Satz 2 bezeichneten Merkmale mit den Einzelangaben zusammenführt.

Absatz 3
Handelt der Täter gegen Entgelt oder in der Absicht, sich oder einen anderen zu bereichern oder einen anderen zu schädigen, so ist die Strafe Freiheitsstrafe bis zu zwei Jahren oder Geldstrafe.

Absatz 4
Die Tat wird nur auf Antrag verfolgt.

Vertrags-Check Arbeitsrecht

I. Was Sie vor Vertragsabschluss mit Ihrem Mitarbeiter klären sollten

1 Diese Urheberrechtserklärung sollten Sie von allen Mitarbeitern unterzeichnen lassen, die an einem Computer arbeiten. Die auf dem Computer verwendete Software wird in der Regel als Lizenzprogramm von Ihrem Betrieb eingekauft und unterliegt daher dem Urheberrecht. Als Arbeitgeber sind Sie Vertragspartner der Softwarehersteller und daher für die Einhaltung der Urheberrechte verantwortlich.

2 Die folgenden Ausführungen betreffen die Vervielfältigung der Programme, die nur vom Lizenzgeber (Softwarehersteller) durchgeführt und gestattet werden darf.

3 Die Software ist zum Teil auch mechanisch vor Vervielfältigungen geschützt. Ein sogenannter „Dongle" verhindert, dass das Programm kopiert werden kann.

4 Sie sollten verhindern, dass Ihr Mitarbeiter eigene Programme aufspielt, da hier Viren enthalten sein könnten. Zudem haben Sie es nicht in der Hand, ob die Lizenzbestimmungen eingehalten wurden.

5 Drucken Sie diese Seite auf die Rückseite der Regelung für die Benutzung von Personalcomputern und Softwareprogrammen ab.

6 Die folgende Erklärung zum Urheberrecht ist für Ihre Unterlagen besonders wichtig. Auf diese Weise stellen Sie sicher, dass Ihr Mitarbeiter die festgelegten Regelungen und Lizenzbestimmungen sowie die Strafbarkeit der Verletzung des Urheberrechts zur Kenntnis genommen hat. Sie können dann – sofern ein Verstoß vorliegt – von Ihrem Mitarbeiter gegebenenfalls Regress verlangen.

Urheberrechtserklärung bei PC-Nutzung

1 **Regelungen für die Benutzung von Personalcomputern und Softwareprogrammen**

Die auf den Personalcomputern genutzten Softwareprogramme unterliegen dem Urheberschutzrecht. Dies umfasst nicht nur die vertraglich vereinbarten Schutzrechte, die sich aus den Lizenzverträgen ergeben, sondern auch die gesetzlichen Urheberrechte, deren Verletzung unter Strafe gestellt ist.

2 Aus diesem Grund bitten wir Sie, folgende Ausführungen zu beachten:
1. Das Kopieren und Vervielfältigen der firmeneigenen und in Lizenz erworbenen Software für den privaten Gebrauch oder für Dritte ist ausdrücklich untersagt. Programme dürfen nur vom Lizenzgeber weitergegeben werden. Der Lizenznehmer muss sich dann mit den jeweiligen Bedingungen schriftlich einverstanden erklären. Die Weitergabe der Lizenzprogramme an Dritte ohne ausdrückliche Genehmigung des Lizenzgebers ist untersagt.

3 2. Es ist verboten, den mitgelieferten Programmschutzschlüssel (Dongle) durch Programmveränderung oder durch andere Manipulation auszuschalten. Veränderungen an den Programmen können nur mit schriftlicher Zustimmung des Lizenzgebers erfolgen.
3. Zu Sicherungszwecken darf nach Rücksprache mit dem Arbeitgeber eine Schutzkopie gezogen werden. Eine Speicherung der Lizenzprogramme auf der Festplatte ist einmalig zulässig, es sei denn, die Lizenzverträge erlauben eine mehrfache Speicherung.
4. Mit einer anderen Software dürfen die einzelnen Programme nur kombiniert werden, wenn ausschliesslich geschäftliche Zwecke verfolgt werden. Die Kombination von Softwareprodukten bedarf der Zustimmung des Arbeitgebers. Durch Kombinationen bleiben die Lizenzverpflichtungen der einzelnen Softwarepakete bestehen.

4 5. Das Einspielen von Software auf firmeneigenen PCs bedarf der ausdrücklichen Zustimmung des Arbeitgebers. Ohne Zustimmung ist das Einspielen von privater oder nicht-firmeneigener Software untersagt.

5 **Auszug aus dem Urheberrechtsgesetz**
§ 106 UrhG

1. Wer in anderen als den gesetzlich zugelassenen Fällen ohne Einwilligung des Berechtigten ein Werk oder eine Bearbeitung oder Umgestaltung eines Werkes vervielfältigt, verbreitet oder öffentlich wiedergibt, wird mit einer Freiheitsstrafe bis zu 3 Jahren oder mit einer Geldstrafe bestraft.
2. Der Versuch ist strafbar.

§ 109 UrhG

In den Fällen der §§ 106 bis 108 wird die Tat nur auf Antrag verfolgt, es sei denn, dass die Strafverfolgungsbehörde wegen des besonderen öffentlichen Interesses an der Strafverfolgung ein Einschreiten von Amts wegen für geboten hält.

6 **Erklärung**

Die vorgenannten Ausführungen habe ich zur Kenntnis genommen. Durch meine Unterschrift verpflichte ich mich, diesen Bestimmungen nicht zuwiderzuhandeln.
Mir ist bekannt, dass Zuwiderhandlungen nicht nur zu erheblichen Schadensersatzansprüchen führen, sondern auch strafrechtlich verfolgt werden können.
Die vorstehende Erklärung wird Bestandteil meines Arbeitsvertrages.

Musterort, 25.04. _Anke Behrens_
(Ort, Datum) (Unterschrift)

Kopiervorlage

Urheberrechtserklärung bei PC-Nutzung

Regelungen für die Benutzung von Personalcomputern und Softwareprogrammen

Die auf den Personalcomputern genutzten Softwareprogramme unterliegen dem Urheberschutzrecht. Dies umfasst nicht nur die vertraglich vereinbarten Schutzrechte, die sich aus den Lizenzverträgen ergeben, sondern auch die gesetzlichen Urheberrechte, deren Verletzung unter Strafe gestellt ist.

Aus diesem Grund bitten wir Sie, folgende Ausführungen zu beachten:

1. Das Kopieren und Vervielfältigen der firmeneigenen und in Lizenz erworbenen Software für den privaten Gebrauch oder für Dritte ist ausdrücklich untersagt. Programme dürfen nur vom Lizenzgeber weitergegeben werden. Der Lizenznehmer muss sich dann mit den jeweiligen Bedingungen schriftlich einverstanden erklären. Die Weitergabe der Lizenzprogramme an Dritte ohne ausdrückliche Genehmigung des Lizenzgebers ist untersagt.
2. Es ist verboten, den mitgelieferten Programmschutzschlüssel (Dongle) durch Programmveränderung oder durch andere Manipulation auszuschalten. Veränderungen an den Programmen können nur mit schriftlicher Zustimmung des Lizenzgebers erfolgen.
3. Zu Sicherungszwecken darf nach Rücksprache mit dem Arbeitgeber eine Schutzkopie gezogen werden. Eine Speicherung der Lizenzprogramme auf der Festplatte ist einmalig zulässig, es sei denn, die Lizenzverträge erlauben eine mehrfache Speicherung.
4. Mit einer anderen Software dürfen die einzelnen Programme nur kombiniert werden, wenn ausschliesslich geschäftliche Zwecke verfolgt werden. Die Kombination von Softwareprodukten bedarf der Zustimmung des Arbeitgebers. Durch Kombinationen bleiben die Lizenzverpflichtungen der einzelnen Softwarepakete bestehen.
5. Das Einspielen von Software auf firmeneigenen PCs bedarf der ausdrücklichen Zustimmung des Arbeitgebers. Ohne Zustimmung ist das Einspielen von privater oder nicht-firmeneigener Software untersagt.

Auszug aus dem Urheberrechtsgesetz
§ 106 UrhG

1. Wer in anderen als den gesetzlich zugelassenen Fällen ohne Einwilligung des Berechtigten ein Werk oder eine Bearbeitung oder Umgestaltung eines Werkes vervielfältigt, verbreitet oder öffentlich wiedergibt, wird mit einer Freiheitsstrafe bis zu 3 Jahren oder mit einer Geldstrafe bestraft.
2. Der Versuch ist strafbar.

§ 109 UrhG

In den Fällen der §§ 106 bis 108 wird die Tat nur auf Antrag verfolgt, es sei denn, dass die Strafverfolgungsbehörde wegen des besonderen öffentlichen Interesses an der Strafverfolgung ein Einschreiten von Amts wegen für geboten hält.

Erklärung

Die vorgenannten Ausführungen habe ich zur Kenntnis genommen. Durch meine Unterschrift verpflichte ich mich, diesen Bestimmungen nicht zuwiderzuhandeln.
Mir ist bekannt, dass Zuwiderhandlungen nicht nur zu erheblichen Schadensersatzansprüchen führen, sondern auch strafrechtlich verfolgt werden können.
Die vorstehende Erklärung wird Bestandteil meines Arbeitsvertrages.

_____   _____
(Ort, Datum)   (Unterschrift)

Vertrags-Check Arbeitsrecht

II. Verträge für Geschäftsführer und leitende Angestellte

1 Als Fremdgeschäftsführer wird derjenige Geschäftsführer bezeichnet, der selbst nicht auch gleichzeitig Gesellschafter der GmbH ist. Die Bestellung zum GmbH-Geschäftsführer ist ein rein gesellschaftsrechtlicher Vorgang, der an sich keines Dienstvertrages bedarf. Die Gesellschafterversammlung entscheidet über den Geschäftsführer. Hiervon unabhängig ist der Abschluss eines Dienstvertrages, der sich nach zivilrechtlichen Bestimmungen richtet. Theoretisch kann damit ein GmbH-Geschäftsführer auch ohne zugrundeliegenden Dienstvertrag tätig werden. Aus Beweisgründen, insbesondere über die Höhe der Vergütung und die Einräumung eines Wettbewerbsverbotes, empfiehlt sich aber der Abschluss eines Dienstvertrages.

2 Erst mit der Eintragung in das Handelsregister ist die gesellschaftsrechtliche Bestellung des GmbH-Geschäftsführers durchgeführt. Ein Dienstvertrag mit dem Geschäftsführer kann bereits vorher abgeschlossen werden. In diesem Fall entfällt der 2.Teil des Satzes.

3 Der Geschäftsführer einer GmbH hat eine ganz besondere Führungsposition. Diese Führungsposition gestattet es ihm, im Wesentlichen frei die Geschäfte zu führen. Im Gegenzug zu dem weiten Handlungsspielraum haftet der GmbH-Geschäftsführer persönlich für von ihm zu vertretende Fehler.

4 Die GmbH kann als juristische Person nicht persönlich vor Gericht erscheinen. Der GmbH-Geschäftsführer, der Organ der Gesellschaft ist, übernimmt diese wichtige Aufgabe für die Gesellschaft.

5 Möglich wäre hier auch, dass der GmbH-Geschäftsführer im Innenverhältnis gemeinsam mit einem weiteren Geschäftsführer oder einem Prokuristen die Gesellschaft nach außen vertreten darf. Die Beschränkung der Vertretungsbefugnis würde allerdings nur im Innenverhältnis gelten. Nach außen ist der GmbH-Geschäftsführer stets allein vertretungsberechtigt, sofern die Beschränkung nicht im Einzelfall bekannt ist.

6 Die Gesellschafterversammlung bestellt den Geschäftsführer, entscheidet über seine Entlastung und ruft ihn ab. Sie bestimmt den Gesellschaftszweck und die prinzipielle Geschäftsausrichtung. Aufgrund dieser umfassenden Machtposition hat es die Gesellschafterversammlung in der Hand, den Geschäftsführer anzuweisen. Der GmbH-Geschäftsführer ist allerdings auch bei einer Weisung weiterhin verpflichtet, das Wohl der Gesellschaft im Auge zu behalten und insbesondere die Gesetze zu beachten.

7 § 181 Bürgerliches Gesetzbuch (BGB) verbietet es einem Stellvertreter, mit sich selbst Geschäfte abzuschließen. Die Befreiung von den Beschränkungen des § 181 BGB bedeutet also, dass der GmbH-Geschäftsführer wirksam Verträge zwischen der GmbH und seiner eigenen Person oder einer anderen von ihm vertretenen Person oder Gesellschaft abschließen kann.

Dienstvertrag für den Fremdgeschäftsführer

Zwischen

Objekteinrichtungen GmbH
Im Industriepark 9-11

12345 Musterstadt

nachfolgend „Gesellschaft" genannt

und

Herrn/Frau
Ronald P. Peters
Marienwiese 5

12345 Musterstadt

nachfolgend „Geschäftsführer" genannt

Vorbemerkung

Die Gesellschaft ist in das Handelsregister beim Amtsgericht **Musterstadt** unter der Handelsregisternummer HRB **111122** eingetragen. Der Geschäftsführer wurde in der Gesellschafterversammlung vom **25.02.** bestellt und am **30.04.** ins Handelsregister als solcher eingetragen.

§ 1 Aufgabenbereich

1. Dem Geschäftsführer obliegen alle Geschäftsführungsaufgaben, die im Rahmen der Tätigkeit des Unternehmens anfallen. Er nimmt die Aufgaben eines Arbeitgebers im Sinne des Arbeits- und Sozialrechtes wahr. Der Geschäftsführer hat sich bei seinen Entscheidungen einzig vom Wohl der Gesellschaft leiten zu lassen.

2. Der Geschäftsführer vertritt die Gesellschaft gerichtlich und außergerichtlich. Ihm stehen Einzelvertretungs- und Einzelgeschäftsführungsbefugnis zu. Die Rechte und Pflichten des Geschäftsführers bestimmen sich nach der Maßgabe dieses Vertrages, des Gesellschaftsvertrages und nach den ergänzenden gesetzlichen Vorschriften.

3. Der Geschäftsführer wird sein Amt mit der Sorgfalt eines ordentlichen Kaufmannes führen. Er hat Beschlüsse der Gesellschafterversammlung auszuführen, soweit Vereinbarungen in diesem Vertrag dem nicht entgegenstehen.

4. Der Geschäftsführer ist von den Beschränkungen des § 181 BGB befreit.

5. Die vom Geschäftsführer zu erfüllenden Berichtspflichten gegenüber der Gesellschafterversammlung ergeben sich aus dem Gesellschaftervertrag und der Geschäftsordnung sowie aus den gesetzlichen Vorschriften.

1/7

Kopiervorlage

Vertrags-Check Arbeitsrecht, 1. Band: Basisverträge

Dienstvertrag

Zwischen

_____

_____

_____

nachfolgend „Gesellschaft" genannt

und

Herrn/Frau

_____

_____

_____

nachfolgend „Geschäftsführer" genannt

Vorbemerkung

Die Gesellschaft ist in das Handelsregister beim Amtsgericht _____ unter der Handelsregisternummer HRB _____ eingetragen. Der Geschäftsführer wurde in der Gesellschafterversammlung vom _____ bestellt und am _____ ins Handelsregister als solcher eingetragen.

§ 1 Aufgabenbereich

1. Dem Geschäftsführer obliegen alle Geschäftsführungsaufgaben, die im Rahmen der Tätigkeit des Unternehmens anfallen. Er nimmt die Aufgaben eines Arbeitgebers im Sinne des Arbeits- und Sozialrechtes wahr. Der Geschäftsführer hat sich bei seinen Entscheidungen einzig vom Wohl der Gesellschaft leiten zu lassen.

2. Der Geschäftsführer vertritt die Gesellschaft gerichtlich und außergerichtlich. Ihm stehen Einzelvertretungs- und Einzelgeschäftsführungsbefugnis zu. Die Rechte und Pflichten des Geschäftsführers bestimmen sich nach der Maßgabe dieses Vertrages, des Gesellschaftsvertrages und nach den ergänzenden gesetzlichen Vorschriften.

3. Der Geschäftsführer wird sein Amt mit der Sorgfalt eines ordentlichen Kaufmannes führen. Er hat Beschlüsse der Gesellschafterversammlung auszuführen, soweit Vereinbarungen in diesem Vertrag dem nicht entgegenstehen.

4. Der Geschäftsführer ist von den Beschränkungen des § 181 BGB befreit.

5. Die vom Geschäftsführer zu erfüllenden Berichtspflichten gegenüber der Gesellschafterversammlung ergeben sich aus dem Gesellschaftervertrag und der Geschäftsordnung sowie aus den gesetzlichen Vorschriften.

Vertrags-Check Arbeitsrecht

II. Verträge für Geschäftsführer und leitende Angestellte

8 Ein solcher Katalog zustimmungsbedürftiger Geschäfte ist immer dann sinnvoll, wenn es sich um einen Fremdgeschäftsführer handelt. Die Beschränkungen gelten nur im Innenverhältnis und begründen daher im Fall der Kompetenzüberschreitung des Geschäftsführers lediglich einen Schadensersatzanspruch der Gesellschaft gegenüber dem Geschäftsführer.

Dienstvertrag für den Fremdgeschäftsführer

 6. Alle Geschäfte, die über den gewöhnlichen Betrieb des Unternehmens der Gesellschaft hinausgehen, bedürfen der vorherigen Zustimmung der Gesellschafterversammlung. Dazu gehören insbesondere:

a. Sitzverlegung und Veräußerung des Unternehmens im Ganzen oder von Teilen desselben;

b. Errichtung und Aufgabe von Zweigniederlassungen;

c. Gründung, Erwerb und Veräußerung anderer Unternehmen oder Beteiligungen an solchen;

d. Aufnahme und Aufgabe eines Geschäftszweiges;

e. Erwerb, Veräußerung, Belastung von Grundstücken und grundstücksgleichen Rechten sowie die damit zusammenhängenden Verpflichtungsgeschäfte;

f. Investitions- und Betriebsunterhaltungsmaßnahmen, die im Einzelfall den Betrag von **DM 7.500,--/EUR ...** übersteigen, sowie Leasing von Gegenständen, deren Wert im Einzelfall den Betrag von **DM 10.000,-- /EUR ...** übersteigt;

g. Abschluss von Pacht- oder Mietverträgen, deren Laufzeit über ein Jahr hinausgeht;

h. Einstellung, Beförderung und Entlassung von leitenden Angestellten;

i. Übernahme von Bürgschaften und Eingehung von Wechselverbindlichkeiten sowie Inanspruchnahme von Krediten; ausgenommen hiervon sind die üblichen Betriebsmittelkredite;

j. Gewährung von Sicherheiten jeder Art und die Bewilligung von Krediten außerhalb des üblichen Geschäftsverkehrs sowie die Übernahme fremder Verbindlichkeiten;

k. Abschluss, Änderung und Kündigung von Lizenz- und Kooperationsverträgen;

l. Einleitung von Rechtsstreitigkeiten mit einem voraussichtlich höheren Streitwert als **DM 25.000,--/EUR ...** ;

m. Abschluss, Aufhebung oder Änderung von Verträgen mit Verwandten oder Verschwägerten (i.S.v. § 15 AO) eines Gesellschafters oder Geschäftsführers;

n. Erteilung und Widerruf von Prokura oder Handlungsvollmacht;

o. Pensionszusagen, soweit sie nicht auf einer durch die Gesellschaft genehmigten Pensionsordnung beruhen;

p. Gewährung von gewinnabhängigen Vergütungen an Arbeitnehmer;

q. sonstige Geschäfte, die über den gewöhnlichen Betrieb des Unternehmens der Gesellschaft hinausgehen.

Dienstvertrag

6. Alle Geschäfte, die über den gewöhnlichen Betrieb des Unternehmens der Gesellschaft hinausgehen, bedürfen der vorherigen Zustimmung der Gesellschafterversammlung. Dazu gehören insbesondere:

   a. Sitzverlegung und Veräußerung des Unternehmens im Ganzen oder von Teilen desselben;

   b. Errichtung und Aufgabe von Zweigniederlassungen;

   c. Gründung, Erwerb und Veräußerung anderer Unternehmen oder Beteiligungen an solchen;

   d. Aufnahme und Aufgabe eines Geschäftszweiges;

   e. Erwerb, Veräußerung, Belastung von Grundstücken und grundstücksgleichen Rechten sowie die damit zusammenhängenden Verpflichtungsgeschäfte;

   f. Investitions- und Betriebsunterhaltungsmaßnahmen, die im Einzelfall den Betrag von _____ übersteigen, sowie Leasing von Gegenständen, deren Wert im Einzelfall den Betrag von _____ übersteigt;

   g. Abschluss von Pacht- oder Mietverträgen, deren Laufzeit über ein Jahr hinausgeht;

   h. Einstellung, Beförderung und Entlassung von leitenden Angestellten;

   i. Übernahme von Bürgschaften und Eingehung von Wechselverbindlichkeiten sowie Inanspruchnahme von Krediten; ausgenommen hiervon sind die üblichen Betriebsmittelkredite;

   j. Gewährung von Sicherheiten jeder Art und die Bewilligung von Krediten außerhalb des üblichen Geschäftsverkehrs sowie die Übernahme fremder Verbindlichkeiten;

   k. Abschluss, Änderung und Kündigung von Lizenz- und Kooperationsverträgen;

   l. Einleitung von Rechtsstreitigkeiten mit einem voraussichtlich höheren Streitwert als _____ ;

   m. Abschluss, Aufhebung oder Änderung von Verträgen mit Verwandten oder Verschwägerten (i.S.v. § 15 AO) eines Gesellschafters oder Geschäftsführers;

   n. Erteilung und Widerruf von Prokura oder Handlungsvollmacht;

   o. Pensionszusagen, soweit sie nicht auf einer durch die Gesellschaft genehmigten Pensionsordnung beruhen;

   p. Gewährung von gewinnabhängigen Vergütungen an Arbeitnehmer;

   q. sonstige Geschäfte, die über den gewöhnlichen Betrieb des Unternehmens der Gesellschaft hinausgehen.

Vertrags-Check Arbeitsrecht

II. Verträge für Geschäftsführer und leitende Angestellte

9 Im Rahmen eines Fremdgeschäftsführervertrages ist es sinnvoll, eine Mindeststundenzahl aufzunehmen. Der Geschäftsführer unterliegt nicht den Begrenzungen des Arbeitszeitgesetzes.

10 Auch bezüglich des Arbeitsortes sollte die Vereinbarung möglichst offen gestaltet sein, um den Geschäftsführer flexibel einsetzen zu können.

11 Üblicherweise erhält ein GmbH-Geschäftsführer ein Jahresgehalt, welches in monatlichen Raten auszuzahlen ist. Es ist aber ohne weiteres möglich, eine andere Vereinbarung zu treffen. Hier gibt es keine gesetzlichen Vorschriften.

12 Die Zahlung einer Tantieme ist nicht zwingend notwendig. Da die Tantieme aber eine hervorragende Möglichkeit bietet, den GmbH-Geschäftsführer unmittelbar am Unternehmenserfolg und damit an seiner eigenen Arbeit finanziell zu beteiligen, ist die Einräumung einer Tantieme ein unschätzbarer Motivator. Wie die Tantieme im Einzelnen ausgestaltet ist, bleibt Verhandlungssache zwischen der Gesellschaft und dem Geschäftsführer. Die nachfolgenden Regelungen stellen lediglich einen Vorschlag dar.

Dienstvertrag für den Fremdgeschäftsführer

9 § 2 Arbeitszeit, Arbeitsort

1. Der Geschäftsführer ist zur regelmäßigen Arbeitsleistung von **40** Stunden wöchentlich verpflichtet.

2. Der Geschäftsführer ist im Rahmen seines Dienstverhältnisses bereit, Mehrarbeit zu leisten oder seine Arbeitszeit auf das Wochenende oder die Zeit nach 20.00 Uhr zu verlegen, wenn dies aus betrieblichen Gründen notwendig ist.

10 3. Der Geschäftsführer übt seine Tätigkeit am Firmensitz in **Musterstadt** aus. Der Arbeitgeber behält sich vor, den Geschäftsführer auch an einem anderen Ort einzusetzen.

§ 3 Bezüge

1. Als Vergütung für seine Tätigkeit erhält der Geschäftsführer ein festes Jahresgrundgehalt in Höhe von **DM 132.000,- /EUR ...** brutto (in Worten: **Deutsche Mark einhundertzweiunddreißigtausend)/EUR ....**

Das Gehalt wird nach Abzug der gesetzlichen Abgaben in 12 gleichen Monatsraten jeweils am Ende eines Kalendermonats ausgezahlt.

Soweit der Geschäftsführer freiwillig in der Kranken-, Renten- sowie Pflegeversicherung versichert ist, übernimmt die Gesellschaft den Arbeitgeberanteil. Ebenso trägt die Gesellschaft die Kosten für die gesetzliche Unfallversicherung.

2. Das Grundgehalt wird jährlich überprüft. Die wirtschaftliche Situation der Gesellschaft sowie die Entwicklung der Lebenshaltungskosten sollen dabei angemessen berücksichtigt werden.

12 3. Zusätzlich zu der Vergütung gemäß Absatz 1 erhält der Geschäftsführer eine Tantieme in Höhe von **0,8 %** der Bemessungsgrundlage gemäß den Absätzen a) bis d):

a. Bemessungsgrundlage ist der nach Absatz b) modifizierte Jahresüberschuss, der sich aus dem (der) unter Anwendung der steuerlichen Bilanzierungs- und Bewertungsvorschriften aufgestellten Jahresabschluss (Steuerbilanz) ergibt.

b. Der Jahresüberschuss nach Absatz a) wird modifiziert, indem folgende Aufwendungen hinzugerechnet werden: die gesamte Gewerbesteuer auf den Gewerbeertrag, die gesamte Körperschaftsteuer und die Tantieme selbst. Verlustvorträge sind zu verrechnen.

c. Eine Korrektur wegen etwaiger Änderungen der steuerlichen Gewinnfeststellung durch spätere Betriebsprüfungen erfolgt nicht.

d. Der Anspruch auf die Tantieme wird einen Monat nach Feststellung des Jahresabschlusses der Gesellschaft zur Zahlung fällig. Falls der Dienstvertrag vor dem Ende des Geschäftsjahres der Gesellschaft endet, vermindert sich die nach dem tantiemepflichtigen Gewinn des Geschäftsjahres ermittelte Tantieme anteilig um jeweils 1/12 pro Monat.

Kopiervorlage

Dienstvertrag

§ 2 Arbeitszeit, Arbeitsort

1. Der Geschäftsführer ist zur regelmäßigen Arbeitsleistung von __ Stunden wöchentlich verpflichtet.

2. Der Geschäftsführer ist im Rahmen seines Dienstverhältnisses bereit, Mehrarbeit zu leisten oder seine Arbeitszeit auf das Wochenende oder die Zeit nach 20.00 Uhr zu verlegen, wenn dies aus betrieblichen Gründen notwendig ist.

3. Der Geschäftsführer übt seine Tätigkeit am Firmensitz in _____ aus. Der Arbeitgeber behält sich vor, den Geschäftsführer auch an einem anderen Ort einzusetzen.

§ 3 Bezüge

1. Als Vergütung für seine Tätigkeit erhält der Geschäftsführer ein festes Jahresgrundgehalt in Höhe von _____ brutto (in Worten: _____).

   Das Gehalt wird nach Abzug der gesetzlichen Abgaben in 12 gleichen Monatsraten jeweils am Ende eines Kalendermonats ausgezahlt.

   Soweit der Geschäftsführer freiwillig in der Kranken-, Renten- sowie Pflegeversicherung versichert ist, übernimmt die Gesellschaft den Arbeitgeberanteil. Ebenso trägt die Gesellschaft die Kosten für die gesetzliche Unfallversicherung.

2. Das Grundgehalt wird jährlich überprüft. Die wirtschaftliche Situation der Gesellschaft sowie die Entwicklung der Lebenshaltungskosten sollen dabei angemessen berücksichtigt werden.

3. Zusätzlich zu der Vergütung gemäß Absatz 1 erhält der Geschäftsführer eine Tantieme in Höhe von ____ der Bemessungsgrundlage gemäß den Absätzen a) bis d):

   a. Bemessungsgrundlage ist der nach Absatz b) modifizierte Jahresüberschuss, der sich aus dem (der) unter Anwendung der steuerlichen Bilanzierungs- und Bewertungsvorschriften aufgestellten Jahresabschluss (Steuerbilanz) ergibt.

   b. Der Jahresüberschuss nach Absatz a) wird modifiziert, indem folgende Aufwendungen hinzugerechnet werden: die gesamte Gewerbesteuer auf den Gewerbeertrag, die gesamte Körperschaftsteuer und die Tantieme selbst. Verlustvorträge sind zu verrechnen.

   c. Eine Korrektur wegen etwaiger Änderungen der steuerlichen Gewinnfeststellung durch spätere Betriebsprüfungen erfolgt nicht.

   d. Der Anspruch auf die Tantieme wird einen Monat nach Feststellung des Jahresabschlusses der Gesellschaft zur Zahlung fällig. Falls der Dienstvertrag vor dem Ende des Geschäftsjahres der Gesellschaft endet, vermindert sich die nach dem tantiemenpflichtigen Gewinn des Geschäftsjahres ermittelte Tantieme anteilig um jeweils 1/12 pro Monat.

Vertrags-Check Arbeitsrecht

II. Verträge für Geschäftsführer und leitende Angestellte

13 Der GmbH-Geschäftsführer ist nicht Arbeitnehmer und fällt damit nicht unter das Entgeltfortzahlungsgesetz. Für den Fall der Erkrankung sollte daher eine Regelung getroffen werden, die über die Bedingungen des Entgeltfortzahlungsgesetzes (Dauer: 6 Wochen) hinausgehen kann.

14 Die Fortzahlung der Bezüge im Todesfall ist nicht zwingend vorgeschrieben, in den meisten Geschäftsführerverträgen allerdings üblich.

15 Die hier aufgeführten Nebenleistungen sind frei verhandelbar. Es ist nicht unbedingt notwendig, derartige Leistungen aufzunehmen. Der Fremdgeschäftsführer, der für eine GmbH tätig wird, hat jedoch persönlich ein hohes Haftungsrisiko, welches in der Regel durch weitgehende Nebenleistungen abgegolten werden soll.

Dienstvertrag für den Fremdgeschäftsführer

13 ▶ § 4 Gehaltsfortzahlung bei Krankheit und Tod ◀ 14

1. Wird der Geschäftsführer an der Ausübung seiner Tätigkeit durch Krankheit oder andere durch ihn nicht verschuldete Gründe verhindert, so erhält er für die Dauer von **zwölf Monaten** einen Zuschuss zu den Barleistungen seiner gesetzlichen oder privaten Krankenversicherung, der zusammen mit diesem Krankengeld die Höhe seiner Nettobezüge gemäß § 2 Absatz 1 erreicht. Der Tantiemenanspruch gemäß § 2 Absatz 3 bleibt daneben unverändert bestehen; er vermindert sich jedoch anteilig, wenn die Arbeitsunfähigkeit ununterbrochen länger als sechs Monate dauert.

2. Im Fall seines Todes erhalten seine Hinterbliebenen (verwitweter Ehegatte und unterhaltsberechtigte Kinder) das Grundgehalt gemäß § 2 Absatz 1 sowie die zeitanteilige Tantieme gemäß § 2 Absatz 3 noch für die Dauer von 3 Monaten, beginnend mit dem Ablauf des Sterbemonats, weiter. Für diese Zeit entfallen Leistungen an die Hinterbliebenen aufgrund einer für den Geschäftsführer bestehenden betrieblichen Altersversorgung.

15 ▶ § 5 Nebenleistungen

1. Für die Erstattung der durch Dienstreisen entstandenen Kosten gelten die Richtlinien der Gesellschaft, die insoweit Bestandteil dieses Vertrages sind. Übersteigen die aufgewendeten Spesen die nach den steuerlichen Vorschriften zulässigen Pauschalbeträge, so sind sie im Einzelnen zu belegen.

2. Die Gesellschaft stellt dem Geschäftsführer für die Dauer des Dienstvertrages einen angemessenen Dienstwagen zur Verfügung, der auch zu Privatfahrten genutzt werden kann. Betriebs- und Unterhaltungskosten trägt die Gesellschaft. Die Versteuerung des geldwerten Vorteils für die private Nutzung trägt der Geschäftsführer.

   Nutzt der Geschäftsführer seinen eigenen Pkw für dienstliche Zwecke, zahlt die Gesellschaft ihm Kilometergeld nach den steuerlichen Höchstsätzen.

3. Die Gesellschaft schließt auf ihre Kosten zugunsten des Geschäftsführers für die Dauer des Dienstvertrages eine Unfallversicherung mit folgenden Deckungssummen ab:

   für den Todesfall: **DM 300.000,--/EUR...**
   für den Invaliditätsfall: **DM 600.000,--/EUR...**

   Die Ansprüche aus der Versicherung stehen unmittelbar dem Geschäftsführer oder dessen Erben zu.

4. Für dienstlich veranlasste Telefongespräche von seinem Privatanschluss erstattet die Gesellschaft dem Geschäftsführer gegen Vorlage der monatlichen Gebührenrechnung pauschal **50 %** seiner privaten Telefonrechnung.

5. Die Gesellschaft stellt dem Geschäftsführer für die Dauer dieses Dienstvertrages, beginnend mit dem **01.05.**, folgendes Objekt: **Apartment 1b, Körnergasse 1, 12345 Musterstadt** als Dienstwohnung unentgeltlich zur Verfügung. Über die Nutzung der Dienstwohnung wird ein besonderer Vertrag geschlossen. Die Versteuerung des geldwerten Vorteils für die private Nutzung trägt der Geschäftsführer.

Dienstvertrag

§ 4 Gehaltsfortzahlung bei Krankheit und Tod

1. Wird der Geschäftsführer an der Ausübung seiner Tätigkeit durch Krankheit oder andere durch ihn nicht verschuldete Gründe verhindert, so erhält er für die Dauer von _____ einen Zuschuss zu den Barleistungen seiner gesetzlichen oder privaten Krankenversicherung, der zusammen mit diesem Krankengeld die Höhe seiner Nettobezüge gemäß § 2 Absatz 1 erreicht. Der Tantiemenanspruch gemäß § 2 Absatz 3 bleibt daneben unverändert bestehen; er vermindert sich jedoch anteilig, wenn die Arbeitsunfähigkeit ununterbrochen länger als sechs Monate dauert.

2. Im Fall seines Todes erhalten seine Hinterbliebenen (verwitweter Ehegatte und unterhaltsberechtigte Kinder) das Grundgehalt gemäß § 2 Absatz 1 sowie die zeitanteilige Tantieme gemäß § 2 Absatz 3 noch für die Dauer von 3 Monaten, beginnend mit dem Ablauf des Sterbemonats, weiter. Für diese Zeit entfallen Leistungen an die Hinterbliebenen aufgrund einer für den Geschäftsführer bestehenden betrieblichen Altersversorgung.

§ 5 Nebenleistungen

1. Für die Erstattung der durch Dienstreisen entstandenen Kosten gelten die Richtlinien der Gesellschaft, die insoweit Bestandteil dieses Vertrages sind. Übersteigen die aufgewendeten Spesen die nach den steuerlichen Vorschriften zulässigen Pauschalbeträge, so sind sie im Einzelnen zu belegen.

2. Die Gesellschaft stellt dem Geschäftsführer für die Dauer des Dienstvertrages einen angemessenen Dienstwagen zur Verfügung, der auch zu Privatfahrten genutzt werden kann. Betriebs- und Unterhaltungskosten trägt die Gesellschaft. Die Versteuerung des geldwerten Vorteils für die private Nutzung trägt der Geschäftsführer.

   Nutzt der Geschäftsführer seinen eigenen Pkw für dienstliche Zwecke, zahlt die Gesellschaft ihm Kilometergeld nach den steuerlichen Höchstsätzen.

3. Die Gesellschaft schließt auf ihre Kosten zugunsten des Geschäftsführers für die Dauer des Dienstvertrages eine Unfallversicherung mit folgenden Deckungssummen ab:

   für den Todesfall: _____
   für den Invaliditätsfall: _____

   Die Ansprüche aus der Versicherung stehen unmittelbar dem Geschäftsführer oder dessen Erben zu.

4. Für dienstlich veranlasste Telefongespräche von seinem Privatanschluss erstattet die Gesellschaft dem Geschäftsführer gegen Vorlage der monatlichen Gebührenrechnung pauschal ____ seiner privaten Telefonrechnung.

5. Die Gesellschaft stellt dem Geschäftsführer für die Dauer dieses Dienstvertrages, beginnend mit dem _____, folgendes Objekt: _____ als Dienstwohnung unentgeltlich zur Verfügung. Über die Nutzung der Dienstwohnung wird ein besonderer Vertrag geschlossen. Die Versteuerung des geldwerten Vorteils für die private Nutzung trägt der Geschäftsführer.

Vertrags-Check Arbeitsrecht

II. Verträge für Geschäftsführer und leitende Angestellte

16 Aufgrund der Stellung als GmbH-Geschäftsführer wäre es auch möglich, eine Verfallsklausel für den Urlaub aufzunehmen. In diesem Fall würde der Urlaub, sofern er nicht im Kalenderjahr genommen wurde, am 31.12. des Jahres verfallen.

17 Dieser Absatz ist nur dann einzufügen, wenn eine betriebliche Altersversorgung für das Unternehmen besteht oder für den GmbH-Geschäftsführer abgeschlossen wurde. Hierzu zählt z. B. der Abschluss einer Lebensversicherung.

18 Für den Fall, dass der Geschäftsführer eine Diensterfindung im Sinne des Gesetzes macht, hat die Gesellschaft hierfür eine gesonderte Vergütung zu zahlen.

Dienstvertrag für den Fremdgeschäftsführer

§ 6 Urlaub

1. Der Geschäftsführer hat Anspruch auf einen bezahlten Jahresurlaub von **30** Arbeitstagen. Der Urlaub ist so festzulegen, dass die Belange der Gesellschaft nicht beeinträchtigt werden.

16 2. Kann der Geschäftsführer seinen Jahresurlaub ganz oder teilweise nicht nehmen, weil Interessen der Gesellschaft entgegenstehen, so ist der Urlaubsanspruch abzugelten. Das Urlaubsabfindungsentgelt bemisst sich nach der Höhe des Grundgehaltes gemäß § 2 Absatz 1.

17 **§ 7 Altersversorgung**

Für den Anspruch auf betriebliche Versorgungsleistungen gilt eine Pensionsvereinbarung (siehe Anlage), die insoweit Bestandteil dieses Vertrages ist.

§ 8 Nebentätigkeit

Der Geschäftsführer steht der Gesellschaft jederzeit zur Verfügung, wenn das Wohl der Gesellschaft es verlangt. Die Übernahme oder Fortsetzung jeder Nebentätigkeit bedarf der vorherigen schriftlichen Zustimmung der Gesellschafterversammlung. Das gilt auch für die Beteiligung an anderen Unternehmen sowie die Mitwirkung in Aufsichtsorganen anderer Gesellschaften.

Die Zustimmung wird erteilt, wenn keine Interessen der Gesellschaft entgegenstehen.

18 **§ 9 Diensterfindungen**

Diensterfindungen des Geschäftsführers werden nach den Bestimmungen des Gesetzes über Arbeitnehmererfindungen vom 25.07.1957 sowie den hierzu ergangenen „Richtlinien für die Vergütung von Arbeitnehmererfindungen im privaten Dienst" vom 20.07.1959, beide in der jeweils gültigen Fassung, behandelt.

§ 10 Geheimhaltung, Rückgabe von Firmeneigentum

1. Der Geschäftsführer verpflichtet sich, über alle ihm im Rahmen seiner Tätigkeit zur Kenntnis gelangenden geschäftlichen und betrieblichen Angelegenheiten, insbesondere Geschäfts- und Betriebsgeheimnisse, Stillschweigen zu bewahren. Diese Geheimhaltungspflicht dauert auch, soweit rechtlich zulässig, nach Beendigung des Dienstverhältnisses fort.

2. Er verpflichtet sich, bei seinem Ausscheiden alle in seinem Besitz befindlichen Unterlagen, die im Zusammenhang mit seiner Tätigkeit stehen, an die Gesellschaft zurückzugeben.

5/7

Kopiervorlage

Dienstvertrag

§ 6 Urlaub

1. Der Geschäftsführer hat Anspruch auf einen bezahlten Jahresurlaub von ___ Arbeitstagen. Der Urlaub ist so festzulegen, dass die Belange der Gesellschaft nicht beeinträchtigt werden.

2. Kann der Geschäftsführer seinen Jahresurlaub ganz oder teilweise nicht nehmen, weil Interessen der Gesellschaft entgegenstehen, so ist der Urlaubsanspruch abzugelten. Das Urlaubsabfindungsentgelt bemisst sich nach der Höhe des Grundgehaltes gemäß § 2 Absatz 1.

§ 7 Altersversorgung

Für den Anspruch auf betriebliche Versorgungsleistungen gilt eine Pensionsvereinbarung (siehe Anlage), die insoweit Bestandteil dieses Vertrages ist.

§ 8 Nebentätigkeit

Der Geschäftsführer steht der Gesellschaft jederzeit zur Verfügung, wenn das Wohl der Gesellschaft es verlangt. Die Übernahme oder Fortsetzung jeder Nebentätigkeit bedarf der vorherigen schriftlichen Zustimmung der Gesellschafterversammlung. Das gilt auch für die Beteiligung an anderen Unternehmen sowie die Mitwirkung in Aufsichtsorganen anderer Gesellschaften.

Die Zustimmung wird erteilt, wenn keine Interessen der Gesellschaft entgegenstehen.

§ 9 Diensterfindungen

Diensterfindungen des Geschäftsführers werden nach den Bestimmungen des Gesetzes über Arbeitnehmererfindungen vom 25.07.1957 sowie den hierzu ergangenen „Richtlinien für die Vergütung von Arbeitnehmererfindungen im privaten Dienst" vom 20.07.1959, beide in der jeweils gültigen Fassung, behandelt.

§ 10 Geheimhaltung, Rückgabe von Firmeneigentum

1. Der Geschäftsführer verpflichtet sich, über alle ihm im Rahmen seiner Tätigkeit zur Kenntnis gelangenden geschäftlichen und betrieblichen Angelegenheiten, insbesondere Geschäfts- und Betriebsgeheimnisse, Stillschweigen zu bewahren. Diese Geheimhaltungspflicht dauert auch, soweit rechtlich zulässig, nach Beendigung des Dienstverhältnisses fort.

2. Er verpflichtet sich, bei seinem Ausscheiden alle in seinem Besitz befindlichen Unterlagen, die im Zusammenhang mit seiner Tätigkeit stehen, an die Gesellschaft zurückzugeben.

Vertrags-Check Arbeitsrecht

II. Verträge für Geschäftsführer und leitende Angestellte

19 Die Vereinbarung einer Vertragsstrafe ist dringend zu empfehlen. Der gegen das Wettbewerbsverbot verstoßende Geschäftsführer ist zwar auch ohne Vertragsstrafe schadensersatzpflichtig, die Höhe des Schadens ist jedoch im Einzelfall nachzuweisen.

20 Die Höhe der Vertragsstrafe sollte empfindlich sein. Als Richtlinie ist etwa das 1- bis 2-fache der üblichen Monatsvergütung anzusetzen.

21 Die Einrede des Fortsetzungszusammenhanges würde – sofern sie nicht wie hier ausgeschlossen ist – dazu führen, dass die Vertragsstrafe nur ein einziges Mal geschuldet ist, sofern der Geschäftsführer während des Wettbewerbsverbotes nur bei einem einzigen Konkurrenten, dies aber auf Dauer, tätig ist. Die hier gewählte Formulierung führt dazu, dass der Geschäftsführer jeden Monat erneut die Vertragsstrafe zahlen muss.

22 Die Vereinbarung eines Wettbewerbsverbotes ohne Zahlung einer Karenzentschädigung ist unwirksam. Die Höhe der Karenzentschädigung muss mindestens die Hälfte der zuletzt bezogenen Vergütung betragen.

23 Der Geschäftsführer muss sich anrechnen lassen, was er anderweitig verdient. Aus diesem Grund ist es erforderlich, die jeweilige Höhe des Gehaltes zu erfahren.

24 Der Verzicht auf das Wettbewerbsverbot ist nur vor Beendigung des Dienstverhältnisses möglich. Bei oder nach Beendigung des Dienstverhältnisses kann nur noch mit Zustimmung des Geschäftsführers hierauf verzichtet werden.

Dienstvertrag für den Fremdgeschäftsführer

§ 11 Nachträgliches Wettbewerbsverbot

1. Der Geschäftsführer verpflichtet sich, während der Dauer von 2 Jahren nach Beendigung des Anstellungsverhältnisses nicht für ein Unternehmen in der Bundesrepublik Deutschland tätig zu sein, das mit der Gesellschaft in Konkurrenz steht.

   Als Konkurrenzunternehmen gelten solche Unternehmen, die sich mit der Herstellung oder dem Vertrieb von <u>Objekteinrichtungen</u> oder <u>sonstigen Einrichtungskomplettlösungen</u> befassen.

   Der Geschäftsführer verpflichtet sich demnach vor allem:

   a. nicht ein festes Arbeitsverhältnis oder ein freies Beratungs- oder Vertretungsverhältnis bei einem solchen Unternehmen einzugehen;

   b. nicht ein solches Unternehmen selbst zu errichten oder zu erwerben;

   c. sich nicht an einem solchen Unternehmen zu beteiligen.

2. Für den Fall des Verstoßes gegen das Wettbewerbsverbot verpflichtet sich der Geschäftsführer zur Zahlung einer Vertragsstrafe in Höhe von <u>DM 20.000,-/EUR ...</u> . Die Vertragsstrafe ist jeden Monat neu geschuldet. Die Einrede des Fortsetzungszusammenhangs ist ausgeschlossen. Es bleibt der Gesellschaft vorbehalten, einen weitergehenden Schadensersatzanspruch geltend zu machen.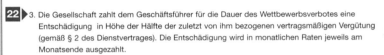

3. Die Gesellschaft zahlt dem Geschäftsführer für die Dauer des Wettbewerbsverbotes eine Entschädigung in Höhe der Hälfte der zuletzt von ihm bezogenen vertragsmäßigen Vergütung (gemäß § 2 des Dienstvertrages). Die Entschädigung wird in monatlichen Raten jeweils am Monatsende ausgezahlt.

4. Der Geschäftsführer verpflichtet sich, der Gesellschaft während der Dauer der Wettbewerbsvereinbarung unaufgefordert jeweils am Schluss eines Kalendervierteljahres die Höhe seines Verdienstes aus der Verwertung seiner Arbeitskraft mitzuteilen. Während der gleichen Zeit wird der Geschäftsführer der Gesellschaft jeden Wechsel seines Wohnsitzes bekannt geben.

5. Die Gesellschaft kann vor Beendigung des Anstellungsverhältnisses schriftlich auf das Wettbewerbsverbot verzichten. In diesem Fall entfällt der Entschädigungsanspruch mit Ablauf eines Jahres seit der Erklärung, gleich, ob das Dienstverhältnis dann noch besteht.

6. Diese Wettbewerbsvereinbarung tritt am <u>01.01.</u> in Kraft.

7. Im Übrigen gelten die gesetzlichen Vorschriften der §§ 74 ff. HGB.

6/7

Kopiervorlage

Dienstvertrag

§ 11 Nachträgliches Wettbewerbsverbot

1. Der Geschäftsführer verpflichtet sich, während der Dauer von 2 Jahren nach Beendigung des Anstellungsverhältnisses nicht für ein Unternehmen in der Bundesrepublik Deutschland tätig zu sein, das mit der Gesellschaft in Konkurrenz steht.

   Als Konkurrenzunternehmen gelten solche Unternehmen, die sich mit der Herstellung oder dem Vertrieb von _____ oder _____ befassen.

   Der Geschäftsführer verpflichtet sich demnach vor allem:

   a. nicht ein festes Arbeitsverhältnis oder ein freies Beratungs- oder Vertretungsverhältnis bei einem solchen Unternehmen einzugehen;

   b. nicht ein solches Unternehmen selbst zu errichten oder zu erwerben;

   c. sich nicht an einem solchen Unternehmen zu beteiligen.

2. Für den Fall des Verstoßes gegen das Wettbewerbsverbot verpflichtet sich der Geschäftsführer zur Zahlung einer Vertragsstrafe in Höhe von _____ . Die Vertragsstrafe ist jeden Monat neu geschuldet. Die Einrede des Fortsetzungszusammenhangs ist ausgeschlossen. Es bleibt der Gesellschaft vorbehalten, einen weitergehenden Schadensersatzanspruch geltend zu machen.

3. Die Gesellschaft zahlt dem Geschäftsführer für die Dauer des Wettbewerbsverbotes eine Entschädigung in Höhe der Hälfte der zuletzt von ihm bezogenen vertragsmäßigen Vergütung (gemäß § 2 des Dienstvertrages). Die Entschädigung wird in monatlichen Raten jeweils am Monatsende ausgezahlt.

4. Der Geschäftsführer verpflichtet sich, der Gesellschaft während der Dauer der Wettbewerbsvereinbarung unaufgefordert jeweils am Schluss eines Kalendervierteljahres die Höhe seines Verdienstes aus der Verwertung seiner Arbeitskraft mitzuteilen. Während der gleichen Zeit wird der Geschäftsführer der Gesellschaft jeden Wechsel seines Wohnsitzes bekannt geben.

5. Die Gesellschaft kann vor Beendigung des Anstellungsverhältnisses schriftlich auf das Wettbewerbsverbot verzichten. In diesem Fall entfällt der Entschädigungsanspruch mit Ablauf eines Jahres seit der Erklärung, gleich, ob das Dienstverhältnis dann noch besteht.

6. Diese Wettbewerbsvereinbarung tritt am _____ in Kraft.

7. Im Übrigen gelten die gesetzlichen Vorschriften der §§ 74 ff. HGB.

Vertrags-Check Arbeitsrecht

II. Verträge für Geschäftsführer und leitende Angestellte

25 Bei einem Fremdgeschäftsführer empfiehlt sich die Einräumung einer Probezeit.

26 Die Kündigungsfristen können individuell festgelegt werden. Es ist auch möglich, eine Staffelung der Kündigungsfristen nach Betriebszugehörigkeit vorzunehmen.

27 Das sofortige Freistellungsrecht soll dazu dienen, den Geschäftsführer schnellstmöglich aus dem Unternehmen entfernen zu können, sofern dies notwendig wird. Ein durch die Kündigung demotivierter Geschäftsführer kann einem Unternehmen sehr schaden.

28 Trotz der Aufnahme dieser Klausel empfiehlt es sich, parallel zu kündigen.

29 Diese Regelung wird als Teilunwirksamkeitsklausel oder auch salvatorische Klausel bezeichnet. Sie soll verhindern, dass bei einem unwirksamen Teil des Vertrages gleich das gesamte Vertragswerk entfällt. Sie finden diese oder ähnliche Klauseln auch in einer Vielzahl von anderen Verträgen.

30 Diese Klausel können Sie streichen, falls Ihr Betrieb keiner Tarifgeltung unterliegt.

Dienstvertrag für den Fremdgeschäftsführer

§ 12 Vertragsdauer und Kündigung

25 1. Der Dienstvertrag ist auf unbestimmte Dauer geschlossen. Die ersten <u>sechs Monate</u> gelten als Probezeit. Innerhalb der Probezeit kann das Dienstverhältnis von beiden Parteien mit einer Frist von <u>1 Monat zum Monatsende</u> gekündigt werden.

26 2. Die Kündigungsfrist verlängert sich nach der Probezeit auf <u>12 Monate zum Jahresende</u>.

3. Die Kündigung bedarf der Schriftform. Die Kündigung durch den Geschäftsführer hat mit eingeschriebenem Brief an sämtliche Gesellschafter zu erfolgen. Die Kündigung durch die Gesellschaft erfolgt durch schriftliche Mitteilung eines entsprechenden Beschlusses der Gesellschafterversammlung.

27 4. Nach einer Kündigung des Dienstvertrages, gleich durch welche Partei, ist die Gesellschaft jederzeit befugt, den Geschäftsführer von seiner Verpflichtung zur Arbeitsleistung für die Gesellschaft sofort freizustellen.

5. Der Dienstvertrag endet ohne Kündigung am Ende des Monats, in dem der Geschäftsführer das 65. Lebensjahr vollendet.

28 6. Der Geschäftsführer kann durch Beschluss der Gesellschafter jederzeit abberufen werden. Die Abberufung gilt zugleich als Kündigung des Dienstvertrages zum nächstzulässigen Zeitpunkt.

§ 13 Schlussbestimmungen

1. Mündliche Vereinbarungen außerhalb dieses Vertrages wurden nicht getroffen.

29 2. Sollten einzelne Bestimmungen des Vertrages unwirksam sein oder werden, so berührt dies nicht die Gültigkeit der übrigen Bestimmungen. Anstelle der unwirksamen Bestimmung oder zur Ausfüllung eventueller Lücken des Vertrages soll eine angemessene Regelung treten, die dem am nächsten kommt, was die Parteien nach ihrer wirtschaftlichen Zwecksetzung gewollt haben.

30 3. Ein eventuell für die Mitarbeiter des Unternehmens geltender Tarifvertrag findet auf diesen Dienstvertrag keine Anwendung.

<u>Musterstadt</u>, den <u>25.02.</u>

<u>Ronald P. Peters</u>   <u>Heribert Meier</u>
<u>Marina Christ</u>
(Geschäftsführer)   (Gesellschafter)

Kopiervorlage

Dienstvertrag

§ 12 Vertragsdauer und Kündigung

1. Der Dienstvertrag ist auf unbestimmte Dauer geschlossen. Die ersten _____ gelten als Probezeit. Innerhalb der Probezeit kann das Dienstverhältnis von beiden Parteien mit einer Frist von _____ gekündigt werden.

2. Die Kündigungsfrist verlängert sich nach der Probezeit auf _____.

3. Die Kündigung bedarf der Schriftform. Die Kündigung durch den Geschäftsführer hat mit eingeschriebenem Brief an sämtliche Gesellschafter zu erfolgen. Die Kündigung durch die Gesellschaft erfolgt durch schriftliche Mitteilung eines entsprechenden Beschlusses der Gesellschafterversammlung.

4. Nach einer Kündigung des Dienstvertrages, gleich durch welche Partei, ist die Gesellschaft jederzeit befugt, den Geschäftsführer von seiner Verpflichtung zur Arbeitsleistung für die Gesellschaft sofort freizustellen.

5. Der Dienstvertrag endet ohne Kündigung am Ende des Monats, in dem der Geschäftsführer das 65. Lebensjahr vollendet.

6. Der Geschäftsführer kann durch Beschluss der Gesellschafter jederzeit abberufen werden. Die Abberufung gilt zugleich als Kündigung des Dienstvertrages zum nächstzulässigen Zeitpunkt.

§ 13 Schlussbestimmungen

1. Mündliche Vereinbarungen außerhalb dieses Vertrages wurden nicht getroffen.

2. Sollten einzelne Bestimmungen des Vertrages unwirksam sein oder werden, so berührt dies nicht die Gültigkeit der übrigen Bestimmungen. Anstelle der unwirksamen Bestimmung oder zur Ausfüllung eventueller Lücken des Vertrages soll eine angemessene Regelung treten, die dem am nächsten kommt, was die Parteien nach ihrer wirtschaftlichen Zwecksetzung gewollt haben.

3. Ein eventuell für die Mitarbeiter des Unternehmens geltender Tarifvertrag findet auf diesen Dienstvertrag keine Anwendung.

_____, den _____

_____ _____
(Geschäftsführer) (Gesellschafter)

Vertrags-Check Arbeitsrecht

II. Verträge für Geschäftsführer und leitende Angestellte

1 Ein Gesellschafter einer GmbH kann gleichzeitig auch Geschäftsführer der GmbH werden. In diesem Fall spricht man von einem Gesellschafter-Geschäftsführer. Hält der Geschäftsführer keine Gesellschafteranteile, so wird er als Fremdgeschäftsführer bezeichnet.

2 Die Bestellung zum GmbH-Geschäftsführer ist ein rein gesellschaftsrechtlicher Vorgang, der an sich keines Dienstvertrages bedarf. Die Gesellschafterversammlung entscheidet über den Geschäftsführer. Hiervon unabhängig ist der Abschluss eines Dienstvertrages, der sich nach zivilrechtlichen Bestimmungen richtet. Theoretisch kann damit ein GmbH Geschäftsführer auch ohne zugrundeliegenden Dienstvertrag tätig werden. Aus Beweisgründen, insbesondere über die Höhe der Vergütung und der Einräumung eines Wettbewerbsverbotes, empfiehlt sich aber der Abschluss eines Dienstvertrages.

3 Erst mit der Eintragung in das Handelsregister ist die gesellschaftsrechtliche Bestellung des GmbH-Geschäftsführers durchgeführt. Ein Dienstvertrag mit dem Geschäftsführer kann bereits vorher abgeschlossen werden. In diesem Fall entfällt der zweite Teil des Satzes.

4 Der Geschäftsführer einer GmbH hat eine ganz besondere Führungsposition. Diese Führungsposition gestattet es ihm, im Wesentlichen frei die Geschäfte zu führen. Im Gegenzug zu dem weiten Handlungsspielraum haftet der GmbH-Geschäftsführer persönlich für von ihm zu vertretende Fehler.

5 Die GmbH kann als juristische Person nicht persönlich vor Gericht erscheinen. Der GmbH-Geschäftsführer, der Organ der Gesellschaft ist, übernimmt diese wichtige Aufgabe für die Gesellschaft.

6 Möglich wäre hier auch, dass der GmbH-Geschäftsführer im Innenverhältnis gemeinsam mit einem weiteren Geschäftsführer oder einem Prokuristen die Gesellschaft nach außen vertreten darf. Die Beschränkung der Vertretungsbefugnis würde allerdings nur im Innenverhältnis gelten. Nach außen ist der GmbH-Geschäftsführer jedoch allein vertretungsberechtigt.

7 Die Gesellschafterversammlung bestellt den Geschäftsführer, entscheidet über seine Entlastung und ruft ihn ab. Sie bestimmt den Gesellschaftszweck und die prinzipielle Geschäftsausrichtung. Aufgrund dieser umfassenden Machtposition hat es die Gesellschafterversammlung in der Hand, den Geschäftsführer anzuweisen. Der GmbH-Geschäftsführer ist allerdings auch bei einer Weisung weiterhin verpflichtet, das Wohl der Gesellschaft im Auge zu behalten und insbesondere die Gesetze zu beachten.

8 § 181 Bürgerlichen Gesetzbuch (BGB) verbietet es einem Stellvertreter, mit sich selbst Geschäfte abzuschließen. Die Befreiung von den Beschränkungen des § 181 BGB bedeutet also, dass der GmbH-Geschäftsführer wirksam Verträge zwischen der GmbH und seiner eigenen Person oder einer anderen von ihm vertretenen Person oder Gesellschaft abschließen kann.

9 Bezüglich des Arbeitsortes sollte die Vereinbarung möglichst offen gestaltet sein, um den Geschäftsführer flexibel einsetzen zu können.

---

1 ▶ Dienstvertrag für den Gesellschafter-Geschäftsführer

Zwischen

<u>Frankiermaschinen Überall GmbH</u>
<u>Bayernstraße 1</u>

<u>12345 Musterstadt</u>

nachfolgend „Gesellschaft" genannt

und

Herrn/Frau
<u>Jens Schwarz</u>
<u>Oderallee 2</u>

<u>12345 Musterstadt</u>

nachfolgend „Geschäftsführer" genannt

Vorbemerkung

2 ▶ Die Gesellschaft ist in das Handelsregister beim Amtsgericht <u>Musterstadt</u> unter Handelsregisternummer HRB <u>3456</u> eingetragen. Der Geschäftsführer wurde in der Gesellschafterversammlung vom <u>22.5.</u> bestellt und am <u>11.07.</u> ins Handelsregister als solcher eingetragen. **◀ 3**

§ 1 Aufgabenbereich, Ort der Tätigkeit

4 ▶ 1. Dem Geschäftsführer obliegen alle Geschäftsführungsaufgaben, die im Rahmen der Tätigkeit des Unternehmens anfallen. Er nimmt die Aufgaben eines Arbeitgebers im Sinne des Arbeits- und Sozialrechts wahr. Der Geschäftsführer hat sich bei seinen Entscheidungen einzig vom Wohl der Gesellschaft leiten zu lassen.

5 ▶ 2. Der Geschäftsführer vertritt die Gesellschaft gerichtlich und außergerichtlich. Ihm stehen Einzelvertretungs- und Einzelgeschäftsführungsbefugnis zu. Die Rechte und Pflichten des Geschäftsführers bestimmen sich nach der Maßgabe dieses Vertrages, des Gesellschaftsvertrages und den ergänzenden gesetzlichen Vorschriften. **◀ 6**

7 ▶ 3. Der Geschäftsführer wird sein Amt mit der Sorgfalt eines ordentlichen Kaufmannes führen. Er hat Beschlüsse der Gesellschafterversammlung auszuführen, soweit Vereinbarungen in diesem Vertrag nicht entgegenstehen.

8 ▶ 4. Der Geschäftsführer ist von den Beschränkungen des § 181 BGB befreit.

5. Die von dem Geschäftsführer zu erfüllenden Berichtspflichten der Gesellschafterversammlung gegenüber, ergeben sich aus dem Gesellschaftervertrag und der Geschäftsordnung sowie aus den gesetzlichen Vorschriften.

9 ▶ 6. Der Geschäftsführer übt seine Tätigkeit am Firmensitz in <u>Musterstadt</u> aus. Die Gesellschaft behält sich vor, den Geschäftsführer auch an einem anderen Ort einzusetzen.

Kopiervorlage

1/6

Dienstvertrag

Zwischen

_____
_____
_____

nachfolgend „Gesellschaft" genannt

und

Herrn/Frau

_____
_____
_____

nachfolgend „Geschäftsführer" genannt

Vorbemerkung

Die Gesellschaft ist in das Handelsregister beim Amtsgericht _____ unter Handelsregisternummer HRB _____ eingetragen. Der Geschäftsführer wurde in der Gesellschafterversammlung vom _____ bestellt und am _____ ins Handelsregister als solcher eingetragen.

§ 1 Aufgabenbereich, Ort der Tätigkeit

1. Dem Geschäftsführer obliegen alle Geschäftsführungsaufgaben, die im Rahmen der Tätigkeit des Unternehmens anfallen. Er nimmt die Aufgaben eines Arbeitgebers im Sinne des Arbeits- und Sozialrechts wahr. Der Geschäftsführer hat sich bei seinen Entscheidungen einzig vom Wohl der Gesellschaft leiten zu lassen.

2. Der Geschäftsführer vertritt die Gesellschaft gerichtlich und außergerichtlich. Ihm stehen Einzelvertretungs- und Einzelgeschäftsführungsbefugnis zu. Die Rechte und Pflichten des Geschäftsführers bestimmen sich nach der Maßgabe dieses Vertrages, des Gesellschaftsvertrages und den ergänzenden gesetzlichen Vorschriften.

3. Der Geschäftsführer wird sein Amt mit der Sorgfalt eines ordentlichen Kaufmannes führen. Er hat Beschlüsse der Gesellschafterversammlung auszuführen, soweit Vereinbarungen in diesem Vertrag nicht entgegenstehen.

4. Der Geschäftsführer ist von den Beschränkungen des § 181 BGB befreit.

5. Die von dem Geschäftsführer zu erfüllenden Berichtspflichten der Gesellschafterversammlung gegenüber, ergeben sich aus dem Gesellschaftervertrag und der Geschäftsordnung sowie aus den gesetzlichen Vorschriften.

6. Der Geschäftsführer übt seine Tätigkeit am Firmensitz in _____ aus. Die Gesellschaft behält sich vor, den Geschäftsführer auch an einem anderen Ort einzusetzen.

Vertrags-Check Arbeitsrecht

II. Verträge für Geschäftsführer und leitende Angestellte

10 Üblicherweise erhält ein GmbH-Geschäftsführer ein Jahresgehalt, welches monatlich in Raten auszuzahlen ist. Es ist aber ohne Weiteres möglich, eine andere Vereinbarung zu treffen. Hier gibt es keine gesetzlichen Vorschriften.

11 Es empfiehlt sich dringend, eine verbindliche Entscheidung der Krankenkasse über die Sozialversicherungspflicht des GmbH-Geschäftsführers einzuholen. Gesellschafter-Geschäftsführer, die beherrschenden Einfluss auf die GmbH über ihre Gesellschafteranteile oder aufgrund ihres Fachwissens ausüben, sind sozialversicherungsrechtlich als Unternehmer einzustufen und daher von der Sozialversicherung befreit.

12 Die Zahlung einer Tantieme ist nicht zwingend notwendig. Da die Tantieme aber eine hervorragende Möglichkeit bietet, den GmbH-Geschäftsführer unmittelbar an dem Unternehmenserfolg und damit an seiner eigenen Arbeit finanziell zu beteiligen, ist die Einräumung einer Tantieme ein unschätzbarer Motivator. Wie im Einzelnen die Tantieme ausgestaltet ist, bleibt Verhandlungssache zwischen der Gesellschaft und dem Geschäftsführer. Die nachfolgenden Regelungen stellen lediglich einen Vorschlag dar.

13 Eine Begrenzung der Tantieme ist bei Geschäftsführern, die zugleich Gesellschafter sind, aus steuerlichen Gesichtspunkten notwendig. Ein Überschreiten der oben genannten Grenze stellt eine verdeckte Gewinnausschüttung dar und ist zusätzlich zu versteuern.

Dienstvertrag für den Gesellschafter-Geschäftsführer

§ 2 Bezüge

10 1. Als Vergütung für seine Tätigkeit erhält der Geschäftsführer ein festes Jahresgrundgehalt in Höhe von **DM 180.000,--/EUR ...** brutto (in Worten: **Deutsche Mark Einhundertundachtzigtausend/EUR ...**).

Das Gehalt wird nach Abzug der gesetzlichen Abgaben in zwölf gleichen Monatsraten jeweils am Ende eines Kalendermonats ausgezahlt.

11 Der Geschäftsführer ist laut Feststellung der Krankenkasse nicht sozialversicherungspflichtig. Es obliegt ihm, für seine persönliche Absicherung im Fall von Krankheit, Pflegebedürftigkeit und Arbeitslosigkeit sowie für seine Alterssicherung Sorge zu tragen. Eine weitere Vergütung hierfür übernimmt die Gesellschaft nicht.

2. Das Grundgehalt wird jährlich überprüft. Die wirtschaftliche Situation der Gesellschaft sowie die Entwicklung der Lebenshaltungskosten sollen dabei angemessen berücksichtigt werden.

12 3. Zusätzlich zu der Vergütung gemäß Absatz 1 erhält der Geschäftsführer eine Tantieme in Höhe von **0,6** % der Bemessungsgrundlage gemäß Absatz a) bis d). Die Tantieme ist zudem nach oben begrenzt auf höchstens 25 % der Gesamtvergütung der Geschäftsführung und – zusammen mit allen anderen Tantiemenbezügen von Geschäftsführern der Gesellschaft – auf höchstens 50 % des Jahresüberschusses der Gesellschaft vor Abzug von Steuern und Tantiemen: **13**

  a. Bemessungsgrundlage ist der nach Absatz b) modifizierte Jahresüberschuss, der sich aus dem unter Anwendung der steuerlichen Bilanzierungs- und Bewertungsvorschriften aufgestellten Jahresabschluss (Steuerbilanz) ergibt.

  b. Der Jahresüberschuss nach Absatz a) wird modifiziert, indem folgende Aufwendungen hinzugerechnet werden: die gesamte Gewerbesteuer auf den Gewerbeertrag, die gesamte Körperschaftssteuer und die Tantieme selbst. Verlustvorträge sind zu verrechnen.

  c. Eine Korrektur wegen etwaiger Änderungen der steuerlichen Gewinnfeststellung durch spätere Betriebsprüfungen erfolgt nicht.

  d. Der Anspruch auf die Tantieme wird einen Monat nach Feststellung des Jahresabschlusses der Gesellschaft zur Zahlung fällig. Falls der Dienstvertrag vor dem Ende des Geschäftsjahres der Gesellschaft endet, vermindert sich die nach dem tantiemepflichtigen Gewinn des Geschäftsjahres ermittelte Tantieme anteilig um jeweils 1/12 pro Monat.

Kopiervorlage

Dienstvertrag

§ 2 Bezüge

1. Als Vergütung für seine Tätigkeit erhält der Geschäftsführer ein festes Jahresgrundgehalt in Höhe von _____ brutto (in Worten: _____ _____.

   Das Gehalt wird nach Abzug der gesetzlichen Abgaben in zwölf gleichen Monatsraten jeweils am Ende eines Kalendermonats ausgezahlt.

   Der Geschäftsführer ist laut Feststellung der Krankenkasse nicht sozialversicherungspflichtig. Es obliegt ihm, für seine persönliche Absicherung im Fall von Krankheit, Pflegebedürftigkeit und Arbeitslosigkeit sowie für seine Alterssicherung Sorge zu tragen. Eine weitere Vergütung hierfür übernimmt die Gesellschaft nicht.

2. Das Grundgehalt wird jährlich überprüft. Die wirtschaftliche Situation der Gesellschaft sowie die Entwicklung der Lebenshaltungskosten sollen dabei angemessen berücksichtigt werden.

3. Zusätzlich zu der Vergütung gemäß Absatz 1 erhält der Geschäftsführer eine Tantieme in Höhe von ___ % der Bemessungsgrundlage gemäß Absatz a) bis d). Die Tantieme ist zudem nach oben begrenzt auf höchstens 25 % der Gesamtvergütung der Geschäftsführung und – zusammen mit allen anderen Tantiemenbezügen von Geschäftsführern der Gesellschaft – auf höchstens 50 % des Jahresüberschusses der Gesellschaft vor Abzug von Steuern und Tantiemen:

   a. Bemessungsgrundlage ist der nach Absatz b) modifizierte Jahresüberschuss, der sich aus dem unter Anwendung der steuerlichen Bilanzierungs- und Bewertungsvorschriften aufgestellten Jahresabschluss (Steuerbilanz) ergibt.

   b. Der Jahresüberschuss nach Absatz a) wird modifiziert, indem folgende Aufwendungen hinzugerechnet werden: die gesamte Gewerbesteuer auf den Gewerbeertrag, die gesamte Körperschaftssteuer und die Tantieme selbst. Verlustvorträge sind zu verrechnen.

   c. Eine Korrektur wegen etwaiger Änderungen der steuerlichen Gewinnfeststellung durch spätere Betriebsprüfungen erfolgt nicht.

   d. Der Anspruch auf die Tantieme wird einen Monat nach Feststellung des Jahresabschlusses der Gesellschaft zur Zahlung fällig. Falls der Dienstvertrag vor dem Ende des Geschäftsjahres der Gesellschaft endet, vermindert sich die nach dem tantiempflichtigen Gewinn des Geschäftsjahres ermittelte Tantieme anteilig um jeweils 1/12 pro Monat.

Vertrags-Check Arbeitsrecht

II. Verträge für Geschäftsführer und leitende Angestellte

[14] Der GmbH-Geschäftsführer ist nicht Arbeitnehmer und fällt damit nicht unter das Entgeltfortzahlungsgesetz. Für den Fall der Erkrankung sollte daher eine Regelung getroffen werden, die auch weit über das Entgeltfortzahlungsgesetz hinausgehen kann.

[15] Die Fortzahlung der Bezüge im Todesfall ist nicht zwingend vorgeschrieben, in den meisten Geschäftsführerverträgen allerdings üblich.

[16] Die hier aufgeführten Nebenleistungen sind frei verhandelbar. Es ist nicht unbedingt notwendig, derartige Leistungen aufzunehmen. Der Geschäftsführer, der für eine GmbH tätig wird, hat jedoch persönlich ein hohes Haftungsrisiko, welches in der Regel durch weitgehende Nebenleistungen abgegolten werden soll.

Dienstvertrag für den Gesellschafter-Geschäftsführer

[14] **§ 3 Gehaltsfortzahlung bei Krankheit und Tod** **[15]**

1. Wird der Geschäftsführer an der Ausübung seiner Tätigkeit durch Krankheit oder andere durch ihn nicht verschuldete Gründe verhindert, so erhält er für die Dauer von <u>12 Monaten</u> einen Zuschuss zu den Barleistungen seiner gesetzlichen oder privaten Krankenversicherung, der zusammen mit diesem Krankengeld die Höhe seiner Nettobezüge gemäß § 2 Absatz 1 erreicht. Der Tantiemenanspruch gemäß § 2 Absatz 3 bleibt daneben unverändert bestehen; er vermindert sich jedoch anteilig, wenn die Arbeitsunfähigkeit ununterbrochen länger als sechs Monate dauert.

2. Im Fall seines Todes erhalten seine Hinterbliebenen (verwitweter Ehegatte und unterhaltsberechtigte Kinder) das Grundgehalt gemäß § 2 Absatz 1 sowie die zeitanteilige Tantieme gemäß § 2 Absatz 3 noch für die Dauer von drei Monaten, beginnend mit dem Ablauf des Sterbemonats, weiter. Für diese Zeit entfallen Leistungen an die Hinterbliebenen aufgrund einer für den Geschäftsführer bestehenden betrieblichen Altersversorgung.

[16] **§ 4 Nebenleistungen**

1. Für die Erstattung der durch Dienstreisen entstandenen Kosten gelten die Richtlinien der Gesellschaft, die insoweit Bestandteil dieses Vertrages sind. Übersteigen die aufgewendeten Spesen die nach den steuerlichen Vorschriften zulässigen Pauschalbeträge, so sind sie im Einzelnen zu belegen.

2. Die Gesellschaft stellt dem Geschäftsführer für die Dauer des Dienstvertrages einen angemessenen Dienstwagen zur Verfügung, der auch zu Privatfahrten benutzt werden kann. Betriebs- und Unterhaltungskosten trägt die Gesellschaft. Die Versteuerung des geldwerten Vorteils für die private Nutzung trägt der Geschäftsführer.

   Nutzt der Geschäftsführer seinen eigenen Pkw für dienstliche Zwecke, zahlt die Gesellschaft ihm Kilometergeld nach den steuerlichen Höchstsätzen.

3. Die Gesellschaft schließt auf ihre Kosten zugunsten des Geschäftsführers für die Dauer des Dienstvertrages eine Unfallversicherung mit folgenden Deckungssummen ab:

   für den Todesfall: <u>DM 300.000,-/EUR...</u>
   für den Invaliditätsfall: <u>DM 600.000,-/EUR...</u>

   Die Ansprüche aus der Versicherung stehen unmittelbar dem Geschäftsführer oder dessen Erben zu.

4. Für dienstlich veranlasste Telefongespräche von seinem Privatanschluss erstattet die Gesellschaft dem Geschäftsführer gegen Vorlage der monatlichen Gebührenrechnung pauschal <u>50</u> % seiner privaten Telefonrechnung.

5. Die Gesellschaft stellt dem Geschäftsführer für die Dauer dieses Dienstvertrages, beginnend mit dem <u>15.07.</u> folgendes Objekt als Dienstwohnung unentgeltlich zur Verfügung: <u>Einfamilienhaus Rehbergallee 3, 12345 Musterstadt</u>. Über die Nutzung der Dienstwohnung wird ein besonderer Vertrag geschlossen. Die Versteuerung des geldwerten Vorteils für die private Nutzung trägt der Geschäftsführer.

Dienstvertrag

§ 3 Gehaltsfortzahlung bei Krankheit und Tod

1. Wird der Geschäftsführer an der Ausübung seiner Tätigkeit durch Krankheit oder andere durch ihn nicht verschuldete Gründe verhindert, so erhält er für die Dauer von _____ einen Zuschuss zu den Barleistungen seiner gesetzlichen oder privaten Krankenversicherung, der zusammen mit diesem Krankengeld die Höhe seiner Nettobezüge gemäß § 2 Absatz 1 erreicht. Der Tantiemenanspruch gemäß § 2 Absatz 3 bleibt daneben unverändert bestehen; er vermindert sich jedoch anteilig, wenn die Arbeitsunfähigkeit ununterbrochen länger als sechs Monate dauert.

2. Im Fall seines Todes erhalten seine Hinterbliebenen (verwitweter Ehegatte und unterhaltsberechtigte Kinder) das Grundgehalt gemäß § 2 Absatz 1 sowie die zeitanteilige Tantieme gemäß § 2 Absatz 3 noch für die Dauer von drei Monaten, beginnend mit dem Ablauf des Sterbemonats, weiter. Für diese Zeit entfallen Leistungen an die Hinterbliebenen aufgrund einer für den Geschäftsführer bestehenden betrieblichen Altersversorgung.

§ 4 Nebenleistungen

1. Für die Erstattung der durch Dienstreisen entstandenen Kosten gelten die Richtlinien der Gesellschaft, die insoweit Bestandteil dieses Vertrages sind. Übersteigen die aufgewendeten Spesen die nach den steuerlichen Vorschriften zulässigen Pauschalbeträge, so sind sie im Einzelnen zu belegen.

2. Die Gesellschaft stellt dem Geschäftsführer für die Dauer des Dienstvertrages einen angemessenen Dienstwagen zur Verfügung, der auch zu Privatfahrten benutzt werden kann. Betriebs- und Unterhaltungskosten trägt die Gesellschaft. Die Versteuerung des geldwerten Vorteils für die private Nutzung trägt der Geschäftsführer.

   Nutzt der Geschäftsführer seinen eigenen Pkw für dienstliche Zwecke, zahlt die Gesellschaft ihm Kilometergeld nach den steuerlichen Höchstsätzen.

3. Die Gesellschaft schließt auf ihre Kosten zugunsten des Geschäftsführers für die Dauer des Dienstvertrages eine Unfallversicherung mit folgenden Deckungssummen ab:

   für den Todesfall: _____
   für den Invaliditätsfall: _____

   Die Ansprüche aus der Versicherung stehen unmittelbar dem Geschäftsführer oder dessen Erben zu.

4. Für dienstlich veranlasste Telefongespräche von seinem Privatanschluss erstattet die Gesellschaft dem Geschäftsführer gegen Vorlage der monatlichen Gebührenrechnung pauschal ___ % seiner privaten Telefonrechnung.

5. Die Gesellschaft stellt dem Geschäftsführer für die Dauer dieses Dienstvertrages, beginnend mit dem _____ folgendes Objekt als Dienstwohnung unentgeltlich zur Verfügung: _____. Über die Nutzung der Dienstwohnung wird ein besonderer Vertrag geschlossen. Die Versteuerung des geldwerten Vorteils für die private Nutzung trägt der Geschäftsführer.

Vertrags-Check Arbeitsrecht

II. Verträge für Geschäftsführer und leitende Angestellte

17 Aufgrund der Stellung als GmbH-Geschäftsführer wäre es auch möglich, eine Verfallsklausel für den Urlaub aufzunehmen. In diesem Fall würde der Urlaub, sofern er nicht im Kalenderjahr genommen wurde, am 31.12. des Jahres verfallen.

18 Dieser Absatz ist nur dann einzufügen, wenn eine betriebliche Altersversorgung für das Unternehmen besteht oder für den GmbH-Geschäftsführer abgeschlossen wurden. Hierzu zählt z. B. der Abschluss einer Lebensversicherung.

19 Für den Fall, dass der Geschäftsführer eine Diensterfindung im Sinne des Gesetzes macht, hat die Gesellschaft hierfür eine gesonderte Vergütung zu zahlen.

Dienstvertrag für den Gesellschafter-Geschäftsführer

§ 5 Urlaub

1. Der Geschäftsführer hat Anspruch auf einen bezahlten Jahresurlaub von **30** Arbeitstagen. Der Urlaub ist so festzulegen, dass die Belange der Gesellschaft nicht beeinträchtigt werden.

17 2. Kann der Geschäftsführer seinen Jahresurlaub ganz oder teilweise nicht nehmen, weil Interessen der Gesellschaft entgegenstehen, so ist der Urlaubsanspruch abzugelten. Das Urlaubsabfindungsentgelt bemisst sich nach der Höhe des Grundgehaltes gemäß § 2 Absatz 1.

18 § 6 Altersversorgung

Für den Anspruch auf betriebliche Versorgungsleistungen gilt eine Pensionsvereinbarung (siehe Anlage), die insoweit Bestandteil dieses Vertrages ist.

§ 7 Nebentätigkeit

Der Geschäftsführer steht der Gesellschaft jederzeit zur Verfügung, wenn das Wohl der Gesellschaft es verlangt. Die Übernahme oder Fortsetzung jeder Nebentätigkeit bedarf der vorherigen schriftlichen Zustimmung der Gesellschafterversammlung. Das gilt auch für die Beteiligung an anderen Unternehmen sowie die Mitwirkung in Aufsichtsorganen anderer Gesellschaften.

Die Zustimmung wird erteilt, wenn keine Interessen der Gesellschaft entgegenstehen.

19 § 8 Diensterfindungen

Diensterfindungen des Geschäftsführers werden nach den Bestimmungen des Gesetzes über Arbeitnehmererfindungen vom 25.07.1957 sowie den hierzu ergangenen „Richtlinien für die Vergütung von Arbeitnehmererfindungen im privaten Dienst" vom 20.07.1959, beide in der jeweils gültigen Fassung, behandelt.

§ 9 Geheimhaltung, Rückgabe von Unterlagen und sonstigem Firmeneigentum

1. Der Geschäftsführer verpflichtet sich, über alle ihm im Rahmen seiner Tätigkeit zur Kenntnis gelangenden geschäftlichen und betrieblichen Angelegenheiten, insbesondere Geschäfts- und Betriebsgeheimnisse, Stillschweigen zu bewahren. Diese Geheimhaltungspflicht dauert auch, soweit rechtlich zulässig, nach Beendigung des Dienstverhältnisses fort.

2. Er verpflichtet sich, bei seinem Ausscheiden alle in seinem Besitz befindlichen Unterlagen, die im Zusammenhang mit seiner Tätigkeit stehen, sowie weitere Arbeitsmittel und insbesondere den überlassenen Firmenwagen an die Gesellschaft zurückzugeben.

Dienstvertrag

§ 5 Urlaub

1. Der Geschäftsführer hat Anspruch auf einen bezahlten Jahresurlaub von ___ Arbeitstagen. Der Urlaub ist so festzulegen, dass die Belange der Gesellschaft nicht beeinträchtigt werden.

2. Kann der Geschäftsführer seinen Jahresurlaub ganz oder teilweise nicht nehmen, weil Interessen der Gesellschaft entgegenstehen, so ist der Urlaubsanspruch abzugelten. Das Urlaubsabfindungsentgelt bemisst sich nach der Höhe des Grundgehaltes gemäß § 2 Absatz 1.

§ 6 Altersversorgung

Für den Anspruch auf betriebliche Versorgungsleistungen gilt eine Pensionsvereinbarung (siehe Anlage), die insoweit Bestandteil dieses Vertrages ist.

§ 7 Nebentätigkeit

Der Geschäftsführer steht der Gesellschaft jederzeit zur Verfügung, wenn das Wohl der Gesellschaft es verlangt. Die Übernahme oder Fortsetzung jeder Nebentätigkeit bedarf der vorherigen schriftlichen Zustimmung der Gesellschafterversammlung. Das gilt auch für die Beteiligung an anderen Unternehmen sowie die Mitwirkung in Aufsichtsorganen anderer Gesellschaften.

Die Zustimmung wird erteilt, wenn keine Interessen der Gesellschaft entgegenstehen.

§ 8 Diensterfindungen

Diensterfindungen des Geschäftsführers werden nach den Bestimmungen des Gesetzes über Arbeitnehmererfindungen vom 25.07.1957 sowie den hierzu ergangenen „Richtlinien für die Vergütung von Arbeitnehmererfindungen im privaten Dienst" vom 20.07.1959, beide in der jeweils gültigen Fassung, behandelt.

§ 9 Geheimhaltung, Rückgabe von Unterlagen und sonstigem Firmeneigentum

1. Der Geschäftsführer verpflichtet sich, über alle ihm im Rahmen seiner Tätigkeit zur Kenntnis gelangenden geschäftlichen und betrieblichen Angelegenheiten, insbesondere Geschäfts- und Betriebsgeheimnisse, Stillschweigen zu bewahren. Diese Geheimhaltungspflicht dauert auch, soweit rechtlich zulässig, nach Beendigung des Dienstverhältnisses fort.

2. Er verpflichtet sich, bei seinem Ausscheiden alle in seinem Besitz befindlichen Unterlagen, die im Zusammenhang mit seiner Tätigkeit stehen, sowie weitere Arbeitsmittel und insbesondere den überlassenen Firmenwagen an die Gesellschaft zurückzugeben.

Vertrags-Check Arbeitsrecht

II. Verträge für Geschäftsführer und leitende Angestellte

[20] Die Vereinbarung einer Vertragsstrafe ist dringend zu empfehlen. Der gegen das Wettbewerbsverbot verstoßende Geschäftsführer ist zwar auch ohne Vertragsstrafe schadensersatzpflichtig, die Höhe des Schadens ist jedoch im Einzelfall nachzuweisen.

[21] Die Höhe der Vertragsstrafe sollte empfindlich sein. Als Richtlinie ist das 1- bis 2-fache der üblichen Monatsvergütung anzusetzen.

[22] Die Einrede des Fortsetzungszusammenhanges würde – sofern sie nicht wie hier ausgeschlossen ist – dazu führen, dass die Vertragsstrafe nur ein einziges Mal geschuldet ist, sofern der Geschäftsführer während des Wettbewerbsverbotes nur bei einem einzigen Konkurrenten, dies aber auf Dauer, tätig ist. Diese Formulierung führt dazu, dass der Geschäftsführer jeden Monat erneut die Vertragsstrafe zahlen muss.

[23] Die Vereinbarung eines Wettbewerbsverbots ohne Zahlung einer Karenzentschädigung ist unwirksam. Die Höhe der Karenzentschädigung muss mindestens die Hälfte der zuletzt bezogenen Vergütung betragen.

[24] Der Geschäftsführer muss sich anrechnen lassen, was er anderweitig verdient. Aus diesem Grund ist es erforderlich, die jeweilige Höhe des Gehaltes zu erfahren.

[25] Der Verzicht auf das Wettbewerbsverbot ist nur vor Beendigung des Dienstverhältnisses möglich. Bei oder nach Beendigung des Dienstverhältnisses kann nur noch mit Zustimmung des Geschäftsführers hierauf verzichtet werden.

Dienstvertrag für den Gesellschafter-Geschäftsführer

§ 10 Nachträgliches Wettbewerbverbot

1. Der Gesellschafter verpflichtet sich, während der Dauer von zwei Jahren nach Beendigung des Anstellungsverhältnisses nicht für ein Unternehmen in der Bundesrepublik Deutschland tätig zu sein, das mit der Gesellschaft in Konkurrenz steht.

   Als Konkurrenzunternehmen gelten solche Unternehmen, die sich mit <u>der Herstellung oder dem Vertrieb von Frankiermaschinen oder sonstigen Adressiersystemen</u> befassen.

   Der Geschäftsführer verpflichtet sich demnach vor allem:

   a. nicht ein festes Arbeitsverhältnis oder ein freies Beratungs- oder Vertretungsverhältnis bei einem solchen Unternehmen einzugehen;

   b. nicht ein solches Unternehmen selbst zu errichten oder zu erwerben;

   c. sich nicht an einem solchen Unternehmen zu beteiligen.

2. **[20]** Für den Fall des Verstoßes gegen das Wettbewerbsverbot verpflichtet sich der Geschäftsführer zur Zahlung einer Vertragsstrafe in Höhe von <u>DM 30.000,–/EUR...</u> **[21]** Die **[22]** Vertragsstrafe ist jeden Monat neu geschuldet. Die Einrede des Fortsetzungszusammenhangs ist ausgeschlossen. Es bleibt der Gesellschaft vorbehalten, einen weitergehenden Schadensersatzanspruch geltend zu machen.

3. **[23]** Die Gesellschaft zahlt dem Geschäftsführer für die Dauer des Wettbewerbsverbots eine Entschädigung in Höhe der Hälfte der zuletzt von ihm bezogenen vertragsmäßigen Vergütung (gemäß § 2 des Dienstvertrages). Die Entschädigung wird in monatlichen Raten jeweils am Monatsende ausgezahlt.

4. **[24]** Der Geschäftsführer verpflichtet sich, der Gesellschaft während der Dauer der Wettbewerbsvereinbarung unaufgefordert jeweils am Schluss eines Kalendervierteljahres die Höhe seines Verdienstes aus der Verwertung seiner Arbeitskraft mitzuteilen. Während der gleichen Zeit wird der Geschäftsführer der Gesellschaft jeden Wechsel seines Wohnsitzes bekannt geben.

5. **[25]** Die Gesellschaft kann vor Beendigung des Anstellungsverhältnisses schriftlich auf das Wettbewerbsverbot verzichten. In diesem Fall entfällt der Entschädigungsanspruch mit Ablauf eines Jahres seit der Erklärung, gleich, ob das Dienstverhältnis dann noch besteht.

6. Diese Wettbewerbsvereinbarung tritt am <u>01.01.</u> in Kraft.

7. Im Übrigen gelten die gesetzlichen Vorschriften der §§ 74 ff. HGB.

Kopiervorlage

Dienstvertrag

§ 10 Nachträgliches Wettbewerbverbot

1. Der Gesellschafter verpflichtet sich, während der Dauer von zwei Jahren nach Beendigung des Anstellungsverhältnisses nicht für ein Unternehmen in der Bundesrepublik Deutschland tätig zu sein, das mit der Gesellschaft in Konkurrenz steht.

   Als Konkurrenzunternehmen gelten solche Unternehmen, die sich mit _____ _____ befassen.

   Der Geschäftsführer verpflichtet sich demnach vor allem:

   a. nicht ein festes Arbeitsverhältnis oder ein freies Beratungs- oder Vertretungsverhältnis bei einem solchen Unternehmen einzugehen;

   b. nicht ein solches Unternehmen selbst zu errichten oder zu erwerben;

   c. sich nicht an einem solchen Unternehmen zu beteiligen.

2. Für den Fall des Verstoßes gegen das Wettbewerbsverbot verpflichtet sich der Geschäftsführer zur Zahlung einer Vertragsstrafe in Höhe von _____. Die Vertragsstrafe ist jeden Monat neu geschuldet. Die Einrede des Fortsetzungszusammenhangs ist ausgeschlossen. Es bleibt der Gesellschaft vorbehalten, einen weitergehenden Schadensersatzanspruch geltend zu machen.

3. Die Gesellschaft zahlt dem Geschäftsführer für die Dauer des Wettbewerbsverbots eine Entschädigung in Höhe der Hälfte der zuletzt von ihm bezogenen vertragsmäßigen Vergütung (gemäß § 2 des Dienstvertrages). Die Entschädigung wird in monatlichen Raten jeweils am Monatsende ausgezahlt.

4. Der Geschäftsführer verpflichtet sich, der Gesellschaft während der Dauer der Wettbewerbsvereinbarung unaufgefordert jeweils am Schluss eines Kalendervierteljahres die Höhe seines Verdienstes aus der Verwertung seiner Arbeitskraft mitzuteilen. Während der gleichen Zeit wird der Geschäftsführer der Gesellschaft jeden Wechsel seines Wohnsitzes bekannt geben.

5. Die Gesellschaft kann vor Beendigung des Anstellungsverhältnisses schriftlich auf das Wettbewerbsverbot verzichten. In diesem Fall entfällt der Entschädigungsanspruch mit Ablauf eines Jahres seit der Erklärung, gleich, ob das Dienstverhältnis dann noch besteht.

6. Diese Wettbewerbsvereinbarung tritt am _____ in Kraft.

7. Im Übrigen gelten die gesetzlichen Vorschriften der §§ 74 ff. HGB.

Vertrags-Check Arbeitsrecht

II. Verträge für Geschäftsführer und leitende Angestellte

26 Die Kündigungsfristen können individuell festgelegt werden. Es ist auch möglich, eine Staffelung der Kündigungsfristen nach Betriebszugehörigkeit vorzunehmen.

27 Nach § 623 Bürgerliches Gesetzbuch (BGB) ist eine mündliche Kündigung unwirksam.

28 Das sofortige Freistellungsrecht soll dazu dienen, den Geschäftsführer schnellstmöglich aus dem Unternehmen entfernen zu können, sofern dies notwendig wird. Der Geschäftsführer kann einem Unternehmen sehr schaden.

29 Trotz der Aufnahme dieser Klausel empfiehlt es sich, parallel zu kündigen.

30 Diese Regelung wird als Teilunwirksamkeitsklausel oder auch salvatorische Klausel bezeichnet. Sie soll verhindern, dass bei einem unwirksamen Teil des Vertrages gleich das gesamte Vertragswerk entfällt. Sie finden diese oder ähnliche Klauseln auch in einer Vielzahl von anderen Verträgen.

Dienstvertrag für den Gesellschafter-Geschäftsführer

§ 11 Vertragsdauer und Kündigung

26 1. Der Dienstvertrag ist auf unbestimmte Dauer geschlossen. Es kann mit einer Frist von 12 Monaten zum Jahresende gekündigt werden.

27 2. Die Kündigung bedarf der Schriftform. Die Kündigung durch den Geschäftsführer hat mit eingeschriebenem Brief gegenüber sämtlichen Gesellschaftern zu erfolgen. Die Kündigung durch die Gesellschaft erfolgt durch schriftliche Mitteilung eines entsprechenden Beschlusses der Gesellschafter.

28 3. Nach einer Kündigung des Dienstvertrages, gleich durch welche Partei, ist die Gesellschaft jederzeit befugt, den Geschäftsführer von seiner Verpflichtung zur Arbeitsleistung für die Gesellschaft sofort freizustellen.

4. Der Dienstvertrag endet ohne Kündigung am Ende des Monats, in dem der Geschäftsführer das 65. Lebensjahr vollendet.

29 5. Der Geschäftsführer kann durch Beschluss der Gesellschafter jederzeit abberufen werden. Die Abberufung gilt zugleich als Kündigung des Dienstvertrages zum nächstzulässigen Zeitpunkt.

§ 12 Schlussbestimmungen

1. Mündliche Vereinbarungen außerhalb dieses Vertrages wurden nicht getroffen.

30 2. Sollten einzelne Bestimmungen des Vertrages unwirksam sein oder werden, so berührt dies nicht die Gültigkeit der übrigen Bestimmungen. Anstelle der unwirksamen Bestimmung oder zur Ausfüllung eventueller Lücken des Vertrages soll eine angemessene Regelung treten, die dem am nächsten kommt, was die Parteien nach ihrer wirtschaftlichen Zwecksetzung gewollt haben.

3. Der für die Mitarbeiter des Unternehmens geltende Tarifvertrag findet auf diesen Dienstvertrag keine Anwendung.

Musterstadt, den 22.05.
Ort, Datum

Jens Schwarz   Marianne Überall
(Geschäftsführer)   Norbert Überall
                      (Gesellschafter)

Dienstvertrag

§ 11 Vertragsdauer und Kündigung

1. Der Dienstvertrag ist auf unbestimmte Dauer geschlossen. Es kann mit einer Frist von ____ _____ gekündigt werden.

2. Die Kündigung bedarf der Schriftform. Die Kündigung durch den Geschäftsführer hat mit eingeschriebenem Brief gegenüber sämtlichen Gesellschaftern zu erfolgen. Die Kündigung durch die Gesellschaft erfolgt durch schriftliche Mitteilung eines entsprechenden Beschlusses der Gesellschafter.

3. Nach einer Kündigung des Dienstvertrages, gleich durch welche Partei, ist die Gesellschaft jederzeit befugt, den Geschäftsführer von seiner Verpflichtung zur Arbeitsleistung für die Gesellschaft sofort freizustellen.

4. Der Dienstvertrag endet ohne Kündigung am Ende des Monats, in dem der Geschäftsführer das 65. Lebensjahr vollendet.

5. Der Geschäftsführer kann durch Beschluss der Gesellschafter jederzeit abberufen werden. Die Abberufung gilt zugleich als Kündigung des Dienstvertrages zum nächstzulässigen Zeitpunkt.

§ 12 Schlussbestimmungen

1. Mündliche Vereinbarungen außerhalb dieses Vertrages wurden nicht getroffen.

2. Sollten einzelne Bestimmungen des Vertrages unwirksam sein oder werden, so berührt dies nicht die Gültigkeit der übrigen Bestimmungen. Anstelle der unwirksamen Bestimmung oder zur Ausfüllung eventueller Lücken des Vertrages soll eine angemessene Regelung treten, die dem am nächsten kommt, was die Parteien nach ihrer wirtschaftlichen Zwecksetzung gewollt haben.

3. Der für die Mitarbeiter des Unternehmens geltende Tarifvertrag findet auf diesen Dienstvertrag keine Anwendung.

_____
(Ort, Datum)

_____   _____
(Geschäftsführer)   (Gesellschafter)

Vertrags-Check Arbeitsrecht

II. Verträge für Geschäftsführer und leitende Angestellte

[1] Ein Gesellschafter einer GmbH kann gleichzeitig auch Geschäftsführer der GmbH werden. In diesem Fall spricht man von einem Gesellschafter-Geschäftsführer. Hält der Geschäftsführer keine Gesellschafteranteile, so wird er als Fremdgeschäftsführer bezeichnet.

[2] Die Bestellung zum GmbH-Geschäftsführer ist ein rein gesellschaftsrechtlicher Vorgang, der an sich keines Dienstvertrages bedarf. Die Gesellschafterversammlung entscheidet über den Geschäftsführer. Hiervon unabhängig ist der Abschluss eines Dienstvertrages, der sich nach zivilrechtlichen Bestimmungen richtet. Theoretisch kann damit ein GmbH-Geschäftsführer auch ohne zugrundeliegenden Dienstvertrag tätig werden. Aus Beweisgründen, insbesondere über die Höhe der Vergütung und der Einräumung eines Wettbewerbsverbotes, empfiehlt sich aber der Abschluss eines Dienstvertrages.

[3] Erst mit der Eintragung in das Handelsregister ist die gesellschaftsrechtliche Bestellung des GmbH-Geschäftsführers durchgeführt. Ein Dienstvertrag mit dem Geschäftsführer kann bereits vorher abgeschlossen werden. In diesem Fall entfällt der zweite Teil des Satzes.

[4] Der Geschäftsführer einer GmbH hat eine ganz besondere Führungsposition. Diese Führungsposition gestattet es ihm, im Wesentlichen frei die Geschäfte zu führen. Im Gegenzug zu dem weiten Handlungsspielraum haftet der GmbH-Geschäftsführer persönlich für von ihm zu vertretene Fehler.

[5] Die GmbH kann als juristische Person nicht persönlich vor Gericht erscheinen. Der GmbH-Geschäftsführer, der Organ der Gesellschaft ist, übernimmt diese wichtige Aufgabe für die Gesellschaft.

[6] Möglich wäre hier auch, dass der GmbH-Geschäftsführer im Innenverhältnis gemeinsam mit einem weiteren Geschäftsführer oder einem Prokuristen die Gesellschaft nach außen vertreten darf. Die Beschränkung der Vertretungsbefugnis würde allerdings nur im Innenverhältnis gelten. Nach außen ist der GmbH-Geschäftsführer jedoch allein vertretungsberechtigt.

[7] Die Gesellschafterversammlung bestellt den Geschäftsführer, entscheidet über seine Entlastung und ruft ihn ab. Sie bestimmt den Gesellschaftszweck und die prinzipielle Geschäftsausrichtung. Aufgrund dieser umfassenden Machtposition hat es die Gesellschafterversammlung in der Hand, den Geschäftsführer anzuweisen. Der GmbH-Geschäftsführer ist allerdings auch bei einer Weisung weiterhin verpflichtet, das Wohl der Gesellschaft im Auge zu behalten und insbesondere die Gesetze zu beachten.

[8] § 181 Bürgerliches Gesetzbuch (BGB) verbietet es einem Stellvertreter, mit sich selbst Geschäfte abzuschließen. Die Befreiung von den Beschränkungen des § 181 BGB bedeutet also, dass der GmbH-Geschäftsführer wirksam Verträge zwischen der GmbH und seiner eigenen Person oder einer anderen von ihm vertretenen Person oder Gesellschaft abschließen kann.

---

[1] Dienstvertrag für sozialversicherungspflichtigen Gesellschafter-Geschäftsführer

Zwischen

Seniorenpflege Sonnenschein GmbH
Rüstigweg 8

12345 Musterstadt

nachfolgend „Gesellschaft" genannt

und

Herrn/Frau
Rosemarie Holm
Akazienstraße 8

12345 Musterstadt

nachfolgend „Geschäftsführer" genannt

Vorbemerkung
Die Gesellschaft ist in das Handelsregister beim Amtsgericht Musterstadt unter Handelsregisternummer HRB 4567 eingetragen. Der Geschäftsführer wurde in der Gesellschafterversammlung **[2]** vom 22.09. bestellt und am 15.11. ins Handelsregister als solcher eingetragen. **[3]**

§ 1 Aufgabenbereich, Ort der Tätigkeit

1. Dem Geschäftsführer obliegen alle Geschäftsführungsaufgaben, die im Rahmen der Tätigkeit des Unternehmens anfallen. Er nimmt die Aufgaben eines Arbeitgebers im Sinne des Arbeits- und Sozialrechts wahr. Der Geschäftsführer hat sich bei seinen Entscheidungen einzig vom **[4]** Wohl der Gesellschaft leiten zu lassen.

2. Der Geschäftsführer vertritt die Gesellschaft gerichtlich und außergerichtlich. Ihm stehen Einzelvertretungs- und Einzelgeschäftsführungsbefugnis zu. Die Rechte und Pflichten des **[5]** Geschäftsführers bestimmen sich nach der Maßgabe dieses Vertrages, des Gesellschaftsvertrages und den ergänzenden gesetzlichen Vorschriften. **[6]**

[7] 3. Der Geschäftsführer wird sein Amt mit der Sorgfalt eines ordentlichen Kaufmannes führen. Er hat Beschlüsse der Gesellschafterversammlung auszuführen, soweit Vereinbarungen in diesem Vertrag nicht entgegenstehen.

[8] 4. Der Geschäftsführer ist von den Beschränkungen des § 181 BGB befreit.

Kopiervorlage

1/6

Dienstvertrag

Zwischen

_____
_____
_____

nachfolgend „Gesellschaft" genannt

und

Herrn/Frau

_____
_____
_____

nachfolgend „Geschäftsführer" genannt

Vorbemerkung

Die Gesellschaft ist in das Handelsregister beim Amtsgericht _____ unter Handelsregisternummer HRB _____ eingetragen. Der Geschäftsführer wurde in der Gesellschafterversammlung vom _____ bestellt und am _____ ins Handelsregister als solcher eingetragen.

§ 1 Aufgabenbereich, Ort der Tätigkeit

1. Dem Geschäftsführer obliegen alle Geschäftsführungsaufgaben, die im Rahmen der Tätigkeit des Unternehmens anfallen. Er nimmt die Aufgaben eines Arbeitgebers im Sinne des Arbeits- und Sozialrechts wahr. Der Geschäftsführer hat sich bei seinen Entscheidungen einzig vom Wohl der Gesellschaft leiten zu lassen.

2. Der Geschäftsführer vertritt die Gesellschaft gerichtlich und außergerichtlich. Ihm stehen Einzelvertretungs- und Einzelgeschäftsführungsbefugnis zu. Die Rechte und Pflichten des Geschäftsführers bestimmen sich nach der Maßgabe dieses Vertrages, des Gesellschaftsvertrages und den ergänzenden gesetzlichen Vorschriften.

3. Der Geschäftsführer wird sein Amt mit der Sorgfalt eines ordentlichen Kaufmannes führen. Er hat Beschlüsse der Gesellschafterversammlung auszuführen, soweit Vereinbarungen in diesem Vertrag nicht entgegenstehen.

4. Der Geschäftsführer ist von den Beschränkungen des § 181 BGB befreit.

Vertrags-Check Arbeitsrecht

II. Verträge für Geschäftsführer und leitende Angestellte

9 Auch bezüglich des Arbeitsortes sollte die Vereinbarung möglichst offen gestaltet sein, um den Geschäftsführer flexibel einsetzen zu können.

10 Üblicherweise erhält ein GmbH-Geschäftsführer ein Jahresgehalt, welches monatlich in Raten auszuzahlen ist. Es ist aber ohne weiteres möglich, eine andere Vereinbarung zu treffen. Hier gibt es keine gesetzlichen Vorschriften.

11 Es empfiehlt sich dringend, eine verbindliche Entscheidung der Krankenkasse über die Sozialversicherungspflicht des GmbH-Geschäftsführers einzuholen. Gesellschafter-Geschäftsführer, die beherrschenden Einfluss auf die GmbH über ihre Gesellschafteranteile oder aufgrund ihres Fachwissens verfügen, sind sozialversicherungsrechtlich als Unternehmer einzustufen und daher von der Sozialversicherung befreit.

12 Die Zahlung einer Tantieme ist nicht zwingend notwendig. Da die Tantieme aber eine hervorragende Möglichkeit bietet, den GmbH-Geschäftsführer unmittelbar an dem Unternehmenserfolg und damit an seiner eigenen Arbeit finanziell zu beteiligen, ist die Einräumung einer Tantieme ein unschätzbarer Motivator. Wie im Einzelnen die Tantieme ausgestaltet ist, bleibt Verhandlungssache zwischen der Gesellschaft und dem Geschäftsführer. Die nachfolgenden Regelungen stellen lediglich einen Vorschlag dar.

13 Eine Begrenzung der Tantieme ist bei Geschäftsführern, die zugleich Gesellschafter sind, aus steuerlichen Gesichtspunkten notwendig. Ein Überschreiten der oben genannten Grenze stellt eine verdeckte Gewinnausschüttung dar und ist zusätzlich zu versteuern.

Dienstvertrag für sozialversicherungspflichtigen Gesellschafter-Geschäftsführer

5. Die von dem Geschäftsführer zu erfüllenden Berichtspflichten der Gesellschafterversammlung gegenüber ergeben sich aus dem Gesellschaftervertrag und der Geschäftsordnung sowie aus den gesetzlichen Vorschriften.

9 ▶ 6. Der Geschäftsführer übt seine Tätigkeit am Firmensitz in <u>Musterstadt</u> aus. Die Gesellschaft behält sich vor, den Geschäftsführer auch an einem anderen Ort einzusetzen.

§ 2 Bezüge

1. Als Vergütung für seine Tätigkeit erhält der Geschäftsführer ein festes Jahresgrundgehalt in Höhe von <u>DM 138.0000,--/EUR...</u> brutto (in Worten: <u>Deutsche Mark einhundertachtund-</u>
10 ▶ <u>dreißigtausend/EUR...).</u>

Das Gehalt wird nach Abzug der gesetzlichen Abgaben in zwölf gleichen Monatsraten jeweils am Ende eines Kalendermonats ausgezahlt.

11 ▶ Der Geschäftsführer ist laut Feststellung der Krankenkasse sozialversicherungspflichtig. Die Gesellschaft übernimmt im Rahmen der gesetzlichen oder freiwilligen Sozialversicherung den Arbeitgeberanteil.

2. Das Grundgehalt wird jährlich überprüft. Die wirtschaftliche Situation der Gesellschaft sowie die Entwicklung der Lebenshaltungskosten sollen dabei angemessen berücksichtigt werden.

12 ▶ 3. Zusätzlich zu der Vergütung gemäß Absatz 1 erhält der Geschäftsführer eine Tantieme in Höhe von <u>0,35</u> % der Bemessungsgrundlage gemäß Absatz a) bis d). Die Tantieme ist zudem nach
13 ▶ oben begrenzt auf höchstens 25 % der Gesamtvergütung der Geschäftsführung und – zusammen mit allen anderen Tantiemenbezügen von Geschäftsführern der Gesellschaft – auf höchstens <u>50</u> % des Jahresüberschusses der Gesellschaft vor Abzug von Steuern und Tantiemen:

a. Bemessungsgrundlage ist der nach Absatz b) modifizierte Jahresüberschuss, der sich aus dem unter Anwendung der steuerlichen Bilanzierungs- und Bewertungsvorschriften aufgestellten Jahresabschluss (Steuerbilanz) ergibt.

b. Der Jahresüberschuss nach Absatz a) wird modifiziert, indem folgende Aufwendungen hinzugerechnet werden: Die gesamte Gewerbesteuer auf den Gewerbeertrag, die gesamte Körperschaftsteuer und die Tantieme selbst. Verlustvorträge sind zu verrechnen.

c. Eine Korrektur wegen etwaiger Änderungen der steuerlichen Gewinnfeststellung durch spätere Betriebsprüfungen erfolgt nicht.

d. Der Anspruch auf die Tantieme wird einen Monat nach Feststellung des Jahresabschlusses der Gesellschaft zur Zahlung fällig. Falls der Dienstvertrag vor dem Ende des Geschäftsjahres der Gesellschaft endet, vermindert sich die nach dem tantiemenpflichtigen Gewinn des Geschäftsjahres ermittelte Tantieme anteilig um jeweils 1/12 pro Monat.

Kopiervorlage

Dienstvertrag

5. Die von dem Geschäftsführer zu erfüllenden Berichtspflichten der Gesellschafterversammlung gegenüber ergeben sich aus dem Gesellschaftervertrag und der Geschäftsordnung sowie aus den gesetzlichen Vorschriften.

6. Der Geschäftsführer übt seine Tätigkeit am Firmensitz in _____ aus. Die Gesellschaft behält sich vor, den Geschäftsführer auch an einem anderen Ort einzusetzen.

§ 2 Bezüge

1. Als Vergütung für seine Tätigkeit erhält der Geschäftsführer ein festes Jahresgrundgehalt in Höhe von _____ brutto (in Worten: _____ _____.

   Das Gehalt wird nach Abzug der gesetzlichen Abgaben in zwölf gleichen Monatsraten jeweils am Ende eines Kalendermonats ausgezahlt.

   Der Geschäftsführer ist laut Feststellung der Krankenkasse sozialversicherungspflichtig. Die Gesellschaft übernimmt im Rahmen der gesetzlichen oder freiwilligen Sozialversicherung den Arbeitgeberanteil.

2. Das Grundgehalt wird jährlich überprüft. Die wirtschaftliche Situation der Gesellschaft sowie die Entwicklung der Lebenshaltungskosten sollen dabei angemessen berücksichtigt werden.

3. Zusätzlich zu der Vergütung gemäß Absatz 1 erhält der Geschäftsführer eine Tantieme in Höhe von ____ % der Bemessungsgrundlage gemäß Absatz a) bis d). Die Tantieme ist zudem nach oben begrenzt auf höchstens 25 % der Gesamtvergütung der Geschäftsführung und – zusammen mit allen anderen Tantiemenbezügen von Geschäftsführern der Gesellschaft – auf höchstens ___ % des Jahresüberschusses der Gesellschaft vor Abzug von Steuern und Tantiemen:

   a. Bemessungsgrundlage ist der nach Absatz b) modifizierte Jahresüberschuss, der sich aus dem unter Anwendung der steuerlichen Bilanzierungs- und Bewertungsvorschriften aufgestellten Jahresabschluss (Steuerbilanz) ergibt.

   b. Der Jahresüberschuss nach Absatz a) wird modifiziert, indem folgende Aufwendungen hinzugerechnet werden: Die gesamte Gewerbesteuer auf den Gewerbeertrag, die gesamte Körperschaftsteuer und die Tantieme selbst. Verlustvorträge sind zu verrechnen.

   c. Eine Korrektur wegen etwaiger Änderungen der steuerlichen Gewinnfeststellung durch spätere Betriebsprüfungen erfolgt nicht.

   d. Der Anspruch auf die Tantieme wird einen Monat nach Feststellung des Jahresabschlusses der Gesellschaft zur Zahlung fällig. Falls der Dienstvertrag vor dem Ende des Geschäftsjahres der Gesellschaft endet, vermindert sich die nach dem tantiemenpflichtigen Gewinn des Geschäftsjahres ermittelte Tantieme anteilig um jeweils 1/12 pro Monat.

Vertrags-Check Arbeitsrecht

II. Verträge für Geschäftsführer und leitende Angestellte

14 Der GmbH-Geschäftsführer ist nicht Arbeitnehmer und fällt damit nicht unter das Entgeltfortzahlungsgesetz. Für den Fall der Erkrankung sollte daher eine Regelung getroffen werden, die auch weit über das Entgeltfortzahlungsgesetz hinausgehen kann.

15 Die Fortzahlung der Bezüge im Todesfalle ist nicht zwingend vorgeschrieben, in den meisten Geschäftsführerverträgen allerdings üblich.

16 Die hier aufgeführten Nebenleistungen sind frei verhandelbar. Es ist nicht unbedingt notwendig, derartige Leistungen aufzunehmen. Der Fremdgeschäftsführer, der für eine GmbH tätig wird, hat jedoch persönlich ein hohes Haftungsrisiko, welches in der Regel durch weitgehende Nebenleistungen abgegolten werden soll.

Dienstvertrag für sozialversicherungspflichtigen Gesellschafter-Geschäftsführer

14 § 3 Gehaltsfortzahlung bei Krankheit und Tod **15**

1. Wird der Geschäftsführer an der Ausübung seiner Tätigkeit durch Krankheit oder andere durch ihn nicht verschuldete Gründe verhindert, so erhält er für die Dauer von __12__ Monaten einen Zuschuss zu den Barleistungen seiner gesetzlichen oder privaten Krankenversicherung, der zusammen mit diesem Krankengeld die Höhe seiner Nettobezüge gemäß § 2 Absatz 1 erreicht. Der Tantiemeanspruch gemäß § 2 Absatz 3 bleibt daneben unverändert bestehen; er vermindert sich jedoch anteilig, wenn die Arbeitsunfähigkeit ununterbrochen länger als __6__ Monate dauert.

2. Im Fall seines Todes erhalten seine Hinterbliebenen (verwitweter Ehegatte und unterhaltsberechtigte Kinder) das Grundgehalt gemäß § 2 Absatz 1 sowie die zeitanteilige Tantieme gemäß § 2 Absatz 3 noch für die Dauer von __3__ Monaten, beginnend mit dem Ablauf des Sterbemonats, weiter. Für diese Zeit entfallen Leistungen an die Hinterbliebenen aufgrund einer für den Geschäftsführer bestehenden betrieblichen Altersversorgung.

16 § 4 Nebenleistungen

1. Für die Erstattung der Kosten anlässlich von Dienstreisen gelten die Richtlinien der Gesellschaft, die insoweit Bestandteil dieses Vertrages sind. Übersteigen die aufgewendeten Spesen die nach den steuerlichen Vorschriften zulässigen Pauschbeträge, so sind sie im Einzelnen zu belegen.

2. Die Gesellschaft stellt dem Geschäftsführer für die Dauer des Dienstvertrages einen angemessenen Dienstwagen zur Verfügung, der auch zu Privatfahrten benutzt werden kann. Betriebs- und Unterhaltungskosten trägt die Gesellschaft. Die Versteuerung des geldwerten Vorteils für die private Nutzung trägt der Geschäftsführer.

   Nutzt der Geschäftsführer seinen eigenen PKW für dienstliche Zwecke, zahlt die Gesellschaft ihm Kilometergeld nach den steuerlichen Höchstsätzen.

3. Die Gesellschaft schließt auf ihre Kosten zugunsten des Geschäftsführers für die Dauer des Dienstvertrages eine Unfallversicherung mit folgenden Deckungssummen ab:

   für den Todesfall: __DM 300.000,--/EUR...__
   für den Invaliditätsfall: __DM 600.000,--/EUR...__

   Die Ansprüche aus der Versicherung stehen unmittelbar dem Geschäftsführer oder dessen Erben zu.

4. Für dienstlich veranlasste Telefongespräche von seinem Privatanschluss erstattet die Gesellschaft dem Geschäftsführer gegen Vorlage der monatlichen Gebührenrechnung __50__ % seiner privaten Telefonrechnung.

5. Die Gesellschaft stellt dem Geschäftsführer für die Dauer dieses Dienstvertrages, beginnend mit dem __01.10.___ , folgendes Objekt als Dienstwohnung unentgeltlich zur Verfügung: __Apartment 12 im Haus Sonnenschein, Rüstigweg 8, 12345 Musterstadt__. Über die Nutzung der Dienstwohnung wird ein besonderer Vertrag geschlossen. Die Versteuerung des geldwerten Vorteils für die private Nutzung trägt der Geschäftsführer.

Dienstvertrag

§ 3 Gehaltsfortzahlung bei Krankheit und Tod

1. Wird der Geschäftsführer an der Ausübung seiner Tätigkeit durch Krankheit oder andere durch ihn nicht verschuldete Gründe verhindert, so erhält er für die Dauer von __ Monaten einen Zuschuss zu den Barleistungen seiner gesetzlichen oder privaten Krankenversicherung, der zusammen mit diesem Krankengeld die Höhe seiner Nettobezüge gemäß § 2 Absatz 1 erreicht. Der Tantiemeanspruch gemäß § 2 Absatz 3 bleibt daneben unverändert bestehen; er vermindert sich jedoch anteilig, wenn die Arbeitsunfähigkeit ununterbrochen länger als __ Monate dauert.

2. Im Fall seines Todes erhalten seine Hinterbliebenen (verwitweter Ehegatte und unterhaltsberechtigte Kinder) das Grundgehalt gemäß § 2 Absatz 1 sowie die zeitanteilige Tantieme gemäß § 2 Absatz 3 noch für die Dauer von __ Monaten, beginnend mit dem Ablauf des Sterbemonats, weiter. Für diese Zeit entfallen Leistungen an die Hinterbliebenen aufgrund einer für den Geschäftsführer bestehenden betrieblichen Altersversorgung.

§ 4 Nebenleistungen

1. Für die Erstattung der Kosten anlässlich von Dienstreisen gelten die Richtlinien der Gesellschaft, die insoweit Bestandteil dieses Vertrages sind. Übersteigen die aufgewendeten Spesen die nach den steuerlichen Vorschriften zulässigen Pauschalbeträge, so sind sie im Einzelnen zu belegen.

2. Die Gesellschaft stellt dem Geschäftsführer für die Dauer des Dienstvertrages einen angemessenen Dienstwagen zur Verfügung, der auch zu Privatfahrten benutzt werden kann. Betriebs- und Unterhaltungskosten trägt die Gesellschaft. Die Versteuerung des geldwerten Vorteils für die private Nutzung trägt der Geschäftsführer.

   Nutzt der Geschäftsführer seinen eigenen PKW für dienstliche Zwecke, zahlt die Gesellschaft ihm Kilometergeld nach den steuerlichen Höchstsätzen.

3. Die Gesellschaft schließt auf ihre Kosten zugunsten des Geschäftsführers für die Dauer des Dienstvertrages eine Unfallversicherung mit folgenden Deckungssummen ab:

   für den Todesfall: _____
   für den Invaliditätsfall: _____

   Die Ansprüche aus der Versicherung stehen unmittelbar dem Geschäftsführer oder dessen Erben zu.

4. Für dienstlich veranlasste Telefongespräche von seinem Privatanschluss erstattet die Gesellschaft dem Geschäftsführer gegen Vorlage der monatlichen Gebührenrechnung ___ % seiner privaten Telefonrechnung.

5. Die Gesellschaft stellt dem Geschäftsführer für die Dauer dieses Dienstvertrages, beginnend mit dem _____, folgendes Objekt als Dienstwohnung unentgeltlich zur Verfügung: _____. Über die Nutzung der Dienstwohnung wird ein besonderer Vertrag geschlossen. Die Versteuerung des geldwerten Vorteils für die private Nutzung trägt der Geschäftsführer.

Vertrags-Check Arbeitsrecht

II. Verträge für Geschäftsführer und leitende Angestellte

17 Aufgrund der Stellung als GmbH-Geschäftsführer wäre es auch möglich, eine Verfallsklausel für den Urlaub aufzunehmen. In diesem Fall würde der Urlaub, sofern er nicht im Kalenderjahr genommen wurde, am 31.12. des Jahres verfallen.

18 Dieser Absatz ist nur dann einzufügen, wenn eine betriebliche Altersversorgung für das Unternehmen besteht oder für den GmbH-Geschäftsführer abgeschlossen wurde. Hierzu zählt z. B. der Abschluss einer Lebensversicherung.

19 Für den Fall, dass der Geschäftsführer eine Diensterfindung im Sinne des Gesetzes macht, hat die Gesellschaft hierfür eine gesonderte Vergütung zu zahlen.

Dienstvertrag für sozialversicherungspflichtigen Gesellschafter-Geschäftsführer

§ 5 Urlaub

1. Der Geschäftsführer hat Anspruch auf einen bezahlten Jahresurlaub von **30** Arbeitstagen. Der Urlaub ist so festzulegen, dass die Belange der Gesellschaft nicht beeinträchtigt werden. ◀ **17**

2. Kann der Geschäftsführer seinen Jahresurlaub ganz oder teilweise nicht nehmen, weil Interessen der Gesellschaft entgegenstehen, so ist der Urlaubsanspruch abzugelten. Das Urlaubsabfindungsentgelt bemisst sich nach der Höhe des Grundgehaltes gemäß § 2 Absatz 1.

18 ▶ #### § 6 Altersversorgung

Für den Anspruch auf betriebliche Versorgungsleistungen gilt eine Pensionsvereinbarung (siehe Anlage), die insoweit Bestandteil dieses Vertrages ist.

§ 7 Nebentätigkeit

Der Geschäftsführer steht der Gesellschaft jederzeit zur Verfügung, wenn das Wohl der Gesellschaft es verlangt. Die Übernahme oder Fortsetzung jeder Nebentätigkeit bedarf der vorherigen schriftlichen Zustimmung der Gesellschafterversammlung. Das gilt auch für die Beteiligung an anderen Unternehmen sowie die Mitwirkung in Aufsichtsorganen anderer Gesellschaften.

Die Zustimmung wird erteilt, wenn keine Interessen der Gesellschaft entgegenstehen.

19 ▶ #### § 8 Diensterfindungen

Diensterfindungen des Geschäftsführers werden nach den Bestimmungen des Gesetzes über Arbeitnehmererfindungen vom 25.07.1957 sowie den hierzu ergangenen „Richtlinien für die Vergütung von Arbeitnehmererfindungen im privaten Dienst" vom 20.07.1959, beide in der jeweils gültigen Fassung, behandelt.

§ 9 Geheimhaltung, Rückgabe von Unterlagen und sonstigem Firmeneigentum

1. Der Geschäftsführer verpflichtet sich, über alle ihm im Rahmen seiner Tätigkeit zur Kenntnis gelangenden geschäftlichen und betrieblichen Angelegenheiten, insbesondere Geschäfts- und Betriebsgeheimnisse, Stillschweigen zu bewahren. Diese Geheimhaltungspflicht dauert auch, soweit rechtlich zulässig, nach Beendigung des Dienstverhältnisses fort.

2. Er verpflichtet sich, bei seinem Ausscheiden alle in seinem Besitz befindlichen Unterlagen, die in Zusammenhang mit seiner Tätigkeit stehen, sowie weitere Arbeitsmittel und insbesondere den überlassenen Firmenwagen an die Gesellschaft zurückzugeben.

Kopiervorlage

Dienstvertrag

§ 5 Urlaub

1. Der Geschäftsführer hat Anspruch auf einen bezahlten Jahresurlaub von ___ Arbeitstagen. Der Urlaub ist so festzulegen, dass die Belange der Gesellschaft nicht beeinträchtigt werden.

2. Kann der Geschäftsführer seinen Jahresurlaub ganz oder teilweise nicht nehmen, weil Interessen der Gesellschaft entgegenstehen, so ist der Urlaubsanspruch abzugelten. Das Urlaubsabfindungsentgelt bemisst sich nach der Höhe des Grundgehaltes gemäß § 2 Absatz 1.

§ 6 Altersversorgung

Für den Anspruch auf betriebliche Versorgungsleistungen gilt eine Pensionsvereinbarung (siehe Anlage), die insoweit Bestandteil dieses Vertrages ist.

§ 7 Nebentätigkeit

Der Geschäftsführer steht der Gesellschaft jederzeit zur Verfügung, wenn das Wohl der Gesellschaft es verlangt. Die Übernahme oder Fortsetzung jeder Nebentätigkeit bedarf der vorherigen schriftlichen Zustimmung der Gesellschafterversammlung. Das gilt auch für die Beteiligung an anderen Unternehmen sowie die Mitwirkung in Aufsichtsorganen anderer Gesellschaften.

Die Zustimmung wird erteilt, wenn keine Interessen der Gesellschaft entgegenstehen.

§ 8 Diensterfindungen

Diensterfindungen des Geschäftsführers werden nach den Bestimmungen des Gesetzes über Arbeitnehmererfindungen vom 25.07.1957 sowie den hierzu ergangenen „Richtlinien für die Vergütung von Arbeitnehmererfindungen im privaten Dienst" vom 20.07.1959, beide in der jeweils gültigen Fassung, behandelt.

§ 9 Geheimhaltung, Rückgabe von Unterlagen und sonstigem Firmeneigentum

1. Der Geschäftsführer verpflichtet sich, über alle ihm im Rahmen seiner Tätigkeit zur Kenntnis gelangenden geschäftlichen und betrieblichen Angelegenheiten, insbesondere Geschäfts- und Betriebsgeheimnisse, Stillschweigen zu bewahren. Diese Geheimhaltungspflicht dauert auch, soweit rechtlich zulässig, nach Beendigung des Dienstverhältnisses fort.

2. Er verpflichtet sich, bei seinem Ausscheiden alle in seinem Besitz befindlichen Unterlagen, die in Zusammenhang mit seiner Tätigkeit stehen, sowie weitere Arbeitsmittel und insbesondere den überlassenen Firmenwagen an die Gesellschaft zurückzugeben.

Vertrags-Check Arbeitsrecht

II. Verträge für Geschäftsführer und leitende Angestellte

20 Die Vereinbarung einer Vertragsstrafe ist dringend zu empfehlen. Der gegen das Wettbewerbsverbot verstoßende Geschäftsführer ist zwar auch ohne Vertragsstrafe schadensersatzpflichtig, die Höhe des Schadens ist jedoch im Einzelfall nachweisbar.

21 Die Höhe der Vertragsstrafe sollte empfindlich sein. Als Richtlinie ist etwa das 1- bis 2fache der üblichen Monatsvergütung anzusetzen.

22 Die Einrede des Fortsetzungszusammenhanges würde – sofern sie nicht wie hier ausgeschlossen ist – dazu führen, dass die Vertragsstrafe nur ein einziges Mal geschuldet ist, sofern der Geschäftsführer während des Wettbewerbsverbotes nur bei einem einzigen Konkurrenten, dies aber auf Dauer, tätig ist. Diese Formulierung führt dazu, dass der Geschäftsführer jeden Monat erneut die Vertragsstrafe zahlen muss.

23 Die Vereinbarung eines Wettbewerbsverbots ohne Zahlung einer Karenzentschädigung ist unwirksam. Die Höhe der Karenzentschädigung muss mindestens die Hälfte der zuletzt bezogenen Vergütung betragen.

24 Der Geschäftsführer muss sich anrechnen lassen, was er anderweitig verdient. Aus diesem Grund ist es erforderlich, die jeweilige Höhe des Gehaltes zu erfahren.

25 Der Verzicht auf das Wettbewerbsverbot ist nur vor Beendigung des Dienstverhältnisses möglich. Bei oder nach Beendigung des Dienstverhältnisses kann nur noch mit Zustimmung des Geschäftsführers hierauf verzichtet werden.

Dienstvertrag für sozialversicherungspflichtigen Gesellschafter-Geschäftsführer

§ 10 Nachträgliches Wettbewerbsverbot

1. Der Gesellschafter verpflichtet sich, während der Dauer von 2 Jahren nach Beendigung des Anstellungsverhältnisses nicht für ein Unternehmen in der Bundesrepublik Deutschland tätig zu sein, das mit der Gesellschaft in Konkurrenz steht.

Als Konkurrenzunternehmen gelten solche Unternehmen, die sich mit <u>der Betreuung von Senioren und Behinderten</u> befassen.

Der Geschäftsführer verpflichtet sich demnach vor allem:

a. nicht ein festes Arbeitsverhältnis oder ein freies Beratungs- oder Vertretungsverhältnis bei einem solchen Unternehmen einzugehen;

b. nicht ein solches Unternehmen selbst zu errichten oder zu erwerben;

a. sich nicht an einem solchen Unternehmen zu beteiligen.

20 ▶ 2. Für den Fall des Verstoßes gegen das Wettbewerbsverbot verpflichtet sich der Geschäftsführer zur Zahlung einer Vertragsstrafe in Höhe von <u>DM 25.000,-/EUR...</u> Die Vertragsstrafe
22 ▶ ist jeden Monat neu geschuldet. Die Einrede des Fortsetzungszusammenhangs ist ausgeschlossen. Es bleibt der Gesellschaft vorbehalten, einen weiter gehenden Schadensersatzanspruch geltend zu machen.

23 ▶ 3. Die Gesellschaft zahlt dem Geschäftsführer für die Dauer des Wettbewerbsverbots eine Entschädigung in Höhe der Hälfte der zuletzt von ihm bezogenen vertragsmäßigen Vergütung (gemäß § 2 des Dienstvertrages). Die Entschädigung wird in monatlichen Raten jeweils am Monatsende ausgezahlt.

4. Der Geschäftsführer verpflichtet sich, der Gesellschaft während der Dauer der Wettbewerbsvereinbarung unaufgefordert jeweils am Schluss eines Kalendervierteljahres die Höhe seines
24 ▶ Verdienstes aus der Verwertung seiner Arbeitskraft mitzuteilen. Während der gleichen Zeit wird der Geschäftsführer der Gesellschaft jeden Wechsel seines Wohnsitzes bekannt geben.

25 ▶ 5. Die Gesellschaft kann vor Beendigung des Anstellungsverhältnisses schriftlich auf das Wettbewerbsverbot verzichten. In diesem Fall entfällt der Entschädigungsanspruch mit Ablauf eines Jahres seit der Erklärung, gleich, ob das Dienstverhältnis dann noch besteht.

6. Diese Wettbewerbsvereinbarung tritt am <u>01.06.</u> in Kraft.

7. Im Übrigen gelten die gesetzlichen Vorschriften der §§ 74 ff. HGB.

Kopiervorlage

Dienstvertrag

§ 10 Nachträgliches Wettbewerbsverbot

1. Der Gesellschafter verpflichtet sich, während der Dauer von 2 Jahren nach Beendigung des Anstellungsverhältnisses nicht für ein Unternehmen in der Bundesrepublik Deutschland tätig zu sein, das mit der Gesellschaft in Konkurrenz steht.

   Als Konkurrenzunternehmen gelten solche Unternehmen, die sich mit _____ _____ befassen.

   Der Geschäftsführer verpflichtet sich demnach vor allem:

   a. nicht ein festes Arbeitsverhältnis oder ein freies Beratungs- oder Vertretungsverhältnis bei einem solchen Unternehmen einzugehen;

   b. nicht ein solches Unternehmen selbst zu errichten oder zu erwerben;

   a. sich nicht an einem solchen Unternehmen zu beteiligen.

2. Für den Fall des Verstoßes gegen das Wettbewerbsverbot verpflichtet sich der Geschäftsführer zur Zahlung einer Vertragsstrafe in Höhe von _____. Die Vertragsstrafe ist jeden Monat neu geschuldet. Die Einrede des Fortsetzungszusammenhangs ist ausgeschlossen. Es bleibt der Gesellschaft vorbehalten, einen weiter gehenden Schadensersatzanspruch geltend zu machen.

3. Die Gesellschaft zahlt dem Geschäftsführer für die Dauer des Wettbewerbsverbots eine Entschädigung in Höhe der Hälfte der zuletzt von ihm bezogenen vertragsmäßigen Vergütung (gemäß § 2 des Dienstvertrages). Die Entschädigung wird in monatlichen Raten jeweils am Monatsende ausgezahlt.

4. Der Geschäftsführer verpflichtet sich, der Gesellschaft während der Dauer der Wettbewerbsvereinbarung unaufgefordert jeweils am Schluss eines Kalendervierteljahres die Höhe seines Verdienstes aus der Verwertung seiner Arbeitskraft mitzuteilen. Während der gleichen Zeit wird der Geschäftsführer der Gesellschaft jeden Wechsel seines Wohnsitzes bekannt geben.

5. Die Gesellschaft kann vor Beendigung des Anstellungsverhältnisses schriftlich auf das Wettbewerbsverbot verzichten. In diesem Fall entfällt der Entschädigungsanspruch mit Ablauf eines Jahres seit der Erklärung, gleich, ob das Dienstverhältnis dann noch besteht.

6. Diese Wettbewerbsvereinbarung tritt am _____ in Kraft.

7. Im Übrigen gelten die gesetzlichen Vorschriften der §§ 74 ff. HGB.

Vertrags-Check Arbeitsrecht

II. Verträge für Geschäftsführer und leitende Angestellte

26 Die Kündigungsfristen können individuell festgelegt werden. Es ist auch möglich, eine Staffelung der Kündigungsfristen nach Betriebszugehörigkeit vorzunehmen.

27 Das sofortige Freistellungsrecht soll dazu dienen, den Geschäftsführer schnellstmöglich aus dem Unternehmen entfernen zu können, sofern dies notwendig wird. Der Geschäftsführer kann einem Unternehmen sehr schaden.

28 Trotz der Aufnahme dieser Klausel empfiehlt es sich, parallel zu kündigen.

29 Diese Regelung wird als Teilunwirksamkeitsklausel oder auch salvatorische Klausel bezeichnet. Sie soll verhindern, dass bei einem unwirksamen Teil des Vertrages gleich das gesamte Vertragswerk entfällt. Sie finden diese oder ähnliche Klauseln auch in einer Vielzahl von anderen Verträgen.

Dienstvertrag für sozialversicherungspflichtigen Gesellschafter-Geschäftsführer

§ 11 Vertragsdauer und Kündigung

26 ▶ 1. Der Dienstvertrag ist auf unbestimmte Dauer geschlossen. Er kann mit einer Frist von <u>12 Monaten zum Jahresende</u> gekündigt werden.

2. Die Kündigung bedarf der Schriftform. Die Kündigung durch den Geschäftsführer hat mit eingeschriebenem Brief gegenüber sämtlichen Gesellschaftern zu erfolgen. Die Kündigung durch die Gesellschaft erfolgt durch schriftliche Mitteilung eines entsprechenden Beschlusses der Gesellschafter.

27 ▶ 3. Nach einer Kündigung des Dienstvertrages, gleich durch welche Partei, ist die Gesellschaft jederzeit befugt, den Geschäftsführer von seiner Verpflichtung zur Arbeitsleistung für die Gesellschaft sofort freizustellen.

4. Der Dienstvertrag endet ohne Kündigung am Ende des Monats, in dem der Geschäftsführer das 65. Lebensjahr vollendet.

28 ▶ 5. Der Geschäftsführer kann durch Beschluss der Gesellschafter jederzeit abberufen werden. Die Abberufung gilt zugleich als Kündigung des Dienstvertrages zum nächstzulässigen Zeitpunkt.

§ 12 Schlussbestimmungen

1. Vereinbarungen außerhalb dieses Vertrages wurden nicht getroffen.

2. Sollten einzelne Bestimmungen des Vertrages unwirksam sein oder werden, so berührt dies nicht die Gültigkeit der übrigen Bestimmungen. Anstelle der unwirksamen Bestimmung oder zur Ausfüllung eventueller Lücken des Vertrages soll eine angemessene Regelung treten, die **29 ▶** dem am nächsten kommt, was die Parteien nach ihrer wirtschaftlichen Zwecksetzung gewollt haben.

3. Der für die Mitarbeiter des Unternehmens geltende Tarifvertrag findet auf diesen Dienstvertrag keine Anwendung.

<u>Musterstadt, 21.09.</u>
Ort, Datum

<u>Rosemarie Holm</u>   <u>Emil Meierrings,</u>
(Geschäftsführer)   (Gesellschaft)
                                    <u>als Bevollmächtigter der Gesellschafterversammlung</u>

Kopiervorlage

Dienstvertrag

§ 11 Vertragsdauer und Kündigung

1. Der Dienstvertrag ist auf unbestimmte Dauer geschlossen. Er kann mit einer Frist von _____ gekündigt werden.

2. Die Kündigung bedarf der Schriftform. Die Kündigung durch den Geschäftsführer hat mit eingeschriebenem Brief gegenüber sämtlichen Gesellschaftern zu erfolgen. Die Kündigung durch die Gesellschaft erfolgt durch schriftliche Mitteilung eines entsprechenden Beschlusses der Gesellschafter.

3. Nach einer Kündigung des Dienstvertrages, gleich durch welche Partei, ist die Gesellschaft jederzeit befugt, den Geschäftsführer von seiner Verpflichtung zur Arbeitsleistung für die Gesellschaft sofort freizustellen.

4. Der Dienstvertrag endet ohne Kündigung am Ende des Monats, in dem der Geschäftsführer das 65. Lebensjahr vollendet.

5. Der Geschäftsführer kann durch Beschluss der Gesellschafter jederzeit abberufen werden. Die Abberufung gilt zugleich als Kündigung des Dienstvertrages zum nächstzulässigen Zeitpunkt.

§ 12 Schlussbestimmungen

1. Vereinbarungen außerhalb dieses Vertrages wurden nicht getroffen.

2. Sollten einzelne Bestimmungen des Vertrages unwirksam sein oder werden, so berührt dies nicht die Gültigkeit der übrigen Bestimmungen. Anstelle der unwirksamen Bestimmung oder zur Ausfüllung eventueller Lücken des Vertrages soll eine angemessene Regelung treten, die dem am nächsten kommt, was die Parteien nach ihrer wirtschaftlichen Zwecksetzung gewollt haben.

3. Der für die Mitarbeiter des Unternehmens geltende Tarifvertrag findet auf diesen Dienstvertrag keine Anwendung.

_____
Ort, Datum

_____   _____
(Geschäftsführer)   (Gesellschaft)

Vertrags-Check Arbeitsrecht

II. Verträge für Geschäftsführer und leitende Angestellte

1 Tragen Sie hier das Datum ein, an welchem das Dienstverhältnis beginnen soll. In der Regel wird dies der 1. Tag eines Monats sein. Soll das Dienstverhältnis während des laufenden Monats beginnen, so ist das Entgelt im 1. Monat nur anteilig zu zahlen.

2 Prokura ist eine gesetzlich definierte Vollmacht. Ein Prokurist ist zu allen Arten von gerichtlichen und außergerichtlichen Rechtsgeschäften ermächtigt, die der Geschäftsbetrieb mit sich bringt. Für die Veräußerung und Belastung von Grundstücken sowie die Veräußerung des Betriebes oder die Löschung der Firma im Handelsregister bedarf es aber einer besonderen Bevollmächtigung. Der Prokurist ist ein leitender Angestellter, dessen Vollmacht aufgrund der Prokuraerteilung gegenüber Dritten sofort greift.

3 Es ist sinnvoll, dem Prokuristen einen Aufgabenbereich zuzuweisen, der seine Tätigkeit im Unternehmen beschreibt. Prokura umfasst nicht die jeweilige Tätigkeit, sondern lediglich die Vertretungsbefugnis des Prokuristen.

4 Diese Öffnungsklausel erlaubt es der Gesellschaft, den Tätigkeitsbereich zu verändern, ohne dass es einer Änderungskündigung bedarf.

5 Gesamtprokura ist nicht - wie der Name eigentlich suggeriert - eine besonders umfassende Art der Prokura. Gesamtprokura bedeutet, dass der Prokurist lediglich gemeinsam mit einem weiteren Vertretungsberechtigten, also einem Geschäftsführer oder Prokuristen, die Gesellschaft nach außen vertreten darf. Es handelt sich also um ein „4-Augen-Prinzip": Es sind immer zwei Unterschriften erforderlich, um die Firma wirksam vertreten zu können.

6 Prokura ist beim Handelsregister anzumelden. Die Erteilung der Prokura erfolgt durch den Geschäftsführer oder durch die Gesellschafterversammlung. Die Anmeldung zum Handelsregister müssen Sie notariell beglaubigen lassen.

Dienstvertrag für Prokuristen

Zwischen

Meyer Pumpen GmbH
Ventilweg 12

12345 Musterstadt

nachfolgend „Gesellschaft" genannt

und

Herrn/Frau
Ursula Putz
Helmaallee 23

12345 Musterstadt

nachfolgend „Prokurist" genannt

§ 1 Tätigkeitsgebiet

1. Der Prokurist wird mit Wirkung ab dem <u>01.12.</u> als leitender Angestellter für den Aufgabenbereich <u>kaufmännische Leitung des Gesamtbetriebes</u> beschäftigt.

2. Der Prokurist ist verpflichtet, auch andere – seinen Fähigkeiten und seiner Aus- und Fortbildung entsprechende – zumutbare Tätigkeiten außerhalb seines Aufgabenbereiches zu verrichten.

3. Der Prokurist wird seine ganze Arbeitskraft und fachlichen Kenntnisse und Erfahrungen ausschließlich der Gesellschaft widmen. Während der Dauer des Dienstverhältnisses ist jede Übernahme einer entgeltlichen oder unentgeltlichen Nebentätigkeit, von Ehrenämtern sowie von Aufsichtsrats-, Beirats- oder ähnlichen Mandaten nur mit vorheriger Zustimmung der Geschäftsführung zulässig.

4. Direkter Vorgesetzter des Prokuristen ist der Geschäftsführer der Gesellschaft.

§ 2 Prokura

Dem Prokuristen wird nach einer Einarbeitungszeit von <u>2</u> Monaten Prokura in Form der Gesamtprokura erteilt. Der Prokurist vertritt die Gesellschaft zusammen mit einem Geschäftsführer oder einem weiteren Prokuristen. Die Eintragung ins Handelsregister der durch gesonderte Niederschrift erteilten Prokura erfolgt durch die Geschäftsleitung.

1/5

Kopiervorlage

Vertrags-Check Arbeitsrecht, 1. Band: Basisverträge

Dienstvertrag

Zwischen

_____

_____

_____

nachfolgend „Gesellschaft" genannt

und

Herrn/Frau

_____

_____

_____

nachfolgend „Prokurist" genannt

§ 1 Tätigkeitsgebiet

1. Der Prokurist wird mit Wirkung ab dem _____ als leitender Angestellter für den Aufgabenbereich_____ beschäftigt.

2. Der Prokurist ist verpflichtet, auch andere – seinen Fähigkeiten und seiner Aus- und Fortbildung entsprechende – zumutbare Tätigkeiten außerhalb seines Aufgabenbereiches zu verrichten.

3. Der Prokurist wird seine ganze Arbeitskraft und fachlichen Kenntnisse und Erfahrungen ausschließlich der Gesellschaft widmen. Während der Dauer des Dienstverhältnisses ist jede Übernahme einer entgeltlichen oder unentgeltlichen Nebentätigkeit, von Ehrenämtern sowie von Aufsichtsrats-, Beirats- oder ähnlichen Mandaten nur mit vorheriger Zustimmung der Geschäftsführung zulässig.

4. Direkter Vorgesetzter des Prokuristen ist der Geschäftsführer der Gesellschaft.

§ 2 Prokura

Dem Prokuristen wird nach einer Einarbeitungszeit von _ Monaten Prokura in Form der Gesamtprokura erteilt. Der Prokurist vertritt die Gesellschaft zusammen mit einem Geschäftsführer oder einem weiteren Prokuristen. Die Eintragung ins Handelsregister der durch gesonderte Niederschrift erteilten Prokura erfolgt durch die Geschäftsleitung.

Vertrags-Check Arbeitsrecht

II. Verträge für Geschäftsführer und leitende Angestellte

7 Auch bezüglich des Arbeitsortes sollte die Vereinbarung möglichst offen gestaltet sein, um den Prokuristen flexibel einsetzen zu können.

8 Fügen Sie hier das mit dem Prokuristen verhandelte Bruttogehalt ein.

9 An dieser Stelle findet sich oft die Klausel, dass auch Gehaltspfändungen nur mit der Zustimmung der Gesellschaft erfolgen dürfen. Ob wirksam gepfändet wird, haben aber weder Sie noch der Prokurist in der Hand, sondern der Gläubiger des Prokuristen, der diesem gegenüber einen wirksamen Titel erwirkt hat.

10 Sie haben als Arbeitgeber das Recht, bereits ab dem ersten Tag der Arbeitsunfähigkeit eine Bescheinigung zu verlangen, § 5 Absatz 1 Entgeltfortzahlungsgesetz (EFZG). Allerdings müssen Sie dies nachweisbar vor einer Erkrankung gefordert haben. Möglich ist also bereits die Festlegung im Arbeitsvertrag.

11 Gemäß EFZG geht die Forderung gegenüber einem Dritten auch ohne gesonderte Abtretung auf Sie über, sofern Sie Entgeltfortzahlung geleistet haben. Diese Klausel dient daher nur der Klarstellung gegenüber dem Prokuristen, dass durch die Entgeltfortzahlung der Anspruch auf Schadensersatz in Höhe der geleisteten Entgeltzahlung auf Sie als Arbeitgeber übergeht.

Dienstvertrag für Prokuristen

§ 3 Arbeitszeit, Arbeitsort

1. Die regelmäßige Arbeitszeit von Montag bis Freitag beträgt <u>40</u> Stunden wöchentlich.

2. Der Prokurist ist verpflichtet, nach Weisung der Geschäftsleitung über seinen Tätigkeitsrahmen hinaus Vertretungen durchzuführen, ohne dass er damit Anspruch auf höhere Vergütung erhält.

7▸ 3. Der Prokurist übt seine Tätigkeit am Firmensitz in <u>Musterstadt</u> aus. Der Arbeitgeber behält sich vor, den Mitarbeiter auch an einem anderen Ort einzusetzen.

§ 4 Vergütung

1. Das Festgehalt des Prokuristen beträgt pro Monat

8▸ <u>DM 10.250,-/EUR...</u> brutto

und wird jeweils am Ende des Monats gezahlt. Der Prokurist erklärt sich damit einverstanden, dass sein Gehalt auf ein von ihm zu benennendes Bank- oder Postbankkonto überwiesen wird.

2. Das Festgehalt wird jährlich überprüft. Die wirtschaftliche Entwicklung der Gesellschaft, die persönlichen Leistungen des Prokuristen sowie die Steigerung der Lebenshaltungskosten werden dabei angemessen berücksichtigt.

3. Eventuelle Zahlungen von Gratifikationen, Prämien und ähnlichen Leistungen liegen im freien Ermessen der Gesellschaft. Sie sind freiwillig und begründen auch bei wiederholter, ohne ausdrücklichen Vorbehalt der Freiwilligkeit erfolgter Zahlung keinen Rechtsanspruch im Folgejahr.

4. Bei einer Gehaltsabtretung bzw. -pfändung trägt der Prokurist die hierfür entstehenden Kosten, mindestens aber pro Überweisung <u>DM 5,-/EUR ...</u> und pro notwendigem Schreiben
9▸ <u>DM 10,-/EUR...</u>

§ 5 Arbeitsverhinderung, Vergütungsfortzahlung im Krankheitsfall

1. Der Prokurist ist verpflichtet, jede Arbeitsverhinderung und ihre voraussichtliche Dauer unverzüglich der Geschäftsführung mitzuteilen.

10▸ 2. Im Falle der Arbeitsunfähigkeit infolge Krankheit ist der Prokurist verpflichtet, vor Ablauf des dritten Kalendertages nach Beginn der Arbeitsunfähigkeit eine ärztliche Bescheinigung darüber sowie über deren voraussichtliche Dauer vorzulegen. Bei einer über den angegebenen Zeitraum hinausgehenden Erkrankung ist eine Folgebescheinigung innerhalb von weiteren 3 Tagen mit Ablauf der vorangegangenen einzureichen.

3. Ist der Prokurist an der Arbeitsleistung infolge von auf unverschuldeter Krankheit beruhender Arbeitsunfähigkeit verhindert, leistet die Gesellschaft Fortzahlung der Vergütung nach Maßgabe des Entgeltfortzahlungsgesetzes.

4. Wird der Prokurist durch Handlungen eines Dritten arbeitsunfähig, gehen die dem Prokuristen gegenüber dem Dritten zustehenden Schadensersatzansprüche wegen Verdienstausfalles in der Höhe auf die Gesellschaft über, in welcher die Gesellschaft während der Zeit der Arbeits-
11▸ unfähigkeit Entgeltfortzahlung geleistet hat.

2/5

Kopiervorlage

Dienstvertrag

§ 3 Arbeitszeit, Arbeitsort

1. Die regelmäßige Arbeitszeit von Montag bis Freitag beträgt ____ Stunden wöchentlich.

2. Der Prokurist ist verpflichtet, nach Weisung der Geschäftsleitung über seinen Tätigkeitsrahmen hinaus Vertretungen durchzuführen, ohne dass er damit Anspruch auf höhere Vergütung erhält.

3. Der Prokurist übt seine Tätigkeit am Firmensitz in _____ aus. Der Arbeitgeber behält sich vor, den Mitarbeiter auch an einem anderen Ort einzusetzen.

§ 4 Vergütung

1. Das Festgehalt des Prokuristen beträgt pro Monat

   _____ brutto

   und wird jeweils am Ende des Monats gezahlt. Der Prokurist erklärt sich damit einverstanden, dass sein Gehalt auf ein von ihm zu benennendes Bank- oder Postbankkonto überwiesen wird.

2. Das Festgehalt wird jährlich überprüft. Die wirtschaftliche Entwicklung der Gesellschaft, die persönlichen Leistungen des Prokuristen sowie die Steigerung der Lebenshaltungskosten werden dabei angemessen berücksichtigt.

3. Eventuelle Zahlungen von Gratifikationen, Prämien und ähnlichen Leistungen liegen im freien Ermessen der Gesellschaft. Sie sind freiwillig und begründen auch bei wiederholter, ohne ausdrücklichen Vorbehalt der Freiwilligkeit erfolgter Zahlung keinen Rechtsanspruch im Folgejahr.

4. Bei einer Gehaltsabtretung bzw. -pfändung trägt der Prokurist die hierfür entstehenden Kosten, mindestens aber pro Überweisung _____ und pro notwendigem Schreiben _____ .

§ 5 Arbeitsverhinderung, Vergütungsfortzahlung im Krankheitsfall

1. Der Prokurist ist verpflichtet, jede Arbeitsverhinderung und ihre voraussichtliche Dauer unverzüglich der Geschäftsführung mitzuteilen.

2. Im Falle der Arbeitsunfähigkeit infolge Krankheit ist der Prokurist verpflichtet, vor Ablauf des dritten Kalendertages nach Beginn der Arbeitsunfähigkeit eine ärztliche Bescheinigung darüber sowie über deren voraussichtliche Dauer vorzulegen. Bei einer über den angegebenen Zeitraum hinausgehenden Erkrankung ist eine Folgebescheinigung innerhalb von weiteren 3 Tagen mit Ablauf der vorangegangenen einzureichen.

3. Ist der Prokurist an der Arbeitsleistung infolge von auf unverschuldeter Krankheit beruhender Arbeitsunfähigkeit verhindert, leistet die Gesellschaft Fortzahlung der Vergütung nach Maßgabe des Entgeltfortzahlungsgesetzes.

4. Wird der Prokurist durch Handlungen eines Dritten arbeitsunfähig, gehen die dem Prokuristen gegenüber dem Dritten zustehenden Schadensersatzansprüche wegen Verdienstausfalles in der Höhe auf die Gesellschaft über, in welcher die Gesellschaft während der Zeit der Arbeitsunfähigkeit Entgeltfortzahlung geleistet hat.

Vertrags-Check Arbeitsrecht

II. Verträge für Geschäftsführer und leitende Angestellte

12 Sämtliche der hier aufgeführten Nebenleistungen sind lediglich als Vorschlag zu betrachten. Es ist nicht unbedingt notwendig, einem Prokuristen die erwähnten Nebenleistungen zu gewähren.

13 Durch die Einräumung der Übertragbarkeit werden die Voraussetzungen dafür geschaffen, dass die von der Gesellschaft (Versicherungsnehmer) zugunsten des Prokuristen (Begünstigter) abgeschlossene Versicherung auf diesen übertragen werden kann. Da der begünstigte Prokurist nicht selbst Vertragspartner der Versicherung ist, kann er – ohne eine solche Klausel – nicht von dem eingezahlten Kapital profitieren.

14 Das Gesetz über betriebliche Altersversorgung (BetrAVG) schreibt vor, dass sie – sofern eine solche Altersversorgung geschaffen wird – nicht verfallen kann. Die Direktversicherung ist eine der möglichen Altersversorgungen, die ein Arbeitgeber für einen Prokuristen abschließen kann. Diese Möglichkeit ist besonders leicht umzusetzen und wird daher von den Betrieben im Rahmen der betrieblichen Altersvorsorge bevorzugt.

15 Die hier vorgeschlagenen Kündigungsfristen sind nicht zwingend notwendig. Es ist möglich, lediglich die kürzeren gesetzlichen Grundkündigungsfristen des § 622 Bürgerliches Gesetzbuch (BGB) zu vereinbaren. Wenn – so wie hier – längere Kündigungsfristen vereinbart werden, so muss die Kündigungsfrist für beide Parteien gleich lang sein.

16 Nach der Neuregelung des § 623 Bürgerliches Gesetzbuch (BGB) ist eine mündliche Kündigung unwirksam.

17 Ein Prokurist kann – sofern er durch eine Kündigung demotiviert ist – Ihrem Betrieb erheblichen Schaden zufügen. Die Freistellungsmöglichkeit soll Sie als Arbeitgeber schützen. Wählen Sie die Freistellung, so müssen Sie allerdings während der Freistellung bis zum Ende des Arbeitsverhältnisses das Gehalt fortzahlen.

Dienstvertrag für Prokuristen

§ 6 Spesen und Auslagen
Reisekosten und sonstige Aufwendungen, die im Interesse der Gesellschaft notwendig sind, werden entsprechend den steuerlichen Vorschriften als Auslagenersatz erstattet.

§ 7 Urlaub
1. Der Prokurist hat Anspruch auf einen jährlichen Erholungsurlaub von _36_ Werktagen.
2. Der Urlaub wird im Einvernehmen mit der Geschäftsführung unter Berücksichtigung der betrieblichen Belange festgelegt.

§ 8 Nebenleistungen/Versicherungen
1. Die Gesellschaft unterhält als Versicherungsnehmerin bei der _Sicherheit Versicherungs-AG_ eine Gruppenunfallversicherung unter der VS-Nr. _98765_. Die Gesellschaft ist verpflichtet, den Prokuristen in die Gruppenunfallversicherung aufzunehmen und während der Dauer des Dienstverhältnisses zu gleichbleibenden Bedingungen versichert zu halten.

2. Die Gesellschaft unterhält ferner als Versicherungsnehmerin bei der _Sicherheit Versicherungs-AG_ unter der VS-Nr. _43219_ eine Direktlebensversicherung über eine Versicherungssumme von _DM 70.000,–/EUR..._ . Die Gesellschaft ist verpflichtet, diese Versicherung bei bestehendem Beschäftigungsverhältnis zu unveränderten bzw. den jeweils steuerlich privilegierten Höchstbeträgen zu unterhalten.

Die Gesellschaft räumt dem Prokuristen das Recht ein, diese Versicherung bei Beendigung des Beschäftigungsverhältnisses in eigenem Namen und auf eigene Rechnung fortzuführen, und wird die für die Übertragung der Versicherungsnehmereigenschaft auf den Prokuristen notwendigen Erklärungen gegenüber dem Versicherer auf ihre Kosten abgeben. Diese Übertragungsverpflichtung gilt unabhängig von den Unverfallbarkeitsvoraussetzungen nach § 1 BetrAVG.

§ 9 Kündigung
1. Der Dienstvertrag kann von jeder Partei mit einer Frist von _drei Monaten zum Ende des Quartals_ gekündigt werden. Nach einer Vertragsdauer von _drei_ Jahren verlängert sich die Kündigungsfrist auf _sechs Monate zum Quartalsende_ und nach _zehn_ Jahren auf _12_ Monate zum Quartalsende.

2. Die Kündigung hat durch eingeschriebenen Brief zu erfolgen.

3. Nach einer Kündigung des Dienstvertrages, gleich durch welche Partei, ist die Gesellschaft jederzeit befugt, den Prokuristen von seiner Verpflichtung zur Arbeitsleistung für die Gesellschaft sofort freizustellen.

4. Ohne dass es einer Kündigung bedarf, endet das Dienstverhältnis mit Ablauf des Monats, nach welchem der Prokurist Rente wegen Erwerbsunfähigkeit oder Erreichung der Altersgrenze bezieht. Den Bescheid der zuständigen Behörden hierüber hat der Prokurist unverzüglich der Gesellschaft vorzulegen. Die Parteien sind sich darüber einig, dass das Dienstverhältnis jedoch spätestens mit Ablauf des 65. Lebensjahres endet.

Dienstvertrag

§ 6 Spesen und Auslagen

Reisekosten und sonstige Aufwendungen, die im Interesse der Gesellschaft notwendig sind, werden entsprechend den steuerlichen Vorschriften als Auslagenersatz erstattet.

§ 7 Urlaub

1. Der Prokurist hat Anspruch auf einen jährlichen Erholungsurlaub von ____ Werktagen.

2. Der Urlaub wird im Einvernehmen mit der Geschäftsführung unter Berücksichtigung der betrieblichen Belange festgelegt.

§ 8 Nebenleistungen/Versicherungen

1. Die Gesellschaft unterhält als Versicherungsnehmerin bei der _____ eine Gruppenunfallversicherung unter der VS-Nr. _____. Die Gesellschaft ist verpflichtet, den Prokuristen in die Gruppenunfallversicherung aufzunehmen und während der Dauer des Dienstverhältnisses zu gleichbleibenden Bedingungen versichert zu halten.

2. Die Gesellschaft unterhält ferner als Versicherungsnehmerin bei der _____ unter der VS-Nr. _____ eine Direktlebensversicherung über eine Versicherungssumme von _____. Die Gesellschaft ist verpflichtet, diese Versicherung bei bestehendem Beschäftigungsverhältnis zu unveränderten bzw. den jeweils steuerlich privilegierten Höchstbeiträgen zu unterhalten.

Die Gesellschaft räumt dem Prokuristen das Recht ein, diese Versicherung bei Beendigung des Beschäftigungsverhältnisses in eigenem Namen und auf eigene Rechnung fortzuführen, und wird die für die Übertragung der Versicherungsnehmereigenschaft auf den Prokuristen notwendigen Erklärungen gegenüber dem Versicherer auf ihre Kosten abgeben. Diese Übertragungsverpflichtung gilt unabhängig von den Unverfallbarkeitsvoraussetzungen nach § 1 BetrAVG.

§ 9 Kündigung

1. Der Dienstvertrag kann von jeder Partei mit einer Frist von _____ _____ gekündigt werden. Nach einer Vertragsdauer von ____ Jahren verlängert sich die Kündigungsfrist auf _____ und nach ____ Jahren auf __ Monate zum Quartalsende.

2. Die Kündigung hat durch eingeschriebenen Brief zu erfolgen.

3. Nach einer Kündigung des Dienstvertrages, gleich durch welche Partei, ist die Gesellschaft jederzeit befugt, den Prokuristen von seiner Verpflichtung zur Arbeitsleistung für die Gesellschaft sofort freizustellen.

4. Ohne dass es einer Kündigung bedarf, endet das Dienstverhältnis mit Ablauf des Monats, nach welchem der Prokurist Rente wegen Erwerbsunfähigkeit oder Erreichung der Altersgrenze bezieht. Den Bescheid der zuständigen Behörden hierüber hat der Prokurist unverzüglich der Gesellschaft vorzulegen. Die Parteien sind sich darüber einig, dass das Dienstverhältnis jedoch spätestens mit Ablauf des 65. Lebensjahres endet.

Vertrags-Check Arbeitsrecht

II. Verträge für Geschäftsführer und leitende Angestellte

18 Sofern das Unternehmen für die Konkurrenz interessante Betriebsgeheimnisse hat, kann es unter Umständen sinnvoll sein, eine Vertragsstrafe zu vereinbaren.

19 Die Speicherung und Verarbeitung von personenbezogenen Daten ist in jedem Betrieb erforderlich. Spätestens bei der Lohnabrechnung (eventuell bei einem mit der Lohnabrechnung beauftragten Steuerberater) müssen Daten des Prokuristen in eine DV-Anlage eingegeben und verarbeitet werden.

20 Die Vereinbarung einer Vertragsstrafe ist für Sie als Arbeitgeber besonders wichtig. Zwar ist ein Prokurist bei den aufgeführten Vertragsverstößen auch ohne diese Regelung schadensersatzpflichtig, den Ihnen entstandenen Schaden müssen Sie jedoch bis auf den letzten Pfennig beweisen können. Dieser Beweis fällt in der Praxis oft schwer. Haben Sie eine Vertragsstrafe vereinbart, so entfällt der schwierige Beweis für die Schadenshöhe, jedenfalls bis zur Höhe der festgelegten Vertragsstrafe.

Dienstvertrag für Prokuristen

§ 10 Verschwiegenheitspflicht, Rückgabe von Unterlagen und sonstigem Firmeneigentum

18 1. Der Prokurist ist verpflichtet, über alle ihm bekannten Angelegenheiten, Vorgänge, Verträge und Geschäftsbeziehungen innerhalb und außerhalb des Betriebes und auch nach seinem Ausscheiden aus den Diensten der Gesellschaft Verschwiegenheit zu bewahren.

2. Dazu gehören neben Geschäfts- und Betriebsgeheimnissen auch persönliche Verhältnisse der Mitarbeiter und Vorgesetzten.

3. Unter anderem verpflichtet sich der Prokurist, über die Höhe seines Gehaltes sowie über Prämien und/oder weitere Bezüge Stillschweigen zu bewahren.

4. Ein Verstoß gegen die Verschwiegenheitspflicht führt zu einem Schadensersatzanspruch der Gesellschaft; in Extremfällen kann ordentlich bzw. außerordentlich gekündigt werden.

5. Der Prokurist hat jederzeit auf Verlangen der Gesellschaft, spätestens aber unaufgefordert bei Beendigung des Arbeitsverhältnisses, alles Material, insbesondere alle Unterlagen, Kopien etc. zurückzugeben, die im Zusammenhang mit seiner Tätigkeit für die Firma in seinen Besitz gelangt sind. Dem Prokuristen steht ein Zurückbehaltungsrecht insoweit nicht zu. Die Konditionen für die Rückgabe eines eventuell zur Verfügung gestellten Dienstwagens sind in der Dienstwagenvereinbarung geregelt.

6. Der Prokurist verpflichtet sich durch seine Unterschrift auf einem gesonderten Formblatt, das Datengeheimnis gemäß § 5 Bundesdatenschutzgesetz (BDSG) zu wahren. Die Verpflichtung auf das Datengeheimnis ist Bestandteil dieses Vertrages und zwingend als Anlage zu diesem Vertrag zu führen.

19 **§ 11 Speicherung von Daten**

Der Prokurist ist im Sinne des Bundesdatenschutzgesetzes (BDSG) darüber unterrichtet worden, dass seine persönlichen Daten in Zusammenhang mit dem Dienstverhältnis in einer DV-Anlage gespeichert werden, und erklärt sich damit einverstanden.

20 **§ 12 Vertragsstrafe**

1. Im Falle einer schuldhaften Nichtaufnahme der Tätigkeit oder der Nichteinhaltung der Kündigungsfrist durch den Prokurist verpflichtet sich dieser, der Gesellschaft eine Vertragsstrafe in Höhe eines Bruttomonatseinkommens gemäß § 4 Absatz 1 dieses Vertrages zu zahlen.

2. Gleiches gilt auch für den Vertragsrücktritt vor Beginn des Dienstverhältnisses.

3. Die Gesellschaft ist berechtigt, einen weitergehenden Schaden geltend zu machen.

4/5

Kopiervorlage

Dienstvertrag

§ 10 Verschwiegenheitspflicht, Rückgabe von Unterlagen und sonstigem Firmeneigentum

1. Der Prokurist ist verpflichtet, über alle ihm bekannten Angelegenheiten, Vorgänge, Verträge und Geschäftsbeziehungen innerhalb und außerhalb des Betriebes und auch nach seinem Ausscheiden aus den Diensten der Gesellschaft Verschwiegenheit zu bewahren.

2. Dazu gehören neben Geschäfts- und Betriebsgeheimnissen auch persönliche Verhältnisse der Mitarbeiter und Vorgesetzten.

3. Unter anderem verpflichtet sich der Prokurist, über die Höhe seines Gehaltes sowie über Prämien und/oder weitere Bezüge Stillschweigen zu bewahren.

4. Ein Verstoß gegen die Verschwiegenheitspflicht führt zu einem Schadensersatzanspruch der Gesellschaft; in Extremfällen kann ordentlich bzw. außerordentlich gekündigt werden.

5. Der Prokurist hat jederzeit auf Verlangen der Gesellschaft, spätestens aber unaufgefordert bei Beendigung des Arbeitsverhältnisses, alles Material, insbesondere alle Unterlagen, Kopien etc. zurückzugeben, die im Zusammenhang mit seiner Tätigkeit für die Firma in seinen Besitz gelangt sind. Dem Prokuristen steht ein Zurückbehaltungsrecht insoweit nicht zu. Die Konditionen für die Rückgabe eines eventuell zur Verfügung gestellten Dienstwagens sind in der Dienstwagenvereinbarung geregelt.

6. Der Prokurist verpflichtet sich durch seine Unterschrift auf einem gesonderten Formblatt, das Datengeheimnis gemäß § 5 Bundesdatenschutzgesetz (BDSG) zu wahren. Die Verpflichtung auf das Datengeheimnis ist Bestandteil dieses Vertrages und zwingend als Anlage zu diesem Vertrag zu führen.

§ 11 Speicherung von Daten

Der Prokurist ist im Sinne des Bundesdatenschutzgesetzes (BDSG) darüber unterrichtet worden, dass seine persönlichen Daten in Zusammenhang mit dem Dienstverhältnis in einer DV-Anlage gespeichert werden, und erklärt sich damit einverstanden.

§ 12 Vertragsstrafe

1. Im Falle einer schuldhaften Nichtaufnahme der Tätigkeit oder der Nichteinhaltung der Kündigungsfrist durch den Prokurist verpflichtet sich dieser, der Gesellschaft eine Vertragsstrafe in Höhe eines Bruttomonatseinkommens gemäß § 4 Absatz 1 dieses Vertrages zu zahlen.

2. Gleiches gilt auch für den Vertragsrücktritt vor Beginn des Dienstverhältnisses.

3. Die Gesellschaft ist berechtigt, einen weitergehenden Schaden geltend zu machen.

Vertrags-Check Arbeitsrecht

II. Verträge für Geschäftsführer und leitende Angestellte

21 Verfallsklauseln finden sich sehr häufig auch in Tarifverträgen. Sie haben den Vorteil, dass nach Ablauf der genannten Fristen der Anspruch des Prokuristen nicht mehr besteht.

22 Vertragsänderungen sollten zu Beweiszwecken immer schriftlich verfasst werden.

23 Diese Regelung wird als Teilunwirksamkeitsklausel oder auch salvatorische Klausel bezeichnet. Sie soll verhindern, dass bei einem unwirksamen Teil des Vertrages gleich das gesamte Vertragswerk entfällt. Sie finden diese oder ähnliche Klauseln auch in einer Vielzahl von anderen Verträgen.

Dienstvertrag für Prokuristen

21 **§ 13 Ausschluss- und Verfallsfristen**

1. Alle Ansprüche aus diesem Dienstvertrag und solche, die damit in Verbindung stehen, verfallen, wenn sie nicht innerhalb von 3 Monaten nach Fälligkeit gegenüber der anderen Vertragspartei schriftlich geltend gemacht worden sind.

2. Lehnt die andere Vertragspartei den Anspruch ab oder erklärt sie sich nicht innerhalb von 4 Wochen nach der Geltendmachung des Anspruchs, so verfällt dieser, wenn er nicht innerhalb von 3 Monaten nach der Ablehnung oder dem Fristablauf gerichtlich geltend gemacht wird.

§ 14 Sonstige Bestimmungen

22 1. Änderungen und Ergänzungen dieses Vertrages bedürfen der Schriftform; dies gilt auch für einen Verzicht auf das Schriftformerfordernis selbst.

2. Mündliche Nebenabreden zu diesem Vertrag bestehen nicht.

23 3. Sollten sich einzelne Bestimmungen dieses Vertrages als unwirksam erweisen, so wird dadurch die Wirksamkeit der übrigen Bestimmungen nicht berührt. Eine ungültige oder unklare Bestimmung ist so zu ersetzen bzw. zu deuten, dass der mit ihr beabsichtigte wirtschaftliche Zweck erreicht wird. Lücken sind dem beabsichtigten wirtschaftlichen Zweck entsprechend zu füllen.

Musterstadt, 02.12.

Paul H. Meyer
Geschäftsführer
Arbeitgeber

Ursula Putz
Prokurist

Dienstvertrag

§ 13 Ausschluss- und Verfallsfristen

1. Alle Ansprüche aus diesem Dienstvertrag und solche, die damit in Verbindung stehen, verfallen, wenn sie nicht innerhalb von 3 Monaten nach Fälligkeit gegenüber der anderen Vertragspartei schriftlich geltend gemacht worden sind.

2. Lehnt die andere Vertragspartei den Anspruch ab oder erklärt sie sich nicht innerhalb von 4 Wochen nach der Geltendmachung des Anspruchs, so verfällt dieser, wenn er nicht innerhalb von 3 Monaten nach der Ablehnung oder dem Fristablauf gerichtlich geltend gemacht wird.

§ 14 Sonstige Bestimmungen

1. Änderungen und Ergänzungen dieses Vertrages bedürfen der Schriftform; dies gilt auch für einen Verzicht auf das Schriftformerfordernis selbst.

2. Mündliche Nebenabreden zu diesem Vertrag bestehen nicht.

3. Sollten sich einzelne Bestimmungen dieses Vertrages als unwirksam erweisen, so wird dadurch die Wirksamkeit der übrigen Bestimmungen nicht berührt. Eine ungültige oder unklare Bestimmung ist so zu ersetzen bzw. zu deuten, dass der mit ihr beabsichtigte wirtschaftliche Zweck erreicht wird. Lücken sind dem beabsichtigten wirtschaftlichen Zweck entsprechend zu füllen.

_____
Ort, Datum

_____ _____
Arbeitgeber   Prokurist

Vertrags-Check Arbeitsrecht

II. Verträge für Geschäftsführer und leitende Angestellte

1 Tragen Sie hier das Datum ein, an welchem das Arbeitsverhältnis beginnen soll. In der Regel wird dies der 1. Tag eines Monats sein. Soll das Arbeitsverhältnis während des laufenden Monats beginnen, so ist das Arbeitsentgelt im 1. Monat nur anteilig zu zahlen.

2 Leitender Angestellter ist, wer selbstständig Mitarbeiter einstellen oder entlassen darf. Für leitende Angestellte gilt das Betriebsverfassungsgesetz nicht, § 5 Betriebsverfassungsgesetz (BetrVG). Dies bedeutet, dass sie weder ein aktives noch ein passives Wahlrecht haben und auch nicht bei der Ermittlung der Mitarbeiterzahl berücksichtigt werden. Auch das Arbeitszeitgesetz findet auf leitende Angestellte keine Anwendung, § 18 Arbeitszeitgesetz (ArbzG).

3 Es ist sinnvoll, dem Mitarbeiter einen Aufgabenbereich zuzuweisen, der seine Tätigkeit im Unternehmen beschreibt.

4 Diese Öffnungsklausel erlaubt es Ihnen als Arbeitgeber, den Tätigkeitsbereich zu verändern, ohne dass es einer Änderungskündigung bedarf.

5 Auch bezüglich des Arbeitsortes sollte die Vereinbarung möglichst offen gestaltet sein, um den Mitarbeiter flexibel einsetzen zu können.

Arbeitsvertrag für leitende Angestellte

Zwischen

Gries Wärmedämmung GmbH
Osterweg 1-5

12345 Musterstadt

nachfolgend „Arbeitgeber" genannt

und

Herrn/Frau
Gustav W. Klein
Parkallee 6

12345 Musterstadt

nachfolgend „Mitarbeiter" genannt

§ 1 Beginn des Arbeitsverhältnisses

1. Das Arbeitsverhältnis beginnt am 01.07. ◀ **1**

2. Die ersten 6 Monate gelten als Probezeit mit monatlicher Kündigung zum Ende eines Kalendermonats. Wird nach der Probezeit gekündigt, so gelten die Kündigungsfristen gemäß § 9 dieses Vertrages.

§ 2 Tätigkeitsgebiet, Ort der Tätigkeit

2 ▶ 1. Der Mitarbeiter wird als leitender Angestellter für den Aufgabenbereich Marketing/Controlling ◀ **3** beschäftigt. Er leitet den Bereich eigenständig und ist befugt, Mitarbeiter seines Bereiches zu ermahnen, abzumahnen, zu entlassen oder Mitarbeiter im Rahmen der Stellenplanung seiner Abteilung einzustellen.

4 ▶ 2. Der Mitarbeiter ist verpflichtet, auch andere – seinen Fähigkeiten und seiner Aus- und Fortbildung entsprechende – zumutbare Tätigkeiten außerhalb seines Aufgabenbereiches zu verrichten.

3. Der Mitarbeiter wird seine ganze Arbeitskraft und fachlichen Kenntnisse und Erfahrungen ausschließlich dem Arbeitgeber widmen. Während der Dauer des Arbeitsverhältnisses ist jede Übernahme einer entgeltlichen oder unentgeltlichen Nebentätigkeit nur mit vorheriger Zustimmung der Geschäftsführung zulässig.

5 ▶ 4. Der Mitarbeiter übt seine Tätigkeit am Firmensitz in Musterstadt aus. Der Arbeitgeber behält sich vor, den Mitarbeiter auch an einem anderen Ort einzusetzen.

5. Direkter Vorgesetzter des Mitarbeiters ist der Geschäftsführer der Gesellschaft.

Kopiervorlage

Arbeitsvertrag

Zwischen

_____

_____

_____

nachfolgend „Arbeitgeber" genannt

und

Herrn/Frau

_____

_____

_____

nachfolgend „Mitarbeiter" genannt

§ 1 Beginn des Arbeitsverhältnisses

1. Das Arbeitsverhältnis beginnt am _____

2. Die ersten 6 Monate gelten als Probezeit mit monatlicher Kündigung zum Ende eines Kalendermonats. Wird nach der Probezeit gekündigt, so gelten die Kündigungsfristen gemäß § 9 dieses Vertrages.

§ 2 Tätigkeitsgebiet, Ort der Tätigkeit

1. Der Mitarbeiter wird als leitender Angestellter für den Aufgabenbereich _____ beschäftigt. Er leitet den Bereich eigenständig und ist befugt, Mitarbeiter seines Bereiches zu ermahnen, abzumahnen, zu entlassen oder Mitarbeiter im Rahmen der Stellenplanung seiner Abteilung einzustellen.

2. Der Mitarbeiter ist verpflichtet, auch andere – seinen Fähigkeiten und seiner Aus- und Fortbildung entsprechende – zumutbare Tätigkeiten außerhalb seines Aufgabenbereiches zu verrichten.

3. Der Mitarbeiter wird seine ganze Arbeitskraft und fachlichen Kenntnisse und Erfahrungen ausschließlich dem Arbeitgeber widmen. Während der Dauer des Arbeitsverhältnisses ist jede Übernahme einer entgeltlichen oder unentgeltlichen Nebentätigkeit nur mit vorheriger Zustimmung der Geschäftsführung zulässig.

4. Der Mitarbeiter übt seine Tätigkeit am Firmensitz in _____ aus. Der Arbeitgeber behält sich vor, den Mitarbeiter auch an einem anderen Ort einzusetzen.

5. Direkter Vorgesetzter des Mitarbeiters ist der Geschäftsführer der Gesellschaft.

Vertrags-Check Arbeitsrecht

II. Verträge für Geschäftsführer und leitende Angestellte

6 Die Handlungsvollmacht ist eine gesetzlich definierte Vollmacht. Es ist nicht unbedingt notwendig, einem leitenden Angestellten Handlungsvollmacht zu erteilen.

7 Fügen Sie hier das mit dem Mitarbeiter ausgehandelte Bruttomonatsgehalt ein.

8 An dieser Stelle findet sich oft die Klausel, dass auch Gehaltspfändungen nur mit Zustimmung des Arbeitgebers erfolgen dürfen. Ob wirksam gepfändet wird, haben aber weder Sie als Arbeitgeber noch Ihr Mitarbeiter in der Hand, sondern der Gläubiger des Mitarbeiters, der diesem gegenüber einen wirksamen Titel erwirkt hat.

9 Sie haben als Arbeitgeber das Recht, bereits ab dem 1. Tag der Arbeitsunfähigkeit eine Bescheinigung zu verlangen, § 5 Absatz 1 Entgeltfortzahlungsgesetz (EFZG). Allerdings müssen Sie dies nachweisbar vor einer Erkrankung gefordert haben. Möglich ist also bereits die Festlegung im Arbeitsvertrag.

Arbeitsvertrag für leitende Angestellte

§ 3 Handlungsvollmacht ◂ **6**

Dem Mitarbeiter wird nach einer Einarbeitungszeit von <u>9</u> Monaten für seine Abteilung Handlungsvollmacht erteilt. Der Mitarbeiter ist befugt, im Rahmen der jeweiligen Investitionspläne und der Budgets notwendige Investitionen zu tätigen und Geschäfte abzuschließen. Der jeweilige Rahmen wird in jedem Geschäftsjahr neu festgelegt und in einer gesonderten Anweisung festgehalten. Diese Anweisung in der jeweils gültigen Fassung ist Bestandteil dieses Vertrages. Die Handlungsvollmacht wird gegenüber Geschäftspartnern bekanntgegeben.

§ 4 Arbeitszeit

1. Die regelmäßige Arbeitszeit von Montag bis Freitag beträgt <u>40</u> Stunden.

2. Der Mitarbeiter ist verpflichtet, nach Weisung der Geschäftsleitung über seinen Tätigkeitsrahmen hinaus Vertretungen zu übernehmen, ohne dass er damit Anspruch auf eine höhere Vergütung erhält.

§ 5 Vergütung

1. Das Festgehalt des Mitarbeiters beträgt pro Monat

   7 ▸ <u>DM 7.500,-/EUR ...</u> brutto

   und wird jeweils am Ende des Monats gezahlt. Der Mitarbeiter erklärt sich damit einverstanden, dass sein Gehalt auf ein von ihm zu benennendes Bank- oder Postbankkonto überwiesen wird.

2. Das Festgehalt wird jährlich überprüft. Die wirtschaftliche Entwicklung der Gesellschaft, die persönlichen Leistungen des Mitarbeiters sowie die Steigerung der Lebenshaltungskosten werden dabei angemessen berücksichtigt.

3. Eventuelle Zahlungen von Gratifikationen, Prämien und ähnlichen Leistungen liegen im freien Ermessen des Arbeitgebers. Sie sind freiwillig und begründen auch bei wiederholter, ohne ausdrücklichen Vorbehalt der Freiwilligkeit erfolgter Zahlung keinen Rechtsanspruch im Folgejahr.

8 ▸ 4. Gehaltsabtretungen sind nur mit Zustimmung des Arbeitgebers zulässig und wirksam.

§ 6 Arbeitsverhinderung, Vergütungsfortzahlung im Krankheitsfall

1. Der Mitarbeiter ist verpflichtet, dem Arbeitgeber jede Arbeitsverhinderung und ihre voraussichtliche Dauer unverzüglich mitzuteilen.

9 ▸ 2. Im Fall der Arbeitsunfähigkeit infolge Krankheit ist der Mitarbeiter verpflichtet, vor Ablauf des 3. Kalendertages nach Beginn der Arbeitsunfähigkeit eine ärztliche Bescheinigung darüber sowie über deren voraussichtliche Dauer vorzulegen. Bei einer über den angegebenen Zeitraum hinausgehenden Erkrankung ist eine Folgebescheinigung innerhalb von weiteren 3 Tagen nach Ablauf der vorangegangenen ärztlichen Bescheinigung einzureichen.

2/5

Kopiervorlage

Arbeitsvertrag

§ 3 Handlungsvollmacht

Dem Mitarbeiter wird nach einer Einarbeitungszeit von _ Monaten für seine Abteilung Handlungsvollmacht erteilt. Der Mitarbeiter ist befugt, im Rahmen der jeweiligen Investitionspläne und der Budgets notwendige Investitionen zu tätigen und Geschäfte abzuschließen. Der jeweilige Rahmen wird in jedem Geschäftsjahr neu festgelegt und in einer gesonderten Anweisung festgehalten. Diese Anweisung in der jeweils gültigen Fassung ist Bestandteil dieses Vertrages. Die Handlungsvollmacht wird gegenüber Geschäftspartnern bekanntgegeben.

§ 4 Arbeitszeit

1. Die regelmäßige Arbeitszeit von Montag bis Freitag beträgt ___ Stunden.

2. Der Mitarbeiter ist verpflichtet, nach Weisung der Geschäftsleitung über seinen Tätigkeitsrahmen hinaus Vertretungen zu übernehmen, ohne dass er damit Anspruch auf eine höhere Vergütung erhält.

§ 5 Vergütung

1. Das Festgehalt des Mitarbeiters beträgt pro Monat

   _____ brutto

   und wird jeweils am Ende des Monats gezahlt. Der Mitarbeiter erklärt sich damit einverstanden, dass sein Gehalt auf ein von ihm zu benennendes Bank- oder Postbankkonto überwiesen wird.

2. Das Festgehalt wird jährlich überprüft. Die wirtschaftliche Entwicklung der Gesellschaft, die persönlichen Leistungen des Mitarbeiters sowie die Steigerung der Lebenshaltungskosten werden dabei angemessen berücksichtigt.

3. Eventuelle Zahlungen von Gratifikationen, Prämien und ähnlichen Leistungen liegen im freien Ermessen des Arbeitgebers. Sie sind freiwillig und begründen auch bei wiederholter, ohne ausdrücklichen Vorbehalt der Freiwilligkeit erfolgter Zahlung keinen Rechtsanspruch im Folgejahr.

4. Gehaltsabtretungen sind nur mit Zustimmung des Arbeitgebers zulässig und wirksam.

§ 6 Arbeitsverhinderung, Vergütungsfortzahlung im Krankheitsfall

1. Der Mitarbeiter ist verpflichtet, dem Arbeitgeber jede Arbeitsverhinderung und ihre voraussichtliche Dauer unverzüglich mitzuteilen.

2. Im Fall der Arbeitsunfähigkeit infolge Krankheit ist der Mitarbeiter verpflichtet, vor Ablauf des 3. Kalendertages nach Beginn der Arbeitsunfähigkeit eine ärztliche Bescheinigung darüber sowie über deren voraussichtliche Dauer vorzulegen. Bei einer über den angegebenen Zeitraum hinausgehenden Erkrankung ist eine Folgebescheinigung innerhalb von weiteren 3 Tagen nach Ablauf der vorangegangenen ärztlichen Bescheinigung einzureichen.

Vertrags-Check Arbeitsrecht

II. Verträge für Geschäftsführer und leitende Angestellte

10 Gemäß EFZG geht die Forderung gegenüber einem Dritten auch ohne gesonderte Abtretung auf Sie über, sofern Sie Entgeltfortzahlung geleistet haben. Diese Klausel dient daher nur der Klarstellung gegenüber dem Mitarbeiter, dass durch die Entgeltfortzahlung der Anspruch auf Schadensersatz in Höhe der geleisteten Entgeltzahlung auf Sie als Arbeitgeber übergeht.

11 Die hier vorgeschlagenen Kündigungsfristen sind nicht zwingend notwendig. Es ist möglich, lediglich die kürzeren Grundkündigungsfristen des Gesetzes zu vereinbaren. Wenn – so wie hier – längere Kündigungsfristen vereinbart werden, so müssen die Kündigungsfristen für beide Parteien gleich lang sein.

12 Nach der des § 623 Bürgerliches Gesetzbuch (BGB) ist eine mündliche Kündigung unwirksam.

13 Ihr Mitarbeiter kann – sofern er durch eine Kündigung demotiviert ist – Ihrem Betrieb erheblichen Schaden zufügen. Die Freistellungsmöglichkeit soll Sie als Arbeitgeber schützen. Wählen Sie die Freistellung, so müssen Sie allerdings während der Freistellung bis zum Ende des Arbeitsverhältnisses das Gehalt fortzahlen.

Arbeitsvertrag für leitende Angestellte

3. Ist der Mitarbeiter an der Arbeitsleistung infolge von auf unverschuldeter Krankheit beruhender Arbeitsunfähigkeit verhindert, leistet der Arbeitgeber Fortzahlung der Vergütung nach Maßgabe des Entgeltfortzahlungsgesetzes.

 4. Wird der Mitarbeiter durch Handlungen eines Dritten arbeitsunfähig, gehen die dem Mitarbeiter gegenüber dem Dritten zustehenden Schadensersatzansprüche wegen Verdienstausfalles in der Höhe auf den Arbeitgeber über, in welcher der Arbeitgeber während der Zeit der Arbeitsunfähigkeit Entgeltfortzahlung geleistet hat.

§ 7 Spesen und Auslagen

Reisekosten und sonstige Aufwendungen, die im Interesse des Arbeitgebers notwendig sind, werden entsprechend den steuerlichen Vorschriften erstattet.

§ 8 Urlaub

1. Der Mitarbeiter hat Anspruch auf einen jährlichen Erholungsurlaub von <u>30</u> Werktagen.

2. Der Urlaub wird im Einvernehmen mit dem Arbeitgeber unter Berücksichtigung der betrieblichen Belange festgelegt.

§ 9 Kündigung

 1. Der Arbeitsvertrag kann von jeder Partei mit einer Frist von <u>1 Monat zum Ende des Quartals</u> gekündigt werden. Nach einer Vertragsdauer von <u>3</u> Jahren verlängert sich die Kündigungsfrist auf <u>3 Monate zum Quartalsende</u> und <u>nach 10 Jahren auf 6 Monate zum Quartalsende</u>.

 2. Die Kündigung hat schriftlich zu erfolgen.

13 3. Nach einer Kündigung des Arbeitsvertrages, gleich durch welche Partei, ist der Arbeitgeber jederzeit befugt, den Mitarbeiter von seiner Verpflichtung zur Arbeitsleistung für den Arbeitgeber unter Fortzahlung der Vergütung sofort freizustellen.

4. Ohne dass es einer Kündigung bedarf, endet das Arbeitsverhältnis mit Ablauf des Monats, nach welchem der Mitarbeiter Rente wegen Erwerbsunfähigkeit oder Erreichung der Altersgrenze bezieht. Den Bescheid der zuständigen Behörden hierüber hat der Mitarbeiter unverzüglich dem Arbeitgeber vorzulegen. Die Parteien sind sich darüber einig, dass das Arbeitsverhältnis jedoch spätestens mit Ablauf des 65. Lebensjahres endet.

Arbeitsvertrag

3. Ist der Mitarbeiter an der Arbeitsleistung infolge von auf unverschuldeter Krankheit beruhender Arbeitsunfähigkeit verhindert, leistet der Arbeitgeber Fortzahlung der Vergütung nach Maßgabe des Entgeltfortzahlungsgesetzes.

4. Wird der Mitarbeiter durch Handlungen eines Dritten arbeitsunfähig, gehen die dem Mitarbeiter gegenüber dem Dritten zustehenden Schadensersatzansprüche wegen Verdienstausfalles in der Höhe auf den Arbeitgeber über, in welcher der Arbeitgeber während der Zeit der Arbeitsunfähigkeit Entgeltfortzahlung geleistet hat.

§ 7 Spesen und Auslagen

Reisekosten und sonstige Aufwendungen, die im Interesse des Arbeitgebers notwendig sind, werden entsprechend den steuerlichen Vorschriften erstattet.

§ 8 Urlaub

1. Der Mitarbeiter hat Anspruch auf einen jährlichen Erholungsurlaub von ____ Werktagen.

2. Der Urlaub wird im Einvernehmen mit dem Arbeitgeber unter Berücksichtigung der betrieblichen Belange festgelegt.

§ 9 Kündigung

1. Der Arbeitsvertrag kann von jeder Partei mit einer Frist von _____ gekündigt werden. Nach einer Vertragsdauer von _ Jahren verlängert sich die Kündigungsfrist auf _____ und _____

2. Die Kündigung hat schriftlich zu erfolgen.

3. Nach einer Kündigung des Arbeitsvertrages, gleich durch welche Partei, ist der Arbeitgeber jederzeit befugt, den Mitarbeiter von seiner Verpflichtung zur Arbeitsleistung für den Arbeitgeber unter Fortzahlung der Vergütung sofort freizustellen.

4. Ohne dass es einer Kündigung bedarf, endet das Arbeitsverhältnis mit Ablauf des Monats, nach welchem der Mitarbeiter Rente wegen Erwerbsunfähigkeit oder Erreichung der Altersgrenze bezieht. Den Bescheid der zuständigen Behörden hierüber hat der Mitarbeiter unverzüglich dem Arbeitgeber vorzulegen. Die Parteien sind sich darüber einig, dass das Arbeitsverhältnis jedoch spätestens mit Ablauf des 65. Lebensjahres endet.

Vertrags-Check Arbeitsrecht

II. Verträge für Geschäftsführer und leitende Angestellte

14 Sofern das Unternehmen für die Konkurrenz interessante Betriebsgeheimnisse hat, kann es unter Umständen sinnvoll sein, eine Vertragsstrafe zu vereinbaren.

15 Die Speicherung und Verarbeitung von personenbezogenen Daten ist in jedem Betrieb erforderlich. Spätestens bei der Lohnabrechnung (eventuell bei einem mit der Lohnabrechnung beauftragten Steuerberater) müssen Daten des Mitarbeiters in eine DV-Anlage eingegeben und verarbeitet werden.

16 Die Vereinbarung einer Vertragsstrafe ist für Sie als Arbeitgeber besonders wichtig. Zwar ist ein Mitarbeiter bei den aufgeführten Vertragsverstößen auch ohne diese Regelung schadensersatzpflichtig, den Ihnen entstandenen Schaden müssen Sie jedoch bis auf den letzten Pfennig beweisen können. Dieser Beweis fällt in der Praxis oft schwer. Haben Sie eine Vertragsstrafe vereinbart, so entfällt der schwierige Beweis für die Schadenshöhe, jedenfalls bis zur Höhe der festgelegten Vertragsstrafe.

Arbeitsvertrag für leitende Angestellte

§ 10 Verschwiegenheitspflicht, Rückgabe von Unterlagen und sonstigem Firmeneigentum

14 1. Der Mitarbeiter ist verpflichtet, über alle ihm bekannten Angelegenheiten, Vorgänge, Verträge und Geschäftsbeziehungen innerhalb und außerhalb des Betriebes und auch nach seinem Ausscheiden aus dem Arbeitsverhältnis Verschwiegenheit zu bewahren.

2. Dazu gehören neben Geschäfts- und Betriebsgeheimnissen auch persönliche Verhältnisse der Mitarbeiter und Vorgesetzten.

3. Unter anderem verpflichtet sich der Mitarbeiter, über die Höhe seines Gehaltes sowie über Prämien und/oder weitere Bezüge Stillschweigen zu bewahren.

4. Ein Verstoß gegen die Verschwiegenheitspflicht führt zu einem Schadensersatzanspruch des Arbeitgebers; in Extremfällen kann ordentlich bzw. außerordentlich gekündigt werden.

5. Der Mitarbeiter hat jederzeit auf Verlangen des Arbeitgebers, spätestens aber unaufgefordert bei Beendigung des Arbeitsverhältnisses, alles Material, insbesondere alle Unterlagen, Kopien usw. zurückzugeben, die im Zusammenhang mit seiner Tätigkeit für die Firma in seinen Besitz gelangt sind. Dem Mitarbeiter steht ein Zurückbehaltungsrecht insoweit nicht zu. Die Rückgabe eines eventuell zur Verfügung gestellten Dienstwagens ist in der Dienstwagenordnung geregelt, die Bestandteil dieses Vertrages ist.

6. Der Mitarbeiter verpflichtet sich durch seine Unterschrift auf einem gesonderten Formblatt auf das Datengeheimnis gemäß § 5 Bundesdatenschutzgesetz (BDSG) zu wahren. Die Verpflichtung auf das Datengeheimnis ist Bestandteil dieses Vertrages und zwingend als Anlage zu diesem Vertrag zu führen.

15 #### § 11 Speicherung von Daten

Der Mitarbeiter ist im Sinne des Bundesdatenschutzgesetzes (BDSG) darüber unterrichtet worden, dass seine persönlichen Daten im Zusammenhang mit dem Arbeitsverhältnis in einer DV-Anlage gespeichert werden, und erklärt sich damit einverstanden.

16 #### § 12 Vertragsstrafe

Im Falle einer schuldhaften Nichtaufnahme der Tätigkeit oder der Nichteinhaltung der gesetzlichen Kündigungsfrist durch den Mitarbeiter verpflichtet sich dieser, dem Arbeitgeber eine Vertragsstrafe in Höhe eines Bruttomonatseinkommens zu zahlen.

Gleiches gilt auch für den Vertragsrücktritt vor Beginn des Arbeitsverhältnisses.

Der Arbeitgeber ist berechtigt, einen weitergehenden Schaden geltend zu machen.

4/5

Kopiervorlage

Arbeitsvertrag

§ 10 Verschwiegenheitspflicht, Rückgabe von Unterlagen und sonstigem Firmeneigentum

1. Der Mitarbeiter ist verpflichtet, über alle ihm bekannten Angelegenheiten, Vorgänge, Verträge und Geschäftsbeziehungen innerhalb und außerhalb des Betriebes und auch nach seinem Ausscheiden aus dem Arbeitsverhältnis Verschwiegenheit zu bewahren.

2. Dazu gehören neben Geschäfts- und Betriebsgeheimnissen auch persönliche Verhältnisse der Mitarbeiter und Vorgesetzten.

3. Unter anderem verpflichtet sich der Mitarbeiter, über die Höhe seines Gehaltes sowie über Prämien und/oder weitere Bezüge Stillschweigen zu bewahren.

4. Ein Verstoß gegen die Verschwiegenheitspflicht führt zu einem Schadensersatzanspruch des Arbeitgebers; in Extremfällen kann ordentlich bzw. außerordentlich gekündigt werden.

5. Der Mitarbeiter hat jederzeit auf Verlangen des Arbeitgebers, spätestens aber unaufgefordert bei Beendigung des Arbeitsverhältnisses, alles Material, insbesondere alle Unterlagen, Kopien usw. zurückzugeben, die im Zusammenhang mit seiner Tätigkeit für die Firma in seinen Besitz gelangt sind. Dem Mitarbeiter steht ein Zurückbehaltungsrecht insoweit nicht zu. Die Rückgabe eines eventuell zur Verfügung gestellten Dienstwagens ist in der Dienstwagenordnung geregelt, die Bestandteil dieses Vertrages ist.

6. Der Mitarbeiter verpflichtet sich durch seine Unterschrift auf einem gesonderten Formblatt auf das Datengeheimnis gemäß § 5 Bundesdatenschutzgesetz (BDSG) zu wahren. Die Verpflichtung auf das Datengeheimnis ist Bestandteil dieses Vertrages und zwingend als Anlage zu diesem Vertrag zu führen.

§ 11 Speicherung von Daten

Der Mitarbeiter ist im Sinne des Bundesdatenschutzgesetzes (BDSG) darüber unterrichtet worden, dass seine persönlichen Daten im Zusammenhang mit dem Arbeitsverhältnis in einer DV-Anlage gespeichert werden, und erklärt sich damit einverstanden.

§ 12 Vertragsstrafe

Im Falle einer schuldhaften Nichtaufnahme der Tätigkeit oder der Nichteinhaltung der gesetzlichen Kündigungsfrist durch den Mitarbeiter verpflichtet sich dieser, dem Arbeitgeber eine Vertragsstrafe in Höhe eines Bruttomonatseinkommens zu zahlen.

Gleiches gilt auch für den Vertragsrücktritt vor Beginn des Arbeitsverhältnisses.

Der Arbeitgeber ist berechtigt, einen weitergehenden Schaden geltend zu machen.

Vertrags-Check Arbeitsrecht

II. Verträge für Geschäftsführer und leitende Angestellte

[17] Verfallsklauseln finden sich sehr häufig auch in Tarifverträgen. Sie haben den Vorteil, dass nach Ablauf der genannten Fristen der Anspruch des Mitarbeiters nicht mehr besteht.

[18] Vertragsänderungen sollten zu Beweiszwecken immer schriftlich verfasst werden.

[19] Diese Regelung wird als Teilunwirksamkeitsklausel oder auch salvatorische Klausel bezeichnet. Sie soll verhindern, dass bei einem unwirksamen Teil des Vertrages gleich das gesamte Vertragswerk entfällt. Sie finden diese oder ähnliche Klauseln auch in einer Vielzahl von anderen Verträgen.

Arbeitsvertrag für leitende Angestellte

[17] § 13 Ausschluss- und Verfallsfristen

1. Alle Ansprüche aus diesem Arbeitsvertrag und solche, die damit in Verbindung stehen, verfallen, wenn sie nicht innerhalb von 3 Monaten nach Fälligkeit gegenüber der anderen Vertragspartei schriftlich geltend gemacht worden sind.

2. Lehnt die andere Vertragspartei den Anspruch ab oder erklärt sie sich nicht innerhalb von 4 Wochen nach der Geltendmachung des Anspruches, so verfällt dieser, wenn er nicht innerhalb von 3 Monaten nach der Ablehnung oder dem Fristablauf gerichtlich geltend gemacht wird.

§ 14 Sonstige Bestimmungen

[18] 1. Änderungen und Ergänzungen dieses Vertrages bedürfen der Schriftform; dies gilt auch für einen Verzicht auf das Schriftformerfordernis selbst.

2. Mündliche Nebenabreden zu diesem Vertrag bestehen nicht.

[19] 3. Sollten sich einzelne Bestimmungen dieses Vertrages als unwirksam erweisen, so wird dadurch die Wirksamkeit der übrigen Bestimmungen nicht berührt. Eine ungültige oder unklare Bestimmung ist so zu ersetzen bzw. zu deuten, dass der mit ihr beabsichtigte wirtschaftliche Zweck erreicht wird. Lücken sind dem beabsichtigten wirtschaftlichen Zweck entsprechend zu füllen.

Musterstadt, 25.01.
Ort, Datum

Werner Gries
Geschäftsführer
Unterschrift Arbeitgeber

Gustav W. Klein
Unterschrift Mitarbeiter

Arbeitsvertrag

§ 13 Ausschluss- und Verfallsfristen

1. Alle Ansprüche aus diesem Arbeitsvertrag und solche, die damit in Verbindung stehen, verfallen, wenn sie nicht innerhalb von 3 Monaten nach Fälligkeit gegenüber der anderen Vertragspartei schriftlich geltend gemacht worden sind.

2. Lehnt die andere Vertragspartei den Anspruch ab oder erklärt sie sich nicht innerhalb von 4 Wochen nach der Geltendmachung des Anspruches, so verfällt dieser, wenn er nicht innerhalb von 3 Monaten nach der Ablehnung oder dem Fristablauf gerichtlich geltend gemacht wird.

§ 14 Sonstige Bestimmungen

1. Änderungen und Ergänzungen dieses Vertrages bedürfen der Schriftform; dies gilt auch für einen Verzicht auf das Schriftformerfordernis selbst.

2. Mündliche Nebenabreden zu diesem Vertrag bestehen nicht.

3. Sollten sich einzelne Bestimmungen dieses Vertrages als unwirksam erweisen, so wird dadurch die Wirksamkeit der übrigen Bestimmungen nicht berührt. Eine ungültige oder unklare Bestimmung ist so zu ersetzen bzw. zu deuten, dass der mit ihr beabsichtigte wirtschaftliche Zweck erreicht wird. Lücken sind dem beabsichtigten wirtschaftlichen Zweck entsprechend zu füllen.

_____
Ort, Datum

_____   _____
Unterschrift Arbeitgeber   Unterschrift Mitarbeiter

Vertrags-Check Arbeitsrecht

III. Beginn des Arbeitsverhältnisses, Unternehmen ohne Tarifbindung
Angestellte, Vollzeit

1 Tragen Sie hier das Datum ein, an welchem das Arbeitsverhältnis beginnen soll. In der Regel wird dies der 1. Tag eines Monats sein. Soll das Arbeitsverhältnis während des laufenden Monats beginnen, so ist das Arbeitsentgelt im 1. Monat nur anteilig zu zahlen.

2 Hier ist die Funktionsbeschreibung einzufügen, wie z. B. Verwaltungsangestellter, Finanzbuchhalter, Sachbearbeiter oder Ähnliches.

3 Es ist sinnvoll, dem Mitarbeiter einen Aufgabenbereich zuzuweisen, der seine Tätigkeit im Unternehmen beschreibt. Möglich ist aber auch die Bezeichnung der Abteilung.

4 Diese Öffnungsklausel erlaubt es Ihnen als Arbeitgeber, den Tätigkeitsbereich zu verändern, ohne dass es einer Änderungskündigung bedarf.

5 Sofern keine Arbeitszeitregelung im Betrieb vorhanden ist, können Sie an dieser Stelle auch die betriebsübliche Arbeitszeit einsetzen.

Unbefristeter Arbeitsvertrag

Zwischen

Sanitärfachhandel
Uwe Behrens GmbH
Trottoirgasse 6

12345 Musterstadt

nachfolgend „Arbeitgeber" genannt

und

Herrn/Frau
Tina Sommer
Herbstweg 6

12345 Musterstadt

nachfolgend „Mitarbeiter" genannt

§ 1 Beginn des Arbeitsverhältnisses

1 ▶ 1. Das Arbeitsverhältnis beginnt am **01.03.**

2. Die ersten 6 Monate gelten als Probezeit mit 2-wöchiger Kündigungsfrist. Wird nach der Probezeit gekündigt, so gelten die Kündigungsfristen gemäß § 8 dieses Vertrages.

§ 2 Tätigkeitsgebiet

2 ▶ 1. Der Mitarbeiter wird als **kaufmännischer Angestellter** für den Aufgabenbereich **Einkauf** eingestellt. ◀ **3**

4 ▶ 2. Der Mitarbeiter ist verpflichtet, auf besondere Anordnung auch andere – seinen Fähigkeiten und seiner Aus- und Fortbildung entsprechende – zumutbare Tätigkeiten außerhalb seines Aufgabenbereiches zu verrichten.

3. Der Mitarbeiter wird seine ganze Arbeitskraft und fachlichen Kenntnisse und Erfahrungen ausschließlich dem Arbeitgeber widmen. Während der Dauer des Arbeitsverhältnisses ist jede Übernahme einer entgeltlichen oder unentgeltlichen Nebentätigkeit nur mit vorheriger Zustimmung des Arbeitgebers zulässig.

§ 3 Arbeitszeit, Arbeitsort

Der Mitarbeiter stellt seine ganze Arbeitskraft dem Unternehmen zur Verfügung.

1. Die wöchentliche Arbeitszeit beträgt derzeit **40** Stunden.

5 ▶ 2. Die Arbeitszeiteinteilung erfolgt nach der jeweils gültigen Arbeitszeitregelung, die automatisch Bestandteil dieses Vertrages wird.

1/4

Kopiervorlage

Arbeitsvertrag

Zwischen

_____
_____

_____

nachfolgend „Arbeitgeber" genannt

und

Herrn/Frau

_____
_____

_____

nachfolgend „Mitarbeiter" genannt

§ 1 Beginn des Arbeitsverhältnisses

1. Das Arbeitsverhältnis beginnt am _____

2. Die ersten 6 Monate gelten als Probezeit mit 2-wöchiger Kündigungsfrist. Wird nach der Probezeit gekündigt, so gelten die Kündigungsfristen gemäß § 8 dieses Vertrages.

§ 2 Tätigkeitsgebiet

1. Der Mitarbeiter wird als _____ für den Aufgabenbereich _____ eingestellt.

2. Der Mitarbeiter ist verpflichtet, auf besondere Anordnung auch andere – seinen Fähigkeiten und seiner Aus- und Fortbildung entsprechende – zumutbare Tätigkeiten außerhalb seines Aufgabenbereiches zu verrichten.

3. Der Mitarbeiter wird seine ganze Arbeitskraft und fachlichen Kenntnisse und Erfahrungen ausschließlich dem Arbeitgeber widmen. Während der Dauer des Arbeitsverhältnisses ist jede Übernahme einer entgeltlichen oder unentgeltlichen Nebentätigkeit nur mit vorheriger Zustimmung des Arbeitgebers zulässig.

§ 3 Arbeitszeit, Arbeitsort

Der Mitarbeiter stellt seine ganze Arbeitskraft dem Unternehmen zur Verfügung.

1. Die wöchentliche Arbeitszeit beträgt derzeit _____ Stunden.

2. Die Arbeitszeiteinteilung erfolgt nach der jeweils gültigen Arbeitszeitregelung, die automatisch Bestandteil dieses Vertrages wird.

Vertrags-Check Arbeitsrecht
III. Beginn des Arbeitsverhältnisses, Unternehmen ohne Tarifbindung
Angestellte, Vollzeit

6 Auch bezüglich des Arbeitsortes sollte die Vereinbarung möglichst offen gestaltet sein, um den Mitarbeiter flexibel einsetzen zu können.

7 Fügen Sie hier das mit dem Mitarbeiter verhandelte Bruttomonatsgehalt ein.

8 An dieser Stelle findet sich oft die Klausel, dass auch Gehaltspfändungen nur mit Zustimmung des Arbeitgebers erfolgen dürfen. Ob wirksam gepfändet wird, haben aber weder Sie als Arbeitgeber noch der Mitarbeiter in der Hand, sondern der Gläubiger des Mitarbeiters, der diesem gegenüber einen wirksamen Titel erwirkt hat.

9 Sie haben als Arbeitgeber das Recht, bereits ab dem ersten Tag der Arbeitsunfähigkeit eine Bescheinigung zu verlangen, § 5 Absatz 1 Entgeltfortzahlungsgesetz (EFZG). Allerdings müssen Sie dies nachweisbar vor einer Erkrankung gefordert haben. Möglich ist also bereits die Festlegung im Arbeitsvertrag.

10 Gemäß EFZG geht die Forderung gegenüber einem Dritten auch ohne gesonderte Abtretung auf Sie über, sofern Sie Entgeltfortzahlung geleistet haben. Diese Klausel dient daher nur der Klarstellung gegenüber dem Mitarbeiter, dass durch die Entgeltfortzahlung der Anspruch auf Schadensersatz in Höhe der geleisteten Entgeltzahlung auf Sie als Arbeitgeber übergeht.

Unbefristeter Arbeitsvertrag

3. Der Arbeitgeber weist ausdrücklich darauf hin, dass der Mitarbeiter verpflichtet ist, arbeitstäglich eine halbstündige Mittagspause einzuhalten, die in der Zeit von **12.00 Uhr bis 14.00 Uhr** zu nehmen ist.

4. Der Mitarbeiter übt seine Tätigkeit am Firmensitz in <u>Musterstadt</u> aus. Der Arbeitgeber behält sich vor, den Mitarbeiter auch an einem anderen Ort einzusetzen. ◀ **6**

§ 4 Vergütung

1. Das Festgehalt des Mitarbeiters beträgt pro Monat

7 ▶ <u>DM 3.000,-/EUR...</u> brutto

und wird jeweils am Ende des Monats gezahlt. Der Mitarbeiter erklärt sich damit einverstanden, dass sein Gehalt auf ein von ihm zu benennendes Bank- oder Postbankkonto überwiesen wird.

2. Eventuelle Zahlungen von Gratifikationen, Prämien und ähnlichen Leistungen liegen in freiem Ermessen des Arbeitgebers. Sie sind freiwillig und begründen auch bei wiederholter, ohne ausdrücklichen Vorbehalt der Freiwilligkeit erfolgter Zahlung keinen Rechtsanspruch im Folgejahr.

3. Gehaltsabtretungen sind nur mit Zustimmung des Arbeitgebers zulässig und wirksam.
8 ▶ Bei einer Gehaltsabtretung bzw. -pfändung trägt der Mitarbeiter die hierfür entstehenden Kosten, mindestens aber pro Überweisung <u>DM 5,-/EUR...</u> und pro notwendigem Schreiben <u>DM 10,-/EUR...</u>

§ 5 Arbeitsverhinderung, Vergütungsfortzahlung im Krankheitsfall

1. Der Mitarbeiter ist verpflichtet, dem Arbeitgeber jede Arbeitsverhinderung und ihre voraussichtliche Dauer unverzüglich mitzuteilen.

9 ▶ 2. Im Falle der Arbeitsunfähigkeit infolge Krankheit ist der Mitarbeiter verpflichtet, vor Ablauf des dritten Kalendertages nach Beginn der Arbeitsunfähigkeit eine ärztliche Bescheinigung darüber sowie über deren voraussichtliche Dauer vorzulegen. Bei einer über den angegebenen Zeitraum hinausgehenden Erkrankung ist eine Folgebescheinigung innerhalb von weiteren drei Tagen nach Ablauf der vorangegangenen einzureichen.

3. Ist der Mitarbeiter an der Arbeitsleistung infolge von auf unverschuldeter Krankheit beruhender Arbeitsunfähigkeit verhindert, leistet der Arbeitgeber Fortzahlung der Vergütung nach Maßgabe des Entgeltfortzahlungsgesetzes.

4. Wird der Mitarbeiter durch Handlungen eines Dritten arbeitsunfähig, gehen die dem Mitarbeiter gegenüber dem Dritten zustehenden Schadensersatzansprüche wegen Verdienstausfalles in der Höhe auf den Arbeitgeber über, in welcher der Arbeitgeber während der Zeit der Arbeits-
10 ▶ unfähigkeit Entgeltfortzahlung geleistet hat.

§ 6 Spesen und Auslagen
Reisekosten und sonstige Aufwendungen, die mit Genehmigung und im Interesse des Arbeitgebers entstehen, werden entsprechend den steuerlichen Vorschriften erstattet.

2/4

Arbeitsvertrag

3. Der Arbeitgeber weist ausdrücklich darauf hin, dass der Mitarbeiter verpflichtet ist, arbeitstäglich eine halbstündige Mittagspause einzuhalten, die in der Zeit von _____ zu nehmen ist.

4. Der Mitarbeiter übt seine Tätigkeit am Firmensitz in _____ aus. Der Arbeitgeber behält sich vor, den Mitarbeiter auch an einem anderen Ort einzusetzen.

§ 4 Vergütung

1. Das Festgehalt des Mitarbeiters beträgt pro Monat

   _____ brutto

   und wird jeweils am Ende des Monats gezahlt. Der Mitarbeiter erklärt sich damit einverstanden, dass sein Gehalt auf ein von ihm zu benennendes Bank- oder Postbankkonto überwiesen wird.

2. Eventuelle Zahlungen von Gratifikationen, Prämien und ähnlichen Leistungen liegen in freiem Ermessen des Arbeitgebers. Sie sind freiwillig und begründen auch bei wiederholter, ohne ausdrücklichen Vorbehalt der Freiwilligkeit erfolgter Zahlung keinen Rechtsanspruch im Folgejahr.

3. Gehaltsabtretungen sind nur mit Zustimmung des Arbeitgebers zulässig und wirksam. Bei einer Gehaltsabtretung bzw. -pfändung trägt der Mitarbeiter die hierfür entstehenden Kosten, mindestens aber pro Überweisung _____ und pro notwendigem Schreiben _____.

§ 5 Arbeitsverhinderung, Vergütungsfortzahlung im Krankheitsfall

1. Der Mitarbeiter ist verpflichtet, dem Arbeitgeber jede Arbeitsverhinderung und ihre voraussichtliche Dauer unverzüglich mitzuteilen.

2. Im Falle der Arbeitsunfähigkeit infolge Krankheit ist der Mitarbeiter verpflichtet, vor Ablauf des dritten Kalendertages nach Beginn der Arbeitsunfähigkeit eine ärztliche Bescheinigung darüber sowie über deren voraussichtliche Dauer vorzulegen. Bei einer über den angegebenen Zeitraum hinausgehenden Erkrankung ist eine Folgebescheinigung innerhalb von weiteren drei Tagen nach Ablauf der vorangegangenen einzureichen.

3. Ist der Mitarbeiter an der Arbeitsleistung infolge von auf unverschuldeter Krankheit beruhender Arbeitsunfähigkeit verhindert, leistet der Arbeitgeber Fortzahlung der Vergütung nach Maßgabe des Entgeltfortzahlungsgesetzes.

4. Wird der Mitarbeiter durch Handlungen eines Dritten arbeitsunfähig, gehen die dem Mitarbeiter gegenüber dem Dritten zustehenden Schadensersatzansprüche wegen Verdienstausfalles in der Höhe auf den Arbeitgeber über, in welcher der Arbeitgeber während der Zeit der Arbeitsunfähigkeit Entgeltfortzahlung geleistet hat.

§ 6 Spesen und Auslagen

Reisekosten und sonstige Aufwendungen, die mit Genehmigung und im Interesse des Arbeitgebers entstehen, werden entsprechend den steuerlichen Vorschriften erstattet.

Vertrags-Check Arbeitsrecht

III. Beginn des Arbeitsverhältnisses, Unternehmen ohne Tarifbindung
Angestellte, Vollzeit

11 Nach der Neuregelung des § 623 Bürgerliches Gesetzbuch (BGB) ist eine mündliche Kündigung unwirksam.

12 Ein Mitarbeiter kann – sofern er durch eine Kündigung demotiviert ist – einem Betrieb erheblichen Schaden zufügen. Die Freistellungsmöglichkeit soll Sie als Arbeitgeber schützen. Wählen Sie die Freistellung, so müssen Sie allerdings während der Freistellung bis zum Ende des Arbeitsverhältnisses das Gehalt fortzahlen.

13 Sofern Ihr Unternehmen für die Konkurrenz interessante Betriebsgeheimnisse hat, von denen der Mitarbeiter Kenntnis erlangen konnte, kann es unter Umständen sinnvoll sein, eine Vertragsstrafe zu vereinbaren.

Unbefristeter Arbeitsvertrag

§ 7 Urlaub

1. Der Mitarbeiter hat Anspruch auf einen jährlichen Erholungsurlaub von **30** Werktagen.

2. Der Urlaub wird im Einvernehmen mit dem Arbeitgeber unter Berücksichtigung der betrieblichen Belange festgelegt.

3. Es gelten die Vorschriften des Bundesurlaubsgesetzes, einzusehen im Personalbüro.

§ 8 Kündigung

1. Das Arbeitsverhältnis kann von beiden Parteien unter Einhaltung der gesetzlichen Kündigungsfristen gekündigt werden.

11 ▶ 2. Die Kündigung hat in jedem Fall schriftlich zu erfolgen.

3. Ohne dass es einer Kündigung bedarf, endet das Arbeitsverhältnis mit Ablauf des Monats, nach welchem der Mitarbeiter Rente wegen Erwerbsunfähigkeit oder Erreichung der Altersgrenze bezieht. Den Bescheid der zuständigen Behörden hierüber hat der Mitarbeiter unverzüglich dem Arbeitgeber vorzulegen. Die Parteien sind sich darüber einig, dass das Arbeitsverhältnis jedoch spätestens mit Ablauf des 65. Lebensjahres endet.

12 ▶ 4. Nach einer Kündigung des Arbeitsvertrages, gleich durch welche Partei, ist der Arbeitgeber jederzeit befugt, den Mitarbeiter mit sofortiger Wirkung von seiner Verpflichtung zur Arbeitsleistung für den Arbeitgeber unter Fortzahlung der Vergütung freizustellen.

§ 9 Verschwiegenheitspflicht, Rückgabe von Unterlagen und sonstigem Firmeneigentum

1. Der Mitarbeiter ist verpflichtet, über alle ihm bekannten Angelegenheiten, Vorgänge, Verträge und Geschäftsbeziehungen innerhalb und außerhalb des Betriebes und auch nach seinem **13** ▶ Ausscheiden aus dem Arbeitsverhältnis Verschwiegenheit zu bewahren.

2. Dazu gehören neben Geschäfts- und Betriebsgeheimnissen auch persönliche Verhältnisse der Mitarbeiter und Vorgesetzten.

3. Unter anderem verpflichtet sich der Mitarbeiter, über die Höhe seines Gehaltes sowie über Prämien und/oder weitere Bezüge Stillschweigen zu bewahren.

4. Ein Verstoß gegen die Verschwiegenheitspflicht führt zu einem Schadensersatzanspruch des Arbeitgebers; in Extremfällen kann ordentlich bzw. außerordentlich gekündigt werden.

5. Der Mitarbeiter hat jederzeit auf Verlangen des Arbeitgebers, spätestens aber unaufgefordert bei Beendigung des Arbeitsverhältnisses, alles Material, insbesondere alle Unterlagen, Kopien etc. zurückzugeben, die im Zusammenhang mit seiner Tätigkeit für den Arbeitgeber in seinen Besitz gelangt sind. Dem Mitarbeiter steht ein Zurückbehaltungsrecht insoweit nicht zu.

3/4

Kopiervorlage

Arbeitsvertrag

§ 7 Urlaub

1. Der Mitarbeiter hat Anspruch auf einen jährlichen Erholungsurlaub von __ Werktagen.

2. Der Urlaub wird im Einvernehmen mit dem Arbeitgeber unter Berücksichtigung der betrieblichen Belange festgelegt.

3. Es gelten die Vorschriften des Bundesurlaubsgesetzes, einzusehen im Personalbüro.

§ 8 Kündigung

1. Das Arbeitsverhältnis kann von beiden Parteien unter Einhaltung der gesetzlichen Kündigungsfristen gekündigt werden.

2. Die Kündigung hat in jedem Fall schriftlich zu erfolgen.

3. Ohne dass es einer Kündigung bedarf, endet das Arbeitsverhältnis mit Ablauf des Monats, nach welchem der Mitarbeiter Rente wegen Erwerbsunfähigkeit oder Erreichung der Altersgrenze bezieht. Den Bescheid der zuständigen Behörden hierüber hat der Mitarbeiter unverzüglich dem Arbeitgeber vorzulegen. Die Parteien sind sich darüber einig, dass das Arbeitsverhältnis jedoch spätestens mit Ablauf des 65. Lebensjahres endet.

4. Nach einer Kündigung des Arbeitsvertrages, gleich durch welche Partei, ist der Arbeitgeber jederzeit befugt, den Mitarbeiter mit sofortiger Wirkung von seiner Verpflichtung zur Arbeitsleistung für den Arbeitgeber unter Fortzahlung der Vergütung freizustellen.

§ 9 Verschwiegenheitspflicht, Rückgabe von Unterlagen und sonstigem Firmeneigentum

1. Der Mitarbeiter ist verpflichtet, über alle ihm bekannten Angelegenheiten, Vorgänge, Verträge und Geschäftsbeziehungen innerhalb und außerhalb des Betriebes und auch nach seinem Ausscheiden aus dem Arbeitsverhältnis Verschwiegenheit zu bewahren.

2. Dazu gehören neben Geschäfts- und Betriebsgeheimnissen auch persönliche Verhältnisse der Mitarbeiter und Vorgesetzten.

3. Unter anderem verpflichtet sich der Mitarbeiter, über die Höhe seines Gehaltes sowie über Prämien und/oder weitere Bezüge Stillschweigen zu bewahren.

4. Ein Verstoß gegen die Verschwiegenheitspflicht führt zu einem Schadensersatzanspruch des Arbeitgebers; in Extremfällen kann ordentlich bzw. außerordentlich gekündigt werden.

5. Der Mitarbeiter hat jederzeit auf Verlangen des Arbeitgebers, spätestens aber unaufgefordert bei Beendigung des Arbeitsverhältnisses, alles Material, insbesondere alle Unterlagen, Kopien etc. zurückzugeben, die im Zusammenhang mit seiner Tätigkeit für den Arbeitgeber in seinen Besitz gelangt sind. Dem Mitarbeiter steht ein Zurückbehaltungsrecht insoweit nicht zu.

Vertrags-Check Arbeitsrecht

III. Beginn des Arbeitsverhältnisses, Unternehmen ohne Tarifbindung
Angestellte, Vollzeit

14 Die Speicherung und Verarbeitung von personenbezogenen Daten ist in jedem Betrieb erforderlich. Spätestens bei der Lohnabrechnung (eventuell bei einem mit der Lohnabrechnung beauftragten Steuerberater) müssen Daten des Mitarbeiters in eine DV-Anlage eingegeben und verarbeitet werden.

15 Die Vereinbarung einer Vertragsstrafe ist für Sie als Arbeitgeber besonders wichtig. Zwar ist ein Mitarbeiter bei den aufgeführten Vertragsverstößen auch ohne diese Regelung schadensersatzpflichtig, den Ihnen entstandenen Schaden müssen Sie jedoch bis auf den letzten Pfennig beweisen können. Dieser Beweis fällt in der Praxis oft schwer. Haben Sie eine Vertragsstrafe vereinbart, so entfällt der schwierige Beweis für die Schadenshöhe, jedenfalls bis zur Höhe der festgelegten Vertragsstrafe.

16 Verfallsklauseln finden sich sehr häufig auch in Tarifverträgen. Sie haben den Vorteil, dass nach Ablauf der genannten Fristen der Anspruch des Mitarbeiters nicht mehr besteht.

17 Vertragsänderungen sollten zu Beweiszwecken immer schriftlich verfasst werden.

18 Diese Regelung wird als Teilunwirksamkeitsklausel oder auch salvatorische Klausel bezeichnet. Sie soll verhindern, dass bei einem unwirksamen Teil des Vertrages gleich das gesamte Vertragswerk entfällt. Sie finden diese oder ähnliche Klauseln auch in einer Vielzahl von anderen Verträgen.

Unbefristeter Arbeitsvertrag

6. Der Mitarbeiter verpflichtet sich durch seine Unterschrift auf einem gesonderten Formblatt, das Datengeheimnis gemäß § 5 Bundesdatenschutzgesetz (BDSG) zu wahren. Die Verpflichtung auf das Datengeheimnis ist Bestandteil dieses Vertrages und zwingend als Anlage zu führen.

14 **§ 10 Speicherung von Daten**

Der Mitarbeiter ist im Sinne des Bundesdatenschutzgesetzes (BDSG) darüber unterrichtet worden, dass seine persönlichen Daten in Zusammenhang mit dem Arbeitsverhältnis in einer DV-Anlage gespeichert werden, und erklärt sich damit einverstanden.

15 **§ 11 Vertragsstrafe**

Im Falle einer schuldhaften Nichtaufnahme der Tätigkeit oder der Nichteinhaltung der gesetzlichen Kündigungsfrist durch den Mitarbeiter verpflichtet sich dieser, dem Arbeitgeber eine Vertragsstrafe in Höhe eines Bruttomonatseinkommens zu zahlen.

Gleiches gilt auch für den Vertragsrücktritt vor Beginn des Arbeitsverhältnisses.

Der Arbeitgeber ist berechtigt, einen weiter gehenden Schaden geltend zu machen.

16 **§ 12 Ausschluss- und Verfallsfristen**

1. Alle Ansprüche aus diesem Arbeitsvertrag und solche, die damit in Verbindung stehen, verfallen, wenn sie nicht innerhalb von drei Monaten nach Fälligkeit gegenüber der anderen Vertragspartei schriftlich geltend gemacht worden sind.

2. Lehnt die andere Vertragspartei den Anspruch ab oder erklärt sie sich nicht innerhalb von vier Wochen nach der Geltendmachung des Anspruchs, so verfällt dieser, wenn er nicht innerhalb von drei Monaten nach der Ablehnung oder dem Fristablauf gerichtlich geltend gemacht wird.

§ 13 Sonstige Bestimmungen

17 1. Änderungen und Ergänzungen dieses Vertrages bedürfen der Schriftform; dies gilt auch für einen Verzicht auf das Schriftformerfordernis selbst.

2. Mündliche Nebenabreden zu diesem Vertrag bestehen nicht.

18 3. Sollten sich einzelne Bestimmungen dieses Vertrages als unwirksam erweisen, so wird dadurch die Wirksamkeit der übrigen Bestimmungen nicht berührt. Eine ungültige oder unklare Bestimmung ist so zu ersetzen bzw. zu deuten, dass der mit ihr beabsichtigte wirtschaftliche Zweck erreicht wird. Lücken sind dem beabsichtigten wirtschaftlichen Zweck entsprechend zu füllen.

Musterstadt, 05.02.
Ort, Datum

Uwe Behrens
Geschäftsführer
Unterschrift Arbeitgeber

Tina Sommer
Unterschrift Mitarbeiter

Kopiervorlage

Arbeitsvertrag

6. Der Mitarbeiter verpflichtet sich durch seine Unterschrift auf einem gesonderten Formblatt, das Datengeheimnis gemäß § 5 Bundesdatenschutzgesetz (BDSG) zu wahren. Die Verpflichtung auf das Datengeheimnis ist Bestandteil dieses Vertrages und zwingend als Anlage zu führen.

§ 10 Speicherung von Daten

Der Mitarbeiter ist im Sinne des Bundesdatenschutzgesetzes (BDSG) darüber unterrichtet worden, dass seine persönlichen Daten in Zusammenhang mit dem Arbeitsverhältnis in einer DV-Anlage gespeichert werden, und erklärt sich damit einverstanden.

§ 11 Vertragsstrafe

Im Falle einer schuldhaften Nichtaufnahme der Tätigkeit oder der Nichteinhaltung der gesetzlichen Kündigungsfrist durch den Mitarbeiter verpflichtet sich dieser, dem Arbeitgeber eine Vertragsstrafe in Höhe eines Bruttomonatseinkommens zu zahlen.

Gleiches gilt auch für den Vertragsrücktritt vor Beginn des Arbeitsverhältnisses.

Der Arbeitgeber ist berechtigt, einen weiter gehenden Schaden geltend zu machen.

§ 12 Ausschluss- und Verfallsfristen

1. Alle Ansprüche aus diesem Arbeitsvertrag und solche, die damit in Verbindung stehen, verfallen, wenn sie nicht innerhalb von drei Monaten nach Fälligkeit gegenüber der anderen Vertragspartei schriftlich geltend gemacht worden sind.

2. Lehnt die andere Vertragspartei den Anspruch ab oder erklärt sie sich nicht innerhalb von vier Wochen nach der Geltendmachung des Anspruchs, so verfällt dieser, wenn er nicht innerhalb von drei Monaten nach der Ablehnung oder dem Fristablauf gerichtlich geltend gemacht wird.

§ 13 Sonstige Bestimmungen

1. Änderungen und Ergänzungen dieses Vertrages bedürfen der Schriftform; dies gilt auch für einen Verzicht auf das Schriftformerfordernis selbst.

2. Mündliche Nebenabreden zu diesem Vertrag bestehen nicht.

3. Sollten sich einzelne Bestimmungen dieses Vertrages als unwirksam erweisen, so wird dadurch die Wirksamkeit der übrigen Bestimmungen nicht berührt. Eine ungültige oder unklare Bestimmung ist so zu ersetzen bzw. zu deuten, dass der mit ihr beabsichtigte wirtschaftliche Zweck erreicht wird. Lücken sind dem beabsichtigten wirtschaftlichen Zweck entsprechend zu füllen.

_____

Ort, Datum

_____

_____   _____

Unterschrift Arbeitgeber   Unterschrift Mitarbeiter

Vertrags-Check Arbeitsrecht

III. Beginn des Arbeitsverhältnisses, Unternehmen ohne Tarifbindung
Angestellte, Vollzeit

1 Die Befristung eines Arbeitsverhältnisses stellt nach der gesetzlichen Grundregelung (unbefristeter Vertrag) die Ausnahme dar. Kennzeichnen Sie einen Vertrag nicht eindeutig als befristet und ist die Befristung nicht ordnungsgemäß, wird ein unbefristetes Arbeitsverhältnis mit all seinen Nachteilen für Sie als Arbeitgeber begründet.

2 Tragen Sie hier das Datum ein, an welchem das Arbeitsverhältnis beginnen soll. In der Regel wird dies der 1 Tag eines Monats sein. Soll das Arbeitsverhältnis während des laufenden Monats beginnen, so ist das Arbeitsentgelt im 1. Monat nur anteilig zu zahlen.

3 Bei einem befristeten Vertrag muss ein genaues Enddatum angegeben werden.

4 Die Befristung des Arbeitsvertrages kann aufgrund einer Vielzahl von Möglichkeiten erfolgen. Hier wird zunächst die Befristung aus sachlichem Grund dargestellt. Die weiteren Möglichkeiten der Befristung, z. B. nach dem Beschäftigungsförderungsgesetz, die Erprobung eines Mitarbeiters und die Vertretung während des Erziehungsurlaubes werden wegen ihrer Besonderheiten in weiteren Musterverträgen dargestellt. Entgegen der zeitlich begrenzten Befristung nach dem Beschäftigungsförderungsgesetz kann ein befristeter Arbeitsvertrag länger als 2 Jahre andauern, sofern der sachliche Grund dies rechtfertigt.

5 Bei einer kürzeren Befristungsdauer kann auch die Probezeit verkürzt werden. Sie darf jedoch maximal 6 Monate betragen.

6 Ein befristeter Arbeitsvertrag kann prinzipiell während der Befristung nicht gekündigt werden, es sei denn, dass Sie sich eine Kündigungsmöglichkeit ausdrücklich vorbehalten haben.

7 Hier ist die Funktionsbeschreibung einzufügen, wie z. B. Verwaltungsangestellter, Finanzbuchhalter, Sachbearbeiter oder Ähnliches.

8 Es ist sinnvoll, dem Mitarbeiter einen Aufgabenbereich zuzuweisen, der seine Tätigkeit im Unternehmen beschreibt. Möglich ist aber auch die Bezeichnung der Abteilung.

9 Diese Öffnungsklausel erlaubt es Ihnen als Arbeitgeber, den Tätigkeitsbereich zu verändern, ohne dass es einer Änderungskündigung bedarf.

---

1 **Befristeter Arbeitsvertrag aus sachlichem Grund**

Zwischen

Werbeagentur Michael Schmidt
Michalskiweg 2

12345 Musterstadt

nachfolgend „Arbeitgeber" genannt

und

Herrn/Frau
Nico Weber
Garngasse 12

12345 Musterstadt

nachfolgend „Mitarbeiter" genannt

§ 1 Dauer des Arbeitsverhältnisses

2 1. Das Arbeitsverhältnis beginnt am <u>01.01.</u> und endet am <u>31.12.</u>, ohne dass es einer Kündigung bedarf. **3**

4 2. Die Befristung des Arbeitsverhältnisses erfolgt aufgrund <u>des von vornherein befristeten Werbeauftrages der Stadt Musterstadt zur Ansiedlung von Gewerbebetrieben</u>

5 3. Die ersten 6 Monate gelten als Probezeit mit 2-wöchiger Kündigungsfrist. Wird nach der Probezeit gekündigt, so gelten die Kündigungsfristen gemäß § 8 dieses Vertrages. **6**

§ 2 Tätigkeitsgebiet

7 1. Der Mitarbeiter wird als <u>Werbetexter</u> für den Aufgabenbereich <u>Sonderprojekt „Musterstadt"</u> **8** eingestellt.

9 2. Der Mitarbeiter ist verpflichtet, auch auf besondere Anordnung andere – seinen Fähigkeiten und seiner Aus- und Fortbildung entsprechende – zumutbare Tätigkeiten außerhalb seines Aufgabenbereiches zu verrichten.

3. Der Mitarbeiter wird seine ganze Arbeitskraft und fachlichen Kenntnisse und Erfahrungen ausschließlich dem Arbeitgeber widmen. Während der Dauer des Arbeitsverhältnisses ist jede Übernahme einer entgeltlichen oder unentgeltlichen Nebentätigkeit nur mit vorheriger Zustimmung des Arbeitgebers zulässig.

1/4

Kopiervorlage

Befristeter Arbeitsvertrag

Zwischen

_____

_____

_____

nachfolgend „Arbeitgeber" genannt

und

Herrn/Frau

_____

_____

_____

nachfolgend „Mitarbeiter" genannt

§ 1 Dauer des Arbeitsverhältnisses

1. Das Arbeitsverhältnis beginnt am _____ und endet am _____, ohne dass es einer Kündigung bedarf.

2. Die Befristung des Arbeitsverhältnisses erfolgt aufgrund _____.

3. Die ersten 6 Monate gelten als Probezeit mit 2-wöchiger Kündigungsfrist. Wird nach der Probezeit gekündigt, so gelten die Kündigungsfristen gemäß § 8 dieses Vertrages.

§ 2 Tätigkeitsgebiet

1. Der Mitarbeiter wird als _____ für den Aufgabenbereich _____ eingestellt.

2. Der Mitarbeiter ist verpflichtet, auch auf besondere Anordnung andere – seinen Fähigkeiten und seiner Aus- und Fortbildung entsprechende – zumutbare Tätigkeiten außerhalb seines Aufgabenbereiches zu verrichten.

3. Der Mitarbeiter wird seine ganze Arbeitskraft und fachlichen Kenntnisse und Erfahrungen ausschließlich dem Arbeitgeber widmen. Während der Dauer des Arbeitsverhältnisses ist jede Übernahme einer entgeltlichen oder unentgeltlichen Nebentätigkeit nur mit vorheriger Zustimmung des Arbeitgebers zulässig.

Vertrags-Check Arbeitsrecht

III. Beginn des Arbeitsverhältnisses, Unternehmen ohne Tarifbindung
Angestellte, Vollzeit

10 Sofern keine Arbeitszeitregelung im Betrieb vorhanden ist, kann an dieser Stelle auch die betriebsübliche Arbeitszeit eingesetzt werden.

11 An dieser Stelle findet sich oft die Klausel, dass auch Gehaltspfändungen nur mit Zustimmung des Arbeitgebers erfolgen dürfen. Ob wirksam gepfändet wird, haben aber weder Sie als Arbeitgeber noch Ihr Mitarbeiter in der Hand, sondern der Gläubiger des Mitarbeiters, der ihm gegenüber einen wirksamen Titel erwirkt hat.

12 Sie haben als Arbeitgeber das Recht, bereits ab dem ersten Tag der Arbeitsunfähigkeit eine Bescheinigung zu verlangen, § 5 Absatz 1 Entgeltfortzahlungsgesetz (EFZG). Allerdings müssen Sie dies nachweisbar vor einer Erkrankung gefordert haben. Möglich ist also bereits die Festlegung im Arbeitsvertrag.

13 Gemäß EFZG geht die Forderung gegenüber einem Dritten auch ohne gesonderte Abtretung auf Sie über, sofern Sie Entgeltfortzahlung geleistet haben. Diese Klausel dient daher nur der Klarstellung gegenüber dem Mitarbeiter, dass durch die Entgeltfortzahlung der Anspruch auf Schadensersatz in Höhe der geleisteten Entgeltzahlung auf Sie als Arbeitgeber übergeht.

Befristeter Arbeitsvertrag aus sachlichem Grund

§ 3 Arbeitszeit

1. Der Mitarbeiter stellt seine ganze Arbeitskraft dem Unternehmen zur Verfügung.
2. Die wöchentliche Arbeitszeit beträgt derzeit __40__ Stunden.
3. ▶**10** Die Arbeitszeiteinteilung erfolgt nach der jeweils gültigen Arbeitszeitregelung, die automatisch Bestandteil dieses Vertrages wird.
4. Der Arbeitgeber weist ausdrücklich darauf hin, dass der Mitarbeiter verpflichtet ist, arbeitstäglich eine halbstündige Mittagspause einzuhalten, die in der Zeit von __12:00 Uhr bis 14:00 Uhr__ zu nehmen ist.

§ 4 Vergütung

1. Das Festgehalt des Mitarbeiters beträgt pro Monat

   __DM 3.900,-/EUR ...__ brutto

   und wird jeweils am Ende des Monats gezahlt. Der Mitarbeiter erklärt sich damit einverstanden, dass sein Gehalt auf ein von ihm zu benennendes Bank- oder Postgirokonto überwiesen wird.
2. Eventuelle Zahlungen von Gratifikationen, Prämien und ähnlichen Leistungen liegen im freien Ermessen des Arbeitgebers. Sie sind freiwillig und begründen auch bei wiederholter, ohne ausdrücklichen Vorbehalt der Freiwilligkeit erfolgter Zahlung, keinen Rechtsanspruch im Folgejahr.
3. ▶**11** Gehaltsabtretungen sind nur mit Zustimmung des Arbeitgebers zulässig und wirksam. Bei einer Gehaltsabtretung bzw. -pfändung trägt der Mitarbeiter die hierfür entstehenden Kosten, mindestens aber pro Überweisung __DM 5,-/EUR ...__ und pro notwendigem Schreiben __DM 10,-/EUR ...__

§ 5 Arbeitsverhinderung, Vergütungsfortzahlung im Krankheitsfall

1. Der Mitarbeiter ist verpflichtet, dem Arbeitgeber jede Arbeitsverhinderung und ihre voraussichtliche Dauer unverzüglich mitzuteilen.
2. ▶**12** Im Fall der Arbeitsunfähigkeit infolge Krankheit ist der Mitarbeiter verpflichtet, vor Ablauf des dritten **Kalendertages** nach Beginn der Arbeitsunfähigkeit eine ärztliche Bescheinigung darüber sowie über deren voraussichtliche Dauer vorzulegen. Bei einer über den angegebenen Zeitraum hinausgehenden Erkrankung ist eine Folgebescheinigung innerhalb von weiteren drei Tagen nach Ablauf der vorangegangenen Arbeitsunfähigkeitsbescheinigung einzureichen.
3. Ist der Mitarbeiter an der Arbeitsleistung infolge von auf unverschuldeter Krankheit beruhender Arbeitsunfähigkeit verhindert, leistet der Arbeitgeber Fortzahlung der Vergütung nach Maßgabe des Entgeltfortzahlungsgesetzes.
4. ▶**13** Wird der Mitarbeiter durch Handlungen eines Dritten arbeitsunfähig, gehen die dem Mitarbeiter gegenüber dem Dritten zustehenden Schadensersatzansprüche wegen Verdienstausfalles in der Höhe auf den Arbeitgeber über, in welcher der Arbeitgeber während der Zeit der Arbeitsunfähigkeit Entgeltfortzahlung geleistet hat.

Kopiervorlage

Befristeter Arbeitsvertrag

§ 3 Arbeitszeit

1. Der Mitarbeiter stellt seine ganze Arbeitskraft dem Unternehmen zur Verfügung.

2. Die wöchentliche Arbeitszeit beträgt derzeit ___ Stunden.

3. Die Arbeitszeiteinteilung erfolgt nach der jeweils gültigen Arbeitszeitregelung, die automatisch Bestandteil dieses Vertrages wird.

4. Der Arbeitgeber weist ausdrücklich darauf hin, dass der Mitarbeiter verpflichtet ist, arbeitstäglich eine halbstündige Mittagspause einzuhalten, die in der Zeit von _____ zu nehmen ist.

§ 4 Vergütung

1. Das Festgehalt des Mitarbeiters beträgt pro Monat

   _____ brutto

   und wird jeweils am Ende des Monats gezahlt. Der Mitarbeiter erklärt sich damit einverstanden, dass sein Gehalt auf ein von ihm zu benennendes Bank- oder Postgirokonto überwiesen wird.

2. Eventuelle Zahlungen von Gratifikationen, Prämien und ähnlichen Leistungen liegen im freien Ermessen des Arbeitgebers. Sie sind freiwillig und begründen auch bei wiederholter, ohne ausdrücklichen Vorbehalt der Freiwilligkeit erfolgter Zahlung, keinen Rechtsanspruch im Folgejahr.

3. Gehaltsabtretungen sind nur mit Zustimmung des Arbeitgebers zulässig und wirksam. Bei einer Gehaltsabtretung bzw. -pfändung trägt der Mitarbeiter die hierfür entstehenden Kosten, mindestens aber pro Überweisung _____ und pro notwendigem Schreiben _____.

§ 5 Arbeitsverhinderung, Vergütungsfortzahlung im Krankheitsfall

1. Der Mitarbeiter ist verpflichtet, dem Arbeitgeber jede Arbeitsverhinderung und ihre voraussichtliche Dauer unverzüglich mitzuteilen.

2. Im Fall der Arbeitsunfähigkeit infolge Krankheit ist der Mitarbeiter verpflichtet, vor Ablauf des dritten **Kalendertages** nach Beginn der Arbeitsunfähigkeit eine ärztliche Bescheinigung darüber sowie über deren voraussichtliche Dauer vorzulegen. Bei einer über den angegebenen Zeitraum hinausgehenden Erkrankung ist eine Folgebescheinigung innerhalb von weiteren drei Tagen nach Ablauf der vorangegangenen Arbeitsunfähigkeitsbescheinigung einzureichen.

3. Ist der Mitarbeiter an der Arbeitsleistung infolge von auf unverschuldeter Krankheit beruhender Arbeitsunfähigkeit verhindert, leistet der Arbeitgeber Fortzahlung der Vergütung nach Maßgabe des Entgeltfortzahlungsgesetzes.

4. Wird der Mitarbeiter durch Handlungen eines Dritten arbeitsunfähig, gehen die dem Mitarbeiter gegenüber dem Dritten zustehenden Schadensersatzansprüche wegen Verdienstausfalles in der Höhe auf den Arbeitgeber über, in welcher der Arbeitgeber während der Zeit der Arbeitsunfähigkeit Entgeltfortzahlung geleistet hat.

Vertrags-Check Arbeitsrecht

III. Beginn des Arbeitsverhältnisses, Unternehmen ohne Tarifbindung
Angestellte, Vollzeit

14 Die Kündigung eines befristeten Vertrages muss im Vertrag selbst erwähnt sein. Ansonsten ist eine Kündigung während der Laufzeit nur außerordentlich möglich. Die außerordentliche Kündigung stellt aber gerade im Arbeitsrecht die Ausnahme dar, die bei den Arbeitsgerichten zumeist nur sehr schwer durchzusetzen ist.

15 Nach der seit 01.05.2000 geltenden Neuregelung des § 623 Bürgerliches Gesetzbuch (BGB) (Arbeitsgerichtsbeschleunigungsgesetz) ist eine mündliche Kündigung unwirksam.

16 Ihr Mitarbeiter kann (sofern er durch eine Kündigung demotiviert ist) Ihrem Betrieb erheblichen Schaden zufügen. Die Freistellungsmöglichkeit soll Sie daher schützen. Allerdings müssen Sie während der Freistellung bis zum Ende des Arbeitsverhältnisses das Gehalt fortzahlen.

17 Sofern Ihr Unternehmen für die Konkurrenz interessante Betriebsgeheimnisse hat, von denen der Mitarbeiter Kenntnis erlangen konnte, kann es unter Umständen sinnvoll sein, eine Vertragsstrafe zu vereinbaren. Eine solche Klausel finden Sie in den Geschäftsführerverträgen.

Befristeter Arbeitsvertrag aus sachlichem Grund

§ 6 Spesen und Auslagen

Reisekosten und sonstige Aufwendungen, die mit Genehmigung und im Interesse des Arbeitgebers entstehen, werden entsprechend den steuerlichen Vorschriften als Auslagenersatz erstattet.

§ 7 Urlaub

1. Der Mitarbeiter hat Anspruch auf einen jährlichen Erholungsurlaub von **24** Werktagen.
2. Der Urlaub wird im Einvernehmen mit dem Arbeitgeber unter Berücksichtigung der betrieblichen Belange festgelegt.
3. Es gelten die Vorschriften des Bundesurlaubsgesetzes, einzusehen im Personalbüro.

14 ▶ **§ 8 Kündigung**

1. Das Arbeitsverhältnis kann von beiden Parteien unter Einhaltung der gesetzlichen Kündigungsfristen gekündigt werden.
2. **15** ▶ Die Kündigung hat in jedem Fall schriftlich zu erfolgen.
3. **16** ▶ Nach einer Kündigung des Arbeitsvertrages, gleich durch welche Partei, ist der Arbeitgeber jederzeit befugt, den Mitarbeiter unter Fortzahlung des Gehaltes mit sofortiger Wirkung von seiner Verpflichtung zur Arbeitsleistung für den Arbeitgeber freizustellen.

§ 9 Verschwiegenheitspflicht, Rückgabe von Unterlagen und sonstigem Firmeneigentum

1. **17** ▶ Der Mitarbeiter ist verpflichtet, über alle ihm bekannten Angelegenheiten, Vorgänge, Verträge und Geschäftsbeziehungen innerhalb und außerhalb des Betriebes und auch nach seinem Ausscheiden aus dem Arbeitsverhältnis Verschwiegenheit zu bewahren.
2. Dazu gehören neben Geschäfts- und Betriebsgeheimnissen auch persönliche Verhältnisse der Mitarbeiter und Vorgesetzten.
3. Unter anderem verpflichtet sich der Mitarbeiter, über die Höhe seines Gehaltes sowie über Prämien und/oder weitere Bezüge Stillschweigen zu bewahren.
4. Ein Verstoß gegen die Verschwiegenheitspflicht führt zu einem Schadensersatzanspruch des Arbeitgebers; in Extremfällen kann ordentlich bzw. außerordentlich gekündigt werden.
5. Der Mitarbeiter hat jederzeit auf Verlangen des Arbeitgebers, spätestens aber unaufgefordert bei Beendigung des Arbeitsverhältnisses, alles Material, insbesondere alle Unterlagen, Kopien usw. zurückzugeben, die im Zusammenhang mit seiner Tätigkeit für den Arbeitgeber in seinen Besitz gelangt sind. Dem Mitarbeiter steht ein Zurückbehaltungsrecht insoweit nicht zu.
6. Der Mitarbeiter verpflichtet sich durch seine Unterschrift auf einem gesonderten Formblatt, das Datengeheimnis gemäß § 5 Bundesdatenschutzgesetz (BDSG) zu wahren. Die Verpflichtung auf das Datengeheimnis ist Bestandteil dieses Vertrages und zwingend als Anlage zu führen.

3/4

Kopiervorlage

Befristeter Arbeitsvertrag

§ 6 Spesen und Auslagen

Reisekosten und sonstige Aufwendungen, die mit Genehmigung und im Interesse des Arbeitgebers entstehen, werden entsprechend den steuerlichen Vorschriften als Auslagenersatz erstattet.

§ 7 Urlaub

1. Der Mitarbeiter hat Anspruch auf einen jährlichen Erholungsurlaub von ___ Werktagen.

2. Der Urlaub wird im Einvernehmen mit dem Arbeitgeber unter Berücksichtigung der betrieblichen Belange festgelegt.

3. Es gelten die Vorschriften des Bundesurlaubsgesetzes, einzusehen im Personalbüro.

§ 8 Kündigung

1. Das Arbeitsverhältnis kann von beiden Parteien unter Einhaltung der gesetzlichen Kündigungsfristen gekündigt werden.

2. Die Kündigung hat in jedem Fall schriftlich zu erfolgen.

3. Nach einer Kündigung des Arbeitsvertrages, gleich durch welche Partei, ist der Arbeitgeber jederzeit befugt, den Mitarbeiter unter Fortzahlung des Gehaltes mit sofortiger Wirkung von seiner Verpflichtung zur Arbeitsleistung für den Arbeitgeber freizustellen.

§ 9 Verschwiegenheitspflicht, Rückgabe von Unterlagen und sonstigem Firmeneigentum

1. Der Mitarbeiter ist verpflichtet, über alle ihm bekannten Angelegenheiten, Vorgänge, Verträge und Geschäftsbeziehungen innerhalb und außerhalb des Betriebes und auch nach seinem Ausscheiden aus dem Arbeitsverhältnis Verschwiegenheit zu bewahren.

2. Dazu gehören neben Geschäfts- und Betriebsgeheimnissen auch persönliche Verhältnisse der Mitarbeiter und Vorgesetzten.

3. Unter anderem verpflichtet sich der Mitarbeiter, über die Höhe seines Gehaltes sowie über Prämien und/oder weitere Bezüge Stillschweigen zu bewahren.

4. Ein Verstoß gegen die Verschwiegenheitspflicht führt zu einem Schadensersatzanspruch des Arbeitgebers; in Extremfällen kann ordentlich bzw. außerordentlich gekündigt werden.

5. Der Mitarbeiter hat jederzeit auf Verlangen des Arbeitgebers, spätestens aber unaufgefordert bei Beendigung des Arbeitsverhältnisses, alles Material, insbesondere alle Unterlagen, Kopien usw. zurückzugeben, die im Zusammenhang mit seiner Tätigkeit für den Arbeitgeber in seinen Besitz gelangt sind. Dem Mitarbeiter steht ein Zurückbehaltungsrecht insoweit nicht zu.

6. Der Mitarbeiter verpflichtet sich durch seine Unterschrift auf einem gesonderten Formblatt, das Datengeheimnis gemäß § 5 Bundesdatenschutzgesetz (BDSG) zu wahren. Die Verpflichtung auf das Datengeheimnis ist Bestandteil dieses Vertrages und zwingend als Anlage zu führen.

Vertrags-Check Arbeitsrecht

III. Beginn des Arbeitsverhältnisses, Unternehmen ohne Tarifbindung
Angestellte, Vollzeit

18 Die Speicherung und Verarbeitung von personenbezogenen Daten ist in jedem Betrieb erforderlich. Spätestens bei der Lohnabrechnung (eventuell mit einem mit der Lohnabrechnung beauftragten Steuerberater) müssen Daten des Mitarbeiters in eine DV-Anlage eingegeben und verarbeitet werden.

19 Die Vereinbarung einer Vertragsstrafe ist für Sie als Arbeitgeber besonders wichtig. Zwar ist ein Mitarbeiter bei den aufgeführten Vertragsverstößen auch ohne diese Regelung schadensersatzpflichtig, den Ihnen entstandenen Schaden müssen Sie jedoch bis auf den letzten Pfennig beweisen können. Dieser Beweis fällt in der Praxis oft schwer. Haben Sie eine Vertragsstrafe vereinbart, so entfällt der schwierige Beweis für die Schadenshöhe, jedenfalls bis zur Höhe der festgelegten Vertragsstrafe.

20 Verfallsklauseln finden sich sehr häufig auch in Tarifverträgen. Sie haben den Vorteil, dass nach Ablauf der genannten Fristen der Anspruch des Mitarbeiters nicht mehr besteht.

21 Vertragsänderungen sollten zu Beweiszwecken immer schriftlich verfasst werden.

22 Diese Regelung wird als Teilunwirksamkeitsklausel oder auch salvatorische Klausel bezeichnet. Sie soll verhindern, dass bei einem unwirksamen Teil des Vertrages gleich das gesamte Vertragswerk entfällt. Sie finden diese oder ähnliche Klauseln auch in der Vielzahl von anderen Verträgen.

Befristeter Arbeitsvertrag aus sachlichem Grund

18 **§ 10 Speicherung von Daten**

Der Mitarbeiter ist im Sinne des Bundesdatenschutzgesetzes (BDSG) darüber unterrichtet worden, dass seine persönlichen Daten im Zusammenhang mit dem Arbeitsverhältnis in einer DV-Anlage gespeichert werden und erklärt sich damit einverstanden.

19 **§ 11 Vertragsstrafe**

1. Im Fall einer schuldhaften Nichtaufnahme der Tätigkeit oder der Nichteinhaltung der gesetzlichen Kündigungsfrist durch den Mitarbeiter verpflichtet sich dieser, dem Arbeitgeber eine Vertragsstrafe in Höhe eines Bruttomonatseinkommens zu zahlen.

2. Gleiches gilt auch für den Vertragsrücktritt vor Beginn des Arbeitsverhältnisses.

3. Der Arbeitgeber ist berechtigt, einen weitergehenden Schaden geltend zu machen.

20 **§ 12 Ausschluss- und Verfallsfristen**

1. Alle Ansprüche aus diesem Arbeitsvertrag und solche, die damit in Verbindung stehen, verfallen, wenn sie nicht innerhalb von drei Monaten nach Fälligkeit gegenüber der anderen Vertragspartei schriftlich geltend gemacht worden sind.

2. Lehnt die andere Vertragspartei den Anspruch ab oder erklärt sie sich nicht innerhalb von vier Wochen nach der Geltendmachung des Anspruches, so verfällt dieser, wenn er nicht innerhalb von drei Monaten nach der Ablehnung oder dem Fristablauf gerichtlich geltend gemacht wird.

§ 13 Sonstige Bestimmungen

21 1. Änderungen und Ergänzungen dieses Vertrages bedürfen der Schriftform; dies gilt auch für einen Verzicht auf das Schriftformerfordernis selbst.

2. Mündliche Nebenabreden zu diesem Vertrag bestehen nicht.

22 3. Sollten sich einzelne Bestimmungen dieses Vertrages als unwirksam erweisen, so wird dadurch die Wirksamkeit der übrigen Bestimmungen nicht berührt. Eine ungültige oder unklare Bestimmung ist so zu ersetzen bzw. zu deuten, dass der mit ihr beabsichtigte wirtschaftliche Zweck erreicht wird. Lücken sind dem beabsichtigten wirtschaftlichen Zweck entsprechend zu füllen.

Musterstadt, 24.12.
Ort, Datum

Michael Schmidt
Unterschrift Arbeitgeber

Nico Weber
Unterschrift Mitarbeiter

Befristeter Arbeitsvertrag

§ 10 Speicherung von Daten

Der Mitarbeiter ist im Sinne des Bundesdatenschutzgesetzes (BDSG) darüber unterrichtet worden, dass seine persönlichen Daten im Zusammenhang mit dem Arbeitsverhältnis in einer DV-Anlage gespeichert werden und erklärt sich damit einverstanden.

§ 11 Vertragsstrafe

1. Im Fall einer schuldhaften Nichtaufnahme der Tätigkeit oder der Nichteinhaltung der gesetzlichen Kündigungsfrist durch den Mitarbeiter verpflichtet sich dieser, dem Arbeitgeber eine Vertragsstrafe in Höhe eines Bruttomonatseinkommens zu zahlen.

2. Gleiches gilt auch für den Vertragsrücktritt vor Beginn des Arbeitsverhältnisses.

3. Der Arbeitgeber ist berechtigt, einen weitergehenden Schaden geltend zu machen.

§ 12 Ausschluss- und Verfallsfristen

1. Alle Ansprüche aus diesem Arbeitsvertrag und solche, die damit in Verbindung stehen, verfallen, wenn sie nicht innerhalb von drei Monaten nach Fälligkeit gegenüber der anderen Vertragspartei schriftlich geltend gemacht worden sind.

2. Lehnt die andere Vertragspartei den Anspruch ab oder erklärt sie sich nicht innerhalb von vier Wochen nach der Geltendmachung des Anspruches, so verfällt dieser, wenn er nicht innerhalb von drei Monaten nach der Ablehnung oder dem Fristablauf gerichtlich geltend gemacht wird.

§ 13 Sonstige Bestimmungen

1. Änderungen und Ergänzungen dieses Vertrages bedürfen der Schriftform; dies gilt auch für einen Verzicht auf das Schriftformerfordernis selbst.

2. Mündliche Nebenabreden zu diesem Vertrag bestehen nicht.

3. Sollten sich einzelne Bestimmungen dieses Vertrages als unwirksam erweisen, so wird dadurch die Wirksamkeit der übrigen Bestimmungen nicht berührt. Eine ungültige oder unklare Bestimmung ist so zu ersetzen bzw. zu deuten, dass der mit ihr beabsichtigte wirtschaftliche Zweck erreicht wird. Lücken sind dem beabsichtigten wirtschaftlichen Zweck entsprechend zu füllen.

_____
Ort, Datum

_____   _____
Unterschrift Arbeitgeber   Unterschrift Mitarbeiter

Vertrags-Check Arbeitsrecht

**III. Beginn des Arbeitsverhältnisses, Unternehmen ohne Tarifbindung
Angestellte, Vollzeit**

[1] Die Befristung eines Arbeitsverhältnisses stellt nach der gesetzlichen Grundregelung (unbefristetes Arbeitsverhältnis) die Ausnahme dar. Kennzeichnen Sie einen Vertrag nicht eindeutig als befristet und ist die Befristung nicht ordnungsgemäß, wird ein unbefristetes Arbeitsverhältnis mit all seinen Nachteilen für Sie als Arbeitgeber begründet.

[2] Tragen Sie hier das Datum ein, an welchem das Arbeitsverhältnis beginnen soll. In der Regel wird dies der 1. Tag eines Monats sein. Soll das Arbeitsverhältnis während des laufenden Monats beginnen, so ist das Arbeitsentgelt im 1. Monat nur anteilig zu zahlen.

[3] Bei einem befristeten Vertrag muss ein genaues Enddatum angegeben werden.

[4] Das Beschäftigungsförderungsgesetz gestattet die Befristung eines Arbeitsvertrages auch ohne sachlichen Grund für maximal 2 Jahre. Innerhalb dieser Maximaldauer darf das Arbeitsverhältnis höchstens 3-mal verlängert werden. Es ist also zulässig, 3-mal hintereinander befristete Verträge für jeweils 6 Monate abzuschließen. Das Beschäftigungsförderungsgesetz gilt nur für Neueinstellungen. Sofern bereits vorher ein Arbeitsverhältnis zwischen dem Mitarbeiter und Ihnen bestand, muss zwischen dem alten und dem neuen, nach dem Beschäftigungsförderungsgesetz befristeten Arbeitsverhältnis, mindestens ein Zeitabstand von 4 Monaten liegen.

[5] Bei einer kürzeren Befristungsdauer kann auch die Probezeit verkürzt werden. Sie darf jedoch maximal 6 Monate betragen.

[6] Ein befristeter Arbeitsvertrag kann prinzipiell während der Befristung nicht gekündigt werden, es sei denn, dass Sie sich eine Kündigungsmöglichkeit ausdrücklich vorbehalten haben.

[7] Hier ist die Funktionsbeschreibung einzufügen, wie z. B. Verwaltungsangestellter, Finanzbuchhalter, Sachbearbeiter oder Ähnliches.

[8] Es ist sinnvoll, dem Mitarbeiter einen Aufgabenbereich zuzuweisen, der seine Tätigkeit im Unternehmen beschreibt. Möglich ist aber auch die Bezeichnung der Abteilung.

[9] Diese Öffnungsklausel erlaubt es Ihnen als Arbeitgeber, den Tätigkeitsbereich zu verändern, ohne dass es einer Änderungskündigung bedarf.

[10] Tragen Sie hier den Ort der Tätigkeit, dies wird in der Regel der Firmensitz sein, ein.

---

[1] Befristeter Arbeitsvertrag nach dem Beschäftigungsförderungsgesetz

Zwischen

Meier und Senken GbR
Bürgermeister-Schmidt-Str. 2

12345 Musterstadt

nachfolgend „Arbeitgeber" genannt

und

Herrn/Frau
Waltraut Glück
Pechgasse 41

12345 Musterstadt

nachfolgend „Mitarbeiter" genannt

§ 1 Dauer des Arbeitsverhältnisses

[2] 1. Das Arbeitsverhältnis beginnt am __01.08.__ und endet am __31.07.__ ohne dass es einer Kündigung bedarf. **[3]**

[4] 2. Die Befristung des Arbeitsverhältnisses erfolgt nach Maßgabe des Beschäftigungsförderungsgesetzes.

[5] 3. Die ersten 6 Monate gelten als Probezeit mit 2-wöchiger Kündigungsfrist. Wird nach der Probezeit gekündigt, so gelten die Kündigungsfristen gemäß § 8 dieses Vertrages. **[6]**

§ 2 Tätigkeitsgebiet, Ort der Tätigkeit

[7] 1. Der Mitarbeiter wird als __Sachbearbeiter__ für den Aufgabenbereich __Datenerfassung__ eingestellt. **[8]**

[9] 2. Der Mitarbeiter ist verpflichtet, auf besondere Anordnung auch andere – seinen Fähigkeiten und seiner Aus- und Fortbildung entsprechende – zumutbare Tätigkeiten außerhalb seines Aufgabenbereiches zu verrichten.

3. Der Mitarbeiter wird seine ganze Arbeitskraft und fachlichen Kenntnisse und Erfahrungen ausschließlich dem Arbeitgeber widmen. Während der Dauer des Arbeitsverhältnisses ist jede Übernahme einer entgeltlichen oder unentgeltlichen Nebentätigkeit nur mit vorheriger Zustimmung des Arbeitgebers zulässig.

[10] 4. Ort der Tätigkeit ist __Musterstadt__.

1/4

Kopiervorlage

Befristeter Arbeitsvertrag

Zwischen

_____

_____

_____

nachfolgend „Arbeitgeber" genannt

und

Herrn/Frau

_____

_____

_____

nachfolgend „Mitarbeiter" genannt

§ 1 Dauer des Arbeitsverhältnisses

1. Das Arbeitsverhältnis beginnt am _____ und endet am _____, ohne dass es einer Kündigung bedarf.

2. Die Befristung des Arbeitsverhältnisses erfolgt nach Maßgabe des Beschäftigungsförderungsgesetzes.

3. Die ersten 6 Monate gelten als Probezeit mit 2-wöchiger Kündigungsfrist. Wird nach der Probezeit gekündigt, so gelten die Kündigungsfristen gemäß § 8 dieses Vertrages.

§ 2 Tätigkeitsgebiet, Ort der Tätigkeit

1. Der Mitarbeiter wird als _____ für den Aufgabenbereich _____ eingestellt.

2. Der Mitarbeiter ist verpflichtet, auf besondere Anordnung auch andere – seinen Fähigkeiten und seiner Aus- und Fortbildung entsprechende – zumutbare Tätigkeiten außerhalb seines Aufgabenbereiches zu verrichten.

3. Der Mitarbeiter wird seine ganze Arbeitskraft und fachlichen Kenntnisse und Erfahrungen ausschließlich dem Arbeitgeber widmen. Während der Dauer des Arbeitsverhältnisses ist jede Übernahme einer entgeltlichen oder unentgeltlichen Nebentätigkeit nur mit vorheriger Zustimmung des Arbeitgebers zulässig.

4. Ort der Tätigkeit ist _____.

Vertrags-Check Arbeitsrecht
III. Beginn des Arbeitsverhältnisses, Unternehmen ohne Tarifbindung
Angestellte, Vollzeit

11 Sofern keine Arbeitszeitregelung im Betrieb vorhanden ist, kann an dieser Stelle auch die betriebsübliche Arbeitszeit eingesetzt werden.

12 Fügen Sie hier das mit dem Mitarbeiter ausgehandelte Bruttomonatsgehalt ein.

13 An dieser Stelle findet sich oft die Klausel, dass auch Gehaltspfändungen nur mit Zustimmung des Arbeitgebers erfolgen dürfen. Ob wirksam gepfändet wird, haben aber weder Sie noch Ihr Mitarbeiter in der Hand, sondern der Gläubiger des Mitarbeiters, der ihm gegenüber einen wirksamen Titel erwirkt hat.

14 Gemäß Entgeltfortzahlungsgesetz geht die Forderung gegenüber einem Dritten auch ohne gesonderte Abtretung auf Sie über, sofern Sie Entgeltfortzahlung geleistet haben. Diese Klausel dient daher nur der Klarstellung gegenüber dem Mitarbeiter, dass durch die Entgeltfortzahlung der Anspruch auf Schadensersatz in Höhe der geleisteten Entgeltzahlung auf Sie als Arbeitgeber übergeht.

15 Gemäß Entgeltfortzahlungsgesetz geht die Forderung gegenüber einem Dritten auch ohne gesonderte Abtretung auf Sie über, sofern Sie Entgeltfortzahlung geleistet haben. Diese Klausel dient daher nur der Klarstellung gegenüber dem Mitarbeiter, dass durch die Entgeltfortzahlung der Anspruch auf Schadensersatz in Höhe der geleisteten Entgeltzahlung auf Sie als Arbeitgeber übergeht.

Befristeter Arbeitsvertrag nach dem Beschäftigungsförderungsgesetz

§ 3 Arbeitszeit
Der Mitarbeiter stellt seine ganze Arbeitskraft dem Unternehmen zur Verfügung.

1. Die wöchentliche Arbeitszeit beträgt derzeit __40__ Stunden.

11 ▶ 2. Die Arbeitszeiteinteilung erfolgt nach der jeweils gültigen Arbeitszeitregelung, die automatisch Bestandteil dieses Vertrages wird.

3. Der Arbeitgeber weist ausdrücklich darauf hin, dass der Mitarbeiter verpflichtet ist, arbeitstäglich eine halbstündige Mittagspause einzuhalten, die in der Zeit von __12:00 Uhr bis 14:00 Uhr__ zu nehmen ist.

§ 4 Vergütung
1. Das Festgehalt des Mitarbeiters beträgt pro Monat

12 ▶ __DM 2.600,--/EUR...__ brutto

und wird jeweils am Ende des Monats gezahlt. Der Mitarbeiter erklärt sich damit einverstanden, dass sein Gehalt auf ein von ihm zu benennendes Bank- oder Postgirokonto überwiesen wird.

2. Eventuelle Zahlungen von Gratifikationen, Prämien und ähnlichen Leistungen liegen im freien Ermessen des Arbeitgebers. Sie sind freiwillig und begründen auch bei wiederholter, ohne ausdrücklichen Vorbehalt der Freiwilligkeit erfolgter Zahlung keinen Rechtsanspruch im Folgejahr.

13 ▶ 3. Gehaltsabtretungen sind nur mit Zustimmung des Arbeitgebers zulässig und wirksam. Bei einer Gehaltsabtretung bzw. -pfändung trägt der Mitarbeiter die hierfür entstehenden Kosten, mindestens aber pro Überweisung __DM 5,--/EUR ...__ und pro notwendigem Schreiben __DM 10,--/EUR ...__.

§ 5 Arbeitsverhinderung, Vergütungsfortzahlung im Krankheitsfall
1. Der Mitarbeiter ist verpflichtet, dem Arbeitgeber jede Arbeitsverhinderung und ihre voraussichtliche Dauer unverzüglich mitzuteilen.

14 ▶ 2. Im Fall der Arbeitsunfähigkeit infolge Krankheit ist der Mitarbeiter verpflichtet, vor Ablauf des dritten Kalendertages nach Beginn der Arbeitsunfähigkeit eine ärztliche Bescheinigung darüber sowie über deren voraussichtliche Dauer vorzulegen. Bei einer über den angegebenen Zeitraum hinausgehenden Erkrankung ist eine Folgebescheinigung innerhalb von weiteren drei Tagen nach Ablauf der vorangegangenen Arbeitsunfähigkeitsbescheinigung einzureichen.

3. Ist der Mitarbeiter an der Arbeitsleistung infolge von auf unverschuldeter Krankheit beruhender Arbeitsunfähigkeit verhindert, leistet der Arbeitgeber Fortzahlung der Vergütung nach Maßgabe des Entgeltfortzahlungsgesetzes.

15 ▶ 4. Wird der Mitarbeiter durch Handlungen eines Dritten arbeitsunfähig, gehen die dem Mitarbeiter gegenüber dem Dritten zustehenden Schadensersatzansprüche wegen Verdienstausfalles in der Höhe auf den Arbeitgeber über, in welcher der Arbeitgeber während der Zeit der Arbeitsunfähigkeit Entgeltfortzahlung geleistet hat.

Befristeter Arbeitsvertrag

§ 3 Arbeitszeit

Der Mitarbeiter stellt seine ganze Arbeitskraft dem Unternehmen zur Verfügung.

1. Die wöchentliche Arbeitszeit beträgt derzeit ____ Stunden.

2. Die Arbeitszeiteinteilung erfolgt nach der jeweils gültigen Arbeitszeitregelung, die automatisch Bestandteil dieses Vertrages wird.

3. Der Arbeitgeber weist ausdrücklich darauf hin, dass der Mitarbeiter verpflichtet ist, arbeitstäglich eine halbstündige Mittagspause einzuhalten, die in der Zeit von _____ zu nehmen ist.

§ 4 Vergütung

1. Das Festgehalt des Mitarbeiters beträgt pro Monat

   _____ brutto

   und wird jeweils am Ende des Monats gezahlt. Der Mitarbeiter erklärt sich damit einverstanden, dass sein Gehalt auf ein von ihm zu benennendes Bank- oder Postgirokonto überwiesen wird.

2. Eventuelle Zahlungen von Gratifikationen, Prämien und ähnlichen Leistungen liegen im freien Ermessen des Arbeitgebers. Sie sind freiwillig und begründen auch bei wiederholter, ohne ausdrücklichen Vorbehalt der Freiwilligkeit erfolgter Zahlung keinen Rechtsanspruch im Folgejahr.

3. Gehaltsabtretungen sind nur mit Zustimmung des Arbeitgebers zulässig und wirksam. Bei einer Gehaltsabtretung bzw. -pfändung trägt der Mitarbeiter die hierfür entstehenden Kosten, mindestens aber pro Überweisung _____ und pro notwendigem Schreiben _____.

§ 5 Arbeitsverhinderung, Vergütungsfortzahlung im Krankheitsfall

1. Der Mitarbeiter ist verpflichtet, dem Arbeitgeber jede Arbeitsverhinderung und ihre voraussichtliche Dauer unverzüglich mitzuteilen.

2. Im Fall der Arbeitsunfähigkeit infolge Krankheit ist der Mitarbeiter verpflichtet, vor Ablauf des dritten Kalendertages nach Beginn der Arbeitsunfähigkeit eine ärztliche Bescheinigung darüber sowie über deren voraussichtliche Dauer vorzulegen. Bei einer über den angegebenen Zeitraum hinausgehenden Erkrankung ist eine Folgebescheinigung innerhalb von weiteren drei Tagen nach Ablauf der vorangegangenen Arbeitsunfähigkeitsbescheinigung einzureichen.

3. Ist der Mitarbeiter an der Arbeitsleistung infolge von auf unverschuldeter Krankheit beruhender Arbeitsunfähigkeit verhindert, leistet der Arbeitgeber Fortzahlung der Vergütung nach Maßgabe des Entgeltfortzahlungsgesetzes.

4. Wird der Mitarbeiter durch Handlungen eines Dritten arbeitsunfähig, gehen die dem Mitarbeiter gegenüber dem Dritten zustehenden Schadensersatzansprüche wegen Verdienstausfalles in der Höhe auf den Arbeitgeber über, in welcher der Arbeitgeber während der Zeit der Arbeitsunfähigkeit Entgeltfortzahlung geleistet hat.

Vertrags-Check Arbeitsrecht

III. Beginn des Arbeitsverhältnisses, Unternehmen ohne Tarifbindung
Angestellte, Vollzeit

16 Die Kündigung eines befristeten Vertrages muss im Vertrag selbst erwähnt sein. Ansonsten ist eine Kündigung während der Laufzeit nur außerordentlich möglich. Die außerordentliche Kündigung stellt aber gerade im Arbeitsrecht die Ausnahme dar, die bei den Arbeitsgerichten zumeist nur sehr schwer durchzusetzen ist.

17 Nach der Neuregelung des § 623 Bürgerliches Gesetzbuch (BGB) ist eine mündliche Kündigung unwirksam.

18 Sofern das Unternehmen für die Konkurrenz interessante Betriebsgeheimnisse hat, von denen der Mitarbeiter Kenntnis erlangen konnte, kann es unter Umständen sinnvoll sein, eine Vertragsstrafe zu vereinbaren. Eine solche Klausel finden Sie in den Geschäftsführerverträgen.

Befristeter Arbeitsvertrag nach dem Beschäftigungsförderungsgesetz

§ 6 Spesen und Auslagen
Reisekosten und sonstige Aufwendungen, die mit Genehmigung und im Interesse des Arbeitgebers entstehen, werden entsprechend den steuerlichen Vorschriften als Auslagenersatz erstattet.

§ 7 Urlaub
1. Der Mitarbeiter hat Anspruch auf einen jährlichen Erholungsurlaub von **24** Werktagen.
2. Der Urlaub wird im Einvernehmen mit dem Arbeitgeber unter Berücksichtigung der betrieblichen Belange festgelegt.
3. Es gelten die Vorschriften des Bundesurlaubsgesetzes, einzusehen im Personalbüro.

§ 8 Kündigung
16 1. Das Arbeitsverhältnis kann von beiden Parteien unter Einhaltung der gesetzlichen Kündigungsfristen gekündigt werden.

17 2. Die Kündigung hat in jedem Fall schriftlich zu erfolgen.

3. Nach einer Kündigung des Arbeitsvertrages, gleich durch welche Partei, ist der Arbeitgeber jederzeit befugt, den Mitarbeiter unter Fortzahlung der Vergütung mit sofortiger Wirkung von seiner Verpflichtung zur Arbeitsleistung für den Arbeitgeber freizustellen.

§ 9 Verschwiegenheitspflicht, Rückgabe von Unterlagen und sonstigem Firmeneigentum
18 1. Der Mitarbeiter ist verpflichtet, über alle ihm bekannten Angelegenheiten, Vorgänge, Verträge und Geschäftsbeziehungen innerhalb und außerhalb des Betriebes und auch nach seinem Ausscheiden aus dem Arbeitsverhältnis Verschwiegenheit zu bewahren.

2. Dazu gehören neben Geschäfts- und Betriebsgeheimnissen auch persönliche Verhältnisse der Mitarbeiter und Vorgesetzten.

3. Unter anderem verpflichtet sich der Mitarbeiter, über die Höhe seines Gehaltes sowie über Prämien und/oder weitere Bezüge Stillschweigen zu bewahren.

4. Ein Verstoß gegen die Verschwiegenheitspflicht führt zu einem Schadensersatzanspruch des Arbeitgebers; in Extremfällen kann ordentlich bzw. außerordentlich gekündigt werden.

5. Der Mitarbeiter hat jederzeit auf Verlangen des Arbeitgebers, spätestens aber unaufgefordert bei Beendigung des Arbeitsverhältnisses, alles Material, insbesondere alle Unterlagen, Kopien usw. zurückzugeben, die im Zusammenhang mit seiner Tätigkeit für den Arbeitgeber in seinen Besitz gelangt sind. Dem Mitarbeiter steht ein Zurückbehaltungsrecht insoweit nicht zu.

3/4

Kopiervorlage

Befristeter Arbeitsvertrag

§ 6 Spesen und Auslagen

Reisekosten und sonstige Aufwendungen, die mit Genehmigung und im Interesse des Arbeitgebers entstehen, werden entsprechend den steuerlichen Vorschriften als Auslagenersatz erstattet.

§ 7 Urlaub

1. Der Mitarbeiter hat Anspruch auf einen jährlichen Erholungsurlaub von ___ Werktagen.

2. Der Urlaub wird im Einvernehmen mit dem Arbeitgeber unter Berücksichtigung der betrieblichen Belange festgelegt.

3. Es gelten die Vorschriften des Bundesurlaubsgesetzes, einzusehen im Personalbüro.

§ 8 Kündigung

1. Das Arbeitsverhältnis kann von beiden Parteien unter Einhaltung der gesetzlichen Kündigungsfristen gekündigt werden.

2. Die Kündigung hat in jedem Fall schriftlich zu erfolgen.

3. Nach einer Kündigung des Arbeitsvertrages, gleich durch welche Partei, ist der Arbeitgeber jederzeit befugt, den Mitarbeiter unter Fortzahlung der Vergütung mit sofortiger Wirkung von seiner Verpflichtung zur Arbeitsleistung für den Arbeitgeber freizustellen.

§ 9 Verschwiegenheitspflicht, Rückgabe von Unterlagen und sonstigem Firmeneigentum

1. Der Mitarbeiter ist verpflichtet, über alle ihm bekannten Angelegenheiten, Vorgänge, Verträge und Geschäftsbeziehungen innerhalb und außerhalb des Betriebes und auch nach seinem Ausscheiden aus dem Arbeitsverhältnis Verschwiegenheit zu bewahren.

2. Dazu gehören neben Geschäfts- und Betriebsgeheimnissen auch persönliche Verhältnisse der Mitarbeiter und Vorgesetzten.

3. Unter anderem verpflichtet sich der Mitarbeiter, über die Höhe seines Gehaltes sowie über Prämien und/oder weitere Bezüge Stillschweigen zu bewahren.

4. Ein Verstoß gegen die Verschwiegenheitspflicht führt zu einem Schadensersatzanspruch des Arbeitgebers; in Extremfällen kann ordentlich bzw. außerordentlich gekündigt werden.

5. Der Mitarbeiter hat jederzeit auf Verlangen des Arbeitgebers, spätestens aber unaufgefordert bei Beendigung des Arbeitsverhältnisses, alles Material, insbesondere alle Unterlagen, Kopien usw. zurückzugeben, die im Zusammenhang mit seiner Tätigkeit für den Arbeitgeber in seinen Besitz gelangt sind. Dem Mitarbeiter steht ein Zurückbehaltungsrecht insoweit nicht zu.

Vertrags-Check Arbeitsrecht

III. Beginn des Arbeitsverhältnisses, Unternehmen ohne Tarifbindung
Angestellte, Vollzeit

19 Die Speicherung und Verarbeitung von personenbezogenen Daten ist in jedem Betrieb erforderlich. Spätestens bei der Lohnabrechnung (eventuell mit einem mit der Lohnabrechnung beauftragten Steuerberater) müssen Daten des Mitarbeiters in eine DV-Anlage eingegeben und verarbeitet werden.

20 Die Vereinbarung einer Vertragsstrafe ist für Sie als Arbeitgeber besonders wichtig. Zwar ist ein Mitarbeiter bei den aufgeführten Vertragsverstößen auch ohne diese Regelung schadensersatzpflichtig, den Ihnen entstandenen Schaden müssen Sie jedoch bis auf den letzten Pfennig beweisen können. Dieser Beweis fällt in der Praxis oft schwer. Haben Sie eine Vertragsstrafe vereinbart, so entfällt der schwierige Beweis für die Schadenshöhe, jedenfalls bis zur Höhe der festgelegten Vertragsstrafe.

21 Verfallsklauseln befinden sich sehr häufig auch in Tarifverträgen. Sie haben den Vorteil, dass nach Ablauf der genannten Fristen der Anspruch des Mitarbeiters nicht mehr besteht.

22 Vertragsänderungen sollten zu Beweiszwecken immer schriftlich verfasst werden.

23 Diese Regelung wird als Teilunwirksamkeitsklausel oder auch salvatorische Klausel bezeichnet. Sie soll verhindern, dass bei einem unwirksamen Teil des Vertrages gleich das gesamte Vertragswerk entfällt. Sie finden diese oder ähnliche Klauseln auch in der Vielzahl von anderen Verträgen.

Befristeter Arbeitsvertrag nach dem Beschäftigungsförderungsgesetz

6. Der Mitarbeiter verpflichtet sich durch seine Unterschrift auf einem gesonderten Formblatt, das Datengeheimnis gemäß § 5 Bundesdatenschutzgesetz (BDSG) zu wahren. Die Verpflichtung auf das Datengeheimnis ist Bestandteil dieses Vertrages und zwingend als Anlage zu führen.

19 § 10 Speicherung von Daten

Der Mitarbeiter ist im Sinne des Bundesdatenschutzgesetzes (BDSG) darüber unterrichtet worden, dass seine persönlichen Daten im Zusammenhang mit dem Arbeitsverhältnis in einer DV-Anlage gespeichert sind und erklärt sich damit einverstanden.

20 § 11 Vertragsstrafe

Im Fall einer schuldhaften Nichtaufnahme der Tätigkeit oder der Nichteinhaltung der gesetzlichen Kündigungsfrist durch den Mitarbeiter verpflichtet sich dieser, dem Arbeitgeber eine Vertragsstrafe in Höhe eines Bruttomonatseinkommens zu zahlen.

Gleiches gilt auch für den Vertragsrücktritt vor Beginn des Arbeitsverhältnisses.

Der Arbeitgeber ist berechtigt, einen weitergehenden Schaden geltend zu machen.

21 § 12 Ausschluss- und Verfallsfristen

1. Alle Ansprüche aus diesem Arbeitsvertrag und solche, die damit in Verbindung stehen, verfallen, wenn sie nicht innerhalb von drei Monaten nach Fälligkeit gegenüber der anderen Vertragspartei schriftlich geltend gemacht worden sind.

2. Lehnt die andere Vertragspartei den Anspruch ab oder erklärt sie sich nicht innerhalb von vier Wochen nach der Geltendmachung des Anspruches, so verfällt dieser, wenn er nicht innerhalb von drei Monaten nach der Ablehnung oder dem Fristablauf gerichtlich geltend gemacht wird.

§ 13 Sonstige Bestimmungen

22 1. Änderungen und Ergänzungen dieses Vertrages bedürfen der Schriftform; dies gilt auch für einen Verzicht auf das Schriftformerfordernis selbst.

2. Mündliche Nebenabreden zu diesem Vertrag bestehen nicht.

23 3. Sollten sich einzelne Bestimmungen dieses Vertrages als unwirksam erweisen, so wird dadurch die Wirksamkeit der übrigen Bestimmungen nicht berührt. Eine ungültige oder unklare Bestimmung ist so zu ersetzen bzw. zu deuten, dass der mit ihr beabsichtigte wirtschaftliche Zweck erreicht wird. Lücken sind dem beabsichtigten wirtschaftlichen Zweck entsprechend zu füllen.

Musterstadt, 20.06.
Ort, Datum

Herbert Senken   Waltraut Glück
Unterschrift Arbeitgeber   Unterschrift Mitarbeiter

Kopiervorlage

Befristeter Arbeitsvertrag

6. Der Mitarbeiter verpflichtet sich durch seine Unterschrift auf einem gesonderten Formblatt, das Datengeheimnis gemäß § 5 Bundesdatenschutzgesetz (BDSG) zu wahren. Die Verpflichtung auf das Datengeheimnis ist Bestandteil dieses Vertrages und zwingend als Anlage zu führen.

§ 10 Speicherung von Daten

Der Mitarbeiter ist im Sinne des Bundesdatenschutzgesetzes (BDSG) darüber unterrichtet worden, dass seine persönlichen Daten im Zusammenhang mit dem Arbeitsverhältnis in einer DV-Anlage gespeichert sind und erklärt sich damit einverstanden.

§ 11 Vertragsstrafe

Im Fall einer schuldhaften Nichtaufnahme der Tätigkeit oder der Nichteinhaltung der gesetzlichen Kündigungsfrist durch den Mitarbeiter verpflichtet sich dieser, dem Arbeitgeber eine Vertragsstrafe in Höhe eines Bruttomonatseinkommens zu zahlen.

Gleiches gilt auch für den Vertragsrücktritt vor Beginn des Arbeitsverhältnisses.

Der Arbeitgeber ist berechtigt, einen weitergehenden Schaden geltend zu machen.

§ 12 Ausschluss- und Verfallsfristen

1. Alle Ansprüche aus diesem Arbeitsvertrag und solche, die damit in Verbindung stehen, verfallen, wenn sie nicht innerhalb von drei Monaten nach Fälligkeit gegenüber der anderen Vertragspartei schriftlich geltend gemacht worden sind.

2. Lehnt die andere Vertragspartei den Anspruch ab oder erklärt sie sich nicht innerhalb von vier Wochen nach der Geltendmachung des Anspruches, so verfällt dieser, wenn er nicht innerhalb von drei Monaten nach der Ablehnung oder dem Fristablauf gerichtlich geltend gemacht wird.

§ 13 Sonstige Bestimmungen

1. Änderungen und Ergänzungen dieses Vertrages bedürfen der Schriftform; dies gilt auch für einen Verzicht auf das Schriftformerfordernis selbst.

2. Mündliche Nebenabreden zu diesem Vertrag bestehen nicht.

3. Sollten sich einzelne Bestimmungen dieses Vertrages als unwirksam erweisen, so wird dadurch die Wirksamkeit der übrigen Bestimmungen nicht berührt. Eine ungültige oder unklare Bestimmung ist so zu ersetzen bzw. zu deuten, dass der mit ihr beabsichtigte wirtschaftliche Zweck erreicht wird. Lücken sind dem beabsichtigten wirtschaftlichen Zweck entsprechend zu füllen.

_____
Ort, Datum

_____ _____
Unterschrift Arbeitgeber   Unterschrift Mitarbeiter

Vertrags-Check Arbeitsrecht

III. Beginn des Arbeitsverhältnisses, Unternehmen ohne Tarifbindung
Angestellte, Vollzeit

1 Die Befristung eines Arbeitsverhältnisses stellt nach der gesetzlichen Grundregelung (unbefristeter Arbeitsvertrag) die Ausnahme dar. Wird ein Vertrag nicht eindeutig als befristet gekennzeichnet und ist die Befristung nicht ordnungsgemäß, wird ein unbefristetes Arbeitsverhältnis mit all seinen Nachteilen für Sie als Arbeitgeber begründet.

2 Tragen Sie hier das Datum ein, an welchem das Arbeitsverhältnis beginnen soll. In der Regel wird dies der 1. Tag eines Monats sein. Soll das Arbeitsverhältnis während des laufenden Monats beginnen, so ist das Arbeitsentgelt im 1. Monat nur anteilig zu zahlen.

3 Es ist notwendig, den Mitarbeiter genau zu bezeichnen, für den die Vertretung erfolgen soll. Ausgehend davon, dass in den meisten Fällen die Mutter Erziehungsurlaub nimmt, sind die Formulierungen zur Vertretung einer Mitarbeiterin gewählt.

4 Die Dauer des befristeten Vertrages zur Vertretung eines Erziehungsurlaubers beträgt mindestens die Zeit des Erziehungsurlaubes sowie der Schutzfristen nach dem Mutterschutzgesetz zuzüglich einer angemessenen Einarbeitungszeit. Es empfiehlt sich, die voraussichtliche Dauer zu bezeichnen.

5 Ihre im Erziehungsurlaub befindliche Mitarbeiterin muss genau am 3. Geburtstag ihres Kindes wieder zur Arbeit erscheinen, es sei denn, dass Ihre Mitarbeiterin aufgrund der Geburt eines weiteren Kindes Erziehungsurlaub beansprucht. Tragen Sie hier das Datum ein, an dem das Arbeitsverhältnis mit der Ersatzmitarbeiterin enden soll, also ein Datum 2 Wochen nach dem 3. Geburtstag.

6 Ein befristeter Arbeitsvertrag kann prinzipiell während der Befristung nicht gekündigt werden, es sei denn, dass Sie sich eine Kündigungsmöglichkeit ausdrücklich vorbehalten haben.

7 Es ist sinnvoll, dem Mitarbeiter einen Aufgabenbereich zuzuweisen, der seine Tätigkeit im Unternehmen beschreibt. Möglich ist aber auch die Bezeichnung der Abteilung.

8 Auch bezüglich des Arbeitsortes sollte die Vereinbarung möglichst offen gestaltet sein, um den Mitarbeiter flexibel einsetzen zu können.

---

1 Befristeter Arbeitsvertrag, Erziehungsurlaubsvertretung

Zwischen

Fleischerei Jürgen Krüger
Blauer Platz 1

12345 Musterstadt

nachfolgend „Arbeitgeber" genannt

und

Herrn/Frau
Susanne Bank
Roseneck 5

12345 Musterstadt

nachfolgend „Mitarbeiter" genannt

§ 1 Zweckbefristung des Arbeitsverhältnisses

1. Das Arbeitsverhältnis beginnt am **01.06.** . Zweck des Arbeitsverhältnisses ist die Vertretung von **Frau Claudia Bode**, die voraussichtlich mit Wirkung ab dem **14.06.** in Mutterschutz sowie anschließend in Erziehungsurlaub geht. Das Arbeitsverhältnis endet 2 Wochen nach Beendigung des Erziehungsurlaubes des vertretenen Mitarbeiters, also voraussichtlich am **09.08.** Die letzten zwei Wochen des Arbeitsverhältnisses dienen der Übergabe des Arbeitsplatzes an die zurückkehrende Erziehungsurlauberin.

2. Die ersten 6 Monate gelten als Probezeit mit 2-wöchiger Kündigungsfrist. Wird nach der Probezeit gekündigt, so gelten die Kündigungsfristen sowie die besonderen Beendigungsmodalitäten gemäß § 8 dieses Vertrages.

§ 2 Tätigkeitsgebiet, Ort der Tätigkeit

1. Der Mitarbeiter wird als Vertreter für **Frau Bode** für den Aufgabenbereich **Wurst- und Fleischwarenverkauf** eingestellt.

2. Der Mitarbeiter ist im Rahmen der Vertretung für **Frau Bode** verpflichtet, auf besondere Anordnung auch andere – seinen Fähigkeiten und seiner Aus- und Fortbildung entsprechende – zumutbare Tätigkeiten außerhalb seines Aufgabenbereiches zu verrichten.

3. Der Mitarbeiter wird seine ganze Arbeitskraft und fachlichen Kenntnisse und Erfahrungen ausschließlich dem Arbeitgeber widmen. Während der Dauer des Arbeitsverhältnisses ist jede Übernahme einer entgeltlichen oder unentgeltlichen Nebentätigkeit nur mit vorheriger Zustimmung des Arbeitgebers zulässig.

4. Der Mitarbeiter übt seine Tätigkeit am Firmensitz **Musterstadt** aus. Der Arbeitgeber behält sich vor, den Mitarbeiter auch an einem anderen Ort einzusetzen.

Kopiervorlage

Befristeter Arbeitsvertrag

Zwischen

_____
_____

_____

nachfolgend „Arbeitgeber" genannt

und

Herrn/Frau

_____
_____

_____

nachfolgend „Mitarbeiter" genannt

§ 1 Zweckbefristung des Arbeitsverhältnisses

1. Das Arbeitsverhältnis beginnt am _____. Zweck des Arbeitsverhältnisses ist die Vertretung von _____, die voraussichtlich mit Wirkung ab dem _____ in Mutterschutz sowie anschließend in Erziehungsurlaub geht. Das Arbeitsverhältnis endet 2 Wochen nach Beendigung des Erziehungsurlaubes des vertretenen Mitarbeiters, also voraussichtlich am _____ Die letzten zwei Wochen des Arbeitsverhältnisses dienen der Übergabe des Arbeitsplatzes an die zurückkehrende Erziehungsurlauberin.

2. Die ersten 6 Monate gelten als Probezeit mit 2-wöchiger Kündigungsfrist. Wird nach der Probezeit gekündigt, so gelten die Kündigungsfristen sowie die besonderen Beendigungsmodalitäten gemäß § 8 dieses Vertrages.

§ 2 Tätigkeitsgebiet, Ort der Tätigkeit

1. Der Mitarbeiter wird als Vertreter für _____ für den Aufgabenbereich _____ _____ eingestellt.

2. Der Mitarbeiter ist im Rahmen der Vertretung für _____ verpflichtet, auf besondere Anordnung auch andere – seinen Fähigkeiten und seiner Aus- und Fortbildung entsprechende – zumutbare Tätigkeiten außerhalb seines Aufgabenbereiches zu verrichten.

3. Der Mitarbeiter wird seine ganze Arbeitskraft und fachlichen Kenntnisse und Erfahrungen ausschließlich dem Arbeitgeber widmen. Während der Dauer des Arbeitsverhältnisses ist jede Übernahme einer entgeltlichen oder unentgeltlichen Nebentätigkeit nur mit vorheriger Zustimmung des Arbeitgebers zulässig.

4. Der Mitarbeiter übt seine Tätigkeit am Firmensitz in _____ aus. Der Arbeitgeber behält sich vor, den Mitarbeiter auch an einem anderen Ort einzusetzen.

Vertrags-Check Arbeitsrecht

III. Beginn des Arbeitsverhältnisses, Unternehmen ohne Tarifbindung
Angestellte, Vollzeit

9 Sofern keine Arbeitszeitregelung im Betrieb vorhanden ist, kann an dieser Stelle auch die betriebsübliche Arbeitszeit eingesetzt werden.

10 Fügen Sie hier das mit dem Mitarbeiter verhandelte Bruttomonatsgehalt ein.

11 An dieser Stelle findet sich oft die Klausel, dass auch Gehaltspfändungen nur mit Zustimmung des Arbeitgebers erfolgen dürfen. Ob wirksam gepfändet wird, haben aber weder Sie als Arbeitgeber noch Ihr Mitarbeiter in der Hand, sondern der Gläubiger des Mitarbeiters, der diesem gegenüber einen wirksamen Titel erwirkt hat.

12 Sie haben als Arbeitgeber das Recht, bereits ab dem ersten Tag der Arbeitsunfähigkeit eine Bescheinigung zu verlangen, § 5 Absatz 1 Entgeltfortzahlungsgesetz (EFZG). Allerdings müssen Sie dies nachweisbar vor einer Erkrankung gefordert haben. Möglich ist also bereits die Festlegung im Arbeitsvertrag.

13 Gemäß EFZG geht die Forderung gegenüber einem Dritten auch ohne gesonderte Abtretung auf Sie über, sofern Sie Entgeltfortzahlung geleistet haben. Diese Klausel dient daher nur der Klarstellung gegenüber dem Mitarbeiter, dass durch die Entgeltfortzahlung der Anspruch auf Schadensersatz in Höhe der geleisteten Entgeltzahlung auf Sie als Arbeitgeber übergeht.

Befristeter Arbeitsvertrag, Erziehungsurlaubsvertretung

§ 3 Arbeitszeit

1. Der Mitarbeiter stellt seine ganze Arbeitskraft dem Unternehmen zur Verfügung.
2. Die wöchentliche Arbeitszeit beträgt derzeit <u>40</u> Stunden.
3. **[9]** Die Arbeitszeiteinteilung erfolgt nach der jeweils gültigen Arbeitszeitregelung, die automatisch Bestandteil dieses Vertrages wird.
4. Der Arbeitgeber weist ausdrücklich darauf hin, dass der Mitarbeiter verpflichtet ist, arbeitstäglich eine halbstündige Mittagspause einzuhalten, die in der Zeit von <u>12:00 Uhr bis 14:00 Uhr</u> zu nehmen ist.

§ 4 Vergütung

1. Das Festgehalt des Mitarbeiters beträgt pro Monat

   [10] <u>DM 2.350,-/EUR...</u> brutto

   und wird jeweils am Ende des Monats gezahlt. Der Mitarbeiter erklärt sich damit einverstanden, dass sein Gehalt auf ein von ihm zu benennendes Bank- oder Postbankkonto überwiesen wird.
2. Eventuelle Zahlungen von Gratifikationen, Prämien und ähnlichen Leistungen liegen in freiem Ermessen des Arbeitgebers. Sie sind freiwillig und begründen auch bei wiederholter, ohne ausdrücklichen Vorbehalt der Freiwilligkeit erfolgter Zahlung keinen Rechtsanspruch im Folgejahr.
3. **[11]** Gehaltsabtretungen sind nur mit Zustimmung des Arbeitgebers zulässig und wirksam. Bei einer Gehaltsabtretung bzw. -pfändung trägt der Mitarbeiter die hierfür entstehenden Kosten, mindestens aber pro Überweisung <u>DM 5,-/EUR...</u> und pro notwendigem Schreiben <u>DM 10,-/EUR...</u>.

§ 5 Arbeitsverhinderung, Vergütungsfortzahlung im Krankheitsfall

1. Der Mitarbeiter ist verpflichtet, dem Arbeitgeber jede Arbeitsverhinderung und ihre voraussichtliche Dauer unverzüglich mitzuteilen.
2. **[12]** Im Falle der Arbeitsunfähigkeit infolge Krankheit ist der Mitarbeiter verpflichtet, vor Ablauf des dritten Kalendertages nach Beginn der Arbeitsunfähigkeit eine ärztliche Bescheinigung darüber sowie über deren voraussichtliche Dauer vorzulegen. Bei einer über den angegebenen Zeitraum hinausgehenden Erkrankung ist eine Folgebescheinigung innerhalb von weiteren 3 Tagen nach Ablauf der vorangegangenen einzureichen.
3. Ist der Mitarbeiter an der Arbeitsleistung infolge von auf unverschuldeter Krankheit beruhender Arbeitsunfähigkeit verhindert, leistet der Arbeitgeber Fortzahlung der Vergütung nach Maßgabe des Entgeltfortzahlungsgesetzes.
4. **[13]** Wird der Mitarbeiter durch Handlungen eines Dritten arbeitsunfähig, gehen die dem Mitarbeiter gegenüber dem Dritten zustehenden Schadensersatzansprüche wegen Verdienstausfalles in der Höhe auf den Arbeitgeber über, in welcher der Arbeitgeber während der Zeit der Arbeitsunfähigkeit Entgeltfortzahlung geleistet hat.

§ 6 Spesen und Auslagen

Reisekosten und sonstige Aufwendungen, die mit Genehmigung und im Interesse des Arbeitgebers entstehen, werden entsprechend den steuerlichen Vorschriften als Auslagenersatz erstattet.

2/4

Kopiervorlage

Befristeter Arbeitsvertrag

§ 3 Arbeitszeit

1. Der Mitarbeiter stellt seine ganze Arbeitskraft dem Unternehmen zur Verfügung.

2. Die wöchentliche Arbeitszeit beträgt derzeit _____ Stunden.

3. Die Arbeitszeiteinteilung erfolgt nach der jeweils gültigen Arbeitszeitregelung, die automatisch Bestandteil dieses Vertrages wird.

4. Der Arbeitgeber weist ausdrücklich darauf hin, dass der Mitarbeiter verpflichtet ist, arbeitstäglich eine halbstündige Mittagspause einzuhalten, die in der Zeit von _____ zu nehmen ist.

§ 4 Vergütung

1. Das Festgehalt des Mitarbeiters beträgt pro Monat

   _____ brutto

   und wird jeweils am Ende des Monats gezahlt. Der Mitarbeiter erklärt sich damit einverstanden, dass sein Gehalt auf ein von ihm zu benennendes Bank- oder Postbankkonto überwiesen wird.

2. Eventuelle Zahlungen von Gratifikationen, Prämien und ähnlichen Leistungen liegen in freiem Ermessen des Arbeitgebers. Sie sind freiwillig und begründen auch bei wiederholter, ohne ausdrücklichen Vorbehalt der Freiwilligkeit erfolgter Zahlung keinen Rechtsanspruch im Folgejahr.

3. Gehaltsabtretungen sind nur mit Zustimmung des Arbeitgebers zulässig und wirksam. Bei einer Gehaltsabtretung bzw. -pfändung trägt der Mitarbeiter die hierfür entstehenden Kosten, mindestens aber pro Überweisung _____ und pro notwendigem Schreiben _____.

§ 5 Arbeitsverhinderung, Vergütungsfortzahlung im Krankheitsfall

1. Der Mitarbeiter ist verpflichtet, dem Arbeitgeber jede Arbeitsverhinderung und ihre voraussichtliche Dauer unverzüglich mitzuteilen.

2. Im Falle der Arbeitsunfähigkeit infolge Krankheit ist der Mitarbeiter verpflichtet, vor Ablauf des dritten Kalendertages nach Beginn der Arbeitsunfähigkeit eine ärztliche Bescheinigung darüber sowie über deren voraussichtliche Dauer vorzulegen. Bei einer über den angegebenen Zeitraum hinausgehenden Erkrankung ist eine Folgebescheinigung innerhalb von weiteren 3 Tagen nach Ablauf der vorangegangenen einzureichen.

3. Ist der Mitarbeiter an der Arbeitsleistung infolge von auf unverschuldeter Krankheit beruhender Arbeitsunfähigkeit verhindert, leistet der Arbeitgeber Fortzahlung der Vergütung nach Maßgabe des Entgeltfortzahlungsgesetzes.

4. Wird der Mitarbeiter durch Handlungen eines Dritten arbeitsunfähig, gehen die dem Mitarbeiter gegenüber dem Dritten zustehenden Schadensersatzansprüche wegen Verdienstausfalles in der Höhe auf den Arbeitgeber über, in welcher der Arbeitgeber während der Zeit der Arbeitsunfähigkeit Entgeltfortzahlung geleistet hat.

§ 6 Spesen und Auslagen

Reisekosten und sonstige Aufwendungen, die mit Genehmigung und im Interesse des Arbeitgebers entstehen, werden entsprechend den steuerlichen Vorschriften als Auslagenersatz erstattet.

Vertrags-Check Arbeitsrecht

III. Beginn des Arbeitsverhältnisses, Unternehmen ohne Tarifbindung
Angestellte, Vollzeit

14 Die Kündigung eines befristeten Vertrages muss im Vertrag selbst erwähnt sein. Ansonsten ist eine Kündigung während der Laufzeit nur außerordentlich möglich. Die außerordentliche Kündigung stellt aber gerade im Arbeitsrecht die Ausnahme dar, die bei den Arbeitsgerichten zumeist nur sehr schwer durchzusetzen ist.

15 Nach der Neuregelung des § 623 Bürgerliches Gesetzbuch (BGB) ist eine mündliche Kündigung unwirksam.

16 Das Bundeserziehungsgeldgesetz gestattet ausdrücklich die verkürzte Kündigung des Arbeitsverhältnisses, sofern das Arbeitsverhältnis ohne Zustimmung des Arbeitgebers vorzeitig beendet werden kann und der Erziehungsurlauber die Rückkehr angekündigt hat. Ein möglicher Grund, aus dem der Erziehungsurlaub ohne Zustimmung des Arbeitgebers beendet werden kann, ist der Tod des Kindes, für das Erziehungsurlaub gewährt wurde. Allerdings ist die Kündigung des Vertreters frühestens zu dem Zeitpunkt zulässig, zu dem der Erziehungsurlaub endet.

17 Ein Mitarbeiter kann – sofern er durch eine Kündigung demotiviert ist – einem Betrieb erheblichen Schaden zufügen. Die Freistellungsmöglichkeit soll Sie schützen. Allerdings müssen Sie während der Freistellung bis zum Ende des Arbeitsverhältnisses das Gehalt fortzahlen.

18 Sofern das Unternehmen für die Konkurrenz interessante Betriebsgeheimnisse hat, von denen der Mitarbeiter Kenntnis erlangen konnte, kann es unter Umständen sinnvoll sein, eine Vertragsstrafe zu vereinbaren. Eine solche Klausel finden Sie in den Geschäftsführerverträgen.

Befristeter Arbeitsvertrag, Erziehungsurlaubsvertretung

§ 7 Urlaub

1. Der Mitarbeiter hat Anspruch auf einen jährlichen Erholungsurlaub von **26** Werktagen.
2. Der Urlaub wird im Einvernehmen mit dem Arbeitgeber unter Berücksichtigung der betrieblichen Belange festgelegt.
3. Es gelten die Vorschriften des Bundesurlaubsgesetzes, einzusehen im Personalbüro.

14 § 8 Kündigung / besondere Beendigungsmodalitäten

1. Das Arbeitsverhältnis kann während der Laufzeit von beiden Parteien unter Einhaltung der gesetzlichen Kündigungsfristen gekündigt werden.
2. **15** Die Kündigung hat in jedem Fall schriftlich zu erfolgen.
3. **16** Unabhängig von den o.g. Kündigungsfristen kann das Arbeitsverhältnis mit einer Frist von 3 Wochen gekündigt werden, wenn der vertretene Erziehungsurlauber vorzeitig aus dem Erziehungsurlaub zurückkehrt. Die Kündigung wird jedoch erst zum Beendigungszeitpunkt des Erziehungsurlaubes wirksam.
4. **17** Nach einer Kündigung des Arbeitsvertrages, gleich durch welche Partei, ist der Arbeitgeber jederzeit befugt, den Mitarbeiter mit sofortiger Wirkung von seiner Verpflichtung zur Arbeitsleistung für den Arbeitgeber freizustellen.

§ 9 Verschwiegenheitspflicht, Rückgabe von Unterlagen und sonstigem Firmeneigentum

1. **18** Der Mitarbeiter ist verpflichtet, über alle ihm bekannten Angelegenheiten, Vorgänge, Verträge und Geschäftsbeziehungen innerhalb und außerhalb des Betriebes und auch nach seinem Ausscheiden aus dem Arbeitsverhältnis Verschwiegenheit zu bewahren.
2. Dazu gehören neben Geschäfts- und Betriebsgeheimnissen auch persönliche Verhältnisse der Mitarbeiter und Vorgesetzten.
3. Unter anderem verpflichtet sich der Mitarbeiter, über die Höhe seines Gehaltes sowie über Prämien und/oder weitere Bezüge Stillschweigen zu bewahren.
4. Ein Verstoß gegen die Verschwiegenheitspflicht führt zu einem Schadensersatzanspruch des Arbeitgebers; in Extremfällen kann ordentlich bzw. außerordentlich gekündigt werden.
5. Der Mitarbeiter hat jederzeit auf Verlangen des Arbeitgebers, spätestens aber unaufgefordert bei Beendigung des Arbeitsverhältnisses, alles Material, insbesondere alle Unterlagen, Kopien etc. zurückzugeben, die in Zusammenhang mit seiner Tätigkeit für den Arbeitgeber in seinen Besitz gelangt sind. Dem Mitarbeiter steht ein Zurückbehaltungsrecht insoweit nicht zu.
6. Der Mitarbeiter verpflichtet sich durch seine Unterschrift auf einem gesonderten Formblatt, das Datengeheimnis gemäß § 5 Bundesdatenschutzgesetz (BDSG) zu wahren. Die Verpflichtung auf das Datengeheimnis ist Bestandteil dieses Vertrages und zwingend als Anlage zu führen.

3/4

Kopiervorlage

Befristeter Arbeitsvertrag

§ 7 Urlaub

1. Der Mitarbeiter hat Anspruch auf einen jährlichen Erholungsurlaub von ___ Werktagen.

2. Der Urlaub wird im Einvernehmen mit dem Arbeitgeber unter Berücksichtigung der betrieblichen Belange festgelegt.

3. Es gelten die Vorschriften des Bundesurlaubsgesetzes, einzusehen im Personalbüro.

§ 8 Kündigung / besondere Beendigungsmodalitäten

1. Das Arbeitsverhältnis kann während der Laufzeit von beiden Parteien unter Einhaltung der gesetzlichen Kündigungsfristen gekündigt werden.

2. Die Kündigung hat in jedem Fall schriftlich zu erfolgen.

3. Unabhängig von den o.g. Kündigungsfristen kann das Arbeitsverhältnis mit einer Frist von 3 Wochen gekündigt werden, wenn der vertretene Erziehungsurlauber vorzeitig aus dem Erziehungsurlaub zurückkehrt. Die Kündigung wird jedoch erst zum Beendigungszeitpunkt des Erziehungsurlaubes wirksam.

4. Nach einer Kündigung des Arbeitsvertrages, gleich durch welche Partei, ist der Arbeitgeber jederzeit befugt, den Mitarbeiter mit sofortiger Wirkung von seiner Verpflichtung zur Arbeitsleistung für den Arbeitgeber freizustellen.

§ 9 Verschwiegenheitspflicht, Rückgabe von Unterlagen und sonstigem Firmeneigentum

1. Der Mitarbeiter ist verpflichtet, über alle ihm bekannten Angelegenheiten, Vorgänge, Verträge und Geschäftsbeziehungen innerhalb und außerhalb des Betriebes und auch nach seinem Ausscheiden aus dem Arbeitsverhältnis Verschwiegenheit zu bewahren.

2. Dazu gehören neben Geschäfts- und Betriebsgeheimnissen auch persönliche Verhältnisse der Mitarbeiter und Vorgesetzten.

3. Unter anderem verpflichtet sich der Mitarbeiter, über die Höhe seines Gehaltes sowie über Prämien und/oder weitere Bezüge Stillschweigen zu bewahren.

4. Ein Verstoß gegen die Verschwiegenheitspflicht führt zu einem Schadensersatzanspruch des Arbeitgebers; in Extremfällen kann ordentlich bzw. außerordentlich gekündigt werden.

5. Der Mitarbeiter hat jederzeit auf Verlangen des Arbeitgebers, spätestens aber unaufgefordert bei Beendigung des Arbeitsverhältnisses, alles Material, insbesondere alle Unterlagen, Kopien etc. zurückzugeben, die in Zusammenhang mit seiner Tätigkeit für den Arbeitgeber in seinen Besitz gelangt sind. Dem Mitarbeiter steht ein Zurückbehaltungsrecht insoweit nicht zu.

6. Der Mitarbeiter verpflichtet sich durch seine Unterschrift auf einem gesonderten Formblatt, das Datengeheimnis gemäß § 5 Bundesdatenschutzgesetz (BDSG) zu wahren. Die Verpflichtung auf das Datengeheimnis ist Bestandteil dieses Vertrages und zwingend als Anlage zu führen.

Vertrags-Check Arbeitsrecht

III. Beginn des Arbeitsverhältnisses, Unternehmen ohne Tarifbindung
Angestellte, Vollzeit

19 Die Speicherung und Verarbeitung von personenbezogenen Daten ist in jedem Betrieb erforderlich. Spätestens bei der Lohnabrechnung (eventuell bei einem mit der Lohnabrechnung beauftragten Steuerberater) müssen Daten des Mitarbeiters in eine DV-Anlage eingegeben und verarbeitet werden.

20 Die Vereinbarung einer Vertragsstrafe ist für Sie als Arbeitgeber besonders wichtig. Zwar ist ein Mitarbeiter bei den aufgeführten Vertragsverstößen auch ohne diese Regelung schadensersatzpflichtig, den Ihnen entstandenen Schaden müssen Sie jedoch bis auf den letzten Pfennig beweisen können. Dieser Beweis fällt in der Praxis oft schwer. Haben Sie eine Vertragsstrafe vereinbart, so entfällt der schwierige Beweis für die Schadenshöhe, jedenfalls bis zur Höhe der festgelegten Vertragsstrafe.

21 Verfallsklauseln finden sich sehr häufig auch in Tarifverträgen. Sie haben den Vorteil, dass nach Ablauf der genannten Fristen der Anspruch des Mitarbeiters nicht mehr besteht.

22 Vertragsänderungen sollten zu Beweiszwecken immer schriftlich verfasst werden.

23 Diese Regelung wird als Teilunwirksamkeitsklausel oder auch salvatorische Klausel bezeichnet. Sie soll verhindern, dass bei einem unwirksamen Teil des Vertrages gleich das gesamte Vertragswerk entfällt. Sie finden diese oder ähnliche Klauseln auch in der Vielzahl von anderen Verträgen.

Befristeter Arbeitsvertrag, Erziehungsurlaubsvertretung

19 **§ 10 Speicherung von Daten**
Der Mitarbeiter ist im Sinne des Bundesdatenschutzgesetzes (BDSG) darüber unterrichtet worden, dass seine persönlichen Daten in Zusammenhang mit dem Arbeitsverhältnis in einer DV-Anlage gespeichert werden, und erklärt sich damit einverstanden.

20 **§ 11 Vertragsstrafe**
Im Falle einer schuldhaften Nichtaufnahme der Tätigkeit oder der Nichteinhaltung der gesetzlichen Kündigungsfrist durch den Mitarbeiter verpflichtet sich dieser, dem Arbeitgeber eine Vertragsstrafe in Höhe eines Bruttomonatseinkommens zu zahlen.

Gleiches gilt auch für den Vertragsrücktritt vor Beginn des Arbeitsverhältnisses.

Der Arbeitgeber ist berechtigt, einen weiter gehenden Schaden geltend zu machen.

21 **§ 12 Ausschluss- und Verfallsfristen**
1. Alle Ansprüche aus diesem Arbeitsvertrag und solche, die damit in Verbindung stehen, verfallen, wenn sie nicht innerhalb von drei Monaten nach Fälligkeit gegenüber der anderen Vertragspartei schriftlich geltend gemacht worden sind.
2. Lehnt die andere Vertragspartei den Anspruch ab oder erklärt sie sich nicht innerhalb von vier Wochen nach der Geltendmachung des Anspruchs, so verfällt dieser, wenn er nicht innerhalb von drei Monaten nach der Ablehnung oder dem Fristablauf gerichtlich geltend gemacht wird.

§ 13 Sonstige Bestimmungen
22 1. Änderungen und Ergänzungen dieses Vertrages bedürfen der Schriftform; dies gilt auch für einen Verzicht auf das Schriftformerfordernis selbst.

2. Nebenabreden zu diesem Vertrag bestehen nicht.

23 3. Sollten sich einzelne Bestimmungen dieses Vertrages als unwirksam erweisen, so wird dadurch die Wirksamkeit der übrigen Bestimmungen nicht berührt. Eine ungültige oder unklare Bestimmung ist so zu ersetzen bzw. zu deuten, dass der mit ihr beabsichtigte wirtschaftliche Zweck erreicht wird. Lücken sind dem beabsichtigten wirtschaftlichen Zweck entsprechend zu füllen.

Musterstadt, 24.05.
Ort, Datum

Jürgen Krüger
Unterschrift Arbeitgeber

Susanne Bank
Unterschrift Mitarbeiter

Kopiervorlage

Befristeter Arbeitsvertrag

§ 10 Speicherung von Daten

Der Mitarbeiter ist im Sinne des Bundesdatenschutzgesetzes (BDSG) darüber unterrichtet worden, dass seine persönlichen Daten in Zusammenhang mit dem Arbeitsverhältnis in einer DV-Anlage gespeichert werden, und erklärt sich damit einverstanden.

§ 11 Vertragsstrafe

Im Falle einer schuldhaften Nichtaufnahme der Tätigkeit oder der Nichteinhaltung der gesetzlichen Kündigungsfrist durch den Mitarbeiter verpflichtet sich dieser, dem Arbeitgeber eine Vertragsstrafe in Höhe eines Bruttomonatseinkommens zu zahlen.

Gleiches gilt auch für den Vertragsrücktritt vor Beginn des Arbeitsverhältnisses.

Der Arbeitgeber ist berechtigt, einen weiter gehenden Schaden geltend zu machen.

§ 12 Ausschluss- und Verfallsfristen

1. Alle Ansprüche aus diesem Arbeitsvertrag und solche, die damit in Verbindung stehen, verfallen, wenn sie nicht innerhalb von drei Monaten nach Fälligkeit gegenüber der anderen Vertragspartei schriftlich geltend gemacht worden sind.

2. Lehnt die andere Vertragspartei den Anspruch ab oder erklärt sie sich nicht innerhalb von vier Wochen nach der Geltendmachung des Anspruchs, so verfällt dieser, wenn er nicht innerhalb von drei Monaten nach der Ablehnung oder dem Fristablauf gerichtlich geltend gemacht wird.

§ 13 Sonstige Bestimmungen

1. Änderungen und Ergänzungen dieses Vertrages bedürfen der Schriftform; dies gilt auch für einen Verzicht auf das Schriftformerfordernis selbst.

2. Nebenabreden zu diesem Vertrag bestehen nicht.

3. Sollten sich einzelne Bestimmungen dieses Vertrages als unwirksam erweisen, so wird dadurch die Wirksamkeit der übrigen Bestimmungen nicht berührt. Eine ungültige oder unklare Bestimmung ist so zu ersetzen bzw. zu deuten, dass der mit ihr beabsichtigte wirtschaftliche Zweck erreicht wird. Lücken sind dem beabsichtigten wirtschaftlichen Zweck entsprechend zu füllen.

_____
Ort, Datum

_____   _____
Unterschrift Arbeitgeber   Unterschrift Mitarbeiter

Vertrags-Check Arbeitsrecht

III. Beginn des Arbeitsverhältnisses, Unternehmen ohne Tarifbindung
Angestellte, Vollzeit

1 Die Befristung eines Arbeitsverhältnisses stellt nach der gesetzlichen Grundregelung (unbefristetes Arbeitsverhältnis) die Ausnahme dar. Kennzeichnen Sie einen Vertrag nicht eindeutig als befristet, und ist die Befristung nicht ordnungsgemäß, wird ein unbefristetes Arbeitsverhältnis mit all seinen Nachteilen für Sie als Arbeitgeber begründet. Die Befristung wird nur wirksam, wenn der befristete Arbeitsvertrag schriftlich abgeschlossen wurde.

2 Tragen Sie hier das Datum ein, an welchem das Arbeitsverhältnis beginnen soll. In der Regel wird dies der 1. Tag eines Monats sein. Soll das Arbeitsverhältnis während des laufenden Monats beginnen, so ist das Arbeitsentgelt im 1. Monat nur anteilig zu zahlen.

3 Bei einem befristeten Vertrag müssen Sie ein genaues Enddatum angeben. Das Arbeitsverhältnis endet mit Ablauf des hier eingetragenen Tages.

4 Die Erprobung eines Mitarbeiters ist ein anerkannter sachlicher Grund, der die Befristung eines Arbeitsverhältnisses rechtfertigt. Die Dauer der Erprobung darf 6 Monate nicht überschreiten. Nur in Einzelfällen kann eine Erprobung ausnahmsweise länger dauern, wenn dies durch die Anforderungen des Arbeitsplatzes begründet ist. Bei einer Beschäftigungsdauer von mehr als 6 Monaten erwirbt Ihr Mitarbeiter den allgemeinen Kündigungsschutz nach dem Kündigungsschutzgesetz und hat Anspruch darauf, dass ihm Urlaub gewährt wird.

Vorteil eines befristeten Arbeitsvertrages zur Erprobung eines Mitarbeiters ist, dass dieser im Gegensatz zu einem unbefristeten Vertrag mit vorgeschalteter Probezeit in jedem Fall durch Zeitablauf endet. Das gilt auch für den Fall, dass eine Mitarbeiterin während der Erprobung schwanger wird.

5 **Achtung:** Wird eine Mitarbeiterin schwanger, so kann ihr während dieses befristeten Probearbeitsverhältnisses nicht ohne vorherige Zustimmung des zuständigen Amtes für Arbeitsschutz/Gewerbeaufsicht gekündigt werden. Das Arbeitsverhältnis endet aber auf jeden Fall durch Zeitablauf.

6 Ein befristeter Arbeitsvertrag kann prinzipiell während der Befristung nicht gekündigt werden, es sei denn, dass Sie sich eine Kündigungsmöglichkeit ausdrücklich vorbehalten haben.

7 Ihr Mitarbeiter kann – sofern er durch eine Kündigung demotiviert ist – Ihrem Betrieb erheblichen Schaden zufügen. Die Freistellungsmöglichkeit soll Sie als Arbeitgeber schützen. Allerdings müssen Sie während der Freistellung bis zum Ende des Arbeitsverhältnisses das Gehalt fortzahlen.

Befristeter Arbeitsvertrag zur Probe ◀ **1**

Zwischen

Vogel und Meier GmbH
Musterstraße 2

12345 Musterstadt

nachfolgend „Arbeitgeber" genannt

und

Herrn/Frau
Manfred Wolter
Luisenweg 32

12345 Musterstadt

nachfolgend „Mitarbeiter" genannt

§ 1 Dauer des Arbeitsverhältnisses

2 ▶ 1. Das Arbeitsverhältnis beginnt am **01.03.** und endet am **31.08.**, ohne dass es einer ◀ **3** Kündigung bedarf.

2. Die Befristung des Arbeitsverhältnisses erfolgt zur Erprobung des Mitarbeiters. ◀ **4**

5 ▶ 3. Das Arbeitsverhältnis kann während der Laufzeit des Vertrages von beiden Seiten mit einer Frist von 2 Wochen gekündigt werden. Eine Kündigung ist nach der gesetzlichen Regelung nur wirksam, wenn sie schriftlich erklärt wird. ◀ **6**

7 ▶ 4. Nach einer Kündigung des Arbeitsvertrages, gleich durch welche Partei, ist der Arbeitgeber jederzeit befugt, den Mitarbeiter unter Fortzahlung des Gehaltes mit sofortiger Wirkung von seiner Verpflichtung zur Arbeitsleistung für den Arbeitgeber freizustellen.

1/5

Kopiervorlage

Befristeter Arbeitsvertrag zur Probe

Zwischen

_____

_____

_____

nachfolgend „Arbeitgeber" genannt

und

Herrn/Frau

_____

_____

_____

nachfolgend „Mitarbeiter" genannt

§ 1 Dauer des Arbeitsverhältnisses

1. Das Arbeitsverhältnis beginnt am _____ und endet am _____, ohne dass es einer Kündigung bedarf.

2. Die Befristung des Arbeitsverhältnisses erfolgt zur Erprobung des Mitarbeiters.

3. Das Arbeitsverhältnis kann während der Laufzeit des Vertrages von beiden Seiten mit einer Frist von 2 Wochen gekündigt werden. Eine Kündigung ist nach der gesetzlichen Regelung nur wirksam, wenn sie schriftlich erklärt wird.

4. Nach einer Kündigung des Arbeitsvertrages, gleich durch welche Partei, ist der Arbeitgeber jederzeit befugt, den Mitarbeiter unter Fortzahlung des Gehaltes mit sofortiger Wirkung von seiner Verpflichtung zur Arbeitsleistung für den Arbeitgeber freizustellen.

Vertrags-Check Arbeitsrecht

III. Beginn des Arbeitsverhältnisses, Unternehmen ohne Tarifbindung
Angestellte, Vollzeit

8 Hier müssen Sie die Funktionsbeschreibung einfügen, wie z. B. Verwaltungsangestellter, Finanzbuchhalter, Sachbearbeiter oder Ähnliches.

9 Es ist sinnvoll, dem Mitarbeiter einen Aufgabenbereich zuzuweisen, der seine Tätigkeit im Unternehmen beschreibt. Möglich ist aber auch die Bezeichnung der Abteilung.

10 Diese Öffnungsklausel erlaubt es Ihnen, den Tätigkeitsbereich zu verändern, ohne dass es einer Änderungskündigung bedarf.

11 Tragen Sie hier den Ort der Tätigkeit ein; das wird in der Regel der Firmensitz sein.

12 Ergänzen Sie hier die betriebsübliche Arbeitszeit für einen Vollzeitmitarbeiter.

13 Sofern keine Arbeitszeitregelung im Betrieb vorhanden ist, können Sie an dieser Stelle auch die Arbeitszeiten einsetzen.

14 Fügen Sie hier das mit dem Mitarbeiter ausgehandelte Bruttomonatsgehalt ein.

15 An dieser Stelle findet sich oft die Klausel, dass auch Gehaltspfändungen nur mit Zustimmung des Arbeitgebers erfolgen dürfen. Ob wirksam gepfändet wird, haben aber weder Sie als Arbeitgeber noch Ihr Mitarbeiter in der Hand, sondern der Gläubiger Ihres Mitarbeiters, der ihm gegenüber einen wirksamen Titel erwirkt hat.

Befristeter Arbeitsvertrag zur Probe

§ 2 Tätigkeitsgebiet, Ort der Tätigkeit

▶8 1. Der Mitarbeiter wird als <u>Finanzbuchhalter</u> für den Aufgabenbereich <u>Debitorenbuchhaltung</u> eingestellt. **◀9**

2. Der Mitarbeiter ist verpflichtet, auf besondere Anordnung auch andere – seinen Fähigkeiten und seiner Aus- und Fortbildung entsprechende – zumutbare Tätigkeiten außerhalb seines Aufgabenbereiches zu verrichten. **◀10**

3. Der Mitarbeiter wird seine ganze Arbeitskraft und fachlichen Kenntnisse und Erfahrungen ausschließlich dem Arbeitgeber widmen. Während der Dauer des Arbeitsverhältnisses ist jede Übernahme einer entgeltlichen oder unentgeltlichen Nebentätigkeit nur mit vorheriger Zustimmung des Arbeitgebers zulässig.

4. Ort der Tätigkeit ist <u>Musterstadt.</u> **◀11**

§ 3 Arbeitszeit

Der Mitarbeiter stellt seine ganze Arbeitskraft dem Unternehmen zur Verfügung.

1. Die wöchentliche Arbeitszeit beträgt derzeit <u>40</u> Stunden. **◀12**

▶13 2. Die Arbeitszeiteinteilung erfolgt nach der jeweils gültigen Arbeitszeitregelung, die automatisch Bestandteil dieses Vertrages wird.

3. Der Arbeitgeber weist ausdrücklich darauf hin, dass der Mitarbeiter verpflichtet ist, arbeitstäglich eine halbstündige Mittagspause einzuhalten, die in der Zeit von <u>12:00 Uhr</u> bis <u>14:00 Uhr</u> zu nehmen ist.

§ 4 Vergütung

1. Das Festgehalt des Mitarbeiters beträgt pro Monat

<u>DM 3.200,-/EUR ...</u> brutto **◀14**

und wird jeweils am Ende des Monats gezahlt. Der Mitarbeiter erklärt sich damit einverstanden, dass sein Gehalt auf ein von ihm zu benennendes Bank- oder Postbankkonto überwiesen wird.

2. Eventuelle Zahlungen von Gratifikationen, Prämien und ähnlichen Leistungen liegen im freien Ermessen des Arbeitgebers. Sie sind freiwillig und begründen auch bei wiederholter, ohne ausdrücklichen Vorbehalt der Freiwilligkeit erfolgter Zahlung keinen Rechtsanspruch im Folgejahr.

▶15 3. Gehaltsabtretungen sind nur mit Zustimmung des Arbeitgebers zulässig und wirksam. Bei einer Gehaltsabtretung bzw. -pfändung trägt der Mitarbeiter die hierfür entstehenden Kosten, mindestens aber pro Überweisung <u>DM 5,-/EUR ...</u> und pro notwendigem Schreiben <u>DM 10,-/EUR ...</u>

Kopiervorlage

2/5

Befristeter Arbeitsvertrag zur Probe

§ 2 Tätigkeitsgebiet, Ort der Tätigkeit

1. Der Mitarbeiter wird als _____ für den Aufgabenbereich _____ eingestellt.

2. Der Mitarbeiter ist verpflichtet, auf besondere Anordnung auch andere – seinen Fähigkeiten und seiner Aus- und Fortbildung entsprechende – zumutbare Tätigkeiten außerhalb seines Aufgabenbereiches zu verrichten.

3. Der Mitarbeiter wird seine ganze Arbeitskraft und fachlichen Kenntnisse und Erfahrungen ausschließlich dem Arbeitgeber widmen. Während der Dauer des Arbeitsverhältnisses ist jede Übernahme einer entgeltlichen oder unentgeltlichen Nebentätigkeit nur mit vorheriger Zustimmung des Arbeitgebers zulässig.

4. Ort der Tätigkeit ist _____

§ 3 Arbeitszeit

Der Mitarbeiter stellt seine ganze Arbeitskraft dem Unternehmen zur Verfügung.

1. Die wöchentliche Arbeitszeit beträgt derzeit ___ Stunden.

2. Die Arbeitszeiteinteilung erfolgt nach der jeweils gültigen Arbeitszeitregelung, die automatisch Bestandteil dieses Vertrages wird.

3. Der Arbeitgeber weist ausdrücklich darauf hin, dass der Mitarbeiter verpflichtet ist, arbeitstäglich eine halbstündige Mittagspause einzuhalten, die in der Zeit von _____ zu nehmen ist.

§ 4 Vergütung

1. Das Festgehalt des Mitarbeiters beträgt pro Monat

   _____ brutto

   und wird jeweils am Ende des Monats gezahlt. Der Mitarbeiter erklärt sich damit einverstanden, dass sein Gehalt auf ein von ihm zu benennendes Bank- oder Postbankkonto überwiesen wird.

2. Eventuelle Zahlungen von Gratifikationen, Prämien und ähnlichen Leistungen liegen im freien Ermessen des Arbeitgebers. Sie sind freiwillig und begründen auch bei wiederholter, ohne ausdrücklichen Vorbehalt der Freiwilligkeit erfolgter Zahlung keinen Rechtsanspruch im Folgejahr.

3. Gehaltsabtretungen sind nur mit Zustimmung des Arbeitgebers zulässig und wirksam. Bei einer Gehaltsabtretung bzw. -pfändung trägt der Mitarbeiter die hierfür entstehenden Kosten, mindestens aber pro Überweisung _____ und pro notwendigem Schreiben _____.

Vertrags-Check Arbeitsrecht

III. Beginn des Arbeitsverhältnisses, Unternehmen ohne Tarifbindung
Angestellte, Vollzeit

16 Sie haben als Arbeitgeber das Recht, bereits ab dem 1. Tag der Arbeitsunfähigkeit eine Bescheinigung zu verlangen, § 5 Absatz 1 Entgeltfortzahlungsgesetz (EFZG). Allerdings müssen Sie dies nachweisbar vor einer Erkrankung gefordert haben. Möglich ist also bereits die Festlegung im Arbeitsvertrag.

17 Gemäß Entgeltfortzahlungsgesetz geht die Forderung gegenüber einem Dritten auch ohne gesonderte Abtretung auf Sie über, sofern Sie Entgeltfortzahlung geleistet haben. Diese Klausel dient daher nur der Klarstellung gegenüber dem Mitarbeiter, dass durch die Entgeltfortzahlung der Anspruch auf Schadensersatz in Höhe der geleisteten Entgeltzahlung auf Sie als Arbeitgeber übergeht.

18 Bei einem zur Erprobung eingestellten Mitarbeiter endet das Arbeitsverhältnis in der Regel vor Ablauf eines Jahres. Tragen Sie hier den anteiligen Urlaub ein, z. B. bei 6-monatiger Beschäftigung erhält der Mitarbeiter 6/12, also die Hälfte des Urlaubs, den ein Mitarbeiter bei Ihnen pro Jahr erhält.

19 Gemäß Bundesurlaubsgesetz entsteht bereits mit Arbeitsaufnahme eine Anwartschaft auf den Erholungsurlaub. Dieser kann aber vom Mitarbeiter während der ersten 6 Monate (sogenannte Wartezeit) prinzipiell nicht genommen werden, es sei denn, das Arbeitsverhältnis endet vorher.

Befristeter Arbeitsvertrag zur Probe

§ 5 Arbeitsverhinderung, Vergütungsfortzahlung im Krankheitsfall

1. Der Mitarbeiter ist verpflichtet, dem Arbeitgeber jede Arbeitsverhinderung und ihre voraussichtliche Dauer unverzüglich mitzuteilen.

16 2. Im Fall der Arbeitsunfähigkeit infolge Krankheit ist der Mitarbeiter verpflichtet, vor Ablauf des 3. Kalendertages nach Beginn der Arbeitsunfähigkeit, eine ärztliche Bescheinigung darüber sowie über deren voraussichtliche Dauer vorzulegen. Bei einer über den angegebenen Zeitraum hinausgehenden Erkrankung ist eine Folgebescheinigung innerhalb von weiteren 3 Tagen nach Ablauf der vorangegangenen ärztlichen Bescheinigung einzureichen.

3. Ist der Mitarbeiter an der Arbeitsleistung durch Arbeitsunfähigkeit infolge einer unverschuldeten Krankheit verhindert, leistet der Arbeitgeber Fortzahlung der Vergütung nach Maßgabe des Entgeltfortzahlungsgesetzes.

4. Wird der Mitarbeiter durch Handlungen eines Dritten arbeitsunfähig, gehen die dem Mitarbeiter gegenüber dem Dritten zustehenden Schadensersatzansprüche wegen Verdienstausfalles in der Höhe auf den Arbeitgeber über, in welcher der Arbeitgeber während der Zeit der Arbeitsunfähigkeit Entgeltfortzahlung geleistet hat. **17**

§ 6 Spesen und Auslagen

Reisekosten und sonstige Aufwendungen, die mit Genehmigung und im Interesse des Arbeitgebers entstehen, werden entsprechend den steuerlichen Vorschriften als Aufwendungsersatz erstattet.

§ 7 Urlaub

18 1. Der Mitarbeiter hat pro Monat der Beschäftigung Anspruch auf 1/12 des Urlaubs eines unbefristet beschäftigten Vollzeitmitarbeiters, also auf _12_ Werktage. Endet das Arbeitsverhältnis bereits vorher, entsteht der Anspruch lediglich anteilig.

2. Der Urlaub wird im Einvernehmen mit dem Arbeitgeber unter Berücksichtigung der betrieblichen Belange festgelegt. Er wird voraussichtlich zum Ablauf dieses befristeten Arbeitsvertrages gewährt. **19**

3. Es gelten die Vorschriften des Bundesurlaubsgesetzes, einzusehen im Personalbüro.

3/5

Kopiervorlage

Befristeter Arbeitsvertrag zur Probe

§ 5 Arbeitsverhinderung, Vergütungsfortzahlung im Krankheitsfall

1. Der Mitarbeiter ist verpflichtet, dem Arbeitgeber jede Arbeitsverhinderung und ihre voraussichtliche Dauer unverzüglich mitzuteilen.

2. Im Fall der Arbeitsunfähigkeit infolge Krankheit ist der Mitarbeiter verpflichtet, vor Ablauf des 3. Kalendertages nach Beginn der Arbeitsunfähigkeit, eine ärztliche Bescheinigung darüber sowie über deren voraussichtliche Dauer vorzulegen. Bei einer über den angegebenen Zeitraum hinausgehenden Erkrankung ist eine Folgebescheinigung innerhalb von weiteren 3 Tagen nach Ablauf der vorangegangenen ärztlichen Bescheinigung einzureichen.

3. Ist der Mitarbeiter an der Arbeitsleistung durch Arbeitsunfähigkeit infolge einer unverschuldeten Krankheit verhindert, leistet der Arbeitgeber Fortzahlung der Vergütung nach Maßgabe des Entgeltfortzahlungsgesetzes.

4. Wird der Mitarbeiter durch Handlungen eines Dritten arbeitsunfähig, gehen die dem Mitarbeiter gegenüber dem Dritten zustehenden Schadensersatzansprüche wegen Verdienstausfalles in der Höhe auf den Arbeitgeber über, in welcher der Arbeitgeber während der Zeit der Arbeitsunfähigkeit Entgeltfortzahlung geleistet hat.

§ 6 Spesen und Auslagen

Reisekosten und sonstige Aufwendungen, die mit Genehmigung und im Interesse des Arbeitgebers entstehen, werden entsprechend den steuerlichen Vorschriften als Aufwendungsersatz erstattet.

§ 7 Urlaub

1. Der Mitarbeiter hat pro Monat der Beschäftigung Anspruch auf 1/12 des Urlaubs eines unbefristet beschäftigten Vollzeitmitarbeiters, also auf ____ Werktage. Endet das Arbeitsverhältnis bereits vorher, entsteht der Anspruch lediglich anteilig.

2. Der Urlaub wird im Einvernehmen mit dem Arbeitgeber unter Berücksichtigung der betrieblichen Belange festgelegt. Er wird voraussichtlich zum Ablauf dieses befristeten Arbeitsvertrages gewährt.

3. Es gelten die Vorschriften des Bundesurlaubsgesetzes, einzusehen im Personalbüro.

Vertrags-Check Arbeitsrecht

III. Beginn des Arbeitsverhältnisses, Unternehmen ohne Tarifbindung
Angestellte, Vollzeit

[20] Sofern Ihr Unternehmen für die Konkurrenz interessante Betriebsgeheimnisse hat, von denen der Mitarbeiter Kenntnis erlangen konnte, kann es unter Umständen sinnvoll sein, eine Vertragsstrafe zu vereinbaren.

[21] Die Speicherung und Verarbeitung von personenbezogenen Daten ist in jedem Betrieb erforderlich. Spätestens bei der Lohnabrechnung (eventuell bei einem mit der Lohnabrechnung beauftragten Steuerberater) müssen Daten des Mitarbeiters in eine DV-Anlage eingegeben und verarbeitet werden.

[22] Die Vereinbarung einer Vertragsstrafe ist für Sie als Arbeitgeber besonders wichtig. Zwar ist ein Mitarbeiter bei den aufgeführten Vertragsverstößen auch ohne diese Regelung schadensersatzpflichtig, den Ihnen entstandenen Schaden müssen Sie jedoch bis auf den letzten Pfennig beweisen können. Dieser Beweis fällt in der Praxis oft schwer. Haben Sie eine Vertragsstrafe vereinbart, so entfällt der schwierige Beweis für die Schadenshöhe, jedenfalls bis zur Höhe der festgelegten Vertragsstrafe.

Befristeter Arbeitsvertrag zur Probe

§ 8 Verschwiegenheitspflicht, Rückgabe von Unterlagen

1. Der Mitarbeiter ist verpflichtet, über alle ihm bekannten Angelegenheiten, Vorgänge, Verträge und Geschäftsbeziehungen innerhalb und außerhalb des Betriebes und auch nach seinem Ausscheiden aus dem Arbeitsverhältnis Verschwiegenheit zu bewahren. **[20]**

2. Dazu gehören neben Geschäfts- und Betriebsgeheimnissen auch persönliche Verhältnisse der Mitarbeiter und Vorgesetzten.

3. Unter anderem verpflichtet sich der Mitarbeiter, über die Höhe seines Gehaltes sowie Prämien und/oder weitere Bezüge Stillschweigen zu bewahren.

4. Ein Verstoß gegen die Verschwiegenheitspflicht führt zu einem Schadensersatzanspruch des Arbeitgebers; in Extremfällen kann ordentlich bzw. außerordentlich gekündigt werden.

5. Der Mitarbeiter hat jederzeit auf Verlangen des Arbeitgebers, spätestens aber unaufgefordert bei Beendigung des Arbeitsverhältnisses, alles Material, insbesondere alle Unterlagen, Kopien usw. zurückzugeben, die im Zusammenhang mit seiner Tätigkeit für den Arbeitgeber in seinen Besitz gelangt sind. Dem Mitarbeiter steht ein Zurückbehaltungsrecht insoweit nicht zu.

6. Der Mitarbeiter verpflichtet sich durch seine Unterschrift auf einem gesonderten Formblatt, das Datengeheimnis gemäß § 5 Bundesdatenschutzgesetz (BDSG) zu wahren. Die Verpflichtung auf das Datengeheimnis ist Bestandteil dieses Vertrages und zwingend als Anlage zu führen.

[21] #### § 9 Speicherung von Daten

Der Mitarbeiter ist im Sinne des Bundesdatenschutzgesetzes darüber unterrichtet worden, dass seine persönlichen Daten im Zusammenhang mit dem Arbeitsverhältnis in einer DV-Anlage gespeichert werden, und erklärt sich damit einverstanden.

[22] #### § 10 Vertragsstrafe

Im Fall einer schuldhaften Nichtaufnahme der Tätigkeit oder der Nichteinhaltung der gesetzlichen Kündigungsfrist durch den Mitarbeiter verpflichtet sich dieser, dem Arbeitgeber eine Vertragsstrafe in Höhe eines Bruttomonatseinkommens zu zahlen.

Gleiches gilt auch für den Vertragsrücktritt vor Beginn des Arbeitsverhältnisses.

Der Arbeitgeber ist berechtigt, einen weitergehenden Schaden geltend zu machen.

4/5

Kopiervorlage

Befristeter Arbeitsvertrag zur Probe

§ 8 Verschwiegenheitspflicht, Rückgabe von Unterlagen

1. Der Mitarbeiter ist verpflichtet, über alle ihm bekannten Angelegenheiten, Vorgänge, Verträge und Geschäftsbeziehungen innerhalb und außerhalb des Betriebes und auch nach seinem Ausscheiden aus dem Arbeitsverhältnis Verschwiegenheit zu bewahren.

2. Dazu gehören neben Geschäfts- und Betriebsgeheimnissen auch persönliche Verhältnisse der Mitarbeiter und Vorgesetzten.

3. Unter anderem verpflichtet sich der Mitarbeiter, über die Höhe seines Gehaltes sowie Prämien und/oder weitere Bezüge Stillschweigen zu bewahren.

4. Ein Verstoß gegen die Verschwiegenheitspflicht führt zu einem Schadensersatzanspruch des Arbeitgebers; in Extremfällen kann ordentlich bzw. außerordentlich gekündigt werden.

5. Der Mitarbeiter hat jederzeit auf Verlangen des Arbeitgebers, spätestens aber unaufgefordert bei Beendigung des Arbeitsverhältnisses, alles Material, insbesondere alle Unterlagen, Kopien usw. zurückzugeben, die im Zusammenhang mit seiner Tätigkeit für den Arbeitgeber in seinen Besitz gelangt sind. Dem Mitarbeiter steht ein Zurückbehaltungsrecht insoweit nicht zu.

6. Der Mitarbeiter verpflichtet sich durch seine Unterschrift auf einem gesonderten Formblatt, das Datengeheimnis gemäß § 5 Bundesdatenschutzgesetz (BDSG) zu wahren. Die Verpflichtung auf das Datengeheimnis ist Bestandteil dieses Vertrages und zwingend als Anlage zu führen.

§ 9 Speicherung von Daten

Der Mitarbeiter ist im Sinne des Bundesdatenschutzgesetzes darüber unterrichtet worden, dass seine persönlichen Daten im Zusammenhang mit dem Arbeitsverhältnis in einer DV-Anlage gespeichert werden, und erklärt sich damit einverstanden.

§ 10 Vertragsstrafe

Im Fall einer schuldhaften Nichtaufnahme der Tätigkeit oder der Nichteinhaltung der gesetzlichen Kündigungsfrist durch den Mitarbeiter verpflichtet sich dieser, dem Arbeitgeber eine Vertragsstrafe in Höhe eines Bruttomonatseinkommens zu zahlen.

Gleiches gilt auch für den Vertragsrücktritt vor Beginn des Arbeitsverhältnisses.

Der Arbeitgeber ist berechtigt, einen weitergehenden Schaden geltend zu machen.

Vertrags-Check Arbeitsrecht

III. Beginn des Arbeitsverhältnisses, Unternehmen ohne Tarifbindung
Angestellte, Vollzeit

23 Verfallsklauseln finden sich sehr häufig auch in Tarifverträgen. Sie haben den Vorteil, dass nach Ablauf der genannten Fristen der Anspruch des Mitarbeiters nicht mehr besteht.

24 Vertragsänderungen sollten zu Beweiszwecken immer schriftlich verfasst werden.

25 Diese Regelung wird als Teilunwirksamkeitsklausel oder auch salvatorische Klausel bezeichnet. Sie soll verhindern, dass bei einem unwirksamen Teil des Vertrages gleich das gesamte Vertragswerk entfällt. Sie finden diese oder ähnliche Klauseln auch in einer Vielzahl von anderen Verträgen.

Befristeter Arbeitsvertrag zur Probe

23 **§ 11 Ausschluss- und Verfallsfristen**

Alle Ansprüche aus diesem Arbeitsvertrag und solche, die damit in Verbindung stehen, verfallen, wenn sie nicht innerhalb von 3 Monaten nach Fälligkeit gegenüber der anderen Vertragspartei schriftlich geltend gemacht worden sind.

Lehnt die andere Vertragspartei den Anspruch ab oder erklärt sie sich nicht innerhalb von 4 Wochen nach der Geltendmachung des Anspruchs, so verfällt dieser, wenn er nicht innerhalb von 3 Monaten nach der Ablehnung oder dem Fristablauf gerichtlich geltend gemacht wird.

§ 12 Sonstige Bestimmungen

24 1. Änderungen und Ergänzungen dieses Vertrages bedürfen der Schriftform; dies gilt auch für einen Verzicht auf das Schriftformerfordernis selbst.

2. Mündliche Nebenabreden zu diesem Vertrag bestehen nicht.

25 3. Sollten sich einzelne Bestimmungen dieses Vertrages als unwirksam erweisen, so wird dadurch die Wirksamkeit der übrigen Bestimmungen nicht berührt. Eine ungültige oder unklare Bestimmung ist so zu ersetzen bzw. zu deuten, dass der mit ihr beabsichtigte wirtschaftliche Zweck erreicht wird. Lücken sind dem beabsichtigten wirtschaftlichen Zweck entsprechend zu füllen.

<u>Musterstadt, den 25.02.</u>
Ort, Datum

<u>Eberhard Vogel</u>   <u>Manfred Wolter</u>
<u>Geschäftsführer</u>
Unterschrift Arbeitgeber   Unterschrift Mitarbeiter

Befristeter Arbeitsvertrag zur Probe

§ 11 Ausschluss- und Verfallsfristen

Alle Ansprüche aus diesem Arbeitsvertrag und solche, die damit in Verbindung stehen, verfallen, wenn sie nicht innerhalb von 3 Monaten nach Fälligkeit gegenüber der anderen Vertragspartei schriftlich geltend gemacht worden sind.

Lehnt die andere Vertragspartei den Anspruch ab oder erklärt sie sich nicht innerhalb von 4 Wochen nach der Geltendmachung des Anspruchs, so verfällt dieser, wenn er nicht innerhalb von 3 Monaten nach der Ablehnung oder dem Fristablauf gerichtlich geltend gemacht wird.

§ 12 Sonstige Bestimmungen

1. Änderungen und Ergänzungen dieses Vertrages bedürfen der Schriftform; dies gilt auch für einen Verzicht auf das Schriftformerfordernis selbst.

2. Mündliche Nebenabreden zu diesem Vertrag bestehen nicht.

3. Sollten sich einzelne Bestimmungen dieses Vertrages als unwirksam erweisen, so wird dadurch die Wirksamkeit der übrigen Bestimmungen nicht berührt. Eine ungültige oder unklare Bestimmung ist so zu ersetzen bzw. zu deuten, dass der mit ihr beabsichtigte wirtschaftliche Zweck erreicht wird. Lücken sind dem beabsichtigten wirtschaftlichen Zweck entsprechend zu füllen.

_____
Ort, Datum

_____   _____
Unterschrift Arbeitgeber   Unterschrift Mitarbeiter

Vertrags-Check Arbeitsrecht

III. Beginn des Arbeitsverhältnisses, Unternehmen ohne Tarifbindung Angestellte, Teilzeit

1 Tragen Sie hier das Datum ein, an welchem das Arbeitsverhältnis beginnen soll. In der Regel wird dies der 1. Tag eines Monats sein. Soll das Arbeitsverhältnis während des laufenden Monats beginnen, so ist das Arbeitsentgelt im 1. Monat nur anteilig zu zahlen.

2 Hier ist die Funktionsbeschreibung einzufügen, wie z. B. Verwaltungsangestellter, Finanzbuchhalter, Sachbearbeiter oder Ähnliches.

3 Es ist sinnvoll, dass Sie Ihrem Mitarbeiter einen Aufgabenbereich zuweisen, der seine Tätigkeit im Unternehmen beschreibt. Möglich ist aber auch die Bezeichnung der Abteilung.

4 Diese Öffnungsklausel erlaubt es Ihnen als Arbeitgeber, den Tätigkeitsbereich zu verändern, ohne dass es einer Änderungskündigung bedarf.

5 Tragen Sie hier den Ort der Tätigkeit ein; das ist in der Regel der Firmensitz.

6 Tragen Sie hier die mit dem Mitarbeiter vereinbarte Wochenarbeitszeit ein. Ein Teilzeitarbeitsverhältnis liegt dann vor, wenn die vereinbarte Arbeitszeit weniger als die betriebsübliche Arbeitszeit eines Vollzeitbeschäftigten beträgt.

7 Die Festlegung der Arbeitszeit folgt in der Regel den Interessen Ihres Mitarbeiters. Anders als bei einem Abrufarbeitsvertrag soll für Ihren Mitarbeiter die Arbeitszeit planbar sein. Durch die folgende Öffnungsklausel werden aber Ihre Interessen hinreichend berücksichtigt.

Unbefristeter Teilzeitarbeitsvertrag

Zwischen

Gärtner und Sohn GmbH & Co. KG
Parkstraße 32

12345 Musterstadt

nachfolgend „Arbeitgeber" genannt

und

Herrn/Frau
Eleonore Meier
Filmweg 20

12345 Musterstadt

nachfolgend „Mitarbeiter" genannt

§ 1 Beginn des Arbeitsverhältnisses

1 1. Das Arbeitsverhältnis beginnt am **01.06.**

2. Die ersten 6 Monate gelten als Probezeit mit 2-wöchiger Kündigungsfrist. Wird nach der Probezeit gekündigt, so gelten die Kündigungsfristen gemäß § 8 dieses Vertrages.

§ 2 Tätigkeitsgebiet, Ort der Tätigkeit

2 1. Der Mitarbeiter wird als **Datentypistin** für den Aufgabenbereich **Auftragserfassung** eingestellt. **3**

4 2. Der Mitarbeiter ist verpflichtet, auf besondere Anordnung auch andere – seinen Fähigkeiten und seiner Aus- und Fortbildung entsprechende – zumutbare Tätigkeiten außerhalb seines Aufgabenbereiches zu verrichten.

3. Während der Dauer des Arbeitsverhältnisses ist jede Übernahme einer entgeltlichen oder unentgeltlichen Nebentätigkeit nur mit vorheriger Zustimmung des Arbeitgebers zulässig.

5 4. Ort der Tätigkeit ist **Musterstadt**.

§ 3 Arbeitszeit

1. Die wöchentliche Arbeitszeit beträgt **20** Stunden. **6**

7 2. In der Regel ist der Mitarbeiter an folgenden Wochentagen **Montag bis Donnerstag** in der Zeit von **07:00 Uhr bis 12:00 Uhr** tätig. Aus betrieblichen Gründen sind Abweichungen von dieser vereinbarten Arbeitszeit in dringenden Fällen möglich. Der Arbeitgeber wird die Abweichung frühestmöglich bekannt geben. Der Arbeitgeber weist ausdrücklich darauf hin, dass Pausen nach Maßgabe des Arbeitszeitgesetzes zu nehmen sind.

Kopiervorlage

Teilzeitarbeitsvertrag

Zwischen

_____

_____

_____

nachfolgend „Arbeitgeber" genannt

und

Herrn/Frau

_____

_____

_____

nachfolgend „Mitarbeiter" genannt

§ 1 Beginn des Arbeitsverhältnisses

1. Das Arbeitsverhältnis beginnt am _____

2. Die ersten 6 Monate gelten als Probezeit mit 2-wöchiger Kündigungsfrist. Wird nach der Probezeit gekündigt, so gelten die Kündigungsfristen gemäß § 8 dieses Vertrages.

§ 2 Tätigkeitsgebiet, Ort der Tätigkeit

1. Der Mitarbeiter wird als _____ für den Aufgabenbereich _____ eingestellt.

2. Der Mitarbeiter ist verpflichtet, auf besondere Anordnung auch andere – seinen Fähigkeiten und seiner Aus- und Fortbildung entsprechende – zumutbare Tätigkeiten außerhalb seines Aufgabenbereiches zu verrichten.

3. Während der Dauer des Arbeitsverhältnisses ist jede Übernahme einer entgeltlichen oder unentgeltlichen Nebentätigkeit nur mit vorheriger Zustimmung des Arbeitgebers zulässig.

4. Ort der Tätigkeit ist _____.

§ 3 Arbeitszeit

1. Die wöchentliche Arbeitszeit beträgt ___ Stunden.

2. In der Regel ist der Mitarbeiter an folgenden Wochentagen _____ in der Zeit von _____ tätig. Aus betrieblichen Gründen sind Abweichungen von dieser vereinbarten Arbeitszeit in dringenden Fällen möglich. Der Arbeitgeber wird die Abweichung frühestmöglich bekannt geben. Der Arbeitgeber weist ausdrücklich darauf hin, dass Pausen nach Maßgabe des Arbeitszeitgesetzes zu nehmen sind.

Vertrags-Check Arbeitsrecht

III. Beginn des Arbeitsverhältnisses, Unternehmen ohne Tarifbindung
Angestellte, Teilzeit

8 Fügen Sie hier das mit dem Mitarbeiter ausgehandelte Bruttomonatsgehalt ein.

9 An dieser Stelle findet sich oft die Klausel, dass auch Gehaltspfändungen nur mit Zustimmung des Arbeitgebers erfolgen dürfen. Ob wirksam gepfändet wird, haben aber weder Sie noch Ihr Mitarbeiter in der Hand, sondern der Gläubiger des Mitarbeiters, der ihm gegenüber einen wirksamen Titel erwirkt hat.

10 Sie haben als Arbeitgeber das Recht, bereits ab dem 1. Tag der Arbeitsunfähigkeit eine Bescheinigung zu verlangen, § 5 Absatz 1 Entgeltfortzahlungsgesetz (EFZG). Allerdings müssen Sie dies nachweisbar vor einer Erkrankung gefordert haben. Möglich ist also bereits diese Festlegung im Arbeitsvertrag.

11 Gemäß EFZG geht die Forderung gegenüber einem Dritten auch ohne gesonderte Abtretung auf Sie über, sofern Sie Entgeltfortzahlung geleistet haben. Diese Klausel dient daher nur der Klarstellung gegenüber Ihrem Mitarbeiter, dass durch die Entgeltfortzahlung der Anspruch auf Schadensersatz in Höhe der geleisteten Entgeltzahlung auf Sie als Arbeitgeber übergeht.

Unbefristeter Teilzeitarbeitsvertrag

§ 4 Vergütung

1. Das Festgehalt des Mitarbeiters beträgt pro Monat

   8 DM 2.000,-/EUR... brutto

   und wird jeweils am Ende des Monats gezahlt. Der Mitarbeiter erklärt sich damit einverstanden, dass sein Gehalt auf ein von ihm zu benennendes Bank- oder Postgirokonto überwiesen wird.

2. Eventuelle Zahlungen von Gratifikationen, Prämien und ähnlichen Leistungen liegen im freien Ermessen des Arbeitgebers. Sie sind freiwillig und begründen auch bei wiederholter, ohne ausdrücklichen Vorbehalt der Freiwilligkeit erfolgter Zahlung keinen Rechtsanspruch im Folgejahr.

9 3. Gehaltsabtretungen sind nur mit Zustimmung des Arbeitgebers zulässig und wirksam. Bei einer Gehaltsabtretung bzw. -pfändung trägt der Mitarbeiter die hierfür entstehenden Kosten, mindestens aber pro Überweisung DM 5,-/EUR... und pro notwendigem Schreiben DM 10,-/EUR... .

§ 5 Arbeitsverhinderung, Vergütungsfortzahlung im Krankheitsfall

1. Der Mitarbeiter ist verpflichtet, dem Arbeitgeber jede Arbeitsverhinderung und ihre voraussichtliche Dauer unverzüglich mitzuteilen.

10 2. Im Fall der Arbeitsunfähigkeit infolge Krankheit ist der Mitarbeiter verpflichtet, vor Ablauf des 3. Kalendertages nach Beginn der Arbeitsunfähigkeit eine ärztliche Bescheinigung darüber sowie über deren voraussichtliche Dauer vorzulegen. Bei einer über den angegebenen Zeitraum hinausgehenden Erkrankung ist eine Folgebescheinigung innerhalb von weiteren 3 Tagen nach Ablauf der vorangegangenen ärztlichen Bescheinigung einzureichen.

3. Ist der Mitarbeiter an der Arbeitsleistung infolge von auf unverschuldeter Krankheit beruhender Arbeitsunfähigkeit verhindert, leistet der Arbeitgeber Fortzahlung der Vergütung nach Maßgabe des Entgeltfortzahlungsgesetzes.

11 4. Wird der Mitarbeiter durch Handlungen eines Dritten arbeitsunfähig, gehen die dem Mitarbeiter gegenüber dem Dritten zustehenden Schadensersatzansprüche wegen Verdienstausfalles in der Höhe auf den Arbeitgeber über, in welcher der Arbeitgeber während der Zeit der Arbeitsunfähigkeit Entgeltfortzahlung geleistet hat.

§ 6 Spesen und Auslagen

Reisekosten und sonstige Aufwendungen, die mit Genehmigung und im Interesse des Arbeitgebers entstehen, werden entsprechend den steuerlichen Vorschriften als Aufwendungsersatz erstattet.

Kopiervorlage

Teilzeitarbeitsvertrag

§ 4 Vergütung

1. Das Festgehalt des Mitarbeiters beträgt pro Monat

   _____ brutto

   und wird jeweils am Ende des Monats gezahlt. Der Mitarbeiter erklärt sich damit einverstanden, dass sein Gehalt auf ein von ihm zu benennendes Bank- oder Postgirokonto überwiesen wird.

2. Eventuelle Zahlungen von Gratifikationen, Prämien und ähnlichen Leistungen liegen im freien Ermessen des Arbeitgebers. Sie sind freiwillig und begründen auch bei wiederholter, ohne ausdrücklichen Vorbehalt der Freiwilligkeit erfolgter Zahlung keinen Rechtsanspruch im Folgejahr.

3. Gehaltsabtretungen sind nur mit Zustimmung des Arbeitgebers zulässig und wirksam. Bei einer Gehaltsabtretung bzw. -pfändung trägt der Mitarbeiter die hierfür entstehenden Kosten, mindestens aber pro Überweisung _____ und pro notwendigem Schreiben _____ .

§ 5 Arbeitsverhinderung, Vergütungsfortzahlung im Krankheitsfall

1. Der Mitarbeiter ist verpflichtet, dem Arbeitgeber jede Arbeitsverhinderung und ihre voraussichtliche Dauer unverzüglich mitzuteilen.

2. Im Fall der Arbeitsunfähigkeit infolge Krankheit ist der Mitarbeiter verpflichtet, vor Ablauf des 3. Kalendertages nach Beginn der Arbeitsunfähigkeit eine ärztliche Bescheinigung darüber sowie über deren voraussichtliche Dauer vorzulegen. Bei einer über den angegebenen Zeitraum hinausgehenden Erkrankung ist eine Folgebescheinigung innerhalb von weiteren 3 Tagen nach Ablauf der vorangegangenen ärztlichen Bescheinigung einzureichen.

3. Ist der Mitarbeiter an der Arbeitsleistung infolge von auf unverschuldeter Krankheit beruhender Arbeitsunfähigkeit verhindert, leistet der Arbeitgeber Fortzahlung der Vergütung nach Maßgabe des Entgeltfortzahlungsgesetzes.

4. Wird der Mitarbeiter durch Handlungen eines Dritten arbeitsunfähig, gehen die dem Mitarbeiter gegenüber dem Dritten zustehenden Schadensersatzansprüche wegen Verdienstausfalles in der Höhe auf den Arbeitgeber über, in welcher der Arbeitgeber während der Zeit der Arbeitsunfähigkeit Entgeltfortzahlung geleistet hat.

§ 6 Spesen und Auslagen

Reisekosten und sonstige Aufwendungen, die mit Genehmigung und im Interesse des Arbeitgebers entstehen, werden entsprechend den steuerlichen Vorschriften als Aufwendungsersatz erstattet.

Vertrags-Check Arbeitsrecht

III. Beginn des Arbeitsverhältnisses, Unternehmen ohne Tarifbindung Angestellte, Teilzeit

12 Ein Teilzeitmitarbeiter hat Anspruch auf Urlaub, der jedoch nur anteilig entsteht. Arbeitet der Teilzeitbeschäftigte jeden Tag, so muss er genauso viele Urlaubstage wie ein Vollzeitmitarbeiter einsetzen, um auf die gleiche Urlaubsdauer zu kommen. Arbeitet ein Teilzeitbeschäftigter aber nur an z. B. 4 Tagen pro Woche, so muss er auch nur 4 Tage einsetzen, um die gesamte Woche frei zu erhalten. Bei einer 6-Tage-Woche muss der Teilzeitmitarbeiter also 4/6 des Urlaubs eines Vollzeitmitarbeiters erhalten.

13 Gemäß § 623 des Bürgerlichen Gesetzbuchs (BGB) ist eine mündliche Kündigung unwirksam.

14 Ihr Mitarbeiter kann – sofern er durch eine Kündigung demotiviert ist – Ihrem Betrieb erheblichen Schaden zufügen. Die Freistellungsmöglichkeit soll Sie als Arbeitgeber schützen. Wählen Sie die Freistellung, so müssen Sie allerdings während der Freistellung bis zum Ende des Arbeitsverhältnisses das Gehalt fortzahlen.

15 Sofern das Unternehmen für die Konkurrenz interessante Betriebsgeheimnisse hat, von denen Ihr Mit-arbeiter Kenntnis erlangen konnte, kann es unter Um-ständen sinnvoll sein, eine Vertragsstrafe zu vereinbaren. Eine solche Klausel finden Sie in den Geschäftsführerverträgen.

Unbefristeter Teilzeitarbeitsvertrag

§ 7 Urlaub

12 1. Der Mitarbeiter hat Anspruch auf einen jährlichen Erholungsurlaub von <u>16</u> Werktagen.

2. Der Urlaub wird im Einvernehmen mit dem Arbeitgeber unter Berücksichtigung der betrieblichen Belange festgelegt.

3. Es gelten die Vorschriften des Bundesurlaubsgesetzes, einzusehen im Personalbüro.

§ 8 Kündigung

1. Das Arbeitsverhältnis kann von beiden Parteien unter Einhaltung der gesetzlichen Kündigungsfristen gekündigt werden.

13 2. Die Kündigung hat in jedem Fall schriftlich zu erfolgen.

3. Ohne dass es einer Kündigung bedarf, endet das Arbeitsverhältnis mit Ablauf des Monats, nach welchem der Mitarbeiter Rente wegen Erwerbsunfähigkeit oder Erreichung der Altersgrenze bezieht. Den Bescheid der zuständigen Behörden hierüber hat der Mitarbeiter unverzüglich dem Arbeitgeber vorzulegen. Die Parteien sind sich darüber einig, dass das Arbeitsverhältnis jedoch spätestens mit Ablauf des 65. Lebensjahres endet.

14 4. Nach einer Kündigung des Arbeitsvertrages, gleich durch welche Partei, ist der Arbeitgeber jederzeit befugt, den Mitarbeiter unter Fortzahlung der Vergütung mit sofortiger Wirkung von seiner Verpflichtung zur Arbeitsleistung für den Arbeitgeber freizustellen.

§ 9 Verschwiegenheitspflicht, Rückgabe von Unterlagen und sonstigem Firmeneigentum

15 1. Der Mitarbeiter ist verpflichtet, über alle ihm bekannten Angelegenheiten, Vorgänge, Verträge und Geschäftsbeziehungen innerhalb und außerhalb des Betriebes und auch nach seinem Ausscheiden aus dem Arbeitsverhältnis Verschwiegenheit zu bewahren.

2. Dazu gehören neben Geschäfts- und Betriebsgeheimnissen auch persönliche Verhältnisse der Mitarbeiter und Vorgesetzten.

3. Unter anderem verpflichtet sich der Mitarbeiter, über die Höhe seines Gehaltes sowie über Prämien und/oder weitere Bezüge Stillschweigen zu bewahren.

4. Ein Verstoß gegen die Verschwiegenheitspflicht führt zu einem Schadensersatzanspruch des Arbeitgebers; in Extremfällen kann ordentlich bzw. außerordentlich gekündigt werden.

5. Der Mitarbeiter hat jederzeit auf Verlangen des Arbeitgebers, spätestens aber unaufgefordert bei Beendigung des Arbeitsverhältnisses, alles Material, insbesondere alle Unterlagen, Kopien usw. zurückzugeben, die im Zusammenhang mit seiner Tätigkeit für den Arbeitgeber in seinen Besitz gelangt sind. Dem Mitarbeiter steht ein Zurückbehaltungsrecht insoweit nicht zu.

6. Der Mitarbeiter verpflichtet sich durch seine Unterschrift auf einem gesonderten Formblatt, das Datengeheimnis gemäß § 5 Bundesdatenschutzgesetz (BDSG) zu wahren. Die Verpflichtung auf das Datengeheimnis ist Bestandteil dieses Vertrages und zwingend als Anlage zu diesem Vertrag zu führen.

3/4

Kopiervorlage

Teilzeitarbeitsvertrag

§ 7 Urlaub

1. Der Mitarbeiter hat Anspruch auf einen jährlichen Erholungsurlaub von _____ Werktagen.

2. Der Urlaub wird im Einvernehmen mit dem Arbeitgeber unter Berücksichtigung der betrieblichen Belange festgelegt.

3. Es gelten die Vorschriften des Bundesurlaubsgesetzes, einzusehen im Personalbüro.

§ 8 Kündigung

1. Das Arbeitsverhältnis kann von beiden Parteien unter Einhaltung der gesetzlichen Kündigungsfristen gekündigt werden.

2. Die Kündigung hat in jedem Fall schriftlich zu erfolgen.

3. Ohne dass es einer Kündigung bedarf, endet das Arbeitsverhältnis mit Ablauf des Monats, nach welchem der Mitarbeiter Rente wegen Erwerbsunfähigkeit oder Erreichung der Altersgrenze bezieht. Den Bescheid der zuständigen Behörden hierüber hat der Mitarbeiter unverzüglich dem Arbeitgeber vorzulegen. Die Parteien sind sich darüber einig, dass das Arbeitsverhältnis jedoch spätestens mit Ablauf des 65. Lebensjahres endet.

4. Nach einer Kündigung des Arbeitsvertrages, gleich durch welche Partei, ist der Arbeitgeber jederzeit befugt, den Mitarbeiter unter Fortzahlung der Vergütung mit sofortiger Wirkung von seiner Verpflichtung zur Arbeitsleistung für den Arbeitgeber freizustellen.

§ 9 Verschwiegenheitspflicht, Rückgabe von Unterlagen und sonstigem Firmeneigentum

1. Der Mitarbeiter ist verpflichtet, über alle ihm bekannten Angelegenheiten, Vorgänge, Verträge und Geschäftsbeziehungen innerhalb und außerhalb des Betriebes und auch nach seinem Ausscheiden aus dem Arbeitsverhältnis Verschwiegenheit zu bewahren.

2. Dazu gehören neben Geschäfts- und Betriebsgeheimnissen auch persönliche Verhältnisse der Mitarbeiter und Vorgesetzten.

3. Unter anderem verpflichtet sich der Mitarbeiter, über die Höhe seines Gehaltes sowie über Prämien und/oder weitere Bezüge Stillschweigen zu bewahren.

4. Ein Verstoß gegen die Verschwiegenheitspflicht führt zu einem Schadensersatzanspruch des Arbeitgebers; in Extremfällen kann ordentlich bzw. außerordentlich gekündigt werden.

5. Der Mitarbeiter hat jederzeit auf Verlangen des Arbeitgebers, spätestens aber unaufgefordert bei Beendigung des Arbeitsverhältnisses, alles Material, insbesondere alle Unterlagen, Kopien usw. zurückzugeben, die im Zusammenhang mit seiner Tätigkeit für den Arbeitgeber in seinen Besitz gelangt sind. Dem Mitarbeiter steht ein Zurückbehaltungsrecht insoweit nicht zu.

6. Der Mitarbeiter verpflichtet sich durch seine Unterschrift auf einem gesonderten Formblatt, das Datengeheimnis gemäß § 5 Bundesdatenschutzgesetz (BDSG) zu wahren. Die Verpflichtung auf das Datengeheimnis ist Bestandteil dieses Vertrages und zwingend als Anlage zu diesem Vertrag zu führen.

Vertrags-Check Arbeitsrecht

III. Beginn des Arbeitsverhältnisses, Unternehmen ohne Tarifbindung
Angestellte, Teilzeit

16 Die Speicherung und Verarbeitung von personenbezogenen Daten ist in jedem Betrieb erforderlich. Spätestens bei der Lohnabrechnung (eventuell bei einem mit der Lohnabrechnung beauftragten Steuerberater) müssen Daten des Mitarbeiters in eine DV-Anlage eingegeben und verarbeitet werden.

17 Die Vereinbarung einer Vertragsstrafe ist für Sie als Arbeitgeber besonders wichtig. Zwar ist ein Mitarbeiter bei den aufgeführten Vertragsverstößen auch ohne diese Regelung schadensersatzpflichtig, den Ihnen entstandenen Schaden müssen Sie jedoch bis auf den letzten Pfennig beweisen können. Dieser Beweis fällt in der Praxis oft schwer. Haben Sie eine Vertragsstrafe vereinbart, so entfällt der schwierige Beweis für die Schadenshöhe, jedenfalls bis zur Höhe der festgelegten Vertragsstrafe.

18 Verfallsklauseln finden sich sehr häufig auch in Tarifverträgen. Sie haben den Vorteil, dass nach Ablauf der genannten Fristen der Anspruch des Mitarbeiters nicht mehr besteht.

19 Vertragsänderungen sollten Sie zu Beweiszwecken immer schriftlich verfassen.

20 Diese Regelung wird als Teilunwirksamkeitsklausel oder auch salvatorische Klausel bezeichnet. Sie soll verhindern, dass bei einem unwirksamen Teil des Vertrages gleich das gesamte Vertragswerk entfällt. Sie finden diese oder ähnliche Klauseln auch in einer Vielzahl von anderen Verträgen.

Unbefristeter Teilzeitarbeitsvertrag

16 **§ 10 Speicherung von Daten**

Der Mitarbeiter ist im Sinne des Bundesdatenschutzgesetzes (BDSG) darüber unterrichtet worden, dass seine persönlichen Daten im Zusammenhang mit dem Arbeitsverhältnis in einer DV-Anlage gespeichert werden, und erklärt sich damit einverstanden.

17 **§ 11 Vertragsstrafe**

Im Fall einer schuldhaften Nichtaufnahme der Tätigkeit oder der Nichteinhaltung der gesetzlichen Kündigungsfrist durch den Mitarbeiter verpflichtet sich dieser, dem Arbeitgeber eine Vertragsstrafe in Höhe eines Bruttomonatseinkommens zu zahlen.

Gleiches gilt auch für den Vertragsrücktritt vor Beginn des Arbeitsverhältnisses.

Der Arbeitgeber ist berechtigt, einen weitergehenden Schaden geltend zu machen.

18 **§ 12 Ausschluss- und Verfallsfristen**

1. Alle Ansprüche aus diesem Arbeitsvertrag und solche, die damit in Verbindung stehen, verfallen, wenn sie nicht innerhalb von 3 Monaten nach Fälligkeit gegenüber der anderen Vertragspartei schriftlich geltend gemacht worden sind.

2. Lehnt die andere Vertragspartei den Anspruch ab oder erklärt sie sich nicht innerhalb von 4 Wochen nach der Geltendmachung des Anspruchs, so verfällt dieser, wenn er nicht innerhalb von 3 Monaten nach der Ablehnung oder dem Fristablauf gerichtlich geltend gemacht wird.

§ 13 Sonstige Bestimmungen

19 1. Änderungen und Ergänzungen dieses Vertrages bedürfen der Schriftform; dies gilt auch für einen Verzicht auf das Schriftformerfordernis selbst.

2. Mündliche Nebenabreden zu diesem Vertrag bestehen nicht.

20 3. Sollten sich einzelne Bestimmungen dieses Vertrages als unwirksam erweisen, so wird dadurch die Wirksamkeit der übrigen Bestimmungen nicht berührt. Eine ungültige oder unklare Bestimmung ist so zu ersetzen bzw. zu deuten, dass der mit ihr beabsichtigte wirtschaftliche Zweck erreicht wird. Lücken sind dem beabsichtigten wirtschaftlichen Zweck entsprechend zu füllen.

Musterstadt, 16.05.
Ort, Datum

Patrick Gärtner
Geschäftsführer
Unterschrift Arbeitgeber

Eleonore Meier
Unterschrift Mitarbeiter

Teilzeitarbeitsvertrag

§ 10 Speicherung von Daten

Der Mitarbeiter ist im Sinne des Bundesdatenschutzgesetzes (BDSG) darüber unterrichtet worden, dass seine persönlichen Daten im Zusammenhang mit dem Arbeitsverhältnis in einer DV-Anlage gespeichert werden, und erklärt sich damit einverstanden.

§ 11 Vertragsstrafe

Im Fall einer schuldhaften Nichtaufnahme der Tätigkeit oder der Nichteinhaltung der gesetzlichen Kündigungsfrist durch den Mitarbeiter verpflichtet sich dieser, dem Arbeitgeber eine Vertragsstrafe in Höhe eines Bruttomonatseinkommens zu zahlen.

Gleiches gilt auch für den Vertragsrücktritt vor Beginn des Arbeitsverhältnisses.

Der Arbeitgeber ist berechtigt, einen weitergehenden Schaden geltend zu machen.

§ 12 Ausschluss- und Verfallsfristen

1. Alle Ansprüche aus diesem Arbeitsvertrag und solche, die damit in Verbindung stehen, verfallen, wenn sie nicht innerhalb von 3 Monaten nach Fälligkeit gegenüber der anderen Vertragspartei schriftlich geltend gemacht worden sind.

2. Lehnt die andere Vertragspartei den Anspruch ab oder erklärt sie sich nicht innerhalb von 4 Wochen nach der Geltendmachung des Anspruchs, so verfällt dieser, wenn er nicht innerhalb von 3 Monaten nach der Ablehnung oder dem Fristablauf gerichtlich geltend gemacht wird.

§ 13 Sonstige Bestimmungen

1. Änderungen und Ergänzungen dieses Vertrages bedürfen der Schriftform; dies gilt auch für einen Verzicht auf das Schriftformerfordernis selbst.

2. Mündliche Nebenabreden zu diesem Vertrag bestehen nicht.

3. Sollten sich einzelne Bestimmungen dieses Vertrages als unwirksam erweisen, so wird dadurch die Wirksamkeit der übrigen Bestimmungen nicht berührt. Eine ungültige oder unklare Bestimmung ist so zu ersetzen bzw. zu deuten, dass der mit ihr beabsichtigte wirtschaftliche Zweck erreicht wird. Lücken sind dem beabsichtigten wirtschaftlichen Zweck entsprechend zu füllen.

_____
Ort, Datum

_____   _____
Unterschrift Arbeitgeber   Unterschrift Mitarbeiter

Vertrags-Check Arbeitsrecht

III. Beginn des Arbeitsverhältnisses, Unternehmen ohne Tarifbindung
Angestellte, Teilzeit

1 Unter Jobsharing versteht man die gleichzeitige Besetzung eines Arbeitsplatzes mit mindestens 2 Mitarbeitern. Es handelt sich hierbei jeweils um Teilzeitkräfte, die gemeinsam die Arbeit einer Vollzeitkraft erledigen.

2 Tragen Sie hier das Datum ein, an welchem das Arbeitsverhältnis beginnen soll. In der Regel wird dies der 1. Tag eines Monats sein. Soll das Arbeitsverhältnis während des laufenden Monats beginnen, so ist das Arbeitsentgelt im 1. Monat nur anteilig zu zahlen.

3 Hier ist die Funktionsbeschreibung einzufügen, wie z. B. Verwaltungsangestellter, Finanzbuchhalter, Sachbearbeiter oder Ähnliches.

4 Es ist sinnvoll, dem Mitarbeiter einen Aufgabenbereich zuzuweisen, der seine Tätigkeit im Unternehmen beschreibt. Möglich ist aber auch die Bezeichnung der Abteilung.

▶ 1 Jobsharing-Vertrag

Zwischen

__Jobst und Veith GmbH__
__Hansastraße 6__

__12345 Musterstadt__

nachfolgend „Arbeitgeber" genannt

und

Herrn/Frau
__Marianne Rose__
__Tulpenweg 2__

__12345 Musterstadt__

nachfolgend „Mitarbeiter" genannt

wird folgender Arbeitsvertrag nach den Regeln des Jobsharing-Systems geschlossen:

Die vertragschließenden Parteien haben vereinbart, dass der Arbeitsplatz als __Sachbearbeiter in der Abteilung Neukundenbearbeitung__ im Jobsharing besetzt werden soll. Der Arbeitnehmer ist über die Voraussetzungen des Jobsharings informiert worden; er erklärt sich hiermit ausdrücklich einverstanden.

§ 1 Beginn des Arbeitsverhältnisses

1. Das Arbeitsverhältnis beginnt am __01.04.__ ◀ **2**

2. Die ersten 6 Monate gelten als Probezeit mit 2-wöchiger Kündigungsfrist. Wird nach der Probezeit gekündigt, so gelten die Kündigungsfristen gemäß § 9 dieses Vertrages.

§ 2 Tätigkeitsgebiet

3 ▶ 1. Der Mitarbeiter wird als __Sachbearbeiter__ für den Aufgabenbereich __Neukundenbearbeitung__ eingestellt. Der Mitarbeiter ist einverstanden, dass sein Teilarbeitsplatz mit dem Teilarbeitsplatz des Arbeitnehmers __Manuel Trotz__ (Jobpartner) organisatorisch verbunden ist. ◀ **4**

2. Der Mitarbeiter verpflichtet sich, während der betriebsüblichen Arbeitszeit den zugewiesenen Arbeitsplatz in Abstimmung mit seinem Jobpartner wechselseitig zu besetzen. Eine zeitgleiche Beschäftigung beider Jobpartner an demselben Arbeitsplatz ist ausgeschlossen.

3. Ist einer der Jobpartner an der Arbeitsleistung verhindert, z. B. wegen Urlaubs oder Krankheit, so wird eine Vertretung durch den Arbeitgeber gestellt, soweit die Jobpartner die Vertretung im Einzelfall nicht untereinander regeln können.

1/5

Jobsharing-Vertrag

Zwischen

_____
_____

_____

nachfolgend „Arbeitgeber" genannt

und

Herrn/Frau

_____
_____

_____

nachfolgend „Mitarbeiter" genannt

wird folgender Arbeitsvertrag nach den Regeln des Jobsharing-Systems geschlossen:

Die vertragschließenden Parteien haben vereinbart, dass der Arbeitsplatz als _____
_____ im Jobsharing besetzt werden soll. Der Arbeitnehmer ist über die Voraussetzungen des Jobsharings informiert worden; er erklärt sich hiermit ausdrücklich einverstanden.

§ 1 Beginn des Arbeitsverhältnisses

1. Das Arbeitsverhältnis beginnt am _____

2. Die ersten 6 Monate gelten als Probezeit mit 2-wöchiger Kündigungsfrist. Wird nach der Probezeit gekündigt, so gelten die Kündigungsfristen gemäß § 9 dieses Vertrages.

§ 2 Tätigkeitsgebiet

1. Der Mitarbeiter wird als _____ für den Aufgabenbereich _____ eingestellt. Der Mitarbeiter ist einverstanden, dass sein Teilarbeitsplatz mit dem Teilarbeitsplatz des Arbeitnehmers _____ (Jobpartner) organisatorisch verbunden ist.

2. Der Mitarbeiter verpflichtet sich, während der betriebsüblichen Arbeitszeit den zugewiesenen Arbeitsplatz in Abstimmung mit seinem Jobpartner wechselseitig zu besetzen. Eine zeitgleiche Beschäftigung beider Jobpartner an demselben Arbeitsplatz ist ausgeschlossen.

3. Ist einer der Jobpartner an der Arbeitsleistung verhindert, z. B. wegen Urlaubs oder Krankheit, so wird eine Vertretung durch den Arbeitgeber gestellt, soweit die Jobpartner die Vertretung im Einzelfall nicht untereinander regeln können.

Vertrags-Check Arbeitsrecht

III. Beginn des Arbeitsverhältnisses, Unternehmen ohne Tarifbindung
Angestellte, Teilzeit

5 Diese Öffnungsklausel erlaubt es Ihnen als Arbeitgeber, den Tätigkeitsbereich zu verändern, ohne dass es einer Änderungskündigung bedarf.

6 Tragen Sie hier den Ort der Tätigkeit, dies wird in der Regel der Firmensitz sein, ein.

7 Die Erstellung eines Arbeitsplanes ist sinnvoll, um zu verhindern, dass die Jobpartner gleichzeitig an ihrem Arbeitsplatz tätig werden wollen. Es bedarf einer genauen Planung und Disziplin, um Jobsharing erfolgreich durchzuführen. Die Vorausplanung sollte mindestens 1, längstens 3 Monate umfassen.

8 Die Festlegung der Stundenanzahl erfolgt, um die Vergütung zu rechtfertigen.

9 Die Festlegung der Arbeitszeit folgt in der Regel den Interessen des Mitarbeiters. Anders als bei einem Abrufarbeitsvertrag soll für den Mitarbeiter die Arbeitszeit planbar sein. Durch die folgende Öffnungsklausel werden aber Ihre Interessen als Arbeitgeber hinreichend berücksichtigt.

10 Fügen Sie hier das mit dem Mitarbeiter verhandelte Bruttomonatsgehalt ein.

11 An dieser Stelle findet sich oft die Klausel, dass auch Gehaltspfändungen nur mit Zustimmung des Arbeitgebers erfolgen dürfen. Ob wirksam gepfändet wird, haben aber weder Sie noch Ihr Mitarbeiter in der Hand, sondern der Gläubiger des Mitarbeiters, der ihm gegenüber einen wirksamen Titel erwirkt hat.

Jobsharing-Vertrag

5 ▶ 4. Der Mitarbeiter ist verpflichtet, auf besondere Anweisung auch andere – seinen Fähigkeiten und seiner Aus- und Fortbildung entsprechende – zumutbare Tätigkeiten außerhalb seines Aufgabenbereiches zu verrichten.

5. Während der Dauer des Arbeitsverhältnisses ist jede Übernahme einer entgeltlichen oder unentgeltlichen Nebentätigkeit nur mit vorheriger Zustimmung des Arbeitgebers zulässig.

6 ▶ 6. Ort der Tätigkeit ist __Musterstadt__.

§ 3 Abstimmung mit dem Jobpartner

1. Die Jobpartner haben sich über die Aufteilung ihrer Arbeitszeiten im Rahmen der betriebsüblichen Arbeitszeit untereinander abzustimmen. Sie haben dem Arbeitgeber für einen Zeitraum von jeweils __2__ Monaten im Voraus einen Arbeitsplan nach Maßgabe des § 2 vorzulegen.

7 ▶

8 ▶ 2. Die Abstimmung hat so zu erfolgen, dass der Mitarbeiter im Laufe eines Zeitraumes von __3__ Monaten eine Arbeitszeit von insgesamt __259,8__ Stunden erbringt. Können sich die Jobpartner über die Aufteilung der Arbeitszeit nicht einigen, kann der Arbeitgeber die Aufteilung verbindlich regeln.

§ 4 Arbeitszeit

1. Die wöchentliche Arbeitszeit beträgt __20__ Stunden.

9 ▶ 2. Abweichungen von dieser vereinbarten Arbeitszeit sind aus betrieblichen Gründen in dringenden Fällen möglich. Der Arbeitgeber wird die Abweichung frühestmöglich bekannt geben.

3. Der Arbeitgeber weist ausdrücklich darauf hin, dass Pausen nach Maßgabe des Arbeitszeitgesetzes zu nehmen sind.

§ 5 Vergütung

1. Das Festgehalt des Mitarbeiters beträgt pro Monat

10 ▶ __DM 1.800,--/EUR ...__ brutto

und wird jeweils am Ende des Monats gezahlt. Der Mitarbeiter erklärt sich damit einverstanden, dass sein Gehalt auf ein von ihm zu benennendes Bank- oder Postbankkonto überwiesen wird.

2. Eventuelle Zahlungen von Gratifikationen, Prämien und ähnlichen Leistungen liegen im freien Ermessen des Arbeitgebers. Sie sind freiwillig und begründen auch bei wiederholter, ohne ausdrücklichen Vorbehalt der Freiwilligkeit erfolgter Zahlung keinen Rechtsanspruch im Folgejahr.

11 ▶ 3. Gehaltsabtretungen sind nur mit Zustimmung des Arbeitgebers zulässig und wirksam. Bei einer Gehaltsabtretung bzw. -pfändung trägt der Mitarbeiter die hierfür entstehenden Kosten, mindestens aber pro Überweisung __DM 5,--/EUR ...__ und pro notwendigem Schreiben __DM 10,--/EUR ...__ .

2/5

Kopiervorlage

Jobsharing-Vertrag

4. Der Mitarbeiter ist verpflichtet, auf besondere Anweisung auch andere – seinen Fähigkeiten und seiner Aus- und Fortbildung entsprechende – zumutbare Tätigkeiten außerhalb seines Aufgabenbereiches zu verrichten.

5. Während der Dauer des Arbeitsverhältnisses ist jede Übernahme einer entgeltlichen oder unentgeltlichen Nebentätigkeit nur mit vorheriger Zustimmung des Arbeitgebers zulässig.

6. Ort der Tätigkeit ist _____.

§ 3 Abstimmung mit dem Jobpartner

1. Die Jobpartner haben sich über die Aufteilung ihrer Arbeitszeiten im Rahmen der betriebsüblichen Arbeitszeit untereinander abzustimmen. Sie haben dem Arbeitgeber für einen Zeitraum von jeweils _ Monaten im Voraus einen Arbeitsplan nach Maßgabe des § 2 vorzulegen.

2. Die Abstimmung hat so zu erfolgen, dass der Mitarbeiter im Laufe eines Zeitraumes von ___ Monaten eine Arbeitszeit von insgesamt ____ Stunden erbringt. Können sich die Jobpartner über die Aufteilung der Arbeitszeit nicht einigen, kann der Arbeitgeber die Aufteilung verbindlich regeln.

§ 4 Arbeitszeit

1. Die wöchentliche Arbeitszeit beträgt ___ Stunden.

2. Abweichungen von dieser vereinbarten Arbeitszeit sind aus betrieblichen Gründen in dringenden Fällen möglich. Der Arbeitgeber wird die Abweichung frühestmöglich bekannt geben.

3. Der Arbeitgeber weist ausdrücklich darauf hin, dass Pausen nach Maßgabe des Arbeitszeitgesetzes zu nehmen sind.

§ 5 Vergütung

1. Das Festgehalt des Mitarbeiters beträgt pro Monat

_____ brutto

und wird jeweils am Ende des Monats gezahlt. Der Mitarbeiter erklärt sich damit einverstanden, dass sein Gehalt auf ein von ihm zu benennendes Bank- oder Postbankkonto überwiesen wird.

2. Eventuelle Zahlungen von Gratifikationen, Prämien und ähnlichen Leistungen liegen im freien Ermessen des Arbeitgebers. Sie sind freiwillig und begründen auch bei wiederholter, ohne ausdrücklichen Vorbehalt der Freiwilligkeit erfolgter Zahlung keinen Rechtsanspruch im Folgejahr.

3. Gehaltsabtretungen sind nur mit Zustimmung des Arbeitgebers zulässig und wirksam. Bei einer Gehaltsabtretung bzw. -pfändung trägt der Mitarbeiter die hierfür entstehenden Kosten, mindestens aber pro Überweisung _____ und pro notwendigem Schreiben _____.

Vertrags-Check Arbeitsrecht

III. Beginn des Arbeitsverhältnisses, Unternehmen ohne Tarifbindung
Angestellte, Teilzeit

12 Sie haben als Arbeitgeber das Recht, bereits ab dem 1. Tag der Arbeitsunfähigkeit eine Bescheinigung zu verlangen, § 5 Abs. 1 Entgeltfortzahlungsgesetz (EFZG). Allerdings müssen Sie dies nachweisbar vor einer Erkrankung gefordert haben. Möglich ist also bereits die Festlegung im Arbeitsvertrag.

13 Gemäß EFZG geht die Forderung gegenüber einem Dritten auch ohne gesonderte Abtretung auf Sie über, sofern Sie Entgeltfortzahlung geleistet haben. Diese Klausel dient daher nur der Klarstellung gegenüber dem Mitarbeiter, dass durch die Entgeltfortzahlung der Anspruch auf Schadensersatz in Höhe der geleisteten Entgeltzahlung auf Sie als Arbeitgeber übergeht.

14 Ein Teilzeitmitarbeiter hat Anspruch auf Urlaub, der jedoch nur anteilig entsteht. Arbeitet der Teilzeitbeschäftigte jeden Tag, so muss er genauso viele Urlaubstage wie ein Vollzeitmitarbeiter einsetzen, um auf die gleiche Urlaubsdauer zu kommen. Arbeitet ein Teilzeitbeschäftigter aber nur an z. B. 2 Tagen pro Woche, so muss er auch nur 2 Tage einsetzen, um die gesamte Woche frei zu erhalten. Bei einer 6-Tage-Woche muss der Teilzeitmitarbeiter also 2/6 des Urlaubs eines Vollzeitmitarbeiters erhalten.

15 Nach der Neuregelung des § 623 Bürgerliches Gesetzbuch (BGB) ist eine mündliche Kündigung unwirksam.

Jobsharing-Vertrag

§ 6 Arbeitsverhinderung, Vergütungsfortzahlung im Krankheitsfall

1. Der Mitarbeiter ist verpflichtet, dem Arbeitgeber jede Arbeitsverhinderung und ihre voraussichtliche Dauer unverzüglich mitzuteilen.

12 2. Im Fall der Arbeitsunfähigkeit infolge Krankheit ist der Mitarbeiter verpflichtet, vor Ablauf des 3. Kalendertages nach Beginn der Arbeitsunfähigkeit eine ärztliche Bescheinigung darüber sowie über deren voraussichtliche Dauer vorzulegen. Bei einer über den angegebenen Zeitraum hinausgehenden Erkrankung ist eine Folgebescheinigung innerhalb von weiteren 3 Tagen nach Ablauf der vorangegangenen ärztlichen Bescheinigung einzureichen.

3. Ist der Mitarbeiter an der Arbeitsleistung infolge von auf unverschuldeter Krankheit beruhender Arbeitsunfähigkeit verhindert, leistet der Arbeitgeber Fortzahlung der Vergütung nach Maßgabe des Entgeltfortzahlungsgesetzes.

13 4. Wird der Mitarbeiter durch Handlungen eines Dritten arbeitsunfähig, gehen die dem Mitarbeiter gegenüber dem Dritten zustehenden Schadensersatzansprüche wegen Verdienstausfalles in der Höhe auf den Arbeitgeber über, in welcher der Arbeitgeber während der Zeit der Arbeitsunfähigkeit Entgeltfortzahlung geleistet hat.

§ 7 Spesen und Auslagen

Reisekosten und sonstige Aufwendungen, die mit Genehmigung und im Interesse des Arbeitgebers entstehen, werden entsprechend den steuerlichen Vorschriften als Auslagenersatz erstattet.

§ 8 Urlaub

14 1. Der Mitarbeiter hat Anspruch auf einen jährlichen Erholungsurlaub von __12__ Werktagen.

2. Der Urlaub wird im Einvernehmen mit dem Arbeitgeber unter Berücksichtigung der betrieblichen Belange festgelegt.

3. Es gelten die Vorschriften des Bundesurlaubsgesetzes, einzusehen im Personalbüro.

§ 9 Kündigung

1. Das Arbeitsverhältnis kann von beiden Parteien unter Einhaltung der gesetzlichen Kündigungsfristen gekündigt werden.

15 2. Die Kündigung hat in jedem Fall schriftlich zu erfolgen.

3. Ohne dass es einer Kündigung bedarf, endet das Arbeitsverhältnis mit Ablauf des Monats, nach welchem der Mitarbeiter Rente wegen Erwerbsunfähigkeit oder Erreichung der Altersgrenze bezieht. Den Bescheid der zuständigen Behörden hierüber hat der Mitarbeiter unverzüglich dem Arbeitgeber vorzulegen. Die Parteien sind sich darüber einig, dass das Arbeitsverhältnis jedoch spätestens mit Ablauf des 65. Lebensjahres endet.

Jobsharing-Vertrag

§ 6 Arbeitsverhinderung, Vergütungsfortzahlung im Krankheitsfall

1. Der Mitarbeiter ist verpflichtet, dem Arbeitgeber jede Arbeitsverhinderung und ihre voraussichtliche Dauer unverzüglich mitzuteilen.

2. Im Fall der Arbeitsunfähigkeit infolge Krankheit ist der Mitarbeiter verpflichtet, vor Ablauf des 3. Kalendertages nach Beginn der Arbeitsunfähigkeit eine ärztliche Bescheinigung darüber sowie über deren voraussichtliche Dauer vorzulegen. Bei einer über den angegebenen Zeitraum hinausgehenden Erkrankung ist eine Folgebescheinigung innerhalb von weiteren 3 Tagen nach Ablauf der vorangegangenen ärztlichen Bescheinigung einzureichen.

3. Ist der Mitarbeiter an der Arbeitsleistung infolge von auf unverschuldeter Krankheit beruhender Arbeitsunfähigkeit verhindert, leistet der Arbeitgeber Fortzahlung der Vergütung nach Maßgabe des Entgeltfortzahlungsgesetzes.

4. Wird der Mitarbeiter durch Handlungen eines Dritten arbeitsunfähig, gehen die dem Mitarbeiter gegenüber dem Dritten zustehenden Schadensersatzansprüche wegen Verdienstausfalles in der Höhe auf den Arbeitgeber über, in welcher der Arbeitgeber während der Zeit der Arbeitsunfähigkeit Entgeltfortzahlung geleistet hat.

§ 7 Spesen und Auslagen

Reisekosten und sonstige Aufwendungen, die mit Genehmigung und im Interesse des Arbeitgebers entstehen, werden entsprechend den steuerlichen Vorschriften als Auslagenersatz erstattet.

§ 8 Urlaub

1. Der Mitarbeiter hat Anspruch auf einen jährlichen Erholungsurlaub von ___ Werktagen.

2. Der Urlaub wird im Einvernehmen mit dem Arbeitgeber unter Berücksichtigung der betrieblichen Belange festgelegt.

3. Es gelten die Vorschriften des Bundesurlaubsgesetzes, einzusehen im Personalbüro.

§ 9 Kündigung

1. Das Arbeitsverhältnis kann von beiden Parteien unter Einhaltung der gesetzlichen Kündigungsfristen gekündigt werden.

2. Die Kündigung hat in jedem Fall schriftlich zu erfolgen.

3. Ohne dass es einer Kündigung bedarf, endet das Arbeitsverhältnis mit Ablauf des Monats, nach welchem der Mitarbeiter Rente wegen Erwerbsunfähigkeit oder Erreichung der Altersgrenze bezieht. Den Bescheid der zuständigen Behörden hierüber hat der Mitarbeiter unverzüglich dem Arbeitgeber vorzulegen. Die Parteien sind sich darüber einig, dass das Arbeitsverhältnis jedoch spätestens mit Ablauf des 65. Lebensjahres endet.

Vertrags-Check Arbeitsrecht
III. Beginn des Arbeitsverhältnisses, Unternehmen ohne Tarifbindung
Angestellte, Teilzeit

16 Ihr Mitarbeiter kann (sofern er durch eine Kündigung demotiviert ist) Ihrem Betrieb erhebliche Schaden zufügen. Die Freistellungsmöglichkeit soll Sie daher schützen. Allerdings müssen Sie während der Freistellung bis zum Ende des Arbeitsverhältnisses das Gehalt fortzahlen.

17 Die Änderungskündigung gestattet es Ihnen als Arbeitgeber, den Mitarbeiter vom Jobsharing auf einen Teilzeitarbeitsplatz zu versetzen, sofern ein Jobpartner nicht gefunden werden kann.

18 Ein berechtigtes Interesse könnte z. B. vorliegen, wenn Sie einen Mitarbeiter auf seiner bisherigen Position nicht entbehren können oder die Einstellung eines neuen Mitarbeiters aufgrund seiner mangelnder Qualifikation ablehnen.

19 Sofern Ihr Unternehmen für die Konkurrenz interessante Betriebsgeheimnisse hat, von denen der Mitarbeiter Kenntnis erlangen konnte, kann es unter Umständen sinnvoll sein, eine Vertragsstrafe zu vereinbaren. Eine solche Klausel finden Sie in den Geschäftsführerverträgen.

20 Die Speicherung und Verarbeitung von personenbezogenen Daten ist in jedem Betrieb erforderlich. Spätestens bei der Lohnabrechnung (eventuell mit einem mit der Lohnabrechnung beauftragten Steuerberater) müssen Daten des Mitarbeiters in eine EDV-Anlage eingegeben und verarbeitet werden.

Jobsharing-Vertrag

16 ▶ 4. Nach einer Kündigung des Arbeitsvertrages, gleich durch welche Partei, ist der Arbeitgeber jederzeit befugt, den Mitarbeiter unter Fortzahlung der Vergütung mit sofortiger Wirkung von seiner Verpflichtung zur Arbeitsleistung für den Arbeitgeber freizustellen.

17 ▶ 5. Scheidet einer der Jobpartner aus dem Jobsharing-System aus, so darf der andere Jobpartner nicht aus diesem Grund gekündigt werden. Unberührt bleibt die Möglichkeit der Änderungskündigung.

18 ▶ 6. Der verbleibende Jobpartner wird sich, wie der Arbeitgeber auch, um baldigen Ersatz für den ausgeschiedenen Jobpartner bemühen und hat ein Vorschlagsrecht für eine solche Ersatzkraft. Der Arbeitgeber darf diesen Vorschlag ablehnen, sofern ein berechtigtes Interesse seinerseits besteht.

§ 10 Verschwiegenheitspflicht, Rückgabe von Unterlagen und sonstigem Firmeneigentum

1. Der Mitarbeiter ist verpflichtet, über alle ihm bekannten Angelegenheiten, Vorgänge, Verträge und Geschäftsbeziehungen innerhalb und außerhalb des Betriebes und auch nach seinem Ausscheiden aus dem Arbeitsverhältnis Verschwiegenheit zu bewahren.

19 ▶ 2. Dazu gehören neben Geschäfts- und Betriebsgeheimnissen auch persönliche Verhältnisse der Mitarbeiter und Vorgesetzten.

3. Unter anderem verpflichtet sich der Mitarbeiter, über die Höhe seines Gehaltes sowie über Prämien und/oder weitere Bezüge Stillschweigen zu bewahren.

4. Ein Verstoß gegen die Verschwiegenheitspflicht führt zu einem Schadensersatzanspruch des Arbeitgebers; in Extremfällen kann ordentlich bzw. außerordentlich gekündigt werden.

5. Der Mitarbeiter hat jederzeit auf Verlangen des Arbeitgebers, spätestens aber unaufgefordert bei Beendigung des Arbeitsverhältnisses, alles Material, insbesondere alle Unterlagen, Kopien usw. zurückzugeben, die im Zusammenhang mit seiner Tätigkeit für den Arbeitgeber in seinen Besitz gelangt sind. Dem Mitarbeiter steht ein Zurückbehaltungsrecht insoweit nicht zu.

6. Der Mitarbeiter verpflichtet sich durch seine Unterschrift auf einem gesonderten Formblatt, das Datengeheimnis gemäß § 5 Bundesdatenschutzgesetz (BDSG) zu wahren. Die Verpflichtung auf das Datengeheimnis ist Bestandteil dieses Vertrages und zwingend als Anlage zu führen.

20 ▶ **§ 11 Speicherung von Daten**
Der Mitarbeiter ist im Sinne des Bundesdatenschutzgesetzes (BDSG) darüber unterrichtet worden, dass seine persönlichen Daten im Zusammenhang mit dem Arbeitsverhältnis in einer EDV-Anlage gespeichert werden, und erklärt sich damit einverstanden.

Kopiervorlage

Jobsharing-Vertrag

4. Nach einer Kündigung des Arbeitsvertrages, gleich durch welche Partei, ist der Arbeitgeber jederzeit befugt, den Mitarbeiter unter Fortzahlung der Vergütung mit sofortiger Wirkung von seiner Verpflichtung zur Arbeitsleistung für den Arbeitgeber freizustellen.

5. Scheidet einer der Jobpartner aus dem Jobsharing-System aus, so darf der andere Jobpartner nicht aus diesem Grund gekündigt werden. Unberührt bleibt die Möglichkeit der Änderungskündigung.

6. Der verbleibende Jobpartner wird sich, wie der Arbeitgeber auch, um baldigen Ersatz für den ausgeschiedenen Jobpartner bemühen und hat ein Vorschlagsrecht für eine solche Ersatzkraft. Der Arbeitgeber darf diesen Vorschlag ablehnen, sofern ein berechtigtes Interesse seinerseits besteht.

§ 10 Verschwiegenheitspflicht, Rückgabe von Unterlagen und sonstigem Firmeneigentum

1. Der Mitarbeiter ist verpflichtet, über alle ihm bekannten Angelegenheiten, Vorgänge, Verträge und Geschäftsbeziehungen innerhalb und außerhalb des Betriebes und auch nach seinem Ausscheiden aus dem Arbeitsverhältnis Verschwiegenheit zu bewahren.

2. Dazu gehören neben Geschäfts- und Betriebsgeheimnissen auch persönliche Verhältnisse der Mitarbeiter und Vorgesetzten.

3. Unter anderem verpflichtet sich der Mitarbeiter, über die Höhe seines Gehaltes sowie über Prämien und/oder weitere Bezüge Stillschweigen zu bewahren.

4. Ein Verstoß gegen die Verschwiegenheitspflicht führt zu einem Schadensersatzanspruch des Arbeitgebers; in Extremfällen kann ordentlich bzw. außerordentlich gekündigt werden.

5. Der Mitarbeiter hat jederzeit auf Verlangen des Arbeitgebers, spätestens aber unaufgefordert bei Beendigung des Arbeitsverhältnisses, alles Material, insbesondere alle Unterlagen, Kopien usw. zurückzugeben, die im Zusammenhang mit seiner Tätigkeit für den Arbeitgeber in seinen Besitz gelangt sind. Dem Mitarbeiter steht ein Zurückbehaltungsrecht insoweit nicht zu.

6. Der Mitarbeiter verpflichtet sich durch seine Unterschrift auf einem gesonderten Formblatt, das Datengeheimnis gemäß § 5 Bundesdatenschutzgesetz (BDSG) zu wahren. Die Verpflichtung auf das Datengeheimnis ist Bestandteil dieses Vertrages und zwingend als Anlage zu führen.

§ 11 Speicherung von Daten

Der Mitarbeiter ist im Sinne des Bundesdatenschutzgesetzes (BDSG) darüber unterrichtet worden, dass seine persönlichen Daten im Zusammenhang mit dem Arbeitsverhältnis in einer EDV-Anlage gespeichert werden, und erklärt sich damit einverstanden.

Vertrags-Check Arbeitsrecht

III. Beginn des Arbeitsverhältnisses, Unternehmen ohne Tarifbindung
Angestellte, Teilzeit

21 Die Vereinbarung einer Vertragsstrafe ist für Sie als Arbeitgeber besonders wichtig. Zwar ist ein Mitarbeiter bei den aufgeführten Vertragsverstößen auch ohne diese Regelung schadensersatzpflichtig, den Ihnen entstandenen Schaden müssen Sie jedoch bis auf den letzten Pfennig beweisen können. Dieser Beweis fällt in der Praxis oft schwer. Haben Sie eine Vertragsstrafe vereinbart, so entfällt der schwierige Beweis für die Schadenshöhe, jedenfalls bis zur Höhe der festgelegten Vertragsstrafe.

22 Verfallsklauseln finden sich sehr häufig auch in Tarifverträgen. Sie haben den Vorteil, dass nach Ablauf der genannten Fristen der Anspruch des Mitarbeiters nicht mehr besteht.

23 Vertragsänderungen sollten zu Beweiszwecken immer schriftlich verfasst werden.

24 Diese Regelung wird als Teilunwirksamkeitsklausel oder auch salvatorische Klausel bezeichnet. Sie soll verhindern, dass bei einem unwirksamen Teil des Vertrages gleich das gesamte Vertragswerk entfällt. Sie finden diese oder ähnliche Klauseln auch in der Vielzahl von anderen Verträgen.

Jobsharing-Vertrag

21 **§ 12 Vertragsstrafe**

Im Fall einer schuldhaften Nichtaufnahme der Tätigkeit oder der Nichteinhaltung der gesetzlichen Kündigungsfrist durch den Mitarbeiter verpflichtet sich dieser, dem Arbeitgeber eine Vertragsstrafe in Höhe eines Bruttomonatseinkommens zu zahlen.

Gleiches gilt auch für den Vertragsrücktritt vor Beginn des Arbeitsverhältnisses.

Der Arbeitgeber ist berechtigt, einen weitergehenden Schaden geltend zu machen.

22 **§ 13 Ausschluss- und Verfallsfristen**

1. Alle Ansprüche aus diesem Arbeitsvertrag und solche, die damit in Verbindung stehen, verfallen, wenn sie nicht innerhalb von 3 Monaten nach Fälligkeit gegenüber der anderen Vertragspartei schriftlich geltend gemacht worden sind.

2. Lehnt die andere Vertragspartei den Anspruch ab oder erklärt sie sich nicht innerhalb von 4 Wochen nach der Geltendmachung des Anspruchs, so verfällt dieser, wenn er nicht innerhalb von 3 Monaten nach der Ablehnung oder dem Fristablauf gerichtlich geltend gemacht wird.

§ 14 Sonstige Bestimmungen

23 1. Änderungen und Ergänzungen dieses Vertrages bedürfen der Schriftform; dies gilt auch für einen Verzicht auf das Schriftformerfordernis selbst.

2. Mündliche Nebenabreden zu diesem Vertrag bestehen nicht.

24 3. Sollten sich einzelne Bestimmungen dieses Vertrages als unwirksam erweisen, so wird dadurch die Wirksamkeit der übrigen Bestimmungen nicht berührt. Eine ungültige oder unklare Bestimmung ist so zu ersetzen bzw. zu deuten, dass der mit ihr beabsichtigte wirtschaftliche Zweck erreicht wird. Lücken sind dem beabsichtigten wirtschaftlichen Zweck entsprechend zu füllen.

Musterstadt, 25.03.
Ort, Datum

Günter Jobst
Geschäftsführer
Unterschrift Arbeitgeber

Marianne Rose
Unterschrift Mitarbeiter

Jobsharing-Vertrag

§ 12 Vertragsstrafe

Im Fall einer schuldhaften Nichtaufnahme der Tätigkeit oder der Nichteinhaltung der gesetzlichen Kündigungsfrist durch den Mitarbeiter verpflichtet sich dieser, dem Arbeitgeber eine Vertragsstrafe in Höhe eines Bruttomonatseinkommens zu zahlen.

Gleiches gilt auch für den Vertragsrücktritt vor Beginn des Arbeitsverhältnisses.

Der Arbeitgeber ist berechtigt, einen weitergehenden Schaden geltend zu machen.

§ 13 Ausschluss- und Verfallsfristen

1. Alle Ansprüche aus diesem Arbeitsvertrag und solche, die damit in Verbindung stehen, verfallen, wenn sie nicht innerhalb von 3 Monaten nach Fälligkeit gegenüber der anderen Vertragspartei schriftlich geltend gemacht worden sind.

2. Lehnt die andere Vertragspartei den Anspruch ab oder erklärt sie sich nicht innerhalb von 4 Wochen nach der Geltendmachung des Anspruchs, so verfällt dieser, wenn er nicht innerhalb von 3 Monaten nach der Ablehnung oder dem Fristablauf gerichtlich geltend gemacht wird.

§ 14 Sonstige Bestimmungen

1. Änderungen und Ergänzungen dieses Vertrages bedürfen der Schriftform; dies gilt auch für einen Verzicht auf das Schriftformerfordernis selbst.

2. Mündliche Nebenabreden zu diesem Vertrag bestehen nicht.

3. Sollten sich einzelne Bestimmungen dieses Vertrages als unwirksam erweisen, so wird dadurch die Wirksamkeit der übrigen Bestimmungen nicht berührt. Eine ungültige oder unklare Bestimmung ist so zu ersetzen bzw. zu deuten, dass der mit ihr beabsichtigte wirtschaftliche Zweck erreicht wird. Lücken sind dem beabsichtigten wirtschaftlichen Zweck entsprechend zu füllen.

_____
Ort, Datum

_____   _____
Unterschrift Arbeitgeber   Unterschrift Mitarbeiter

Vertrags-Check Arbeitsrecht

III. Beginn des Arbeitsverhältnisses, Unternehmen ohne Tarifbindung
Angestellte, Teilzeit

1 Die Befristung eines Arbeitsverhältnisses stellt nach der gesetzlichen Grundregelung (unbefristeter Vertrag) die Ausnahme dar. Kennzeichnen Sie den Vertrag nicht eindeutig als befristet und ist die Befristung nicht ordnungsgemäß, wird ein unbefristetes Arbeitsverhältnis mit all seinen Nachteilen für Sie als Arbeitgeber begründet.

2 Tragen Sie hier das Datum ein, an welchem das Arbeitsverhältnis beginnen soll. In der Regel wird dies der 1. Tag eines Monats sein. Soll das Arbeitsverhältnis während des laufenden Monats beginnen, so ist das Arbeitsentgelt im 1. Monat nur anteilig zu zahlen.

3 Bei einem befristeten Vertrag müssen Sie ein genaues Enddatum angeben.

4 Die Befristung des Arbeitsvertrages kann aufgrund einer Vielzahl von Möglichkeiten erfolgen, es bedarf aber immer eines sachlichen Grundes. Welche Befristungen möglich sind, können Sie bei den befristeten Vollzeitverträgen nachlesen. In diesem Beispiel hier wird von einer Befristung nach dem Beschäftigungsförderungsgesetz ausgegangen.

5 Tragen Sie hier die Funktionsbeschreibung ein, wie z. B. Verwaltungsangestellter, Finanzbuchhalter, Sachbearbeiter oder Ähnliches.

6 Es ist sinnvoll, dem Mitarbeiter einen Aufgabenbereich zuzuweisen, der seine Tätigkeit im Unternehmen beschreibt. Möglich ist aber auch die Bezeichnung der Abteilung.

7 Diese Öffnungsklausel erlaubt es Ihnen, den Tätigkeitsbereich zu verändern, ohne dass es einer Änderungskündigung bedarf.

8 Tragen Sie hier den Ort der Tätigkeit ein; das ist in der Regel der Firmensitz.

---

1 Befristeter Teilzeitarbeitsvertrag

Zwischen

Ritter GmbH
Tournierstraße 16

12345 Musterstadt

nachfolgend „Arbeitgeber" genannt

und

Herrn/Frau
Walter Hermann
Seniorenweg 25

12345 Musterstadt

nachfolgend „Mitarbeiter" genannt

§ 1 Dauer des Arbeitsverhältnisses

2 1. Das Arbeitsverhältnis beginnt am <u>01.02.</u> und endet am <u>31.01.</u>, ohne dass es einer Kündigung bedarf. **3**

4 2. Die Befristung des Arbeitsverhältnisses erfolgt <u>nach Maßgabe des Beschäftigungsförderungsgesetzes.</u>

3. Die ersten 6 Monate gelten als Probezeit mit 2-wöchiger Kündigungsfrist. Wird nach der Probezeit gekündigt, so gelten die Kündigungsfristen gemäß § 8 dieses Vertrags.

§ 2 Tätigkeitsgebiet, Ort der Tätigkeit

5 1. Der Mitarbeiter wird als <u>Programmierer</u> für den Aufgabenbereich <u>Softwareentwicklung</u> eingestellt. **6**

7 2. Der Mitarbeiter ist verpflichtet, auf besondere Anordnung auch andere – seinen Fähigkeiten und seiner Aus- und Fortbildung entsprechende – zumutbare Tätigkeiten außerhalb seines Aufgabenbereichs zu verrichten.

3. Während der Dauer des Arbeitsverhältnisses ist jede Übernahme einer entgeltlichen oder unentgeltlichen Nebentätigkeit nur mit vorheriger Zustimmung des Arbeitgebers zulässig.

8 4. Ort der Tätigkeit ist <u>Musterstadt.</u>

Kopiervorlage

1/4

Befristeter Teilzeitarbeitsvertrag

Zwischen

_____

_____

_____

nachfolgend „Arbeitgeber" genannt

und

Herrn/Frau

_____

_____

_____

nachfolgend „Mitarbeiter" genannt

§ 1 Dauer des Arbeitsverhältnisses

1. Das Arbeitsverhältnis beginnt am _____ und endet am _____ , ohne dass es einer Kündigung bedarf.

2. Die Befristung des Arbeitsverhältnisses erfolgt _____
_____

3. Die ersten 6 Monate gelten als Probezeit mit 2-wöchiger Kündigungsfrist. Wird nach der Probezeit gekündigt, so gelten die Kündigungsfristen gemäß § 8 dieses Vertrags.

§ 2 Tätigkeitsgebiet, Ort der Tätigkeit

1. Der Mitarbeiter wird als _____ für den Aufgabenbereich _____ eingestellt.

2. Der Mitarbeiter ist verpflichtet, auf besondere Anordnung auch andere – seinen Fähigkeiten und seiner Aus- und Fortbildung entsprechende – zumutbare Tätigkeiten außerhalb seines Aufgabenbereichs zu verrichten.

3. Während der Dauer des Arbeitsverhältnisses ist jede Übernahme einer entgeltlichen oder unentgeltlichen Nebentätigkeit nur mit vorheriger Zustimmung des Arbeitgebers zulässig.

4. Ort der Tätigkeit ist _____ .

Vertrags-Check Arbeitsrecht

III. Beginn des Arbeitsverhältnisses, Unternehmen ohne Tarifbindung
Angestellte, Teilzeit

9 Tragen Sie hier die mit dem Mitarbeiter vereinbarte Wochenarbeitszeit ein. Ein Teilzeitarbeitsverhältnis liegt dann vor, wenn die vereinbarte Arbeitszeit weniger als die betriebsübliche Arbeitszeit eines Vollzeitbeschäftigten beträgt.

10 Die Festlegung der Arbeitszeit folgt in der Regel den Interessen Ihres Mitarbeiters. Anders als bei einem Abrufarbeitsvertrag soll für Ihren Mitarbeiter die Arbeitszeit planbar sein. Durch die folgende Öffnungsklausel werden aber Ihre Interessen als Arbeitgeber hinreichend berücksichtigt.

11 Fügen Sie hier das mit dem Mitarbeiter verhandelte Bruttomonatsgehalt ein.

12 An dieser Stelle findet sich oft die Klausel, dass auch Gehaltspfändungen nur mit Zustimmung des Arbeitgebers erfolgen dürfen. Ob wirksam gepfändet wird, haben aber weder Sie als Arbeitgeber noch Ihr Mitarbeiter in der Hand, sondern der Gläubiger des Mitarbeiters, der ihm gegenüber einen wirksamen Titel erwirkt hat.

13 Sie haben als Arbeitgeber das Recht, bereits ab dem ersten Tag der Arbeitsunfähigkeit eine Bescheinigung zu verlangen, § 5 Absatz 1 Entgeltfortzahlungsgesetz (EFZG). Allerdings müssen Sie dies nachweisbar vor einer Erkrankung gefordert haben. Möglich ist also bereits die Festlegung im Arbeitsvertrag.

14 Gemäß EFZG geht die Forderung gegenüber einem Dritten auch ohne gesonderte Abtretung auf Sie über, sofern Sie Entgeltfortzahlung geleistet haben. Diese Klausel dient daher nur der Klarstellung gegenüber dem Mitarbeiter, dass durch die Entgeltfortzahlung der Anspruch auf Schadensersatz in Höhe der geleisteten Entgeltzahlung auf Sie als Arbeitgeber übergeht.

Befristeter Teilzeitarbeitsvertrag

§ 3 Arbeitszeit

9 1. Die wöchentliche Arbeitszeit beträgt __30__ Stunden.

In der Regel ist der Mitarbeiter an den Wochentagen __Montag bis Freitag__ jeweils in der Zeit von __07:00 Uhr bis 12:00 Uhr__ tätig.

10 2. Aus betrieblichen Gründen sind Abweichungen von dieser vereinbarten Arbeitszeit in dringenden Fällen möglich. Der Arbeitgeber wird die Abweichung frühestmöglich bekannt geben. Der Arbeitgeber weist ausdrücklich darauf hin, dass Pausen nach Maßgabe des Arbeitszeitgesetzes zu nehmen sind.

§ 4 Vergütung

1. Das Festgehalt des Mitarbeiters beträgt pro Monat

11 __DM 2.800,-/EUR...__ brutto

und wird jeweils am Ende des Monats gezahlt. Der Mitarbeiter erklärt sich damit einverstanden, dass sein Gehalt auf ein von ihm zu benennendes Bank- oder Postbankkonto überwiesen wird.

2. Eventuelle Zahlungen von Gratifikationen, Prämien und ähnlichen Leistungen liegen im freien Ermessen des Arbeitgebers. Sie sind freiwillig und begründen auch bei wiederholter, ohne ausdrücklichen Vorbehalt der Freiwilligkeit erfolgter Zahlung, keinen Rechtsanspruch im Folgejahr.

12 3. Gehaltsabtretungen sind nur mit Zustimmung des Arbeitgebers zulässig und wirksam. Bei einer Gehaltsabtretung bzw. -pfändung trägt der Mitarbeiter die hierfür entstehenden Kosten, mindestens aber pro Überweisung __DM 5,-/EUR...__ und pro notwendigs Schreiben __DM 10,-/EUR...__.

§ 5 Arbeitsverhinderung, Vergütungsfortzahlung im Krankheitsfall

1. Der Mitarbeiter ist verpflichtet, dem Arbeitgeber jede Arbeitsverhinderung und ihre voraussichtliche Dauer unverzüglich mitzuteilen.

13 2. Im Fall der Arbeitsunfähigkeit infolge Krankheit ist der Mitarbeiter verpflichtet, vor Ablauf des 3. Kalendertages nach Beginn der Arbeitsunfähigkeit eine ärztliche Bescheinigung darüber sowie über deren voraussichtliche Dauer vorzulegen. Bei einer über den angegebenen Zeitraum hinausgehenden Erkrankung ist eine Folgebescheinigung innerhalb von weiteren 3 Tagen nach Ablauf der vorangegangenen ärztlichen Bescheinigung einzureichen.

3. Ist der Mitarbeiter an der Arbeitsleistung infolge von auf unverschuldeter Krankheit beruhender Arbeitsunfähigkeit verhindert, leistet der Arbeitgeber Fortzahlung der Vergütung nach Maßgabe des Entgeltfortzahlungsgesetzes.

14 4. Wird der Mitarbeiter durch Handlungen eines Dritten arbeitsunfähig, gehen die dem Mitarbeiter gegenüber dem Dritten zustehenden Schadensersatzansprüche wegen Verdienstausfalls in der Höhe auf den Arbeitgeber über, in welcher der Arbeitgeber während der Zeit der Arbeitsunfähigkeit Entgeltfortzahlung geleistet hat.

2/4

Kopiervorlage

Befristeter Teilzeitarbeitsvertrag

§ 3 Arbeitszeit

1. Die wöchentliche Arbeitszeit beträgt ___ Stunden.

   In der Regel ist der Mitarbeiter an den Wochentagen _____ jeweils in der Zeit von _____ tätig.

2. Aus betrieblichen Gründen sind Abweichungen von dieser vereinbarten Arbeitszeit in dringenden Fällen möglich. Der Arbeitgeber wird die Abwei-chung frühestmöglich bekannt geben. Der Arbeitgeber weist ausdrücklich darauf hin, dass Pausen nach Maßgabe des Arbeitszeitgesetzes zu nehmen sind.

§ 4 Vergütung

1. Das Festgehalt des Mitarbeiters beträgt pro Monat

   _____ brutto

   und wird jeweils am Ende des Monats gezahlt. Der Mitarbeiter erklärt sich damit einverstanden, dass sein Gehalt auf ein von ihm zu benennendes Bank- oder Postbankkonto überwiesen wird.

2. Eventuelle Zahlungen von Gratifikationen, Prämien und ähnlichen Leistungen liegen im freien Ermessen des Arbeitgebers. Sie sind freiwillig und begründen auch bei wiederholter, ohne ausdrücklichen Vorbehalt der Freiwilligkeit erfolgter Zahlung, keinen Rechtsanspruch im Folgejahr.

3. Gehaltsabtretungen sind nur mit Zustimmung des Arbeitgebers zulässig und wirksam. Bei einer Gehaltsabtretung bzw. -pfändung trägt der Mitarbeiter die hierfür entstehenden Kosten, mindestens aber pro Überweisung _____ und pro notwendigs Schreiben _____.

§ 5 Arbeitsverhinderung, Vergütungsfortzahlung im Krankheitsfall

1. Der Mitarbeiter ist verpflichtet, dem Arbeitgeber jede Arbeitsverhinderung und ihre voraussichtliche Dauer unverzüglich mitzuteilen.

2. Im Fall der Arbeitsunfähigkeit infolge Krankheit ist der Mitarbeiter verpflichtet, vor Ablauf des 3. Kalendertages nach Beginn der Arbeitsunfähigkeit eine ärztliche Bescheinigung darüber sowie über deren voraussichtliche Dauer vorzulegen. Bei einer über den angegebenen Zeitraum hinausgehenden Erkrankung ist eine Folgebescheinigung innerhalb von weiteren 3 Tagen nach Ablauf der vorangegangenen ärztlichen Bescheinigung einzureichen.

3. Ist der Mitarbeiter an der Arbeitsleistung infolge von auf unverschuldeter Krankheit beruhender Arbeitsunfähigkeit verhindert, leistet der Arbeitgeber Fortzahlung der Vergütung nach Maßgabe des Entgeltfortzahlungsgesetzes.

4. Wird der Mitarbeiter durch Handlungen eines Dritten arbeitsunfähig, gehen die dem Mitarbeiter gegenüber dem Dritten zustehenden Schadensersatzansprüche wegen Verdienstausfalls in der Höhe auf den Arbeitgeber über, in welcher der Arbeitgeber während der Zeit der Arbeitsunfähigkeit Entgeltfortzahlung geleistet hat.

Vertrags-Check Arbeitsrecht

III. Beginn des Arbeitsverhältnisses, Unternehmen ohne Tarifbindung
Angestellte, Teilzeit

15 Beträgt die Befristung weniger als 1 Jahr, so erhält der Mitarbeiter lediglich 1/12 des Jahresurlaubs pro Monat der Beschäftigung.

16 Ergänzen Sie hier die Zahl der Urlaubstage, die der Mitarbeiter erhalten soll. Ein Teilzeitmitarbeiter hat Anspruch auf Urlaub, der jedoch nur anteilig entsteht. Arbeitet der Teilzeitbeschäftigte jeden Tag, so muss er genauso viele Urlaubstage wie ein Vollzeitmitarbeiter einsetzen, um auf die gleiche Urlaubsdauer zu kommen. Arbeitet ein Teilzeitbeschäftigter aber nur an z. B. 5 Tagen pro Woche, so muss er auch nur 5 Tage einsetzen, um die gesamte Woche frei zu erhalten. Bei einer 6-Tage-Woche muss der Teilzeitmitarbeiter also 5/6 des Urlaubs eines Vollzeitmitarbeiters erhalten.

17 Durch den Beginn des Arbeitsverhältnisses am 01.02. entsteht im 1. Jahr der Beschäftigung lediglich ein Anspruch von 11/12 des Jahresurlaubes, in diesem Beispiel also 18 Werktage. Im letzten Jahr der Beschäftigung beläuft sich der Anspruch auf 1/12 des Jahresurlaubs, also auf 2 Werktage. Bruchteile von Urlaubstagen müssen Sie kaufmännisch runden.

18 Die Kündigung eines befristeten Vertrags muss im Vertrag selbst erwähnt sein. Ansonsten ist eine Kündigung während der Laufzeit nur außerordentlich möglich. Die außerordentliche Kündigung stellt aber gerade im Arbeitsrecht die Ausnahme dar, die bei den Arbeitsgerichten zumeist nur sehr schwer durchzusetzen ist.

19 Nach § 623 Bürgerliches Gesetzbuch (BGB) ist eine mündliche Kündigung unwirksam.

20 Ihr Mitarbeiter kann – sofern er durch eine Kündigung demotiviert ist – Ihrem Betrieb erheblichen Schaden zufügen. Die Freistellungsmöglichkeit soll Sie daher schützen. Allerdings müssen Sie, sollten Sie sich für die Freistellung entscheiden, während der Dauer der Freistellung bis zum Ende des Arbeitsverhältnisses das Gehalt fortzahlen.

21 Sofern das Unternehmen für die Konkurrenz interessante Betriebsgeheimnisse hat, von denen Ihr Mitarbeiter Kenntnis erlangen konnte, kann es unter Umständen sinnvoll sein, eine Vertragsstrafe zu vereinbaren. Eine solche Klausel finden Sie in unseren Geschäftsführerverträgen.

Befristeter Teilzeitarbeitsvertrag

§ 6 Spesen und Auslagen
Reisekosten und sonstige Aufwendungen, die mit Genehmigung und im Interesse des Arbeitgebers entstehen, werden als Aufwendungsersatz entsprechend den steuerlichen Vorschriften erstattet.

§ 7 Urlaub
15 **17** 1. Der Mitarbeiter hat Anspruch auf einen jährlichen Erholungsurlaub von 20 Werktagen. Im 1. und letzten Jahr der Beschäftigung entsteht der Urlaubsanspruch jeweils anteilig. **16**

2. Der Urlaub wird im Einvernehmen mit dem Arbeitgeber unter Berücksichtigung der betrieblichen Belange festgelegt.

3. Es gelten die Vorschriften des Bundesurlaubsgesetzes, einzusehen im Personalbüro.

18 § 8 Kündigung
1. Das Arbeitsverhältnis kann von beiden Parteien unter Einhaltung der gesetzlichen Kündigungsfristen gekündigt werden.

19 2. Die Kündigung hat in jedem Fall schriftlich zu erfolgen.

3. Nach einer Kündigung des Arbeitsvertrags, gleich durch welche Partei, ist der Arbeitgeber jederzeit befugt, den Mitarbeiter mit sofortiger Wirkung von seiner Verpflichtung zur Arbeitsleistung für den Arbeitgeber freizustellen. **20**

§ 9 Verschwiegenheitspflicht, Rückgabe von Unterlagen und sonstigem Firmeneigentum

21 1. Der Mitarbeiter ist verpflichtet, über alle ihm bekannten Angelegenheiten, Vorgänge, Verträge und Geschäftsbeziehungen innerhalb und außerhalb des Betriebs und auch nach seinem Ausscheiden aus dem Arbeitsverhältnis, Verschwiegenheit zu bewahren.

2. Dazu gehören neben Geschäfts- und Betriebsgeheimnissen auch persönliche Verhältnisse der Mitarbeiter und Vorgesetzten.

3. Unter anderem verpflichtet sich der Mitarbeiter, über die Höhe seines Gehalts sowie über Prämien und/oder weitere Bezüge Stillschweigen zu bewahren.

4. Ein Verstoß gegen die Verschwiegenheitspflicht führt zu einem Schadensersatzanspruch des Arbeitgebers; in Extremfällen kann ordentlich bzw. außerordentlich gekündigt werden.

5. Der Mitarbeiter hat jederzeit auf Verlangen des Arbeitgebers, spätestens aber unaufgefordert bei Beendigung des Arbeitsverhältnisses, alles Material, insbesondere alle Unterlagen, Kopien usw. zurückzugeben, die im Zusammenhang mit seiner Tätigkeit für den Arbeitgeber in seinen Besitz gelangt sind. Dem Mitarbeiter steht ein Zurückbehaltungsrecht insoweit nicht zu.

6. Der Mitarbeiter verpflichtet sich durch seine Unterschrift auf einem gesonderten Formblatt, das Datengeheimnis gemäß § 5 Bundesdatenschutzgesetz (BDSG) zu wahren. Die Verpflichtung auf das Datengeheimnis ist Bestandteil dieses Vertrages und zwingend als Anlage zu diesem Vertrag zu führen.

3/4

Kopiervorlage

Befristeter Teilzeitarbeitsvertrag

§ 6 Spesen und Auslagen

Reisekosten und sonstige Aufwendungen, die mit Genehmigung und im Interesse des Arbeitgebers entstehen, werden als Aufwendungsersatz entsprechend den steuerlichen Vorschriften erstattet.

§ 7 Urlaub

1. Der Mitarbeiter hat Anspruch auf einen jährlichen Erholungsurlaub von ___ Werktagen. Im 1. und letzten Jahr der Beschäftigung entsteht der Urlaubsanspruch jeweils anteilig.

2. Der Urlaub wird im Einvernehmen mit dem Arbeitgeber unter Berücksichtigung der betrieblichen Belange festgelegt.

3. Es gelten die Vorschriften des Bundesurlaubsgesetzes, einzusehen im Personalbüro.

§ 8 Kündigung

1. Das Arbeitsverhältnis kann von beiden Parteien unter Einhaltung der gesetzlichen Kündigungsfristen gekündigt werden.

2. Die Kündigung hat in jedem Fall schriftlich zu erfolgen.

3. Nach einer Kündigung des Arbeitsvertrags, gleich durch welche Partei, ist der Arbeitgeber jederzeit befugt, den Mitarbeiter mit sofortiger Wirkung von seiner Verpflichtung zur Arbeitsleistung für den Arbeitgeber freizustellen.

§ 9 Verschwiegenheitspflicht, Rückgabe von Unterlagen und sonstigem Firmeneigentum

1. Der Mitarbeiter ist verpflichtet, über alle ihm bekannten Angelegenheiten, Vorgänge, Verträge und Geschäftsbeziehungen innerhalb und außerhalb des Betriebs und auch nach seinem Ausscheiden aus dem Arbeitsverhältnis, Verschwiegenheit zu bewahren.

2. Dazu gehören neben Geschäfts- und Betriebsgeheimnissen auch persönliche Verhältnisse der Mitarbeiter und Vorgesetzten.

3. Unter anderem verpflichtet sich der Mitarbeiter, über die Höhe seines Gehalts sowie über Prämien und/oder weitere Bezüge Stillschweigen zu bewahren.

4. Ein Verstoß gegen die Verschwiegenheitspflicht führt zu einem Schadensersatzanspruch des Arbeitgebers; in Extremfällen kann ordentlich bzw. außerordentlich gekündigt werden.

5. Der Mitarbeiter hat jederzeit auf Verlangen des Arbeitgebers, spätestens aber unaufgefordert bei Beendigung des Arbeitsverhältnisses, alles Material, insbesondere alle Unterlagen, Kopien usw. zurückzugeben, die im Zusammenhang mit seiner Tätigkeit für den Arbeitgeber in seinen Besitz gelangt sind. Dem Mitarbeiter steht ein Zurückbehaltungsrecht insoweit nicht zu.

6. Der Mitarbeiter verpflichtet sich durch seine Unterschrift auf einem gesonderten Formlatt, das Datengeheimnis gemäß § 5 Bundesdatenschutzgesetz (BDSG) zu wahren. Die Verpflichtung auf das Datengeheimnis ist Bestandteil dieses Vertrages und zwingend als Anlage zu diesem Vertrag zu führen.

Vertrags-Check Arbeitsrecht

III. Beginn des Arbeitsverhältnisses, Unternehmen ohne Tarifbindung
Angestellte, Teilzeit

22 Die Speicherung und Verarbeitung von personenbezogenen Daten ist in jedem Betrieb erforderlich. Spätestens bei der Lohnabrechnung (eventuell bei einem mit der Lohnabrechnung beauftragten Steuerberater) müssen Daten des Mitarbeiters in eine DV-Anlage eingegeben und verarbeitet werden.

23 Die Vereinbarung einer Vertragsstrafe ist für Sie als Arbeitgeber besonders wichtig. Zwar ist ein Mitarbeiter bei den aufgeführten Vertragsverstößen auch ohne diese Regelung schadensersatzpflichtig, den Ihnen entstandenen Schaden müssen Sie jedoch bis auf den letzten Pfennig beweisen können. Dieser Beweis fällt in der Praxis oft schwer. Haben Sie eine Vertragsstrafe vereinbart, so entfällt der schwierige Beweis für die Schadenshöhe, jedenfalls bis zur Höhe der festgelegten Vertragsstrafe.

24 Verfallsklauseln finden sich sehr häufig auch in Tarifverträgen. Sie haben den Vorteil, dass nach Ablauf der genannten Fristen der Anspruch des Mitarbeiters nicht mehr besteht.

Befristeter Teilzeitarbeitsvertrag

22 **§ 10 Speicherung von Daten**

Der Mitarbeiter ist im Sinne des Bundesdatenschutzgesetzes (BDSG) darüber unterrichtet worden, dass seine persönlichen Daten im Zusammenhang mit dem Arbeitsverhältnis in einer DV-Anlage gespeichert werden, und erklärt sich damit einverstanden.

23 **§ 11 Vertragsstrafe**

Im Fall einer schuldhaften Nichtaufnahme der Tätigkeit oder der Nichteinhaltung der gesetzlichen Kündigungsfrist durch den Mitarbeiter verpflichtet sich dieser, dem Arbeitgeber eine Vertragsstrafe in Höhe eines Bruttomonatseinkommens zu zahlen. Gleiches gilt auch für den Vertragsrücktritt vor Beginn des Arbeitsverhältnisses.

Der Arbeitgeber ist berechtigt, einen weitergehenden Schaden geltend zu machen.

24 **§ 12 Ausschluss- und Verfallsfristen**

1. Alle Ansprüche aus diesem Arbeitsvertrag und solche, die damit in Verbindung stehen, verfallen, wenn sie nicht innerhalb von 3 Monaten nach Fälligkeit gegenüber der anderen Vertragspartei schriftlich geltend gemacht worden sind.

2. Lehnt die andere Vertragspartei den Anspruch ab oder erklärt sie sich nicht innerhalb von 4 Wochen nach der Geltendmachung des Anspruches, so verfällt dieser, wenn er nicht innerhalb von 3 Monaten nach der Ablehnung oder dem Fristablauf gerichtlich geltend gemacht wird.

§ 13 Sonstige Bestimmungen

1. Änderungen und Ergänzungen dieses Vertrags bedürfen der Schriftform; dies gilt auch für einen Verzicht auf das Schriftformerfordernis selbst.

2. Mündliche Nebenabreden zu diesem Vertrag bestehen nicht.

3. Sollten sich einzelne Bestimmungen dieses Vertrags als unwirksam erweisen, so wird dadurch die Wirksamkeit der übrigen Bestimmungen nicht berührt. Eine ungültige oder unklare Bestimmung ist so zu ersetzen bzw. zu deuten, dass der mit ihr beabsichtigte wirtschaftliche Zweck erreicht wird. Lücken sind dem beabsichtigten wirtschaftlichen Zweck entsprechend zu füllen.

Musterstadt, 15.01.
Ort, Datum

Paula Ritter
Geschäftsführerin
Unterschrift Arbeitgeber

Walter Hermann
Unterschrift Mitarbeiter

Kopiervorlage

Befristeter Teilzeitarbeitsvertrag

§ 10 Speicherung von Daten

Der Mitarbeiter ist im Sinne des Bundesdatenschutzgesetzes (BDSG) darüber unterrichtet worden, dass seine persönlichen Daten im Zusammenhang mit dem Arbeitsverhältnis in einer DV-Anlage gespeichert werden, und erklärt sich damit einverstanden.

§ 11 Vertragsstrafe

Im Fall einer schuldhaften Nichtaufnahme der Tätigkeit oder der Nichteinhaltung der gesetzlichen Kündigungsfrist durch den Mitarbeiter verpflichtet sich dieser, dem Arbeitgeber eine Vertragsstrafe in Höhe eines Bruttomonatseinkommens zu zahlen. Gleiches gilt auch für den Vertragsrücktritt vor Beginn des Arbeitsverhältnisses.

Der Arbeitgeber ist berechtigt, einen weitergehenden Schaden geltend zu machen.

§ 12 Ausschluss- und Verfallsfristen

1. Alle Ansprüche aus diesem Arbeitsvertrag und solche, die damit in Verbindung stehen, verfallen, wenn sie nicht innerhalb von 3 Monaten nach Fälligkeit gegenüber der anderen Vertragspartei schriftlich geltend gemacht worden sind.

2. Lehnt die andere Vertragspartei den Anspruch ab oder erklärt sie sich nicht innerhalb von 4 Wochen nach der Geltendmachung des Anspruches, so verfällt dieser, wenn er nicht innerhalb von 3 Monaten nach der Ablehnung oder dem Fristablauf gerichtlich geltend gemacht wird.

§ 13 Sonstige Bestimmungen

1. Änderungen und Ergänzungen dieses Vertrags bedürfen der Schriftform; dies gilt auch für einen Verzicht auf das Schriftformerfordernis selbst.

2. Mündliche Nebenabreden zu diesem Vertrag bestehen nicht.

3. Sollten sich einzelne Bestimmungen dieses Vertrags als unwirksam erweisen, so wird dadurch die Wirksamkeit der übrigen Bestimmungen nicht berührt. Eine ungültige oder unklare Bestimmung ist so zu ersetzen bzw. zu deuten, dass der mit ihr beabsichtigte wirtschaftliche Zweck erreicht wird. Lücken sind dem beabsichtigten wirtschaftlichen Zweck entsprechend zu füllen.

_____
Ort, Datum

_____   _____
Unterschrift Arbeitgeber   Unterschrift Mitarbeiter

Vertrags-Check Arbeitsrecht

III. Beginn des Arbeitsverhältnisses, Unternehmen ohne Tarifbindung
Gewerbliche Arbeitnehmer

1 Gewerblicher Arbeitnehmer ist, wer für einen selbstständig Gewerbetreibenden tätig ist. Gewerbliche Tätigkeit ist laut Rechtsprechung des Bundesverwaltungsgerichtes jede fortgesetzte, erlaubte, private, auf Dauer angelegte und auf die Erzielung von Gewinn gerichtete Tätigkeit. Zu den selbstständig Gewerbetreibenden gehören laut Gewerbeordnung (GewO) weder Rechtsanwälte, Notare, Wirtschaftsprüfer, Steuerberater und vereidigte Buchprüfer noch Ärzte, Apotheker, sonstige Heilberufler und diejenigen, die Fischerei und Viehzucht, Bergbau und das Unterrichtswesen und die Erziehung von Kindern gegen Entgelt betreiben. Auf das Arbeitsverhältnis zu gewerblichen Arbeitnehmern ist neben den allgemeinen Regelungen auch noch die GewO anzuwenden. Auswirkungen finden sich hauptsächlich im Bereich der Lohnzahlung und des Arbeitsschutzes.

2 Tragen Sie hier das Datum ein, an welchem das Arbeitsverhältnis beginnen soll. In der Regel wird dies der 1. Tag eines Monats sein. Soll das Arbeitsverhältnis während des laufenden Monats beginnen, so ist das Arbeitsentgelt im 1. Monat nur anteilig zu zahlen.

3 Gewerbliche Arbeitnehmer unterliegen nach § 120 e GewO besonderen Arbeitsschutzregelungen. Diese sind z. B. festgehalten in der Arbeitsstättenverordnung, der Druckluftverordnung, der Verordnung über besondere Arbeitsschutzanforderungen bei Arbeiten im Freien in der Zeit vom 01.11. bis 31.03. Nach der GewO selbst müssen Sie als Arbeitgeber zudem getrennte Toiletten sowie – sofern erforderlich – ebensolche Umkleideräume und angemessene Gemeinschaftsunterkünfte vorhalten. Auch die ärztliche Untersuchung für die Eignung für die Tätigkeit fällt unter diesen Schutzgedanken.

4 Fügen Sie hier die Funktionsbeschreibung ein, wie z. B. Produktionsmitarbeiter, Monteur, Kraftfahrer und Ähnliches.

5 Es ist sinnvoll, dem Arbeitnehmer einen Aufgabenbereich zuzuweisen, der seine Tätigkeit im Unternehmen beschreibt. Möglich ist aber auch die Bezeichnung der Abteilung.

6 Diese Öffnungsklausel erlaubt es Ihnen als Arbeitgeber, den Tätigkeitsbereich zu verändern, ohne dass es einer Änderungskündigung bedarf.

7 Tragen Sie hier den Ort der Tätigkeit, dies wird in der Regel der Firmensitz sein, ein.

---

1 ▶ Arbeitsvertrag gewerblicher Arbeitnehmer, Vollzeitkraft

Zwischen

__Norbert Hilebrecht Werkzeugfabrik__
__Produktionsweg 8__

__12345 Musterstadt__

nachfolgend „Arbeitgeber" genannt

und

Herrn/Frau
__Otto Frisch__
__Mirabellenweg 9__

__12345 Musterstadt__

nachfolgend „Arbeitnehmer" genannt

§ 1 Beginn des Arbeitsverhältnisses

2 ▶ 1. Das Arbeitsverhältnis beginnt am __01.09.__ Die Einstellung erfolgt unter dem Vorbehalt, dass der Betriebsarzt der Firma die Eignung des Arbeitnehmers feststellt. ◀ **3**

2. Die ersten 6 Monate gelten als Probezeit mit 2-wöchiger Kündigungsfrist. Wird nach der Probezeit gekündigt, so gelten die Kündigungsfristen gemäß § 8 dieses Vertrages.

§ 2 Tätigkeitsgebiet, Ort der Tätigkeit

4
5 ▶ 1. Der Arbeitnehmer wird als __Produktionsmitarbeiter__ für den Aufgabenbereich __Maschinenproduktion Halle 2__ eingestellt.

6 ▶ 2. Der Arbeitnehmer ist verpflichtet, auf besondere Anordnung auch andere – seinen Fähigkeiten und seiner Aus- und Fortbildung entsprechende – zumutbare Tätigkeiten außerhalb seines Aufgabenbereiches zu verrichten.

3. Der Arbeitnehmer wird seine ganze Arbeitskraft und fachlichen Kenntnisse und Erfahrungen ausschließlich dem Arbeitgeber widmen. Während der Dauer des Arbeitsverhältnisses ist jede Übernahme einer entgeltlichen oder unentgeltlichen Nebentätigkeit nur mit vorheriger Zustimmung des Arbeitgebers zulässig.

7 ▶ 4. Ort der Tätigkeit ist __Musterstadt__

Kopiervorlage

1/4

Arbeitsvertrag

Zwischen

_____
_____

_____

nachfolgend „Arbeitgeber" genannt

und

Herrn/Frau

_____
_____

_____

nachfolgend „Arbeitnehmer" genannt

§ 1 Beginn des Arbeitsverhältnisses

1. Das Arbeitsverhältnis beginnt am _____ Die Einstellung erfolgt unter dem Vorbehalt, dass der Betriebsarzt der Firma die Eignung des Arbeitnehmers feststellt.

2. Die ersten 6 Monate gelten als Probezeit mit 2-wöchiger Kündigungsfrist. Wird nach der Probezeit gekündigt, so gelten die Kündigungsfristen gemäß § 8 dieses Vertrages.

§ 2 Tätigkeitsgebiet, Ort der Tätigkeit

1. Der Arbeitnehmer wird als _____ für den Aufgabenbereich _____ _____ eingestellt.

2. Der Arbeitnehmer ist verpflichtet, auf besondere Anordnung auch andere – seinen Fähigkeiten und seiner Aus- und Fortbildung entsprechende – zumutbare Tätigkeiten außerhalb seines Aufgabenbereiches zu verrichten.

3. Der Arbeitnehmer wird seine ganze Arbeitskraft und fachlichen Kenntnisse und Erfahrungen ausschließlich dem Arbeitgeber widmen. Während der Dauer des Arbeitsverhältnisses ist jede Übernahme einer entgeltlichen oder unentgeltlichen Nebentätigkeit nur mit vorheriger Zustimmung des Arbeitgebers zulässig.

4. Ort der Tätigkeit ist _____.

Vertrags-Check Arbeitsrecht

III. Beginn des Arbeitsverhältnisses, Unternehmen ohne Tarifbindung
Gewerbliche Arbeitnehmer

8 Sofern keine Arbeitszeitregelung im Betrieb vorhanden ist, kann an dieser Stelle auch die betriebsübliche Arbeitszeit eingesetzt werden.

9 Fügen Sie hier das mit dem Mitarbeiter verhandelte Bruttomonatsgehalt ein.

10 § 115 GewO sieht vor, dass der Lohn in DM oder EURO zu berechnen ist und bar ausgezahlt werden muss. Dies wird aber von den wenigsten Arbeitnehmern noch gewünscht. Auf den Wunsch des Arbeitnehmers müssen Sie den Lohn aber bar auszahlen. Es ist ausdrücklich verboten, den Arbeitnehmer in Naturalien zu bezahlen. Es ist lediglich erlaubt, bestimmte Waren zum Selbstkostenpreis an den gewerblichen Arbeitnehmer abzugeben.

11 An dieser Stelle findet sich oft die Klausel, dass auch Gehaltspfändungen nur mit Zustimmung des Arbeitgebers erfolgen dürfen. Ob wirksam gepfändet wird, haben aber weder Sie als Arbeitgeber noch Ihr Arbeitnehmer in der Hand, sondern der Gläubiger des Arbeitnehmers, der ihm gegenüber einen wirksamen Titel erwirkt hat.

12 Sie haben als Arbeitgeber das Recht, bereits ab dem 1. Tag der Arbeitsunfähigkeit eine Bescheinigung zu verlangen, § 5 Absatz 1 Entgeltfortzahlungsgesetz (EFZG). Allerdings müssen Sie dies nachweisbar vor einer Erkrankung gefordert haben. Möglich ist also bereits die Festlegung im Arbeitsvertrag.

Arbeitsvertrag gewerblicher Arbeitnehmer, Vollzeitkraft

§ 3 Arbeitszeit

1. Der Arbeitnehmer stellt seine ganze Arbeitskraft dem Unternehmen zur Verfügung.

2. Die wöchentliche Arbeitszeit beträgt derzeit __40__ Stunden.

8 ▶ 3. Die Arbeitszeiteinteilung erfolgt nach der jeweils gültigen Arbeitszeitregelung, die automatisch Bestandteil dieses Vertrages wird.

4. Der Arbeitgeber weist ausdrücklich darauf hin, dass der Arbeitnehmer verpflichtet ist, arbeitstäglich eine halbstündige Mittagspause einzuhalten, die in der Zeit von __12:00 Uhr bis 14:00 Uhr__ zu nehmen ist.

§ 4 Vergütung

1. Die Vergütung des Arbeitnehmers beträgt pro Stunde

9 ▶ __DM 19,25/EUR ...__ brutto

und wird jeweils am Ende des Monats gezahlt. Die Zahlung von Akkord- oder Leistungsprämien richtet sich nach den betrieblichen Regelungen. Der Arbeitnehmer erklärt sich damit einverstanden, dass seine Vergütung auf ein von ihm zu benennendes Bank- oder Postbankkonto überwiesen wird.

10 ▶

2. Eventuelle Zahlungen von Gratifikationen, Prämien und ähnlichen Leistungen liegen im freien Ermessen des Arbeitgebers. Sie sind freiwillig und begründen auch bei wiederholter, ohne ausdrücklichen Vorbehalt der Freiwilligkeit erfolgter Zahlung keinen Rechtsanspruch im Folgejahr.

11 ▶ 3. Gehaltsabtretungen sind nur mit Zustimmung des Arbeitgebers zulässig und wirksam. Bei einer Gehaltsabtretung bzw. -pfändung trägt der Arbeitnehmer die hierfür entstehenden Kosten, mindestens aber pro Überweisung __DM 5,-- /EUR ...__ und pro notwendigen Schreiben __DM 10,-/EUR ...__ .

§ 5 Arbeitsverhinderung, Vergütungsfortzahlung im Krankheitsfall

1. Der Arbeitnehmer ist verpflichtet, dem Arbeitgeber jede Arbeitsverhinderung und ihre voraussichtliche Dauer unverzüglich mitzuteilen.

12 ▶ 2. Im Fall der Arbeitsunfähigkeit infolge von Krankheit ist der Arbeitnehmer verpflichtet, vor Ablauf des 3. Kalendertages nach Beginn der Arbeitsunfähigkeit eine ärztliche Bescheinigung darüber sowie über deren voraussichtliche Dauer vorzulegen. Bei einer über den angegebenen Zeitraum hinausgehenden Erkrankung ist eine Folgebescheinigung innerhalb von weiteren 3 Tagen nach Ablauf der vorangegangenen ärztlichen Bescheinigung einzureichen.

3. Ist der Arbeitnehmer an der Arbeitsleistung infolge von auf unverschuldeter Krankheit beruhender Arbeitsunfähigkeit verhindert, leistet der Arbeitgeber Fortzahlung der Vergütung nach Maßgabe des Entgeltfortzahlungsgesetzes.

Kopiervorlage

2/4

Arbeitsvertrag

§ 3 Arbeitszeit

1. Der Arbeitnehmer stellt seine ganze Arbeitskraft dem Unternehmen zur Verfügung.

2. Die wöchentliche Arbeitszeit beträgt derzeit ___ Stunden.

3. Die Arbeitszeiteinteilung erfolgt nach der jeweils gültigen Arbeitszeitregelung, die automatisch Bestandteil dieses Vertrages wird.

4. Der Arbeitgeber weist ausdrücklich darauf hin, dass der Arbeitnehmer verpflichtet ist, arbeitstäglich eine halbstündige Mittagspause einzuhalten, die in der Zeit von _____ zu nehmen ist.

§ 4 Vergütung

1. Die Vergütung des Arbeitnehmers beträgt pro Stunde

   _____ brutto

   und wird jeweils am Ende des Monats gezahlt. Die Zahlung von Akkord- oder Leistungsprämien richtet sich nach den betrieblichen Regelungen. Der Arbeitnehmer erklärt sich damit einverstanden, dass seine Vergütung auf ein von ihm zu benennendes Bank- oder Postbankkonto überwiesen wird.

2. Eventuelle Zahlungen von Gratifikationen, Prämien und ähnlichen Leistungen liegen im freien Ermessen des Arbeitgebers. Sie sind freiwillig und begründen auch bei wiederholter, ohne ausdrücklichen Vorbehalt der Freiwilligkeit erfolgter Zahlung keinen Rechtsanspruch im Folgejahr.

3. Gehaltsabtretungen sind nur mit Zustimmung des Arbeitgebers zulässig und wirksam. Bei einer Gehaltsabtretung bzw. -pfändung trägt der Arbeitnehmer die hierfür entstehenden Kosten, mindestens aber pro Überweisung _____ und pro notwendigen Schreiben _____ .

§ 5 Arbeitsverhinderung, Vergütungsfortzahlung im Krankheitsfall

1. Der Arbeitnehmer ist verpflichtet, dem Arbeitgeber jede Arbeitsverhinderung und ihre voraussichtliche Dauer unverzüglich mitzuteilen.

2. Im Fall der Arbeitsunfähigkeit infolge von Krankheit ist der Arbeitnehmer verpflichtet, vor Ablauf des 3. Kalendertages nach Beginn der Arbeitsunfähigkeit eine ärztliche Bescheinigung darüber sowie über deren voraussichtliche Dauer vorzulegen. Bei einer über den angegebenen Zeitraum hinausgehenden Erkrankung ist eine Folgebescheinigung innerhalb von weiteren 3 Tagen nach Ablauf der vorangegangenen ärztlichen Bescheinigung einzureichen.

3. Ist der Arbeitnehmer an der Arbeitsleistung infolge von auf unverschuldeter Krankheit beruhender Arbeitsunfähigkeit verhindert, leistet der Arbeitgeber Fortzahlung der Vergütung nach Maßgabe des Entgeltfortzahlungsgesetzes.

Vertrags-Check Arbeitsrecht

III. Beginn des Arbeitsverhältnisses, Unternehmen ohne Tarifbindung
Gewerbliche Arbeitnehmer

13 Gemäß EFZG geht die Forderung gegenüber einem Dritten auch ohne gesonderte Abtretung auf Sie über, sofern Sie Entgeltfortzahlung geleistet haben. Diese Klausel dient daher nur der Klarstellung gegenüber dem Mitarbeiter, dass durch die Entgeltfortzahlung der Anspruch auf Schadensersatz in Höhe der geleisteten Entgeltzahlung auf Sie als Arbeitgeber übergeht.

14 § 81 Betriebsverfassungsgesetz (BetrVG) verpflichtet Sie, Ihre Mitarbeiter über Unfall- und Gesundheitsgefahren zu informieren. Diese Informationspflicht trifft Sie übrigens auch dann, wenn Sie keinen Betriebsrat haben.

15 Der besondere Arbeitsschutz der gewerblichen Arbeitnehmer ist auch im Arbeitssicherheitsgesetz festgelegt. Hiernach ist der Arbeitgeber verpflichtet, eine Gefahrenanalyse (Gefährdungsbeurteilung) des Arbeitsplatzes vorzunehmen und den Arbeitnehmer im Rahmen einer Arbeitseinweisung auf die besonderen Gefahren aufmerksam zu machen. Aber auch der Arbeitnehmer ist verpflichtet, die Gefahren am Arbeitsplatz zu beobachten und den Arbeitgeber zu informieren, damit dieser geeignete Gegenmaßnahmen treffen kann.

16 Nach des § 623 Bürgerliches Gesetzbuch (BGB) ist eine mündliche Kündigung unwirksam.

Arbeitsvertrag gewerblicher Arbeitnehmer, Vollzeitkraft

13 ▶ 4. Wird der Mitarbeiter durch Handlungen eines Dritten arbeitsunfähig, gehen die dem Mitarbeiter gegenüber dem Dritten zustehenden Schadensersatzansprüche wegen Verdienstausfalles in der Höhe auf den Arbeitgeber über, in welcher der Arbeitgeber während der Zeit der Arbeitsunfähigkeit Entgeltfortzahlung geleistet hat.

§ 6 Arbeitsschutz

14 ▶ Der Arbeitnehmer wird bei Beginn der Arbeit in die jeweiligen Arbeitsschutzvorschriften eingewiesen sowie über die Unfall und Gesundheitsgefahren gemäß § 81 BetrVG belehrt. Er erhält in der Anlage zu diesem Vertrag eine schriftliche Zusammenfassung der Arbeitsschutzvorschriften. Der Arbeitnehmer verpflichtet sich, die besonderen Gefahren des Arbeitsplatzes zu beachten und den Arbeitgeber über weitere mögliche Gefahren unverzüglich zu informieren. ◀ **15**

§ 7 Urlaub

1. Der Arbeitnehmer hat Anspruch auf einen jährlichen Erholungsurlaub von **24** Werktagen.
2. Der Urlaub wird im Einvernehmen mit dem Arbeitgeber unter Berücksichtigung der betrieblichen Belange festgelegt.
3. Es gelten die Vorschriften des Bundesurlaubsgesetzes, einzusehen im Personalbüro.

§ 8 Kündigung

1. Das Arbeitsverhältnis kann von beiden Parteien unter Einhaltung der gesetzlichen Kündigungsfristen gekündigt werden.

16 ▶ 2. Die Kündigung hat in jedem Fall schriftlich zu erfolgen.

3. Ohne dass es einer Kündigung bedarf, endet das Arbeitsverhältnis mit Ablauf des Monats, nach welchem der Arbeitnehmer Rente wegen Erwerbsunfähigkeit oder Erreichung der Altersgrenze bezieht. Den Bescheid der zuständigen Behörden hierüber hat der Arbeitnehmer unverzüglich dem Arbeitgeber vorzulegen. Die Parteien sind sich darüber einig, dass das Arbeitsverhältnis jedoch spätestens mit Ablauf des 65. Lebensjahres endet.

§ 9 Verschwiegenheitspflicht, Rückgabe von Unterlagen und sonstigem Firmeneigentum

1. Der Arbeitnehmer ist verpflichtet, über alle ihm bekannten Angelegenheiten, Vorgänge, Verträge und Geschäftsbeziehungen innerhalb und außerhalb des Betriebes und auch nach seinem Ausscheiden aus dem Arbeitsverhältnis Verschwiegenheit zu bewahren.
2. Dazu gehören neben Geschäfts- und Betriebsgeheimnissen auch persönliche Verhältnisse der Kollegen und Vorgesetzten.
3. Ein Verstoß gegen die Verschwiegenheitspflicht führt zu einem Schadensersatzanspruch des Arbeitgebers; in Extremfällen kann ordentlich bzw. außerordentlich gekündigt werden.

3/4

Kopiervorlage

Arbeitsvertrag

4. Wird der Mitarbeiter durch Handlungen eines Dritten arbeitsunfähig, gehen die dem Mitarbeiter gegenüber dem Dritten zustehenden Schadensersatzansprüche wegen Verdienstausfalles in der Höhe auf den Arbeitgeber über, in welcher der Arbeitgeber während der Zeit der Arbeitsunfähigkeit Entgeltfortzahlung geleistet hat.

§ 6 Arbeitsschutz

Der Arbeitnehmer wird bei Beginn der Arbeit in die jeweiligen Arbeitsschutzvorschriften eingewiesen sowie über die Unfall und Gesundheitsgefahren gemäß § 81 BetrVG belehrt. Er erhält in der Anlage zu diesem Vertrag eine schriftliche Zusammenfassung der Arbeitsschutzvorschriften. Der Arbeitnehmer verpflichtet sich, die besonderen Gefahren des Arbeitsplatzes zu beachten und den Arbeitgeber über weitere mögliche Gefahren unverzüglich zu informieren.

§ 7 Urlaub

1. Der Arbeitnehmer hat Anspruch auf einen jährlichen Erholungsurlaub von ___ Werktagen.

2. Der Urlaub wird im Einvernehmen mit dem Arbeitgeber unter Berücksichtigung der betrieblichen Belange festgelegt.

3. Es gelten die Vorschriften des Bundesurlaubsgesetzes, einzusehen im Personalbüro.

§ 8 Kündigung

1. Das Arbeitsverhältnis kann von beiden Parteien unter Einhaltung der gesetzlichen Kündigungsfristen gekündigt werden.

2. Die Kündigung hat in jedem Fall schriftlich zu erfolgen.

3. Ohne dass es einer Kündigung bedarf, endet das Arbeitsverhältnis mit Ablauf des Monats, nach welchem der Arbeitnehmer Rente wegen Erwerbsunfähigkeit oder Erreichung der Altersgrenze bezieht. Den Bescheid der zuständigen Behörden hierüber hat der Arbeitnehmer unverzüglich dem Arbeitgeber vorzulegen. Die Parteien sind sich darüber einig, dass das Arbeitsverhältnis jedoch spätestens mit Ablauf des 65. Lebensjahres endet.

§ 9 Verschwiegenheitspflicht, Rückgabe von Unterlagen und sonstigem Firmeneigentum

1. Der Arbeitnehmer ist verpflichtet, über alle ihm bekannten Angelegenheiten, Vorgänge, Verträge und Geschäftsbeziehungen innerhalb und außerhalb des Betriebes und auch nach seinem Ausscheiden aus dem Arbeitsverhältnis Verschwiegenheit zu bewahren.

2. Dazu gehören neben Geschäfts- und Betriebsgeheimnissen auch persönliche Verhältnisse der Kollegen und Vorgesetzten.

3. Ein Verstoß gegen die Verschwiegenheitspflicht führt zu einem Schadensersatzanspruch des Arbeitgebers; in Extremfällen kann ordentlich bzw. außerordentlich gekündigt werden.

Vertrags-Check Arbeitsrecht

III. Beginn des Arbeitsverhältnisses, Unternehmen ohne Tarifbindung
Gewerbliche Arbeitnehmer

17 Die Speicherung und Verarbeitung von personenbezogenen Daten ist in jedem Betrieb erforderlich. Spätestens bei der Lohnabrechnung (eventuell mit einem mit der Lohnabrechnung beauftragten Steuerberater) müssen Daten des Mitarbeiters in eine DV-Anlage eingegeben und verarbeitet werden.

18 Die Vereinbarung einer Vertragsstrafe ist für Sie als Arbeitgeber besonders wichtig. Zwar ist ein Mitarbeiter bei den aufgeführten Vertragsverstößen auch ohne diese Regelung schadensersatzpflichtig, den Ihnen entstandenen Schaden müssen Sie jedoch bis auf den letzten Pfennig beweisen können. Dieser Beweis fällt in der Praxis oft schwer. Haben Sie eine Vertragsstrafe vereinbart, so entfällt der schwierige Beweis für die Schadenshöhe, jedenfalls bis zur Höhe der festgelegten Vertragsstrafe.

19 Verfallsklauseln befinden sich sehr häufig auch in Tarifverträgen. Sie haben den Vorteil, dass nach Ablauf der genannten Fristen der Anspruch des Mitarbeiters nicht mehr besteht.

20 Vertragsänderungen sollten zu Beweiszwecken immer schriftlich verfasst werden.

21 Diese Regelung wird als Teilunwirksamkeitsklausel oder auch salvatorische Klausel bezeichnet. Sie soll verhindern, dass bei einem unwirksamen Teil des Vertrages gleich das gesamte Vertragswerk entfällt. Sie finden diese oder ähnliche Klauseln auch in der Vielzahl von anderen Verträgen.

Arbeitsvertrag gewerblicher Arbeitnehmer, Vollzeitkraft

4. Der Arbeitnehmer hat jederzeit auf Verlangen des Arbeitgebers, spätestens aber unaufgefordert bei Beendigung des Arbeitsverhältnisses, alles Material, insbesondere alle Werkzeuge, Arbeitskleidung, Unterlagen, Kopien etc. zurückzugeben, die im Zusammenhang mit seiner Tätigkeit für den Arbeitgeber in seinen Besitz gelangt sind. Dem Arbeitnehmer steht ein Zurückbehaltungsrecht insoweit nicht zu.

17 **§ 10 Speicherung von Daten**

Der Arbeitnehmer ist im Sinne des Bundesdatenschutzgesetzes (BDSG) darüber unterrichtet worden, dass seine persönlichen Daten im Zusammenhang mit dem Arbeitsverhältnis in einer DV-Anlage gespeichert werden, und erklärt sich damit einverstanden.

18 **§ 11 Vertragsstrafe**

1. Im Fall einer schuldhaften Nichtaufnahme der Tätigkeit oder der Nichteinhaltung der gesetzlichen Kündigungsfrist durch den Arbeitnehmer verpflichtet sich dieser, dem Arbeitgeber eine Vertragsstrafe in Höhe eines durchschnittlichen Bruttomonatseinkommens zu zahlen.
2. Gleiches gilt auch für den Vertragsrücktritt vor Beginn des Arbeitsverhältnisses.
3. Der Arbeitgeber ist berechtigt, einen weitergehenden Schaden geltend zu machen.

19 **§ 12 Ausschluss- und Verfallsfristen**

1. Alle Ansprüche aus diesem Arbeitsvertrag und solche, die damit in Verbindung stehen, verfallen, wenn sie nicht innerhalb von 3 Monaten nach Fälligkeit gegenüber der anderen Vertragspartei schriftlich geltend gemacht worden sind.
2. Lehnt die andere Vertragspartei den Anspruch ab oder erklärt sie sich nicht innerhalb von 4 Wochen nach der Geltendmachung des Anspruches, so verfällt dieser, wenn er nicht innerhalb von 3 Monaten nach der Ablehnung oder dem Fristablauf gerichtlich geltend gemacht wird.

§ 13 Sonstige Bestimmungen

20 1. Änderungen und Ergänzungen dieses Vertrages bedürfen der Schriftform; dies gilt auch für einen Verzicht auf das Schriftformerfordernis selbst.
2. Mündliche Nebenabreden zu diesem Vertrag bestehen nicht.

21 3. Sollten sich einzelne Bestimmungen dieses Vertrages als unwirksam erweisen, so wird dadurch die Wirksamkeit der übrigen Bestimmungen nicht berührt. Eine ungültige oder unklare Bestimmung ist so zu ersetzen bzw. zu deuten, dass der mit ihr beabsichtigte wirtschaftliche Zweck erreicht wird. Lücken sind dem beabsichtigten wirtschaftlichen Zweck entsprechend zu füllen.

Musterstadt, 01.09.
Ort, Datum

Norbert Hilebrecht
Unterschrift Arbeitgeber

Otto Frisch
Unterschrift Arbeitnehmer

4/4

Kopiervorlage

Arbeitsvertrag

4. Der Arbeitnehmer hat jederzeit auf Verlangen des Arbeitgebers, spätestens aber unaufgefordert bei Beendigung des Arbeitsverhältnisses, alles Material, insbesondere alle Werkzeuge, Arbeitskleidung, Unterlagen, Kopien etc. zurückzugeben, die im Zusammenhang mit seiner Tätigkeit für den Arbeitgeber in seinen Besitz gelangt sind. Dem Arbeitnehmer steht ein Zurückbehaltungsrecht insoweit nicht zu.

§ 10 Speicherung von Daten

Der Arbeitnehmer ist im Sinne des Bundesdatenschutzgesetzes (BDSG) darüber unterrichtet worden, dass seine persönlichen Daten im Zusammenhang mit dem Arbeitsverhältnis in einer DV-Anlage gespeichert werden, und erklärt sich damit einverstanden.

§ 11 Vertragsstrafe

1. Im Fall einer schuldhaften Nichtaufnahme der Tätigkeit oder der Nichteinhaltung der gesetzlichen Kündigungsfrist durch den Arbeitnehmer verpflichtet sich dieser, dem Arbeitgeber eine Vertragsstrafe in Höhe eines durchschnittlichen Bruttomonatseinkommens zu zahlen.

2. Gleiches gilt auch für den Vertragsrücktritt vor Beginn des Arbeitsverhältnisses.

3. Der Arbeitgeber ist berechtigt, einen weitergehenden Schaden geltend zu machen.

§ 12 Ausschluss- und Verfallsfristen

1. Alle Ansprüche aus diesem Arbeitsvertrag und solche, die damit in Verbindung stehen, verfallen, wenn sie nicht innerhalb von 3 Monaten nach Fälligkeit gegenüber der anderen Vertragspartei schriftlich geltend gemacht worden sind.

2. Lehnt die andere Vertragspartei den Anspruch ab oder erklärt sie sich nicht innerhalb von 4 Wochen nach der Geltendmachung des Anspruches, so verfällt dieser, wenn er nicht innerhalb von 3 Monaten nach der Ablehnung oder dem Fristablauf gerichtlich geltend gemacht wird.

§ 13 Sonstige Bestimmungen

1. Änderungen und Ergänzungen dieses Vertrages bedürfen der Schriftform; dies gilt auch für einen Verzicht auf das Schriftformerfordernis selbst.

2. Mündliche Nebenabreden zu diesem Vertrag bestehen nicht.

3. Sollten sich einzelne Bestimmungen dieses Vertrages als unwirksam erweisen, so wird dadurch die Wirksamkeit der übrigen Bestimmungen nicht berührt. Eine ungültige oder unklare Bestimmung ist so zu ersetzen bzw. zu deuten, dass der mit ihr beabsichtigte wirtschaftliche Zweck erreicht wird. Lücken sind dem beabsichtigten wirtschaftlichen Zweck entsprechend zu füllen.

_____
Ort, Datum

_____ _____
Unterschrift Arbeitgeber   Unterschrift Arbeitnehmer

Vertrags-Check Arbeitsrecht

III. Beginn des Arbeitsverhältnisses, Unternehmen ohne Tarifbindung
Gewerbliche Arbeitnehmer

1 Gewerblicher Arbeitnehmer ist, wer für einen selbstständig Gewerbetreibenden tätig ist. Gewerbliche Tätigkeit ist laut der Rechtsprechung des Bundesverwaltungsgerichts jede fortgesetzte, erlaubte, private, auf Dauer angelegte und auf die Erzielung von Gewinn gerichtete Tätigkeit. Zu den selbstständig Gewerbetreibenden gehören laut Gewerbeordnung (GewO) weder Rechtsanwälte, Notare, Wirtschaftsprüfer, Steuerberater und vereidigte Buchprüfer noch Ärzte, Apotheker, sonstige Heilberufler und diejenigen, die Fischerei und Viehzucht, Bergbau und das Unterrichtswesen und die Erziehung von Kindern gegen Entgelt betreiben. Auf das Arbeitsverhältnis zu gewerblichen Arbeitnehmern ist neben den allgemeinen Regelungen auch noch die GewO anzuwenden. Auswirkungen finden sich hauptsächlich im Bereich der Lohnzahlung und des Arbeitsschutzes.

2 Tragen Sie hier das Datum ein, an welchem das Arbeitsverhältnis beginnen soll. In der Regel wird dies der erste Tag eines Monats sein. Soll das Arbeitsverhältnis während des laufenden Monats beginnen, so ist das Arbeitsentgelt im ersten Monat nur anteilig zu zahlen.

3 Gewerbliche Arbeitnehmer unterliegen besonderen Arbeitsschutzregelungen. Diese sind z. B. festgehalten in der Arbeitsstättenverordnung, der Druckluftverordnung, der Verordnung über besondere Arbeitsschutzverordnungen bei Arbeiten im Freien in der Zeit vom 01.11. bis 31.03. Nach der GewO selbst sind zudem Toiletten sowie – sofern erforderlich – Umkleideräume und angemessene Gemeinschaftsunterkünfte vorzuhalten. Auch die ärztliche Untersuchung für die Eignung der Tätigkeit fällt unter diesen Schutzgedanken.

4 Hier ist die Funktionsbeschreibung einzufügen, wie z. B. Produktionsmitarbeiter, Monteur, Kraftfahrer und Ähnliches.

5 Es ist sinnvoll, dem Arbeitnehmer einen Aufgabenbereich zuzuweisen, der seine Tätigkeit im Unternehmen beschreibt. Möglich ist aber auch die Bezeichnung der Abteilung.

6 Diese Öffnungsklausel erlaubt es Ihnen als Arbeitgeber, den Tätigkeitsbereich zu verändern, ohne dass es einer Änderungskündigung bedarf.

7 Tragen Sie hier den Ort der Tätigkeit – dies wird in der Regel der Firmensitz sein – ein.

---

1 **Teilzeitarbeitsvertrag gewerblicher Arbeitnehmer**

Zwischen

Containerdienst Paul Taube
An der Müllhalde 5

12345 Musterstadt

nachfolgend „Arbeitgeber" genannt

und

Herrn/Frau
Ingo Heck
Motorstraße 6

12345 Musterstadt

nachfolgend „Arbeitnehmer" genannt

§ 1 Beginn des Arbeitsverhältnisses

2 1. Das Arbeitsverhältnis beginnt am 15.03. Die Einstellung erfolgt unter dem Vorbehalt, dass der Betriebsarzt der Firma die Eignung des Arbeitnehmers feststellt. **3**

2. Die ersten 6 Monate gelten als Probezeit mit 2-wöchiger Kündigungsfrist. Wird nach der Probezeit gekündigt, so gelten die Kündigungsfristen gemäß § 8 dieses Vertrages.

§ 2 Tätigkeitsgebiet, Ort der Tätigkeit

4 1. Der Arbeitnehmer wird als Sortierer für den Bereich Gemischtabfallcontainer eingestellt. **5**

6 2. Der Arbeitnehmer ist verpflichtet, auf besondere Anforderung auch andere – seinen Fähigkeiten und seiner Aus- und Fortbildung entsprechende – zumutbare Tätigkeiten außerhalb seines Aufgabenbereiches zu verrichten.

3. Der Arbeitnehmer wird seine ganze Arbeitskraft und fachlichen Kenntnisse und Erfahrungen ausschließlich dem Arbeitgeber widmen. Während der Dauer des Arbeitsverhältnisses ist jede Übernahme einer entgeltlichen oder unentgeltlichen Nebentätigkeit nur mit vorheriger Zustimmung des Arbeitgebers zulässig.

7 4. Ort der Tätigkeit ist Musterstadt.

Kopiervorlage

1/4

Teilzeitarbeitsvertrag

Zwischen

_____

_____

_____

nachfolgend „Arbeitgeber" genannt

und

Herrn/Frau

_____

_____

_____

nachfolgend „Arbeitnehmer" genannt

§ 1 Beginn des Arbeitsverhältnisses

1. Das Arbeitsverhältnis beginnt am _____ Die Einstellung erfolgt unter dem Vorbehalt, dass der Betriebsarzt der Firma die Eignung des Arbeitnehmers feststellt.

2. Die ersten 6 Monate gelten als Probezeit mit 2-wöchiger Kündigungsfrist. Wird nach der Probezeit gekündigt, so gelten die Kündigungsfristen gemäß § 8 dieses Vertrages.

§ 2 Tätigkeitsgebiet, Ort der Tätigkeit

1. Der Arbeitnehmer wird als _____ für den Bereich _____ eingestellt.

2. Der Arbeitnehmer ist verpflichtet, auf besondere Anforderung auch andere – seinen Fähigkeiten und seiner Aus- und Fortbildung entsprechende – zumutbare Tätigkeiten außerhalb seines Aufgabenbereiches zu verrichten.

3. Der Arbeitnehmer wird seine ganze Arbeitskraft und fachlichen Kenntnisse und Erfahrungen ausschließlich dem Arbeitgeber widmen. Während der Dauer des Arbeitsverhältnisses ist jede Übernahme einer entgeltlichen oder unentgeltlichen Nebentätigkeit nur mit vorheriger Zustimmung des Arbeitgebers zulässig.

4. Ort der Tätigkeit ist _____.

Vertrags-Check Arbeitsrecht

III. Beginn des Arbeitsverhältnisses, Unternehmen ohne Tarifbindung
Gewerbliche Arbeitnehmer

8 Tragen Sie hier die mit dem Mitarbeiter vereinbarte Wochenarbeitszeit ein. Ein Teilzeitarbeitsverhältnis liegt dann vor, wenn die vereinbarte Arbeitszeit weniger als die betriebsübliche Arbeitszeit eines Vollzeitbeschäftigten beträgt.

9 Die Festlegung der Arbeitszeit folgt in der Regel den Interessen des Mitarbeiters. Anders als bei einem Abrufarbeitsvertrag soll für den Mitarbeiter die Arbeitszeit planbar sein. Durch die folgende Öffnungsklausel werden aber Ihre Interessen als Arbeitgeber hinreichend berücksichtigt.

10 Fügen Sie hier den mit dem Mitarbeiter verhandelten Bruttostundenlohn ein.

11 § 115 GewO sieht vor, dass der Lohn in DM/EURO zu berechnen ist und bar ausgezahlt werden muss. Dies wird aber von den wenigsten Arbeitnehmern noch gewünscht. Auf Wunsch des Arbeitnehmers müssen Sie aber eine Barauszahlung vornehmen. Es ist ausdrücklich verboten, den Arbeitnehmer in Naturalien zu bezahlen. Es ist lediglich erlaubt, bestimmte Waren zum Selbstkostenpreis an den gewerblichen Arbeitnehmer abzugeben.

12 An dieser Stelle findet sich oft die Klausel, dass auch Gehaltspfändungen nur mit Zustimmung des Arbeitgebers erfolgen dürfen. Ob wirksam gepfändet wird, haben aber weder Sie noch Ihr Arbeitnehmer in der Hand, sondern der Gläubiger des Arbeitnehmers, der diesem gegenüber einen wirksamen Titel erwirkt hat.

13 Sie haben das Recht, bereits ab dem ersten Tag der Arbeitsunfähigkeit eine Bescheinigung zu verlangen. Allerdings müssen Sie dies nachweisbar vor einer Erkrankung gefordert haben. Möglich ist also bereits die Festlegung im Arbeitsvertrag.

14 Gemäß Entgeltfortzahlungsgesetz geht die Forderung gegenüber einem Dritten auch ohne gesonderte Abtretung auf Sie über, sofern Sie Entgeltfortzahlung geleistet haben. Diese Klausel dient daher nur der Klarstellung gegenüber dem Mitarbeiter, dass durch die Entgeltfortzahlung der Anspruch auf Schadensersatz in Höhe der geleisteten Entgeltzahlung auf Sie als Arbeitgeber übergeht.

Teilzeitarbeitsvertrag gewerblicher Arbeitnehmer

§ 3 Arbeitszeit

8 1. Die wöchentliche Arbeitszeit beträgt __30__ Stunden.

9 2. In der Regel ist der Mitarbeiter an folgenden Wochentagen jeweils von __Montag bis Freitag__ in der Zeit von __10:00 Uhr bis 16:00 Uhr__ tätig. Abweichungen von dieser vereinbarten Arbeitszeit sind in dringenden betrieblichen Fällen möglich. Der Arbeitgeber wird die Abweichung frühestmöglich bekannt geben.

Der Arbeitgeber weist ausdrücklich darauf hin, dass Pausen nach Maßgabe des Arbeitszeitgesetzes zu nehmen sind.

§ 4 Vergütung

1. Die Vergütung des Arbeitnehmers beträgt pro Stunde

10 __DM 18,-/EUR ...__ brutto

und wird jeweils am Ende des Monats gezahlt. Die Zahlung von Akkord- oder Leistungsprämien richtet sich nach den betrieblichen Regelungen. Der Arbeitnehmer erklärt sich damit einverstanden, dass seine Vergütung auf ein von ihm zu benennendes Bank- oder Postbankkonto überwiesen wird.

11 2. Eventuelle Zahlungen von Gratifikationen, Prämien und ähnlichen Leistungen liegen im freien Ermessen des Arbeitgebers. Sie sind freiwillig und begründen auch bei wiederholter, ohne ausdrücklichen Vorbehalt der Freiwilligkeit erfolgter Zahlung keinen Rechtsanspruch im Folgejahr.

12 3. Gehaltsabtretungen sind nur mit Zustimmung des Arbeitgebers zulässig und wirksam. Bei einer Gehaltsabtretung bzw. -pfändung trägt der Arbeitnehmer die hierfür entstehenden Kosten, mindestens aber pro Überweisung __DM 5,-/EUR ...__ und pro notwendigem Schreiben __DM 10,-/EUR ...__ .

§ 5 Arbeitsverhinderung, Vergütungsfortzahlung im Krankheitsfall

1. Der Arbeitnehmer ist verpflichtet, dem Arbeitgeber jede Arbeitsverhinderung und ihre voraussichtliche Dauer unverzüglich mitzuteilen.

13 2. Im Fall der Arbeitsunfähigkeit infolge Krankheit ist der Arbeitnehmer verpflichtet, vor Ablauf des 3. Kalendertages nach Beginn der Arbeitsunfähigkeit eine ärztliche Bescheinigung darüber sowie über deren voraussichtliche Dauer vorzulegen. Bei einer über den angegebenen Zeitraum hinausgehenden Erkrankung ist eine Folgebescheinigung innerhalb von weiteren 3 Tagen nach Ablauf der vorangegangenen einzureichen.

3. Ist der Arbeitnehmer an der Arbeitsleistung infolge von auf unverschuldeter Krankheit beruhender Arbeitsunfähigkeit verhindert, leistet der Arbeitgeber Fortzahlung der Vergütung nach Maßgabe des Entgeltfortzahlungsgesetzes.

14 4. Wird der Mitarbeiter durch Handlungen eines Dritten arbeitsunfähig, gehen die dem Mitarbeiter gegenüber dem Dritten zustehenden Schadensersatzansprüche wegen Verdienstausfalles in der Höhe auf den Arbeitgeber über, in welcher der Arbeitgeber während der Zeit der Arbeitsunfähigkeit Entgeltfortzahlung geleistet hat.

Kopiervorlage

Teilzeitarbeitsvertrag

§ 3 Arbeitszeit

1. Die wöchentliche Arbeitszeit beträgt ___ Stunden.

2. In der Regel ist der Mitarbeiter an folgenden Wochentagen jeweils von _____ in der Zeit von _____ tätig. Abweichungen von dieser vereinbarten Arbeitszeit sind in dringenden betrieblichen Fällen möglich. Der Arbeitgeber wird die Abweichung frühestmöglich bekannt geben.

   Der Arbeitgeber weist ausdrücklich darauf hin, dass Pausen nach Maßgabe des Arbeitszeitgesetzes zu nehmen sind.

§ 4 Vergütung

1. Die Vergütung des Arbeitnehmers beträgt pro Stunde

   _____ brutto

   und wird jeweils am Ende des Monats gezahlt. Die Zahlung von Akkord- oder Leistungsprämien richtet sich nach den betrieblichen Regelungen. Der Arbeitnehmer erklärt sich damit einverstanden, dass seine Vergütung auf ein von ihm zu benennendes Bank- oder Postbankkonto überwiesen wird.

2. Eventuelle Zahlungen von Gratifikationen, Prämien und ähnlichen Leistungen liegen im freien Ermessen des Arbeitgebers. Sie sind freiwillig und begründen auch bei wiederholter, ohne ausdrücklichen Vorbehalt der Freiwilligkeit erfolgter Zahlung keinen Rechtsanspruch im Folgejahr.

3. Gehaltsabtretungen sind nur mit Zustimmung des Arbeitgebers zulässig und wirksam. Bei einer Gehaltsabtretung bzw. -pfändung trägt der Arbeitnehmer die hierfür entstehenden Kosten, mindestens aber pro Überweisung _____ und pro notwendigem Schreiben _____.

§ 5 Arbeitsverhinderung, Vergütungsfortzahlung im Krankheitsfall

1. Der Arbeitnehmer ist verpflichtet, dem Arbeitgeber jede Arbeitsverhinderung und ihre voraussichtliche Dauer unverzüglich mitzuteilen.

2. Im Fall der Arbeitsunfähigkeit infolge Krankheit ist der Arbeitnehmer verpflichtet, vor Ablauf des 3. Kalendertages nach Beginn der Arbeitsunfähigkeit eine ärztliche Bescheinigung darüber sowie über deren voraussichtliche Dauer vorzulegen. Bei einer über den angegebenen Zeitraum hinausgehenden Erkrankung ist eine Folgebescheinigung innerhalb von weiteren 3 Tagen nach Ablauf der vorangegangenen einzureichen.

3. Ist der Arbeitnehmer an der Arbeitsleistung infolge von auf unverschuldeter Krankheit beruhender Arbeitsunfähigkeit verhindert, leistet der Arbeitgeber Fortzahlung der Vergütung nach Maßgabe des Entgeltfortzahlungsgesetzes.

4. Wird der Mitarbeiter durch Handlungen eines Dritten arbeitsunfähig, gehen die dem Mitarbeiter gegenüber dem Dritten zustehenden Schadensersatzansprüche wegen Verdienstausfalles in der Höhe auf den Arbeitgeber über, in welcher der Arbeitgeber während der Zeit der Arbeitsunfähigkeit Entgeltfortzahlung geleistet hat.

Vertrags-Check Arbeitsrecht

III. Beginn des Arbeitsverhältnisses, Unternehmen ohne Tarifbindung
Gewerbliche Arbeitnehmer

15 Der besondere Arbeitsschutz der gewerblichen Arbeitnehmer ist auch im Arbeitssicherheitsgesetz festgelegt. Hiernach sind Sie als Arbeitgeber verpflichtet, eine Gefahrenanalyse (sogenannte Gefährdungsbeurteilung) des Arbeitsplatzes vorzunehmen und den Arbeitnehmer im Rahmen einer Arbeitseinweisung auf die besonderen Gefahren aufmerksam zu machen. Aber auch der Arbeitnehmer ist verpflichtet, die Gefahren am Arbeitsplatz zu beobachten und Sie zu informieren, damit Sie geeignete Gegenmaßnahmen treffen können.

16 Ein Teilzeitmitarbeiter hat Anspruch auf Urlaub, der jedoch nur anteilig entsteht. Arbeitet der Teilzeitbeschäftigte jeden Tag, so muss er genauso viele Urlaubstage wie ein Vollzeitmitarbeiter einsetzen, um auf die gleiche Urlaubsdauer zu kommen. Arbeitet ein Teilzeitbeschäftigter aber z. B. nur an 2 Tagen pro Woche, so muss er auch nur 2 Tage einsetzen, um die gesamte Woche frei zu erhalten. Bei einer 6-Tage-Woche muss der Teilzeitmitarbeiter also 2/6 des Urlaubs eines Vollzeitmitarbeiters erhalten.

17 Nach der Neuregelung des § 623 Bürgerliches Gesetzbuch (BGB) ist eine mündliche Kündigung unwirksam.

Teilzeitarbeitsvertrag gewerblicher Arbeitnehmer

15 **§ 6 Arbeitsschutz**
Der Arbeitnehmer wird vor Beginn der Arbeit in die jeweiligen Arbeitsschutzvorschriften eingewiesen. Er erhält in der Anlage zu diesem Vertrag eine schriftliche Zusammenfassung der Arbeitsschutzvorschriften. Der Arbeitnehmer verpflichtet sich, die besonderen Gefahren des Arbeitsplatzes zu beachten und den Arbeitgeber über weitere mögliche Gefahren unverzüglich zu informieren.

§ 7 Urlaub

16 1. Der Arbeitnehmer hat Anspruch auf einen jährlichen Erholungsurlaub von **20** Werktagen.

2. Der Urlaub wird im Einvernehmen mit dem Arbeitgeber unter Berücksichtigung der betrieblichen Belange festgelegt.

3. Es gelten die Vorschriften des Bundesurlaubsgesetzes, einzusehen im Personalbüro.

§ 8 Kündigung

1. Das Arbeitsverhältnis kann von beiden Parteien unter Einhaltung der gesetzlichen Kündigungsfristen gekündigt werden.

17 2. Die Kündigung hat in jedem Fall schriftlich zu erfolgen.

3. Ohne dass es einer Kündigung bedarf, endet das Arbeitsverhältnis mit Ablauf des Monats, nach welchem der Arbeitnehmer Rente wegen Erwerbsunfähigkeit oder Erreichung der Altersgrenze bezieht. Den Bescheid der zuständigen Behörden hierüber hat der Arbeitnehmer unverzüglich dem Arbeitgeber vorzulegen. Die Parteien sind sich darüber einig, dass das Arbeitsverhältnis jedoch spätestens mit Ablauf des 65. Lebensjahres endet.

§ 9 Verschwiegenheitspflicht, Rückgabe von Unterlagen und sonstigem Firmeneigentum

1. Der Arbeitnehmer ist verpflichtet, über alle ihm bekannten Angelegenheiten, Vorgänge, Verträge und Geschäftsbeziehungen innerhalb und außerhalb des Betriebes und auch nach seinem Ausscheiden aus dem Arbeitsverhältnis Verschwiegenheit zu bewahren.

2. Dazu gehören neben Geschäfts- und Betriebsgeheimnissen auch persönliche Verhältnisse der Kollegen und Vorgesetzten.

3. Ein Verstoß gegen die Verschwiegenheitspflicht führt zu einem Schadensersatzanspruch des Arbeitgebers; in Extremfällen kann ordentlich bzw. außerordentlich gekündigt werden.

4. Der Arbeitnehmer hat jederzeit auf Verlangen des Arbeitgebers, spätestens aber unaufgefordert bei Beendigung des Arbeitsverhältnisses alles Material, insbesondere alle Werkzeuge, Arbeitskleidung, Unterlagen, Kopien usw. zurückzugeben, die in Zusammenhang mit seiner Tätigkeit für den Arbeitgeber in seinen Besitz gelangt sind. Dem Arbeitnehmer steht ein Zurückbehaltungsrecht insoweit nicht zu.

3/4

Kopiervorlage

Teilzeitarbeitsvertrag

§ 6 Arbeitsschutz

Der Arbeitnehmer wird vor Beginn der Arbeit in die jeweiligen Arbeitsschutzvorschriften eingewiesen. Er erhält in der Anlage zu diesem Vertrag eine schriftliche Zusammenfassung der Arbeitsschutzvorschriften. Der Arbeitnehmer verpflichtet sich, die besonderen Gefahren des Arbeitsplatzes zu beachten und den Arbeitgeber über weitere mögliche Gefahren unverzüglich zu informieren.

§ 7 Urlaub

1. Der Arbeitnehmer hat Anspruch auf einen jährlichen Erholungsurlaub von ___ Werktagen.

2. Der Urlaub wird im Einvernehmen mit dem Arbeitgeber unter Berücksichtigung der betrieblichen Belange festgelegt.

3. Es gelten die Vorschriften des Bundesurlaubsgesetzes, einzusehen im Personalbüro.

§ 8 Kündigung

1. Das Arbeitsverhältnis kann von beiden Parteien unter Einhaltung der gesetzlichen Kündigungsfristen gekündigt werden.

2. Die Kündigung hat in jedem Fall schriftlich zu erfolgen.

3. Ohne dass es einer Kündigung bedarf, endet das Arbeitsverhältnis mit Ablauf des Monats, nach welchem der Arbeitnehmer Rente wegen Erwerbsunfähigkeit oder Erreichung der Altersgrenze bezieht. Den Bescheid der zuständigen Behörden hierüber hat der Arbeitnehmer unverzüglich dem Arbeitgeber vorzulegen. Die Parteien sind sich darüber einig, dass das Arbeitsverhältnis jedoch spätestens mit Ablauf des 65. Lebensjahres endet.

§ 9 Verschwiegenheitspflicht, Rückgabe von Unterlagen und sonstigem Firmeneigentum

1. Der Arbeitnehmer ist verpflichtet, über alle ihm bekannten Angelegenheiten, Vorgänge, Verträge und Geschäftsbeziehungen innerhalb und außerhalb des Betriebes und auch nach seinem Ausscheiden aus dem Arbeitsverhältnis Verschwiegenheit zu bewahren.

2. Dazu gehören neben Geschäfts- und Betriebsgeheimnissen auch persönliche Verhältnisse der Kollegen und Vorgesetzten.

3. Ein Verstoß gegen die Verschwiegenheitspflicht führt zu einem Schadensersatzanspruch des Arbeitgebers; in Extremfällen kann ordentlich bzw. außerordentlich gekündigt werden.

4. Der Arbeitnehmer hat jederzeit auf Verlangen des Arbeitgebers, spätestens aber unaufgefordert bei Beendigung des Arbeitsverhältnisses alles Material, insbesondere alle Werkzeuge, Arbeitskleidung, Unterlagen, Kopien usw. zurückzugeben, die in Zusammenhang mit seiner Tätigkeit für den Arbeitgeber in seinen Besitz gelangt sind. Dem Arbeitnehmer steht ein Zurückbehaltungsrecht insoweit nicht zu.

Vertrags-Check Arbeitsrecht

III. Beginn des Arbeitsverhältnisses, Unternehmen ohne Tarifbindung
Gewerbliche Arbeitnehmer

18 Die Speicherung und Verarbeitung von personenbezogenen Daten ist in jedem Betrieb erforderlich. Spätestens bei der Lohnabrechnung (eventuell bei einem mit der Lohnabrechnung beauftragten Steuerberater) müssen Daten des Mitarbeiters in eine DV-Anlage eingegeben und verarbeitet werden.

19 Die Vereinbarung einer Vertragsstrafe ist für Sie als Arbeitgeber besonders wichtig. Zwar ist ein Mitarbeiter bei den aufgeführten Vertragsverstößen auch ohne diese Regelung schadensersatzpflichtig, den Ihnen entstandenen Schaden müssen Sie jedoch bis auf den letzten Pfennig beweisen können. Dieser Beweis fällt in der Praxis oft schwer. Haben Sie eine Vertragsstrafe vereinbart, so entfällt der schwierige Beweis für die Schadenshöhe, jedenfalls bis zur Höhe der festgelegten Vertragsstrafe.

20 Verfallsklauseln finden sich sehr häufig auch in Tarifverträgen. Sie haben den Vorteil, dass nach Ablauf der genannten Fristen der Anspruch des Mitarbeiters nicht mehr besteht.

Teilzeitarbeitsvertrag gewerblicher Arbeitnehmer

18 **§ 10 Speicherung von Daten**

Der Arbeitnehmer ist im Sinne des Bundesdatenschutzgesetzes (BDSG) darüber unterrichtet worden, dass seine persönlichen Daten in Zusammenhang mit dem Arbeitsverhältnis in einer DV-Anlage gespeichert werden, und erklärt sich damit einverstanden.

19 **§ 11 Vertragsstrafe**

1. Im Fall einer schuldhaften Nichtaufnahme der Tätigkeit oder der Nichteinhaltung der gesetzlichen Kündigungsfrist durch den Arbeitnehmer verpflichtet sich dieser, dem Arbeitgeber eine Vertragsstrafe in Höhe eines durchschnittlichen Bruttomonatseinkommens zu zahlen.
2. Gleiches gilt auch für den Vertragsrücktritt vor Beginn des Arbeitsverhältnisses.
3. Der Arbeitgeber ist berechtigt, einen weitergehenden Schaden geltend zu machen.

20 **§ 12 Ausschluss- und Verfallsfristen**

1. Alle Ansprüche aus diesem Arbeitsvertrag und solche, die damit in Verbindung stehen, verfallen, wenn sie nicht innerhalb von 3 Monaten nach Fälligkeit gegenüber der anderen Vertragspartei schriftlich geltend gemacht worden sind.
2. Lehnt die andere Vertragspartei den Anspruch ab oder erklärt sie sich nicht innerhalb von 4 Wochen nach der Geltendmachung des Anspruchs, so verfällt dieser, wenn er nicht innerhalb von 3 Monaten nach der Ablehnung oder dem Fristablauf gerichtlich geltend gemacht wird.

§ 13 Sonstige Bestimmungen

1. Änderungen und Ergänzungen dieses Vertrags bedürfen der Schriftform; dies gilt auch für einen Verzicht auf das Schriftformerfordernis selbst.
2. Mündliche Nebenabreden zu diesem Vertrag bestehen nicht.
3. Sollten sich einzelne Bestimmungen dieses Vertrags als unwirksam erweisen, so wird dadurch die Wirksamkeit der übrigen Bestimmungen nicht berührt. Eine ungültige oder unklare Bestimmung ist so zu ersetzen bzw. zu deuten, dass der mit ihr beabsichtigte wirtschaftliche Zweck erreicht wird. Lücken sind dem beabsichtigten wirtschaftlichen Zweck entsprechend zu füllen.

Musterstadt, 10.03.
Ort, Datum

Paul Taube
Unterschrift Arbeitgeber

Ingo Heck
Unterschrift Arbeitnehmer

Kopiervorlage

Teilzeitarbeitsvertrag

§ 10 Speicherung von Daten

Der Arbeitnehmer ist im Sinne des Bundesdatenschutzgesetzes (BDSG) darüber unterrichtet worden, dass seine persönlichen Daten in Zusammenhang mit dem Arbeitsverhältnis in einer DV-Anlage gespeichert werden, und erklärt sich damit einverstanden.

§ 11 Vertragsstrafe

1. Im Fall einer schuldhaften Nichtaufnahme der Tätigkeit oder der Nichteinhaltung der gesetzlichen Kündigungsfrist durch den Arbeitnehmer verpflichtet sich dieser, dem Arbeitgeber eine Vertragsstrafe in Höhe eines durchschnittlichen Bruttomonatseinkommens zu zahlen.

2. Gleiches gilt auch für den Vertragsrücktritt vor Beginn des Arbeitsverhältnisses.

3. Der Arbeitgeber ist berechtigt, einen weitergehenden Schaden geltend zu machen.

§ 12 Ausschluss- und Verfallsfristen

1. Alle Ansprüche aus diesem Arbeitsvertrag und solche, die damit in Verbindung stehen, verfallen, wenn sie nicht innerhalb von 3 Monaten nach Fälligkeit gegenüber der anderen Vertragspartei schriftlich geltend gemacht worden sind.

2. Lehnt die andere Vertragspartei den Anspruch ab oder erklärt sie sich nicht innerhalb von 4 Wochen nach der Geltendmachung des Anspruchs, so verfällt dieser, wenn er nicht innerhalb von 3 Monaten nach der Ablehnung oder dem Fristablauf gerichtlich geltend gemacht wird.

§ 13 Sonstige Bestimmungen

1. Änderungen und Ergänzungen dieses Vertrags bedürfen der Schriftform; dies gilt auch für einen Verzicht auf das Schriftformerfordernis selbst.

2. Mündliche Nebenabreden zu diesem Vertrag bestehen nicht.

3. Sollten sich einzelne Bestimmungen dieses Vertrags als unwirksam erweisen, so wird dadurch die Wirksamkeit der übrigen Bestimmungen nicht berührt. Eine ungültige oder unklare Bestimmung ist so zu ersetzen bzw. zu deuten, dass der mit ihr beabsichtigte wirtschaftliche Zweck erreicht wird. Lücken sind dem beabsichtigten wirtschaftlichen Zweck entsprechend zu füllen.

_____
Ort, Datum

_____ _____
Unterschrift Arbeitgeber Unterschrift Arbeitnehmer

Vertrags-Check Arbeitsrecht

III. Beginn des Arbeitsverhältnisses, Unternehmen ohne Tarifbindung
Aushilfsarbeitsverträge

1 Ein Arbeitsverhältnis auf Basis geringfügiger Beschäftigung ist durch die am 01.04.1999 in Kraft getretene Gesetzes-Novellierung fast nur noch attraktiv, wenn der Beschäftigte keine weiteren Einkünfte im Sinne des Gesetzes hat. Sobald weitere Einkünfte z. B. aus einem Hauptarbeitsverhältnis, aus Unterhalts- oder Rentenzahlungen hinzutreten, unterliegt auch das Entgelt aus dem geringfügigen Arbeitsverhältnis in vollem Umfang der Sozialversicherungspflicht. Dies bedeutet, dass auch Ihr Mitarbeiter die Hälfte der Sozialversicherungsbeiträge tragen muss. Zudem hat Ihr Mitarbeiter sein Entgelt zu versteuern. Sie können als Arbeitgeber allerdings pauschale Lohnsteuer abführen. Ohne weitere Einkünfte des Arbeitnehmers haben Sie die Möglichkeit, für das Entgelt aus dem geringfügigen Beschäftigungsverhältnis pauschal Sozialversicherungsbeiträge abzuführen. Hierfür werden für die Krankenversicherung pauschal 10 % und für die Rentenversicherung weitere 12 % gezahlt. Zusätzliche Lohnsteuer fällt in diesem Fall nicht an, sofern Ihnen der Arbeitnehmer eine Lohnsteuer-Freistellungsbescheinigung vorlegt.

2 Tragen Sie hier das Datum ein, an welchem das Arbeitsverhältnis beginnen soll. In der Regel wird dies der 1. Tag eines Monats sein. Soll das Arbeitsverhältnis während des laufenden Monats beginnen, so ist das Arbeitsentgelt im 1. Monat nur anteilig zu zahlen.

3 Bei geringfügig Beschäftigten empfiehlt es sich, die Art der Arbeitsleistung so offen wie möglich zu gestalten, um diese schnellstmöglich und unproblematisch ändern zu können. Nicht ohne Weiteres veränderbar ist allerdings die einmal vereinbarte Vergütung für die Tätigkeit.

4 Auch bezüglich des Arbeitsortes sollte die Vereinbarung möglichst offen gestaltet sein, um den Mitarbeiter flexibel einsetzen zu können.

5 Die wöchentliche Arbeitszeit muss bei geringfügig Beschäftigten weniger als 15 Wochenstunden betragen.

6 Fügen Sie hier den mit dem Mitarbeiter ausgehandelten Lohn ein. Im Rahmen der geringfügigen Beschäftigung darf der Lohn DM 630,--/EUR ... nicht übersteigen.

7 Die hier vorgeschlagene zusätzliche Vergütung muss nicht notwendig vereinbart werden. Sofern Sie allerdings einen Fahrtkostenzuschlag zahlen und dem Mitarbeiter hierdurch eine zulässige zusätzliche Vergütung zukommen lassen wollen, müssen Sie diesen Fahrtkostenzuschuss pauschal versteuern. Die Zahlung eines Fahrtkostenzuschusses hat übrigens keine Auswirkung auf die Grenzwerte der geringfügigen Beschäftigung.

---

1 ▶ Arbeitsvertrag für geringfügig Beschäftigte

Zwischen

Philipp Holter KG
Bunsenstraße 9

12345 Musterstadt

nachfolgend „Arbeitgeber" genannt

und

Herrn/Frau
Susanne Meier
Nelkenstraße 2

12345 Musterstadt

nachfolgend „Mitarbeiter" genannt

§ 1 Aufgabe

2 1. Der Mitarbeiter wird mit Wirkung ab dem **01.02.** als **Aushilfe** eingestellt. Das Arbeitsgebiet des Mitarbeiters umfasst folgende Aufgaben: **alle anfallenden Aushilfstätigkeiten in der Verwaltung**.

3 2. Der Arbeitgeber behält sich vor, dem Mitarbeiter andere angemessene oder zumutbare Tätigkeiten zu übertragen. Der Mitarbeiter verpflichtet sich, diese anderen Arbeiten zu übernehmen. Eine Lohnminderung ist dabei ausgeschlossen.

§ 2 Arbeitsort

4 Der Mitarbeiter übt seine Tätigkeit am Firmensitz in **Musterstadt** aus. Der Arbeitgeber behält sich vor, den Mitarbeiter auch an einem anderen Ort einzusetzen.

§ 3 Probezeit/Kündigung

Die ersten **6** Monate des Arbeitsverhältnisses gelten als Probezeit. Während dieser Zeit kann das Arbeitsverhältnis jederzeit mit einer Frist von 2 Wochen gekündigt werden. Anschließend gelten die gesetzlichen Kündigungsfristen.

§ 4 Arbeitszeit

5 Die regelmäßige Arbeitszeit beträgt **14,5** Stunden wöchentlich. Sie verteilt sich auf die einzelnen Wochentage wie folgt: **Montag von 13:30 Uhr bis 18:00 Uhr, Mittwoch von 13:00 Uhr bis 18:00 Uhr und Freitag von 13:00 Uhr bis 18:00 Uhr.** Der Arbeitgeber behält sich vor, die Einteilung der Arbeitszeit nach vorheriger Ankündigung den Notwendigkeiten anzupassen.

§ 5 Vergütung

6 Der Mitarbeiter erhält für seine Tätigkeit **DM 630,-/EUR ...** pro Monat nach Maßgabe von § 6 dieses Vertrages zuzüglich Fahrtkostenerstattung in Höhe einer Monatskarte der öffentlichen Verkehrsbetriebe. Die Fahrtkostenerstattung wird nicht gezahlt in Monaten, in denen der Mitarbeiter wegen Urlaubs oder Krankheit weniger als 10 Tage gearbeitet hat. **7**

1/3

Kopiervorlage

Arbeitsvertrag

Zwischen

_____
_____

_____

nachfolgend „Arbeitgeber" genannt

und

Herrn/Frau

_____
_____

_____

nachfolgend „Mitarbeiter" genannt

§ 1 Aufgabe

1. Der Mitarbeiter wird mit Wirkung ab dem _____ als _____ eingestellt. Das Arbeitsgebiet des Mitarbeiters umfasst folgende Aufgaben: _____.

2. Der Arbeitgeber behält sich vor, dem Mitarbeiter andere angemessene oder zumutbare Tätigkeiten zu übertragen. Der Mitarbeiter verpflichtet sich, diese anderen Arbeiten zu übernehmen. Eine Lohnminderung ist dabei ausgeschlossen.

§ 2 Arbeitsort

Der Mitarbeiter übt seine Tätigkeit am Firmensitz in _____ aus. Der Arbeitgeber behält sich vor, den Mitarbeiter auch an einem anderen Ort einzusetzen.

§ 3 Probezeit/Kündigung

Die ersten _ Monate des Arbeitsverhältnisses gelten als Probezeit. Während dieser Zeit kann das Arbeitsverhältnis jederzeit mit einer Frist von 2 Wochen gekündigt werden. Anschließend gelten die gesetzlichen Kündigungsfristen.

§ 4 Arbeitszeit

Die regelmäßige Arbeitszeit beträgt ____ Stunden wöchentlich. Sie verteilt sich auf die einzelnen Wochentage wie folgt: _____
_____ Der Arbeitgeber behält sich vor, die Einteilung der Arbeitszeit nach vorheriger Ankündigung den Notwendigkeiten anzupassen.

§ 5 Vergütung

Der Mitarbeiter erhält für seine Tätigkeit _____ pro Monat nach Maßgabe von § 6 dieses Vertrages zuzüglich Fahrtkostenerstattung in Höhe einer Monatskarte der öffentlichen Verkehrsbetriebe. Die Fahrtkostenerstattung wird nicht gezahlt in Monaten, in denen der Mitarbeiter wegen Urlaubs oder Krankheit weniger als 10 Tage gearbeitet hat.

Vertrags-Check Arbeitsrecht

III. Beginn des Arbeitsverhältnisses, Unternehmen ohne Tarifbindung
Aushilfsarbeitsverträge

8 Die Abrechnung der geringfügigen Beschäftigung richtet sich nach der Frage, ob ein Mitarbeiter auch noch anderweitige Einkünfte hat.

9 Eine solche Freistellungsbescheinigung wird vom Finanzamt oft sehr schnell und problemlos ausgestellt. Nach Vorlage der Freistellungsbescheinigung müssen Sie keine Lohnsteuer für Ihren Mitarbeiter abführen. Auf der Bescheinigung ist bei Beendigung des Arbeitsverhältnisses bzw. am Ende des Kalenderjahres von Ihnen als Arbeitgeber zu bescheinigen, wie hoch die Einkünfte des geringfügig beschäftigten Mitarbeiters waren.

10 Ein geringfügig Beschäftigter ist nach der Regelung des Gesetzes Teilzeitmitarbeiter. Als Teilzeitmitarbeiter hat er Anspruch auf Urlaub, der jedoch nur anteilig entsteht. Arbeitet der geringfügig Beschäftigte jeden Tag, so muss er genauso viele Urlaubstage wie ein Vollzeitmitarbeiter einsetzen, um auf die gleiche Urlaubsdauer zu kommen. Arbeitet ein Teilzeitbeschäftigter aber nur an z. B. 2 Tagen pro Woche, so muss er auch nur 2 Tage einsetzen, um die gesamte Woche frei zu erhalten. Der Urlaubsanspruch des geringfügig Beschäftigten beträgt also 2/6 (bei einer 6-Tage-Woche) des Urlaubs eines Vollzeitbeschäftigten.

11 Sie haben als Arbeitgeber das Recht, bereits ab dem 1. Tag der Arbeitsunfähigkeit eine Bescheinigung zu verlangen, § 5 Absatz 1 Entgeltfortzahlungsgesetz (EFZG). Allerdings müssen Sie dies nachweisbar vor einer Erkrankung gefordert haben. Möglich ist also bereits die Festlegung im Arbeitsvertrag.

Arbeitsvertrag für geringfügig Beschäftigte

Die Zahlung der Vergütung erfolgt bargeldlos am Monatsende. Der Mitarbeiter wird dem Arbeitgeber innerhalb von zehn Tagen nach Beginn des Arbeitsverhältnisses eine Kontoverbindung mitteilen.

8 **§ 6 Nebentätigkeit/Lohnsteuer, Sozialversicherung**

1. Der Mitarbeiter bestätigt ausdrücklich, dass er zur Zeit neben dieser Tätigkeit keine andere Tätigkeit ausübt. Vor Aufnahme einer weiteren entgeltlichen oder unentgeltlichen Tätigkeit ist der Arbeitgeber zu informieren. Jede weitere Tätigkeit, die das Arbeitsverhältnis beeinträchtigt, ist untersagt.

9 2. Unter der Voraussetzung, dass der Mitarbeiter keiner weiteren Beschäftigung nachgeht und keine weiteren sonstigen Einkünfte bezieht, und der Mitarbeiter eine Freistellungsbescheinigung eines Finanzamtes vorlegt, bleibt das Arbeitsentgelt lohnsteuerfrei. Der Arbeitgeber trägt in diesem Fall die dann anfallenden Sozialversicherungsbeiträge allein, und zwar 12 % zur Rentenversicherung und 10 % zur Krankenversicherung. Ansprüche erlangt der Mitarbeiter hieraus nicht. Der Mitarbeiter hat die Möglichkeit, den Rentenbeitrag um 7,5 % des Entgelts auf seine Kosten aufzustocken; er erwirbt dann Anspruch auf alle Leistungen der Rentenversicherung. Legt der Mitarbeiter keine Freistellungsbescheinigung des Finanzamtes vor, so wird das Arbeitsentgelt lohnsteuerpflichtig.

3. Bezieht der Mitarbeiter Einkünfte aus mehreren geringfügigen Beschäftigungen oder aus einer geringfügigen Beschäftigung und einer Hauptbeschäftigung, so ist jede einzelne Beschäftigung sozialversicherungs- und lohnsteuerpflichtig. Der Mitarbeiter hat dann die Sozialversicherungsbeiträge zu 50 % und die Lohnsteuer in vollem Umfang zu tragen. Der Mitarbeiter muss dem Arbeitgeber unverzüglich nach Dienstantritt eine Lohnsteuerkarte vorlegen.

§ 7 Urlaub

10 Der Mitarbeiter erhält kalenderjährlich einen Erholungsurlaub von <u>12</u> Werktagen.

1. Der Urlaub wird im Einvernehmen mit dem Arbeitgeber unter Berücksichtigung der betrieblichen Belange festgelegt.

2. Der volle Urlaubsanspruch wird erstmals nach 6-monatigem Bestehen des Arbeitsverhältnisses erworben. Urlaub, der nicht bis spätestens 31.03. des folgenden Kalenderjahres genommen wird, verfällt. Es gelten die Bestimmungen des Bundesurlaubsgesetzes, einzusehen im Personalbüro.

§ 8 Arbeitsverhinderung

Der Mitarbeiter ist verpflichtet, dem Arbeitgeber unter Angabe der Gründe jede Arbeitsverhinderung/Arbeitsunfähigkeit und ihre voraussichtliche Dauer unverzüglich mitzuteilen.

11 Dauert die Arbeitsunfähigkeit infolge Krankheit länger als 3 Kalendertage, muss der Mitarbeiter dem Arbeitgeber spätestens am darauf folgenden Arbeitstag eine ärztliche Bescheinigung über das Bestehen der Arbeitsunfähigkeit und deren voraussichtliche Dauer vorlegen. Der Arbeitgeber ist berechtigt, die Vorlage der ärztlichen Bescheinigung früher zu verlangen. Dauert die Arbeitsunfähigkeit länger als in der Bescheinigung angegeben, so ist der Mitarbeiter verpflichtet, eine neue ärztliche Bescheinigung vorzulegen.

2/3

Kopiervorlage

Arbeitsvertrag

Die Zahlung der Vergütung erfolgt bargeldlos am Monatsende. Der Mitarbeiter wird dem Arbeitgeber innerhalb von zehn Tagen nach Beginn des Arbeitsverhältnisses eine Kontoverbindung mitteilen.

§ 6 Nebentätigkeit/Lohnsteuer, Sozialversicherung

1. Der Mitarbeiter bestätigt ausdrücklich, dass er zur Zeit neben dieser Tätigkeit keine andere Tätigkeit ausübt. Vor Aufnahme einer weiteren entgeltlichen oder unentgeltlichen Tätigkeit ist der Arbeitgeber zu informieren. Jede weitere Tätigkeit, die das Arbeitsverhältnis beeinträchtigt, ist untersagt.

2. Unter der Voraussetzung, dass der Mitarbeiter keiner weiteren Beschäftigung nachgeht und keine weiteren sonstigen Einkünfte bezieht, und der Mitarbeiter eine Freistellungsbescheinigung eines Finanzamtes vorlegt, bleibt das Arbeitsentgelt lohnsteuerfrei. Der Arbeitgeber trägt in diesem Fall die dann anfallenden Sozialversicherungsbeiträge allein, und zwar 12 % zur Rentenversicherung und 10 % zur Krankenversicherung. Ansprüche erlangt der Mitarbeiter hieraus nicht. Der Mitarbeiter hat die Möglichkeit, den Rentenbeitrag um 7,5 % des Entgelts auf seine Kosten aufzustocken; er erwirbt dann Anspruch auf alle Leistungen der Rentenversicherung. Legt der Mitarbeiter keine Freistellungsbescheinigung des Finanzamtes vor, so wird das Arbeitsentgelt lohnsteuerpflichtig.

3. Bezieht der Mitarbeiter Einkünfte aus mehreren geringfügigen Beschäftigungen oder aus einer geringfügigen Beschäftigung und einer Hauptbeschäftigung, so ist jede einzelne Beschäftigung sozialversicherungs- und lohnsteuerpflichtig. Der Mitarbeiter hat dann die Sozialversicherungsbeiträge zu 50 % und die Lohnsteuer in vollem Umfang zu tragen. Der Mitarbeiter muss dem Arbeitgeber unverzüglich nach Dienstantritt eine Lohnsteuerkarte vorlegen.

§ 7 Urlaub

Der Mitarbeiter erhält kalenderjährlich einen Erholungsurlaub von ___ Werktagen.

1. Der Urlaub wird im Einvernehmen mit dem Arbeitgeber unter Berücksichtigung der betrieblichen Belange festgelegt.

2. Der volle Urlaubsanspruch wird erstmals nach 6-monatigem Bestehen des Arbeitsverhältnisses erworben. Urlaub, der nicht bis spätestens 31.03. des folgenden Kalenderjahres genommen wird, verfällt. Es gelten die Bestimmungen des Bundesurlaubsgesetzes, einzusehen im Personalbüro.

§ 8 Arbeitsverhinderung

Der Mitarbeiter ist verpflichtet, dem Arbeitgeber unter Angabe der Gründe jede Arbeitsverhinderung/Arbeitsunfähigkeit und ihre voraussichtliche Dauer unverzüglich mitzuteilen.

Dauert die Arbeitsunfähigkeit infolge Krankheit länger als 3 Kalendertage, muss der Mitarbeiter dem Arbeitgeber spätestens am darauf folgenden Arbeitstag eine ärztliche Bescheinigung über das Bestehen der Arbeitsunfähigkeit und deren voraussichtliche Dauer vorlegen. Der Arbeitgeber ist berechtigt, die Vorlage der ärztlichen Bescheinigung früher zu verlangen. Dauert die Arbeitsunfähigkeit länger als in der Bescheinigung angegeben, so ist der Mitarbeiter verpflichtet, eine neue ärztliche Bescheinigung vorzulegen.

Vertrags-Check Arbeitsrecht

III. Beginn des Arbeitsverhältnisses, Unternehmen ohne Tarifbindung
Aushilfsarbeitsverträge

12 Die Speicherung und Verarbeitung von personenbezogenen Daten ist in jedem Betrieb erforderlich. Spätestens bei der Lohnabrechnung (eventuell mit einem mit der Lohnabrechnung beauftragten Steuerberater) müssen Daten des Mitarbeiters in eine DV-Anlage eingegeben und verarbeitet werden.

13 Verfallklauseln befinden sich sehr häufig auch in Tarifverträgen. Sie haben den Vorteil, dass nach Ablauf der genannten Fristen der Anspruch des Mitarbeiters nicht mehr besteht.

14 Vertragsänderungen sollten zu Beweiszwecken immer schriftlich verfasst werden.

15 Diese Regelung wird als Teilunwirksamkeitsklausel oder auch salvatorische Klausel bezeichnet. Sie soll verhindern, dass bei einem unwirksamen Teil des Vertrages gleich das gesamte Vertragswerk entfällt. Sie finden diese oder ähnliche Klauseln auch in der Vielzahl von anderen Verträgen.

Arbeitsvertrag für geringfügig Beschäftigte

§ 9 Verschwiegenheitspflicht, Rückgabe von Unterlagen und sonstigem Firmeneigentum

1. Der Mitarbeiter ist verpflichtet, über alle ihm bekannten Angelegenheiten, Vorgänge, Verträge und Geschäftsbeziehungen innerhalb und außerhalb des Betriebes und auch nach seinem Ausscheiden aus dem Arbeitsverhältnis Verschwiegenheit zu bewahren. Dazu gehören neben Geschäfts- und Betriebsgeheimnissen auch persönliche Verhältnisse der Mitarbeiter und Vorgesetzten. Ein Verstoß gegen die Verschwiegenheitspflicht führt zu einem Schadensersatzanspruch des Arbeitgebers; in Extremfällen kann ordentlich bzw. außerordentlich gekündigt werden.

2. Der Mitarbeiter hat jederzeit auf Verlangen des Arbeitgebers, spätestens aber unaufgefordert bei Beendigung des Arbeitsverhältnisses alles Material, insbesondere alle Unterlagen, Kopien usw. zurückzugeben, die im Zusammenhang mit seiner Tätigkeit für den Arbeitgeber in seinen Besitz gelangt sind. Dem Mitarbeiter steht ein Zurückbehaltungsrecht insoweit nicht zu.

3. Der Mitarbeiter verpflichtet sich durch seine Unterschrift auf einem gesonderten Formblatt das Datengeheimnis gemäß § 5 Bundesdatenschutzgesetz (BDSG) zu wahren. Die Verpflichtung auf das Datengeheimnis ist Bestandteil dieses Vertrages und zwingend als Anlage zu diesem Vertrag zu führen.

12 ▶ § 10 Speicherung von Daten

Der Mitarbeiter ist im Sinne des Bundesdatenschutzgesetzes darüber unterrichtet worden, dass seine persönlichen Daten im Zusammenhang mit dem Arbeitsverhältnis in einer DV-Anlage gespeichert werden, und erklärt sich damit einverstanden.

13 ▶ § 11 Ausschluss- und Verfallsfristen

1. Alle Ansprüche aus diesem Arbeitsvertrag und solche, die damit in Verbindung stehen, verfallen, wenn sie nicht innerhalb von 3 Monaten nach Fälligkeit gegenüber der anderen Vertragspartei schriftlich geltend gemacht worden sind.

2. Lehnt die andere Vertragspartei den Anspruch ab oder erklärt sie sich nicht innerhalb von 4 Wochen nach der Geltendmachung des Anspruches, so verfällt dieser, wenn er nicht innerhalb von 3 Monaten nach der Ablehnung oder dem Fristablauf gerichtlich geltend gemacht wird.

§ 12 Sonstige Bestimmungen

14 ▶ 1. Änderungen und Ergänzungen dieses Vertrages bedürfen der Schriftform; dies gilt auch für einen Verzicht auf das Schriftformerfordernis selbst.

2. Mündliche Nebenabreden zu diesem Vertrag bestehen nicht.

15 ▶ 3. Sollten sich einzelne Bestimmungen dieses Vertrages als unwirksam erweisen, so wird dadurch die Wirksamkeit der übrigen Bestimmungen nicht berührt. Eine ungültige oder unklare Bestimmung ist so zu ersetzen bzw. zu deuten, dass der mit ihr beabsichtigte wirtschaftliche Zweck erreicht wird. Lücken sind dem beabsichtigten wirtschaftlichen Zweck entsprechend zu füllen.

Musterstadt, 24.01.
Ort, Datum

Philipp Holter Susanne Meier
Unterschrift Arbeitgeber Unterschrift Mitarbeiter

3/3

Arbeitsvertrag

§ 9 Verschwiegenheitspflicht, Rückgabe von Unterlagen und sonstigem Firmeneigentum

1. Der Mitarbeiter ist verpflichtet, über alle ihm bekannten Angelegenheiten, Vorgänge, Verträge und Geschäftsbeziehungen innerhalb und außerhalb des Betriebes und auch nach seinem Ausscheiden aus dem Arbeitsverhältnis Verschwiegenheit zu bewahren. Dazu gehören neben Geschäfts- und Betriebsgeheimnissen auch persönliche Verhältnisse der Mitarbeiter und Vorgesetzten. Ein Verstoß gegen die Verschwiegenheitspflicht führt zu einem Schadensersatzanspruch des Arbeitgebers; in Extremfällen kann ordentlich bzw. außerordentlich gekündigt werden.

2. Der Mitarbeiter hat jederzeit auf Verlangen des Arbeitgebers, spätestens aber unaufgefordert bei Beendigung des Arbeitsverhältnisses alles Material, insbesondere alle Unterlagen, Kopien usw. zurückzugeben, die im Zusammenhang mit seiner Tätigkeit für den Arbeitgeber in seinen Besitz gelangt sind. Dem Mitarbeiter steht ein Zurückbehaltungsrecht insoweit nicht zu.

3. Der Mitarbeiter verpflichtet sich durch seine Unterschrift auf einem gesonderten Formblatt das Datengeheimnis gemäß § 5 Bundesdatenschutzgesetz (BDSG) zu wahren. Die Verpflichtung auf das Datengeheimnis ist Bestandteil dieses Vertrages und zwingend als Anlage zu diesem Vertrag zu führen.

§ 10 Speicherung von Daten

Der Mitarbeiter ist im Sinne des Bundesdatenschutzgesetzes darüber unterrichtet worden, dass seine persönlichen Daten im Zusammenhang mit dem Arbeitsverhältnis in einer DV-Anlage gespeichert werden, und erklärt sich damit einverstanden.

§ 11 Ausschluss- und Verfallsfristen

1. Alle Ansprüche aus diesem Arbeitsvertrag und solche, die damit in Verbindung stehen, verfallen, wenn sie nicht innerhalb von 3 Monaten nach Fälligkeit gegenüber der anderen Vertragspartei schriftlich geltend gemacht worden sind.

2. Lehnt die andere Vertragspartei den Anspruch ab oder erklärt sie sich nicht innerhalb von 4 Wochen nach der Geltendmachung des Anspruches, so verfällt dieser, wenn er nicht innerhalb von 3 Monaten nach der Ablehnung oder dem Fristablauf gerichtlich geltend gemacht wird.

§ 12 Sonstige Bestimmungen

1. Änderungen und Ergänzungen dieses Vertrages bedürfen der Schriftform; dies gilt auch für einen Verzicht auf das Schriftformerfordernis selbst.

2. Mündliche Nebenabreden zu diesem Vertrag bestehen nicht.

3. Sollten sich einzelne Bestimmungen dieses Vertrages als unwirksam erweisen, so wird dadurch die Wirksamkeit der übrigen Bestimmungen nicht berührt. Eine ungültige oder unklare Bestimmung ist so zu ersetzen bzw. zu deuten, dass der mit ihr beabsichtigte wirtschaftliche Zweck erreicht wird. Lücken sind dem beabsichtigten wirtschaftlichen Zweck entsprechend zu füllen.

_____
Ort, Datum

_____ _____
Unterschrift Arbeitgeber Unterschrift Mitarbeiter

Vertrags-Check Arbeitsrecht

III. Beginn des Arbeitsverhältnisses, Unternehmen ohne Tarifbindung — Aushilfsarbeitsverträge

1 Ein kurzfristiges Beschäftigungsverhältnis bleibt sozialversicherungsfrei, wenn die folgenden Voraussetzungen erfüllt sind:
a) die Beschäftigung dauert maximal 2 Monate (bei einer Tätigkeit von mindestens 5 Tagen pro Woche innerhalb eines Bemessungszeitraums von 12 Monaten) oder maximal 50 Arbeitstage (innerhalb eines Bemessungszeitraumes von 12 Monaten bei einer Tätigkeit von weniger als 5 Tagen pro Woche);
b) die Tätigkeit wird nicht berufsmäßig ausgeübt. Die Beurteilung der Berufsmäßigkeit ist nicht erforderlich, wenn die wöchentliche Beschäftigung weniger als 15 Stunden beträgt und die monatliche Vergütung derzeit DM 630,--/EUR ...
nicht überschreitet.

2 Tragen Sie hier das Datum ein, an welchem das Arbeitsverhältnis beginnen soll. In der Regel wird dies der 1. Tag eines Monats sein. Soll das Arbeitsverhältnis während des laufenden Monats beginnen, so ist das Arbeitsentgelt im 1. Monat nur anteilig zu zahlen.

3 Hier ist die Funktionsbeschreibung einzufügen, wie z. B. Verwaltungsangestellter, Finanzbuchhalter, Sachbearbeiter oder Ähnliches.

4 Es ist sinnvoll, dem Mitarbeiter einen Aufgabenbereich zuzuweisen, der seine Tätigkeit im Unternehmen beschreibt. Möglich ist aber auch die Bezeichnung der Abteilung.

5 Diese Öffnungsklausel erlaubt es dem Arbeitgeber, den Tätigkeitsbereich zu verändern, ohne dass es einer Änderungskündigung bedarf.

6 Eine kurzfristige Beschäftigung stellt zugleich einen befristeten Arbeitsvertrag dar. Sie müssen daher den Zeitpunkt des Vertragsendes genau bezeichnen.

7 Bezüglich des Arbeitsorts sollte die Vereinbarung möglichst offen gestaltet sein, um den Mitarbeiter flexibel einsetzen zu können.

8 Nach des § 623 Bürgerliches Gesetzbuch (BGB) ist eine mündliche Kündigung unwirksam.

9 Beträgt die Arbeitszeit 15 Wochenstunden oder mehr und/oder wird die monatliche Vergütung von DM 630,--/EUR ... überschritten, müssen Sie prüfen, ob Ihr Mitarbeiter seine Tätigkeit berufsmäßig ausübt. Ihr kurzfristig beschäftigter Mitarbeiter übt seine Tätigkeit dann berufsmäßig aus, wenn diese für ihn nicht von nur untergeordneter wirtschaftlicher Bedeutung ist, er also unter Berücksichtigung seiner gesamten Lebensumstände seinen Lebensunterhalt mit der kurzfristigen Beschäftigung verdient.

---

1 Arbeitsvertrag für kurzfristig Beschäftigte

Zwischen

Kaufhaus Musterstadt GmbH
Marktplatz 9

12345 Musterstadt

nachfolgend „Arbeitgeber" genannt

und

Herrn/Frau
Rudolf Senior
Pensionsgasse 6

12345 Musterstadt

nachfolgend „Mitarbeiter" genannt

wird folgender Arbeitsvertrag geschlossen:

§ 1 Tätigkeitsgebiet, Vertragsdauer

1. Der Mitarbeiter wird mit Wirkung ab dem **01.11.** als **Verkäufer** eingestellt. Das Arbeitsgebiet des Mitarbeiters umfasst folgende Aufgaben: **Verkauf der Waren des Arbeitgebers in verschiedenen Abteilungen, Kundenberatung, Bedienung der Kasse, Bestücken der Regale.**

2. Der Arbeitgeber behält sich vor, dem Mitarbeiter andere angemessene oder zumutbare Tätigkeiten zu übertragen. Der Mitarbeiter verpflichtet sich, diese anderen Arbeiten zu übernehmen. Eine Lohnminderung ist dabei ausgeschlossen.

3. Das Arbeitsverhältnis endet, ohne dass es einer Kündigung bedarf, mit Ablauf des **31.12.**

§ 2 Arbeitsort

Der Mitarbeiter übt seine Tätigkeit am Firmensitz in **Musterstadt** aus. Der Arbeitgeber behält sich vor, den Mitarbeiter auch an einem anderen Ort einzusetzen.

§ 3 Kündigung

Während der Dauer des Arbeitsverhältnisses kann dieses von beiden Parteien mit einer Frist von **2 Wochen** gekündigt werden. Die Kündigung muss schriftlich erfolgen. Das Recht zur außerordentlichen Kündigung aus wichtigem Grund bleibt hiervon unberührt.

§ 4 Arbeitszeit

Die regelmäßige Arbeitszeit beträgt **14,5** Stunden wöchentlich. Sie verteilt sich auf die einzelnen Wochentage wie folgt: **Montag von 14:00 Uhr bis 18:30 Uhr, Mittwoch von 13:30 Uhr bis 18:30 Uhr und Freitag von 13:30 bis 18:30 Uhr.** Der Arbeitgeber behält sich vor, die Einteilung der Arbeitszeit nach vorheriger Ankündigung den betrieblichen Notwendigkeiten anzupassen.

1/3

Kopiervorlage

Arbeitsvertrag

Zwischen

_____
_____

_____

nachfolgend „Arbeitgeber" genannt

und

Herrn/Frau

_____
_____

_____

nachfolgend „Mitarbeiter" genannt

wird folgender Arbeitsvertrag geschlossen:

§ 1 Tätigkeitsgebiet, Vertragsdauer

1. Der Mitarbeiter wird mit Wirkung ab dem _____ als _____ eingestellt. Das Arbeitsgebiet des Mitarbeiters umfasst folgende Aufgaben: _____
_____

2. Der Arbeitgeber behält sich vor, dem Mitarbeiter andere angemessene oder zumutbare Tätigkeiten zu übertragen. Der Mitarbeiter verpflichtet sich, diese anderen Arbeiten zu übernehmen. Eine Lohnminderung ist dabei ausgeschlossen.

3. Das Arbeitsverhältnis endet, ohne dass es einer Kündigung bedarf, mit Ablauf des _____.

§ 2 Arbeitsort

Der Mitarbeiter übt seine Tätigkeit am Firmensitz in _____ aus. Der Arbeitgeber behält sich vor, den Mitarbeiter auch an einem anderen Ort einzusetzen.

§ 3 Kündigung

Während der Dauer des Arbeitsverhältnisses kann dieses von beiden Parteien mit einer Frist von _____ gekündigt werden. Die Kündigung muss schriftlich erfolgen. Das Recht zur außerordentlichen Kündigung aus wichtigem Grund bleibt hiervon unberührt.

§ 4 Arbeitszeit

Die regelmäßige Arbeitszeit beträgt _____ Stunden wöchentlich. Sie verteilt sich auf die einzelnen Wochentage wie folgt: _____
_____ Der Arbeitgeber behält sich vor, die Einteilung der Arbeitszeit nach vorheriger Ankündigung den betrieblichen Notwendigkeiten anzupassen.

Vertrags-Check Arbeitsrecht
III. Beginn des Arbeitsverhältnisses, Unternehmen ohne Tarifbindung
Aushilfsarbeitsverträge

10 In diesem Beispiel wird davon ausgegangen, dass Ihr Mitarbeiter innerhalb des Grenzwertes von DM 630,--/EUR ... verbleibt, eine Prüfung der Berufsmäßigkeit ist damit entbehrlich.

11 Kurzfristige Beschäftigungen können pauschal mit 25 % Lohnsteuer versteuert werden. Dies ist aber nur möglich, wenn auch nach dem Steuerrecht eine kurzfristige Beschäftigung vorliegt. Die ist dann der Fall, wenn die Stundenlohngrenze von (Stand 2000) DM 22,--/EUR ... nicht überschritten wird, der Aushilfsmitarbeiter bei Ihnen nur gelegentlich und nicht regelmäßig wiederkehrend tätig ist, die Aushilfstätigkeit maximal 18 zusammenhängende Arbeitstage dauert und der durchschnittliche Tagesverdienst (Stand 2000) DM 120,--/EUR ... nicht übersteigt. In diesem Beispiel beträgt die Beschäftigungszeit 2 Monate, so dass mehr als 18 zusammenhängende Arbeitstage vorliegen. Damit kann keine pauschale Lohnsteuer abgeführt werden.

12 Bemessungszeitraum für die kurzfristige Beschäftigung ist ein Zeitraum von 12 Monaten. Hierbei handelt es sich nicht um das Kalenderjahr, sondern um die letzten 12 Monate vor Ablauf des Arbeitsvertrags.

13 Ergänzen Sie hier die Anzahl der Urlaubstage, die der Mitarbeiter erhalten soll. Ein Teilzeitmitarbeiter – und hierbei handelt es sich in diesem Beispiel – hat Anspruch auf Urlaub, der jedoch nur anteilig entsteht. Arbeitet der Teilzeitbeschäftigte jeden Tag, so muss er genauso viele Urlaubstage wie ein Vollzeitmitarbeiter einsetzen, um auf die gleiche Urlaubsdauer zu kommen. Arbeitet ein Teilzeitbeschäftigter aber nur an z. B. 3 Tagen pro Woche, so muss er auch nur 3 Tage einsetzen, um die gesamte Woche frei zu erhalten. Bei einer 6-Tage-Woche muss der Teilzeitmitarbeiter also 3/6 des Urlaubs eines Vollzeitmitarbeiters erhalten. Bei einem jährlichen Urlaubsanspruch von 24 Werktagen beläuft sich der Urlaubsanspruch eines Vollzeitmitarbeiters für 2 Monate auf 4 Werktage Urlaub (24 Werktage geteilt durch 12 Monate x 2 Monate). Aufgrund der nur anteiligen Beschäftigung des Mitarbeiters an 3 von 6 Tagen erhält der Mitarbeiter lediglich die Hälfte des anteiligen Urlaubs, also 1 Urlaubstag pro Monat, insgesamt also 2 Urlaubstage.

14 Sie haben als Arbeitgeber das Recht, bereits ab dem 1. Tag der Arbeitsunfähigkeit eine Bescheinigung zu verlangen, § 5 Absatz 1 Entgeltfortzahlungsgesetz (EFZG). Allerdings müssen Sie dies nachweisbar vor einer Erkrankung gefordert haben. Möglich ist also bereits die Festlegung im Arbeitsvertrag.

Arbeitsvertrag für kurzfristig Beschäftigte

§ 5 Vergütung

10 Der Mitarbeiter erhält für seine Tätigkeit <u>DM 630,--/EUR ...</u> brutto pro Monat.

11 Die Versteuerung erfolgt nach den Angaben auf der Lohnsteuerkarte. Sofern die Voraussetzungen nach § 6 dieses Arbeitsvertrags vorliegen, bleibt das Beschäftigungsverhältnis sozialversicherungsfrei. Sofern diese Grenzen überschritten werden, sind zusätzlich Sozialversicherungsbeiträge abzuführen.

Die Zahlung der Vergütung erfolgt bargeldlos am Monatsende. Der Mitarbeiter wird dem Arbeitgeber innerhalb von 10 Tagen nach Beginn des Arbeitsverhältnisses eine Kontoverbindung mitteilen.

§ 6 Nebentätigkeit

12 Der Mitarbeiter bestätigt ausdrücklich, während der letzten 12 Monate vor Ablauf der Befristung dieses Arbeitsvertrags keine weitere kurzfristige Beschäftigung ausgeübt zu haben, durch die die Grenze von zwei Monaten oder 50 Arbeitstagen der Beschäftigung innerhalb des 12-Monats-Zeitraums überschritten wird. Vor Aufnahme einer weiteren entgeltlichen oder unentgeltlichen Tätigkeit ist der Arbeitgeber zu informieren. Jede weitere Tätigkeit, die das Arbeitsverhältnis beeinträchtigt, ist untersagt; im Übrigen ist die Zustimmung des Arbeitgebers erforderlich.

§ 7 Urlaub

13 Der Mitarbeiter hat für den gesamten Zeitraum der Beschäftigung Anspruch auf <u>2</u> Werktage Urlaub, der am Ende der Beschäftigung zu nehmen ist.

§ 8 Arbeitsverhinderung

Der Mitarbeiter ist verpflichtet, dem Arbeitgeber unter Angabe der Gründe jede Arbeitsverhinderung/Arbeitsunfähigkeit und ihre voraussichtliche Dauer unverzüglich mitzuteilen.

Dauert die Arbeitsunfähigkeit infolge Krankheit länger als 3 Kalendertage, muss der Mitarbeiter dem Arbeitgeber spätestens am darauf folgenden Arbeitstag eine ärztliche Bescheinigung über das Bestehen der Arbeitsunfähigkeit und deren voraussichtliche Dauer vorlegen. **14** Der Arbeitgeber ist berechtigt, die Vorlage der ärztlichen Bescheinigung früher zu verlangen. Dauert die Arbeitsunfähigkeit länger als in der Bescheinigung angegeben, so ist der Mitarbeiter verpflichtet, eine neue ärztliche Bescheinigung vorzulegen.

§ 9 Verschwiegenheitspflicht, Rückgabe von Unterlagen und sonstigem Firmeneigentum

1. Der Mitarbeiter ist verpflichtet, über alle ihm bekannten Angelegenheiten, Vorgänge, Verträge und Geschäftsbeziehungen innerhalb und außerhalb des Betriebs und auch nach seinem Ausscheiden aus dem Arbeitsverhältnis Verschwiegenheit zu bewahren. Dazu gehören neben Geschäfts- und Betriebsgeheimnissen auch persönliche Verhältnisse der Mitarbeiter und Vorgesetzten. Ein Verstoß gegen die Verschwiegenheitspflicht führt zu einem Schadensersatzanspruch des Arbeitgebers; in Extremfällen kann ordentlich bzw. außerordentlich gekündigt werden.

2/3

Arbeitsvertrag

§ 5 Vergütung

Der Mitarbeiter erhält für seine Tätigkeit _____ brutto pro Monat.

Die Versteuerung erfolgt nach den Angaben auf der Lohnsteuerkarte. Sofern die Voraussetzungen nach § 6 dieses Arbeitsvertrags vorliegen, bleibt das Beschäftigungsverhältnis sozialversicherungsfrei. Sofern diese Grenzen überschritten werden, sind zusätzlich Sozialversicherungsbeiträge abzuführen.

Die Zahlung der Vergütung erfolgt bargeldlos am Monatsende. Der Mitarbeiter wird dem Arbeitgeber innerhalb von 10 Tagen nach Beginn des Arbeitsverhältnisses eine Kontoverbindung mitteilen.

§ 6 Nebentätigkeit

Der Mitarbeiter bestätigt ausdrücklich, während der letzten 12 Monate vor Ablauf der Befristung dieses Arbeitsvertrags keine weitere kurzfristige Beschäftigung ausgeübt zu haben, durch die die Grenze von zwei Monaten oder 50 Arbeitstagen der Beschäftigung innerhalb des 12-Monats-Zeitraums überschritten wird. Vor Aufnahme einer weiteren entgeltlichen oder unentgeltlichen Tätigkeit ist der Arbeitgeber zu informieren. Jede weitere Tätigkeit, die das Arbeitsverhältnis beeinträchtigt, ist untersagt; im Übrigen ist die Zustimmung des Arbeitgebers erforderlich.

§ 7 Urlaub

Der Mitarbeiter hat für den gesamten Zeitraum der Beschäftigung Anspruch auf ___ Werktage Urlaub, der am Ende der Beschäftigung zu nehmen ist.

§ 8 Arbeitsverhinderung

Der Mitarbeiter ist verpflichtet, dem Arbeitgeber unter Angabe der Gründe jede Arbeitsverhinderung/Arbeitsunfähigkeit und ihre voraussichtliche Dauer unverzüglich mitzuteilen.

Dauert die Arbeitsunfähigkeit infolge Krankheit länger als 3 Kalendertage, muss der Mitarbeiter dem Arbeitgeber spätestens am darauf folgenden Arbeitstag eine ärztliche Bescheinigung über das Bestehen der Arbeitsunfähigkeit und deren voraussichtliche Dauer vorlegen. Der Arbeitgeber ist berechtigt, die Vorlage der ärztlichen Bescheinigung früher zu verlangen. Dauert die Arbeitsunfähigkeit länger als in der Bescheinigung angegeben, so ist der Mitarbeiter verpflichtet, eine neue ärztliche Bescheinigung vorzulegen.

§ 9 Verschwiegenheitspflicht, Rückgabe von Unterlagen und sonstigem Firmeneigentum

1. Der Mitarbeiter ist verpflichtet, über alle ihm bekannten Angelegenheiten, Vorgänge, Verträge und Geschäftsbeziehungen innerhalb und außerhalb des Betriebs und auch nach seinem Ausscheiden aus dem Arbeitsverhältnis Verschwiegenheit zu bewahren. Dazu gehören neben Geschäfts- und Betriebsgeheimnissen auch persönliche Verhältnisse der Mitarbeiter und Vorgesetzten. Ein Verstoß gegen die Verschwiegenheitspflicht führt zu einem Schadensersatzanspruch des Arbeitgebers; in Extremfällen kann ordentlich bzw. außerordentlich gekündigt werden.

Vertrags-Check Arbeitsrecht

III. Beginn des Arbeitsverhältnisses, Unternehmen ohne Tarifbindung
Aushilfsarbeitsverträge

15 Die Speicherung und Verarbeitung von personenbezogenen Daten ist in jedem Betrieb erforderlich. Spätestens bei der Lohnabrechnung (eventuell bei einem mit der Lohnabrechnung beauftragten Steuerberater) müssen Daten des Mitarbeiters in eine DV-Anlage eingegeben und verarbeitet werden.

16 Verfallsklauseln befinden sich sehr häufig auch in Tarifverträgen. Sie haben den Vorteil, dass nach Ablauf der genannten Fristen der Anspruch des Mitarbeiters nicht mehr besteht.

17 Vertragsänderungen sollten Sie zu Beweiszwecken immer schriftlich verfassen.

18 Diese Regelung wird als Teilunwirksamkeitsklausel oder auch salvatorische Klausel bezeichnet. Sie soll verhindern, dass bei einem unwirksamen Teil des Vertrags gleich das gesamte Vertragswerk entfällt. Sie finden diese oder ähnliche Klauseln auch in einer Vielzahl von anderen Verträgen.

Arbeitsvertrag für kurzfristig Beschäftigte

2. Der Mitarbeiter hat jederzeit auf Verlangen des Arbeitgebers, spätestens aber unaufgefordert bei Beendigung des Arbeitsverhältnisses alles Material, insbesondere alle Unterlagen, Kopien etc. zurückzugeben, die im Zusammenhang mit seiner Tätigkeit für den Arbeitgeber in seinen Besitz gelangt sind. Dem Mitarbeiter steht ein Zurückbehaltungsrecht insoweit nicht zu.

3. Der Mitarbeiter verpflichtet sich durch seine Unterschrift auf einem gesonderten Formblatt, das Datengeheimnis gemäß § 5 Bundesdatenschutzgesetz (BDSG) zu wahren. Die Verpflichtung auf das Datengeheimnis ist Bestandteil dieses Vertrags und zwingend als Anlage zu diesem Vertrag zu führen.

15 **§ 10 Speicherung von Daten**
Der Mitarbeiter ist im Sinne des Bundesdatenschutzgesetzes (BDSG) darüber unterrichtet worden, dass seine persönlichen Daten im Zusammenhang mit dem Arbeitsverhältnis in einer DV-Anlage gespeichert werden, und erklärt sich damit einverstanden.

16 **§ 11 Ausschluss- und Verfallsfristen**

1. Alle Ansprüche aus diesem Arbeitsvertrag und solche, die damit in Verbindung stehen, verfallen, wenn sie nicht innerhalb von 3 Monaten nach Fälligkeit gegenüber der anderen Vertragspartei schriftlich geltend gemacht worden sind.

2. Lehnt die andere Vertragspartei den Anspruch ab oder erklärt sie sich nicht innerhalb von 4 Wochen nach der Geltendmachung des Anspruchs, so verfällt dieser, wenn er nicht innerhalb von 3 Monaten nach der Ablehnung oder dem Fristablauf gerichtlich geltend gemacht wird.

§ 12 Sonstige Bestimmungen

17 1. Änderungen und Ergänzungen dieses Vertrags bedürfen der Schriftform; dies gilt auch für einen Verzicht auf das Schriftformerfordernis selbst.

2. Mündliche Nebenabreden zu diesem Vertrag bestehen nicht.

18 3. Sollten sich einzelne Bestimmungen dieses Vertrags als unwirksam erweisen, so wird dadurch die Wirksamkeit der übrigen Bestimmungen nicht berührt. Eine ungültige oder unklare Bestimmung ist so zu ersetzen bzw. zu deuten, dass der mit ihr beabsichtigte wirtschaftliche Zweck erreicht wird. Lücken sind dem beabsichtigten wirtschaftlichen Zweck entsprechend zu füllen.

Musterstadt, 25.09.
Ort, Datum

Claus Rost,
Geschäftsführer
Unterschrift Arbeitgeber

Rudolf Senior
Unterschrift Mitarbeiter

Kopiervorlage

Arbeitsvertrag

2. Der Mitarbeiter hat jederzeit auf Verlangen des Arbeitgebers, spätestens aber unaufgefordert bei Beendigung des Arbeitsverhältnisses alles Material, insbesondere alle Unterlagen, Kopien etc. zurückzugeben, die im Zusammenhang mit seiner Tätigkeit für den Arbeitgeber in seinen Besitz gelangt sind. Dem Mitarbeiter steht ein Zurückbehaltungsrecht insoweit nicht zu.

3. Der Mitarbeiter verpflichtet sich durch seine Unterschrift auf einem gesonderten Formblatt, das Datengeheimnis gemäß § 5 Bundesdatenschutzgesetz (BDSG) zu wahren. Die Verpflichtung auf das Datengeheimnis ist Bestandteil dieses Vertrags und zwingend als Anlage zu diesem Vertrag zu führen.

§ 10 Speicherung von Daten

Der Mitarbeiter ist im Sinne des Bundesdatenschutzgesetzes (BDSG) darüber unterrichtet worden, dass seine persönlichen Daten im Zusammenhang mit dem Arbeitsverhältnis in einer DV-Anlage gespeichert werden, und erklärt sich damit einverstanden.

§ 11 Ausschluss- und Verfallsfristen

1. Alle Ansprüche aus diesem Arbeitsvertrag und solche, die damit in Verbindung stehen, verfallen, wenn sie nicht innerhalb von 3 Monaten nach Fälligkeit gegenüber der anderen Vertragspartei schriftlich geltend gemacht worden sind.

2. Lehnt die andere Vertragspartei den Anspruch ab oder erklärt sie sich nicht innerhalb von 4 Wochen nach der Geltendmachung des Anspruchs, so verfällt dieser, wenn er nicht innerhalb von 3 Monaten nach der Ablehnung oder dem Fristablauf gerichtlich geltend gemacht wird.

§ 12 Sonstige Bestimmungen

1. Änderungen und Ergänzungen dieses Vertrags bedürfen der Schriftform; dies gilt auch für einen Verzicht auf das Schriftformerfordernis selbst.

2. Mündliche Nebenabreden zu diesem Vertrag bestehen nicht.

3. Sollten sich einzelne Bestimmungen dieses Vertrags als unwirksam erweisen, so wird dadurch die Wirksamkeit der übrigen Bestimmungen nicht berührt. Eine ungültige oder unklare Bestimmung ist so zu ersetzen bzw. zu deuten, dass der mit ihr beabsichtigte wirtschaftliche Zweck erreicht wird. Lücken sind dem beabsichtigten wirtschaftlichen Zweck entsprechend zu füllen.

Ort, Datum

Unterschrift Arbeitgeber Unterschrift Mitarbeiter

Vertrags-Check Arbeitsrecht

III. Beginn des Arbeitsverhältnisses, Unternehmen ohne Tarifbindung
Aushilfsarbeitsverträge

[1] Ein Abrufarbeitsvertrag ist in den Grenzen des Beschäftigungsförderungsgesetzes (BeschFG) zulässig. In § 4 BeschFG werden die Mindestbedingungen festgelegt. Diese sind in diesem Abrufarbeitsvertrag berücksichtigt. Zudem wird hier davon ausgegangen, dass es sich nicht um ein geringfügiges Beschäftigungsverhältnis handelt.

[2] Tragen Sie hier das Datum ein, an welchem das Arbeitsverhältnis beginnen soll. In der Regel wird dies der erste Tag eines Monats sein. Soll das Arbeitsverhältnis während des laufenden Monats beginnen, so ist das Arbeitsentgelt im 1. Monat nur anteilig zu zahlen.

[3] Die Festschreibung eines bestimmten Bereiches ist sinnvoll, wenn mehrere Abteilungen mit unterschiedlichen Aufgabenbereichen bestehen. Tragen Sie z. B. ein: Buchhaltung, Sekretariat, Postausgang, Produktion und Ähnliches.

[4] Auch bezüglich des Arbeitsorts sollte die Vereinbarung möglichst offen gestaltet sein, um den Mitarbeiter flexibel einsetzen zu können.

[5] Sofern Sie eine Stundenzahl nicht festlegen, gilt gemäß § 4 Absatz 1 BeschFG eine wöchentliche Arbeitszeit von 10 Stunden als vereinbart.

[6] Die Arbeitszeit kann im Rahmen eines Abrufarbeitsvertrags von Ihnen als Arbeitgeber einseitig festgelegt werden. Allerdings legt das Beschäftigungsförderungsgesetz fest, dass die Arbeitszeit mindestens 4 Tage im Voraus festzulegen ist.

[7] Auch die Mindestbeschäftigungsdauer pro abgerufenem Arbeitstag ist im Beschäftigungsförderungsgesetz festgelegt. Für weniger als 3 Stunden darf ein Abrufmitarbeiter pro Tag nicht eingesetzt werden.

---

[1] Stunden-Abrufarbeitsvertrag

Zwischen

Dietrichsen & Scholl GbR
Leitungsplatz 6

12345 Musterstadt

nachfolgend „Arbeitgeber" genannt

und

Herrn/Frau
Frederike Blumen
Kirchweg 96

12345 Musterstadt

nachfolgend „Mitarbeiter" genannt.

§ 1 Beginn des Arbeitsverhältnisses

[2] 1. Das Arbeitsverhältnis beginnt am **01.06.**

2. Die ersten 6 Monate gelten als Probezeit mit 2-wöchiger Kündigungsfrist. Wird nach der Probezeit gekündigt, so gelten die Kündigungsfristen gemäß § 7 dieses Vertrags.

§ 2 Tätigkeitsgebiet, Ort der Tätigkeit

[3] 1. Der Mitarbeiter wird als Aushilfe für den Bereich **Mitarbeiterin im Call Center** eingestellt.

[4] 2. Der Mitarbeiter übt seine Tätigkeit am Firmensitz in **Musterstadt** aus. Der Arbeitgeber behält sich vor, den Mitarbeiter auch an einem anderen Ort einzusetzen.

§ 3 Arbeitszeit

[5] 1. Die wöchentliche Arbeitszeit beträgt **16** Stunden.

[6] 2. Der Einsatz des Mitarbeiters erfolgt nach den betrieblichen Erfordernissen und wird vom Arbeitgeber bis Donnerstag der laufenden Woche für die kommende Woche, mindestens jedoch 4 Tage vorher festgelegt. Der Arbeitgeber bestimmt, an welchen Tagen der Mitarbeiter seine Arbeit zu leisten hat. Er bestimmt auch den Beginn und das Ende der Arbeitszeit an den einzelnen Tagen.

[7] 3. Die tägliche Dauer der Arbeitszeit beträgt mindestens 3 Stunden.

1/3

Kopiervorlage

Abrufarbeitsvertrag

Zwischen

_____
_____

_____

nachfolgend „Arbeitgeber" genannt

und

Herrn/Frau

_____
_____

_____

nachfolgend „Mitarbeiter" genannt.

§ 1 Beginn des Arbeitsverhältnisses

1. Das Arbeitsverhältnis beginnt am _____

2. Die ersten 6 Monate gelten als Probezeit mit 2-wöchiger Kündigungsfrist. Wird nach der Probezeit gekündigt, so gelten die Kündigungsfristen gemäß § 7 dieses Vertrags.

§ 2 Tätigkeitsgebiet, Ort der Tätigkeit

1. Der Mitarbeiter wird als Aushilfe für den Bereich _____ eingestellt.

2. Der Mitarbeiter übt seine Tätigkeit am Firmensitz in _____ aus. Der Arbeitgeber behält sich vor, den Mitarbeiter auch an einem anderen Ort einzusetzen.

§ 3 Arbeitszeit

1. Die wöchentliche Arbeitszeit beträgt ___ Stunden.

2. Der Einsatz des Mitarbeiters erfolgt nach den betrieblichen Erfordernissen und wird vom Arbeitgeber bis Donnerstag der laufenden Woche für die kommende Woche, mindestens jedoch 4 Tage vorher festgelegt. Der Arbeitgeber bestimmt, an welchen Tagen der Mitarbeiter seine Arbeit zu leisten hat. Er bestimmt auch den Beginn und das Ende der Arbeitszeit an den einzelnen Tagen.

3. Die tägliche Dauer der Arbeitszeit beträgt mindestens 3 Stunden.

Vertrags-Check Arbeitsrecht

III. Beginn des Arbeitsverhältnisses, Unternehmen ohne Tarifbindung
Aushilfsarbeitsverträge

8 Tragen Sie hier den Bruttostundensatz ein.

9 Sie haben als Arbeitgeber das Recht, bereits ab dem 1. Tag der Arbeitsunfähigkeit eine Bescheinigung zu verlangen, § 5 Absatz 1 Entgeltfortzahlungsgesetz (EFZG). Allerdings müssen Sie dies nachweisbar bereits vor einer Erkrankung gefordert haben. Möglich ist also bereits die Festlegung im Arbeitsvertrag.

10 Gemäß EFZG geht die Forderung gegenüber einem Dritten auch ohne gesonderte Abtretung auf Sie über, sofern Sie Entgeltfortzahlung geleistet haben. Diese Klausel dient daher nur der Klarstellung gegenüber dem Mitarbeiter, dass durch die Entgeltfortzahlung der Anspruch auf Schadensersatz in Höhe der geleisteten Entgeltzahlung auf Sie als Arbeitgeber übergeht.

11 Ergänzen Sie hier die Zahl der Urlaubstage, die der Mitarbeiter erhalten soll. Ein Teilzeitmitarbeiter hat Anspruch auf Urlaub, der jedoch nur anteilig entsteht. Bei einem Abrufarbeitsverhältnis steht nicht fest, wie viele Tage pro Woche der Mitarbeiter tätig sein wird. Aus diesem Grund ist eine Festlegung der genauen Urlaubstage im Arbeitsvertrag wenig sinnvoll. Wichtig ist, dass Ihr Abrufmitarbeiter als Teilzeitmitarbeiter nach der gesetzlichen Regelung mindestens 4 Wochen Urlaub hat. Abhängig davon, wie viele Wochentage Ihr Abrufmitarbeiter durchschnittlich bei Ihnen tätig ist, ist Urlaub zu gewähren. Dieser berechnet sich dann wie folgt: Arbeitet der Abrufmitarbeiter jeden Tag, so muss er genauso viele Urlaubstage wie ein Vollzeitmitarbeiter einsetzen, um auf die gleiche Urlaubsdauer zu kommen. Arbeitet ein Abrufmitarbeiter aber durchschnittlich nur an z. B. 2 Tagen pro Woche, so muss er auch nur 2 Tage einsetzen, um die gesamte Woche frei zu erhalten. Bei einer 6-Tage-Woche muss der Abrufmitarbeiter also 2/6 des Urlaubs eines Vollzeitmitarbeiters erhalten.

12 Nach § 623 Bürgerliches Gesetzbuch (BGB) ist eine mündliche Kündigung unwirksam.

13 Die Klausel über die Verschwiegenheitsverpflichtung des Abrufmitarbeiters ist entbehrlich, wenn dieser keinen Kontakt mit Betriebsgeheimnissen haben kann.

Stunden-Abrufarbeitsvertrag

§ 4 Vergütung

8 1. Der Mitarbeiter erhält einen Stundensatz in Höhe von <u>DM 18,–/EUR …</u> brutto.

2. Die Vergütung wird jeweils am Ende des Monats gezahlt. Der Mitarbeiter erklärt sich damit einverstanden, dass sein Gehalt auf ein von ihm zu benennendes Bank- oder Postbankkonto überwiesen wird.

§ 5 Arbeitsverhinderung, Vergütungsfortzahlung im Krankheitsfall

1. Der Mitarbeiter ist verpflichtet, dem Arbeitgeber jede Arbeitsverhinderung und ihre voraussichtliche Dauer unverzüglich mitzuteilen.

9 2. Im Falle der Arbeitsunfähigkeit infolge Krankheit ist der Mitarbeiter verpflichtet, vor Ablauf des 3. Kalendertages nach Beginn der Arbeitsunfähigkeit eine ärztliche Bescheinigung darüber sowie über deren voraussichtliche Dauer vorzulegen. Bei einer über den angegebenen Zeitraum hinausgehenden Erkrankung ist eine Folgebescheinigung innerhalb von weiteren 3 Tagen nach Ablauf der vorangegangenen einzureichen.

3. Ist der Mitarbeiter an der Arbeitsleistung infolge von auf unverschuldeter Krankheit beruhender Arbeitsunfähigkeit verhindert, leistet der Arbeitgeber Fortzahlung der Vergütung nach Maßgabe des Entgeltfortzahlungsgesetzes.

10 4. Wird der Mitarbeiter durch Handlungen eines Dritten arbeitsunfähig, gehen die dem Mitarbeiter gegenüber dem Dritten zustehenden Schadensersatzansprüche wegen Verdienstausfalls in der Höhe auf den Arbeitgeber über, in welcher der Arbeitgeber während der Zeit der Arbeitsunfähigkeit Entgeltfortzahlung geleistet hat.

§ 6 Urlaub

11 1. Der Mitarbeiter hat Anspruch auf einen jährlichen Erholungsurlaub von anteilig <u>24</u> Werktagen.

2. Der Urlaub wird im Einvernehmen mit dem Arbeitgeber unter Berücksichtigung der betrieblichen Belange festgelegt.

3. Es gelten die Vorschriften des Bundesurlaubsgesetzes, einzusehen im Personalbüro.

§ 7 Kündigung

1. Das Arbeitsverhältnis kann von beiden Parteien unter Einhaltung der gesetzlichen Kündigungsfristen gekündigt werden.

12 2. Die Kündigung hat in jedem Falle schriftlich zu erfolgen.

13 #### § 8 Verschwiegenheitspflicht, Rückgabe von Unterlagen und sonstigem Firmeneigentum

1. Der Mitarbeiter ist verpflichtet, über alle ihm bekannten Angelegenheiten, Vorgänge, Verträge und Geschäftsbeziehungen innerhalb und außerhalb des Betriebs und auch nach seinem Ausscheiden aus dem Anstellungsverhältnis Verschwiegenheit zu bewahren.

Kopiervorlage

2/3

Abrufarbeitsvertrag

§ 4 Vergütung

1. Der Mitarbeiter erhält einen Stundensatz in Höhe von _____ brutto.

2. Die Vergütung wird jeweils am Ende des Monats gezahlt. Der Mitarbeiter erklärt sich damit einverstanden, dass sein Gehalt auf ein von ihm zu benennendes Bank- oder Postbankkonto überwiesen wird.

§ 5 Arbeitsverhinderung, Vergütungsfortzahlung im Krankheitsfall

1. Der Mitarbeiter ist verpflichtet, dem Arbeitgeber jede Arbeitsverhinderung und ihre voraussichtliche Dauer unverzüglich mitzuteilen.

2. Im Falle der Arbeitsunfähigkeit infolge Krankheit ist der Mitarbeiter verpflichtet, vor Ablauf des 3. Kalendertages nach Beginn der Arbeitsunfähigkeit eine ärztliche Bescheinigung darüber sowie über deren voraussichtliche Dauer vorzulegen. Bei einer über den angegebenen Zeitraum hinausgehenden Erkrankung ist eine Folgebescheinigung innerhalb von weiteren 3 Tagen nach Ablauf der vorangegangenen einzureichen.

3. Ist der Mitarbeiter an der Arbeitsleistung infolge von auf unverschuldeter Krankheit beruhender Arbeitsunfähigkeit verhindert, leistet der Arbeitgeber Fortzahlung der Vergütung nach Maßgabe des Entgeltfortzahlungsgesetzes.

4. Wird der Mitarbeiter durch Handlungen eines Dritten arbeitsunfähig, gehen die dem Mitarbeiter gegenüber dem Dritten zustehenden Schadensersatzansprüche wegen Verdienstausfalls in der Höhe auf den Arbeitgeber über, in welcher der Arbeitgeber während der Zeit der Arbeitsunfähigkeit Entgeltfortzahlung geleistet hat.

§ 6 Urlaub

1. Der Mitarbeiter hat Anspruch auf einen jährlichen Erholungsurlaub von anteilig ___ Werktagen.

2. Der Urlaub wird im Einvernehmen mit dem Arbeitgeber unter Berücksichtigung der betrieblichen Belange festgelegt.

3. Es gelten die Vorschriften des Bundesurlaubsgesetzes, einzusehen im Personalbüro.

§ 7 Kündigung

1. Das Arbeitsverhältnis kann von beiden Parteien unter Einhaltung der gesetzlichen Kündigungsfristen gekündigt werden.

2. Die Kündigung hat in jedem Falle schriftlich zu erfolgen.

§ 8 Verschwiegenheitspflicht, Rückgabe von Unterlagen und sonstigem Firmeneigentum

1. Der Mitarbeiter ist verpflichtet, über alle ihm bekannten Angelegenheiten, Vorgänge, Verträge und Geschäftsbeziehungen innerhalb und außerhalb des Betriebs und auch nach seinem Ausscheiden aus dem Anstellungsverhältnis Verschwiegenheit zu bewahren.

Vertrags-Check Arbeitsrecht

III. Beginn des Arbeitsverhältnisses, Unternehmen ohne Tarifbindung
Aushilfsarbeitsverträge

14 Die Speicherung und Verarbeitung von personenbezogenen Daten ist in jedem Betrieb erforderlich. Spätestens bei der Lohnabrechnung (eventuell bei einem mit der Lohnabrechnung beauftragten Steuerberater) müssen Daten des Mitarbeiters in eine DV-Anlage eingegeben und verarbeitet werden.

15 Verfallsklauseln finden sich sehr häufig auch in Tarifverträgen. Sie haben den Vorteil, dass nach Ablauf der genannten Fristen der Anspruch des Mitarbeiters nicht mehr besteht.

16 Vertragsänderungen sollten Sie zu Beweiszwecken immer schriftlich verfassen.

Stunden-Abrufarbeitsvertrag

2. Dazu gehören neben Geschäfts- und Betriebsgeheimnissen auch persönliche Verhältnisse der Mitarbeiter und Vorgesetzten.

3. Ein Verstoß gegen die Verschwiegenheitspflicht führt zu einem Schadensersatzanspruch des Arbeitgebers; in Extremfällen kann ordentlich bzw. außerordentlich gekündigt werden.

4. Der Mitarbeiter hat jederzeit auf Verlangen des Arbeitgebers, spätestens aber unaufgefordert bei Beendigung des Arbeitsverhältnisses alles Material, insbesondere alle Unterlagen, Kopien etc. zurückzugeben, die im Zusammenhang mit seiner Tätigkeit für den Arbeitgeber in seinen Besitz gelangt sind. Dem Mitarbeiter steht ein Zurückbehaltungsrecht insoweit nicht zu.

5. Der Mitarbeiter verpflichtet sich durch seine Unterschrift auf einem gesonderten Formblatt, das Datengeheimnis gemäß § 5 Bundesdatenschutzgesetz (BDSG) zu wahren. Die Verpflichtung auf das Datengeheimnis ist Bestandteil dieses Vertrags und zwingend als Anlage zu diesem Vertrag zu führen.

14 **§ 9 Speicherung von Daten**

Der Mitarbeiter ist im Sinne des Bundesdatenschutzgesetzes (BDSG) darüber unterrichtet worden, dass seine persönlichen Daten im Zusammenhang mit dem Anstellungsverhältnis in einer DV-Anlage gespeichert werden, und erklärt sich damit einverstanden.

15 **§ 10 Ausschluss- und Verfallsfristen**

1. Alle Ansprüche aus diesem Anstellungsvertrag und solche, die damit in Verbindung stehen, verfallen, wenn sie nicht innerhalb von 3 Monaten nach Fälligkeit gegenüber der anderen Vertragspartei schriftlich geltend gemacht worden sind.

2. Lehnt die andere Vertragspartei den Anspruch ab oder erklärt sie sich nicht innerhalb von 4 Wochen nach der Geltendmachung des Anspruchs, so verfällt dieser, wenn er nicht innerhalb von drei Monaten nach der Ablehnung oder dem Fristablauf gerichtlich geltend gemacht wird.

§ 11 Sonstige Bestimmungen

16 1. Änderungen und Ergänzungen dieses Vertrags bedürfen der Schriftform; dies gilt auch für einen Verzicht auf das Schriftformerfordernis selbst.

2. Mündliche Nebenabreden zu diesem Vertrag bestehen nicht.

Musterstadt, 15.05.
Ort, Datum

Dietrichsen & Scholl   Frederike Blumen
Unterschrift Arbeitgeber   Unterschrift Mitarbeiter

Kopiervorlage

Abrufarbeitsvertrag

2. Dazu gehören neben Geschäfts- und Betriebsgeheimnissen auch persönliche Verhältnisse der Mitarbeiter und Vorgesetzten.

3. Ein Verstoß gegen die Verschwiegenheitspflicht führt zu einem Schadensersatzanspruch des Arbeitgebers; in Extremfällen kann ordentlich bzw. außerordentlich gekündigt werden.

4. Der Mitarbeiter hat jederzeit auf Verlangen des Arbeitgebers, spätestens aber unaufgefordert bei Beendigung des Arbeitsverhältnisses alles Material, insbesondere alle Unterlagen, Kopien etc. zurückzugeben, die im Zusammenhang mit seiner Tätigkeit für den Arbeitgeber in seinen Besitz gelangt sind. Dem Mitarbeiter steht ein Zurückbehaltungsrecht insoweit nicht zu.

5. Der Mitarbeiter verpflichtet sich durch seine Unterschrift auf einem gesonderten Formblatt, das Datengeheimnis gemäß § 5 Bundesdatenschutzgesetz (BDSG) zu wahren. Die Verpflichtung auf das Datengeheimnis ist Bestandteil dieses Vertrags und zwingend als Anlage zu diesem Vertrag zu führen.

§ 9 Speicherung von Daten

Der Mitarbeiter ist im Sinne des Bundesdatenschutzgesetzes (BDSG) darüber unterrichtet worden, dass seine persönlichen Daten im Zusammenhang mit dem Anstellungsverhältnis in einer DV-Anlage gespeichert werden, und erklärt sich damit einverstanden.

§ 10 Ausschluss- und Verfallsfristen

1. Alle Ansprüche aus diesem Anstellungsvertrag und solche, die damit in Verbindung stehen, verfallen, wenn sie nicht innerhalb von 3 Monaten nach Fälligkeit gegenüber der anderen Vertragspartei schriftlich geltend gemacht worden sind.

2. Lehnt die andere Vertragspartei den Anspruch ab oder erklärt sie sich nicht innerhalb von 4 Wochen nach der Geltendmachung des Anspruchs, so verfällt dieser, wenn er nicht innerhalb von drei Monaten nach der Ablehnung oder dem Fristablauf gerichtlich geltend gemacht wird.

§ 11 Sonstige Bestimmungen

1. Änderungen und Ergänzungen dieses Vertrags bedürfen der Schriftform; dies gilt auch für einen Verzicht auf das Schriftformerfordernis selbst.

2. Mündliche Nebenabreden zu diesem Vertrag bestehen nicht.

_____
Ort, Datum

_____   _____
Unterschrift Arbeitgeber   Unterschrift Mitarbeiter

Vertrags-Check Arbeitsrecht

III. Beginn des Arbeitsverhältnisses, Unternehmen ohne Tarifbindung
Aushilfsarbeitsverträge

1 Die Beschäftigung von Schülern im Rahmen von Aushilfsverträgen unterliegt den besonderen Regeln des Jugendarbeitsschutzgesetzes (JArbSchG). Hiernach dürfen Kinder, die noch nicht 15 Jahre alt sind (§ 5 Absatz 1 i. V. m. § 2 Absatz 1 JArbSchG), grundsätzlich nicht beschäftigt werden. Lediglich leichte und für Kinder geeignete Tätigkeiten dürfen mit Einwilligung der Eltern bereits von Kindern ab 13 Jahren ausgeübt werden. Hierbei handelt es sich um das Austragen von Zeitungen, Zeitschriften, Werbezetteln, Botengänge, Reinigungsarbeiten, Babysitten und Ähnliches. Grundlage des hier vorgestellten Schülerarbeitsvertrages ist die Beschäftigung eines Jugendlichen (15 bis 18 Jahre alt).

2 Bei einer Beschäftigungsdauer von weniger als einem Monat hat der Schüler keinen Anspruch auf Urlaub. Gemäß § 5 Bundesurlaubsgesetz entsteht ein Urlaubsanspruch nur für volle Monate des Beschäftigungsverhältnisses.

3 Diese Öffnungsklausel erlaubt es dem Arbeitgeber, den Tätigkeitsbereich zu verändern, ohne dass es einer Änderungskündigung bedarf.

4 Bezüglich des Arbeitsortes sollte die Vereinbarung möglichst offen gestaltet sein, um den Schüler flexibel einsetzen zu können.

5 Gemäß § 622 Absatz 5 Ziffer 1 BGB dürfen Sie kürzere als die gesetzlichen Kündigungsfristen vereinbaren, wenn ein Beschäftigungsverhältnis höchstens 3 Monate dauert.

6 Nach der Neuregelung des § 623 Bürgerliches Gesetzbuch (BGB) ist eine mündliche Kündigung unwirksam.

---

1 Schülerarbeitsvertrag

Zwischen

Bernhard Tänzer GmbH
Tangogasse 9-16

12345 Musterstadt

nachfolgend „Arbeitgeber" genannt

und

Timo Lange
Pennyallee 69

12345 Musterstadt

nachfolgend „Schüler" genannt

wird folgender Arbeitsvertrag geschlossen:

§ 1 Vertragsgegenstand

1. Der Schüler wird mit Wirkung ab dem **26.06.** als Aushilfskraft im Verkaufslager eingestellt. Das Arbeitsverhältnis endet, ohne dass es einer Kündigung bedarf, am **20.07.** Der Beschäftigungszeitraum liegt in den Sommerferien des Schülers. Das Arbeitsgebiet des Schülers umfasst folgende Aufgaben: Zusammenstellen der Waren für einzelne Kundenaufträge, Eingeben der Aufträge in das EDV-System, Ausdrucken des Lieferscheins und Befördern zur Versandabteilung.

2. Der Arbeitgeber behält sich vor, dem Schüler andere angemessene oder zumutbare Tätigkeiten zu übertragen. Der Schüler verpflichtet sich, diese anderen Arbeiten zu übernehmen. Eine Lohnminderung ist dabei ausgeschlossen.

§ 2 Arbeitsort

Der Schüler übt seine Tätigkeit am Firmensitz in Musterstadt aus. Der Arbeitgeber behält sich vor, den Schüler auch an einem anderen Ort einzusetzen.

§ 3 Kündigung

Das Arbeitsverhältnis kann während der Befristungsdauer mit einer Frist von 3 Kalendertagen ordentlich gekündigt werden. Das Recht zur außerordentlichen Kündigung aus wichtigem Grund bleibt unberührt. Die Kündigung hat schriftlich zu erfolgen.

1/3

Kopiervorlage

Schülerarbeitsvertrag

Zwischen

_____
_____

_____

nachfolgend „Arbeitgeber" genannt

und

_____
_____

_____

nachfolgend „Schüler" genannt

wird folgender Arbeitsvertrag geschlossen:

§ 1 Vertragsgegenstand

1. Der Schüler wird mit Wirkung ab dem _____ als Aushilfskraft im Verkaufslager eingestellt. Das Arbeitsverhältnis endet, ohne dass es einer Kündigung bedarf, am _____. Der Beschäftigungszeitraum liegt in den Sommerferien des Schülers. Das Arbeitsgebiet des Schülers umfasst folgende Aufgaben: _____
_____
_____

2. Der Arbeitgeber behält sich vor, dem Schüler andere angemessene oder zumutbare Tätigkeiten zu übertragen. Der Schüler verpflichtet sich, diese anderen Arbeiten zu übernehmen. Eine Lohnminderung ist dabei ausgeschlossen.

§ 2 Arbeitsort

Der Schüler übt seine Tätigkeit am Firmensitz in _____ aus. Der Arbeitgeber behält sich vor, den Schüler auch an einem anderen Ort einzusetzen.

§ 3 Kündigung

Das Arbeitsverhältnis kann während der Befristungsdauer mit einer Frist von 3 Kalendertagen ordentlich gekündigt werden. Das Recht zur außerordentlichen Kündigung aus wichtigem Grund bleibt unberührt. Die Kündigung hat schriftlich zu erfolgen.

Vertrags-Check Arbeitsrecht

III. Beginn des Arbeitsverhältnisses, Unternehmen ohne Tarifbindung
Aushilfsarbeitsverträge

7 Jugendliche dürfen pro Tag nicht länger als 8 und pro Woche nicht länger als 40 Stunden beschäftigt werden.

8 Sie dürfen einen Jugendlichen maximal an 5 Wochentagen beschäftigen.

9 Beträgt die Arbeitszeit mehr als 6 Stunden, so müssen Sie Jugendlichen eine Pause von mindestens 60 Minuten gewähren, § 11 JArbSchG. Hierbei muss die erste Pause nach einer Beschäftigungsdauer von maximal 4 Stunden liegen.

10 Schüler haben in der Regel Anspruch auf Steuerfreistellung, es sei denn, sie haben anderweitige steuerpflichtige Einkünfte (z. B. aus umfangreichem Kapitalvermögen oder einer Rente). Sozialversicherungsbeiträge fallen nicht an, sofern es sich nur um eine kurzfristige Beschäftigung von höchstens 50 Arbeitstagen handelt.

11 Bemessungszeitraum für die kurzfristige Beschäftigung ist ein Zeitraum von 12 Monaten. Hierbei handelt es sich nicht um das Kalenderjahr, sondern um die letzten 12 Monate vor Ablauf des Arbeitsvertrages.

12 Das Arbeitsverhältnis besteht in diesem Beispielsfall weniger als 4 Wochen. Entgeltfortzahlung schulden Sie als Arbeitgeber aber erst nach 4-wöchiger Dauer des Arbeitsverhältnisses. Insofern bedarf es keines Nachweises über die Erkrankung des Schülers.

13 Die Speicherung und Verarbeitung von personenbezogenen Daten ist in jedem Betrieb erforderlich. Spätestens bei der Lohnabrechnung (eventuell bei einem mit der Lohnabrechnung beauftragten Steuerberater) müssen Daten des Schülers in eine DV-Anlage eingegeben und verarbeitet werden.

Schülerarbeitsvertrag

§ 4 Arbeitszeit

7 Die tägliche Arbeitszeit beträgt <u>8</u> Stunden. Sie verteilt sich auf die einzelnen Wochentage wie folgt: <u>Montag bis Freitag von 08:00 Uhr bis 17:00 Uhr.</u> Die Arbeitszeit wird durch eine Pause in der Zeit **8**
9 von <u>12:00 Uhr bis 13:00 Uhr</u> unterbrochen. Der Arbeitgeber behält sich vor, die Einteilung der Arbeitszeit nach vorheriger Ankündigung den betrieblichen Notwendigkeiten anzupassen.

§ 5 Vergütung

10 Der Schüler erhält einen Stundenlohn von <u>DM 15,--/EUR...</u> brutto pro Stunde. Es werden nur die tatsächlich geleisteten Stunden bezahlt. Sofern der Schüler eine Steuerfreistellungserklärung des örtlichen Finanzamtes vorlegt, ist der Arbeitslohn steuerfrei. Sozialversicherungsbeiträge fallen nicht an, sofern es sich um eine kurzfristige Beschäftigung nach Maßgabe des § 6 dieses Arbeitsvertrages handelt.

§ 6 Nebentätigkeit

11 Der Schüler bestätigt ausdrücklich, während der letzten 12 Monate vor Ablauf der Befristung dieses Arbeitsvertrages keine weitere kurzfristige Beschäftigung ausgeübt zu haben, durch die die Grenze von 2 Monaten oder 50 Arbeitstagen der Beschäftigung innerhalb des 12-Monats-Zeitraumes überschritten wird. Vor Aufnahme einer weiteren entgeltlichen oder unentgeltlichen Tätigkeit ist der Arbeitgeber zu informieren. Jede weitere Tätigkeit, die das Arbeitsverhältnis beeinträchtigt, ist untersagt.

§ 7 Arbeitsverhinderung

12 Der Schüler ist verpflichtet, dem Arbeitgeber unter Angabe der Gründe jede Arbeitsverhinderung/Arbeitsunfähigkeit und ihre voraussichtliche Dauer unverzüglich mitzuteilen.

§ 8 Verschwiegenheitspflicht

Der Schüler ist verpflichtet, über alle ihm bekannten Angelegenheiten, Vorgänge, Verträge und Geschäftsbeziehungen innerhalb und außerhalb des Betriebes und auch nach seinem Ausscheiden aus dem Arbeitsverhältnis Verschwiegenheit zu bewahren.

§ 9 Speicherung von Daten

13 Der Schüler ist im Sinne des Bundesdatenschutzgesetzes (BDSG) darüber unterrichtet worden, dass seine persönlichen Daten im Zusammenhang mit dem Arbeitsverhältnis in einer DV-Anlage gespeichert werden, und erklärt sich damit einverstanden.

2/3

Kopiervorlage

Schülerarbeitsvertrag

§ 4 Arbeitszeit

Die tägliche Arbeitszeit beträgt __ Stunden. Sie verteilt sich auf die einzelnen Wochentage wie folgt: _____ Die Arbeitszeit wird durch eine Pause in der Zeit von _____ unterbrochen. Der Arbeitgeber behält sich vor, die Einteilung der Arbeitszeit nach vorheriger Ankündigung den betrieblichen Notwendigkeiten anzupassen.

§ 5 Vergütung

Der Schüler erhält einen Stundenlohn von _____ brutto pro Stunde. Es werden nur die tatsächlich geleisteten Stunden bezahlt. Sofern der Schüler eine Steuerfreistellungserklärung des örtlichen Finanzamtes vorlegt, ist der Arbeitslohn steuerfrei. Sozialversicherungsbeiträge fallen nicht an, sofern es sich um eine kurzfristige Beschäftigung nach Maßgabe des § 6 dieses Arbeitsvertrages handelt.

§ 6 Nebentätigkeit

Der Schüler bestätigt ausdrücklich, während der letzten 12 Monate vor Ablauf der Befristung dieses Arbeitsvertrages keine weitere kurzfristige Beschäftigung ausgeübt zu haben, durch die die Grenze von 2 Monaten oder 50 Arbeitstagen der Beschäftigung innerhalb des 12-Monats-Zeitraumes überschritten wird. Vor Aufnahme einer weiteren entgeltlichen oder unentgeltlichen Tätigkeit ist der Arbeitgeber zu informieren. Jede weitere Tätigkeit, die das Arbeitsverhältnis beeinträchtigt, ist untersagt.

§ 7 Arbeitsverhinderung

Der Schüler ist verpflichtet, dem Arbeitgeber unter Angabe der Gründe jede Arbeitsverhinderung/Arbeitsunfähigkeit und ihre voraussichtliche Dauer unverzüglich mitzuteilen.

§ 8 Verschwiegenheitspflicht

Der Schüler ist verpflichtet, über alle ihm bekannten Angelegenheiten, Vorgänge, Verträge und Geschäftsbeziehungen innerhalb und außerhalb des Betriebes und auch nach seinem Ausscheiden aus dem Arbeitsverhältnis Verschwiegenheit zu bewahren.

§ 9 Speicherung von Daten

Der Schüler ist im Sinne des Bundesdatenschutzgesetzes (BDSG) darüber unterrichtet worden, dass seine persönlichen Daten im Zusammenhang mit dem Arbeitsverhältnis in einer DV-Anlage gespeichert werden, und erklärt sich damit einverstanden.

Vertrags-Check Arbeitsrecht

III. Beginn des Arbeitsverhältnisses, Unternehmen ohne Tarifbindung
Aushilfsarbeitsverträge

14 Verfallsklauseln befinden sich sehr häufig auch in Tarifverträgen. Sie haben den Vorteil, dass nach Ablauf der genannten Fristen der Anspruch des Schülers nicht mehr besteht.

15 Vertragsänderungen sollten Sie zu Beweiszwecken immer schriftlich verfassen.

16 Diese Regelung wird als Teilunwirksamkeitsklausel oder auch salvatorische Klausel bezeichnet. Sie soll verhindern, dass bei einem unwirksamen Teil des Vertrages gleich das gesamte Vertragswerk entfällt. Sie finden diese oder ähnliche Klauseln auch in einer Vielzahl von anderen Verträgen.

Schülerarbeitsvertrag

14 **§ 10 Ausschluss- und Verfallsfristen**

1. Alle Ansprüche aus diesem Arbeitsvertrag und solche, die damit in Verbindung stehen, verfallen, wenn sie nicht innerhalb von 3 Monaten nach Fälligkeit gegenüber der anderen Vertragspartei schriftlich geltend gemacht worden sind.

2. Lehnt die andere Vertragspartei den Anspruch ab oder erklärt sie sich nicht innerhalb von 4 Wochen nach der Geltendmachung des Anspruchs, so verfällt dieser, wenn er nicht innerhalb von 3 Monaten nach der Ablehnung oder dem Fristablauf gerichtlich geltend gemacht wird.

§ 11 Sonstige Bestimmungen

15 1. Änderungen und Ergänzungen dieses Vertrages bedürfen der Schriftform; dies gilt auch für einen Verzicht auf das Schriftformerfordernis selbst.

2. Mündliche Nebenabreden zu diesem Vertrag bestehen nicht.

16 3. Sollten sich einzelne Bestimmungen dieses Vertrages als unwirksam erweisen, so wird dadurch die Wirksamkeit der übrigen Bestimmungen nicht berührt. Eine ungültige oder unklare Bestimmung ist so zu ersetzen bzw. zu deuten, dass der mit ihr beabsichtigte wirtschaftliche Zweck erreicht wird. Lücken sind dem beabsichtigten wirtschaftlichen Zweck entsprechend zu füllen.

Musterstadt, 20.06.
Ort, Datum

Walter Tänzer,
Geschäftsführer
Unterschrift Arbeitgeber

Timo Lange
Unterschrift Schüler

Heidi Lange
Peter Lange
Unterschrift gesetzliche Vertreter

Kopiervorlage

Schülerarbeitsvertrag

§ 10 Ausschluss- und Verfallsfristen

1. Alle Ansprüche aus diesem Arbeitsvertrag und solche, die damit in Verbindung stehen, verfallen, wenn sie nicht innerhalb von 3 Monaten nach Fälligkeit gegenüber der anderen Vertragspartei schriftlich geltend gemacht worden sind.

2. Lehnt die andere Vertragspartei den Anspruch ab oder erklärt sie sich nicht innerhalb von 4 Wochen nach der Geltendmachung des Anspruchs, so verfällt dieser, wenn er nicht innerhalb von 3 Monaten nach der Ablehnung oder dem Fristablauf gerichtlich geltend gemacht wird.

§ 11 Sonstige Bestimmungen

1. Änderungen und Ergänzungen dieses Vertrages bedürfen der Schriftform; dies gilt auch für einen Verzicht auf das Schriftformerfordernis selbst.

2. Mündliche Nebenabreden zu diesem Vertrag bestehen nicht.

3. Sollten sich einzelne Bestimmungen dieses Vertrages als unwirksam erweisen, so wird dadurch die Wirksamkeit der übrigen Bestimmungen nicht berührt. Eine ungültige oder unklare Bestimmung ist so zu ersetzen bzw. zu deuten, dass der mit ihr beabsichtigte wirtschaftliche Zweck erreicht wird. Lücken sind dem beabsichtigten wirtschaftlichen Zweck entsprechend zu füllen.

_____
Ort, Datum

_____
Unterschrift Arbeitgeber   Unterschrift Schüler

_____
Unterschrift gesetzliche Vertreter

Vertrags-Check Arbeitsrecht

III. Beginn des Arbeitsverhältnisses, Unternehmen ohne Tarifbindung
Aushilfsarbeitsverträge

1 Wenn Sie einen Praktikanten beschäftigen, dient dies dessen Berufsausbildung. Aus diesem Grund fällt der Praktikantenvertrag unter das Berufsbildungsgesetz (BBiG).

2 Ein Praktikant hat laut BBiG Anspruch auf angemessene Vergütung.

3 Ergänzen Sie hier die Zahl der Urlaubstage, die der Praktikant erhalten soll. Ausgehend von einem Mindesturlaubsanspruch von 24 Werktagen pro Jahr entsteht bei einer 3-monatigen Beschäftigung ein Anspruch auf 3/12 des Jahresurlaubs, also auf 6 Werktage.

---

1 ▶ Praktikantenvertrag

Zwischen

Werbeagentur Peter F. Schmidt
Am Wald 85

12345 Musterstadt

nachfolgend „Firma" genannt

und

Herrn/Frau
Nina Peters
Mariannenwiese 5

12345 Musterstadt

nachfolgend „Praktikant" genannt.

wird folgender Praktikantenvertrag geschlossen:

§ 1 Vertragsgegenstand

1. Der Praktikant wird in der Zeit vom <u>01.09.</u> bis <u>30.11.</u> entsprechend dem Ausbildungsplan der Fachhochschule <u>Grafik Design</u> zum Erwerb von Erfahrungen und Kenntnissen in der Abteilung <u>Art & Design</u> bei der Firma ein Praktikum absolvieren.

2. Die arbeitstägliche Ausbildungszeit beträgt <u>5</u> Stunden.

§ 2 Vergütung, Urlaub

1. Der Praktikant erhält eine monatliche Vergütung in Höhe von

2 ▶ <u>DM 1.000,-/EUR ...</u> brutto.

Der Praktikant erklärt sich damit einverstanden, dass seine Vergütung auf ein von ihm zu benennendes Bank- oder Postbankkonto überwiesen wird.

3 ▶ 2. Der Mitarbeiter hat für den gesamten Zeitraum der Beschäftigung Anspruch auf <u>6</u> Werktage Urlaub, der am Ende der Beschäftigung zu nehmen ist.

§ 3 Pflichten der Firma

Die Firma verpflichtet sich, im Rahmen ihrer betrieblichen Möglichkeiten

1. die nach dem Ausbildungsplan erforderlichen Erfahrungen und Kenntnisse durch eine oder mehrere geeignete Personen zu vermitteln,

2. die zum Besuch der Fachhochschule notwendige Freizeit zu gewähren,

Kopiervorlage

Praktikantenvertrag

Zwischen

_____
_____

_____

nachfolgend „Firma" genannt

und

Herrn/Frau

_____
_____

_____

nachfolgend „Praktikant" genannt.

wird folgender Praktikantenvertrag geschlossen:

§ 1 Vertragsgegenstand

1. Der Praktikant wird in der Zeit vom _____ bis _____ entsprechend dem Ausbildungsplan der Fachhochschule _____ zum Erwerb von Erfahrungen und Kenntnissen in der Abteilung _____ bei der Firma ein Praktikum absolvieren.

2. Die arbeitstägliche Ausbildungszeit beträgt __ Stunden.

§ 2 Vergütung, Urlaub

1. Der Praktikant erhält eine monatliche Vergütung in Höhe von

   _____ brutto.

   Der Praktikant erklärt sich damit einverstanden, dass seine Vergütung auf ein von ihm zu benennendes Bank- oder Postbankkonto überwiesen wird.

2. Der Mitarbeiter hat für den gesamten Zeitraum der Beschäftigung Anspruch auf ___ Werktage Urlaub, der am Ende der Beschäftigung zu nehmen ist.

§ 3 Pflichten der Firma

Die Firma verpflichtet sich, im Rahmen ihrer betrieblichen Möglichkeiten

1. die nach dem Ausbildungsplan erforderlichen Erfahrungen und Kenntnisse durch eine oder mehrere geeignete Personen zu vermitteln,

2. die zum Besuch der Fachhochschule notwendige Freizeit zu gewähren,

Vertrags-Check Arbeitsrecht

III. Beginn des Arbeitsverhältnisses, Unternehmen ohne Tarifbindung
Aushilfsarbeitsverträge

4 Sie haben als Arbeitgeber das Recht, bereits ab dem 1. Tag der Arbeitsunfähigkeit eine Bescheinigung zu verlangen, § 5 Absatz 1 Entgeltfortzahlungsgesetz (EFZG). Allerdings müssen Sie dies nachweisbar bereits vor einer Erkrankung gefordert haben. Möglich ist also bereits die Festlegung im Arbeitsvertrag.

5 Die Kündigung eines befristeten Vertrags muss im Vertrag selbst erwähnt sein. Ansonsten ist eine Kündigung während der Laufzeit nur außerordentlich möglich. Die außerordentliche Kündigung stellt aber gerade im Arbeitsrecht die Ausnahme dar, die bei den Arbeitsgerichten zumeist nur sehr schwer durchzusetzen ist.

6 Gemäß § 15 BBiG können Sie ein Ausbildungsverhältnis während der Probezeit ohne Angabe von Gründen sofort kündigen. Die Probezeit beträgt laut Gesetz mindestens 1, maximal 3 Monate. Bei einer Ausbildungszeit von lediglich 3 Monaten ist hier eine Probezeit von 1 Monat angemessen. Nach Ablauf der Probezeit kann lediglich der Praktikant das Arbeitsverhältnis ordentlich unter Einhaltung einer Frist von 4 Wochen kündigen. Unabhängig davon besteht für Sie als Arbeitgeber die Möglichkeit der außerordentlichen fristlosen Kündigung aus wichtigem Grund.

7 Gemäß § 15 BBiG muss eine Kündigung schriftlich erklärt werden.

Praktikantenvertrag

3. mit der Fachhochschule in allen die Ausbildung betreffenden Fragen zusammenzuarbeiten,

4. dem Praktikanten nach Beendigung des Praktikums ein Zeugnis auszustellen, das neben der Dauer und der Art der Tätigkeit auf Wunsch des Praktikanten auch Angaben über die Beurteilung von Führung und Leistung enthält.

§ 4 Pflichten des Praktikanten
Der Praktikant verpflichtet sich,

1. unter Einhaltung des Ausbildungsplans die Ausbildung gewissenhaft zu betreiben,

2. die entsprechenden Weisungen der/s Ausbilder/s der Firma zu befolgen,

3. die tägliche Ausbildungszeit einzuhalten sowie etwa vorgeschriebene Tätigkeitsberichte anzufertigen,

4. die Unfallverhütungsvorschriften sowie sonstige Betriebsordnungen einzuhalten.

§ 5 Arbeitsverhinderung, Vergütungsfortzahlung im Krankheitsfall
1. Der Praktikant ist verpflichtet, dem Arbeitgeber jede Arbeitsverhinderung und ihre voraussichtliche Dauer unverzüglich mitzuteilen.

4 2. Im Falle der Arbeitsunfähigkeit infolge Krankheit ist der Praktikant verpflichtet, vor Ablauf des 3. Kalendertages nach Beginn der Arbeitsunfähigkeit eine ärztliche Bescheinigung darüber sowie über deren voraussichtliche Dauer vorzulegen. Bei einer über den angegebenen Zeitraum hinausgehenden Erkrankung ist eine Folgebescheinigung innerhalb von weiteren 3 Tagen nach Ablauf der vorangegangenen Arbeitsunfähigkeitsbescheinigungen einzureichen.

5 #### § 6 Kündigung
1. Das Arbeitsverhältnis kann während __des 1. Monats__ (Probezeit) der Tätigkeit von beiden Seiten ohne Angabe von Gründen mit sofortiger Wirkung gekündigt werden. Anschließend kann der Praktikantenvertrag nur durch den Praktikanten unter Einhaltung einer Frist von 4 Wochen gekündigt werden. Das Recht zur fristlosen Kündigung aus wichtigem Grund bleibt hiervon unberührt. **6**

7 2. Die Kündigung hat in jedem Falle schriftlich zu erfolgen.

§ 7 Verschwiegenheitspflicht, Rückgabe von Unterlagen und sonstigem Firmeneigentum
1. Der Praktikant ist verpflichtet, über alle ihm bekannten Angelegenheiten, Vorgänge, Verträge und Geschäftsbeziehungen innerhalb und außerhalb des Betriebs und auch nach seinem Ausscheiden aus dem Arbeitsverhältnis Verschwiegenheit zu bewahren.

2. Dazu gehören neben Geschäfts- und Betriebsgeheimnissen auch persönliche Verhältnisse der Mitarbeiter und Vorgesetzten.

3. Ein Verstoß gegen die Verschwiegenheitspflicht führt zu einem Schadensersatzanspruch des Arbeitgebers; in Extremfällen kann ordentlich bzw. außerordentlich gekündigt werden.

2/3

Kopiervorlage

Praktikantenvertrag

3. mit der Fachhochschule in allen die Ausbildung betreffenden Fragen zusammenzuarbeiten,

4. dem Praktikanten nach Beendigung des Praktikums ein Zeugnis auszustellen, das neben der Dauer und der Art der Tätigkeit auf Wunsch des Praktikanten auch Angaben über die Beurteilung von Führung und Leistung enthält.

§ 4 Pflichten des Praktikanten

Der Praktikant verpflichtet sich,

1. unter Einhaltung des Ausbildungsplans die Ausbildung gewissenhaft zu betreiben,

2. die entsprechenden Weisungen der/s Ausbilder/s der Firma zu befolgen,

3. die tägliche Ausbildungszeit einzuhalten sowie etwa vorgeschriebene Tätigkeitsberichte anzufertigen,

4. die Unfallverhütungsvorschriften sowie sonstige Betriebsordnungen einzuhalten.

§ 5 Arbeitsverhinderung, Vergütungsfortzahlung im Krankheitsfall

1. Der Praktikant ist verpflichtet, dem Arbeitgeber jede Arbeitsverhinderung und ihre voraussichtliche Dauer unverzüglich mitzuteilen.

2. Im Falle der Arbeitsunfähigkeit infolge Krankheit ist der Praktikant verpflichtet, vor Ablauf des 3. Kalendertages nach Beginn der Arbeitsunfähigkeit eine ärztliche Bescheinigung darüber sowie über deren voraussichtliche Dauer vorzulegen. Bei einer über den angegebenen Zeitraum hinausgehenden Erkrankung ist eine Folgebescheinigung innerhalb von weiteren 3 Tagen nach Ablauf der vorangegangenen Arbeitsunfähigkeitsbescheinigungen einzureichen.

§ 6 Kündigung

1. Das Arbeitsverhältnis kann während _____ (Probezeit) der Tätigkeit von beiden Seiten ohne Angabe von Gründen mit sofortiger Wirkung gekündigt werden. Anschließend kann der Praktikantenvertrag nur durch den Praktikanten unter Einhaltung einer Frist von 4 Wochen gekündigt werden. Das Recht zur fristlosen Kündigung aus wichtigem Grund bleibt hiervon unberührt.

2. Die Kündigung hat in jedem Falle schriftlich zu erfolgen.

§ 7 Verschwiegenheitspflicht, Rückgabe von Unterlagen und sonstigem Firmeneigentum

1. Der Praktikant ist verpflichtet, über alle ihm bekannten Angelegenheiten, Vorgänge, Verträge und Geschäftsbeziehungen innerhalb und außerhalb des Betriebs und auch nach seinem Ausscheiden aus dem Arbeitsverhältnis Verschwiegenheit zu bewahren.

2. Dazu gehören neben Geschäfts- und Betriebsgeheimnissen auch persönliche Verhältnisse der Mitarbeiter und Vorgesetzten.

3. Ein Verstoß gegen die Verschwiegenheitspflicht führt zu einem Schadensersatzanspruch des Arbeitgebers; in Extremfällen kann ordentlich bzw. außerordentlich gekündigt werden.

Vertrags-Check Arbeitsrecht

III. Beginn des Arbeitsverhältnisses, Unternehmen ohne Tarifbindung
Aushilfsarbeitsverträge

8 Die Speicherung und Verarbeitung von personenbezogenen Daten ist in jedem Betrieb erforderlich. Spätestens bei der Lohnabrechnung (eventuell bei einem mit der Lohnabrechnung beauftragten Steuerberater) müssen Daten des Praktikanten in eine DV-Anlage eingegeben und verarbeitet werden.

9 Verfallsklauseln befinden sich sehr häufig auch in Tarifverträgen. Sie haben den Vorteil, dass nach Ablauf der genannten Fristen der Anspruch des Praktikanten nicht mehr besteht.

10 Vertragsänderungen sollten Sie zu Beweiszwecken immer schriftlich verfassen.

11 Diese Regelung wird als Teilunwirksamkeitsklausel oder auch salvatorische Klausel bezeichnet. Sie soll verhindern, dass bei einem unwirksamen Teil des Vertrags gleich das gesamte Vertragswerk entfällt. Sie finden diese oder ähnliche Klauseln auch in einer Vielzahl von anderen Verträgen.

Praktikantenvertrag

4. Der Praktikant hat jederzeit auf Verlangen des Ausbilders, spätestens aber unaufgefordert bei Beendigung des Praktikums, alle ihm überlassenen Arbeitsmittel (hiervon ausgenommen sind die ihm zum Zweck der Ausbildung ausdrücklich übereigneten Arbeitsmittel) zurückzugeben, die im Zusammenhang mit seiner Tätigkeit für die Firma in seinen Besitz gelangt sind. Dem Praktikanten steht ein Zurückbehaltungsrecht insoweit nicht zu.

5. Der Praktikant verpflichtet sich durch seine Unterschrift auf einem gesonderten Formblatt, das Datengeheimnis gemäß § 5 Bundesdatenschutzgesetz (BDSG) zu wahren. Die Verpflichtung auf das Datengeheimnis ist Bestandteil dieses Vertrags und zwingend als Anlage zu diesem Vertrag zu führen.

8 ### § 8 Speicherung von Daten

Der Praktikant ist im Sinne des Bundesdatenschutzgesetzes (BDSG) darüber unterrichtet worden, dass seine persönlichen Daten im Zusammenhang mit dem Arbeitsverhältnis in einer DV-Anlage gespeichert werden, und erklärt sich damit einverstanden.

9 ### § 9 Ausschluss- und Verfallsfristen

1. Alle Ansprüche aus diesem Arbeitsvertrag und solche, die damit in Verbindung stehen, verfallen, wenn sie nicht innerhalb von 3 Monaten nach Fälligkeit gegenüber der anderen Vertragspartei schriftlich geltend gemacht worden sind.

2. Lehnt die andere Vertragspartei den Anspruch ab oder erklärt sie sich nicht innerhalb von 4 Wochen nach der Geltendmachung des Anspruchs, so verfällt dieser, wenn er nicht innerhalb von 3 Monaten nach der Ablehnung oder dem Fristablauf gerichtlich geltend gemacht wird.

§ 10 Sonstige Bestimmungen

10 1. Änderungen und Ergänzungen dieses Vertrags bedürfen der Schriftform; dies gilt auch für einen Verzicht auf das Schriftformerfordernis selbst.

2. Mündliche Nebenabreden zu diesem Vertrag bestehen nicht.

11 3. Sollten sich einzelne Bestimmungen dieses Vertrags als unwirksam erweisen, so wird dadurch die Wirksamkeit der übrigen Bestimmungen nicht berührt. Eine ungültige oder unklare Bestimmung ist so zu ersetzen bzw. zu deuten, dass der mit ihr beabsichtigte wirtschaftliche Zweck erreicht wird. Lücken sind dem beabsichtigten wirtschaftlichen Zweck entsprechend zu füllen.

Musterstadt, 31.07.
Ort, Datum

Peter F. Schmidt Nina Peters
Unterschrift Arbeitgeber Unterschrift Praktikant

Praktikantenvertrag

4. Der Praktikant hat jederzeit auf Verlangen des Ausbilders, spätestens aber unaufgefordert bei Beendigung des Praktikums, alle ihm überlassenen Arbeitsmittel (hiervon ausgenommen sind die ihm zum Zweck der Ausbildung ausdrücklich übereigneten Arbeitsmittel) zurückzugeben, die im Zusammenhang mit seiner Tätigkeit für die Firma in seinen Besitz gelangt sind. Dem Praktikanten steht ein Zurückbehaltungsrecht insoweit nicht zu.

5. Der Praktikant verpflichtet sich durch seine Unterschrift auf einem gesonderten Formblatt, das Datengeheimnis gemäß § 5 Bundesdatenschutzgesetz (BDSG) zu wahren. Die Verpflichtung auf das Datengeheimnis ist Bestandteil dieses Vertrags und zwingend als Anlage zu diesem Vertrag zu führen.

§ 8 Speicherung von Daten

Der Praktikant ist im Sinne des Bundesdatenschutzgesetzes (BDSG) darüber unterrichtet worden, dass seine persönlichen Daten im Zusammenhang mit dem Arbeitsverhältnis in einer DV-Anlage gespeichert werden, und erklärt sich damit einverstanden.

§ 9 Ausschluss- und Verfallsfristen

1. Alle Ansprüche aus diesem Arbeitsvertrag und solche, die damit in Verbindung stehen, verfallen, wenn sie nicht innerhalb von 3 Monaten nach Fälligkeit gegenüber der anderen Vertragspartei schriftlich geltend gemacht worden sind.

2. Lehnt die andere Vertragspartei den Anspruch ab oder erklärt sie sich nicht innerhalb von 4 Wochen nach der Geltendmachung des Anspruchs, so verfällt dieser, wenn er nicht innerhalb von 3 Monaten nach der Ablehnung oder dem Fristablauf gerichtlich geltend gemacht wird.

§ 10 Sonstige Bestimmungen

1. Änderungen und Ergänzungen dieses Vertrags bedürfen der Schriftform; dies gilt auch für einen Verzicht auf das Schriftformerfordernis selbst.

2. Mündliche Nebenabreden zu diesem Vertrag bestehen nicht.

3. Sollten sich einzelne Bestimmungen dieses Vertrags als unwirksam erweisen, so wird dadurch die Wirksamkeit der übrigen Bestimmungen nicht berührt. Eine ungültige oder unklare Bestimmung ist so zu ersetzen bzw. zu deuten, dass der mit ihr beabsichtigte wirtschaftliche Zweck erreicht wird. Lücken sind dem beabsichtigten wirtschaftlichen Zweck entsprechend zu füllen.

_____

Ort, Datum

_____ _____

Unterschrift Arbeitgeber Unterschrift Praktikant

Vertrags-Check Arbeitsrecht

III. Beginn des Arbeitsverhältnisses, Unternehmen ohne Tarifbindung
Arbeitsverträge für Kleinbetriebe

1 Tragen Sie hier das Datum ein, an welchem das Arbeitsverhältnis beginnen soll. In der Regel wird dies der 1. Tag eines Monats sein. Soll das Arbeitsverhältnis während des laufenden Monats beginnen, so ist das Arbeitsentgelt im 1. Monat nur anteilig zu zahlen.

2 Üblicherweise muss eine Bürokraft in einem Kleinbetrieb universell einsetzbar sein. Sofern noch weitere Aufgaben die Tätigkeit der Bürokraft prägen sollen, fügen Sie diese bitte ein.

3 Diese Öffnungsklausel erlaubt es Ihnen, den Tätigkeitsbereich zu verändern, ohne dass es einer Änderungskündigung bedarf.

4 Auch bezüglich des Arbeitsorts sollte die Vereinbarung möglichst offen gestaltet sein, um den Mitarbeiter flexibel einsetzen zu können.

Arbeitsvertrag Vollzeitkraft

Zwischen

Falke Garagentore
Hörmannstraße 12

12345 Musterstadt

nachfolgend „Arbeitgeber" genannt

und

Herrn/Frau
Ellie Hartmut
Nelkenallee 2

12345 Musterstadt

nachfolgend „Mitarbeiter" genannt.

§ 1 Beginn des Arbeitsverhältnisses, Kündigungsfristen

1 ▶ 1. Das Arbeitsverhältnis beginnt am 01.02.

2. Die ersten 6 Monate gelten als Probezeit mit 2-wöchiger Kündigungsfrist. Wird nach der Probezeit gekündigt, so gelten die Kündigungsfristen gemäß § 8 dieses Vertrags.

§ 2 Tätigkeitsgebiet, Ort der Tätigkeit

2 ▶ 1. Der Mitarbeiter wird als Bürokraft eingestellt. Seine Aufgaben umfassen alle Tätigkeiten, die üblicherweise in einem Büro anfallen. Hierzu gehören neben Bearbeitung und Führung des Schriftverkehrs auch Buchhaltungsaufgaben und die Personalverwaltung.

3 ▶ 2. Der Mitarbeiter ist verpflichtet, auf besondere Anordnung auch andere – seinen Fähigkeiten und seiner Aus- und Fortbildung entsprechende – zumutbare Tätigkeiten außerhalb seines Aufgabenbereichs zu verrichten. Eine Minderung der Vergütung ist hierbei ausgeschlossen.

3. Der Mitarbeiter wird seine ganze Arbeitskraft und fachlichen Kenntnisse und Erfahrungen ausschließlich dem Arbeitgeber widmen. Während der Dauer des Arbeitsverhältnisses ist jede Übernahme einer entgeltlichen oder unentgeltlichen Nebentätigkeit nur mit vorheriger Zustimmung des Arbeitgebers zulässig.

4 ▶ 4. Der Mitarbeiter übt seine Tätigkeit am Firmensitz in Musterstadt aus. Der Arbeitgeber behält sich vor, den Mitarbeiter auch an einem anderen Ort einzusetzen.

1/5

Kopiervorlage

Arbeitsvertrag

Zwischen

_____

_____

_____

nachfolgend „Arbeitgeber" genannt

und

Herrn/Frau

_____

_____

_____

nachfolgend „Mitarbeiter" genannt.

§ 1 Beginn des Arbeitsverhältnisses, Kündigungsfristen

1. Das Arbeitsverhältnis beginnt am _____

2. Die ersten 6 Monate gelten als Probezeit mit 2-wöchiger Kündigungsfrist. Wird nach der Probezeit gekündigt, so gelten die Kündigungsfristen gemäß § 8 dieses Vertrags.

§ 2 Tätigkeitsgebiet, Ort der Tätigkeit

1. Der Mitarbeiter wird als _____ eingestellt. Seine Aufgaben umfassen _____
_____
_____

2. Der Mitarbeiter ist verpflichtet, auf besondere Anordnung auch andere – seinen Fähigkeiten und seiner Aus- und Fortbildung entsprechende – zumutbare Tätigkeiten außerhalb seines Aufgabenbereichs zu verrichten. Eine Minderung der Vergütung ist hierbei ausgeschlossen.

3. Der Mitarbeiter wird seine ganze Arbeitskraft und fachlichen Kenntnisse und Erfahrungen ausschließlich dem Arbeitgeber widmen. Während der Dauer des Arbeitsverhältnisses ist jede Übernahme einer entgeltlichen oder unentgeltlichen Nebentätigkeit nur mit vorheriger Zustimmung des Arbeitgebers zulässig.

4. Der Mitarbeiter übt seine Tätigkeit am Firmensitz in _____ aus. Der Arbeitgeber behält sich vor, den Mitarbeiter auch an einem anderen Ort einzusetzen.

Vertrags-Check Arbeitsrecht

III. Beginn des Arbeitsverhältnisses, Unternehmen ohne Tarifbindung
Arbeitsverträge für Kleinbetriebe

5 Gerade in Kleinbetrieben wird von den Mitarbeitern eine hohes Maß an Flexibilität verlangt. Diese Öffnungsklausel gestattet es Ihnen, die Arbeitszeit – allerdings erst nach Absprache – zu verschieben.

6 Fügen Sie hier das mit dem Mitarbeiter verhandelte Bruttomonatsgehalt ein.

7 An dieser Stelle findet sich oft die Klausel, dass auch Gehaltspfändungen nur mit Zustimmung des Arbeitgebers erfolgen dürfen. Ob wirksam gepfändet wird, haben aber weder Sie als Arbeitgeber noch Ihr Mitarbeiter in der Hand, sondern der Gläubiger Ihres Mitarbeiters, der diesem gegenüber einen rechtswirksamen Titel erwirkt hat.

8 Sie haben als Arbeitgeber das Recht, bereits ab dem 1. Tag der Arbeitsunfähigkeit eine Bescheinigung zu verlangen, § 5 Absatz 1 Entgeltfortzahlungsgesetz (EFZG). Allerdings müssen Sie dies nachweisbar bereits vor einer Erkrankung gefordert haben. Möglich ist also bereits die Festlegung im Arbeitsvertrag.

9 Gemäß Entgeltfortzahlungsgesetz geht die Forderung gegenüber einem Dritten auch ohne gesonderte Abtretung auf Sie über, sofern Sie Entgeltfortzahlung geleistet haben. Diese Klausel dient daher nur der Klarstellung gegenüber dem Mitarbeiter, dass durch die Entgeltfortzahlung der Anspruch auf Schadensersatz in Höhe der geleisteten Entgeltzahlung auf Sie als Arbeitgeber übergeht.

Arbeitsvertrag Vollzeitkraft

§ 3 Arbeitszeit

Der Mitarbeiter stellt seine ganze Arbeitskraft dem Unternehmen zur Verfügung.

1. Die wöchentliche Arbeitszeit beträgt derzeit <u>40</u> Stunden.

5 ▶ 2. Die Arbeitszeiteinteilung richtet sich nach den Bürozeiten des Arbeitgebers. In der Regel ist der Mitarbeiter <u>montags bis freitags von 09:00 Uhr bis 17:30 Uhr</u> tätig. Abweichungen von dieser Arbeitszeit sind in dringenden betrieblichen Fällen und nach Absprache möglich.

3. Der Arbeitgeber weist ausdrücklich darauf hin, dass der Mitarbeiter verpflichtet ist, arbeitstäglich eine halbstündige Mittagspause einzuhalten, die in der Zeit von <u>12:00 Uhr bis 14:00 Uhr</u> zu nehmen ist.

§ 4 Vergütung

1. Das Festgehalt des Mitarbeiters beträgt pro Monat

6 ▶ <u>DM 2.500,-/EUR ...</u> brutto

und wird jeweils am Ende des Monats gezahlt. Der Mitarbeiter erklärt sich damit einverstanden, dass sein Gehalt auf ein von ihm zu benennendes Bank- oder Postbankkonto überwiesen wird.

2. Eventuelle Zahlungen von Gratifikationen, Prämien und ähnlichen Leistungen liegen im freien Ermessen des Arbeitgebers. Sie sind freiwillig und begründen auch bei wiederholter, ohne ausdrücklichen Vorbehalt der Freiwilligkeit erfolgter Zahlung keinen Rechtsanspruch im Folgejahr.

7 ▶ 3. Gehaltsabtretungen sind nur mit Zustimmung des Arbeitgebers zulässig und wirksam. Bei einer Gehaltsabtretung bzw. -pfändung trägt der Mitarbeiter die hierfür entstehenden Kosten, mindestens aber pro Überweisung <u>DM 5,-/EUR ...</u> und pro notwendigem Schreiben <u>DM 10,-/EUR ...</u>

§ 5 Arbeitsverhinderung, Vergütungsfortzahlung im Krankheitsfall

1. Der Mitarbeiter ist verpflichtet, dem Arbeitgeber jede Arbeitsverhinderung und ihre voraussichtliche Dauer unverzüglich mitzuteilen.

8 ▶ 2. Im Falle der Arbeitsunfähigkeit infolge Krankheit ist der Mitarbeiter verpflichtet, vor Ablauf des 3. Kalendertages nach Beginn der Arbeitsunfähigkeit eine ärztliche Bescheinigung darüber sowie über deren voraussichtliche Dauer vorzulegen. Bei einer über den angegebenen Zeitraum hinausgehenden Erkrankung ist eine Folgebescheinigung innerhalb von weiteren 3 Tagen nach Ablauf der vorangegangenen einzureichen.

3. Ist der Mitarbeiter an der Arbeitsleistung infolge von auf unverschuldeter Krankheit beruhender Arbeitsunfähigkeit verhindert, leistet der Arbeitgeber Fortzahlung der Vergütung nach Maßgabe des Entgeltfortzahlungsgesetzes.

9 ▶ 4. Wird der Mitarbeiter durch Handlungen eines Dritten arbeitsunfähig, gehen die dem Mitarbeiter gegenüber dem Dritten zustehenden Schadensersatzansprüche wegen Verdienstausfalls in der Höhe auf den Arbeitgeber über, in welcher der Arbeitgeber während der Zeit der Arbeitsunfähigkeit Entgeltfortzahlung leistet.

Kopiervorlage

Arbeitsvertrag

§ 3 Arbeitszeit

Der Mitarbeiter stellt seine ganze Arbeitskraft dem Unternehmen zur Verfügung.

1. Die wöchentliche Arbeitszeit beträgt derzeit ___ Stunden.

2. Die Arbeitszeiteinteilung richtet sich nach den Bürozeiten des Arbeitgebers. In der Regel ist der Mitarbeiter _____ tätig. Abweichungen von dieser Arbeitszeit sind in dringenden betrieblichen Fällen und nach Absprache möglich.

3. Der Arbeitgeber weist ausdrücklich darauf hin, dass der Mitarbeiter verpflichtet ist, arbeitstäglich eine halbstündige Mittagspause einzuhalten, die in der Zeit von _____ zu nehmen ist.

§ 4 Vergütung

1. Das Festgehalt des Mitarbeiters beträgt pro Monat

   _____ brutto

   und wird jeweils am Ende des Monats gezahlt. Der Mitarbeiter erklärt sich damit einverstanden, dass sein Gehalt auf ein von ihm zu benennendes Bank- oder Postbankkonto überwiesen wird.

2. Eventuelle Zahlungen von Gratifikationen, Prämien und ähnlichen Leistungen liegen im freien Ermessen des Arbeitgebers. Sie sind freiwillig und begründen auch bei wiederholter, ohne ausdrücklichen Vorbehalt der Freiwilligkeit erfolgter Zahlung keinen Rechtsanspruch im Folgejahr.

3. Gehaltsabtretungen sind nur mit Zustimmung des Arbeitgebers zulässig und wirksam. Bei einer Gehaltsabtretung bzw. -pfändung trägt der Mitarbeiter die hierfür entstehenden Kosten, mindestens aber pro Überweisung _____ und pro notwendigem Schreiben _____.

§ 5 Arbeitsverhinderung, Vergütungsfortzahlung im Krankheitsfall

1. Der Mitarbeiter ist verpflichtet, dem Arbeitgeber jede Arbeitsverhinderung und ihre voraussichtliche Dauer unverzüglich mitzuteilen.

2. Im Falle der Arbeitsunfähigkeit infolge Krankheit ist der Mitarbeiter verpflichtet, vor Ablauf des 3. Kalendertages nach Beginn der Arbeitsunfähigkeit eine ärztliche Bescheinigung darüber sowie über deren voraussichtliche Dauer vorzulegen. Bei einer über den angegebenen Zeitraum hinausgehenden Erkrankung ist eine Folgebescheinigung innerhalb von weiteren 3 Tagen nach Ablauf der vorangegangenen einzureichen.

3. Ist der Mitarbeiter an der Arbeitsleistung infolge von auf unverschuldeter Krankheit beruhender Arbeitsunfähigkeit verhindert, leistet der Arbeitgeber Fortzahlung der Vergütung nach Maßgabe des Entgeltfortzahlungsgesetzes.

4. Wird der Mitarbeiter durch Handlungen eines Dritten arbeitsunfähig, gehen die dem Mitarbeiter gegenüber dem Dritten zustehenden Schadensersatzansprüche wegen Verdienstausfalls in der Höhe auf den Arbeitgeber über, in welcher der Arbeitgeber während der Zeit der Arbeitsunfähigkeit Entgeltfortzahlung leistet.

Vertrags-Check Arbeitsrecht

III. Beginn des Arbeitsverhältnisses, Unternehmen ohne Tarifbindung
Arbeitsverträge für Kleinbetriebe

10 Kleinbetriebe mit nicht mehr als 20 Arbeitnehmern haben die Möglichkeit, die gesetzliche Grundkündigungsfrist von 4 Wochen zum 15. oder zum Monatsende zu verkürzen. Die Verkürzung ist jedoch nur in engen Grenzen möglich. Bei einer Kündigung muss kein Enddatum eingehalten werden, so dass das Arbeitsverhältnis 4 Wochen nach Zugang der Kündigung endet. Diese Privilegierung gilt allerdings nur für die Grundkündigungsfristen, also für die Kündigungsfristen, die Sie als Arbeitgeber während der ersten 2 Jahre des Arbeitsverhältnisses einhalten müssen. Nach Ablauf einer Beschäftigungszeit von 2 Jahren erhöht sich die Kündigungsfrist nach der gesetzlich vorgesehenen Staffel. Beschäftigungszeiten zählen erst nach Vollendung des 25. Lebensjahres des Mitarbeiters.

11 Nach des § 623 Bürgerliches Gesetzbuch (BGB) ist eine mündliche Kündigung unwirksam.

12 Ein Mitarbeiter kann – sofern er durch eine Kündigung demotiviert ist – einem Betrieb erheblichen Schaden zufügen. Die Freistellungsmöglichkeit soll Sie als Arbeitgeber schützen. Wählen Sie die Freistellung, so müssen Sie allerdings während der Freistellung bis zum Ende des Arbeitsverhältnisses das Gehalt fortzahlen.

13 Sofern das Unternehmen für die Konkurrenz interessante Betriebsgeheimnisse hat, von denen der Mitarbeiter Kenntnis erlangen kann, kann es unter Umständen sinnvoll sein, eine Vertragsstrafe zu vereinbaren.

Arbeitsvertrag Vollzeitkraft

§ 6 Spesen und Auslagen
Reisekosten und sonstige Aufwendungen, die mit Genehmigung und im Interesse des Arbeitgebers entstehen, werden entsprechend den steuerlichen Vorschriften als Aufwendungsersatz erstattet.

§ 7 Urlaub
1. Der Mitarbeiter hat Anspruch auf einen jährlichen Erholungsurlaub von <u>**24**</u> Werktagen.

2. Der Urlaub wird im Einvernehmen mit dem Arbeitgeber unter Berücksichtigung der betrieblichen Belange festgelegt.

3. Es gelten die Vorschriften des Bundesurlaubsgesetzes, einzusehen beim Arbeitgeber.

§ 8 Kündigung

1. Das Arbeitsverhältnis kann von beiden Parteien unter Einhaltung der gesetzlichen Kündigungsfristen gekündigt werden. Die Grundkündigungsfrist beträgt jedoch in Abweichung zu § 622 Absatz 1 BGB aufgrund der nur geringen Zahl der beschäftigten Mitarbeiter lediglich 4 Wochen, § 622 Absatz 5 Nummer 2 BGB.

11 2. Die Kündigung hat in jedem Falle schriftlich zu erfolgen.

3. Ohne dass es einer Kündigung bedarf, endet das Arbeitsverhältnis mit Ablauf des Monats, nach welchem der Mitarbeiter Rente wegen Erwerbsunfähigkeit oder Erreichung der Altersgrenze bezieht. Den Bescheid der zuständigen Behörden hierüber hat der Mitarbeiter unverzüglich dem Arbeitgeber vorzulegen. Die Parteien sind sich darüber einig, dass das Arbeitsverhältnis jedoch spätestens mit Ablauf des 65. Lebensjahres endet.

 4. Nach einer Kündigung des Arbeitsvertrages, gleich durch welche Partei, ist der Arbeitgeber jederzeit befugt, den Mitarbeiter unter Fortzahlung der Vergütung mit sofortiger Wirkung von seiner Verpflichtung zur Arbeitsleistung für den Arbeitgeber freizustellen.

§ 9 Verschwiegenheitspflicht, Rückgabe von Unterlagen und sonstigem Firmeneigentum

1. Der Mitarbeiter ist verpflichtet, über alle ihm bekannten Angelegenheiten, Vorgänge, Verträge und Geschäftsbeziehungen innerhalb und außerhalb des Betriebs und auch nach seinem Ausscheiden aus dem Arbeitsverhältnis Verschwiegenheit zu bewahren.

2. Dazu gehören neben Geschäfts- und Betriebsgeheimnissen auch persönliche Verhältnisse der Mitarbeiter und Vorgesetzten.

3/5

Kopiervorlage

Arbeitsvertrag

§ 6 Spesen und Auslagen

Reisekosten und sonstige Aufwendungen, die mit Genehmigung und im Interesse des Arbeitgebers entstehen, werden entsprechend den steuerlichen Vorschriften als Aufwendungsersatz erstattet.

§ 7 Urlaub

1. Der Mitarbeiter hat Anspruch auf einen jährlichen Erholungsurlaub von ___ Werktagen.

2. Der Urlaub wird im Einvernehmen mit dem Arbeitgeber unter Berücksichtigung der betrieblichen Belange festgelegt.

3. Es gelten die Vorschriften des Bundesurlaubsgesetzes, einzusehen beim Arbeitgeber.

§ 8 Kündigung

1. Das Arbeitsverhältnis kann von beiden Parteien unter Einhaltung der gesetzlichen Kündigungsfristen gekündigt werden. Die Grundkündigungsfrist beträgt jedoch in Abweichung zu § 622 Absatz 1 BGB aufgrund der nur geringen Zahl der beschäftigten Mitarbeiter lediglich 4 Wochen, § 622 Absatz 5 Nummer 2 BGB.

2. Die Kündigung hat in jedem Falle schriftlich zu erfolgen.

3. Ohne dass es einer Kündigung bedarf, endet das Arbeitsverhältnis mit Ablauf des Monats, nach welchem der Mitarbeiter Rente wegen Erwerbsunfähigkeit oder Erreichung der Altersgrenze bezieht. Den Bescheid der zuständigen Behörden hierüber hat der Mitarbeiter unverzüglich dem Arbeitgeber vorzulegen. Die Parteien sind sich darüber einig, dass das Arbeitsverhältnis jedoch spätestens mit Ablauf des 65. Lebensjahres endet.

4. Nach einer Kündigung des Arbeitsvertrages, gleich durch welche Partei, ist der Arbeitgeber jederzeit befugt, den Mitarbeiter unter Fortzahlung der Vergütung mit sofortiger Wirkung von seiner Verpflichtung zur Arbeitsleistung für den Arbeitgeber freizustellen.

§ 9 Verschwiegenheitspflicht, Rückgabe von Unterlagen und sonstigem Firmeneigentum

1. Der Mitarbeiter ist verpflichtet, über alle ihm bekannten Angelegenheiten, Vorgänge, Verträge und Geschäftsbeziehungen innerhalb und außerhalb des Betriebs und auch nach seinem Ausscheiden aus dem Arbeitsverhältnis Verschwiegenheit zu bewahren.

2. Dazu gehören neben Geschäfts- und Betriebsgeheimnissen auch persönliche Verhältnisse der Mitarbeiter und Vorgesetzten.

Vertrags-Check Arbeitsrecht

III. Beginn des Arbeitsverhältnisses, Unternehmen ohne Tarifbindung
Arbeitsverträge für Kleinbetriebe

14 Die Speicherung und Verarbeitung von personenbezogenen Daten ist in jedem Betrieb erforderlich. Spätestens bei der Lohnabrechnung (eventuell bei einem mit der Lohnabrechnung beauftragten Steuerberater) müssen Daten des Mitarbeiters in eine DV-Anlage eingegeben und verarbeitet werden.

15 Die Vereinbarung einer Vertragsstrafe ist für Sie als Arbeitgeber besonders wichtig. Zwar ist ein Mitarbeiter bei den aufgeführten Vertragsverstößen auch ohne diese Regelung schadensersatzpflichtig, den Ihnen entstandenen Schaden müssen Sie jedoch bis auf den letzten Pfennig beweisen können. Dieser Beweis fällt in der Praxis oft schwer. Haben Sie eine Vertragsstrafe vereinbart, so entfällt der schwierige Beweis für die Schadenshöhe, jedenfalls bis zur Höhe der festgelegten Vertragsstrafe.

16 Verfallsklauseln finden sich sehr häufig auch in Tarifverträgen. Sie haben den Vorteil, dass nach Ablauf der genannten Fristen der Anspruch des Mitarbeiters nicht mehr besteht.

Arbeitsvertrag Vollzeitkraft

3. Unter anderem verpflichtet sich der Mitarbeiter, über die Höhe seines Gehalts sowie über Prämien und/oder weitere Bezüge Stillschweigen zu bewahren.

4. Ein Verstoß gegen die Verschwiegenheitspflicht führt zu einem Schadensersatzanspruch des Arbeitgebers; in Extremfällen kann ordentlich bzw. außerordentlich gekündigt werden.

5. Der Mitarbeiter hat jederzeit auf Verlangen des Arbeitgebers, spätestens aber unaufgefordert bei Beendigung des Arbeitsverhältnisses alles Material, insbesondere alle Unterlagen, Kopien etc. zurückzugeben, die im Zusammenhang mit seiner Tätigkeit für den Arbeitgeber in seinen Besitz gelangt sind. Dem Mitarbeiter steht ein Zurückbehaltungsrecht insoweit nicht zu.

6. Der Mitarbeiter verpflichtet sich durch seine Unterschrift auf einem gesonderten Formblatt, das Datengeheimnis gemäß § 5 Bundesdatenschutzgesetz (BDSG) zu wahren. Die Verpflichtung auf das Datengeheimnis ist Bestandteil dieses Vertrags und zwingend als Anlage zu diesem Vertrag zu führen.

14 ▶ **§ 10 Speicherung von Daten**

Der Mitarbeiter ist im Sinne des Bundesdatenschutzgesetzes (BDSG) darüber unterrichtet worden, dass seine persönlichen Daten im Zusammenhang mit dem Arbeitsverhältnis in einer DV-Anlage gespeichert werden, und erklärt sich damit einverstanden.

15 ▶ **§ 11 Vertragsstrafe**

1. Im Falle einer schuldhaften Nichtaufnahme der Tätigkeit oder der Nichteinhaltung der gesetzlichen Kündigungsfrist durch den Mitarbeiter verpflichtet sich dieser, dem Arbeitgeber eine Vertragsstrafe in Höhe eines Bruttomonatseinkommens zu zahlen.

   Gleiches gilt auch für den Vertragsrücktritt vor Beginn des Arbeitsverhältnisses.

2. Der Arbeitgeber ist berechtigt, einen weitergehenden Schaden geltend zu machen.

16 ▶ **§ 12 Ausschluss- und Verfallsfristen**

1. Alle Ansprüche aus diesem Arbeitsvertrag und solche, die damit in Verbindung stehen, verfallen, wenn sie nicht innerhalb von 3 Monaten nach Fälligkeit gegenüber der anderen Vertragspartei schriftlich geltend gemacht worden sind.

2. Lehnt die andere Vertragspartei den Anspruch ab oder erklärt sie sich nicht innerhalb von 4 Wochen nach der Geltendmachung des Anspruchs, so verfällt dieser, wenn er nicht innerhalb von 3 Monaten nach der Ablehnung oder dem Fristablauf gerichtlich geltend gemacht wird.

4/5

Kopiervorlage

Arbeitsvertrag

3. Unter anderem verpflichtet sich der Mitarbeiter, über die Höhe seines Gehalts sowie über Prämien und/oder weitere Bezüge Stillschweigen zu bewahren.

4. Ein Verstoß gegen die Verschwiegenheitspflicht führt zu einem Schadensersatzanspruch des Arbeitgebers; in Extremfällen kann ordentlich bzw. außerordentlich gekündigt werden.

5. Der Mitarbeiter hat jederzeit auf Verlangen des Arbeitgebers, spätestens aber unaufgefordert bei Beendigung des Arbeitsverhältnisses alles Material, insbesondere alle Unterlagen, Kopien etc. zurückzugeben, die im Zusammenhang mit seiner Tätigkeit für den Arbeitgeber in seinen Besitz gelangt sind. Dem Mitarbeiter steht ein Zurückbehaltungsrecht insoweit nicht zu.

6. Der Mitarbeiter verpflichtet sich durch seine Unterschrift auf einem gesonderten Formblatt, das Datengeheimnis gemäß § 5 Bundesdatenschutzgesetz (BDSG) zu wahren. Die Verpflichtung auf das Datengeheimnis ist Bestandteil dieses Vertrags und zwingend als Anlage zu diesem Vertrag zu führen.

§ 10 Speicherung von Daten

Der Mitarbeiter ist im Sinne des Bundesdatenschutzgesetzes (BDSG) darüber unterrichtet worden, dass seine persönlichen Daten im Zusammenhang mit dem Arbeitsverhältnis in einer DV-Anlage gespeichert werden, und erklärt sich damit einverstanden.

§ 11 Vertragsstrafe

1. Im Falle einer schuldhaften Nichtaufnahme der Tätigkeit oder der Nichteinhaltung der gesetzlichen Kündigungsfrist durch den Mitarbeiter verpflichtet sich dieser, dem Arbeitgeber eine Vertragsstrafe in Höhe eines Bruttomonatseinkommens zu zahlen.

   Gleiches gilt auch für den Vertragsrücktritt vor Beginn des Arbeitsverhältnisses.

2. Der Arbeitgeber ist berechtigt, einen weitergehenden Schaden geltend zu machen.

§ 12 Ausschluss- und Verfallsfristen

1. Alle Ansprüche aus diesem Arbeitsvertrag und solche, die damit in Verbindung stehen, verfallen, wenn sie nicht innerhalb von 3 Monaten nach Fälligkeit gegenüber der anderen Vertragspartei schriftlich geltend gemacht worden sind.

2. Lehnt die andere Vertragspartei den Anspruch ab oder erklärt sie sich nicht innerhalb von 4 Wochen nach der Geltendmachung des Anspruchs, so verfällt dieser, wenn er nicht innerhalb von 3 Monaten nach der Ablehnung oder dem Fristablauf gerichtlich geltend gemacht wird.

Vertrags-Check Arbeitsrecht

III. Beginn des Arbeitsverhältnisses, Unternehmen ohne Tarifbindung
Arbeitsverträge für Kleinbetriebe

17 Vertragsänderungen sollten Sie zu Beweiszwecken immer schriftlich verfassen.

18 Diese Regelung wird als Teilunwirksamkeitsklausel oder auch salvatorische Klausel bezeichnet. Sie soll verhindern, dass bei einem unwirksamen Teil des Vertrags gleich das gesamte Vertragswerk entfällt. Sie finden diese oder ähnliche Klauseln auch in einer Vielzahl von anderen Verträgen.

Arbeitsvertrag Vollzeitkraft

§ 13 Sonstige Bestimmungen

17 ▶ 1. Änderungen und Ergänzungen dieses Vertrags bedürfen der Schriftform; dies gilt auch für einen Verzicht auf das Schriftformerfordernis selbst.

2. Mündliche Nebenabreden zu diesem Vertrag bestehen nicht.

18 ▶ 3. Sollten sich einzelne Bestimmungen dieses Vertrags als unwirksam erweisen, so wird dadurch die Wirksamkeit der übrigen Bestimmungen nicht berührt. Eine ungültige oder unklare Bestimmung ist so zu ersetzen bzw. zu deuten, dass der mit ihr beabsichtigte wirtschaftliche Zweck erreicht wird. Lücken sind dem beabsichtigten wirtschaftlichen Zweck entsprechend zu füllen.

Musterstadt, 25.01.
Ort, Datum

Herbert Falke jun.
Inhaber
Unterschrift Arbeitgeber

Ellie Hartmut
Unterschrift Mitarbeiter

Arbeitsvertrag

§ 13 Sonstige Bestimmungen

1. Änderungen und Ergänzungen dieses Vertrags bedürfen der Schriftform; dies gilt auch für einen Verzicht auf das Schriftformerfordernis selbst.

2. Mündliche Nebenabreden zu diesem Vertrag bestehen nicht.

3. Sollten sich einzelne Bestimmungen dieses Vertrags als unwirksam erweisen, so wird dadurch die Wirksamkeit der übrigen Bestimmungen nicht berührt. Eine ungültige oder unklare Bestimmung ist so zu ersetzen bzw. zu deuten, dass der mit ihr beabsichtigte wirtschaftliche Zweck erreicht wird. Lücken sind dem beabsichtigten wirtschaftlichen Zweck entsprechend zu füllen.

_____
Ort, Datum

_____ _____
Unterschrift Arbeitgeber   Unterschrift Mitarbeiter

Vertrags-Check Arbeitsrecht

III. Beginn des Arbeitsverhältnisses, Unternehmen ohne Tarifbindung
Arbeitsverträge für Kleinbetriebe

1 Tragen Sie hier das Datum ein, an welchem das Arbeitsverhältnis beginnen soll. In der Regel wird dies der erste Tag eines Monats sein. Soll das Arbeitsverhältnis während des laufenden Monats beginnen, so ist das Arbeitsentgelt im ersten Monat nur anteilig zu zahlen.

2 Hier fügen Sie die Funktionsbeschreibung ein, wie z. B. Verwaltungsangestellter, Finanzbuchhalter, Sachbearbeiter oder Ähnliches.

3 Es ist sinnvoll, dem Mitarbeiter einen Aufgabenbereich zuzuweisen, der seine Tätigkeit im Unternehmen beschreibt. Möglich ist aber auch die Bezeichnung der Abteilung.

4 Diese Öffnungsklausel erlaubt es Ihnen als Arbeitgeber, den Tätigkeitsbereich zu verändern, ohne dass es einer Änderungskündigung bedarf.

5 Auch bezüglich des Arbeitsortes sollte die Vereinbarung möglichst offen gestaltet sein, um den Mitarbeiter flexibel einsetzen zu können.

6 Tragen Sie hier die mit dem Mitarbeiter vereinbarte Wochenarbeitszeit ein. Ein Teilzeitarbeitsverhältnis liegt dann vor, wenn die vereinbarte Arbeitszeit weniger als die betriebsübliche Arbeitszeit eines Vollzeitbeschäftigten beträgt.

7 Die Festlegung der Arbeitszeit folgt in der Regel den Interessen des Mitarbeiters. Anders als bei einem Abrufarbeitsvertrag soll für den Mitarbeiter die Arbeitszeit planbar sein. Durch die folgende Öffnungsklausel werden aber Ihre Arbeitgeberinteressen hinreichend berücksichtigt.

Unbefristeter Teilzeitarbeitsvertrag

Zwischen

Pflegeheim Haus Tannengrün
Seelhorsterweg 2

12345 Musterstadt

nachfolgend „Arbeitgeber" genannt

und

Herrn/Frau
Marianne Fakt
Rüstigstraße 3

12345 Musterstadt

nachfolgend „Mitarbeiter" genannt

§ 1 Beginn des Arbeitsverhältnisses, Kündigungsfristen

1 1. Das Arbeitsverhältnis beginnt am <u>01.05.</u>

2. Die ersten 6 Monate gelten als Probezeit mit 2-wöchiger Kündigungsfrist. Wird nach der Probezeit gekündigt, so gelten die Kündigungsfristen gemäß § 8 dieses Vertrages.

§ 2 Tätigkeitsgebiet, Ort der Tätigkeit

2 1. Der Mitarbeiter wird als <u>Krankenschwester</u> für den Aufgabenbereich <u>Altenpflege</u> eingestellt. **3**

4 2. Der Mitarbeiter ist verpflichtet, auf besondere Anordnung auch andere – seinen Fähigkeiten und seiner Aus- und Fortbildung entsprechende – zumutbare Tätigkeiten außerhalb seines Aufgabenbereiches zu verrichten. Eine Minderung der Vergütung darf hiermit nicht verbunden sein.

3. Während der Dauer des Arbeitsverhältnisses ist jede Übernahme einer entgeltlichen oder unentgeltlichen Nebentätigkeit nur mit vorheriger Zustimmung des Arbeitgebers zulässig.

5 4. Der Mitarbeiter übt seine Tätigkeit am Firmensitz in <u>Musterstadt</u> aus. Der Arbeitgeber behält sich vor, den Mitarbeiter auch an einem anderen Ort einzusetzen.

§ 3 Arbeitszeit

1. Die wöchentliche Arbeitszeit beträgt <u>20</u> Stunden. **6**

7 2. In der Regel ist der Mitarbeiter an den Wochentagen <u>Montag bis Donnerstag</u> jeweils in der Zeit von <u>07:00 Uhr bis 12:00 Uhr</u> tätig. Aus betrieblichen Gründen sind Abweichungen von dieser vereinbarten Arbeitszeit in dringenden Fällen möglich. Der Arbeitgeber wird die Abweichung frühestmöglich bekannt geben. Der Arbeitgeber weist ausdrücklich darauf hin, dass Pausen nach Maßgabe des Arbeitszeitgesetzes zu nehmen sind.

1/4

Kopiervorlage

Teilzeitarbeitsvertrag

Zwischen

_____
_____

_____

nachfolgend „Arbeitgeber" genannt

und

Herrn/Frau

_____
_____

_____

nachfolgend „Mitarbeiter" genannt

§ 1 Beginn des Arbeitsverhältnisses, Kündigungsfristen

1. Das Arbeitsverhältnis beginnt am _____ .

2. Die ersten 6 Monate gelten als Probezeit mit 2-wöchiger Kündigungsfrist. Wird nach der Probezeit gekündigt, so gelten die Kündigungsfristen gemäß § 8 dieses Vertrages.

§ 2 Tätigkeitsgebiet, Ort der Tätigkeit

1. Der Mitarbeiter wird als _____ für den Aufgabenbereich _____ eingestellt.

2. Der Mitarbeiter ist verpflichtet, auf besondere Anordnung auch andere – seinen Fähigkeiten und seiner Aus- und Fortbildung entsprechende – zumutbare Tätigkeiten außerhalb seines Aufgabenbereiches zu verrichten. Eine Minderung der Vergütung darf hiermit nicht verbunden sein.

3. Während der Dauer des Arbeitsverhältnisses ist jede Übernahme einer entgeltlichen oder unentgeltlichen Nebentätigkeit nur mit vorheriger Zustimmung des Arbeitgebers zulässig.

4. Der Mitarbeiter übt seine Tätigkeit am Firmensitz in _____ aus. Der Arbeitgeber behält sich vor, den Mitarbeiter auch an einem anderen Ort einzusetzen.

§ 3 Arbeitszeit

1. Die wöchentliche Arbeitszeit beträgt ___Stunden.

2. In der Regel ist der Mitarbeiter an den Wochentagen _____ jeweils in der Zeit von _____ tätig. Aus betrieblichen Gründen sind Abweichungen von dieser vereinbarten Arbeitszeit in dringenden Fällen möglich. Der Arbeitgeber wird die Abweichung frühestmöglich bekannt geben. Der Arbeitgeber weist ausdrücklich darauf hin, dass Pausen nach Maßgabe des Arbeitszeitgesetzes zu nehmen sind.

Vertrags-Check Arbeitsrecht

III. Beginn des Arbeitsverhältnisses, Unternehmen ohne Tarifbindung
Arbeitsverträge für Kleinbetriebe

8 Fügen Sie hier das mit dem Mitarbeiter verhandelte Bruttomonatsgehalt ein.

9 An dieser Stelle findet sich oft die Klausel, dass auch Gehaltspfändungen nur mit Zustimmung des Arbeitgebers erfolgen dürfen. Ob wirksam gepfändet wird, haben aber weder Sie noch Ihr Mitarbeiter in der Hand, sondern der Gläubiger des Mitarbeiters, der ihm gegenüber einen rechtswirksamen Titel erwirkt hat.

10 Sie haben als Arbeitgeber das Recht, bereits ab dem ersten Tag der Arbeitsunfähigkeit eine Bescheinigung zu verlangen, § 5 Absatz 1 Entgeltfortzahlungsgesetz (EFZG). Allerdings müssen Sie dies nachweisbar bereits vor einer Erkrankung gefordert haben. Möglich ist also bereits die Festlegung im Arbeitsvertrag.

11 Gemäß EFZG geht die Forderung gegenüber einem Dritten auch ohne gesonderte Abtretung auf Sie über, sofern Sie Entgeltfortzahlung geleistet haben. Diese Klausel dient daher nur der Klarstellung gegenüber dem Mitarbeiter, dass durch die Entgeltfortzahlung der Anspruch auf Schadensersatz in Höhe der geleisteten Entgeltzahlung auf Sie als Arbeitgeber übergeht.

12 Ein Teilzeitmitarbeiter hat Anspruch auf Urlaub, der jedoch nur anteilig entsteht. Arbeitet der Teilzeitbeschäftigte jeden Tag, so muss er genauso viele Urlaubstage wie ein Vollzeitmitarbeiter einsetzen, um auf die gleiche Urlaubsdauer zu kommen. Arbeitet ein Teilzeitbeschäftigter aber nur an z. B. 4 Tagen pro Woche, so muss er auch nur 4 Tage einsetzen, um die gesamte Woche frei zu erhalten. Bei einer 6-Tage-Woche muss der Teilzeitmitarbeiter also 4/6 des Urlaubs eines Vollzeitmitarbeiters erhalten.

Unbefristeter Teilzeitarbeitsvertrag

§ 4 Vergütung

1. Das Festgehalt des Mitarbeiters beträgt pro Monat

8 DM 2.000,-/EUR... brutto

und wird jeweils am Ende des Monats gezahlt. Der Mitarbeiter erklärt sich damit einverstanden, dass sein Gehalt auf ein von ihm zu benennendes Bank- oder Postbankkonto überwiesen wird.

2. Eventuelle Zahlungen von Gratifikationen, Prämien und ähnlichen Leistungen liegen im freien Ermessen des Arbeitgebers. Sie sind freiwillig und begründen auch bei wiederholter, ohne ausdrücklichen Vorbehalt der Freiwilligkeit erfolgter Zahlung keinen Rechtsanspruch im Folgejahr.

9 3. Gehaltsabtretungen sind nur mit Zustimmung des Arbeitgebers zulässig und wirksam. Bei einer Gehaltsabtretung bzw. -pfändung trägt der Mitarbeiter die hierfür entstehenden Kosten, mindestens aber pro Überweisung DM 5,-/EUR... und pro notwendigem Schreiben DM 10,-/EUR ....

§ 5 Arbeitsverhinderung, Vergütungsfortzahlung im Krankheitsfall

1. Der Mitarbeiter ist verpflichtet, dem Arbeitgeber jede Arbeitsverhinderung und ihre voraussichtliche Dauer unverzüglich mitzuteilen.

10 2. Im Falle der Arbeitsunfähigkeit infolge Krankheit ist der Mitarbeiter verpflichtet, vor Ablauf des 3. Kalendertages nach Beginn der Arbeitsunfähigkeit eine ärztliche Bescheinigung darüber sowie über deren voraussichtliche Dauer vorzulegen. Bei einer über den angegebenen Zeitraum hinausgehenden Erkrankung ist eine Folgebescheinigung innerhalb von weiteren 3 Tagen nach Ablauf der vorangegangenen einzureichen.

3. Ist der Mitarbeiter an der Arbeitsleistung infolge von auf unverschuldeter Krankheit beruhender Arbeitsunfähigkeit verhindert, leistet der Arbeitgeber Fortzahlung der Vergütung nach Maßgabe des Entgeltfortzahlungsgesetzes.

11 4. Wird der Mitarbeiter durch Handlungen eines Dritten arbeitsunfähig, gehen die dem Mitarbeiter gegenüber dem Dritten zustehenden Schadensersatzansprüche wegen Verdienstausfalles in der Höhe auf den Arbeitgeber über, in welcher der Arbeitgeber während der Zeit der Arbeitsunfähigkeit Entgeltfortzahlung geleistet hat.

§ 6 Spesen und Auslagen

Reisekosten und sonstige Aufwendungen, die mit Genehmigung und im Interesse des Arbeitgebers entstehen, werden entsprechend den steuerlichen Vorschriften als Aufwendungsersatz erstattet.

§ 7 Urlaub

12 1. Der Mitarbeiter hat Anspruch auf einen jährlichen Erholungsurlaub von **16** Werktagen.

2. Der Urlaub wird im Einvernehmen mit dem Arbeitgeber unter Berücksichtigung der betrieblichen Belange festgelegt.

3. Es gelten die Vorschriften des Bundesurlaubsgesetzes, einzusehen in der Personalabteilung.

Kopiervorlage

2/4

Teilzeitarbeitsvertrag

§ 4 Vergütung

1. Das Festgehalt des Mitarbeiters beträgt pro Monat

   _____ brutto

   und wird jeweils am Ende des Monats gezahlt. Der Mitarbeiter erklärt sich damit einverstanden, dass sein Gehalt auf ein von ihm zu benennendes Bank- oder Postbankkonto überwiesen wird.

2. Eventuelle Zahlungen von Gratifikationen, Prämien und ähnlichen Leistungen liegen im freien Ermessen des Arbeitgebers. Sie sind freiwillig und begründen auch bei wiederholter, ohne ausdrücklichen Vorbehalt der Freiwilligkeit erfolgter Zahlung keinen Rechtsanspruch im Folgejahr.

3. Gehaltsabtretungen sind nur mit Zustimmung des Arbeitgebers zulässig und wirksam. Bei einer Gehaltsabtretung bzw. -pfändung trägt der Mitarbeiter die hierfür entstehenden Kosten, mindestens aber pro Überweisung _____ und pro notwendigem Schreiben _____.

§ 5 Arbeitsverhinderung, Vergütungsfortzahlung im Krankheitsfall

1. Der Mitarbeiter ist verpflichtet, dem Arbeitgeber jede Arbeitsverhinderung und ihre voraussichtliche Dauer unverzüglich mitzuteilen.

2. Im Falle der Arbeitsunfähigkeit infolge Krankheit ist der Mitarbeiter verpflichtet, vor Ablauf des 3. Kalendertages nach Beginn der Arbeitsunfähigkeit eine ärztliche Bescheinigung darüber sowie über deren voraussichtliche Dauer vorzulegen. Bei einer über den angegebenen Zeitraum hinausgehenden Erkrankung ist eine Folgebescheinigung innerhalb von weiteren 3 Tagen nach Ablauf der vorangegangenen einzureichen.

3. Ist der Mitarbeiter an der Arbeitsleistung infolge von auf unverschuldeter Krankheit beruhender Arbeitsunfähigkeit verhindert, leistet der Arbeitgeber Fortzahlung der Vergütung nach Maßgabe des Entgeltfortzahlungsgesetzes.

4. Wird der Mitarbeiter durch Handlungen eines Dritten arbeitsunfähig, gehen die dem Mitarbeiter gegenüber dem Dritten zustehenden Schadensersatzansprüche wegen Verdienstausfalles in der Höhe auf den Arbeitgeber über, in welcher der Arbeitgeber während der Zeit der Arbeitsunfähigkeit Entgeltfortzahlung geleistet hat.

§ 6 Spesen und Auslagen

Reisekosten und sonstige Aufwendungen, die mit Genehmigung und im Interesse des Arbeitgebers entstehen, werden entsprechend den steuerlichen Vorschriften als Aufwendungsersatz erstattet.

§ 7 Urlaub

1. Der Mitarbeiter hat Anspruch auf einen jährlichen Erholungsurlaub von ___ Werktagen.

2. Der Urlaub wird im Einvernehmen mit dem Arbeitgeber unter Berücksichtigung der betrieblichen Belange festgelegt.

3. Es gelten die Vorschriften des Bundesurlaubsgesetzes, einzusehen in der Personalabteilung.

Vertrags-Check Arbeitsrecht

III. Beginn des Arbeitsverhältnisses, Unternehmen ohne Tarifbindung
Arbeitsverträge für Kleinbetriebe

13 Kleinbetriebe mit nicht mehr als 20 Arbeitnehmern haben die Möglichkeit, die gesetzliche Grundkündigungsfrist von 4 Wochen zum 15. oder zum Monatsende zu verkürzen. Die Verkürzung ist jedoch nur in engen Grenzen möglich. Bei einer Kündigung muss kein Enddatum eingehalten werden, so dass das Arbeitsverhältnis 4 Wochen nach Zugang der Kündigung endet. Diese Privilegierung gilt allerdings nur für die Grundkündigungsfristen, also für die Kündigungsfristen, die Sie als Arbeitgeber während der ersten 2 Jahre des Arbeitsverhältnisses einhalten müssen. Nach Ablauf einer Beschäftigungszeit von mehr als 2 Jahren erhöht sich die Kündigungsfrist nach der gesetzlich vorgesehenen Staffel. Beschäftigungszeiten zählen erst nach Vollendung des 25. Lebensjahres des Mitarbeiters.

14 Nach der Neuregelung des § 623 Bürgerliches Gesetzbuch (BGB) ist eine mündliche Kündigung unwirksam.

15 Ein Mitarbeiter kann – sofern er durch eine Kündigung demotiviert ist – einem Betrieb erheblichen Schaden zufügen. Die Freistellungsmöglichkeit soll Sie als Arbeitgeber schützen. Wählen Sie die Freistellung, so müssen Sie allerdings während der Freistellung bis zum Ende des Arbeitsverhältnisses das Gehalt fortzahlen.

16 Sofern das Unternehmen für die Konkurrenz interessante Betriebsgeheimnisse hat, von denen der Mitarbeiter Kenntnis erlangen kann, kann es unter Umständen sinnvoll sein, eine Vertragsstrafe zu vereinbaren.

17 Die hier vorgenommene Ergänzung der Verschwiegenheitsverpflichtung ist für das gewählte Beispiel der Krankenpflege von Bedeutung. Gibt es in Ihrem Fall keine besonderen Schweigepflichten, so ist die Klausel auch ohne die weitere Ergänzung ausreichend.

Unbefristeter Teilzeitarbeitsvertrag

§ 8 Kündigung

13 1. Das Arbeitsverhältnis kann von beiden Parteien unter Einhaltung der gesetzlichen Kündigungsfristen gekündigt werden. Die Grundkündigungsfrist beträgt jedoch in Abweichung zu § 622 Absatz 1 BGB aufgrund der nur geringen Zahl der beschäftigten Mitarbeiter lediglich 4 Wochen, § 622 Absatz 5 Nummer 2 BGB.

14 2. Die Kündigung hat in jedem Fall schriftlich zu erfolgen.

3. Eine abweichende Regelung kann nur durch schriftliche Zusatzvereinbarung getroffen werden.

4. Ohne dass es einer Kündigung bedarf, endet das Arbeitsverhältnis mit Ablauf des Monats, nach welchem der Mitarbeiter Rente wegen Erwerbsunfähigkeit oder Erreichung der Altersgrenze bezieht. Den Bescheid der zuständigen Behörden hierüber hat der Mitarbeiter unverzüglich dem Arbeitgeber vorzulegen. Die Parteien sind sich darüber einig, dass das Arbeitsverhältnis jedoch spätestens mit Ablauf des 65. Lebensjahres endet.

15 5. Nach einer Kündigung des Arbeitsvertrages, gleich durch welche Partei, ist der Arbeitgeber jederzeit befugt, den Mitarbeiter unter Fortzahlung der Vergütung mit sofortiger Wirkung von seiner Verpflichtung zur Arbeitsleistung für den Arbeitgeber freizustellen.

§ 9 Verschwiegenheitspflicht, Rückgabe von Unterlagen und sonstigem Firmeneigentum

16 1. Der Mitarbeiter ist verpflichtet, über alle ihm bekannten Angelegenheiten, Vorgänge, Verträge und Geschäftsbeziehungen innerhalb und außerhalb des Betriebes und auch nach seinem Ausscheiden aus dem Arbeitsverhältnis Verschwiegenheit zu bewahren.

17 2. Dazu gehören neben Geschäfts- und Betriebsgeheimnissen auch persönliche Verhältnisse der Mitarbeiter und Vorgesetzten <u>sowie die persönlichen Daten der Patienten.</u>

3. Unter anderem verpflichtet sich der Mitarbeiter, über die Höhe seines Gehaltes sowie über Prämien und/oder weitere Bezüge Stillschweigen zu bewahren.

4. Ein Verstoß gegen die Verschwiegenheitspflicht führt zu einem Schadensersatzanspruch des Arbeitgebers; in Extremfällen kann ordentlich bzw. außerordentlich gekündigt werden.

5. Der Mitarbeiter hat jederzeit auf Verlangen des Arbeitgebers, spätestens aber unaufgefordert bei Beendigung des Arbeitsverhältnisses alles Material, insbesondere alle Unterlagen, Kopien usw. zurückzugeben, die in Zusammenhang mit seiner Tätigkeit für den Arbeitgeber in seinen Besitz gelangt sind. Dem Mitarbeiter steht ein Zurückbehaltungsrecht insoweit nicht zu.

6. Der Mitarbeiter verpflichtet sich durch seine Unterschrift auf einem gesonderten Formblatt, das Datengeheimnis gemäß § 5 Bundesdatenschutzgesetz (BDSG) zu wahren. Die Verpflichtung auf das Datengeheimnis ist Bestandteil dieses Vertrages und zwingend als Anlage zu diesem Vertrag zu führen.

3/4

Kopiervorlage

Teilzeitarbeitsvertrag

§ 8 Kündigung

1. Das Arbeitsverhältnis kann von beiden Parteien unter Einhaltung der gesetzlichen Kündigungsfristen gekündigt werden. Die Grundkündigungsfrist beträgt jedoch in Abweichung zu § 622 Absatz 1 BGB aufgrund der nur geringen Zahl der beschäftigten Mitarbeiter lediglich 4 Wochen, § 622 Absatz 5 Nummer 2 BGB.

2. Die Kündigung hat in jedem Fall schriftlich zu erfolgen.

3. Eine abweichende Regelung kann nur durch schriftliche Zusatzvereinbarung getroffen werden.

4. Ohne dass es einer Kündigung bedarf, endet das Arbeitsverhältnis mit Ablauf des Monats, nach welchem der Mitarbeiter Rente wegen Erwerbsunfähigkeit oder Erreichung der Altersgrenze bezieht. Den Bescheid der zuständigen Behörden hierüber hat der Mitarbeiter unverzüglich dem Arbeitgeber vorzulegen. Die Parteien sind sich darüber einig, dass das Arbeitsverhältnis jedoch spätestens mit Ablauf des 65. Lebensjahres endet.

5. Nach einer Kündigung des Arbeitsvertrages, gleich durch welche Partei, ist der Arbeitgeber jederzeit befugt, den Mitarbeiter unter Fortzahlung der Vergütung mit sofortiger Wirkung von seiner Verpflichtung zur Arbeitsleistung für den Arbeitgeber freizustellen.

§ 9 Verschwiegenheitspflicht, Rückgabe von Unterlagen und sonstigem Firmeneigentum

1. Der Mitarbeiter ist verpflichtet, über alle ihm bekannten Angelegenheiten, Vorgänge, Verträge und Geschäftsbeziehungen innerhalb und außerhalb des Betriebes und auch nach seinem Ausscheiden aus dem Arbeitsverhältnis Verschwiegenheit zu bewahren.

2. Dazu gehören neben Geschäfts- und Betriebsgeheimnissen auch persönliche Verhältnisse der Mitarbeiter und Vorgesetzten _____

3. Unter anderem verpflichtet sich der Mitarbeiter, über die Höhe seines Gehaltes sowie über Prämien und/oder weitere Bezüge Stillschweigen zu bewahren.

4. Ein Verstoß gegen die Verschwiegenheitspflicht führt zu einem Schadensersatzanspruch des Arbeitgebers; in Extremfällen kann ordentlich bzw. außerordentlich gekündigt werden.

5. Der Mitarbeiter hat jederzeit auf Verlangen des Arbeitgebers, spätestens aber unaufgefordert bei Beendigung des Arbeitsverhältnisses alles Material, insbesondere alle Unterlagen, Kopien usw. zurückzugeben, die in Zusammenhang mit seiner Tätigkeit für den Arbeitgeber in seinen Besitz gelangt sind. Dem Mitarbeiter steht ein Zurückbehaltungsrecht insoweit nicht zu.

6. Der Mitarbeiter verpflichtet sich durch seine Unterschrift auf einem gesonderten Formblatt, das Datengeheimnis gemäß § 5 Bundesdatenschutzgesetz (BDSG) zu wahren. Die Verpflichtung auf das Datengeheimnis ist Bestandteil dieses Vertrages und zwingend als Anlage zu diesem Vertrag zu führen.

Vertrags-Check Arbeitsrecht

III. Beginn des Arbeitsverhältnisses, Unternehmen ohne Tarifbindung
Arbeitsverträge für Kleinbetriebe

18 Die Speicherung und Verarbeitung von personenbezogenen Daten ist in jedem Betrieb erforderlich. Spätestens bei der Lohnabrechnung (eventuell bei einem mit der Lohnabrechnung beauftragten Steuerberater) müssen Daten des Mitarbeiters in eine DV-Anlage eingegeben und verarbeitet werden.

19 Die Vereinbarung einer Vertragsstrafe ist für Sie als Arbeitgeber besonders wichtig. Zwar ist ein Mitarbeiter bei den aufgeführten Vertragsverstößen auch ohne diese Regelung schadensersatzpflichtig, den Ihnen entstandenen Schaden müssen Sie jedoch bis auf den letzten Pfennig beweisen können. Dieser Beweis fällt in der Praxis oft schwer. Haben Sie eine Vertragsstrafe vereinbart, so entfällt der schwierige Beweis für die Schadenshöhe, jedenfalls bis zur Höhe der festgelegten Vertragsstrafe.

20 Verfallsklauseln finden sich sehr häufig auch in Tarifverträgen. Sie haben den Vorteil, dass nach Ablauf der genannten Fristen der Anspruch des Mitarbeiters nicht mehr besteht.

21 Vertragsänderungen sollten Sie zu Beweiszwecken immer schriftlich verfassen.

22 Diese Regelung wird als Teilunwirksamkeitsklausel oder auch salvatorische Klausel bezeichnet. Sie soll verhindern, dass bei einem unwirksamen Teil des Vertrages gleich das gesamte Vertragswerk entfällt. Sie finden diese oder ähnliche Klauseln auch in einer Vielzahl von anderen Verträgen.

Unbefristeter Teilzeitarbeitsvertrag

18 **§ 10 Speicherung von Daten**

Der Mitarbeiter ist im Sinne des Bundesdatenschutzgesetzes (BDSG) darüber unterrichtet worden, dass seine persönlichen Daten im Zusammenhang mit dem Arbeitsverhältnis in einer DV-Anlage gespeichert werden, und erklärt sich damit einverstanden.

19 **§ 11 Vertragsstrafe**

Im Fall einer schuldhaften Nichtaufnahme der Tätigkeit oder der Nichteinhaltung der gesetzlichen Kündigungsfrist durch den Mitarbeiter verpflichtet sich dieser, dem Arbeitgeber eine Vertragsstrafe in Höhe eines Bruttomonatseinkommens zu zahlen.

Gleiches gilt auch für den Vertragsrücktritt vor Beginn des Arbeitsverhältnisses.

Der Arbeitgeber ist berechtigt, einen weitergehenden Schaden geltend zu machen.

20 **§ 12 Ausschluss- und Verfallsfristen**

1. Alle Ansprüche aus diesem Arbeitsvertrag und solche, die damit in Verbindung stehen, verfallen, wenn sie nicht innerhalb von 3 Monaten nach Fälligkeit gegenüber der anderen Vertragspartei schriftlich geltend gemacht worden sind.

2. Lehnt die andere Vertragspartei den Anspruch ab oder erklärt sie sich nicht innerhalb von 4 Wochen nach der Geltendmachung des Anspruchs, so verfällt dieser, wenn er nicht innerhalb von 3 Monaten nach der Ablehnung oder dem Fristablauf gerichtlich geltend gemacht wird.

§ 13 Sonstige Bestimmungen

21 1. Änderungen und Ergänzungen dieses Vertrages bedürfen der Schriftform; dies gilt auch für einen Verzicht auf das Schriftformerfordernis selbst.

2. Mündliche Nebenabreden zu diesem Vertrag bestehen nicht.

22 3. Sollten sich einzelne Bestimmungen dieses Vertrages als unwirksam erweisen, so wird dadurch die Wirksamkeit der übrigen Bestimmungen nicht berührt. Eine ungültige oder unklare Bestimmung ist so zu ersetzen bzw. zu deuten, dass der mit ihr beabsichtigte wirtschaftliche Zweck erreicht wird. Lücken sind dem beabsichtigten wirtschaftlichen Zweck entsprechend zu füllen.

Musterstadt, 18.04.
Ort, Datum

Wilhelm Anton Grün
Inhaber
Unterschrift Arbeitgeber

Marianne Fakt
Unterschrift Mitarbeiter

4/4

Kopiervorlage

Teilzeitarbeitsvertrag

§ 10 Speicherung von Daten

Der Mitarbeiter ist im Sinne des Bundesdatenschutzgesetzes (BDSG) darüber unterrichtet worden, dass seine persönlichen Daten im Zusammenhang mit dem Arbeitsverhältnis in einer DV-Anlage gespeichert werden, und erklärt sich damit einverstanden.

§ 11 Vertragsstrafe

Im Fall einer schuldhaften Nichtaufnahme der Tätigkeit oder der Nichteinhaltung der gesetzlichen Kündigungsfrist durch den Mitarbeiter verpflichtet sich dieser, dem Arbeitgeber eine Vertragsstrafe in Höhe eines Bruttomonatseinkommens zu zahlen.

Gleiches gilt auch für den Vertragsrücktritt vor Beginn des Arbeitsverhältnisses.

Der Arbeitgeber ist berechtigt, einen weitergehenden Schaden geltend zu machen.

§ 12 Ausschluss- und Verfallsfristen

1. Alle Ansprüche aus diesem Arbeitsvertrag und solche, die damit in Verbindung stehen, verfallen, wenn sie nicht innerhalb von 3 Monaten nach Fälligkeit gegenüber der anderen Vertragspartei schriftlich geltend gemacht worden sind.

2. Lehnt die andere Vertragspartei den Anspruch ab oder erklärt sie sich nicht innerhalb von 4 Wochen nach der Geltendmachung des Anspruchs, so verfällt dieser, wenn er nicht innerhalb von 3 Monaten nach der Ablehnung oder dem Fristablauf gerichtlich geltend gemacht wird.

§ 13 Sonstige Bestimmungen

1. Änderungen und Ergänzungen dieses Vertrages bedürfen der Schriftform; dies gilt auch für einen Verzicht auf das Schriftformerfordernis selbst.

2. Mündliche Nebenabreden zu diesem Vertrag bestehen nicht.

3. Sollten sich einzelne Bestimmungen dieses Vertrages als unwirksam erweisen, so wird dadurch die Wirksamkeit der übrigen Bestimmungen nicht berührt. Eine ungültige oder unklare Bestimmung ist so zu ersetzen bzw. zu deuten, dass der mit ihr beabsichtigte wirtschaftliche Zweck erreicht wird. Lücken sind dem beabsichtigten wirtschaftlichen Zweck entsprechend zu füllen.

_____
Ort, Datum

_____ _____
Unterschrift Arbeitgeber   Unterschrift Mitarbeiter

Vertrags-Check Arbeitsrecht

III. Beginn des Arbeitsverhältnisses, Unternehmen ohne Tarifbindung
Arbeitsverträge für Kleinbetriebe

[1] Die Befristung eines Arbeitsverhältnisses stellt nach der gesetzlichen Grundregelung (unbefristetes Arbeitsverhältnis) die Ausnahme dar. Wird ein Vertrag nicht eindeutig als befristet gekennzeichnet oder ist die Befristung nicht ordnungsgemäß, wird ein unbefristetes Arbeitsverhältnis mit all seinen Nachteilen für Sie als Arbeitgeber begründet. Ein befristeter Vertrag muss für seine Wirksamkeit immer schriftlich abgeschlossen werden.

[2] Tragen Sie hier das Datum ein, an welchem das Arbeitsverhältnis beginnen soll. In der Regel wird dies der 1. Tag eines Monats sein. Soll das Arbeitsverhältnis während des laufenden Monats beginnen, so ist das Arbeitsentgelt im 1. Monat nur anteilig zu zahlen.

[3] Bei einem befristeten Vertrag müssen Sie ein genaues Enddatum angeben.

[4] Das Beschäftigungsförderungsgesetz gestattet die Befristung eines Arbeitsvertrags auch ohne sachlichen Grund für maximal 2 Jahre. Innerhalb dieser Maximaldauer darf das Arbeitsverhältnis höchstens 3mal verlängert werden. Es ist also zulässig, 3mal hintereinander befristete Verträge für z. B. jeweils 6 Monate abzuschließen. Das Beschäftigungsförderungsgesetz gilt nur für Neueinstellungen. Sofern bereits vorher ein Arbeitsverhältnis zwischen dem Mitarbeiter und Ihnen bestand, muss zwischen dem alten und dem neuen, nach dem Beschäftigungsförderungsgesetz befristeten Arbeitsverhältnis mindestens ein Zeitabstand von 4 Monaten liegen.

[5] Bei einer kürzeren Befristungsdauer kann auch die Probezeit verkürzt werden. Sie darf jedoch maximal 6 Monate betragen.

[6] Einen befristeten Arbeitsvertrag können Sie prinzipiell während der Befristung nicht kündigen, es sei denn, dass Sie sich – wie hier vorgesehen – eine Kündigungsmöglichkeit ausdrücklich vorbehalten haben.

[7] Hier fügen Sie die Funktionsbeschreibung ein, wie z. B. Verwaltungsangestellter, Finanzbuchhalter, Sachbearbeiter oder Ähnliches.

[8] Es ist sinnvoll, dem Mitarbeiter einen Aufgabenbereich zuzuweisen, der seine Tätigkeit im Unternehmen beschreibt. Möglich ist aber auch die Bezeichnung der Abteilung.

[9] Diese Öffnungsklausel erlaubt es Ihnen als Arbeitgeber, den Tätigkeitsbereich zu verändern, ohne dass es einer Änderungskündigung bedarf.

[10] Auch bezüglich des Arbeitsorts sollte die Vereinbarung möglichst offen gestaltet sein, um den Mitarbeiter flexibel einsetzen zu können.

---

[1] Befristeter Arbeitsvertrag für Kleinbetriebe

Zwischen

Übersetzungsbüro Hans Soltau
Cityring 6

12345 Musterstadt

nachfolgend „Arbeitgeber" genannt

und

Herrn/Frau
Taifun Mehic
Lateralstraße 1

12345 Musterstadt

nachfolgend „Mitarbeiter" genannt

§ 1 Dauer des Arbeitsverhältnisses, Kündigungsfristen

[2] 1. Das Arbeitsverhältnis beginnt am <u>01.09.</u> und endet am <u>31.08.</u>, ohne dass es einer Kündigung bedarf. **[3]**

[4] 2. Die Befristung des Arbeitsverhältnisses erfolgt nach Maßgabe des Beschäftigungsförderungsgesetzes.

[5] 3. Die ersten 6 Monate gelten als Probezeit mit 2-wöchiger Kündigungsfrist. Wird nach der Probezeit gekündigt, so gelten die Kündigungsfristen gemäß § 8 dieses Vertrages. **[6]**

§ 2 Tätigkeitsgebiet, Ort der Tätigkeit

[7] 1. Der Mitarbeiter wird als <u>Dolmetscher</u> für den Aufgabenbereich <u>Übersetzungen Türkisch-Deutsch</u> eingestellt. **[8]**

[9] 2. Der Mitarbeiter ist verpflichtet, auf besondere Anordnung auch andere – seinen Fähigkeiten und seiner Aus- und Fortbildung entsprechende – zumutbare Tätigkeiten außerhalb seines Aufgabenbereichs zu verrichten. Eine Minderung der Vergütung ist hierbei ausgeschlossen.

3. Der Mitarbeiter wird seine ganze Arbeitskraft und fachlichen Kenntnisse und Erfahrungen ausschließlich dem Arbeitgeber widmen. Während der Dauer des Arbeitsverhältnisses ist jede Übernahme einer entgeltlichen oder unentgeltlichen Nebentätigkeit nur mit vorheriger Zustimmung des Arbeitgebers zulässig.

[10] 4. Der Mitarbeiter übt seine Tätigkeit am Firmensitz in <u>Musterstadt</u> aus. Der Arbeitgeber behält sich vor, den Mitarbeiter auch an einem anderen Ort einzusetzen.

Kopiervorlage

1/4

Befristeter Arbeitsvertrag

Zwischen

_____

_____

_____

nachfolgend „Arbeitgeber" genannt

und

Herrn/Frau

_____

_____

_____

nachfolgend „Mitarbeiter" genannt

§ 1 Dauer des Arbeitsverhältnisses, Kündigungsfristen

1. Das Arbeitsverhältnis beginnt am _____ und endet am _____, ohne dass es einer Kündigung bedarf.

2. Die Befristung des Arbeitsverhältnisses erfolgt nach Maßgabe des Beschäftigungsförderungsgesetzes.

3. Die ersten 6 Monate gelten als Probezeit mit 2-wöchiger Kündigungsfrist. Wird nach der Probezeit gekündigt, so gelten die Kündigungsfristen gemäß § 8 dieses Vertrages.

§ 2 Tätigkeitsgebiet, Ort der Tätigkeit

1. Der Mitarbeiter wird als _____ für den Aufgabenbereich _____ eingestellt.

2. Der Mitarbeiter ist verpflichtet, auf besondere Anordnung auch andere – seinen Fähigkeiten und seiner Aus- und Fortbildung entsprechende – zumutbare Tätigkeiten außerhalb seines Aufgabenbereichs zu verrichten. Eine Minderung der Vergütung ist hierbei ausgeschlossen.

3. Der Mitarbeiter wird seine ganze Arbeitskraft und fachlichen Kenntnisse und Erfahrungen ausschließlich dem Arbeitgeber widmen. Während der Dauer des Arbeitsverhältnisses ist jede Übernahme einer entgeltlichen oder unentgeltlichen Nebentätigkeit nur mit vorheriger Zustimmung des Arbeitgebers zulässig.

4. Der Mitarbeiter übt seine Tätigkeit am Firmensitz in _____ aus. Der Arbeitgeber behält sich vor, den Mitarbeiter auch an einem anderen Ort einzusetzen.

Vertrags-Check Arbeitsrecht

III. Beginn des Arbeitsverhältnisses, Unternehmen ohne Tarifbindung
Arbeitsverträge für Kleinbetriebe

11 Sofern keine Arbeitszeitregelung im Betrieb vorhanden ist, können Sie an dieser Stelle auch die betriebsübliche Arbeitszeit einsetzen.

12 Fügen Sie hier das mit dem Mitarbeiter verhandelte Bruttomonatsgehalt ein.

13 An dieser Stelle findet sich oft die Klausel, dass auch Gehaltspfändungen nur mit Zustimmung des Arbeitgebers erfolgen dürfen. Ob wirksam gepfändet wird, haben aber weder Sie noch Ihr Mitarbeiter in der Hand, sondern der Gläubiger des Mitarbeiters, der ihm gegenüber einen rechtswirksamen Titel erwirkt hat.

14 Sie haben als Arbeitgeber das Recht, bereits ab dem 1. Tag der Arbeitsunfähigkeit eine Bescheinigung zu verlangen, § 5 Absatz 1 Entgeltfortzahlungsgesetz (EFZG). Allerdings müssen Sie dies nachweisbar bereits vor einer Erkrankung gefordert haben. Möglich ist also bereits die Festlegung im Arbeitsvertrag.

15 Gemäß EFZG geht die Forderung gegenüber einem Dritten auch ohne gesonderte Abtretung auf Sie über, sofern Sie Entgeltfortzahlung geleistet haben. Diese Klausel dient daher nur der Klarstellung gegenüber dem Mitarbeiter, dass durch die Entgeltfortzahlung der Anspruch auf Schadensersatz in Höhe der geleisteten Entgeltzahlung auf Sie als Arbeitgeber übergeht.

Befristeter Arbeitsvertrag für Kleinbetriebe

§ 3 Arbeitszeit
Der Mitarbeiter stellt seine ganze Arbeitskraft dem Unternehmen zur Verfügung.

1. Die wöchentliche Arbeitszeit beträgt derzeit **40** Stunden.

11 2. Die Arbeitszeiteinteilung erfolgt nach der jeweils gültigen betrieblichen Arbeitszeitregelung, die automatisch Bestandteil dieses Vertrags wird.

3. Der Arbeitgeber weist ausdrücklich darauf hin, dass der Mitarbeiter verpflichtet ist, arbeitstäglich eine halbstündige Mittagspause einzuhalten, die in der Zeit von **12:00 Uhr bis 14:00 Uhr** zu nehmen ist.

§ 4 Vergütung

1. Das Festgehalt des Mitarbeiters beträgt pro Monat

12 **DM 2.750,-/EUR...** brutto

und wird jeweils am Ende des Monats gezahlt. Der Mitarbeiter erklärt sich damit einverstanden, dass sein Gehalt auf ein von ihm zu benennendes Bank- oder Postbankkonto überwiesen wird.

2. Eventuelle Zahlungen von Gratifikationen, Prämien und ähnlichen Leistungen liegen im freien Ermessen des Arbeitgebers. Sie sind freiwillig und begründen auch bei wiederholter, ohne ausdrücklichen Vorbehalt der Freiwilligkeit erfolgter Zahlung keinen Rechtsanspruch im Folgejahr.

13 3. Gehaltsabtretungen sind nur mit Zustimmung des Arbeitgebers zulässig und wirksam. Bei einer Gehaltsabtretung bzw. -pfändung trägt der Mitarbeiter die hierfür entstehenden Kosten, mindestens aber pro Überweisung **DM 5,-/EUR...** und pro notwendiges Schreiben **DM 10,-/EUR...**.

§ 5 Arbeitsverhinderung, Vergütungsfortzahlung im Krankheitsfall

1. Der Mitarbeiter ist verpflichtet, dem Arbeitgeber jede Arbeitsverhinderung und ihre voraussichtliche Dauer unverzüglich mitzuteilen.

14 2. Im Falle der Arbeitsunfähigkeit infolge Krankheit ist der Mitarbeiter verpflichtet, vor Ablauf des 3. Kalendertages nach Beginn der Arbeitsunfähigkeit eine ärztliche Bescheinigung darüber sowie über deren voraussichtliche Dauer vorzulegen. Bei einer über den angegebenen Zeitraum hinausgehenden Erkrankung ist eine Folgebescheinigung innerhalb von weiteren 3 Tagen nach Ablauf der vorangegangenen Arbeitsunfähigkeitsbescheinigungen einzureichen.

3. Ist der Mitarbeiter an der Arbeitsleistung infolge von auf unverschuldeter Krankheit beruhender Arbeitsunfähigkeit verhindert, leistet der Arbeitgeber Fortzahlung der Vergütung nach Maßgabe des Entgeltfortzahlungsgesetzes.

15 4. Wird der Mitarbeiter durch Handlungen eines Dritten arbeitsunfähig, gehen die dem Mitarbeiter gegenüber dem Dritten zustehenden Schadensersatzansprüche wegen Verdienstausfalls in der Höhe auf den Arbeitgeber über, in welcher der Arbeitgeber während der Zeit der Arbeitsunfähigkeit Entgeltfortzahlung geleistet hat.

Kopiervorlage

2/4

Befristeter Arbeitsvertrag

§ 3 Arbeitszeit

Der Mitarbeiter stellt seine ganze Arbeitskraft dem Unternehmen zur Verfügung.

1. Die wöchentliche Arbeitszeit beträgt derzeit ___ Stunden.

2. Die Arbeitszeiteinteilung erfolgt nach der jeweils gültigen betrieblichen Arbeitszeitregelung, die automatisch Bestandteil dieses Vertrags wird.

3. Der Arbeitgeber weist ausdrücklich darauf hin, dass der Mitarbeiter verpflichtet ist, arbeitstäglich eine halbstündige Mittagspause einzuhalten, die in der Zeit von _____ zu nehmen ist.

§ 4 Vergütung

1. Das Festgehalt des Mitarbeiters beträgt pro Monat

   _____ brutto

   und wird jeweils am Ende des Monats gezahlt. Der Mitarbeiter erklärt sich damit einverstanden, dass sein Gehalt auf ein von ihm zu benennendes Bank- oder Postbankkonto überwiesen wird.

2. Eventuelle Zahlungen von Gratifikationen, Prämien und ähnlichen Leistungen liegen im freien Ermessen des Arbeitgebers. Sie sind freiwillig und begründen auch bei wiederholter, ohne ausdrücklichen Vorbehalt der Freiwilligkeit erfolgter Zahlung keinen Rechtsanspruch im Folgejahr.

3. Gehaltsabtretungen sind nur mit Zustimmung des Arbeitgebers zulässig und wirksam. Bei einer Gehaltsabtretung bzw. -pfändung trägt der Mitarbeiter die hierfür entstehenden Kosten, mindestens aber pro Überweisung _____ und pro notwendiges Schreiben _____.

§ 5 Arbeitsverhinderung, Vergütungsfortzahlung im Krankheitsfall

1. Der Mitarbeiter ist verpflichtet, dem Arbeitgeber jede Arbeitsverhinderung und ihre voraussichtliche Dauer unverzüglich mitzuteilen.

2. Im Falle der Arbeitsunfähigkeit infolge Krankheit ist der Mitarbeiter verpflichtet, vor Ablauf des 3. Kalendertages nach Beginn der Arbeitsunfähigkeit eine ärztliche Bescheinigung darüber sowie über deren voraussichtliche Dauer vorzulegen. Bei einer über den angegebenen Zeitraum hinausgehenden Erkrankung ist eine Folgebescheinigung innerhalb von weiteren 3 Tagen nach Ablauf der vorangegangenen Arbeitsunfähigkeitsbescheinigungen einzureichen.

3. Ist der Mitarbeiter an der Arbeitsleistung infolge von auf unverschuldeter Krankheit beruhender Arbeitsunfähigkeit verhindert, leistet der Arbeitgeber Fortzahlung der Vergütung nach Maßgabe des Entgeltfortzahlungsgesetzes.

4. Wird der Mitarbeiter durch Handlungen eines Dritten arbeitsunfähig, gehen die dem Mitarbeiter gegenüber dem Dritten zustehenden Schadensersatzansprüche wegen Verdienstausfalls in der Höhe auf den Arbeitgeber über, in welcher der Arbeitgeber während der Zeit der Arbeitsunfähigkeit Entgeltfortzahlung geleistet hat.

Vertrags-Check Arbeitsrecht

III. Beginn des Arbeitsverhältnisses, Unternehmen ohne Tarifbindung
Arbeitsverträge für Kleinbetriebe

16 Die Kündigung eines befristeten Vertrags muss im Vertrag selbst erwähnt sein. Ansonsten ist eine Kündigung während der Laufzeit nur außerordentlich möglich. Die außerordentliche Kündigung stellt aber gerade im Arbeitsrecht die Ausnahme dar, die bei den Arbeitsgerichten zumeist nur sehr schwer durchzusetzen ist.

17 Kleinbetriebe mit nicht mehr als 20 Arbeitnehmern haben die Möglichkeit, die gesetzliche Grundkündigungsfrist von 4 Wochen zum 15. oder zum Monatsende zu verkürzen. Die Verkürzung ist jedoch nur in engen Grenzen möglich. Bei einer Kündigung muss kein Enddatum eingehalten werden, so dass das Arbeitsverhältnis 4 Wochen nach Zugang der Kündigung endet.

Diese Privilegierung gilt allerdings nur für die Grundkündigungsfristen, also für die Kündigungsfristen, die Sie als Arbeitgeber während der ersten 2 Jahre des Arbeitsverhältnisses einhalten müssen. Nach Ablauf einer Beschäftigungszeit von 2 Jahren erhöht sich die Kündigungsfrist nach der gesetzlich vorgesehenen Staffel. Beschäftigungszeiten zählen erst nach Vollendung des 25. Lebensjahres des Mitarbeiters.

18 Nach der Neuregelung des § 623 Bürgerliches Gesetzbuch (BGB) ist eine mündliche Kündigung unwirksam.

19 Ein Mitarbeiter kann – sofern er durch eine Kündigung demotiviert ist – einem Betrieb erheblichen Schaden zufügen. Die Freistellungsmöglichkeit soll Sie als Arbeitgeber schützen. Wählen Sie die Freistellung, so müssen Sie allerdings während der Freistellung bis zum Ende des Arbeitsverhältnisses das Gehalt fortzahlen.

20 Sofern das Unternehmen für die Konkurrenz interessante Betriebsgeheimnisse hat, von denen der Mitarbeiter Kenntnis erlangen konnte, kann es unter Umständen sinnvoll sein, eine Vertragsstrafe zu vereinbaren.

Befristeter Arbeitsvertrag für Kleinbetriebe

§ 6 Spesen und Auslagen
Reisekosten und sonstige Aufwendungen, die mit Genehmigung und im Interesse des Arbeitgebers entstehen, werden entsprechend den steuerlichen Vorschriften als Auslagenersatz erstattet.

§ 7 Urlaub
1. Der Mitarbeiter hat Anspruch auf einen jährlichen Erholungsurlaub von **24** Werktagen.
2. Der Urlaub wird im Einvernehmen mit dem Arbeitgeber unter Berücksichtigung der betrieblichen Belange festgelegt.
3. Es gelten die Vorschriften des Bundesurlaubsgesetzes, einzusehen beim Arbeitgeber.

16 § 8 Kündigung
1. Das Arbeitsverhältnis kann von beiden Parteien unter Einhaltung der gesetzlichen Kündigungsfristen gekündigt werden. Die Grundkündigungsfrist beträgt jedoch in Abweichung zu § 622 Absatz 1 BGB aufgrund der nur geringen Zahl der beschäftigten Mitarbeiter lediglich 4 Wochen, § 622 Absatz 5 Nummer 2 BGB. **17**
2. **18** Die Kündigung hat in jedem Falle schriftlich zu erfolgen.
3. Nach einer Kündigung des Arbeitsvertrags, gleich durch welche Partei, ist der Arbeitgeber jederzeit befugt, den Mitarbeiter unter Fortzahlung der Vergütung mit sofortiger Wirkung von seiner Verpflichtung zur Arbeitsleistung für den Arbeitgeber freizustellen. **19**

§ 9 Verschwiegenheitspflicht, Rückgabe von Unterlagen und sonstigem Firmeneigentum
20
1. Der Mitarbeiter ist verpflichtet, über alle ihm bekannten Angelegenheiten, Vorgänge, Verträge und Geschäftsbeziehungen innerhalb und außerhalb des Betriebs und auch nach seinem Ausscheiden aus dem Arbeitsverhältnis Verschwiegenheit zu bewahren.
2. Dazu gehören neben Geschäfts- und Betriebsgeheimnissen auch persönliche Verhältnisse der Mitarbeiter und Vorgesetzten.
3. Unter anderem verpflichtet sich der Mitarbeiter, über die Höhe seines Gehalts sowie über Prämien und/oder weitere Bezüge Stillschweigen zu bewahren.
4. Ein Verstoß gegen die Verschwiegenheitspflicht führt zu einem Schadensersatzanspruch des Arbeitgebers; in Extremfällen kann ordentlich bzw. außerordentlich gekündigt werden.
5. Der Mitarbeiter hat jederzeit auf Verlangen des Arbeitgebers, spätestens aber unaufgefordert bei Beendigung des Arbeitsverhältnisses, alles Material, insbesondere alle Unterlagen, Kopien etc. zurückzugeben, die im Zusammenhang mit seiner Tätigkeit für den Arbeitgeber in seinen Besitz gelangt sind. Dem Mitarbeiter steht ein Zurückbehaltungsrecht insoweit nicht zu.
6. Der Mitarbeiter verpflichtet sich durch seine Unterschrift auf einem gesonderten Formblatt, das Datengeheimnis gemäß § 5 Bundesdatenschutzgesetz (BDSG) zu wahren. Die Verpflichtung auf das Datengeheimnis ist Bestandteil dieses Vertrags und zwingend als Anlage zu diesem Vertrag zu führen.

3/4

Kopiervorlage

Befristeter Arbeitsvertrag

§ 6 Spesen und Auslagen

Reisekosten und sonstige Aufwendungen, die mit Genehmigung und im Interesse des Arbeitgebers entstehen, werden entsprechend den steuerlichen Vorschriften als Auslagenersatz erstattet.

§ 7 Urlaub

1. Der Mitarbeiter hat Anspruch auf einen jährlichen Erholungsurlaub von ___ Werktagen.

2. Der Urlaub wird im Einvernehmen mit dem Arbeitgeber unter Berücksichtigung der betrieblichen Belange festgelegt.

3. Es gelten die Vorschriften des Bundesurlaubsgesetzes, einzusehen beim Arbeitgeber.

§ 8 Kündigung

1. Das Arbeitsverhältnis kann von beiden Parteien unter Einhaltung der gesetzlichen Kündigungsfristen gekündigt werden. Die Grundkündigungsfrist beträgt jedoch in Abweichung zu § 622 Absatz 1 BGB aufgrund der nur geringen Zahl der beschäftigten Mitarbeiter lediglich 4 Wochen, § 622 Absatz 5 Nummer 2 BGB.

2. Die Kündigung hat in jedem Falle schriftlich zu erfolgen.

3. Nach einer Kündigung des Arbeitsvertrags, gleich durch welche Partei, ist der Arbeitgeber jederzeit befugt, den Mitarbeiter unter Fortzahlung der Vergütung mit sofortiger Wirkung von seiner Verpflichtung zur Arbeitsleistung für den Arbeitgeber freizustellen.

§ 9 Verschwiegenheitspflicht, Rückgabe von Unterlagen und sonstigem Firmeneigentum

1. Der Mitarbeiter ist verpflichtet, über alle ihm bekannten Angelegenheiten, Vorgänge, Verträge und Geschäftsbeziehungen innerhalb und außerhalb des Betriebs und auch nach seinem Ausscheiden aus dem Arbeitsverhältnis Verschwiegenheit zu bewahren.

2. Dazu gehören neben Geschäfts- und Betriebsgeheimnissen auch persönliche Verhältnisse der Mitarbeiter und Vorgesetzten.

3. Unter anderem verpflichtet sich der Mitarbeiter, über die Höhe seines Gehalts sowie über Prämien und/oder weitere Bezüge Stillschweigen zu bewahren.

4. Ein Verstoß gegen die Verschwiegenheitspflicht führt zu einem Schadensersatzanspruch des Arbeitgebers; in Extremfällen kann ordentlich bzw. außerordentlich gekündigt werden.

5. Der Mitarbeiter hat jederzeit auf Verlangen des Arbeitgebers, spätestens aber unaufgefordert bei Beendigung des Arbeitsverhältnisses, alles Material, insbesondere alle Unterlagen, Kopien etc. zurückzugeben, die im Zusammenhang mit seiner Tätigkeit für den Arbeitgeber in seinen Besitz gelangt sind. Dem Mitarbeiter steht ein Zurückbehaltungsrecht insoweit nicht zu.

6. Der Mitarbeiter verpflichtet sich durch seine Unterschrift auf einem gesonderten Formblatt, das Datengeheimnis gemäß § 5 Bundesdatenschutzgesetz (BDSG) zu wahren. Die Verpflichtung auf das Datengeheimnis ist Bestandteil dieses Vertrags und zwingend als Anlage zu diesem Vertrag zu führen.

Vertrags-Check Arbeitsrecht

III. Beginn des Arbeitsverhältnisses, Unternehmen ohne Tarifbindung
Arbeitsverträge für Kleinbetriebe

21 Die Speicherung und Verarbeitung von personenbezogenen Daten ist in jedem Betrieb erforderlich. Spätestens bei der Lohnabrechnung (eventuell bei einem mit der Lohnabrechnung beauftragten Steuerberater) müssen Daten des Mitarbeiters in eine DV-Anlage eingegeben und verarbeitet werden.

22 Die Vereinbarung einer Vertragsstrafe ist für Sie als Arbeitgeber besonders wichtig. Zwar ist ein Mitarbeiter bei den aufgeführten Vertragsverstößen auch ohne diese Regelung schadensersatzpflichtig, den Ihnen entstandenen Schaden müssen Sie jedoch bis auf den letzten Pfennig beweisen können. Dieser Beweis fällt in der Praxis oft schwer. Haben Sie eine Vertragsstrafe vereinbart, so entfällt der schwierige Beweis für die Schadenshöhe, jedenfalls bis zur Höhe der festgelegten Vertragsstrafe.

23 Verfallsklauseln finden sich sehr häufig auch in Tarifverträgen. Sie haben den Vorteil, dass nach Ablauf der genannten Fristen der Anspruch des Mitarbeiters nicht mehr besteht.

24 Vertragsänderungen sollten Sie zu Beweiszwecken immer schriftlich verfassen.

25 Diese Regelung wird als Teilunwirksamkeitsklausel oder auch salvatorische Klausel bezeichnet. Sie soll verhindern, dass bei einem unwirksamen Teil des Vertrags gleich das gesamte Vertragswerk entfällt. Sie finden diese oder ähnliche Klauseln auch in einer Vielzahl von anderen Verträgen.

Befristeter Arbeitsvertrag für Kleinbetriebe

21 **§ 10 Speicherung von Daten**
Der Mitarbeiter ist im Sinne des Bundesdatenschutzgesetzes (BDSG) darüber unterrichtet worden, dass seine persönlichen Daten im Zusammenhang mit dem Arbeitsverhältnis in einer DV-Anlage gespeichert werden, und erklärt sich damit einverstanden.

22 **§ 11 Vertragsstrafe**
Im Falle einer schuldhaften Nichtaufnahme der Tätigkeit oder der Nichteinhaltung der gesetzlichen Kündigungsfrist durch den Mitarbeiter verpflichtet sich dieser, dem Arbeitgeber eine Vertragsstrafe in Höhe eines Bruttomonatseinkommens zu zahlen.

Gleiches gilt auch für den Vertragsrücktritt vor Beginn des Arbeitsverhältnisses.

Der Arbeitgeber ist berechtigt, einen weitergehenden Schaden geltend zu machen.

23 **§ 12 Ausschluss- und Verfallsfristen**
1. Alle Ansprüche aus diesem Arbeitsvertrag und solche, die damit in Verbindung stehen, verfallen, wenn sie nicht innerhalb von 3 Monaten nach Fälligkeit gegenüber der anderen Vertragspartei schriftlich geltend gemacht worden sind.

2. Lehnt die andere Vertragspartei den Anspruch ab oder erklärt sie sich nicht innerhalb von 4 Wochen nach der Geltendmachung des Anspruchs, so verfällt dieser, wenn er nicht innerhalb von drei Monaten nach der Ablehnung oder dem Fristablauf gerichtlich geltend gemacht wird.

§ 13 Sonstige Bestimmungen

24 1. Änderungen und Ergänzungen dieses Vertrags bedürfen der Schriftform; dies gilt auch für einen Verzicht auf das Schriftformerfordernis selbst.

2. Mündliche Nebenabreden zu diesem Vertrag bestehen nicht.

25 3. Sollten sich einzelne Bestimmungen dieses Vertrags als unwirksam erweisen, so wird dadurch die Wirksamkeit der übrigen Bestimmungen nicht berührt. Eine ungültige oder unklare Bestimmung ist so zu ersetzen bzw. zu deuten, dass der mit ihr beabsichtigte wirtschaftliche Zweck erreicht wird. Lücken sind dem beabsichtigten wirtschaftlichen Zweck entsprechend zu füllen.

Musterstadt, 13.07.
Ort, Datum

Hans Soltau
Unterschrift Arbeitgeber

Taifun Mehic
Unterschrift Mitarbeiter

Kopiervorlage

Befristeter Arbeitsvertrag

§ 10 Speicherung von Daten

Der Mitarbeiter ist im Sinne des Bundesdatenschutzgesetzes (BDSG) darüber unterrichtet worden, dass seine persönlichen Daten im Zusammenhang mit dem Arbeitsverhältnis in einer DV-Anlage gespeichert werden, und erklärt sich damit einverstanden.

§ 11 Vertragsstrafe

Im Falle einer schuldhaften Nichtaufnahme der Tätigkeit oder der Nichteinhaltung der gesetzlichen Kündigungsfrist durch den Mitarbeiter verpflichtet sich dieser, dem Arbeitgeber eine Vertragsstrafe in Höhe eines Bruttomonatseinkommens zu zahlen.

Gleiches gilt auch für den Vertragsrücktritt vor Beginn des Arbeitsverhältnisses.

Der Arbeitgeber ist berechtigt, einen weitergehenden Schaden geltend zu machen.

§ 12 Ausschluss- und Verfallsfristen

1. Alle Ansprüche aus diesem Arbeitsvertrag und solche, die damit in Verbindung stehen, verfallen, wenn sie nicht innerhalb von 3 Monaten nach Fälligkeit gegenüber der anderen Vertragspartei schriftlich geltend gemacht worden sind.

2. Lehnt die andere Vertragspartei den Anspruch ab oder erklärt sie sich nicht innerhalb von 4 Wochen nach der Geltendmachung des Anspruchs, so verfällt dieser, wenn er nicht innerhalb von drei Monaten nach der Ablehnung oder dem Fristablauf gerichtlich geltend gemacht wird.

§ 13 Sonstige Bestimmungen

1. Änderungen und Ergänzungen dieses Vertrags bedürfen der Schriftform; dies gilt auch für einen Verzicht auf das Schriftformerfordernis selbst.

2. Mündliche Nebenabreden zu diesem Vertrag bestehen nicht.

3. Sollten sich einzelne Bestimmungen dieses Vertrags als unwirksam erweisen, so wird dadurch die Wirksamkeit der übrigen Bestimmungen nicht berührt. Eine ungültige oder unklare Bestimmung ist so zu ersetzen bzw. zu deuten, dass der mit ihr beabsichtigte wirtschaftliche Zweck erreicht wird. Lücken sind dem beabsichtigten wirtschaftlichen Zweck entsprechend zu füllen.

Ort, Datum

Unterschrift Arbeitgeber   Unterschrift Mitarbeiter

Vertrags-Check Arbeitsrecht

III. Beginn des Arbeitsverhältnisses, Unternehmen ohne Tarifbindung
Arbeitsverträge für Kleinbetriebe

1 Tragen Sie hier das Datum ein, an welchem das Arbeitsverhältnis beginnen soll. In der Regel wird dies der 1. Tag eines Monats sein. Soll das Arbeitsverhältnis während des laufenden Monats beginnen, so ist das Arbeitsentgelt im 1. Monat nur anteilig zu zahlen.

2 Üblicherweise muss ein Produktionsmitarbeiter in einem Kleinbetrieb universell einsetzbar sein. Sofern noch weitere Aufgaben die Tätigkeit Ihres Mitarbeiters prägen sollen, fügen Sie diese bitte ein.

3 Diese Öffnungsklausel erlaubt es Ihnen, den Tätigkeitsbereich zu verändern, ohne dass es einer Änderungskündigung bedarf.

4 Auch bezüglich des Arbeitsorts sollte die Vereinbarung möglichst offen gestaltet sein, um den Mitarbeiter flexibel einsetzen zu können.

Arbeitsvertrag Vollzeitkraft in der Produktion

Zwischen

Sonnenberg Montagen
Kornallee 2

12345 Musterstadt

nachfolgend „Arbeitgeber" genannt

und

Herrn/Frau
Peter Kruse
Marktplatz 9

12345 Musterstadt

nachfolgend „Mitarbeiter" genannt.

§ 1 Beginn des Arbeitsverhältnisses, Kündigungsfristen

1 ▶ 1. Das Arbeitsverhältnis beginnt am **01.05.**

2. Die ersten 6 Monate gelten als Probezeit mit 2-wöchiger Kündigungsfrist. Wird nach der Probezeit gekündigt, so gelten die Kündigungsfristen gemäß § 8 dieses Vertrags.

§ 2 Tätigkeitsgebiet, Ort der Tätigkeit

2 ▶ 1. Der Mitarbeiter wird als **Monteur** eingestellt. Seine Aufgaben umfassen **alle Tätigkeiten, die zur Fertigung der im Betrieb des Arbeitgebers hergestellten Produkte notwendig sind.**

3 ▶ 2. Der Mitarbeiter ist verpflichtet, auf besondere Anordnung auch andere – seinen Fähigkeiten und seiner Aus- und Fortbildung entsprechende – zumutbare Tätigkeiten außerhalb seines Aufgabenbereichs zu verrichten.

3. Der Mitarbeiter wird seine ganze Arbeitskraft und fachlichen Kenntnisse und Erfahrungen ausschließlich dem Arbeitgeber widmen. Während der Dauer des Arbeitsverhältnisses ist jede Übernahme einer entgeltlichen oder unentgeltlichen Nebentätigkeit nur mit vorheriger Zustimmung des Arbeitgebers zulässig.

4 ▶ 4. Der Mitarbeiter übt seine Tätigkeit am Firmensitz in **Musterstadt** aus. Der Arbeitgeber behält sich vor, den Mitarbeiter auch an einem anderen Ort einzusetzen.

Kopiervorlage

Arbeitsvertrag

Zwischen

_____

_____

_____

nachfolgend „Arbeitgeber" genannt

und

Herrn/Frau

_____

_____

_____

nachfolgend „Mitarbeiter" genannt.

§ 1 Beginn des Arbeitsverhältnisses, Kündigungsfristen

1. Das Arbeitsverhältnis beginnt am _____

2. Die ersten 6 Monate gelten als Probezeit mit 2-wöchiger Kündigungsfrist. Wird nach der Probezeit gekündigt, so gelten die Kündigungsfristen gemäß § 8 dieses Vertrags.

§ 2 Tätigkeitsgebiet, Ort der Tätigkeit

1. Der Mitarbeiter wird als _____ eingestellt. Seine Aufgaben umfassen _____
_____

2. Der Mitarbeiter ist verpflichtet, auf besondere Anordnung auch andere – seinen Fähigkeiten und seiner Aus- und Fortbildung entsprechende – zumutbare Tätigkeiten außerhalb seines Aufgabenbereichs zu verrichten.

3. Der Mitarbeiter wird seine ganze Arbeitskraft und fachlichen Kenntnisse und Erfahrungen ausschließlich dem Arbeitgeber widmen. Während der Dauer des Arbeitsverhältnisses ist jede Übernahme einer entgeltlichen oder unentgeltlichen Nebentätigkeit nur mit vorheriger Zustimmung des Arbeitgebers zulässig.

4. Der Mitarbeiter übt seine Tätigkeit am Firmensitz in _____ aus. Der Arbeitgeber behält sich vor, den Mitarbeiter auch an einem anderen Ort einzusetzen.

Vertrags-Check Arbeitsrecht

III. Beginn des Arbeitsverhältnisses, Unternehmen ohne Tarifbindung
Arbeitsverträge für Kleinbetriebe

5 Gerade in Kleinbetrieben wird von den Mitarbeitern eine hohes Maß an Flexibilität verlangt. Diese Öffnungsklausel gestattet es Ihnen, die Arbeitszeit – allerdings erst nach Absprache – zu verschieben.

6 Fügen Sie hier das mit dem Mitarbeiter verhandelte Bruttomonatsgehalt ein.

7 An dieser Stelle findet sich oft die Klausel, dass auch Gehaltspfändungen nur mit Zustimmung des Arbeitgebers erfolgen dürfen. Ob wirksam gepfändet wird, haben aber weder Sie als Arbeitgeber noch Ihr Mitarbeiter in der Hand, sondern der Gläubiger Ihres Mitarbeiters, der diesem gegenüber einen rechtswirksamen Titel erwirkt hat.

8 Sie haben als Arbeitgeber das Recht, bereits ab dem 1. Tag der Arbeitsunfähigkeit eine Bescheinigung zu verlangen, § 5 Absatz 1 Entgeltfortzahlungsgesetz (EFZG). Allerdings müssen Sie dies nachweisbar bereits vor einer Erkrankung gefordert haben. Möglich ist also bereits die Festlegung im Arbeitsvertrag.

9 Gemäß Entgeltfortzahlungsgesetz geht die Forderung gegenüber einem Dritten auch ohne gesonderte Abtretung auf Sie über, sofern Sie Entgeltfortzahlung geleistet haben. Diese Klausel dient daher nur der Klarstellung gegenüber dem Mitarbeiter, dass durch die Entgeltfortzahlung der Anspruch auf Schadensersatz in Höhe der geleisteten Entgeltzahlung auf Sie als Arbeitgeber übergeht.

Arbeitsvertrag Vollzeitkraft in der Produktion

§ 3 Arbeitszeit

Der Mitarbeiter stellt seine ganze Arbeitskraft dem Unternehmen zur Verfügung.

1. Die wöchentliche Arbeitszeit beträgt derzeit **40** Stunden.

5 2. Die Arbeitszeiteinteilung richtet sich nach den Produktionszeiten des Betriebes. In der Regel ist der Mitarbeiter **montags bis freitags jeweils von 07:00 Uhr bis 15:30 Uhr** tätig. Abweichungen von dieser Arbeitszeit sind in dringenden betrieblichen Fällen und nach Absprache möglich.

3. Der Arbeitgeber weist ausdrücklich darauf hin, dass der Mitarbeiter verpflichtet ist, arbeitstäglich eine halbstündige Mittagspause einzuhalten, die in der Zeit von **12:00 Uhr bis 14:00 Uhr** zu nehmen ist.

§ 4 Vergütung

1. Das Festgehalt des Mitarbeiters beträgt pro Monat

6 **DM 3.800,--/EUR ...** brutto

und wird jeweils am Ende des Monats gezahlt. Der Mitarbeiter erklärt sich damit einverstanden, dass sein Gehalt auf ein von ihm zu benennendes Bank- oder Postbankkonto überwiesen wird.

2. Eventuelle Zahlungen von Gratifikationen, Prämien und ähnlichen Leistungen liegen im freien Ermessen des Arbeitgebers. Sie sind freiwillig und begründen auch bei wiederholter, ohne ausdrücklichen Vorbehalt der Freiwilligkeit erfolgter Zahlung keinen Rechtsanspruch im Folgejahr.

7 3. Gehaltsabtretungen sind nur mit Zustimmung des Arbeitgebers zulässig und wirksam. Bei einer Gehaltsabtretung bzw. -pfändung trägt der Mitarbeiter die hierfür entstehenden Kosten, mindestens aber pro Überweisung **DM 5,--/EUR ...** und pro notwendigem Schreiben **DM 10,--/EUR ...**.

§ 5 Arbeitsverhinderung, Vergütungsfortzahlung im Krankheitsfall

1. Der Mitarbeiter ist verpflichtet, dem Arbeitgeber jede Arbeitsverhinderung und ihre voraussichtliche Dauer unverzüglich mitzuteilen.

8 2. Im Falle der Arbeitsunfähigkeit infolge Krankheit ist der Mitarbeiter verpflichtet, vor Ablauf des 3. Kalendertages nach Beginn der Arbeitsunfähigkeit eine ärztliche Bescheinigung darüber sowie über deren voraussichtliche Dauer vorzulegen. Bei einer über den angegebenen Zeitraum hinausgehenden Erkrankung ist eine Folgebescheinigung innerhalb von weiteren 3 Tagen nach Ablauf der vorangegangenen einzureichen.

3. Ist der Mitarbeiter an der Arbeitsleistung infolge von auf unverschuldeter Krankheit beruhender Arbeitsunfähigkeit verhindert, leistet der Arbeitgeber Fortzahlung der Vergütung nach Maßgabe des Entgeltfortzahlungsgesetzes.

9 4. Wird der Mitarbeiter durch Handlungen eines Dritten arbeitsunfähig, gehen die dem Mitarbeiter gegenüber dem Dritten zustehenden Schadensersatzansprüche wegen Verdienstausfalls in der Höhe auf den Arbeitgeber über, in welcher der Arbeitgeber während der Zeit der Arbeitsunfähigkeit Entgeltfortzahlung leistet.

Kopiervorlage

Arbeitsvertrag

§ 3 Arbeitszeit

Der Mitarbeiter stellt seine ganze Arbeitskraft dem Unternehmen zur Verfügung.

1. Die wöchentliche Arbeitszeit beträgt derzeit ___ Stunden.

2. Die Arbeitszeiteinteilung richtet sich nach den Produktionszeiten des Betriebes. In der Regel ist der Mitarbeiter _____ tätig. Abweichungen von dieser Arbeitszeit sind in dringenden betrieblichen Fällen und nach Absprache möglich.

3. Der Arbeitgeber weist ausdrücklich darauf hin, dass der Mitarbeiter verpflichtet ist, arbeitstäglich eine halbstündige Mittagspause einzuhalten, die in der Zeit von _____ zu nehmen ist.

§ 4 Vergütung

1. Das Festgehalt des Mitarbeiters beträgt pro Monat

    _____ brutto

    und wird jeweils am Ende des Monats gezahlt. Der Mitarbeiter erklärt sich damit einverstanden, dass sein Gehalt auf ein von ihm zu benennendes Bank- oder Postbankkonto überwiesen wird.

2. Eventuelle Zahlungen von Gratifikationen, Prämien und ähnlichen Leistungen liegen im freien Ermessen des Arbeitgebers. Sie sind freiwillig und begründen auch bei wiederholter, ohne ausdrücklichen Vorbehalt der Freiwilligkeit erfolgter Zahlung keinen Rechtsanspruch im Folgejahr.

3. Gehaltsabtretungen sind nur mit Zustimmung des Arbeitgebers zulässig und wirksam. Bei einer Gehaltsabtretung bzw. -pfändung trägt der Mitarbeiter die hierfür entstehenden Kosten, mindestens aber pro Überweisung _____ und pro notwendigem Schreiben _____

§ 5 Arbeitsverhinderung, Vergütungsfortzahlung im Krankheitsfall

1. Der Mitarbeiter ist verpflichtet, dem Arbeitgeber jede Arbeitsverhinderung und ihre voraussichtliche Dauer unverzüglich mitzuteilen.

2. Im Falle der Arbeitsunfähigkeit infolge Krankheit ist der Mitarbeiter verpflichtet, vor Ablauf des 3. Kalendertages nach Beginn der Arbeitsunfähigkeit eine ärztliche Bescheinigung darüber sowie über deren voraussichtliche Dauer vorzulegen. Bei einer über den angegebenen Zeitraum hinausgehenden Erkrankung ist eine Folgebescheinigung innerhalb von weiteren 3 Tagen nach Ablauf der vorangegangenen einzureichen.

3. Ist der Mitarbeiter an der Arbeitsleistung infolge von auf unverschuldeter Krankheit beruhender Arbeitsunfähigkeit verhindert, leistet der Arbeitgeber Fortzahlung der Vergütung nach Maßgabe des Entgeltfortzahlungsgesetzes.

4. Wird der Mitarbeiter durch Handlungen eines Dritten arbeitsunfähig, gehen die dem Mitarbeiter gegenüber dem Dritten zustehenden Schadensersatzansprüche wegen Verdienstausfalls in der Höhe auf den Arbeitgeber über, in welcher der Arbeitgeber während der Zeit der Arbeitsunfähigkeit Entgeltfortzahlung leistet.

Vertrags-Check Arbeitsrecht

III. Beginn des Arbeitsverhältnisses, Unternehmen ohne Tarifbindung
Arbeitsverträge für Kleinbetriebe

10 Kleinbetriebe mit nicht mehr als 20 Arbeitnehmern haben die Möglichkeit, die gesetzliche Grundkündigungsfrist von 4 Wochen zum 15. oder zum Monatsende zu verkürzen. Die Verkürzung ist jedoch nur in engen Grenzen möglich. Bei einer Kündigung muss kein Enddatum eingehalten werden, so dass das Arbeitsverhältnis 4 Wochen nach Zugang der Kündigung endet. Diese Privilegierung gilt allerdings nur für die Grundkündigungsfristen, also für die Kündigungsfristen, die Sie als Arbeitgeber während der ersten 2 Jahre des Arbeitsverhältnisses einhalten müssen. Nach Ablauf einer Beschäftigungszeit von 2 Jahren erhöht sich die Kündigungsfrist nach der gesetzlich vorgesehenen Staffel. Beschäftigungszeiten zählen erst nach Vollendung des 25. Lebensjahres des Mitarbeiters.

11 Nach § 623 Bürgerliches Gesetzbuch (BGB) ist eine mündliche Kündigung unwirksam.

12 Ein Mitarbeiter kann – sofern er durch eine Kündigung demotiviert ist – einem Betrieb erheblichen Schaden zufügen. Die Freistellungsmöglichkeit soll Sie als Arbeitgeber schützen. Wählen Sie die Freistellung, so müssen Sie allerdings während der Freistellung bis zum Ende des Arbeitsverhältnisses das Gehalt fortzahlen.

13 Sofern das Unternehmen für die Konkurrenz interessante Betriebsgeheimnisse hat, von denen der Mitarbeiter Kenntnis erlangen kann, kann es unter Umständen sinnvoll sein, eine Vertragsstrafe zu vereinbaren.

Arbeitsvertrag Vollzeitkraft in der Produktion

§ 6 Spesen und Auslagen
Reisekosten und sonstige Aufwendungen, die mit Genehmigung und im Interesse des Arbeitgebers entstehen, werden entsprechend den steuerlichen Vorschriften als Aufwendungsersatz erstattet.

§ 7 Urlaub
1. Der Mitarbeiter hat Anspruch auf einen jährlichen Erholungsurlaub von **24** Werktagen.
2. Der Urlaub wird im Einvernehmen mit dem Arbeitgeber unter Berücksichtigung der betrieblichen Belange festgelegt.
3. Es gelten die Vorschriften des Bundesurlaubsgesetzes, einzusehen beim Arbeitgeber.

§ 8 Kündigung
1. Das Arbeitsverhältnis kann von beiden Parteien unter Einhaltung der gesetzlichen Kündigungsfristen gekündigt werden. Die Grundkündigungsfrist beträgt jedoch in Abweichung zu § 622 Absatz 1 BGB aufgrund der nur geringen Zahl der beschäftigten Mitarbeiter lediglich 4 Wochen, § 622 Absatz 5 Nummer 2 BGB. **[10]**
2. Die Kündigung hat in jedem Falle schriftlich zu erfolgen. **[11]**
3. Ohne dass es einer Kündigung bedarf, endet das Arbeitsverhältnis mit Ablauf des Monats, nach welchem der Mitarbeiter Rente wegen Erwerbsunfähigkeit oder Erreichung der Altersgrenze bezieht. Den Bescheid der zuständigen Behörden hierüber hat der Mitarbeiter unverzüglich dem Arbeitgeber vorzulegen. Die Parteien sind sich darüber einig, dass das Arbeitsverhältnis jedoch spätestens mit Ablauf des 65. Lebensjahres endet.
4. Nach einer Kündigung des Arbeitsvertrags, gleich durch welche Partei, ist der Arbeitgeber jederzeit befugt, den Mitarbeiter unter Fortzahlung der Vergütung mit sofortiger Wirkung von seiner Verpflichtung zur Arbeitsleistung für den Arbeitgeber freizustellen. **[12]**

§ 9 Verschwiegenheitspflicht, Rückgabe von Unterlagen und sonstigem Firmeneigentum
1. Der Mitarbeiter ist verpflichtet, über alle ihm bekannten Angelegenheiten, Vorgänge, Verträge und Geschäftsbeziehungen innerhalb und außerhalb des Betriebs und auch nach seinem Ausscheiden aus dem Arbeitsverhältnis Verschwiegenheit zu bewahren. **[13]**
2. Dazu gehören neben Geschäfts- und Betriebsgeheimnissen auch persönliche Verhältnisse der Mitarbeiter und Vorgesetzten.
3. Unter anderem verpflichtet sich der Mitarbeiter, über die Höhe seines Gehalts sowie über Prämien und/oder weitere Bezüge Stillschweigen zu bewahren.
4. Ein Verstoß gegen die Verschwiegenheitspflicht führt zu einem Schadensersatzanspruch des Arbeitgebers; in Extremfällen kann ordentlich bzw. außerordentlich gekündigt werden.
5. Der Mitarbeiter hat jederzeit auf Verlangen des Arbeitgebers, spätestens aber unaufgefordert bei Beendigung des Arbeitsverhältnisses alles Material, insbesondere alle Unterlagen, Kopien etc. zurückzugeben, die im Zusammenhang mit seiner Tätigkeit für den Arbeitgeber in seinen Besitz gelangt sind. Dem Mitarbeiter steht ein Zurückbehaltungsrecht insoweit nicht zu.

Kopiervorlage

Arbeitsvertrag

§ 6 Spesen und Auslagen

Reisekosten und sonstige Aufwendungen, die mit Genehmigung und im Interesse des Arbeitgebers entstehen, werden entsprechend den steuerlichen Vorschriften als Aufwendungsersatz erstattet.

§ 7 Urlaub

1. Der Mitarbeiter hat Anspruch auf einen jährlichen Erholungsurlaub von ___ Werktagen.

2. Der Urlaub wird im Einvernehmen mit dem Arbeitgeber unter Berücksichtigung der betrieblichen Belange festgelegt.

3. Es gelten die Vorschriften des Bundesurlaubsgesetzes, einzusehen beim Arbeitgeber.

§ 8 Kündigung

1. Das Arbeitsverhältnis kann von beiden Parteien unter Einhaltung der gesetzlichen Kündigungsfristen gekündigt werden. Die Grundkündigungsfrist beträgt jedoch in Abweichung zu § 622 Absatz 1 BGB aufgrund der nur geringen Zahl der beschäftigten Mitarbeiter lediglich 4 Wochen, § 622 Absatz 5 Nummer 2 BGB.

2. Die Kündigung hat in jedem Falle schriftlich zu erfolgen.

3. Ohne dass es einer Kündigung bedarf, endet das Arbeitsverhältnis mit Ablauf des Monats, nach welchem der Mitarbeiter Rente wegen Erwerbsunfähigkeit oder Erreichung der Altersgrenze bezieht. Den Bescheid der zuständigen Behörden hierüber hat der Mitarbeiter unverzüglich dem Arbeitgeber vorzulegen. Die Parteien sind sich darüber einig, dass das Arbeitsverhältnis jedoch spätestens mit Ablauf des 65. Lebensjahres endet.

4. Nach einer Kündigung des Arbeitsvertrags, gleich durch welche Partei, ist der Arbeitgeber jederzeit befugt, den Mitarbeiter unter Fortzahlung der Vergütung mit sofortiger Wirkung von seiner Verpflichtung zur Arbeitsleistung für den Arbeitgeber freizustellen.

§ 9 Verschwiegenheitspflicht, Rückgabe von Unterlagen und sonstigem Firmeneigentum

1. Der Mitarbeiter ist verpflichtet, über alle ihm bekannten Angelegenheiten, Vorgänge, Verträge und Geschäftsbeziehungen innerhalb und außerhalb des Betriebs und auch nach seinem Ausscheiden aus dem Arbeitsverhältnis Verschwiegenheit zu bewahren.

2. Dazu gehören neben Geschäfts- und Betriebsgeheimnissen auch persönliche Verhältnisse der Mitarbeiter und Vorgesetzten.

3. Unter anderem verpflichtet sich der Mitarbeiter, über die Höhe seines Gehalts sowie über Prämien und/oder weitere Bezüge Stillschweigen zu bewahren.

4. Ein Verstoß gegen die Verschwiegenheitspflicht führt zu einem Schadensersatzanspruch des Arbeitgebers; in Extremfällen kann ordentlich bzw. außerordentlich gekündigt werden.

5. Der Mitarbeiter hat jederzeit auf Verlangen des Arbeitgebers, spätestens aber unaufgefordert bei Beendigung des Arbeitsverhältnisses alles Material, insbesondere alle Unterlagen, Kopien etc. zurückzugeben, die im Zusammenhang mit seiner Tätigkeit für den Arbeitgeber in seinen Besitz gelangt sind. Dem Mitarbeiter steht ein Zurückbehaltungsrecht insoweit nicht zu.

Vertrags-Check Arbeitsrecht

III. Beginn des Arbeitsverhältnisses, Unternehmen ohne Tarifbindung
Arbeitsverträge für Kleinbetriebe

14 Die Speicherung und Verarbeitung von personenbezogenen Daten ist in jedem Betrieb erforderlich. Spätestens bei der Lohnabrechnung (eventuell bei einem mit der Lohnabrechnung beauftragten Steuerberater) müssen Daten des Mitarbeiters in eine DV-Anlage eingegeben und verarbeitet werden.

15 Die Vereinbarung einer Vertragsstrafe ist für Sie als Arbeitgeber besonders wichtig. Zwar ist ein Mitarbeiter bei den aufgeführten Vertragsverstößen auch ohne diese Regelung schadensersatzpflichtig, den Ihnen entstandenen Schaden müssen Sie jedoch bis auf den letzten Pfennig beweisen können. Dieser Beweis fällt in der Praxis oft schwer. Haben Sie eine Vertragsstrafe vereinbart, so entfällt der schwierige Beweis für die Schadenshöhe, jedenfalls bis zur Höhe der festgelegten Vertragsstrafe.

16 Verfallsklauseln befinden sich sehr häufig auch in Tarifverträgen. Sie haben den Vorteil, dass nach Ablauf der genannten Fristen der Anspruch des Mitarbeiters nicht mehr besteht.

17 Vertragsänderungen sollten Sie zu Beweiszwecken immer schriftlich verfassen.

18 Diese Regelung wird als Teilunwirksamkeitsklausel oder auch salvatorische Klausel bezeichnet. Sie soll verhindern, dass bei einem unwirksamen Teil des Vertrags gleich das gesamte Vertragswerk entfällt. Sie finden diese oder ähnliche Klauseln auch in einer Vielzahl von anderen Verträgen.

Arbeitsvertrag Vollzeitkraft in der Produktion

14 § 10 Speicherung von Daten

Der Mitarbeiter ist im Sinne des Bundesdatenschutzgesetzes (BDSG) darüber unterrichtet worden, dass seine persönlichen Daten im Zusammenhang mit dem Arbeitsverhältnis in einer DV-Anlage gespeichert werden, und erklärt sich damit einverstanden.

15 § 11 Vertragsstrafe

1. Im Falle einer schuldhaften Nichtaufnahme der Tätigkeit oder der Nichteinhaltung der gesetzlichen Kündigungsfrist durch den Mitarbeiter verpflichtet sich dieser, dem Arbeitgeber eine Vertragsstrafe in Höhe eines Bruttomonatseinkommens zu zahlen.

   Gleiches gilt auch für den Vertragsrücktritt vor Beginn des Arbeitsverhältnisses.

2. Der Arbeitgeber ist berechtigt, einen weitergehenden Schaden geltend zu machen.

16 § 12 Ausschluss- und Verfallsfristen

1. Alle Ansprüche aus diesem Arbeitsvertrag und solche, die damit in Verbindung stehen, verfallen, wenn sie nicht innerhalb von 3 Monaten nach Fälligkeit gegenüber der anderen Vertragspartei schriftlich geltend gemacht worden sind.

2. Lehnt die andere Vertragspartei den Anspruch ab oder erklärt sie sich nicht innerhalb von 4 Wochen nach der Geltendmachung des Anspruchs, so verfällt dieser, wenn er nicht innerhalb von 3 Monaten nach der Ablehnung oder dem Fristablauf gerichtlich geltend gemacht wird.

§ 13 Sonstige Bestimmungen

17 1. Änderungen und Ergänzungen dieses Vertrags bedürfen der Schriftform; dies gilt auch für einen Verzicht auf das Schriftformerfordernis selbst.

2. Mündliche Nebenabreden zu diesem Vertrag bestehen nicht.

3. Sollten sich einzelne Bestimmungen dieses Vertrages als unwirksam erweisen, so wird dadurch **18** die Wirksamkeit der übrigen Bestimmungen nicht berührt. Eine ungültige oder unklare Bestimmung ist so zu ersetzen bzw. zu deuten, dass der mit ihr beabsichtigte wirtschaftliche Zweck erreicht wird. Lücken sind dem beabsichtigten wirtschaftlichen Zweck entsprechend zu füllen.

Musterstadt, 24.04.
Ort, Datum

Günter Sonnenberg
Inhaber
Unterschrift Arbeitgeber

Peter Kruse
Unterschrift Mitarbeiter

Kopiervorlage

Arbeitsvertrag

§ 10 Speicherung von Daten

Der Mitarbeiter ist im Sinne des Bundesdatenschutzgesetzes (BDSG) darüber unterrichtet worden, dass seine persönlichen Daten im Zusammenhang mit dem Arbeitsverhältnis in einer DV-Anlage gespeichert werden, und erklärt sich damit einverstanden.

§ 11 Vertragsstrafe

1. Im Falle einer schuldhaften Nichtaufnahme der Tätigkeit oder der Nichteinhaltung der gesetzlichen Kündigungsfrist durch den Mitarbeiter verpflichtet sich dieser, dem Arbeitgeber eine Vertragsstrafe in Höhe eines Bruttomonatseinkommens zu zahlen.

   Gleiches gilt auch für den Vertragsrücktritt vor Beginn des Arbeitsverhältnisses.

2. Der Arbeitgeber ist berechtigt, einen weitergehenden Schaden geltend zu machen.

§ 12 Ausschluss- und Verfallsfristen

1. Alle Ansprüche aus diesem Arbeitsvertrag und solche, die damit in Verbindung stehen, verfallen, wenn sie nicht innerhalb von 3 Monaten nach Fälligkeit gegenüber der anderen Vertragspartei schriftlich geltend gemacht worden sind.

2. Lehnt die andere Vertragspartei den Anspruch ab oder erklärt sie sich nicht innerhalb von 4 Wochen nach der Geltendmachung des Anspruchs, so verfällt dieser, wenn er nicht innerhalb von 3 Monaten nach der Ablehnung oder dem Fristablauf gerichtlich geltend gemacht wird.

§ 13 Sonstige Bestimmungen

1. Änderungen und Ergänzungen dieses Vertrags bedürfen der Schriftform; dies gilt auch für einen Verzicht auf das Schriftformerfordernis selbst.

2. Mündliche Nebenabreden zu diesem Vertrag bestehen nicht.

3. Sollten sich einzelne Bestimmungen dieses Vertrages als unwirksam erweisen, so wird dadurch die Wirksamkeit der übrigen Bestimmungen nicht berührt. Eine ungültige oder unklare Bestimmung ist so zu ersetzen bzw. zu deuten, dass der mit ihr beabsichtigte wirtschaftliche Zweck erreicht wird. Lücken sind dem beabsichtigten wirtschaftlichen Zweck entsprechend zu füllen.

_____
Ort, Datum

_____   _____
Unterschrift Arbeitgeber   Unterschrift Mitarbeiter

Vertrags-Check Arbeitsrecht

III. Beginn des Arbeitsverhältnisses, Unternehmen ohne Tarifbindung
Arbeitsverträge für Kleinbetriebe

1 Wollen Sie in Ihrem Unternehmen ein Familienmitglied beschäftigen, so sollten Sie zu dessen Schutz unbedingt einen schriftlichen Arbeitsvertrag abschließen. Insbesondere wenn Ihr Ehegatte eingestellt werden soll, sind Besonderheiten zu beachten. Ein Ehegatte kann bereits aufgrund seiner familienrechtlichen Stellung verpflichtet sein, in Ihrem Betrieb mitzuhelfen. Um die bloße Mithilfe von der Mitarbeit abzugrenzen, ist es erforderlich, Ihr Familienmitglied im Arbeitsvertrag wie einen fremden Mitarbeiter zu behandeln.

2 Tragen Sie hier das Datum ein, an welchem das Arbeitsverhältnis beginnen soll. In der Regel wird dies der 1. Tag eines Monats sein. Soll das Arbeitsverhältnis während des laufenden Monats beginnen, so ist das Arbeitsentgelt im 1. Monat nur anteilig zu zahlen.

3 Üblicherweise muss ein Mitarbeiter in einem Kleinbetrieb universell einsetzbar sein. Sofern noch weitere Aufgaben die Tätigkeit der Bürokraft prägen sollen, fügen Sie diese bitte ein.

4 Diese Öffnungsklausel erlaubt es Ihnen, den Tätigkeitsbereich zu verändern, ohne dass es einer Änderungskündigung bedarf.

5 Auch bezüglich des Arbeitsorts sollte die Vereinbarung möglichst offen gestaltet sein, um den Mitarbeiter flexibel einsetzen zu können.

---

1 ▶ Arbeitsvertrag für ein mitarbeitendes Familienmitglied

Zwischen

Michael Behrens Computer
Chipstraße 8

12345 Musterstadt

nachfolgend „Arbeitgeber" genannt

und

Herrn/Frau
Marianne Behrens
Chipstraße 8

12345 Musterstadt

nachfolgend „Mitarbeiter" genannt

§ 1 Beginn des Arbeitsverhältnisses, Probezeit, Kündigungsfristen

2 ▶ 1. Das Arbeitsverhältnis beginnt am **01.05.**

2. Die ersten 6 Monate gelten als Probezeit mit **2-wöchiger** Kündigungsfrist. Wird nach der Probezeit gekündigt, so gelten die Kündigungsfristen gemäß § 8 dieses Vertrags.

§ 2 Tätigkeitsgebiet, Ort der Tätigkeit

3 ▶ 1. Der Mitarbeiter wird als **Bürokraft** eingestellt. Seine Aufgaben umfassen **alle Tätigkeiten, die üblicherweise in einem Büro anfallen. Hierzu gehören neben Bearbeitung und Führung des Schriftverkehrs sowie der Auftragsannahme auch Buchhaltungsaufgaben und die Personalverwaltung.**

4 ▶ 2. Der Mitarbeiter ist verpflichtet, auf besondere Anordnung auch andere – seinen Fähigkeiten und seiner Aus- und Fortbildung entsprechende – zumutbare Tätigkeiten außerhalb seines Aufgabenbereichs zu verrichten. Hiermit ist eine Minderung der Vergütung nicht verbunden.

3. Der Mitarbeiter wird seine ganze Arbeitskraft und fachlichen Kenntnisse und Erfahrungen ausschließlich dem Arbeitgeber widmen. Während der Dauer des Arbeitsverhältnisses ist jede Übernahme einer entgeltlichen oder unentgeltlichen Nebentätigkeit nur mit vorheriger Zustimmung des Arbeitgebers zulässig.

5 ▶ 4. Der Mitarbeiter übt seine Tätigkeit am Firmensitz in **Musterstadt** aus. Der Arbeitgeber behält sich vor, den Mitarbeiter auch an einem anderen Ort einzusetzen.

Kopiervorlage

1/4

Arbeitsvertrag

Zwischen

_____

_____

_____

nachfolgend „Arbeitgeber" genannt

und

Herrn/Frau

_____

_____

_____

nachfolgend „Mitarbeiter" genannt

§ 1 Beginn des Arbeitsverhältnisses, Probezeit, Kündigungsfristen

1. Das Arbeitsverhältnis beginnt am _____

2. Die ersten 6 Monate gelten als Probezeit mit _____ Kündigungsfrist. Wird nach der Probezeit gekündigt, so gelten die Kündigungsfristen gemäß § 8 dieses Vertrags.

§ 2 Tätigkeitsgebiet, Ort der Tätigkeit

1. Der Mitarbeiter wird als _____ eingestellt. Seine Aufgaben umfassen _____
_____
_____

2. Der Mitarbeiter ist verpflichtet, auf besondere Anordnung auch andere – seinen Fähigkeiten und seiner Aus- und Fortbildung entsprechende – zumutbare Tätigkeiten außerhalb seines Aufgabenbereichs zu verrichten. Hiermit ist eine Minderung der Vergütung nicht verbunden.

3. Der Mitarbeiter wird seine ganze Arbeitskraft und fachlichen Kenntnisse und Erfahrungen ausschließlich dem Arbeitgeber widmen. Während der Dauer des Arbeitsverhältnisses ist jede Übernahme einer entgeltlichen oder unentgeltlichen Nebentätigkeit nur mit vorheriger Zustimmung des Arbeitgebers zulässig.

4. Der Mitarbeiter übt seine Tätigkeit am Firmensitz in _____ aus. Der Arbeitgeber behält sich vor, den Mitarbeiter auch an einem anderen Ort einzusetzen.

Vertrags-Check Arbeitsrecht

III. Beginn des Arbeitsverhältnisses, Unternehmen ohne Tarifbindung
Arbeitsverträge für Kleinbetriebe

6 Gerade in Kleinbetrieben wird von den Mitarbeitern ein hohes Maß an Flexibilität verlangt. Diese Öffnungsklausel gestattet es Ihnen, die Arbeitszeit – allerdings erst nach Absprache – zu verschieben.

7 Das Gehalt hat bei einem Familienmitglied besondere Bedeutung. Es sollte der Tätigkeit und der Arbeitszeit angemessen sein. Zahlen Sie für eine geringe Arbeitsleistung zu viel Gehalt, könnte das Finanzamt vermuten, dass hier Ihr steuerpflichtiger Gewinn günstig dem Familieneinkommen zugeschlagen werden soll (Gewinnverschiebung).

Sofern Sie ein zu geringes Gehalt vereinbaren, kann bei einer Pfändung des Arbeitsentgelts Ihres Ehegatten dessen Schuldner von Ihnen verlangen, dass der Pfändungsbetrag auf der Grundlage eines der Tätigkeit angemessenen Gehalts ermittelt wird, und dies auch dann, wenn das von Ihnen gezahlte Gehalt unterhalb der Pfändungsfreigrenzen bleibt.

8 An dieser Stelle findet sich oft die Klausel, dass auch Gehaltspfändungen nur mit Zustimmung des Arbeitgebers erfolgen dürfen. Ob wirksam gepfändet wird, haben aber weder Sie als Arbeitgeber noch Ihr Mitarbeiter in der Hand, sondern der Gläubiger Ihres Mitarbeiters, der diesem gegenüber einen wirksamen Titel erwirkt hat.

9 Sie haben als Arbeitgeber das Recht, bereits ab dem 1. Tag der Arbeitsunfähigkeit eine Bescheinigung zu verlangen, § 5 Absatz 1 Entgeltfortzahlungsgesetz (EFZG). Allerdings müssen Sie dies nachweisbar bereits vor einer Erkrankung gefordert haben. Möglich ist also bereits die Festlegung im Arbeitsvertrag.

10 Gemäß Entgeltfortzahlungsgesetz geht die Forderung gegenüber einem Dritten auch ohne gesonderte Abtretung auf Sie über, sofern Sie Entgeltfortzahlung geleistet haben.

Diese Klausel dient daher nur der Klarstellung gegenüber dem Mitarbeiter, dass durch die Entgeltfortzahlung der Anspruch auf Schadensersatz in Höhe der geleisteten Entgeltzahlung auf Sie als Arbeitgeber übergeht.

Arbeitsvertrag für ein mitarbeitendes Familienmitglied

§ 3 Arbeitszeit

Der Mitarbeiter stellt seine ganze Arbeitskraft dem Unternehmen zur Verfügung.

1. Die wöchentliche Arbeitszeit beträgt derzeit **40** Stunden.

6 ▶ 2. Die Arbeitszeiteinteilung richtet sich nach den Bürozeiten des Arbeitgebers. In der Regel ist der Mitarbeiter **montags bis freitags von 09:00 Uhr bis 17:30 Uhr** tätig. Abweichungen von dieser Arbeitszeit sind in dringenden betrieblichen Fällen und nach Absprache möglich.

3. Der Arbeitgeber weist ausdrücklich darauf hin, dass der Mitarbeiter verpflichtet ist, arbeitstäglich eine halbstündige Mittagspause einzuhalten, die in der Zeit von **12:00 Uhr bis 14:00 Uhr** zu nehmen ist.

§ 4 Vergütung

1. Das Festgehalt des Mitarbeiters beträgt pro Monat

7 ▶ **DM 2.650,-/EUR ...** brutto

und wird jeweils am Ende des Monats gezahlt. Der Mitarbeiter erklärt sich damit einverstanden, dass sein Gehalt auf ein von ihm zu benennendes Bank- oder Postbankkonto überwiesen wird.

2. Eventuelle Zahlungen von Gratifikationen, Prämien und ähnlichen Leistungen liegen im freien Ermessen des Arbeitgebers. Sie sind freiwillig und begründen auch bei wiederholter, ohne ausdrücklichen Vorbehalt der Freiwilligkeit erfolgter Zahlung keinen Rechtsanspruch im Folgejahr.

8 ▶ 3. Gehaltsabtretungen sind nur mit Zustimmung des Arbeitgebers zulässig und wirksam. Bei einer Gehaltsabtretung bzw. -pfändung trägt der Mitarbeiter die hierfür entstehenden Kosten, mindestens aber pro Überweisung **DM 5,-/EUR ...** und pro notwendigem Schreiben **DM 10,-/EUR ...** .

§ 5 Arbeitsverhinderung, Vergütungsfortzahlung im Krankheitsfall

1. Der Mitarbeiter ist verpflichtet, dem Arbeitgeber jede Arbeitsverhinderung und ihre voraussichtliche Dauer unverzüglich mitzuteilen.

9 ▶ 2. Im Falle der Arbeitsunfähigkeit infolge Krankheit ist der Mitarbeiter verpflichtet, vor Ablauf des 3. Kalendertages nach Beginn der Arbeitsunfähigkeit eine ärztliche Bescheinigung darüber sowie über deren voraussichtliche Dauer vorzulegen. Bei einer über den angegebenen Zeitraum hinausgehenden Erkrankung ist eine Folgebescheinigung innerhalb von weiteren 3 Tagen nach Ablauf der vorangegangenen einzureichen.

3. Ist der Mitarbeiter an der Arbeitsleistung infolge von auf unverschuldeter Krankheit beruhender Arbeitsunfähigkeit verhindert, leistet der Arbeitgeber Fortzahlung der Vergütung nach Maßgabe des Entgeltfortzahlungsgesetzes.

10 ▶ 4. Wird der Mitarbeiter durch Handlungen eines Dritten arbeitsunfähig, gehen die dem Mitarbeiter gegenüber dem Dritten zustehenden Schadensersatzansprüche wegen Verdienstausfalls in der Höhe auf den Arbeitgeber über, in welcher der Arbeitgeber während der Zeit der Arbeitsunfähigkeit Entgeltfortzahlung leistet.

Kopiervorlage

Arbeitsvertrag

§ 3 Arbeitszeit

Der Mitarbeiter stellt seine ganze Arbeitskraft dem Unternehmen zur Verfügung.

1. Die wöchentliche Arbeitszeit beträgt derzeit ___ Stunden.

2. Die Arbeitszeiteinteilung richtet sich nach den Bürozeiten des Arbeitgebers. In der Regel ist der Mitarbeiter _____ tätig. Abweichungen von dieser Arbeitszeit sind in dringenden betrieblichen Fällen und nach Absprache möglich.

3. Der Arbeitgeber weist ausdrücklich darauf hin, dass der Mitarbeiter verpflichtet ist, arbeitstäglich eine halbstündige Mittagspause einzuhalten, die in der Zeit von _____ zu nehmen ist.

§ 4 Vergütung

1. Das Festgehalt des Mitarbeiters beträgt pro Monat

    _____ brutto

    und wird jeweils am Ende des Monats gezahlt. Der Mitarbeiter erklärt sich damit einverstanden, dass sein Gehalt auf ein von ihm zu benennendes Bank- oder Postbankkonto überwiesen wird.

2. Eventuelle Zahlungen von Gratifikationen, Prämien und ähnlichen Leistungen liegen im freien Ermessen des Arbeitgebers. Sie sind freiwillig und begründen auch bei wiederholter, ohne ausdrücklichen Vorbehalt der Freiwilligkeit erfolgter Zahlung keinen Rechtsanspruch im Folgejahr.

3. Gehaltsabtretungen sind nur mit Zustimmung des Arbeitgebers zulässig und wirksam. Bei einer Gehaltsabtretung bzw. -pfändung trägt der Mitarbeiter die hierfür entstehenden Kosten, mindestens aber pro Überweisung _____ und pro notwendigem Schreiben _____ .

§ 5 Arbeitsverhinderung, Vergütungsfortzahlung im Krankheitsfall

1. Der Mitarbeiter ist verpflichtet, dem Arbeitgeber jede Arbeitsverhinderung und ihre voraussichtliche Dauer unverzüglich mitzuteilen.

2. Im Falle der Arbeitsunfähigkeit infolge Krankheit ist der Mitarbeiter verpflichtet, vor Ablauf des 3. Kalendertages nach Beginn der Arbeitsunfähigkeit eine ärztliche Bescheinigung darüber sowie über deren voraussichtliche Dauer vorzulegen. Bei einer über den angegebenen Zeitraum hinausgehenden Erkrankung ist eine Folgebescheinigung innerhalb von weiteren 3 Tagen nach Ablauf der vorangegangenen einzureichen.

3. Ist der Mitarbeiter an der Arbeitsleistung infolge von auf unverschuldeter Krankheit beruhender Arbeitsunfähigkeit verhindert, leistet der Arbeitgeber Fortzahlung der Vergütung nach Maßgabe des Entgeltfortzahlungsgesetzes.

4. Wird der Mitarbeiter durch Handlungen eines Dritten arbeitsunfähig, gehen die dem Mitarbeiter gegenüber dem Dritten zustehenden Schadensersatzansprüche wegen Verdienstausfalls in der Höhe auf den Arbeitgeber über, in welcher der Arbeitgeber während der Zeit der Arbeitsunfähigkeit Entgeltfortzahlung leistet.

Vertrags-Check Arbeitsrecht

III. Beginn des Arbeitsverhältnisses, Unternehmen ohne Tarifbindung
Arbeitsverträge für Kleinbetriebe

11 Kleinbetriebe mit nicht mehr als 20 Arbeitnehmern haben die Möglichkeit, die gesetzliche Grundkündigungsfrist von 4 Wochen zum 15. oder zum Monatsende zu verkürzen. Die Verkürzung ist jedoch nur in engen Grenzen möglich.

Bei einer Kündigung muss kein Enddatum eingehalten werden, so dass das Arbeitsverhältnis 4 Wochen nach Zugang der Kündigung endet.

Diese Privilegierung gilt allerdings nur für die Grundkündigungsfristen, also für die Kündigungsfristen, die Sie als Arbeitgeber während der ersten 2 Jahre des Arbeitsverhältnisses einhalten müssen. Nach Ablauf einer Beschäftigungszeit von 2 Jahren erhöht sich die Kündigungsfrist nach der gesetzlich vorgesehenen Staffel. Beschäftigungszeiten zählen erst nach Vollendung des 25. Lebensjahres des Mitarbeiters.

12 Nach § 623 Bürgerliches Gesetzbuch (BGB) ist eine mündliche Kündigung unwirksam.

13 Ein Mitarbeiter kann – sofern er durch eine Kündigung demotiviert ist – einem Betrieb erheblichen Schaden zufügen. Die Freistellungsmöglichkeit soll Sie als Arbeitgeber schützen. Wählen Sie die Freistellung, so müssen Sie allerdings während der Freistellung bis zum Ende des Arbeitsverhältnisses das Gehalt fortzahlen.

14 Sofern das Unternehmen für die Konkurrenz interessante Betriebsgeheimnisse hat, von denen der Mitarbeiter Kenntnis erlangen kann, kann es unter Umständen sinnvoll sein, eine Vertragsstrafe zu vereinbaren.

Arbeitsvertrag für ein mitarbeitendes Familienmitglied

§ 6 Spesen und Auslagen

Reisekosten und sonstige Aufwendungen, die mit Genehmigung und im Interesse des Arbeitgebers entstehen, werden entsprechend den steuerlichen Vorschriften als Aufwendungsersatz erstattet.

§ 7 Urlaub

1. Der Mitarbeiter hat Anspruch auf einen jährlichen Erholungsurlaub von <u>30</u> Werktagen.
2. Der Urlaub wird im Einvernehmen mit dem Arbeitgeber unter Berücksichtigung der Wünsche des Arbeitnehmers und der betrieblichen Belange festgelegt.
3. Es gelten die Vorschriften des Bundesurlaubsgesetzes, einzusehen beim Arbeitgeber.

§ 8 Kündigung

11 1. Das Arbeitsverhältnis kann von beiden Parteien unter Einhaltung der gesetzlichen Kündigungsfristen gekündigt werden. Die Grundkündigungsfrist beträgt jedoch in Abweichung zu § 622 Absatz 1 BGB aufgrund der nur geringen Zahl der beschäftigten Mitarbeiter lediglich 4 Wochen, § 622 Absatz 5 Ziffer 1 BGB.

12 2. Die Kündigung hat in jedem Falle schriftlich zu erfolgen.

3. Ohne dass es einer Kündigung bedarf, endet das Arbeitsverhältnis mit Ablauf des Monats, nach welchem der Mitarbeiter Rente wegen Erwerbsunfähigkeit oder Erreichung der Altersgrenze bezieht. Den Bescheid der zuständigen Behörden hierüber hat der Mitarbeiter unverzüglich dem Arbeitgeber vorzulegen. Die Parteien sind sich darüber einig, dass das Arbeitsverhältnis jedoch spätestens mit Ablauf des 65. Lebensjahres endet.

13 4. Nach einer Kündigung des Arbeitsvertrags, gleich durch welche Partei, ist der Arbeitgeber jederzeit befugt, den Mitarbeiter unter Fortzahlung der Vergütung mit sofortiger Wirkung von seiner Verpflichtung zur Arbeitsleistung für den Arbeitgeber freizustellen.

§ 9 Verschwiegenheitspflicht, Rückgabe von Unterlagen und sonstigem Firmeneigentum

14 1. Der Mitarbeiter ist verpflichtet, über alle ihm bekannten Angelegenheiten, Vorgänge, Verträge und Geschäftsbeziehungen innerhalb und außerhalb des Betriebs und auch nach seinem Ausscheiden aus dem Arbeitsverhältnis Verschwiegenheit zu bewahren.

2. Dazu gehören neben Geschäfts- und Betriebsgeheimnissen auch persönliche Verhältnisse der Mitarbeiter und Vorgesetzten.

3. Unter anderem verpflichtet sich der Mitarbeiter, über die Höhe seines Gehalts sowie über Prämien und/oder weitere Bezüge Stillschweigen zu bewahren.

4. Ein Verstoß gegen die Verschwiegenheitspflicht führt zu einem Schadensersatzanspruch des Arbeitgebers; in Extremfällen kann ordentlich bzw. außerordentlich gekündigt werden.

5. Der Mitarbeiter hat jederzeit auf Verlangen des Arbeitgebers, spätestens aber unaufgefordert bei Beendigung des Arbeitsverhältnisses alles Material, insbesondere alle Unterlagen, Kopien etc. zurückzugeben, die im Zusammenhang mit seiner Tätigkeit für den Arbeitgeber in seinen Besitz gelangt sind. Dem Mitarbeiter steht ein Zurückbehaltungsrecht insoweit nicht zu.

3/4

Kopiervorlage

Arbeitsvertrag

§ 6 Spesen und Auslagen

Reisekosten und sonstige Aufwendungen, die mit Genehmigung und im Interesse des Arbeitgebers entstehen, werden entsprechend den steuerlichen Vorschriften als Aufwendungsersatz erstattet.

§ 7 Urlaub

1. Der Mitarbeiter hat Anspruch auf einen jährlichen Erholungsurlaub von ___ Werktagen.

2. Der Urlaub wird im Einvernehmen mit dem Arbeitgeber unter Berücksichtigung der Wünsche des Arbeitnehmers und der betrieblichen Belange festgelegt.

3. Es gelten die Vorschriften des Bundesurlaubsgesetzes, einzusehen beim Arbeitgeber.

§ 8 Kündigung

1. Das Arbeitsverhältnis kann von beiden Parteien unter Einhaltung der gesetzlichen Kündigungsfristen gekündigt werden. Die Grundkündigungsfrist beträgt jedoch in Abweichung zu § 622 Absatz 1 BGB aufgrund der nur geringen Zahl der beschäftigten Mitarbeiter lediglich 4 Wochen, § 622 Absatz 5 Ziffer 1 BGB.

2. Die Kündigung hat in jedem Falle schriftlich zu erfolgen.

3. Ohne dass es einer Kündigung bedarf, endet das Arbeitsverhältnis mit Ablauf des Monats, nach welchem der Mitarbeiter Rente wegen Erwerbsunfähigkeit oder Erreichung der Altersgrenze bezieht. Den Bescheid der zuständigen Behörden hierüber hat der Mitarbeiter unverzüglich dem Arbeitgeber vorzulegen. Die Parteien sind sich darüber einig, dass das Arbeitsverhältnis jedoch spätestens mit Ablauf des 65. Lebensjahres endet.

4. Nach einer Kündigung des Arbeitsvertrags, gleich durch welche Partei, ist der Arbeitgeber jederzeit befugt, den Mitarbeiter unter Fortzahlung der Vergütung mit sofortiger Wirkung von seiner Verpflichtung zur Arbeitsleistung für den Arbeitgeber freizustellen.

§ 9 Verschwiegenheitspflicht, Rückgabe von Unterlagen und sonstigem Firmeneigentum

1. Der Mitarbeiter ist verpflichtet, über alle ihm bekannten Angelegenheiten, Vorgänge, Verträge und Geschäftsbeziehungen innerhalb und außerhalb des Betriebs und auch nach seinem Ausscheiden aus dem Arbeitsverhältnis Verschwiegenheit zu bewahren.

2. Dazu gehören neben Geschäfts- und Betriebsgeheimnissen auch persönliche Verhältnisse der Mitarbeiter und Vorgesetzten.

3. Unter anderem verpflichtet sich der Mitarbeiter, über die Höhe seines Gehalts sowie über Prämien und/oder weitere Bezüge Stillschweigen zu bewahren.

4. Ein Verstoß gegen die Verschwiegenheitspflicht führt zu einem Schadensersatzanspruch des Arbeitgebers; in Extremfällen kann ordentlich bzw. außerordentlich gekündigt werden.

5. Der Mitarbeiter hat jederzeit auf Verlangen des Arbeitgebers, spätestens aber unaufgefordert bei Beendigung des Arbeitsverhältnisses alles Material, insbesondere alle Unterlagen, Kopien etc. zurückzugeben, die im Zusammenhang mit seiner Tätigkeit für den Arbeitgeber in seinen Besitz gelangt sind. Dem Mitarbeiter steht ein Zurückbehaltungsrecht insoweit nicht zu.

Vertrags-Check Arbeitsrecht

III. Beginn des Arbeitsverhältnisses, Unternehmen ohne Tarifbindung
Arbeitsverträge für Kleinbetriebe

15 Die Speicherung und Verarbeitung von personenbezogenen Daten ist in jedem Betrieb erforderlich. Spätestens bei der Lohnabrechnung (eventuell bei einem mit der Lohnabrechnung beauftragten Steuerberater) müssen Daten des Mitarbeiters in eine DV-Anlage eingegeben und verarbeitet werden.

16 Die Vereinbarung einer Vertragsstrafe wird Ihnen in Anbetracht der Familienverhältnisse entbehrlich erscheinen. Es ist aber für Sie als Arbeitgeber wichtig, den Arbeitsvertrag so zu gestalten, dass er auch mit einem Fremden hätte abgeschlossen werden können. Die Vereinbarung einer Vertragsstrafe ist immer sinnvoll. Zwar ist ein Mitarbeiter bei den aufgeführten Vertragsverstößen auch ohne diese Regelung schadensersatzpflichtig, den Ihnen entstandenen Schaden müssen Sie jedoch bis auf den letzten Pfennig beweisen können. Dieser Beweis fällt in der Praxis oft schwer.

Haben Sie eine Vertragsstrafe vereinbart, so entfällt der schwierige Beweis für die Schadenshöhe, jedenfalls bis zur Höhe der festgelegten Vertragsstrafe.

17 Verfallsklauseln finden sich sehr häufig auch in Tarifverträgen. Sie haben den Vorteil, dass nach Ablauf der genannten Fristen der Anspruch des Mitarbeiters nicht mehr besteht.

18 Vertragsänderungen sollten Sie zu Beweiszwecken immer schriftlich verfassen.

19 Diese Regelung wird als Teilunwirksamkeitsklausel oder auch salvatorische Klausel bezeichnet. Sie soll verhindern, dass bei einem unwirksamen Teil des Vertrags gleich das gesamte Vertragswerk entfällt. Sie finden diese oder ähnliche Klauseln auch in einer Vielzahl von anderen Verträgen.

Arbeitsvertrag für ein mitarbeitendes Familienmitglied

6. Der Mitarbeiter verpflichtet sich durch seine Unterschrift auf einem gesonderten Formblatt, das Datengeheimnis gemäß § 5 Bundesdatenschutzgesetz (BDSG) zu wahren. Die Verpflichtung auf das Datengeheimnis ist Bestandteil dieses Vertrags und zwingend als Anlage zu diesem Vertrag zu führen.

15 **§ 10 Speicherung von Daten**

Der Mitarbeiter ist im Sinne des Bundesdatenschutzgesetzes (BDSG) darüber unterrichtet worden, dass seine persönlichen Daten im Zusammenhang mit dem Arbeitsverhältnis in einer DV-Anlage gespeichert werden, und erklärt sich damit einverstanden.

16 **§ 11 Vertragsstrafe**

1. Im Falle einer schuldhaften Nichtaufnahme der Tätigkeit oder der Nichteinhaltung der gesetzlichen Kündigungsfrist durch den Mitarbeiter verpflichtet sich dieser, dem Arbeitgeber eine Vertragsstrafe in Höhe eines Bruttomonatseinkommens zu zahlen.

   Gleiches gilt auch für den Vertragsrücktritt vor Beginn des Arbeitsverhältnisses.

2. Der Arbeitgeber ist berechtigt, einen weiter gehenden Schaden geltend zu machen.

17 **§ 12 Ausschluss- und Verfallsfristen**

1. Alle Ansprüche aus diesem Arbeitsvertrag und solche, die damit in Verbindung stehen, verfallen, wenn sie nicht innerhalb von 3 Monaten nach Fälligkeit gegenüber der anderen Vertragspartei schriftlich geltend gemacht worden sind.

2. Lehnt die andere Vertragspartei den Anspruch ab oder erklärt sie sich nicht innerhalb von 4 Wochen nach der Geltendmachung des Anspruchs, so verfällt dieser, wenn er nicht innerhalb von 3 Monaten nach der Ablehnung oder dem Fristablauf gerichtlich geltend gemacht wird.

§ 13 Sonstige Bestimmungen

18 1. Änderungen und Ergänzungen dieses Vertrags bedürfen der Schriftform; dies gilt auch für einen Verzicht auf das Schriftformerfordernis selbst.

2. Mündliche Nebenabreden zu diesem Vertrag bestehen nicht.

19 3. Sollten sich einzelne Bestimmungen dieses Vertrags als unwirksam erweisen, so wird dadurch die Wirksamkeit der übrigen Bestimmungen nicht berührt. Eine ungültige oder unklare Bestimmung ist so zu ersetzen bzw. zu deuten, dass der mit ihr beabsichtigte wirtschaftliche Zweck erreicht wird. Lücken sind dem beabsichtigten wirtschaftlichen Zweck entsprechend zu füllen.

Musterstadt, 28.04.
Ort, Datum

Michael Behrens   Marianne Behrens
Unterschrift Arbeitgeber   Unterschrift Mitarbeiter

Kopiervorlage

Arbeitsvertrag

6. Der Mitarbeiter verpflichtet sich durch seine Unterschrift auf einem gesonderten Formblatt, das Datengeheimnis gemäß § 5 Bundesdatenschutzgesetz (BDSG) zu wahren. Die Verpflichtung auf das Datengeheimnis ist Bestandteil dieses Vertrags und zwingend als Anlage zu diesem Vertrag zu führen.

§ 10 Speicherung von Daten

Der Mitarbeiter ist im Sinne des Bundesdatenschutzgesetzes (BDSG) darüber unterrichtet worden, dass seine persönlichen Daten im Zusammenhang mit dem Arbeitsverhältnis in einer DV-Anlage gespeichert werden, und erklärt sich damit einverstanden.

§ 11 Vertragsstrafe

1. Im Falle einer schuldhaften Nichtaufnahme der Tätigkeit oder der Nichteinhaltung der gesetzlichen Kündigungsfrist durch den Mitarbeiter verpflichtet sich dieser, dem Arbeitgeber eine Vertragsstrafe in Höhe eines Bruttomonatseinkommens zu zahlen.

    Gleiches gilt auch für den Vertragsrücktritt vor Beginn des Arbeitsverhältnisses.

2. Der Arbeitgeber ist berechtigt, einen weiter gehenden Schaden geltend zu machen.

§ 12 Ausschluss- und Verfallsfristen

1. Alle Ansprüche aus diesem Arbeitsvertrag und solche, die damit in Verbindung stehen, verfallen, wenn sie nicht innerhalb von 3 Monaten nach Fälligkeit gegenüber der anderen Vertragspartei schriftlich geltend gemacht worden sind.

2. Lehnt die andere Vertragspartei den Anspruch ab oder erklärt sie sich nicht innerhalb von 4 Wochen nach der Geltendmachung des Anspruchs, so verfällt dieser, wenn er nicht innerhalb von 3 Monaten nach der Ablehnung oder dem Fristablauf gerichtlich geltend gemacht wird.

§ 13 Sonstige Bestimmungen

1. Änderungen und Ergänzungen dieses Vertrags bedürfen der Schriftform; dies gilt auch für einen Verzicht auf das Schriftformerfordernis selbst.

2. Mündliche Nebenabreden zu diesem Vertrag bestehen nicht.

3. Sollten sich einzelne Bestimmungen dieses Vertrags als unwirksam erweisen, so wird dadurch die Wirksamkeit der übrigen Bestimmungen nicht berührt. Eine ungültige oder unklare Bestimmung ist so zu ersetzen bzw. zu deuten, dass der mit ihr beabsichtigte wirtschaftliche Zweck erreicht wird. Lücken sind dem beabsichtigten wirtschaftlichen Zweck entsprechend zu füllen.

_____
Ort, Datum

_____   _____
Unterschrift Arbeitgeber   Unterschrift Mitarbeiter

Vertrags-Check Arbeitsrecht

III. Beginn des Arbeitsverhältnisses, Unternehmen ohne Tarifbindung
Arbeitsverträge für Kleinbetriebe

1 Gewerblicher Arbeitnehmer ist, wer für einen selbstständig Gewerbetreibenden tätig ist. Gewerbliche Tätigkeit ist laut der Rechtsprechung des Bundesverwaltungsgerichts jede fortgesetzte, erlaubte, private, auf Dauer angelegte und auf die Erzielung von Gewinn gerichtete Tätigkeit. Zu den selbstständig Gewerbetreibenden gehören laut Gewerbeordnung (GewO) weder Rechtsanwälte, Notare, Wirtschaftsprüfer, Steuerberater und vereidigte Buchprüfer noch Ärzte, Apotheker, sonstige Heilberufler und diejenigen, die Fischerei und Viehzucht, Bergbau und das Unterrichtswesen und die Erziehung von Kindern gegen Entgelt betreiben. Auf das Arbeitsverhältnis zu gewerblichen Arbeitnehmern ist neben den allgemeinen gesetzlichen Vorschriften auch noch die GewO anzuwenden. Auswirkungen finden sich hauptsächlich im Bereich der Lohnzahlung und des Arbeitsschutzes.

2 Tragen Sie hier das Datum ein, an welchem das Arbeitsverhältnis beginnen soll. In der Regel wird dies der erste Tag eines Monats sein. Soll das Arbeitsverhältnis während des laufenden Monats beginnen, so ist das Arbeitsentgelt im ersten Monat nur anteilig zu zahlen.

3 Gewerbliche Arbeitnehmer unterliegen nach § 120 e GewO besonderen Arbeitsschutzregelungen. Diese sind z. B. festgehalten in der Arbeitsstättenverordnung, der Druckluftverordnung, der Verordnung über besondere Arbeitsschutzanforderungen bei Arbeiten im Freien in der Zeit vom 01.11. bis 31.03. Nach der GewO selbst müssen Sie als Arbeitgeber zudem Toiletten sowie – sofern erforderlich – Umkleideräume und angemessene Gemeinschaftsunterkünfte – unter Trennung der Geschlechter – vorhalten. Auch die ärztliche Untersuchung für die Eignung der Tätigkeit fällt unter diesen Schutzgedanken.

4 Fügen Sie hier die Funktionsbeschreibung ein, wie z. B. Produktionsmitarbeiter, Monteur, Kraftfahrer und Ähnliches.

5 Es ist sinnvoll, dem Arbeitnehmer einen Aufgabenbereich zuzuweisen, der seine Tätigkeit im Unternehmen beschreibt. Möglich ist aber auch die Bezeichnung der Abteilung.

6 Diese Öffnungsklausel erlaubt es Ihnen als Arbeitgeber, den Tätigkeitsbereich zu verändern, ohne dass es einer Änderungskündigung bedarf.

7 Auch bezüglich des Arbeitsortes sollte die Vereinbarung möglichst offen gestaltet sein, um den Mitarbeiter flexibel einsetzen zu können.

---

1 ▶ Arbeitsvertrag gewerblicher Arbeitnehmer

Zwischen

Heribert Klaus Entrümpelungen
Chaosstraße 5

12345 Musterstadt

nachfolgend „Arbeitgeber" genannt

und

Herrn/Frau
Heinz Ecke
Runde Str. 8

12345 Musterstadt

nachfolgend „Arbeitnehmer" genannt

§ 1 Beginn des Arbeitsverhältnisses, Probezeit, Kündigungsfristen

2 ▶ 1. Das Arbeitsverhältnis beginnt am **01.11.** . Die Einstellung erfolgt unter dem Voraussetzung, dass der arbeitsmedizinische Dienst die Eignung des Arbeitnehmers feststellt. **◀ 3**

2. Die ersten 6 Monate gelten als Probezeit mit 2-wöchiger Kündigungsfrist. Wird nach der Probezeit gekündigt, so gelten die Kündigungsfristen gemäß § 8 dieses Vertrages.

§ 2 Tätigkeitsgebiet, Ort der Tätigkeit

4 ▶ 1. Der Arbeitnehmer wird als **Mitarbeiter** für den Aufgabenbereich **Entrümpelungen** eingestellt. **◀ 5**

6 ▶ 2. Der Arbeitnehmer ist verpflichtet, auf besondere Anordnung auch andere – seinen Fähigkeiten und seiner Aus- und Fortbildung entsprechende – zumutbare Tätigkeiten außerhalb seines Aufgabenbereiches zu verrichten. Eine Minderung der Vergütung ist hierbei ausgeschlossen.

3. Der Arbeitnehmer wird seine ganze Arbeitskraft und fachlichen Kenntnisse und Erfahrungen ausschließlich dem Arbeitgeber widmen. Während der Dauer des Arbeitsverhältnisses ist jede Übernahme einer entgeltlichen oder unentgeltlichen Nebentätigkeit nur mit vorheriger Zustimmung des Arbeitgebers zulässig.

7 ▶ 4. Der Mitarbeiter übt seine Tätigkeit am Firmensitz in **Musterstadt** aus. Der Arbeitgeber behält sich vor, den Mitarbeiter auch an einem anderen Ort einzusetzen.

1/4

Kopiervorlage

Arbeitsvertrag

Zwischen

_____
_____

_____

nachfolgend „Arbeitgeber" genannt

und

Herrn/Frau

_____
_____

_____

nachfolgend „Arbeitnehmer" genannt

§ 1 Beginn des Arbeitsverhältnisses, Probezeit, Kündigungsfristen

1. Das Arbeitsverhältnis beginnt am _____. Die Einstellung erfolgt unter dem Voraussetzung, dass der arbeitsmedizinische Dienst die Eignung des Arbeitnehmers feststellt.

2. Die ersten 6 Monate gelten als Probezeit mit 2-wöchiger Kündigungsfrist. Wird nach der Probezeit gekündigt, so gelten die Kündigungsfristen gemäß § 8 dieses Vertrages.

§ 2 Tätigkeitsgebiet, Ort der Tätigkeit

1. Der Arbeitnehmer wird als _____ für den Aufgabenbereich _____ eingestellt.

2. Der Arbeitnehmer ist verpflichtet, auf besondere Anordnung auch andere – seinen Fähigkeiten und seiner Aus- und Fortbildung entsprechende – zumutbare Tätigkeiten außerhalb seines Aufgabenbereiches zu verrichten. Eine Minderung der Vergütung ist hierbei ausgeschlossen.

3. Der Arbeitnehmer wird seine ganze Arbeitskraft und fachlichen Kenntnisse und Erfahrungen ausschließlich dem Arbeitgeber widmen. Während der Dauer des Arbeitsverhältnisses ist jede Übernahme einer entgeltlichen oder unentgeltlichen Nebentätigkeit nur mit vorheriger Zustimmung des Arbeitgebers zulässig.

4. Der Mitarbeiter übt seine Tätigkeit am Firmensitz in _____ aus. Der Arbeitgeber behält sich vor, den Mitarbeiter auch an einem anderen Ort einzusetzen.

Vertrags-Check Arbeitsrecht

III. Beginn des Arbeitsverhältnisses, Unternehmen ohne Tarifbindung
Arbeitsverträge für Kleinbetriebe

8 Gerade in Kleinbetrieben wird von den Mitarbeitern ein hohes Maß an Flexibilität verlangt. Diese Öffnungsklausel gestattet es Ihnen, die Arbeitszeit – allerdings erst nach Absprache – zu verschieben.

9 Fügen Sie hier den mit dem Mitarbeiter verhandelten Bruttostundenlohn ein.

10 § 115 GewO sieht vor, dass der Lohn in DM oder EURO zu berechnen ist und bar ausgezahlt werden muss. Dies wird aber von den wenigsten Arbeitnehmern noch gewünscht. Auf den Wunsch des Arbeitnehmers müssen Sie den Lohn aber bar auszahlen. Es ist ausdrücklich verboten, den Arbeitnehmer in Naturalien zu bezahlen. Es ist lediglich erlaubt, bestimmte Waren zum Selbstkostenpreis an den gewerblichen Arbeitnehmer abzugeben.

11 An dieser Stelle findet sich oft die Klausel, dass auch Gehaltspfändungen nur mit Zustimmung des Arbeitgebers erfolgen dürfen. Ob wirksam gepfändet wird, haben aber weder Sie als Arbeitgeber noch Ihr Arbeitnehmer in der Hand, sondern der Gläubiger des Arbeitnehmers, der ihm gegenüber einen wirksamen Titel erwirkt hat.

12 Sie haben als Arbeitgeber das Recht, bereits ab dem ersten Tag der Arbeitsunfähigkeit eine Bescheinigung zu verlangen, § 5 Absatz 1 Entgeltfortzahlungsgesetz (EFZG). Allerdings müssen Sie dies nachweisbar vor einer Erkrankung gefordert haben. Möglich ist also bereits die Festlegung im Arbeitsvertrag.

13 Gemäß Entgeltfortzahlungsgesetz geht die Forderung gegenüber einem Dritten auch ohne gesonderte Abtretung auf Sie über, sofern Sie Entgeltfortzahlung geleistet haben. Diese Klausel dient daher nur der Klarstellung gegenüber dem Mitarbeiter, dass durch die Entgeltfortzahlung der Anspruch auf Schadensersatz in Höhe der geleisteten Entgeltzahlung auf Sie als Arbeitgeber übergeht.

Arbeitsvertrag gewerblicher Arbeitnehmer

§ 3 Arbeitszeit

Der Arbeitnehmer stellt seine ganze Arbeitskraft dem Unternehmen zur Verfügung.

1. Die wöchentliche Arbeitszeit beträgt derzeit __40__ Stunden.

8 ▶ 2. Die Arbeitszeiteinteilung richtet sich nach den Betriebszeiten des Arbeitgebers. In der Regel ist der Mitarbeiter __montags bis freitags von 09:00 Uhr bis 17:30 Uhr__ tätig. Abweichungen von dieser Arbeitszeit sind in dringenden betrieblichen Fällen und nach Absprache möglich.

3. Der Arbeitgeber weist ausdrücklich darauf hin, dass der Mitarbeiter verpflichtet ist, arbeitstäglich eine halbstündige Mittagspause einzuhalten, die in der Zeit __von 12:00 Uhr bis 14:00 Uhr__ zu nehmen ist.

§ 4 Vergütung

1. Die Vergütung des Arbeitnehmers beträgt pro Stunde

9 ▶ __DM 15,-/EUR ...__ brutto

und wird jeweils am Ende des Monats gezahlt. Die Zahlung von Akkord- oder Leistungsprämien richtet sich nach den betrieblichen Regelungen. Der Arbeitnehmer erklärt sich damit einverstanden, dass seine Vergütung auf ein von ihm zu benennendes Bank- oder Postbankkonto überwiesen wird.

10 ▶

2. Eventuelle Zahlungen von Gratifikationen, Prämien und ähnlichen Leistungen liegen im freien Ermessen des Arbeitgebers. Sie sind freiwillig und begründen auch bei wiederholter, ohne ausdrücklichen Vorbehalt der Freiwilligkeit erfolgter Zahlung keinen Rechtsanspruch im Folgejahr.

11 ▶ 3. Gehaltsabtretungen sind nur mit Zustimmung des Arbeitgebers zulässig und wirksam. Bei einer Gehaltsabtretung bzw. -pfändung trägt der Arbeitnehmer die hierfür entstehenden Kosten, mindestens aber pro Überweisung __DM 5,-/EUR ...__ und pro notwendigem Schreiben __DM 10,-/EUR ...__

§ 5 Arbeitsverhinderung, Vergütungsfortzahlung im Krankheitsfall

1. Der Arbeitnehmer ist verpflichtet, dem Arbeitgeber jede Arbeitsverhinderung und ihre voraussichtliche Dauer unverzüglich mitzuteilen.

12 ▶ 2. Im Fall der Arbeitsunfähigkeit infolge Krankheit ist der Arbeitnehmer verpflichtet, vor Ablauf des 3. Kalendertages nach Beginn der Arbeitsunfähigkeit eine ärztliche Bescheinigung darüber sowie über deren voraussichtliche Dauer vorzulegen. Bei einer über den angegebenen Zeitraum hinausgehenden Erkrankung ist eine Folgebescheinigung innerhalb von weiteren 3 Tagen nach Ablauf der vorangegangenen einzureichen.

3. Ist der Arbeitnehmer an der Arbeitsleistung infolge von auf unverschuldeter Krankheit beruhender Arbeitsunfähigkeit verhindert, leistet der Arbeitgeber Fortzahlung der Vergütung nach Maßgabe des Entgeltfortzahlungsgesetzes.

13 ▶ 4. Wird der Mitarbeiter durch Handlungen eines Dritten arbeitsunfähig, gehen die dem Mitarbeiter gegenüber dem Dritten zustehenden Schadensersatzansprüche wegen Verdienstausfalles in der Höhe auf den Arbeitgeber über, in welcher der Arbeitgeber während der Zeit der Arbeitsunfähigkeit Entgeltfortzahlung geleistet hat.

Kopiervorlage

Arbeitsvertrag

§ 3 Arbeitszeit

Der Arbeitnehmer stellt seine ganze Arbeitskraft dem Unternehmen zur Verfügung.

1. Die wöchentliche Arbeitszeit beträgt derzeit ___ Stunden.

2. Die Arbeitszeiteinteilung richtet sich nach den Betriebszeiten des Arbeitgebers. In der Regel ist der Mitarbeiter _____ tätig. Abweichungen von dieser Arbeitszeit sind in dringenden betrieblichen Fällen und nach Absprache möglich.

3. Der Arbeitgeber weist ausdrücklich darauf hin, dass der Mitarbeiter verpflichtet ist, arbeitstäglich eine halbstündige Mittagspause einzuhalten, die in der Zeit _____ zu nehmen ist.

§ 4 Vergütung

1. Die Vergütung des Arbeitnehmers beträgt pro Stunde

   _____ brutto

   und wird jeweils am Ende des Monats gezahlt. Die Zahlung von Akkord- oder Leistungsprämien richtet sich nach den betrieblichen Regelungen. Der Arbeitnehmer erklärt sich damit einverstanden, dass seine Vergütung auf ein von ihm zu benennendes Bank- oder Postbankkonto überwiesen wird.

2. Eventuelle Zahlungen von Gratifikationen, Prämien und ähnlichen Leistungen liegen im freien Ermessen des Arbeitgebers. Sie sind freiwillig und begründen auch bei wiederholter, ohne ausdrücklichen Vorbehalt der Freiwilligkeit erfolgter Zahlung keinen Rechtsanspruch im Folgejahr.

3. Gehaltsabtretungen sind nur mit Zustimmung des Arbeitgebers zulässig und wirksam. Bei einer Gehaltsabtretung bzw. -pfändung trägt der Arbeitnehmer die hierfür entstehenden Kosten, mindestens aber pro Überweisung _____ und pro notwendigem Schreiben _____.

§ 5 Arbeitsverhinderung, Vergütungsfortzahlung im Krankheitsfall

1. Der Arbeitnehmer ist verpflichtet, dem Arbeitgeber jede Arbeitsverhinderung und ihre voraussichtliche Dauer unverzüglich mitzuteilen.

2. Im Fall der Arbeitsunfähigkeit infolge Krankheit ist der Arbeitnehmer verpflichtet, vor Ablauf des 3. Kalendertages nach Beginn der Arbeitsunfähigkeit eine ärztliche Bescheinigung darüber sowie über deren voraussichtliche Dauer vorzulegen. Bei einer über den angegebenen Zeitraum hinausgehenden Erkrankung ist eine Folgebescheinigung innerhalb von weiteren 3 Tagen nach Ablauf der vorangegangenen einzureichen.

3. Ist der Arbeitnehmer an der Arbeitsleistung infolge von auf unverschuldeter Krankheit beruhender Arbeitsunfähigkeit verhindert, leistet der Arbeitgeber Fortzahlung der Vergütung nach Maßgabe des Entgeltfortzahlungsgesetzes.

4. Wird der Mitarbeiter durch Handlungen eines Dritten arbeitsunfähig, gehen die dem Mitarbeiter gegenüber dem Dritten zustehenden Schadensersatzansprüche wegen Verdienstausfalles in der Höhe auf den Arbeitgeber über, in welcher der Arbeitgeber während der Zeit der Arbeitsunfähigkeit Entgeltfortzahlung geleistet hat.

Vertrags-Check Arbeitsrecht

III. Beginn des Arbeitsverhältnisses, Unternehmen ohne Tarifbindung
Arbeitsverträge für Kleinbetriebe

14 § 81 Betriebsverfassungsgesetz (BetrVG) verpflichtet Sie, Ihre Mitarbeiter über Unfall- und Gesundheitsgefahren zu informieren. Diese Informationspflicht trifft Sie übrigens auch dann, wenn Sie keinen Betriebsrat haben.

15 Der besondere Arbeitsschutz der gewerblichen Arbeitnehmer ist auch im Arbeitsschutzgesetz und Arbeitssicherheitsgesetz festgelegt. Hiernach sind Sie als Arbeitgeber unter anderem verpflichtet, eine Gefahrenanalyse (Gefährdungsbeurteilung) des Arbeitsplatzes vorzunehmen und den Arbeitnehmer im Rahmen einer Arbeitseinweisung auf die besonderen Gefahren aufmerksam zu machen (§ 5 Arbeitsschutzgesetz, §§ 3 ff. Arbeitssicherheitsgesetz). Aber auch der Arbeitnehmer ist verpflichtet, die Gefahren am Arbeitsplatz zu beobachten und den Arbeitgeber zu informieren, damit dieser geeignete Gegenmaßnahmen treffen kann.

16 Kleinbetriebe mit nicht mehr als 20 Arbeitnehmern haben die Möglichkeit, die gesetzliche Grundkündigungsfrist von 4 Wochen zum 15. oder zum Monatsende zu verkürzen. Die Verkürzung ist jedoch nur in engen Grenzen möglich. Bei einer Kündigung muss kein Enddatum eingehalten werden, so dass das Arbeitsverhältnis 4 Wochen nach Zugang der Kündigung endet. Diese Privilegierung gilt allerdings nur für die Grundkündigungsfristen, also für die Kündigungsfristen, die Sie als Arbeitgeber während der ersten 2 Jahre des Arbeitsverhältnisses einhalten müssen. Nach Ablauf einer Beschäftigungszeit von 2 Jahren erhöht sich die Kündigungsfrist nach der gesetzlich vorgesehenen Staffel. Beschäftigungszeiten zählen erst nach Vollendung des 25. Lebensjahres des Arbeitnehmers.

17 Nach der Neuregelung des § 623 Bürgerliches Gesetzbuch (BGB) ist eine mündliche Kündigung unwirksam.

Arbeitsvertrag gewerblicher Arbeitnehmer

§ 6 Arbeitsschutz

14 Der Arbeitnehmer wird bei Beginn der Arbeit in die jeweiligen Arbeitsschutzvorschriften eingewiesen sowie über die Unfall- und Gesundheitsgefahren gemäß § 81 BetrVG belehrt. Er erhält in der Anlage zu diesem Vertrag eine schriftliche Zusammenfassung der Arbeitsschutzvorschriften. Der **15** Arbeitnehmer verpflichtet sich, die besonderen Gefahren des Arbeitsplatzes zu beachten und den Arbeitgeber über weitere mögliche Gefahren unverzüglich zu informieren.

§ 7 Urlaub

1. Der Arbeitnehmer hat Anspruch auf einen jährlichen Erholungsurlaub von **24** Werktagen.
2. Der Urlaub wird im Einvernehmen mit dem Arbeitgeber unter Berücksichtigung der betrieblichen Belange festgelegt.
3. Es gelten die Vorschriften des Bundesurlaubsgesetzes, einzusehen im Personalbüro.

§ 8 Kündigung

16 1. Das Arbeitsverhältnis kann von beiden Parteien unter Einhaltung der gesetzlichen Kündigungsfristen gekündigt werden. Die Grundkündigungsfrist beträgt jedoch in Abweichung zu § 622 Absatz 1 BGB aufgrund der nur geringen Zahl der beschäftigten Mitarbeiter lediglich 4 Wochen, § 622 Absatz 5 Ziffer 1 BGB.

17 2. Die Kündigung hat in jedem Fall schriftlich zu erfolgen.

3. Ohne dass es einer Kündigung bedarf, endet das Arbeitsverhältnis mit Ablauf des Monats, nach welchem der Arbeitnehmer Rente wegen Erwerbsunfähigkeit oder Erreichung der Altersgrenze bezieht. Den Bescheid der zuständigen Behörden hierüber hat der Arbeitnehmer unverzüglich dem Arbeitgeber vorzulegen. Die Parteien sind sich darüber einig, dass das Arbeitsverhältnis jedoch spätestens mit Ablauf des 65. Lebensjahres endet.

§ 9 Verschwiegenheitspflicht, Rückgabe von Unterlagen und sonstigem Firmeneigentum

1. Der Arbeitnehmer ist verpflichtet, über alle ihm bekannten Angelegenheiten, Vorgänge, Verträge und Geschäftsbeziehungen innerhalb und außerhalb des Betriebes und auch nach seinem Ausscheiden aus dem Arbeitsverhältnis Verschwiegenheit zu bewahren.

2. Dazu gehören neben Geschäfts- und Betriebsgeheimnissen auch persönliche Verhältnisse der Kollegen und Vorgesetzten.

3. Ein Verstoß gegen die Verschwiegenheitspflicht führt zu einem Schadensersatzanspruch des Arbeitgebers; in Extremfällen kann ordentlich bzw. außerordentlich gekündigt werden.

4. Der Arbeitnehmer hat jederzeit auf Verlangen des Arbeitgebers, spätestens aber unaufgefordert bei Beendigung des Arbeitsverhältnisses alles Material, insbesondere alle Werkzeuge, Arbeitskleidung, Unterlagen, Kopien etc. zurückzugeben, die in Zusammenhang mit seiner Tätigkeit für den Arbeitgeber in seinen Besitz gelangt sind. Dem Arbeitnehmer steht ein Zurückbehaltungsrecht insoweit nicht zu.

3/4

Kopiervorlage

Arbeitsvertrag

§ 6 Arbeitsschutz

Der Arbeitnehmer wird bei Beginn der Arbeit in die jeweiligen Arbeitsschutzvorschriften eingewiesen sowie über die Unfall- und Gesundheitsgefahren gemäß § 81 BetrVG belehrt. Er erhält in der Anlage zu diesem Vertrag eine schriftliche Zusammenfassung der Arbeitsschutzvorschriften. Der Arbeitnehmer verpflichtet sich, die besonderen Gefahren des Arbeitsplatzes zu beachten und den Arbeitgeber über weitere mögliche Gefahren unverzüglich zu informieren.

§ 7 Urlaub

1. Der Arbeitnehmer hat Anspruch auf einen jährlichen Erholungsurlaub von ___ Werktagen.

2. Der Urlaub wird im Einvernehmen mit dem Arbeitgeber unter Berücksichtigung der betrieblichen Belange festgelegt.

3. Es gelten die Vorschriften des Bundesurlaubsgesetzes, einzusehen im Personalbüro.

§ 8 Kündigung

1. Das Arbeitsverhältnis kann von beiden Parteien unter Einhaltung der gesetzlichen Kündigungsfristen gekündigt werden. Die Grundkündigungsfrist beträgt jedoch in Abweichung zu § 622 Absatz 1 BGB aufgrund der nur geringen Zahl der beschäftigten Mitarbeiter lediglich 4 Wochen, § 622 Absatz 5 Ziffer 1 BGB.

2. Die Kündigung hat in jedem Fall schriftlich zu erfolgen.

3. Ohne dass es einer Kündigung bedarf, endet das Arbeitsverhältnis mit Ablauf des Monats, nach welchem der Arbeitnehmer Rente wegen Erwerbsunfähigkeit oder Erreichung der Altersgrenze bezieht. Den Bescheid der zuständigen Behörden hierüber hat der Arbeitnehmer unverzüglich dem Arbeitgeber vorzulegen. Die Parteien sind sich darüber einig, dass das Arbeitsverhältnis jedoch spätestens mit Ablauf des 65. Lebensjahres endet.

§ 9 Verschwiegenheitspflicht, Rückgabe von Unterlagen und sonstigem Firmeneigentum

1. Der Arbeitnehmer ist verpflichtet, über alle ihm bekannten Angelegenheiten, Vorgänge, Verträge und Geschäftsbeziehungen innerhalb und außerhalb des Betriebes und auch nach seinem Ausscheiden aus dem Arbeitsverhältnis Verschwiegenheit zu bewahren.

2. Dazu gehören neben Geschäfts- und Betriebsgeheimnissen auch persönliche Verhältnisse der Kollegen und Vorgesetzten.

3. Ein Verstoß gegen die Verschwiegenheitspflicht führt zu einem Schadensersatzanspruch des Arbeitgebers; in Extremfällen kann ordentlich bzw. außerordentlich gekündigt werden.

4. Der Arbeitnehmer hat jederzeit auf Verlangen des Arbeitgebers, spätestens aber unaufgefordert bei Beendigung des Arbeitsverhältnisses alles Material, insbesondere alle Werkzeuge, Arbeitskleidung, Unterlagen, Kopien etc. zurückzugeben, die in Zusammenhang mit seiner Tätigkeit für den Arbeitgeber in seinen Besitz gelangt sind. Dem Arbeitnehmer steht ein Zurückbehaltungsrecht insoweit nicht zu.

Vertrags-Check Arbeitsrecht

III. Beginn des Arbeitsverhältnisses, Unternehmen ohne Tarifbindung
Arbeitsverträge für Kleinbetriebe

18 Die Speicherung und Verarbeitung von personenbezogenen Daten ist in jedem Betrieb erforderlich. Spätestens bei der Lohnabrechnung (eventuell bei einem mit der Lohnabrechnung beauftragten Steuerberater) müssen Daten des Mitarbeiters in eine DV-Anlage eingegeben und verarbeitet werden.

19 Die Vereinbarung einer Vertragsstrafe ist für Sie als Arbeitgeber besonders wichtig. Zwar ist ein Mitarbeiter bei den aufgeführten Vertragsverstößen auch ohne diese Regelung schadensersatzpflichtig, den Ihnen entstandenen Schaden müssen Sie jedoch bis auf den letzten Pfennig beweisen können. Dieser Beweis fällt in der Praxis oft schwer. Haben Sie eine Vertragsstrafe vereinbart, so entfällt der schwierige Beweis für die Schadenshöhe, jedenfalls bis zur Höhe der festgelegten Vertragsstrafe.

20 Verfallsklauseln finden sich sehr häufig auch in Tarifverträgen. Sie haben den Vorteil, dass nach Ablauf der genannten Fristen der Anspruch des Arbeitnehmers nicht mehr besteht.

21 Vertragsänderungen sollten Sie zu Beweiszwecken immer schriftlich verfassen.

22 Diese Regelung wird als Teilunwirksamkeitsklausel oder auch salvatorische Klausel bezeichnet. Sie soll verhindern, dass bei einem unwirksamen Teil des Vertrages gleich das gesamte Vertragswerk entfällt. Sie finden diese oder ähnliche Klauseln auch in einer Vielzahl von anderen Verträgen.

Arbeitsvertrag gewerblicher Arbeitnehmer

18 § 10 Speicherung von Daten

Der Arbeitnehmer ist im Sinne des Bundesdatenschutzgesetzes (BDSG) darüber unterrichtet worden, dass seine persönlichen Daten im Zusammenhang mit dem Arbeitsverhältnis in einer DV-Anlage gespeichert werden, und erklärt sich damit einverstanden.

19 § 11 Vertragsstrafe

1. Im Fall einer schuldhaften Nichtaufnahme der Tätigkeit oder der Nichteinhaltung der gesetzlichen Kündigungsfrist durch den Arbeitnehmer verpflichtet sich dieser, dem Arbeitgeber eine Vertragsstrafe in Höhe eines durchschnittlichen Bruttomonatseinkommens zu zahlen.
2. Gleiches gilt auch für den Vertragsrücktritt vor Beginn des Arbeitsverhältnisses.
3. Der Arbeitgeber ist berechtigt, einen weitergehenden Schaden geltend zu machen.

20 § 12 Ausschluss- und Verfallsfristen

1. Alle Ansprüche aus diesem Arbeitsvertrag und solche, die damit in Verbindung stehen, verfallen, wenn sie nicht innerhalb von 3 Monaten nach Fälligkeit gegenüber der anderen Vertragspartei schriftlich geltend gemacht worden sind.
2. Lehnt die andere Vertragspartei den Anspruch ab oder erklärt sie sich nicht innerhalb von 4 Wochen nach der Geltendmachung des Anspruchs, so verfällt dieser, wenn er nicht innerhalb von 3 Monaten nach der Ablehnung oder dem Fristablauf gerichtlich geltend gemacht wird.

§ 13 Sonstige Bestimmungen

21 1. Änderungen und Ergänzungen dieses Vertrages bedürfen der Schriftform; dies gilt auch für einen Verzicht auf das Schriftformerfordernis selbst.
2. Mündliche Nebenabreden zu diesem Vertrag bestehen nicht.
22 3. Sollten sich einzelne Bestimmungen dieses Vertrages als unwirksam erweisen, so wird dadurch die Wirksamkeit der übrigen Bestimmungen nicht berührt. Eine ungültige oder unklare Bestimmung ist so zu ersetzen bzw. zu deuten, dass der mit ihr beabsichtigte wirtschaftliche Zweck erreicht wird. Lücken sind dem beabsichtigten wirtschaftlichen Zweck entsprechend zu füllen.

Musterstadt, 15.10.
Ort, Datum

Heribert Klaus
Inhaber
Unterschrift Arbeitgeber

Heinz Ecke
Unterschrift Arbeitnehmer

Kopiervorlage

Arbeitsvertrag

§ 10 Speicherung von Daten

Der Arbeitnehmer ist im Sinne des Bundesdatenschutzgesetzes (BDSG) darüber unterrichtet worden, dass seine persönlichen Daten im Zusammenhang mit dem Arbeitsverhältnis in einer DV-Anlage gespeichert werden, und erklärt sich damit einverstanden.

§ 11 Vertragsstrafe

1. Im Fall einer schuldhaften Nichtaufnahme der Tätigkeit oder der Nichteinhaltung der gesetzlichen Kündigungsfrist durch den Arbeitnehmer verpflichtet sich dieser, dem Arbeitgeber eine Vertragsstrafe in Höhe eines durchschnittlichen Bruttomonatseinkommens zu zahlen.

2. Gleiches gilt auch für den Vertragsrücktritt vor Beginn des Arbeitsverhältnisses.

3. Der Arbeitgeber ist berechtigt, einen weitergehenden Schaden geltend zu machen.

§ 12 Ausschluss- und Verfallsfristen

1. Alle Ansprüche aus diesem Arbeitsvertrag und solche, die damit in Verbindung stehen, verfallen, wenn sie nicht innerhalb von 3 Monaten nach Fälligkeit gegenüber der anderen Vertragspartei schriftlich geltend gemacht worden sind.

2. Lehnt die andere Vertragspartei den Anspruch ab oder erklärt sie sich nicht innerhalb von 4 Wochen nach der Geltendmachung des Anspruchs, so verfällt dieser, wenn er nicht innerhalb von 3 Monaten nach der Ablehnung oder dem Fristablauf gerichtlich geltend gemacht wird.

§ 13 Sonstige Bestimmungen

1. Änderungen und Ergänzungen dieses Vertrages bedürfen der Schriftform; dies gilt auch für einen Verzicht auf das Schriftformerfordernis selbst.

2. Mündliche Nebenabreden zu diesem Vertrag bestehen nicht.

3. Sollten sich einzelne Bestimmungen dieses Vertrages als unwirksam erweisen, so wird dadurch die Wirksamkeit der übrigen Bestimmungen nicht berührt. Eine ungültige oder unklare Bestimmung ist so zu ersetzen bzw. zu deuten, dass der mit ihr beabsichtigte wirtschaftliche Zweck erreicht wird. Lücken sind dem beabsichtigten wirtschaftlichen Zweck entsprechend zu füllen.

_____
Ort, Datum

_____   _____
Unterschrift Arbeitgeber   Unterschrift Arbeitnehmer

Vertrags-Check Arbeitsrecht

IV. Beginn des Arbeitsverhältnisses, Unternehmen mit Tarifbindung
Angestellte, Vollzeit

1 Tragen Sie hier das Datum ein, an welchem das Arbeitsverhältnis beginnen soll. In der Regel wird dies der 1. Tag eines Monats sein. Soll das Arbeitsverhältnis während des laufenden Monats beginnen, so ist das Arbeitsentgelt im 1. Monat nur anteilig zu zahlen.

2 Sie müssen den Tarifvertrag genau bezeichnen. Die Grundsatzbestimmungen tarifvertraglicher Vereinbarungen sind in sogenannten Mantel- oder Rahmentarifverträgen enthalten.

3 Ein leitender Mitarbeiter kann – sofern er durch Ihre Kündigung demotiviert ist – Ihrem Betrieb erheblichen Schaden zufügen. Die Freistellungsmöglichkeit soll Sie als Arbeitgeber schützen. Allerdings müssen Sie während der Freistellung bis zum Ende des Arbeitsverhältnisses das Gehalt fortzahlen.

4 Leitender Angestellter ist, wer selbstständig Mitarbeiter einstellen oder entlassen darf. Für leitende Angestellte gilt das Betriebsverfassungsgesetz nicht. Dies bedeutet, dass sie weder ein aktives noch ein passives Wahlrecht zum Betriebsrat haben und auch nicht bei der Ermittlung der Mitarbeiterzahl berücksichtigt werden. Auch das Arbeitszeitgesetz findet auf leitende Angestellte keine Anwendung.

5 Es ist sinnvoll, dem Mitarbeiter einen Aufgabenbereich zuzuweisen, der seine Tätigkeit im Unternehmen beschreibt.

6 Diese Öffnungsklausel erlaubt es Ihnen, den Tätigkeitsbereich zu verändern, ohne dass es einer Änderungskündigung bedarf.

7 Tragen Sie hier den Ort der Tätigkeit ein; dies wird in der Regel der Firmensitz sein.

Arbeitsvertrag für leitende Angestellte

Zwischen

Metall AG
Eisenstraße 5-9

12345 Musterstadt

nachfolgend „Arbeitgeber" genannt

und

Herrn/Frau
Wilhelm Krug
Brunnenallee 6

12345 Musterstadt

nachfolgend „Mitarbeiter" genannt.

§ 1 Beginn des Arbeitsverhältnisses

1. Das Arbeitsverhältnis beginnt am **01.04.**

2. Die ersten 6 Monate gelten als Probezeit. Eine Kündigung des Arbeitsverhältnisses ist unter Einhaltung der im **Manteltarifvertrag für das Metallgewerbe** festgelegten Fristen möglich. Nach einer Kündigung des Arbeitsvertrages, gleich durch welche Partei, ist der Arbeitgeber jederzeit befugt, den Mitarbeiter von seiner Verpflichtung zur Arbeitsleistung für den Arbeitgeber sofort und unter Fortzahlung des Gehalts freizustellen.

§ 2 Tätigkeitsgebiet, Ort der Tätigkeit

1. Der Mitarbeiter wird als leitender Angestellter für den Aufgabenbereich **Finanzbuchhaltung** beschäftigt. Er leitet den Bereich eigenständig und ist befugt, Mitarbeiter seines Bereiches zu ermahnen, abzumahnen, zu entlassen oder Mitarbeiter im Rahmen der Stellenplanung seiner Abteilung einzustellen.

2. Der Mitarbeiter ist verpflichtet, auf besondere Anweisung auch andere – seinen Fähigkeiten und seiner Aus- und Fortbildung entsprechende – zumutbare Tätigkeiten außerhalb seines Aufgabenbereiches zu verrichten.

3. Der Mitarbeiter wird seine ganze Arbeitskraft und fachlichen Kenntnisse und Erfahrungen ausschließlich dem Arbeitgeber widmen. Während der Dauer des Arbeitsverhältnisses ist jede Übernahme einer entgeltlichen oder unentgeltlichen Nebentätigkeit nur mit vorheriger Zustimmung der Geschäftsführung zulässig.

4. Direkter Vorgesetzter des Mitarbeiters ist der Geschäftsführer der Gesellschaft.

5. Ort der Tätigkeit ist **Musterstadt.**

1/3

Kopiervorlage

Arbeitsvertrag

Zwischen

_____

_____

_____

nachfolgend „Arbeitgeber" genannt

und

Herrn/Frau

_____

_____

_____

nachfolgend „Mitarbeiter" genannt.

§ 1 Beginn des Arbeitsverhältnisses

1. Das Arbeitsverhältnis beginnt am _____

2. Die ersten 6 Monate gelten als Probezeit. Eine Kündigung des Arbeitsverhältnisses ist unter Einhaltung der im _____ festgelegten Fristen möglich. Nach einer Kündigung des Arbeitsvertrages, gleich durch welche Partei, ist der Arbeitgeber jederzeit befugt, den Mitarbeiter von seiner Verpflichtung zur Arbeitsleistung für den Arbeitgeber sofort und unter Fortzahlung des Gehalts freizustellen.

§ 2 Tätigkeitsgebiet, Ort der Tätigkeit

1. Der Mitarbeiter wird als leitender Angestellter für den Aufgabenbereich _____ beschäftigt. Er leitet den Bereich eigenständig und ist befugt, Mitarbeiter seines Bereiches zu ermahnen, abzumahnen, zu entlassen oder Mitarbeiter im Rahmen der Stellenplanung seiner Abteilung einzustellen.

2. Der Mitarbeiter ist verpflichtet, auf besondere Anweisung auch andere – seinen Fähigkeiten und seiner Aus- und Fortbildung entsprechende – zumutbare Tätigkeiten außerhalb seines Aufgabenbereiches zu verrichten.

3. Der Mitarbeiter wird seine ganze Arbeitskraft und fachlichen Kenntnisse und Erfahrungen ausschließlich dem Arbeitgeber widmen. Während der Dauer des Arbeitsverhältnisses ist jede Übernahme einer entgeltlichen oder unentgeltlichen Nebentätigkeit nur mit vorheriger Zustimmung der Geschäftsführung zulässig.

4. Direkter Vorgesetzter des Mitarbeiters ist der Geschäftsführer der Gesellschaft.

5. Ort der Tätigkeit ist _____

Vertrags-Check Arbeitsrecht

IV. Beginn des Arbeitsverhältnisses, Unternehmen mit Tarifbindung
Angestellte, Vollzeit

8 Eine Handlungsvollmacht ist eine gesetzlich definierte Vollmacht. Es ist nicht unbedingt notwendig, einem leitenden Angestellten Handlungsvollmacht zu erteilen.

9 Nach dem Tarifvertragsgesetz (TVG) ist es möglich, übertarifliche Zulagen anzurechnen. Dabei wird lediglich die Zusammensetzung des Gehaltes (Anteil tarifliche Zahlung/Anteil übertarifliche Zahlung) verändert, die Auszahlungshöhe bleibt gleich. Sofern eine Anrechnung erfolgen soll, müssen Sie dies ausdrücklich erklären.

10 Üblicherweise sind in Tarifverträgen der Urlaubsanspruch des Mitarbeiters sowie Regelungen bei Arbeitsunfähigkeit und bei Kündigungen enthalten.

Arbeitsvertrag für leitende Angestellte

§ 3 Handlungsvollmacht

Dem Mitarbeiter wird nach einer Einarbeitungszeit von <u>9</u> Monaten für seine Abteilung Handlungsvollmacht erteilt. Der Mitarbeiter ist befugt, im Rahmen der jeweiligen Investitionspläne und des Budgets notwendige Investitionen zu tätigen und Geschäfte abzuschließen. Der jeweilige Rahmen wird pro Geschäftsjahr festgelegt und in einer gesonderten Anweisung festgehalten. Diese Anweisung in der jeweils gültigen Fassung ist Bestandteil dieses Vertrages. Die Handlungsvollmacht wird gegenüber Geschäftspartnern bekanntgegeben.

§ 4 Arbeitszeit

1. Die regelmäßige Arbeitszeit von Montag bis Freitag beträgt <u>40</u> Stunden.

2. Der Mitarbeiter ist verpflichtet, nach Weisung der Geschäftsleitung über seinen Tätigkeitsrahmen hinaus Vertretungen durchzuführen, ohne dass er damit Anspruch auf höhere Vergütung erhält.

§ 5 Vergütung

1. Der Mitarbeiter wird in die Vergütungsgruppe <u>X</u>. des jeweils geltenden Tarifvertrages eingruppiert. Zudem erhält er eine übertarifliche Zulage in Höhe von <u>DM 1.506,--/EUR...</u>. Dieser übertarifliche Entgeltbestandteil wird freiwillig gewährt und steht unter dem Vorbehalt des jederzeitigen freien Widerrufs. Die übertarifliche Zulage kann im Fall von Tariferhöhungen nach Maßgabe des Tarifvertrages angerechnet werden.

Das Gehalt des Mitarbeiters beträgt daher pro Monat

<u>DM 4.994,--/EUR ...</u> brutto
<u>DM 1.506,--/EUR ...</u> brutto (übertarifliche Zulage)
<u>DM 6.500,--/EUR ...</u> brutto

und wird jeweils am Ende des Monats gezahlt. Der Mitarbeiter erklärt sich damit einverstanden, dass sein Gehalt auf ein von ihm zu benennendes Bank- oder Postbankkonto überwiesen wird.

2. Das übertarifliche Zulage des Mitarbeiters wird jährlich überprüft. Die wirtschaftliche Entwicklung der Gesellschaft, die persönlichen Leistungen des Mitarbeiters sowie die Steigerung der Lebenshaltungskosten werden dabei angemessen berücksichtigt.

3. Alle Sonderzahlungen wie zusätzliches Urlaubsgeld, 13. Monatseinkommen und vermögenswirksame Leistungen des Arbeitgebers erfolgen entsprechend der jeweils gültigen tariflichen Regelung.

§ 6 Tarifliche Bestimmungen

Für das Arbeitsverhältnis gelten, mit Ausnahme der in diesem Vertrag geregelten Punkte, die Regelungen des  Manteltarifvertrages für das Metallgewerbe in der jeweils geltenden Fassung sowie die allgemeinen gesetzlichen Bestimmungen.

2/3

Arbeitsvertrag

§ 3 Handlungsvollmacht

Dem Mitarbeiter wird nach einer Einarbeitungszeit von _ Monaten für seine Abteilung Handlungsvollmacht erteilt. Der Mitarbeiter ist befugt, im Rahmen der jeweiligen Investitionspläne und des Budgets notwendige Investitionen zu tätigen und Geschäfte abzuschließen. Der jeweilige Rahmen wird pro Geschäftsjahr festgelegt und in einer gesonderten Anweisung festgehalten. Diese Anweisung in der jeweils gültigen Fassung ist Bestandteil dieses Vertrages. Die Handlungsvollmacht wird gegenüber Geschäftspartnern bekanntgegeben.

§ 4 Arbeitszeit

1. Die regelmäßige Arbeitszeit von Montag bis Freitag beträgt ___ Stunden.

2. Der Mitarbeiter ist verpflichtet, nach Weisung der Geschäftsleitung über seinen Tätigkeitsrahmen hinaus Vertretungen durchzuführen, ohne dass er damit Anspruch auf höhere Vergütung erhält.

§ 5 Vergütung

1. Der Mitarbeiter wird in die Vergütungsgruppe __. des jeweils geltenden Tarifvertrages eingruppiert. Zudem erhält er eine übertarifliche Zulage in Höhe von _____. Dieser übertarifliche Entgeltbestandteil wird freiwillig gewährt und steht unter dem Vorbehalt des jederzeitigen freien Widerrufs. Die übertarifliche Zulage kann im Fall von Tariferhöhungen nach Maßgabe des Tarifvertrages angerechnet werden.

    Das Gehalt des Mitarbeiters beträgt daher pro Monat

    _____ brutto
    _____ brutto (übertarifliche Zulage)
    _____ brutto

    und wird jeweils am Ende des Monats gezahlt. Der Mitarbeiter erklärt sich damit einverstanden, dass sein Gehalt auf ein von ihm zu benennendes Bank- oder Postbankkonto überwiesen wird.

2. Das übertarifliche Zulage des Mitarbeiters wird jährlich überprüft. Die wirtschaftliche Entwicklung der Gesellschaft, die persönlichen Leistungen des Mitarbeiters sowie die Steigerung der Lebenshaltungskosten werden dabei angemessen berücksichtigt.

3. Alle Sonderzahlungen wie zusätzliches Urlaubsgeld, 13. Monatseinkommen und vermögenswirksame Leistungen des Arbeitgebers erfolgen entsprechend der jeweils gültigen tariflichen Regelung.

§ 6 Tarifliche Bestimmungen

Für das Arbeitsverhältnis gelten, mit Ausnahme der in diesem Vertrag geregelten Punkte, die Regelungen des _____ in der jeweils geltenden Fassung sowie die allgemeinen gesetzlichen Bestimmungen.

Vertrags-Check Arbeitsrecht
IV. Beginn des Arbeitsverhältnisses, Unternehmen mit Tarifbindung
Angestellte, Vollzeit

11 Die Vereinbarung einer Vertragsstrafe ist für Sie als Arbeitgeber besonders wichtig. Zwar ist ein Mitarbeiter bei den aufgeführten Vertragsverstößen auch ohne diese Regelung schadensersatzpflichtig, den Ihnen entstandenen Schaden müssen Sie jedoch bis auf den letzten Pfennig beweisen können. Dieser Beweis fällt in der Praxis oft schwer. Haben Sie eine Vertragsstrafe vereinbart, so entfällt der schwierige Beweis für die Schadenshöhe, jedenfalls bis zur Höhe der festgelegten Vertragsstrafe.

12 Die Speicherung und Verarbeitung von personenbezogenen Daten ist in jedem Betrieb erforderlich. Spätestens bei der Lohnabrechnung (eventuell mit einem mit der Lohnabrechnung beauftragten Steuerberater) müssen Daten des Mitarbeiters in eine EDV-Anlage eingegeben und verarbeitet werden.

13 Vertragsänderungen sollten zu Beweiszwecken immer schriftlich verfasst werden.

Arbeitsvertrag für leitende Angestellte

§ 7 Verschwiegenheitspflicht, Rückgabe von Unterlagen und sonstigem Firmeneigentum

1. Der Mitarbeiter ist verpflichtet, über alle ihm bekannten Angelegenheiten, Vorgänge, Verträge und Geschäftsbeziehungen innerhalb und außerhalb des Betriebes und auch nach seinem Ausscheiden aus dem Arbeitsverhältnis Verschwiegenheit zu bewahren. Für den Fall der Zuwiderhandlung verpflichtet sich der Mitarbeiter zur Zahlung einer Vertragsstrafe in Höhe eines Bruttomonatseinkommens pro Verstoß gegen die Verschwiegenheitsverpflichtung. Die Einrede des Fortsetzungszusammenhanges ist ausgeschlossen. **[11]**

2. Dazu gehören neben Geschäfts- und Betriebsgeheimnissen auch persönliche Verhältnisse der Mitarbeiter und Vorgesetzten.

3. Unter anderem verpflichtet sich der Mitarbeiter, über die Höhe seines Gehaltes sowie über Prämien und/oder weitere Bezüge Stillschweigen zu bewahren.

4. Ein Verstoß gegen die Verschwiegenheitspflicht führt zu einem Schadensersatzanspruch des Arbeitgebers; in Extremfällen kann ordentlich, bzw. außerordentlich gekündigt werden.

5. Der Mitarbeiter hat jederzeit auf Verlangen des Arbeitgebers, spätestens aber unaufgefordert bei Beendigung des Arbeitsverhältnisses alles Material, insbesondere alle Unterlagen, Kopien usw. zurückzugeben, die im Zusammenhang mit seiner Tätigkeit für die Firma in seinen Besitz gelangt sind. Dem Mitarbeiter steht ein Zurückbehaltungsrecht insoweit nicht zu.

6. Der Mitarbeiter verpflichtet sich durch seine Unterschrift auf einem gesonderten Blatt auf das Datengeheimnis gemäß § 5 Bundesdatenschutzgesetz (BDSG). Die Verpflichtung auf das Datengeheimnis ist Bestandteil dieses Vertrages und zwingend als Anlage zu führen.

[12] § 8 Speicherung von Daten

Der Mitarbeiter ist im Sinne des Bundesdatenschutzgesetzes (BDSG) darüber unterrichtet worden, dass seine persönlichen Daten im Zusammenhang mit dem Arbeitsverhältnis in einer EDV-Anlage gespeichert werden und erklärt sich damit einverstanden.

§ 9 Sonstige Bestimmungen

[13] 1. Änderungen und Ergänzungen dieses Vertrages bedürfen der Schriftform; dies gilt auch für einen Verzicht auf das Schriftformerfordernis selbst.

2. Nebenabreden zu diesem Vertrag bestehen nicht.

<u>Musterstadt, 05.02.</u>
Ort, Datum

<u>Otto Brunhild</u>
<u>Vorstandsvorsitzender</u>
Unterschrift Arbeitgeber

<u>Wilhelm Krug</u>
Unterschrift Mitarbeiter

Kopiervorlage

Arbeitsvertrag

§ 7 Verschwiegenheitspflicht, Rückgabe von Unterlagen und sonstigem Firmeneigentum

1. Der Mitarbeiter ist verpflichtet, über alle ihm bekannten Angelegenheiten, Vorgänge, Verträge und Geschäftsbeziehungen innerhalb und außerhalb des Betriebes und auch nach seinem Ausscheiden aus dem Arbeitsverhältnis Verschwiegenheit zu bewahren. Für den Fall der Zuwiderhandlung verpflichtet sich der Mitarbeiter zur Zahlung einer Vertragsstrafe in Höhe eines Bruttomonatseinkommens pro Verstoß gegen die Verschwiegenheitsverpflichtung. Die Einrede des Fortsetzungszusammenhanges ist ausgeschlossen.

2. Dazu gehören neben Geschäfts- und Betriebsgeheimnissen auch persönliche Verhältnisse der Mitarbeiter und Vorgesetzten.

3. Unter anderem verpflichtet sich der Mitarbeiter, über die Höhe seines Gehaltes sowie über Prämien und/oder weitere Bezüge Stillschweigen zu bewahren.

4. Ein Verstoß gegen die Verschwiegenheitspflicht führt zu einem Schadensersatzanspruch des Arbeitgebers; in Extremfällen kann ordentlich, bzw. außerordentlich gekündigt werden.

5. Der Mitarbeiter hat jederzeit auf Verlangen des Arbeitgebers, spätestens aber unaufgefordert bei Beendigung des Arbeitsverhältnisses alles Material, insbesondere alle Unterlagen, Kopien usw. zurückzugeben, die im Zusammenhang mit seiner Tätigkeit für die Firma in seinen Besitz gelangt sind. Dem Mitarbeiter steht ein Zurückbehaltungsrecht insoweit nicht zu.

6. Der Mitarbeiter verpflichtet sich durch seine Unterschrift auf einem gesonderten Blatt auf das Datengeheimnis gemäß § 5 Bundesdatenschutzgesetz (BDSG). Die Verpflichtung auf das Datengeheimnis ist Bestandteil dieses Vertrages und zwingend als Anlage zu führen.

§ 8 Speicherung von Daten

Der Mitarbeiter ist im Sinne des Bundesdatenschutzgesetzes (BDSG) darüber unterrichtet worden, dass seine persönlichen Daten im Zusammenhang mit dem Arbeitsverhältnis in einer EDV-Anlage gespeichert werden und erklärt sich damit einverstanden.

§ 9 Sonstige Bestimmungen

1. Änderungen und Ergänzungen dieses Vertrages bedürfen der Schriftform; dies gilt auch für einen Verzicht auf das Schriftformerfordernis selbst.

2. Nebenabreden zu diesem Vertrag bestehen nicht.

_____
Ort, Datum

_____ _____
Unterschrift Arbeitgeber Unterschrift Mitarbeiter

Vertrags-Check Arbeitsrecht

IV. Beginn des Arbeitsverhältnisses, Unternehmen mit Tarifbindung
Angestellte, Vollzeit

1 Tragen Sie hier das Datum ein, an welchem das Arbeitsverhältnis beginnen soll. In der Regel wird dies der 1. Tag eines Monats sein. Soll das Arbeitsverhältnis während des laufenden Monats beginnen, so ist das Arbeitsentgelt im 1. Monat nur anteilig zu zahlen.

2 Der Tarifvertrag ist genau zu bezeichnen. Die Grundregeln für ein Arbeitsverhältnis sind in so genannten Mantel- oder Rahmentarifverträgen enthalten.

3 Hier ist die Funktionsbeschreibung einzufügen, wie z. B. Verwaltungsangestellter, Finanzbuchhalter, Sachbearbeiter oder Ähnliches.

4 Es ist sinnvoll, dem Mitarbeiter einen Aufgabenbereich zuzuweisen, der seine Tätigkeit im Unternehmen beschreibt. Möglich ist aber auch die Bezeichnung der Abteilung.

5 Diese Öffnungsklausel erlaubt es Ihnen als Arbeitgeber, den Tätigkeitsbereich zu verändern, ohne dass es einer Änderungskündigung bedarf.

6 Auch bezüglich des Arbeitsortes sollte die Vereinbarung möglichst offen gestaltet sein, um den Mitarbeiter flexibel einsetzen zu können.

Unbefristeter Arbeitsvertrag

Zwischen

Müller Metall GmbH
Stahlstraße 96

12345 Musterstadt

nachfolgend „Arbeitgeber" genannt

und

Herrn/Frau
Ulrike Zucker
Würfelstraße 58

12345 Musterstadt

nachfolgend „Mitarbeiter" genannt

§ 1 Beginn des Arbeitsverhältnisses

1 Das Arbeitsverhältnis beginnt am **01.08.** Die ersten 6 Monate gelten als Probezeit. Eine Kündigung des Arbeitsverhältnisses ist unter Einhaltung der **im Tarifvertrag für das Metallhandwerk** festgelegten Fristen möglich. **2**

§ 2 Tätigkeit

3 Der Mitarbeiter wird als **Schlosser** für den Aufgabenbereich **Produktion** eingestellt. **4**

1. Der Mitarbeiter ist verpflichtet, auf besondere Anordnung auch andere – seinen Fähigkeiten und seiner Aus- und Fortbildung entsprechende – zumutbare Tätigkeiten außerhalb seines Aufgabenbereiches zu verrichten. **5**

2. Der Mitarbeiter wird seine ganze Arbeitskraft und fachlichen Kenntnisse und Erfahrungen ausschließlich dem Arbeitgeber widmen. Während der Dauer des Arbeitsverhältnisses ist jede Übernahme einer entgeltlichen oder unentgeltlichen Nebentätigkeit nur mit vorheriger Zustimmung des Arbeitgebers zulässig.

6 3. Der Mitarbeiter übt seine Tätigkeit am Firmensitz in **Musterstadt** aus. Der Arbeitgeber behält sich vor, den Mitarbeiter auch an einem anderen Ort einzusetzen.

1/3

Kopiervorlage

Arbeitsvertrag

Zwischen

_____

_____

_____

nachfolgend „Arbeitgeber" genannt

und

Herrn/Frau

_____

_____

_____

nachfolgend „Mitarbeiter" genannt

§ 1 Beginn des Arbeitsverhältnisses

Das Arbeitsverhältnis beginnt am _____ Die ersten 6 Monate gelten als Probezeit. Eine Kündigung des Arbeitsverhältnisses ist unter Einhaltung der _____ _____ festgelegten Fristen möglich.

§ 2 Tätigkeit

Der Mitarbeiter wird als _____ für den Aufgabenbereich _____ eingestellt.

1. Der Mitarbeiter ist verpflichtet, auf besondere Anordnung auch andere – seinen Fähigkeiten und seiner Aus- und Fortbildung entsprechende – zumutbare Tätigkeiten außerhalb seines Aufgabenbereiches zu verrichten.

2. Der Mitarbeiter wird seine ganze Arbeitskraft und fachlichen Kenntnisse und Erfahrungen ausschließlich dem Arbeitgeber widmen. Während der Dauer des Arbeitsverhältnisses ist jede Übernahme einer entgeltlichen oder unentgeltlichen Nebentätigkeit nur mit vorheriger Zustimmung des Arbeitgebers zulässig.

3. Der Mitarbeiter übt seine Tätigkeit am Firmensitz in _____ aus. Der Arbeitgeber behält sich vor, den Mitarbeiter auch an einem anderen Ort einzusetzen.

Vertrags-Check Arbeitsrecht

IV. Beginn des Arbeitsverhältnisses, Unternehmen mit Tarifbindung
Angestellte, Vollzeit

7 Die Vergütungsgruppe des Mitarbeiters ergibt sich aus dem zugrunde liegenden Tarifvertrag.

8 Tragen Sie hier das Bruttomonatsgehalt ein, welches Ihr Mitarbeiter in seiner Vergütungsgruppe zum Zeitpunkt des Vertragsabschlusses verdient. Anpassungen werden nach Absatz 2 erfasst.

9 Diese Regelung führt dazu, dass das Gehalt Ihres Mitarbeiters automatisch an die tarifliche Entwicklung des geltenden Tarifvertrages angepasst wird.

10 Üblicherweise sind in Tarifverträgen der Urlaubsanspruch des Mitarbeiters sowie Regelungen bei Arbeitsunfähigkeit und bei Kündigungen enthalten.

11 Tragen Sie hier den für Ihr Unternehmen geltenden Tarifvertrag ein.

12 Sofern das Unternehmen für die Konkurrenz interessante Betriebsgeheimnisse hat, von denen der Mitarbeiter Kenntnis erlangt konnte, kann es unter Umständen sinnvoll sein, eine Vertragsstrafe zu vereinbaren.

Unbefristeter Arbeitsvertrag

§ 3 Vergütung

7 1. Der Mitarbeiter wird in Vergütungsgruppe <u>3c</u> eingruppiert. Sein Festgehalt beträgt pro Monat

8 <u>DM 3.400,-/EUR...</u> brutto

und wird jeweils am Ende des Monats gezahlt. Der Mitarbeiter erklärt sich damit einverstanden, dass sein Gehalt auf ein von ihm zu benennendes Bank- oder Postbankkonto überwiesen wird.

9 2. Das Gehalt steigt oder fällt entsprechend den Vereinbarungen der Tarifpartner <u>des Metallhandwerkes.</u>

3. Alle Sonderzahlungen, wie zusätzliches Urlaubsgeld, 13. Monatseinkommen und vermögenswirksame Leistungen des Arbeitgebers, erfolgen entsprechend der jeweils gültigen tariflichen Regelung.

10 **§ 5 Tarifliche Bestimmungen**

Für das Arbeitsverhältnis gelten, mit Ausnahme der in diesem Vertrag geregelten Punkte, die
11 Regelungen <u>des Manteltarifvertrages für das Metallhandwerk</u> in der jeweils geltenden Fassung sowie die allgemeinen gesetzlichen Bestimmungen.

§ 6 Verschwiegenheitspflicht, Rückgabe von Unterlagen und sonstigem Firmeneigentum

1. Der Mitarbeiter ist verpflichtet, über alle ihm bekannten Angelegenheiten, Vorgänge, Verträge und Geschäftsbeziehungen innerhalb und außerhalb des Betriebes und auch nach seinem
12 Ausscheiden aus dem Arbeitsverhältnis Verschwiegenheit zu bewahren.

2. Dazu gehören neben Geschäfts- und Betriebsgeheimnissen auch persönliche Verhältnisse der Mitarbeiter und Vorgesetzten.

3. Unter anderem verpflichtet sich der Mitarbeiter, über die Höhe seines Gehaltes sowie über Prämien und/oder weitere Bezüge Stillschweigen zu bewahren.

4. Ein Verstoß gegen die Verschwiegenheitspflicht führt zu einem Schadensersatzanspruch des Arbeitgebers; in Extremfällen kann ordentlich bzw. außerordentlich gekündigt werden.

5. Der Mitarbeiter hat jederzeit auf Verlangen des Arbeitgebers, spätestens aber unaufgefordert bei Beendigung des Arbeitsverhältnisses, alles Material, insbesondere alle Unterlagen, Kopien etc. zurückzugeben, die in Zusammenhang mit seiner Tätigkeit für den Arbeitgeber in seinen Besitz gelangt sind. Dem Mitarbeiter steht ein Zurückbehaltungsrecht insoweit nicht zu.

6. Der Mitarbeiter verpflichtet sich durch seine Unterschrift auf einem gesonderten Formblatt, das Datengeheimnis gemäß § 5 Bundesdatenschutzgesetz (BDSG) zu wahren. Die Verpflichtung auf das Datengeheimnis ist Bestandteil dieses Vertrages und zwingend als Anlage zu führen.

2/3

Kopiervorlage

Arbeitsvertrag

§ 3 Vergütung

1. Der Mitarbeiter wird in Vergütungsgruppe ___ eingruppiert. Sein Festgehalt beträgt pro Monat

    _____ brutto

    und wird jeweils am Ende des Monats gezahlt. Der Mitarbeiter erklärt sich damit einverstanden, dass sein Gehalt auf ein von ihm zu benennendes Bank- oder Postbankkonto überwiesen wird.

2. Das Gehalt steigt oder fällt entsprechend den Vereinbarungen der Tarifpartner _____ _____.

3. Alle Sonderzahlungen, wie zusätzliches Urlaubsgeld, 13. Monatseinkommen und vermögenswirksame Leistungen des Arbeitgebers, erfolgen entsprechend der jeweils gültigen tariflichen Regelung.

§ 5 Tarifliche Bestimmungen

Für das Arbeitsverhältnis gelten, mit Ausnahme der in diesem Vertrag geregelten Punkte, die Regelungen _____ in der jeweils geltenden Fassung sowie die allgemeinen gesetzlichen Bestimmungen.

§ 6 Verschwiegenheitspflicht, Rückgabe von Unterlagen und sonstigem Firmeneigentum

1. Der Mitarbeiter ist verpflichtet, über alle ihm bekannten Angelegenheiten, Vorgänge, Verträge und Geschäftsbeziehungen innerhalb und außerhalb des Betriebes und auch nach seinem Ausscheiden aus dem Arbeitsverhältnis Verschwiegenheit zu bewahren.

2. Dazu gehören neben Geschäfts- und Betriebsgeheimnissen auch persönliche Verhältnisse der Mitarbeiter und Vorgesetzten.

3. Unter anderem verpflichtet sich der Mitarbeiter, über die Höhe seines Gehaltes sowie über Prämien und/oder weitere Bezüge Stillschweigen zu bewahren.

4. Ein Verstoß gegen die Verschwiegenheitspflicht führt zu einem Schadensersatzanspruch des Arbeitgebers; in Extremfällen kann ordentlich bzw. außerordentlich gekündigt werden.

5. Der Mitarbeiter hat jederzeit auf Verlangen des Arbeitgebers, spätestens aber unaufgefordert bei Beendigung des Arbeitsverhältnisses, alles Material, insbesondere alle Unterlagen, Kopien etc. zurückzugeben, die in Zusammenhang mit seiner Tätigkeit für den Arbeitgeber in seinen Besitz gelangt sind. Dem Mitarbeiter steht ein Zurückbehaltungsrecht insoweit nicht zu.

6. Der Mitarbeiter verpflichtet sich durch seine Unterschrift auf einem gesonderten Formblatt, das Datengeheimnis gemäß § 5 Bundesdatenschutzgesetz (BDSG) zu wahren. Die Verpflichtung auf das Datengeheimnis ist Bestandteil dieses Vertrages und zwingend als Anlage zu führen.

Vertrags-Check Arbeitsrecht

IV. Beginn des Arbeitsverhältnisses, Unternehmen mit Tarifbindung
Angestellte, Vollzeit

13 Die Speicherung und Verarbeitung von personenbezogenen Daten ist in jedem Betrieb erforderlich. Spätestens bei der Lohnabrechnung (eventuell bei einem mit der Lohnabrechnung beauftragten Steuerberater) müssen Daten des Mitarbeiters in eine DV-Anlage eingegeben und verarbeitet werden.

14 Vertragsänderungen sollten zu Beweiszwecken immer schriftlich verfasst werden.

Unbefristeter Arbeitsvertrag

13 ▶ **§ 7 Speicherung von Daten**
Der Mitarbeiter ist im Sinne des Bundesdatenschutzgesetzes (BDSG) darüber unterrichtet worden, dass seine persönlichen Daten in Zusammenhang mit dem Arbeitsverhältnis in einer DV-Anlage gespeichert werden, und erklärt sich damit einverstanden.

§ 8 Sonstige Bestimmungen

14 ▶ 1. Änderungen und Ergänzungen dieses Vertrages bedürfen der Schriftform; dies gilt auch für einen Verzicht auf das Schriftformerfordernis selbst.

2. Mündliche Nebenabreden zu diesem Vertrag bestehen nicht.

Musterstadt, 25.07.
Ort, Datum

Heribert Klaus
Geschäftsführer
Unterschrift Arbeitgeber

Ulrike Zucker

Unterschrift Mitarbeiter

Arbeitsvertrag

§ 7 Speicherung von Daten

Der Mitarbeiter ist im Sinne des Bundesdatenschutzgesetzes (BDSG) darüber unterrichtet worden, dass seine persönlichen Daten in Zusammenhang mit dem Arbeitsverhältnis in einer DV-Anlage gespeichert werden, und erklärt sich damit einverstanden.

§ 8 Sonstige Bestimmungen

1. Änderungen und Ergänzungen dieses Vertrages bedürfen der Schriftform; dies gilt auch für einen Verzicht auf das Schriftformerfordernis selbst.

2. Mündliche Nebenabreden zu diesem Vertrag bestehen nicht.

_____
Ort, Datum

_____   _____
Unterschrift Arbeitgeber   Unterschrift Mitarbeiter

Vertrags-Check Arbeitsrecht

IV. Beginn des Arbeitsverhältnisses, Unternehmen mit Tarifbindung
Angestellte, Vollzeit

1 Die Befristung eines Arbeitsverhältnisses stellt nach der gesetzlichen Grundregelung (unbefristeter Arbeitsvertrag) die Ausnahme dar. Wird ein Vertrag nicht eindeutig als befristet gekennzeichnet und ist die Befristung nicht ordnungsgemäß, wird ein unbefristetes Arbeitsverhältnis mit all seinen Nachteilen für Sie als Arbeitgeber begründet.

2 Tragen Sie hier das Datum ein, an welchem das Arbeitsverhältnis beginnen soll. In der Regel wird dies der erste Tag eines Monats sein. Soll das Arbeitsverhältnis während des laufenden Monats beginnen, so ist das Arbeitsentgelt im ersten Monat nur anteilig zu zahlen.

3 Bei einem befristeten Vertrag muss ein genaues Enddatum angegeben werden.

4 Die Befristung des Arbeitsvertrages kann aufgrund einer Vielzahl von Möglichkeiten erfolgen. Dieser Mustervertrag bezieht sich auf die Befristung aus sachlichem Grund dargestellt. Die weiteren Möglichkeiten der Befristung, z. B. nach dem Beschäftigungsförderungsgesetz, die Erprobung eines Mitarbeiters und die Vertretung während des Erziehungsurlaubes werden wegen ihrer Besonderheiten in weiteren Musterverträgen dargestellt. Entgegen der zeitlich begrenzten Befristung nach dem Beschäftigungsförderungsgesetz kann ein befristeter Arbeitsvertrag länger als 2 Jahre andauern, sofern der sachliche Grund dies rechtfertigt.

5 Bei einer kürzeren Befristungsdauer kann auch die Probezeit verkürzt werden. Sie darf jedoch maximal 6 Monate betragen.

6 Ein befristeter Arbeitsvertrag kann prinzipiell während der Befristung nicht gekündigt werden, es sei denn, dass sich der Arbeitgeber eine Kündigungsmöglichkeit ausdrücklich vorbehalten hat.

7 Hier ist die Funktionsbeschreibung einzufügen, wie z. B. Verwaltungsangestellter, Finanzbuchhalter, Sachbearbeiter oder Ähnliches.

8 Diese Öffnungsklausel erlaubt es dem Arbeitgeber, den Tätigkeitsbereich zu verändern, ohne dass es einer Änderungskündigung bedarf.

---

1 **Befristeter Arbeitsvertrag aus sachlichem Grund**

Zwischen

Glaserei Ohnesorg
Bruchstraße 8

12345 Musterstadt

nachfolgend „Arbeitgeber" genannt

und

Herrn/Frau
Knut Walter
Erzweg 3

12345 Musterstadt

nachfolgend „Mitarbeiter" genannt

§ 1 Dauer des Arbeitsverhältnisses

2 1. Das Arbeitsverhältnis beginnt am **01.02.** und endet am **31.01.**, ohne dass es einer Kündigung bedarf. **3**

4 2. Die Befristung des Arbeitsverhältnisses erfolgt aufgrund **des Auftrages zur Neuverglasung des Rathauses der Stadt Musterstadt.**

5 3. Die ersten **6** Monate gelten als Probezeit. Eine Kündigung des Arbeitsverhältnisses ist unter Einhaltung der im Tarifvertrag festgelegten Fristen möglich. **6**

4. Das Recht zur fristlosen Kündigung nach § 626 BGB bleibt hiervon unberührt.

§ 2 Tätigkeitsgebiet

7 1. Der Mitarbeiter wird als **Glaser** eingestellt.

8 2. Der Mitarbeiter ist verpflichtet, auf besondere Anordnung auch andere – seinen Fähigkeiten und seiner Aus- und Fortbildung entsprechende – zumutbare Tätigkeiten außerhalb seines Aufgabenbereiches zu verrichten.

3. Der Mitarbeiter wird seine ganze Arbeitskraft und fachlichen Kenntnisse und Erfahrungen ausschließlich dem Arbeitgeber widmen. Während der Dauer des Arbeitsverhältnisses ist jede Übernahme einer entgeltlichen oder unentgeltlichen Nebentätigkeit nur mit vorheriger Zustimmung des Arbeitgebers zulässig.

1/3

Kopiervorlage

Befristeter Arbeitsvertrag

Zwischen

_____
_____

_____

nachfolgend „Arbeitgeber" genannt

und

Herrn/Frau

_____
_____

_____

nachfolgend „Mitarbeiter" genannt

§ 1 Dauer des Arbeitsverhältnisses

1. Das Arbeitsverhältnis beginnt am _____ und endet am _____, ohne dass es einer Kündigung bedarf.

2. Die Befristung des Arbeitsverhältnisses erfolgt aufgrund _____
_____

3. Die ersten ___ Monate gelten als Probezeit. Eine Kündigung des Arbeitsverhältnisses ist unter Einhaltung der im Tarifvertrag festgelegten Fristen möglich.

4. Das Recht zur fristlosen Kündigung nach § 626 BGB bliebt hiervon unberührt.

§ 2 Tätigkeitsgebiet

1. Der Mitarbeiter wird als _____ eingestellt.

2. Der Mitarbeiter ist verpflichtet, auf besondere Anordnung auch andere – seinen Fähigkeiten und seiner Aus- und Fortbildung entsprechende – zumutbare Tätigkeiten außerhalb seines Aufgabenbereiches zu verrichten.

3. Der Mitarbeiter wird seine ganze Arbeitskraft und fachlichen Kenntnisse und Erfahrungen ausschließlich dem Arbeitgeber widmen. Während der Dauer des Arbeitsverhältnisses ist jede Übernahme einer entgeltlichen oder unentgeltlichen Nebentätigkeit nur mit vorheriger Zustimmung des Arbeitgebers zulässig.

Vertrags-Check Arbeitsrecht

IV. Beginn des Arbeitsverhältnisses, Unternehmen mit Tarifbindung
Angestellte, Vollzeit

9 Sofern keine Arbeitszeitregelung im Betrieb vorhanden ist, kann an dieser Stelle auch die betriebsübliche Arbeitszeit eingesetzt werden.

10 Auch bezüglich des Arbeitsortes sollte die Vereinbarung möglichst offen gestaltet sein, um den Mitarbeiter flexibel einsetzen zu können.

11 Üblicherweise sind in Tarifverträgen der Urlaubsanspruch des Mitarbeiters sowie Regelungen bei Arbeitsunfähigkeit und bei Kündigungen enthalten.

12 Der Tarifvertrag ist genau zu bezeichnen. Die Grundbestimmungen tarifvertraglicher Vereinbarungen sind üblicherweise in so genannten Mantel- oder Rahmentarifverträgen enthalten.

Befristeter Arbeitsvertrag aus sachlichem Grund

§ 3 Arbeitszeit, Arbeitsort

Der Mitarbeiter stellt seine ganze Arbeitskraft dem Unternehmen zur Verfügung.

1. Die wöchentliche Arbeitszeit beträgt derzeit __38,5__ Stunden.

9 2. Die Arbeitszeiteinteilung erfolgt nach der jeweils gültigen Arbeitszeitregelung, die automatisch Bestandteil dieses Vertrages wird.

3. Der Arbeitgeber weist ausdrücklich darauf hin, dass der Mitarbeiter verpflichtet ist, arbeitstäglich eine halbstündige Mittagspause einzuhalten, die in der Zeit von __12:00 Uhr bis 14:00 Uhr__ zu nehmen ist.

10 4. Der Mitarbeiter übt seine Tätigkeit am Firmensitz in __Musterstadt__ aus. Der Arbeitgeber behält sich vor, den Mitarbeiter auch an einem anderen Ort einzusetzen.

§ 4 Vergütung

1. Der Mitarbeiter wird in Vergütungsgruppe __5a__ eingruppiert. Sein Festgehalt beträgt pro Monat

   __DM 3.021,--/EUR...__ brutto

   und wird jeweils am Ende des Monats gezahlt. Der Mitarbeiter erklärt sich damit einverstanden, dass sein Gehalt auf ein von ihm zu benennendes Bank- oder Postbankkonto überwiesen wird.

2. Das Gehalt steigt oder fällt entsprechend den Vereinbarungen __der Tarifpartner des Glaserhandwerks.__

3. Alle Sonderzahlungen wie zusätzliches Urlaubsgeld, 13. Monatseinkommen und vermögenswirksame Leistungen des Arbeitgebers erfolgen entsprechend der jeweils gültigen tariflichen Regelung.

11 ### § 5 Tarifliche Bestimmungen

Für das Arbeitsverhältnis gelten, mit Ausnahme der in diesem Vertrag geregelten Punkte, die Re-
12 gelungen des __Rahmentarifvertrages (Arbeiter) des Glaserhandwerks__ in der jeweils geltenden Fassung sowie die allgemeinen gesetzlichen Bestimmungen.

2/3

Kopiervorlage

Befristeter Arbeitsvertrag

§ 3 Arbeitszeit, Arbeitsort

Der Mitarbeiter stellt seine ganze Arbeitskraft dem Unternehmen zur Verfügung.

1. Die wöchentliche Arbeitszeit beträgt derzeit _____ Stunden.

2. Die Arbeitszeiteinteilung erfolgt nach der jeweils gültigen Arbeitszeitregelung, die automatisch Bestandteil dieses Vertrages wird.

3. Der Arbeitgeber weist ausdrücklich darauf hin, dass der Mitarbeiter verpflichtet ist, arbeitstäglich eine halbstündige Mittagspause einzuhalten, die in der Zeit von _____ zu nehmen ist.

4. Der Mitarbeiter übt seine Tätigkeit am Firmensitz in _____ aus. Der Arbeitgeber behält sich vor, den Mitarbeiter auch an einem anderen Ort einzusetzen.

§ 4 Vergütung

1. Der Mitarbeiter wird in Vergütungsgruppe ___ eingruppiert. Sein Festgehalt beträgt pro Monat _____ brutto und wird jeweils am Ende des Monats gezahlt. Der Mitarbeiter erklärt sich damit einverstanden, dass sein Gehalt auf ein von ihm zu benennendes Bank- oder Postbankkonto überwiesen wird.

2. Das Gehalt steigt oder fällt entsprechend den Vereinbarungen _____ _____.

3. Alle Sonderzahlungen wie zusätzliches Urlaubsgeld, 13. Monatseinkommen und vermögenswirksame Leistungen des Arbeitgebers erfolgen entsprechend der jeweils gültigen tariflichen Regelung.

§ 5 Tarifliche Bestimmungen

Für das Arbeitsverhältnis gelten, mit Ausnahme der in diesem Vertrag geregelten Punkte, die Regelungen des _____ in der jeweils geltenden Fassung sowie die allgemeinen gesetzlichen Bestimmungen.

Vertrags-Check Arbeitsrecht

IV. Beginn des Arbeitsverhältnisses, Unternehmen mit Tarifbindung
Angestellte, Vollzeit

13 Sofern das Unternehmen für die Konkurrenz interessante Betriebsgeheimnisse hat, von denen der Mitarbeiter Kenntnis erlangen konnte, kann es unter Umständen sinnvoll sein, eine Vertragsstrafe zu vereinbaren. Eine solche Klausel finden Sie in den Geschäftsführerverträgen.

14 Die Speicherung und Verarbeitung von personenbezogenen Daten ist in jedem Betrieb erforderlich. Spätestens bei der Lohnabrechnung (eventuell bei einem mit der Lohnabrechnung beauftragten Steuerberater) müssen Daten des Mitarbeiters in eine DV-Anlage eingegeben und verarbeitet werden.

15 Vertragsänderungen sollten zu Beweiszwecken immer schriftlich verfasst werden.

Befristeter Arbeitsvertrag aus sachlichem Grund

§ 6 Verschwiegenheitspflicht, Rückgabe von Unterlagen und sonstigem Firmeneigentum

1. Der Mitarbeiter ist verpflichtet, über alle ihm bekannten Angelegenheiten, Vorgänge, Verträge und Geschäftsbeziehungen innerhalb und außerhalb des Betriebes und auch nach seinem Ausscheiden aus dem Arbeitsverhältnis Verschwiegenheit zu bewahren.

2. Dazu gehören neben Geschäfts- und Betriebsgeheimnissen auch persönliche Verhältnisse der Mitarbeiter und Vorgesetzten.

3. Ein Verstoß gegen die Verschwiegenheitspflicht führt zu einem Schadensersatzanspruch des Arbeitgebers; in Extremfällen kann ordentlich bzw. außerordentlich gekündigt werden.

4. Der Mitarbeiter hat jederzeit auf Verlangen des Arbeitgebers, spätestens aber unaufgefordert bei Beendigung des Arbeitsverhältnisses alles Material, insbesondere alle Unterlagen, Kopien usw. zurückzugeben, die im Zusammenhang mit seiner Tätigkeit für den Arbeitgeber in seinen Besitz gelangt sind. Dem Mitarbeiter steht ein Zurückbehaltungsrecht insoweit nicht zu.

5. Der Mitarbeiter verpflichtet sich durch seine Unterschrift auf einem gesonderten Formblatt, das Datengeheimnis gemäß § 5 Bundesdatenschutzgesetz (BDSG) zu wahren. Die Verpflichtung auf das Datengeheimnis ist Bestandteil dieses Vertrages und zwingend als Anlage zu führen.

§ 7 Speicherung von Daten

Der Mitarbeiter ist im Sinne des Bundesdatenschutzgesetzes (BDSG) darüber unterrichtet worden, dass seine persönlichen Daten im Zusammenhang mit dem Arbeitsverhältnis in einer DV-Anlage gespeichert werden, und erklärt sich damit einverstanden.

§ 8 Sonstige Bestimmungen

1. Änderungen und Ergänzungen dieses Vertrages bedürfen der Schriftform; dies gilt auch für einen Verzicht auf das Schriftformerfordernis selbst.

2. Mündliche Nebenabreden zu diesem Vertrag bestehen nicht.

Musterstadt, 15.01.
Ort, Datum

Karl-Heinz Ohnesorg
Unterschrift Arbeitgeber

Knut Walter
Unterschrift Mitarbeiter

Befristeter Arbeitsvertrag

§ 6 Verschwiegenheitspflicht, Rückgabe von Unterlagen und sonstigem Firmeneigentum

1. Der Mitarbeiter ist verpflichtet, über alle ihm bekannten Angelegenheiten, Vorgänge, Verträge und Geschäftsbeziehungen innerhalb und außerhalb des Betriebes und auch nach seinem Ausscheiden aus dem Arbeitsverhältnis Verschwiegenheit zu bewahren.

2. Dazu gehören neben Geschäfts- und Betriebsgeheimnissen auch persönliche Verhältnisse der Mitarbeiter und Vorgesetzten.

3. Ein Verstoß gegen die Verschwiegenheitspflicht führt zu einem Schadensersatzanspruch des Arbeitgebers; in Extremfällen kann ordentlich bzw. außerordentlich gekündigt werden.

4. Der Mitarbeiter hat jederzeit auf Verlangen des Arbeitgebers, spätestens aber unaufgefordert bei Beendigung des Arbeitsverhältnisses alles Material, insbesondere alle Unterlagen, Kopien usw. zurückzugeben, die im Zusammenhang mit seiner Tätigkeit für den Arbeitgeber in seinen Besitz gelangt sind. Dem Mitarbeiter steht ein Zurückbehaltungsrecht insoweit nicht zu.

5. Der Mitarbeiter verpflichtet sich durch seine Unterschrift auf einem gesonderten Formblatt, das Datengeheimnis gemäß § 5 Bundesdatenschutzgesetz (BDSG) zu wahren. Die Verpflichtung auf das Datengeheimnis ist Bestandteil dieses Vertrages und zwingend als Anlage zu führen.

§ 7 Speicherung von Daten

Der Mitarbeiter ist im Sinne des Bundesdatenschutzgesetzes (BDSG) darüber unterrichtet worden, dass seine persönlichen Daten im Zusammenhang mit dem Arbeitsverhältnis in einer DV-Anlage gespeichert werden, und erklärt sich damit einverstanden.

§ 8 Sonstige Bestimmungen

1. Änderungen und Ergänzungen dieses Vertrages bedürfen der Schriftform; dies gilt auch für einen Verzicht auf das Schriftformerfordernis selbst.

2. Mündliche Nebenabreden zu diesem Vertrag bestehen nicht.

_____
Ort, Datum

_____ _____
Unterschrift Arbeitgeber   Unterschrift Mitarbeiter

Vertrags-Check Arbeitsrecht

IV. Beginn des Arbeitsverhältnisses, Unternehmen mit Tarifbindung
Angestellte, Vollzeit

1 Die Befristung eines Arbeitsverhältnisses stellt nach der gesetzlichen Grundregelung (unbefristeter Vertrag) die Ausnahme dar. Wird ein Vertrag nicht eindeutig als befristet gekennzeichnet und ist die Befristung nicht ordnungsgemäß, wird ein unbefristetes Arbeitsverhältnis mit all seinen Nachteilen für Sie als Arbeitgeber begründet.

2 Tragen Sie hier das Datum ein, an welchem das Arbeitsverhältnis beginnen soll. In der Regel wird dies der 1. Tag eines Monats sein. Soll das Arbeitsverhältnis während des laufenden Monats beginnen, so ist das Arbeitsentgelt im 1. Monat nur anteilig zu zahlen.

3 Bei einem befristeten Vertrag muss ein genaues Enddatum angegeben werden.

4 Das Beschäftigungsförderungsgesetz gestattet die Befristung eines Arbeitsvertrages auch ohne sachlichen Grund für maximal 2 Jahre. Innerhalb dieser Maximaldauer darf das Arbeitsverhältnis höchstens 3-mal verlängert werden. Es ist also zulässig, 3-mal hintereinander befristete Verträge für jeweils 6 Monate abzuschließen. Sofern bereits vorher zwischen Ihnen und Ihrem Mitarbeiter ein Arbeitsverhältnis bestand, muss zwischen dem alten und dem neuen, nach dem Beschäftigungsförderungsgesetz befristeten, Arbeitsverhältnis mindestens ein Zeitabstand von 4 Monaten liegen.

5 Bei einer kürzeren Befristungsdauer kann auch die Probezeit verkürzt werden. Sie darf jedoch maximal 6 Monate betragen.

6 Ein befristeter Arbeitsvertrag kann prinzipiell während der Befristung nicht gekündigt werden, es sei denn, dass Sie sich eine Kündigungsmöglichkeit ausdrücklich vorbehalten haben.

7 Hier ist die Funktionsbeschreibung einzufügen, wie z. B. Verwaltungsangestellter, Finanzbuchhalter, Sachbearbeiter oder Ähnliches.

8 Es ist sinnvoll, dem Mitarbeiter einen Aufgabenbereich zuzuweisen, der seine Tätigkeit im Unternehmen beschreibt. Möglich ist aber auch die Bezeichnung der Abteilung.

9 Diese Öffnungsklausel erlaubt es Ihnen als Arbeitgeber, den Tätigkeitsbereich zu verändern, ohne dass es einer Änderungskündigung bedarf.

---

1 **Befristeter Arbeitsvertrag nach dem Beschäftigungsförderungsgesetz**

Zwischen

Elektromeister Hartmut Toplet
Kranallee 8-12

12345 Musterstadt

nachfolgend „Arbeitgeber" genannt

und

Herrn/Frau
Johann Kern
Spatenplatz 8

12345 Musterstadt

nachfolgend „Mitarbeiter" genannt

§ 1 Dauer des Arbeitsverhältnisses

2 1. Das Arbeitsverhältnis beginnt am __01.04.__ und endet am __30.10.__, ohne dass es einer Kündigung bedarf. **3**

4 2. Die Befristung des Arbeitsverhältnisses erfolgt nach Maßgabe des Beschäftigungsförderungsgesetzes.

5 3. Die ersten __6__ Monate gelten als Probezeit. Eine Kündigung des Arbeitsverhältnisses ist unter Einhaltung der im Tarifvertrag festgelegten Fristen möglich. **6**

4. Das Recht zur fristlosen Kündigung nach § 626 BGB bleibt hiervon unberührt.

§ 2 Tätigkeitsgebiet

7 1. Der Mitarbeiter wird als Geselle für das Elektrohandwerk eingestellt. **8**

9 2. Der Mitarbeiter ist verpflichtet, auf besondere Anordnung auch andere – seinen Fähigkeiten und seiner Aus- und Fortbildung entsprechende – zumutbare Tätigkeiten außerhalb seines Aufgabenbereiches zu verrichten.

3. Der Mitarbeiter wird seine ganze Arbeitskraft und fachlichen Kenntnisse und Erfahrungen ausschließlich dem Arbeitgeber widmen. Während der Dauer des Arbeitsverhältnisses ist jede Übernahme einer entgeltlichen oder unentgeltlichen Nebentätigkeit nur mit vorheriger Zustimmung des Arbeitgebers zulässig.

1/3

Kopiervorlage

Befristeter Arbeitsvertrag

Zwischen

_____

_____

_____

nachfolgend „Arbeitgeber" genannt

und

Herrn/Frau

_____

_____

_____

nachfolgend „Mitarbeiter" genannt

§ 1 Dauer des Arbeitsverhältnisses

1. Das Arbeitsverhältnis beginnt am _____ und endet am _____, ohne dass es einer Kündigung bedarf.

2. Die Befristung des Arbeitsverhältnisses erfolgt nach Maßgabe des Beschäftigungsförderungsgesetzes.

3. Die ersten ___ Monate gelten als Probezeit. Eine Kündigung des Arbeitsverhältnisses ist unter Einhaltung der im Tarifvertrag festgelegten Fristen möglich.

4. Das Recht zur fristlosen Kündigung nach § 626 BGB bleibt hiervon unberührt.

§ 2 Tätigkeitsgebiet

1. Der Mitarbeiter wird als _____ für das _____ eingestellt.

2. Der Mitarbeiter ist verpflichtet, auf besondere Anordnung auch andere – seinen Fähigkeiten und seiner Aus- und Fortbildung entsprechende – zumutbare Tätigkeiten außerhalb seines Aufgabenbereiches zu verrichten.

3. Der Mitarbeiter wird seine ganze Arbeitskraft und fachlichen Kenntnisse und Erfahrungen ausschließlich dem Arbeitgeber widmen. Während der Dauer des Arbeitsverhältnisses ist jede Übernahme einer entgeltlichen oder unentgeltlichen Nebentätigkeit nur mit vorheriger Zustimmung des Arbeitgebers zulässig.

Vertrags-Check Arbeitsrecht

IV. Beginn des Arbeitsverhältnisses, Unternehmen mit Tarifbindung
Angestellte, Vollzeit

10 Sofern keine Arbeitszeitregelung im Betrieb vorhanden ist, kann an dieser Stelle auch die betriebsübliche Arbeitszeit eingesetzt werden.

11 Auch bezüglich des Arbeitsortes sollte die Vereinbarung möglichst offen gestaltet sein, um den Mitarbeiter flexibel einsetzen zu können.

12 Üblicherweise sind in Tarifverträgen der Urlaubsanspruch des Mitarbeiters sowie Regelungen bei Arbeitsunfähigkeit und bei Kündigungen enthalten.

13 Der Tarifvertrag ist genau zu bezeichnen. Die Grundsatzbestimmungen tarifvertraglicher Vereinbarungen sind in so genannten Mantel- oder Rahmentarifverträgen enthalten.

Befristeter Arbeitsvertrag nach dem Beschäftigungsförderungsgesetz

§ 3 Arbeitszeit, Arbeitsort

Der Mitarbeiter stellt seine ganze Arbeitskraft dem Unternehmen zur Verfügung.

1. Die wöchentliche Arbeitszeit beträgt derzeit __40__ Stunden.

10 ▶ 2. Die Arbeitszeiteinteilung erfolgt nach der jeweils gültigen Arbeitszeitregelung, die automatisch Bestandteil dieses Vertrages wird.

3. Der Arbeitgeber weist ausdrücklich darauf hin, dass der Mitarbeiter verpflichtet ist, arbeitstäglich eine halbstündige Mittagspause einzuhalten, die in der Zeit von __12:00 Uhr bis 14:00 Uhr__ zu nehmen ist.

11 ▶ 4. Der Mitarbeiter übt seine Tätigkeit am Firmensitz in __Musterstadt__ aus. Der Arbeitgeber behält sich vor, den Mitarbeiter auch an einem anderen Ort einzusetzen.

§ 4 Vergütung

1. Der Mitarbeiter wird in Vergütungsgruppe __V__ eingruppiert. Sein Festgehalt beträgt pro Monat

   __DM 3.568,--/EUR ...__ brutto

   und wird jeweils am Ende des Monats gezahlt. Der Mitarbeiter erklärt sich damit einverstanden, dass sein Gehalt auf ein von ihm zu benennendes Bank- oder Postbankkonto überwiesen wird.

2. Das Gehalt steigt oder fällt entsprechend den Vereinbarungen der Tarifpartner des __Elektrohandwerks.__

3. Alle Sonderzahlungen wie zusätzliches Urlaubsgeld, 13. Monatseinkommen und vermögenswirksame Leistungen des Arbeitgebers erfolgen entsprechend der jeweils gültigen tariflichen Regelung.

12 ▶ **§ 5 Tarifliche Bestimmungen**

Für das Arbeitsverhältnis gelten, mit Ausnahme der in diesem Vertrag geregelten Punkte, die Regelungen des __Manteltarifvertrages (Arbeiter) des Elektrohandwerks__ in der jeweils gültigen Fassung sowie die allgemeinen gesetzlichen Bestimmungen. ◀ **13**

2/3

Kopiervorlage

Befristeter Arbeitsvertrag

§ 3 Arbeitszeit, Arbeitsort

Der Mitarbeiter stellt seine ganze Arbeitskraft dem Unternehmen zur Verfügung.

1. Die wöchentliche Arbeitszeit beträgt derzeit ___ Stunden.

2. Die Arbeitszeiteinteilung erfolgt nach der jeweils gültigen Arbeitszeitregelung, die automatisch Bestandteil dieses Vertrages wird.

3. Der Arbeitgeber weist ausdrücklich darauf hin, dass der Mitarbeiter verpflichtet ist, arbeitstäglich eine halbstündige Mittagspause einzuhalten, die in der Zeit von _____ zu nehmen ist.

4. Der Mitarbeiter übt seine Tätigkeit am Firmensitz in _____ aus. Der Arbeitgeber behält sich vor, den Mitarbeiter auch an einem anderen Ort einzusetzen.

§ 4 Vergütung

1. Der Mitarbeiter wird in Vergütungsgruppe ___ eingruppiert. Sein Festgehalt beträgt pro Monat _____ brutto und wird jeweils am Ende des Monats gezahlt. Der Mitarbeiter erklärt sich damit einverstanden, dass sein Gehalt auf ein von ihm zu benennendes Bank- oder Postbankkonto überwiesen wird.

2. Das Gehalt steigt oder fällt entsprechend den Vereinbarungen der Tarifpartner des _____.

3. Alle Sonderzahlungen wie zusätzliches Urlaubsgeld, 13. Monatseinkommen und vermögenswirksame Leistungen des Arbeitgebers erfolgen entsprechend der jeweils gültigen tariflichen Regelung.

§ 5 Tarifliche Bestimmungen

Für das Arbeitsverhältnis gelten, mit Ausnahme der in diesem Vertrag geregelten Punkte, die Regelungen des _____ in der jeweils gültigen Fassung sowie die allgemeinen gesetzlichen Bestimmungen.

Vertrags-Check Arbeitsrecht

IV. Beginn des Arbeitsverhältnisses, Unternehmen mit Tarifbindung
Angestellte, Vollzeit

14 Sofern das Unternehmen für die Konkurrenz interessante Betriebsgeheimnisse hat, von denen der Mitarbeiter Kenntnis erlangen konnte, kann es unter Umständen sinnvoll sein, eine Vertragsstrafe zu vereinbaren. Eine solche Klausel finden Sie in den Geschäftsführerverträgen.

15 Die Speicherung und Verarbeitung von personenbezogenen Daten ist in jedem Betrieb erforderlich. Spätestens bei der Lohnabrechnung (eventuell bei einem mit der Lohnabrechnung beauftragten Steuerberater) müssen Daten des Mitarbeiters in eine DV-Anlage eingegeben und verarbeitet werden.

16 Vertragsänderungen sollten zu Beweiszwecken immer schriftlich verfasst werden.

Befristeter Arbeitsvertrag nach dem Beschäftigungsförderungsgesetz

§ 6 Verschwiegenheitspflicht, Rückgabe von Unterlagen und sonstigem Firmeneigentum

14 1. Der Mitarbeiter ist verpflichtet, über alle ihm bekannten Angelegenheiten, Vorgänge, Verträge und Geschäftsbeziehungen innerhalb und außerhalb des Betriebes und auch nach seinem Ausscheiden aus dem Arbeitsverhältnis, Verschwiegenheit zu bewahren.

2. Dazu gehören neben Geschäfts- und Betriebsgeheimnissen auch persönliche Verhältnisse der Mitarbeiter und Vorgesetzten.

3. Ein Verstoß gegen die Verschwiegenheitspflicht führt zu einem Schadensersatzanspruch des Arbeitgebers; in Extremfällen kann ordentlich bzw. außerordentlich gekündigt werden.

4. Der Mitarbeiter hat jederzeit auf Verlangen des Arbeitgebers, spätestens aber unaufgefordert bei Beendigung des Arbeitsverhältnisses, alles Material, insbesondere alle Unterlagen, Kopien usw. zurückzugeben, die im Zusammenhang mit seiner Tätigkeit für den Arbeitgeber in seinen Besitz gelangt sind. Dem Mitarbeiter steht ein Zurückbehaltungsrecht insoweit nicht zu.

5. Der Mitarbeiter verpflichtet sich durch seine Unterschrift auf einem gesonderten Formblatt, das Datengeheimnis gemäß § 5 Bundesdatenschutzgesetz (BDSG) zu wahren. Die Verpflichtung auf das Datengeheimnis ist Bestandteil dieses Vertrages und zwingend als Anlage zu diesem Vertrag zu führen.

15 **§ 7 Speicherung von Daten**

Der Mitarbeiter ist im Sinne des Bundesdatenschutzgesetzes (BDSG) darüber unterrichtet worden, dass seine persönlichen Daten im Zusammenhang mit dem Arbeitsverhältnis in einer DV-Anlage gespeichert werden, und erklärt sich damit einverstanden.

§ 8 Sonstige Bestimmungen

16 1. Änderungen und Ergänzungen dieses Vertrages bedürfen der Schriftform; dies gilt auch für einen Verzicht auf das Schriftformerfordernis selbst.

2. Mündliche Nebenabreden zu diesem Vertrag bestehen nicht.

Musterstadt, 01.04.
Ort, Datum

Hartmut Toplet   Johann Kern
Unterschrift Arbeitgeber   Unterschrift Mitarbeiter

Befristeter Arbeitsvertrag

§ 6 Verschwiegenheitspflicht, Rückgabe von Unterlagen und sonstigem Firmeneigentum

1. Der Mitarbeiter ist verpflichtet, über alle ihm bekannten Angelegenheiten, Vorgänge, Verträge und Geschäftsbeziehungen innerhalb und außerhalb des Betriebes und auch nach seinem Ausscheiden aus dem Arbeitsverhältnis, Verschwiegenheit zu bewahren.

2. Dazu gehören neben Geschäfts- und Betriebsgeheimnissen auch persönliche Verhältnisse der Mitarbeiter und Vorgesetzten.

3. Ein Verstoß gegen die Verschwiegenheitspflicht führt zu einem Schadensersatzanspruch des Arbeitgebers; in Extremfällen kann ordentlich bzw. außerordentlich gekündigt werden.

4. Der Mitarbeiter hat jederzeit auf Verlangen des Arbeitgebers, spätestens aber unaufgefordert bei Beendigung des Arbeitsverhältnisses, alles Material, insbesondere alle Unterlagen, Kopien usw. zurückzugeben, die im Zusammenhang mit seiner Tätigkeit für den Arbeitgeber in seinen Besitz gelangt sind. Dem Mitarbeiter steht ein Zurückbehaltungsrecht insoweit nicht zu.

5. Der Mitarbeiter verpflichtet sich durch seine Unterschrift auf einem gesonderten Formblatt, das Datengeheimnis gemäß § 5 Bundesdatenschutzgesetz (BDSG) zu wahren. Die Verpflichtung auf das Datengeheimnis ist Bestandteil dieses Vertrages und zwingend als Anlage zu diesem Vertrag zu führen.

§ 7 Speicherung von Daten

Der Mitarbeiter ist im Sinne des Bundesdatenschutzgesetzes (BDSG) darüber unterrichtet worden, dass seine persönlichen Daten im Zusammenhang mit dem Arbeitsverhältnis in einer DV-Anlage gespeichert werden, und erklärt sich damit einverstanden.

§ 8 Sonstige Bestimmungen

1. Änderungen und Ergänzungen dieses Vertrages bedürfen der Schriftform; dies gilt auch für einen Verzicht auf das Schriftformerfordernis selbst.

2. Mündliche Nebenabreden zu diesem Vertrag bestehen nicht.

_____
Ort, Datum

_____   _____
Unterschrift Arbeitgeber   Unterschrift Mitarbeiter

Vertrags-Check Arbeitsrecht

IV. Beginn des Arbeitsverhältnisses, Unternehmen mit Tarifbindung
Angestellte, Vollzeit

1 Die Befristung eines Arbeitsverhältnisses stellt nach der gesetzlichen Grundregelung (unbefristeter Vertrag) die Ausnahme dar. Kennzeichnen Sie einen Vertrag nicht eindeutig als befristet und ist die Befristung nicht ordnungsgemäß, wird ein unbefristetes Arbeitsverhältnis mit all seinen Nachteilen für Sie als Arbeitgeber begründet. Zudem müssen Sie, wenn Sie einen befristeten Vertrag wirksam abschließen wollen, den Arbeitsvertrag schriftlich schließen.

2 Tragen Sie hier das Datum ein, an welchem das Arbeitsverhältnis beginnen soll. In der Regel wird dies der 1. Tag eines Monats sein. Soll das Arbeitsverhältnis während des laufenden Monats beginnen, so ist das Arbeitsentgelt im 1. Monat nur anteilig zu zahlen.

3 Es ist notwendig, den Mitarbeiter genau zu bezeichnen, für den die Vertretung erfolgen soll. Ausgehend davon, dass in den meisten Fällen die Mutter Erziehungsurlaub nimmt, sind die Formulierungen zur Vertretung einer Mitarbeiterin gewählt.

4 Die Dauer des befristeten Vertrages zur Vertretung eines Erziehungsurlaubers beträgt mindestens die Zeit des Erziehungsurlaubes sowie der Schutzfristen nach dem Mutterschutzgesetz zuzüglich einer angemessenen Einarbeitungszeit. Es empfiehlt sich, die voraussichtliche Dauer zu bezeichnen.

5 Bei einer kürzeren Befristungsdauer kann auch die Probezeit verkürzt werden. Sie darf jedoch maximal 6 Monate betragen.

6 Ein befristeter Arbeitsvertrag kann prinzipiell während der Befristung nicht gekündigt werden, es sei denn, dass Sie sich eine Kündigungsmöglichkeit ausdrücklich vorbehalten haben.

7 Fügen Sie hier die Funktionsbeschreibung ein, wie z. B. Verwaltungsangestellter, Finanzbuchhalter, Sachbearbeiter oder Ähnliches.

8 Es ist sinnvoll, dem Mitarbeiter einen Aufgabenbereich zuzuweisen, der seine Tätigkeit im Unternehmen beschreibt. Möglich ist aber auch die Bezeichnung der Abteilung.

9 Diese Öffnungsklausel erlaubt es Ihnen, den Tätigkeitsbereich zu verändern, ohne dass es einer Änderungskündigung bedarf.

---

1 ▶ Befristeter Arbeitsvertrag, Erziehungsurlaubsvertretung

Zwischen

Schreiber Moden GmbH & Co. KG
Wollgasse 6

12345 Musterstadt

nachfolgend „Arbeitgeber" genannt

und

Herrn/Frau
Barbara Frei
Hohenzollernstraße 5

12345 Musterstadt

nachfolgend „Mitarbeiter" genannt

§ 1 Zweckbefristung des Arbeitsverhältnisses

2 ▶ 1. Das Arbeitsverhältnis beginnt am **01.12.** . Zweck des Arbeitsverhältnisses ist die
4 ▶ Vertretung von Frau **Brunhilde Brinkmann**, die voraussichtlich mit Wirkung ab dem **13.12.** ◀ **3**
in Mutterschutz sowie anschließend in Erziehungsurlaub geht. Das Arbeitsverhältnis endet 2 Wochen nach Beendigung des Erziehungsurlaubes des vertretenen Mitarbeiters, also am **07.02.** . Die letzten 2 Wochen des Arbeitsverhältnisses dienen der Übergabe des Arbeitsplatzes an die zurückkehrende Erziehungsurlauberin.

5 ▶ 2. Die ersten **6** Monate gelten als Probezeit. Eine Kündigung des Arbeitsverhältnisses ist unter Einhaltung der im Tarifvertrag festgelegten Fristen möglich. Wird nach der Probezeit gekündigt, so gelten die besonderen Beendigungsmodalitäten gemäß § 8 dieses Vertrages. ◀ **6**

§ 2 Tätigkeitsgebiet

7 ▶ 1. Der Mitarbeiter wird als **Schneiderin** für den Aufgabenbereich **Endkontrolle** eingestellt. ◀ **8**

9 ▶ 2. Der Mitarbeiter ist verpflichtet, auch andere – seinen Fähigkeiten und seiner Aus- und Fortbildung entsprechende – zumutbare Tätigkeiten außerhalb seines Aufgabenbereiches zu verrichten.

3. Der Mitarbeiter wird seine ganze Arbeitskraft und fachlichen Kenntnisse und Erfahrungen ausschließlich dem Arbeitgeber widmen. Während der Dauer des Arbeitsverhältnisses ist jede Übernahme einer entgeltlichen oder unentgeltlichen Nebentätigkeit nur mit vorheriger Zustimmung des Arbeitgebers zulässig.

1/3

Kopiervorlage

Befristeter Arbeitsvertrag

Zwischen

_____
_____

_____

nachfolgend „Arbeitgeber" genannt

und

Herrn/Frau

_____
_____

_____

nachfolgend „Mitarbeiter" genannt

§ 1 Zweckbefristung des Arbeitsverhältnisses

1. Das Arbeitsverhältnis beginnt am _____. Zweck des Arbeitsverhältnisses ist die Vertretung von Frau _____, die voraussichtlich mit Wirkung ab dem _____ in Mutterschutz sowie anschließend in Erziehungsurlaub geht. Das Arbeitsverhältnis endet 2 Wochen nach Beendigung des Erziehungsurlaubes des vertretenen Mitarbeiters, also am _____ Die letzten 2 Wochen des Arbeitsverhältnisses dienen der Übergabe des Arbeitsplatzes an die zurückkehrende Erziehungsurlauberin.

2. Die ersten ___ Monate gelten als Probezeit. Eine Kündigung des Arbeitsverhältnisses ist unter Einhaltung der im Tarifvertrag festgelegten Fristen möglich. Wird nach der Probezeit gekündigt, so gelten die besonderen Beendigungsmodalitäten gemäß § 8 dieses Vertrages.

§ 2 Tätigkeitsgebiet

1. Der Mitarbeiter wird als _____ für den Aufgabenbereich _____ eingestellt.

2. Der Mitarbeiter ist verpflichtet, auch andere – seinen Fähigkeiten und seiner Aus- und Fortbildung entsprechende – zumutbare Tätigkeiten außerhalb seines Aufgabenbereiches zu verrichten.

3. Der Mitarbeiter wird seine ganze Arbeitskraft und fachlichen Kenntnisse und Erfahrungen ausschließlich dem Arbeitgeber widmen. Während der Dauer des Arbeitsverhältnisses ist jede Übernahme einer entgeltlichen oder unentgeltlichen Nebentätigkeit nur mit vorheriger Zustimmung des Arbeitgebers zulässig.

Vertrags-Check Arbeitsrecht

IV. Beginn des Arbeitsverhältnisses, Unternehmen mit Tarifbindung
Angestellte, Vollzeit

10 Sofern keine Arbeitszeitregelung im Betrieb vorhanden ist, kann an dieser Stelle auch Ihre betriebsübliche Arbeitszeit eingesetzt werden.

11 Auch bezüglich des Arbeitsortes sollte die Vereinbarung möglichst offen gestaltet sein, um den Mitarbeiter flexibel einsetzen zu können.

12 Üblicherweise sind in Tarifverträgen der Urlaubsanspruch des Mitarbeiters sowie Regelungen bei Arbeitsunfähigkeit und bei Kündigungen enthalten.

13 Der Tarifvertrag ist genau zu bezeichnen. Die Grundbedingungen eines Arbeitsvertrages sind in so genannten Mantel- oder Rahmentarifverträgen enthalten.

14 Sofern Ihr Unternehmen für die Konkurrenz interessante Betriebsgeheimnisse hat, von denen der Mitarbeiter Kenntnis erlangen könnte, kann es unter Umständen sinnvoll sein, eine Vertragsstrafe zu vereinbaren. Eine solche Klausel finden Sie in den Geschäftsführerverträgen.

Befristeter Arbeitsvertrag, Erziehungsurlaubsvertretung

§ 3 Arbeitszeit, Arbeitsort

1. Der Mitarbeiter stellt seine ganze Arbeitskraft dem Unternehmen zur Verfügung.

2. Die wöchentliche Arbeitszeit beträgt derzeit **37,5** Stunden.

10 3. Die Arbeitszeiteinteilung erfolgt nach der jeweils gültigen Arbeitszeitregelung, die automatisch Bestandteil dieses Vertrages wird.

4. Der Arbeitgeber weist ausdrücklich darauf hin, dass der Mitarbeiter verpflichtet ist, arbeitstäglich eine halbstündige Mittagspause einzuhalten, die in der Zeit von **12:00 Uhr bis 14:00 Uhr** zu nehmen ist.

11 5. Der Mitarbeiter übt seine Tätigkeit am Firmensitz in **Musterstadt** aus. Der Arbeitgeber behält sich vor, den Mitarbeiter auch an einem anderen Ort einzusetzen.

§ 4 Vergütung

1. Der Mitarbeiter wird in Vergütungsgruppe **3c** eingruppiert. Sein Festgehalt beträgt pro Monat

   DM 2.650,--/EUR ... brutto

   und wird jeweils am Ende des Monats gezahlt. Der Mitarbeiter erklärt sich damit einverstanden, dass sein Gehalt auf ein von ihm zu benennendes Bank- oder Postbankkonto überwiesen wird.

2. Das Gehalt steigt oder fällt entsprechend den Vereinbarungen der Tarifpartner **der Textilindustrie.**

3. Alle Sonderzahlungen, wie zusätzliches Urlaubsgeld, 13. Monatseinkommen und vermögenswirksame Leistungen des Arbeitgebers erfolgen entsprechend der jeweils gültigen tariflichen Regelung.

12 #### § 5 Tarifliche Bestimmungen

Für das Arbeitsverhältnis gelten, mit Ausnahme der in diesem Vertrag geregelten Punkte, die
13 Regelungen des **Manteltarifvertrages (Arbeiter) für die Textilindustrie** in der jeweils geltenden Fassung sowie die allgemeinen gesetzlichen Bestimmungen.

§ 6 Verschwiegenheitspflicht, Rückgabe von Unterlagen und sonstigem Firmeneigentum

14 1. Der Mitarbeiter ist verpflichtet, über alle ihm bekannten Angelegenheiten, Vorgänge, Verträge und Geschäftsbeziehungen innerhalb und außerhalb des Betriebes und auch nach seinem Ausscheiden aus dem Arbeitsverhältnis Verschwiegenheit zu bewahren.

2. Dazu gehören neben Geschäfts- und Betriebsgeheimnissen auch persönliche Verhältnisse der Mitarbeiter und Vorgesetzten.

2/3

Kopiervorlage

Befristeter Arbeitsvertrag

§ 3 Arbeitszeit, Arbeitsort

1. Der Mitarbeiter stellt seine ganze Arbeitskraft dem Unternehmen zur Verfügung.

2. Die wöchentliche Arbeitszeit beträgt derzeit _____ Stunden.

3. Die Arbeitszeiteinteilung erfolgt nach der jeweils gültigen Arbeitszeitregelung, die automatisch Bestandteil dieses Vertrages wird.

4. Der Arbeitgeber weist ausdrücklich darauf hin, dass der Mitarbeiter verpflichtet ist, arbeitstäglich eine halbstündige Mittagspause einzuhalten, die in der Zeit von _____ zu nehmen ist.

5. Der Mitarbeiter übt seine Tätigkeit am Firmensitz in _____ aus. Der Arbeitgeber behält sich vor, den Mitarbeiter auch an einem anderen Ort einzusetzen.

§ 4 Vergütung

1. Der Mitarbeiter wird in Vergütungsgruppe ___ eingruppiert. Sein Festgehalt beträgt pro Monat

   _____ brutto

   und wird jeweils am Ende des Monats gezahlt. Der Mitarbeiter erklärt sich damit einverstanden, dass sein Gehalt auf ein von ihm zu benennendes Bank- oder Postbankkonto überwiesen wird.

2. Das Gehalt steigt oder fällt entsprechend den Vereinbarungen der Tarifpartner _____ _____

3. Alle Sonderzahlungen, wie zusätzliches Urlaubsgeld, 13. Monatseinkommen und vermögenswirksame Leistungen des Arbeitgebers erfolgen entsprechend der jeweils gültigen tariflichen Regelung.

§ 5 Tarifliche Bestimmungen

Für das Arbeitsverhältnis gelten, mit Ausnahme der in diesem Vertrag geregelten Punkte, die Regelungen des _____ in der jeweils geltenden Fassung sowie die allgemeinen gesetzlichen Bestimmungen.

§ 6 Verschwiegenheitspflicht, Rückgabe von Unterlagen und sonstigem Firmeneigentum

1. Der Mitarbeiter ist verpflichtet, über alle ihm bekannten Angelegenheiten, Vorgänge, Verträge und Geschäftsbeziehungen innerhalb und außerhalb des Betriebes und auch nach seinem Ausscheiden aus dem Arbeitsverhältnis Verschwiegenheit zu bewahren.

2. Dazu gehören neben Geschäfts- und Betriebsgeheimnissen auch persönliche Verhältnisse der Mitarbeiter und Vorgesetzten.

Vertrags-Check Arbeitsrecht

IV. Beginn des Arbeitsverhältnisses, Unternehmen mit Tarifbindung
Angestellte, Vollzeit

[15] Die Speicherung und Verarbeitung von personenbezogenen Daten ist in jedem Betrieb erforderlich. Spätestens bei der Lohnabrechnung (eventuell bei einem mit der Lohnabrechnung beauftragten Steuerberater) müssen Daten des Mitarbeiters in eine DV-Anlage eingegeben und verarbeitet werden.

[16] Das Bundeserziehungsgeldgesetz gestattet ausdrücklich die verkürzte Kündigung des Arbeitsverhältnisses, sofern das Arbeitsverhältnis ohne Ihre Zustimmung vorzeitig beendet werden kann und der Erziehungsurlauber die Rückkehr angekündigt hat. Ein möglicher Grund, aus dem der Erziehungsurlaub ohne Zustimmung des Arbeitgebers beendet werden kann, ist der Tod des Kindes, für das Erziehungsurlaub gewährt wurde. Allerdings ist die Kündigung des Vertreters frühestens zu dem Zeitpunkt zulässig, zu dem der Erziehungsurlaub endet.

[17] Vertragsänderungen sollten zu Beweiszwecken immer schriftlich verfasst werden.

Befristeter Arbeitsvertrag, Erziehungsurlaubsvertretung

3. Ein Verstoß gegen die Verschwiegenheitspflicht führt zu einem Schadensersatzanspruch des Arbeitgebers; in Extremfällen kann ordentlich bzw. außerordentlich gekündigt werden.

4. Der Mitarbeiter hat jederzeit auf Verlangen des Arbeitgebers, spätestens aber unaufgefordert bei Beendigung des Arbeitsverhältnisses alles Material, insbesondere alle Unterlagen, Kopien usw. zurückzugeben, die im Zusammenhang mit seiner Tätigkeit für den Arbeitgeber in seinen Besitz gelangt sind. Dem Mitarbeiter steht ein Zurückbehaltungsrecht insoweit nicht zu.

5. Der Mitarbeiter verpflichtet sich durch seine Unterschrift auf einem gesonderten Formblatt, das Datengeheimnis gemäß § 5 Bundesdatenschutzgesetz (BDSG) zu wahren. Die Verpflichtung auf das Datengeheimnis ist Bestandteil dieses Vertrages und zwingend als Anlage zu diesem Vertrag zu führen.

[15] **§ 7 Speicherung von Daten**
Der Mitarbeiter ist im Sinne des Bundesdatenschutzgesetzes (BDSG) darüber unterrichtet worden, dass seine persönlichen Daten im Zusammenhang mit dem Arbeitsverhältnis in einer DV-Anlage gespeichert werden, und erklärt sich damit einverstanden.

§ 8 Sonstige Beendigungsmodalitäten
[16] Unabhängig von den tariflichen Kündigungsfristen kann das Arbeitsverhältnis mit einer Frist von 3 Wochen gekündigt werden, wenn der vertretene Erziehungsurlauber vorzeitig aus dem Erziehungsurlaub zurückkehrt. Die Kündigung wird jedoch erst zum Beendigungszeitpunkt des Erziehungsurlaubes wirksam.

§ 9 Sonstige Bestimmungen
[17] 1. Änderungen und Ergänzungen dieses Vertrages bedürfen der Schriftform; dies gilt auch für einen Verzicht auf das Schriftformerfordernis selbst.

2. Mündliche Nebenabreden zu diesem Vertrag bestehen nicht.

Musterstadt, 01.11.
Ort, Datum

Norbert Schreiber-Olm
Geschäftsführer
Unterschrift Arbeitgeber

Barbara Frei
Unterschrift Mitarbeiter

Kopiervorlage

Befristeter Arbeitsvertrag

3. Ein Verstoß gegen die Verschwiegenheitspflicht führt zu einem Schadensersatzanspruch des Arbeitgebers; in Extremfällen kann ordentlich bzw. außerordentlich gekündigt werden.

4. Der Mitarbeiter hat jederzeit auf Verlangen des Arbeitgebers, spätestens aber unaufgefordert bei Beendigung des Arbeitsverhältnisses alles Material, insbesondere alle Unterlagen, Kopien usw. zurückzugeben, die im Zusammenhang mit seiner Tätigkeit für den Arbeitgeber in seinen Besitz gelangt sind. Dem Mitarbeiter steht ein Zurückbehaltungsrecht insoweit nicht zu.

5. Der Mitarbeiter verpflichtet sich durch seine Unterschrift auf einem gesonderten Formblatt, das Datengeheimnis gemäß § 5 Bundesdatenschutzgesetz (BDSG) zu wahren. Die Verpflichtung auf das Datengeheimnis ist Bestandteil dieses Vertrages und zwingend als Anlage zu diesem Vertrag zu führen.

§ 7 Speicherung von Daten

Der Mitarbeiter ist im Sinne des Bundesdatenschutzgesetzes (BDSG) darüber unterrichtet worden, dass seine persönlichen Daten im Zusammenhang mit dem Arbeitsverhältnis in einer DV-Anlage gespeichert werden, und erklärt sich damit einverstanden.

§ 8 Sonstige Beendigungsmodalitäten

Unabhängig von den tariflichen Kündigungsfristen kann das Arbeitsverhältnis mit einer Frist von 3 Wochen gekündigt werden, wenn der vertretene Erziehungsurlauber vorzeitig aus dem Erziehungsurlaub zurückkehrt. Die Kündigung wird jedoch erst zum Beendigungszeitpunkt des Erziehungsurlaubes wirksam.

§ 9 Sonstige Bestimmungen

1. Änderungen und Ergänzungen dieses Vertrages bedürfen der Schriftform; dies gilt auch für einen Verzicht auf das Schriftformerfordernis selbst.

2. Mündliche Nebenabreden zu diesem Vertrag bestehen nicht.

_____
Ort, Datum

_____   _____
Unterschrift Arbeitgeber   Unterschrift Mitarbeiter

Vertrags-Check Arbeitsrecht

IV. Beginn des Arbeitsverhältnisses, Unternehmen mit Tarifbindung
Angestellte, Vollzeit

1 Die Befristung eines Arbeitsverhältnisses stellt nach der gesetzlichen Grundregelung (unbefristeter Vertrag) die Ausnahme dar. Kennzeichnen Sie einen Vertrag nicht eindeutig als befristet und ist die Befristung nicht ordnungsgemäß, wird ein unbefristetes Arbeitsverhältnis mit all seinen Nachteilen für Sie als Arbeitgeber begründet. Ein befristeter Vertrag muss schriftlich abgeschlossen werden.

2 Tragen Sie hier das Datum ein, an welchem das Arbeitsverhältnis beginnen soll. In der Regel wird dies der 1. Tag eines Monats sein. Soll das Arbeitsverhältnis während des laufenden Monats beginnen, so ist das Arbeitsentgelt im 1. Monat nur anteilig zu zahlen.

3 Bei einem befristeten Vertrag muss ein genaues Enddatum angegeben werden.

4 Die Erprobung eines Mitarbeiters ist ein anerkannter sachlicher Grund, der die Befristung eines Arbeitsverhältnisses rechtfertigt. Die Dauer der Erprobung darf 6 Monate nicht überschreiten. Nur in Einzelfällen kann eine Erprobung ausnahmsweise länger dauern, wenn dies durch die Anforderungen des Arbeitsplatzes begründet ist. Bei einer Beschäftigungsdauer von mehr als 6 Monaten erwirbt der Mitarbeiter den allgemeinen Kündigungsschutz nach dem Kündigungsschutzgesetz (KSchG) und hat Anspruch darauf, dass ihm Urlaub gewährt wird. Vorteil eines befristeten Arbeitsvertrages zur Erprobung eines Mitarbeiters ist, dass dieser im Gegensatz zu einem unbefristeten Vertrag mit vorgeschalteter Probezeit in jedem Fall durch Zeitablauf endet. Das gilt auch für den Fall, dass eine Mitarbeiterin während der Erprobung schwanger wird.

5 Ein befristeter Arbeitsvertrag kann prinzipiell während der Befristung nicht ordentlich gekündigt werden, es sei denn, dass Sie sich eine Kündigungsmöglichkeit ausdrücklich vorbehalten haben.

6 Hier ist die Funktionsbeschreibung einzufügen, wie z. B. Verwaltungsangestellter, Finanzbuchhalter, Sachbearbeiter oder Ähnliches.

7 Es ist sinnvoll, dem Mitarbeiter einen Aufgabenbereich zuzuweisen, der seine Tätigkeit im Unternehmen beschreibt. Möglich ist aber auch die Bezeichnung der Abteilung.

8 Diese Öffnungsklausel erlaubt es Ihnen, den Tätigkeitsbereich zu verändern, ohne dass es einer Änderungskündigung bedarf.

---

1 Befristeter Arbeitsvertrag zur Probe

Zwischen

Bäckerei Müßigbrot
Hefeweg 2

12345 Musterstadt

nachfolgend „Arbeitgeber" genannt

und

Herrn/Frau
Sandra Rot
Ulmengasse 8

12345 Musterstadt

nachfolgend „Mitarbeiter" genannt

§ 1 Dauer des Arbeitsverhältnisses

2 1. Das Arbeitsverhältnis beginnt am __01.05.__ und endet am __30.11.__, ohne dass es einer Kündigung bedarf. **3**

4 2. Die Befristung des Arbeitsverhältnisses erfolgt zur Erprobung des Mitarbeiters.

5 3. Das Arbeitsverhältnis kann unter Einhaltung der im Tarifvertrag festgelegten Fristen gekündigt werden.

4. Das Recht zur außerordentlichen Kündigung aus wichtigem Grund (§ 626 BGB) bleibt unberührt.

§ 2 Tätigkeitsgebiet

6 1. Der Mitarbeiter wird als __Bäckereifachverkäuferin__ für den Aufgabenbereich __Verkauf von Backwaren, Belegen und Verkaufen von Brötchen__ eingestellt. **7**

8 2. Der Mitarbeiter ist verpflichtet, auch andere – seinen Fähigkeiten und seiner Aus- und Fortbildung entsprechende – zumutbare Tätigkeiten außerhalb seines Aufgabenbereiches zu verrichten.

3. Der Mitarbeiter wird seine ganze Arbeitskraft und fachlichen Kenntnisse und Erfahrungen ausschließlich dem Arbeitgeber widmen. Während der Dauer des Arbeitsverhältnisses ist jede Übernahme einer entgeltlichen oder unentgeltlichen Nebentätigkeit nur mit vorheriger Zustimmung des Arbeitgebers zulässig.

1/3

Kopiervorlage

Befristeter Arbeitsvertrag zur Probe

Zwischen

_____

_____

_____

nachfolgend „Arbeitgeber" genannt

und

Herrn/Frau

_____

_____

_____

nachfolgend „Mitarbeiter" genannt

§ 1 Dauer des Arbeitsverhältnisses

1. Das Arbeitsverhältnis beginnt am _____ und endet am _____, ohne dass es einer Kündigung bedarf.

2. Die Befristung des Arbeitsverhältnisses erfolgt zur Erprobung des Mitarbeiters.

3. Das Arbeitsverhältnis kann unter Einhaltung der im Tarifvertrag festgelegten Fristen gekündigt werden.

4. Das Recht zur außerordentlichen Kündigung aus wichtigem Grund (§ 626 BGB) bleibt unberührt.

§ 2 Tätigkeitsgebiet

1. Der Mitarbeiter wird als _____ für den Aufgabenbereich _____ _____ eingestellt.

2. Der Mitarbeiter ist verpflichtet, auch andere – seinen Fähigkeiten und seiner Aus- und Fortbildung entsprechende – zumutbare Tätigkeiten außerhalb seines Aufgabenbereiches zu verrichten.

3. Der Mitarbeiter wird seine ganze Arbeitskraft und fachlichen Kenntnisse und Erfahrungen ausschließlich dem Arbeitgeber widmen. Während der Dauer des Arbeitsverhältnisses ist jede Übernahme einer entgeltlichen oder unentgeltlichen Nebentätigkeit nur mit vorheriger Zustimmung des Arbeitgebers zulässig.

Vertrags-Check Arbeitsrecht

IV. Beginn des Arbeitsverhältnisses, Unternehmen mit Tarifbindung
Angestellte, Vollzeit

9 Sofern keine Arbeitszeitregelung im Betrieb vorhanden ist, kann an dieser Stelle auch die betriebsübliche Arbeitszeit eingesetzt werden.

10 Auch bezüglich des Arbeitsortes sollte die Vereinbarung möglichst offen gestaltet sein, um den Mitarbeiter flexibel einsetzen zu können.

11 Üblicherweise sind in Tarifverträgen der Urlaubsanspruch des Mitarbeiters sowie Regelungen bei Arbeitsunfähigkeit und bei Kündigungen enthalten.

12 Der Tarifvertrag ist genau zu bezeichnen. Die Grundregelungen sind in sogenannten Mantel- oder Rahmentarifverträgen enthalten.

13 Sofern Ihr Unternehmen für die Konkurrenz interessante Betriebsgeheimnisse hat, von denen der Mitarbeiter Kenntnis erlangen konnte, kann es unter Umständen sinnvoll sein, eine Vertragsstrafe zu vereinbaren.

Befristeter Arbeitsvertrag zur Probe

§ 3 Arbeitszeit, Arbeitsort

Der Mitarbeiter stellt seine ganze Arbeitskraft dem Unternehmen zur Verfügung.

1. Die wöchentliche Arbeitszeit beträgt derzeit __38,5__ Stunden.

9 ▶ 2. Die Arbeitszeiteinteilung erfolgt nach der jeweils gültigen Arbeitszeitregelung, die automatisch Bestandteil dieses Vertrages wird.

3. Der Arbeitgeber weist ausdrücklich darauf hin, dass der Mitarbeiter verpflichtet ist, arbeitstäglich eine halbstündige Mittagspause einzuhalten, die in der Zeit von __12:00 Uhr bis 14:00 Uhr__ zu nehmen ist.

10 ▶ 4. Der Mitarbeiter übt seine Tätigkeit am Firmensitz in __Musterstadt__ aus. Der Arbeitgeber behält sich vor, den Mitarbeiter auch an einem anderen Ort einzusetzen.

§ 4 Vergütung

1. Der Mitarbeiter wird in Vergütungsgruppe __2d__ eingruppiert. Sein Festgehalt beträgt pro Monat

   __DM 2.600,-/EUR ...__ brutto

   und wird jeweils am Ende des Monats gezahlt. Der Mitarbeiter erklärt sich damit einverstanden, dass sein Gehalt auf ein von ihm zu benennendes Bank- oder Postbankkonto überwiesen wird.

2. Das Gehalt steigt oder fällt entsprechend den Vereinbarungen der Tarifpartner __des Bäckerhandwerks__.

3. Alle Sonderzahlungen, wie zusätzliches Urlaubsgeld, 13. Monatseinkommen und vermögenswirksame Leistungen des Arbeitgebers erfolgen entsprechend der jeweils gültigen tariflichen Regelung.

11 ▶ § 5 Tarifliche Bestimmungen

Für das Arbeitsverhältnis gelten, mit Ausnahme der in diesem Vertrag geregelten Punkte, die
12 ▶ Regelungen des __Manteltarifvertrages für das Bäckerhandwerk__ in der jeweils geltenden Fassung sowie die allgemeinen gesetzlichen Bestimmungen.

§ 6 Verschwiegenheitspflicht, Rückgabe von Unterlagen und sonstigem Firmeneigentum

13 ▶ 1. Der Mitarbeiter ist verpflichtet, über alle ihm bekannten Angelegenheiten, Vorgänge, Verträge und Geschäftsbeziehungen innerhalb und außerhalb des Betriebes und auch nach seinem Ausscheiden aus dem Arbeitsverhältnis Verschwiegenheit zu bewahren.

2. Dazu gehören neben Geschäfts- und Betriebsgeheimnissen auch persönliche Verhältnisse der Mitarbeiter und Vorgesetzten.

Kopiervorlage

Befristeter Arbeitsvertrag zur Probe

§ 3 Arbeitszeit, Arbeitsort

Der Mitarbeiter stellt seine ganze Arbeitskraft dem Unternehmen zur Verfügung.

1. Die wöchentliche Arbeitszeit beträgt derzeit _____ Stunden.

2. Die Arbeitszeiteinteilung erfolgt nach der jeweils gültigen Arbeitszeitregelung, die automatisch Bestandteil dieses Vertrages wird.

3. Der Arbeitgeber weist ausdrücklich darauf hin, dass der Mitarbeiter verpflichtet ist, arbeitstäglich eine halbstündige Mittagspause einzuhalten, die in der Zeit von _____ zu nehmen ist.

4. Der Mitarbeiter übt seine Tätigkeit am Firmensitz in _____ aus. Der Arbeitgeber behält sich vor, den Mitarbeiter auch an einem anderen Ort einzusetzen.

§ 4 Vergütung

1. Der Mitarbeiter wird in Vergütungsgruppe ___ eingruppiert. Sein Festgehalt beträgt pro Monat

   _____ brutto

   und wird jeweils am Ende des Monats gezahlt. Der Mitarbeiter erklärt sich damit einverstanden, dass sein Gehalt auf ein von ihm zu benennendes Bank- oder Postbankkonto überwiesen wird.

2. Das Gehalt steigt oder fällt entsprechend den Vereinbarungen der Tarifpartner _____ _____.

3. Alle Sonderzahlungen, wie zusätzliches Urlaubsgeld, 13. Monatseinkommen und vermögenswirksame Leistungen des Arbeitgebers erfolgen entsprechend der jeweils gültigen tariflichen Regelung.

§ 5 Tarifliche Bestimmungen

Für das Arbeitsverhältnis gelten, mit Ausnahme der in diesem Vertrag geregelten Punkte, die Regelungen des _____ in der jeweils geltenden Fassung sowie die allgemeinen gesetzlichen Bestimmungen.

§ 6 Verschwiegenheitspflicht, Rückgabe von Unterlagen und sonstigem Firmeneigentum

1. Der Mitarbeiter ist verpflichtet, über alle ihm bekannten Angelegenheiten, Vorgänge, Verträge und Geschäftsbeziehungen innerhalb und außerhalb des Betriebes und auch nach seinem Ausscheiden aus dem Arbeitsverhältnis Verschwiegenheit zu bewahren.

2. Dazu gehören neben Geschäfts- und Betriebsgeheimnissen auch persönliche Verhältnisse der Mitarbeiter und Vorgesetzten.

Vertrags-Check Arbeitsrecht

IV. Beginn des Arbeitsverhältnisses, Unternehmen mit Tarifbindung
Angestellte, Vollzeit

14 Die Speicherung und Verarbeitung von personenbezogenen Daten ist in jedem Betrieb erforderlich. Spätestens bei der Lohnabrechnung (eventuell bei einem mit der Lohnabrechnung beauftragten Steuerberater) müssen Daten des Mitarbeiters in eine DV-Anlage eingegeben und verarbeitet werden.

15 Vertragsänderungen sollten zu Beweiszwecken immer schriftlich verfasst werden.

Befristeter Arbeitsvertrag zur Probe

3. Ein Verstoß gegen die Verschwiegenheitspflicht führt zu einem Schadensersatzanspruch des Arbeitgebers; in Extremfällen kann ordentlich bzw. außerordentlich gekündigt werden.

4. Der Mitarbeiter hat jederzeit auf Verlangen des Arbeitgebers, spätestens aber unaufgefordert bei Beendigung des Arbeitsverhältnisses, alles Material, insbesondere alle Unterlagen, Kopien usw. zurückzugeben, die im Zusammenhang mit seiner Tätigkeit für den Arbeitgeber in seinen Besitz gelangt sind. Dem Mitarbeiter steht ein Zurückbehaltungsrecht insoweit nicht zu.

5. Der Mitarbeiter verpflichtet sich durch seine Unterschrift auf einem gesonderten Formblatt, das Datengeheimnis gemäß § 5 Bundesdatenschutzgesetz (BDSG) zu wahren. Die Verpflichtung auf das Datengeheimnis ist Bestandteil dieses Vertrages und zwingend als Anlage zu führen.

§ 7 Speicherung von Daten

14 Der Mitarbeiter ist im Sinne des Bundesdatenschutzgesetzes (BDSG) darüber unterrichtet worden, dass seine persönlichen Daten im Zusammenhang mit dem Arbeitsverhältnis in einer DV-Anlage gespeichert werden, und erklärt sich damit einverstanden.

§ 8 Sonstige Bestimmungen

15 1. Änderungen und Ergänzungen dieses Vertrages bedürfen der Schriftform; dies gilt auch für einen Verzicht auf das Schriftformerfordernis selbst.

2. Mündliche Nebenabreden zu diesem Vertrag bestehen nicht.

Musterstadt, 01.04.
Ort, Datum

Bruno Müßigbrot   Sandra Rot
Unterschrift Arbeitgeber   Unterschrift Mitarbeiter

Kopiervorlage

3/3

Befristeter Arbeitsvertrag zur Probe

3. Ein Verstoß gegen die Verschwiegenheitspflicht führt zu einem Schadensersatzanspruch des Arbeitgebers; in Extremfällen kann ordentlich bzw. außerordentlich gekündigt werden.

4. Der Mitarbeiter hat jederzeit auf Verlangen des Arbeitgebers, spätestens aber unaufgefordert bei Beendigung des Arbeitsverhältnisses, alles Material, insbesondere alle Unterlagen, Kopien usw. zurückzugeben, die im Zusammenhang mit seiner Tätigkeit für den Arbeitgeber in seinen Besitz gelangt sind. Dem Mitarbeiter steht ein Zurückbehaltungsrecht insoweit nicht zu.

5. Der Mitarbeiter verpflichtet sich durch seine Unterschrift auf einem gesonderten Formblatt, das Datengeheimnis gemäß § 5 Bundesdatenschutzgesetz (BDSG) zu wahren. Die Verpflichtung auf das Datengeheimnis ist Bestandteil dieses Vertrages und zwingend als Anlage zu führen.

§ 7 Speicherung von Daten

Der Mitarbeiter ist im Sinne des Bundesdatenschutzgesetzes (BDSG) darüber unterrichtet worden, dass seine persönlichen Daten im Zusammenhang mit dem Arbeitsverhältnis in einer DV-Anlage gespeichert werden, und erklärt sich damit einverstanden.

§ 8 Sonstige Bestimmungen

1. Änderungen und Ergänzungen dieses Vertrages bedürfen der Schriftform; dies gilt auch für einen Verzicht auf das Schriftformerfordernis selbst.

2. Mündliche Nebenabreden zu diesem Vertrag bestehen nicht.

_____
Ort, Datum

_____   _____
Unterschrift Arbeitgeber   Unterschrift Mitarbeiter

Vertrags-Check Arbeitsrecht

IV. Beginn des Arbeitsverhältnisses, Unternehmen mit Tarifbindung Angestellte, Teilzeit

1 Tragen Sie hier das Datum ein, an welchem das Arbeitsverhältnis beginnen soll. In der Regel wird dies der 1. Tag eines Monats sein. Soll das Arbeitsverhältnis während des laufenden Monats beginnen, so ist das Arbeitsentgelt im 1. Monat nur anteilig zu zahlen.

2 Sie müssen den Tarifvertrag genau bezeichnen. Die Grundregeln des Vertrages sind in sogenannten Mantel- oder Rahmentarifverträgen enthalten.

3 Hier ist die Funktionsbeschreibung einzufügen, wie z. B. Verwaltungsangestellter, Finanzbuchhalter, Sachbearbeiter oder Ähnliches.

4 Es ist sinnvoll, dem Mitarbeiter einen Aufgabenbereich zuzuweisen, der seine Tätigkeit im Unternehmen beschreibt. Möglich ist aber auch die Bezeichnung der Abteilung.

5 Diese Öffnungsklausel erlaubt es dem Arbeitgeber, den Tätigkeitsbereich zu verändern, ohne dass es einer Änderungskündigung bedarf.

6 Auch bezüglich des Arbeitsortes sollte die Vereinbarung möglichst offen gestaltet sein, um den Mitarbeiter flexibel einsetzen zu können.

Teilzeitarbeitsvertrag, unbefristet

Zwischen

<u>Hubert Holm Textilfabrik</u>
<u>Wollweberweg 8-12</u>

<u>12345 Musterstadt</u>

nachfolgend „Arbeitgeber" genannt

und

Herrn/Frau
<u>Kunigunde Meier</u>
<u>Buchstraße 7</u>

<u>12345 Musterstadt</u>

nachfolgend „Mitarbeiter" genannt

1 ▶ § 1 Beginn des Arbeitsverhältnisses

1. Das Arbeitsverhältnis beginnt am <u>01.11.</u>

2 ▶ 2. Die ersten 6 Monate gelten als Probezeit. Eine Kündigung des Arbeitsverhältnisses ist unter Einhaltung der im <u>Manteltarifvertrag für Angestellte der Bekleidungsindustrie</u> festgelegten Fristen möglich.

§ 2 Tätigkeitsgebiet, Ort der Tätigkeit

3 ▶ 1. Der Mitarbeiter wird als <u>Sachbearbeiterin</u> für den Aufgabenbereich <u>Auftragsannahme</u> ◀ **4** eingestellt.

5 ▶ 2. Der Mitarbeiter ist verpflichtet, auf besondere Anordnung auch andere – seinen Fähigkeiten und seiner Aus- und Fortbildung entsprechende – zumutbare Tätigkeiten außerhalb seines Aufgabenbereiches zu verrichten.

3. Während der Dauer des Arbeitsverhältnisses ist jede Übernahme einer entgeltlichen oder unentgeltlichen Nebentätigkeit nur mit vorheriger Zustimmung des Arbeitgebers zulässig.

6 ▶ 4. Der Mitarbeiter übt seine Tätigkeit am Firmensitz <u>Musterstadt</u> aus. Der Arbeitgeber behält sich vor, den Mitarbeiter auch an einem anderen Ort einzusetzen.

Kopiervorlage

Teilzeitarbeitsvertrag

Zwischen

_____

_____

_____

nachfolgend „Arbeitgeber" genannt

und

Herrn/Frau

_____

_____

_____

nachfolgend „Mitarbeiter" genannt

§ 1 Beginn des Arbeitsverhältnisses

1. Das Arbeitsverhältnis beginnt am _____

2. Die ersten 6 Monate gelten als Probezeit. Eine Kündigung des Arbeitsverhältnisses ist unter Einhaltung der im _____ festgelegten Fristen möglich.

§ 2 Tätigkeitsgebiet, Ort der Tätigkeit

1. Der Mitarbeiter wird als _____ für den Aufgabenbereich _____ eingestellt.

2. Der Mitarbeiter ist verpflichtet, auf besondere Anordnung auch andere – seinen Fähigkeiten und seiner Aus- und Fortbildung entsprechende – zumutbare Tätigkeiten außerhalb seines Aufgabenbereiches zu verrichten.

3. Während der Dauer des Arbeitsverhältnisses ist jede Übernahme einer entgeltlichen oder unentgeltlichen Nebentätigkeit nur mit vorheriger Zustimmung des Arbeitgebers zulässig.

4. Der Mitarbeiter übt seine Tätigkeit am Firmensitz in _____ aus. Der Arbeitgeber behält sich vor, den Mitarbeiter auch an einem anderen Ort einzusetzen.

Vertrags-Check Arbeitsrecht

IV. Beginn des Arbeitsverhältnisses, Unternehmen mit Tarifbindung
Angestellte, Teilzeit

[7] Die Festlegung der Arbeitszeit folgt in der Regel den Interessen des Mitarbeiters. Anders als bei einem Abrufarbeitsvertrag soll für den Mitarbeiter die Arbeitszeit planbar sein. Durch die folgende Öffnungsklausel werden aber die Interessen des Arbeitgebers hinreichend berücksichtigt.

[8] Üblicherweise sind in Tarifverträgen der Urlaubsanspruch des Mitarbeiters sowie Regelungen bei Arbeitsunfähigkeit und bei Kündigungen enthalten.

[9] Sofern das Unternehmen für die Konkurrenz interessante Betriebsgeheimnisse hat, von denen der Mitarbeiter Kenntnis erlangt konnte, kann es unter Umständen sinnvoll sein, eine Vertragsstrafe zu vereinbaren.

Teilzeitarbeitsvertrag, unbefristet

§ 3 Arbeitszeit

1. Die wöchentliche Arbeitszeit beträgt **20** Stunden.

2. In der Regel ist der Mitarbeiter an folgenden Wochentagen **montags bis freitags** jeweils in der Zeit von **07:00 Uhr bis 12:00 Uhr** tätig.
Abweichungen von dieser vereinbarten Arbeitszeit sind in dringenden betrieblichen Fällen möglich. Der Arbeitgeber wird die Abweichung frühestmöglich bekannt geben.
Der Arbeitgeber weist ausdrücklich darauf hin, dass Pausen nach Maßgabe des Arbeitszeitgesetzes zu nehmen sind.

§ 4 Vergütung

1. Der Mitarbeiter wird in Vergütungsgruppe **2b** eingruppiert. Sein Festgehalt beträgt pro Monat

    DM 1.300.-/EUR ... brutto

    und wird jeweils am Ende des Monats gezahlt. Der Mitarbeiter erklärt sich damit einverstanden, dass sein Gehalt auf ein von ihm zu benennendes Bank- oder Postbankkonto überwiesen wird.

2. Das Gehalt steigt oder fällt entsprechend den Vereinbarungen der Tarifpartner für **die Bekleidungsindustrie.**

3. Alle Sonderzahlungen wie zusätzliches Urlaubsgeld, 13. Monatseinkommen und vermögenswirksame Leistungen des Arbeitgebers erfolgen entsprechend der jeweils gültigen tariflichen Regelung.

§ 5 Tarifliche Bestimmungen

Für das Arbeitsverhältnis gelten, mit Ausnahme der in diesem Vertrag geregelten Punkte, die Regelungen des **Manteltarifvertrages für Angestellte in der Bekleidungsindustrie** in der jeweils geltenden Fassung sowie die allgemeinen gesetzlichen Bestimmungen.

§ 6 Verschwiegenheitspflicht, Rückgabe von Unterlagen und sonstigem Firmeneigentum

1. Der Mitarbeiter ist verpflichtet, über alle ihm bekannten Angelegenheiten, Vorgänge, Verträge und Geschäftsbeziehungen innerhalb und außerhalb des Betriebes und auch nach seinem Ausscheiden aus dem Arbeitsverhältnis Verschwiegenheit zu bewahren.

2. Dazu gehören neben Geschäfts- und Betriebsgeheimnissen auch persönliche Verhältnisse der Mitarbeiter und Vorgesetzten.

3. Ein Verstoß gegen die Verschwiegenheitspflicht führt zu einem Schadensersatzanspruch des Arbeitgebers; in Extremfällen kann ordentlich bzw. außerordentlich gekündigt werden.

4. Der Mitarbeiter hat jederzeit auf Verlangen des Arbeitgebers, spätestens aber unaufgefordert bei Beendigung des Arbeitsverhältnisses, alles Material, insbesondere alle Unterlagen, Kopien usw. zurückzugeben, die im Zusammenhang mit seiner Tätigkeit für den Arbeitgeber in seinen Besitz gelangt sind. Dem Mitarbeiter steht ein Zurückbehaltungsrecht insoweit nicht zu.

2/3

Kopiervorlage

Teilzeitarbeitsvertrag

§ 3 Arbeitszeit

1. Die wöchentliche Arbeitszeit beträgt ___ Stunden.

2. In der Regel ist der Mitarbeiter an folgenden Wochentagen _____ jeweils in der Zeit von _____ tätig.
   Abweichungen von dieser vereinbarten Arbeitszeit sind in dringenden betrieblichen Fällen möglich. Der Arbeitgeber wird die Abweichung frühestmöglich bekannt geben.
   Der Arbeitgeber weist ausdrücklich darauf hin, dass Pausen nach Maßgabe des Arbeitszeitgesetzes zu nehmen sind.

§ 4 Vergütung

1. Der Mitarbeiter wird in Vergütungsgruppe ___ eingruppiert. Sein Festgehalt beträgt pro Monat

   _____ brutto

   und wird jeweils am Ende des Monats gezahlt. Der Mitarbeiter erklärt sich damit einverstanden, dass sein Gehalt auf ein von ihm zu benennendes Bank- oder Postbankkonto überwiesen wird.

2. Das Gehalt steigt oder fällt entsprechend den Vereinbarungen der Tarifpartner für _____ _____

3. Alle Sonderzahlungen wie zusätzliches Urlaubsgeld, 13. Monatseinkommen und vermögenswirksame Leistungen des Arbeitgebers erfolgen entsprechend der jeweils gültigen tariflichen Regelung.

§ 5 Tarifliche Bestimmungen

Für das Arbeitsverhältnis gelten, mit Ausnahme der in diesem Vertrag geregelten Punkte, die Regelungen des _____ in der jeweils geltenden Fassung sowie die allgemeinen gesetzlichen Bestimmungen.

§ 6 Verschwiegenheitspflicht, Rückgabe von Unterlagen und sonstigem Firmeneigentum

1. Der Mitarbeiter ist verpflichtet, über alle ihm bekannten Angelegenheiten, Vorgänge, Verträge und Geschäftsbeziehungen innerhalb und außerhalb des Betriebes und auch nach seinem Ausscheiden aus dem Arbeitsverhältnis Verschwiegenheit zu bewahren.

2. Dazu gehören neben Geschäfts- und Betriebsgeheimnissen auch persönliche Verhältnisse der Mitarbeiter und Vorgesetzten.

3. Ein Verstoß gegen die Verschwiegenheitspflicht führt zu einem Schadensersatzanspruch des Arbeitgebers; in Extremfällen kann ordentlich bzw. außerordentlich gekündigt werden.

4. Der Mitarbeiter hat jederzeit auf Verlangen des Arbeitgebers, spätestens aber unaufgefordert bei Beendigung des Arbeitsverhältnisses, alles Material, insbesondere alle Unterlagen, Kopien usw. zurückzugeben, die im Zusammenhang mit seiner Tätigkeit für den Arbeitgeber in seinen Besitz gelangt sind. Dem Mitarbeiter steht ein Zurückbehaltungsrecht insoweit nicht zu.

Vertrags-Check Arbeitsrecht

IV. Beginn des Arbeitsverhältnisses, Unternehmen mit Tarifbindung
Angestellte, Teilzeit

10 Die Speicherung und Verarbeitung von personenbezogenen Daten ist in jedem Betrieb erforderlich. Spätestens bei der Lohnabrechnung (eventuell bei einem mit der Lohnabrechnung beauftragten Steuerberater) müssen Daten des Mitarbeiters in eine DV-Anlage eingegeben und verarbeitet werden.

11 Vertragsänderungen sollten zu Beweiszwecken immer schriftlich verfasst werden.

12 Diese Regelung wird als Teilunwirksamkeitsklausel oder auch salvatorische Klausel bezeichnet. Sie soll verhindern, dass bei einem unwirksamen Teil des Vertrages gleich das gesamte Vertragswerk entfällt. Sie finden diese oder ähnliche Klauseln auch in einer Vielzahl von anderen Verträgen.

Teilzeitarbeitsvertrag, unbefristet

5. Der Mitarbeiter verpflichtet sich durch seine Unterschrift auf einem gesonderten Formblatt, das Datengeheimnis gemäß § 5 Bundesdatenschutzgesetz (BDSG) zu wahren. Die Verpflichtung auf das Datengeheimnis ist Bestandteil dieses Vertrages und zwingend als Anlage zu diesem Vertrag zu führen.

10 § 7 Speicherung von Daten

Der Mitarbeiter ist im Sinne des Bundesdatenschutzgesetzes (BDSG) darüber unterrichtet worden, dass seine persönlichen Daten im Zusammenhang mit dem Arbeitsverhältnis in einer DV-Anlage gespeichert werden, und erklärt sich damit einverstanden.

§ 8 Sonstige Bestimmungen

11 1. Änderungen und Ergänzungen dieses Vertrages bedürfen der Schriftform; dies gilt auch für einen Verzicht auf das Schriftformerfordernis selbst.

2. Mündliche Nebenabreden zu diesem Vertrag bestehen nicht.

12 3. Sollten sich einzelne Bestimmungen dieses Vertrages als unwirksam erweisen, so wird dadurch die Wirksamkeit der übrigen Bestimmungen nicht berührt. Eine ungültige oder unklare Bestimmung ist so zu ersetzen bzw. zu deuten, dass der mit ihr beabsichtigte wirtschaftliche Zweck erreicht wird. Lücken sind dem beabsichtigten wirtschaftlichen Zweck entsprechend zu füllen.

Musterstadt, 12.10.
Ort, Datum

Hubert Holm   Kunigunde Meier
Inhaber
Unterschrift Arbeitgeber   Unterschrift Mitarbeiter

Kopiervorlage

3/3

Teilzeitarbeitsvertrag

5. Der Mitarbeiter verpflichtet sich durch seine Unterschrift auf einem gesonderten Formblatt, das Datengeheimnis gemäß § 5 Bundesdatenschutzgesetz (BDSG) zu wahren. Die Verpflichtung auf das Datengeheimnis ist Bestandteil dieses Vertrages und zwingend als Anlage zu diesem Vertrag zu führen.

§ 7 Speicherung von Daten

Der Mitarbeiter ist im Sinne des Bundesdatenschutzgesetzes (BDSG) darüber unterrichtet worden, dass seine persönlichen Daten im Zusammenhang mit dem Arbeitsverhältnis in einer DV-Anlage gespeichert werden, und erklärt sich damit einverstanden.

§ 8 Sonstige Bestimmungen

1. Änderungen und Ergänzungen dieses Vertrages bedürfen der Schriftform; dies gilt auch für einen Verzicht auf das Schriftformerfordernis selbst.

2. Mündliche Nebenabreden zu diesem Vertrag bestehen nicht.

3. Sollten sich einzelne Bestimmungen dieses Vertrages als unwirksam erweisen, so wird dadurch die Wirksamkeit der übrigen Bestimmungen nicht berührt. Eine ungültige oder unklare Bestimmung ist so zu ersetzen bzw. zu deuten, dass der mit ihr beabsichtigte wirtschaftliche Zweck erreicht wird. Lücken sind dem beabsichtigten wirtschaftlichen Zweck entsprechend zu füllen.

_____
Ort, Datum

_____   _____
Unterschrift Arbeitgeber   Unterschrift Mitarbeiter

Vertrags-Check Arbeitsrecht

IV. Beginn des Arbeitsverhältnisses, Unternehmen mit Tarifbindung
Angestellte, Teilzeit

[1] Unter Jobsharing versteht man die gleichzeitige Besetzung eines Arbeitsplatzes mit mindestens zwei Mitarbeitern. Es handelt sich hierbei jeweils um Teilzeitkräfte, die gemeinsam die Arbeit einer Vollzeitkraft erledigen.

[2] Tragen Sie hier das Datum ein, an welchem das Arbeitsverhältnis beginnen soll. In der Regel wird dies der 1. Tag eines Monats sein. Soll das Arbeitsverhältnis während des laufenden Monats beginnen, so ist das Arbeitsentgelt im 1. Monat nur anteilig zu zahlen.

[3] Ein Mitarbeiter kann – sofern er durch eine Kündigung demotiviert ist – einem Betrieb erheblichen Schaden zufügen. Die Freistellungsmöglichkeit soll Sie als Arbeitgeber schützen. Allerdings müssen Sie, sofern Sie sich für die Freistellung entscheiden, während der Dauer der Freistellung bis zum Ende des Anstellungsverhältnisses das Gehalt fortzahlen.

---

[1] ▶ Jobsharing-Vertrag

Zwischen

Handelskontor Übersee GmbH
Börsenweg 8

12345 Musterstadt

nachfolgend „Arbeitgeber" genannt

und

Herrn/Frau
Liesel Vogelsang
Inselallee 5

12345 Musterstadt

nachfolgend „Mitarbeiter" genannt

wird folgender Arbeitsvertrag nach den Regeln des Jobsharing-Systems geschlossen:

Die vertragschließenden Parteien haben vereinbart, dass der Arbeitsplatz als <u>Sachbearbeiterin</u> in <u>der Abteilung Export</u> im Jobsharing besetzt werden soll. Der Arbeitnehmer ist über die Voraussetzungen des Jobsharings informiert worden, er erklärt sich hiermit ausdrücklich einverstanden.

§ 1 Beginn des Arbeitsverhältnisses

[2] ▶ 1. Das Arbeitsverhältnis beginnt am <u>01.04.</u>

2. Die ersten 6 Monate gelten als Probezeit. Eine Kündigung des Arbeitsverhältnisses ist unter Einhaltung der im Tarifvertrag festgelegten Fristen möglich.

3. Das Recht zur fristlosen Kündigung nach § 626 BGB bleibt hiervon unberührt.

[3] ▶ 4. Nach einer Kündigung des Anstellungsvertrages, gleich durch welche Partei, ist der Arbeitgeber jederzeit befugt, den Mitarbeiter von seiner Verpflichtung zur Arbeitsleistung für den Arbeitgeber unter Fortzahlung der Vergütung sofort freizustellen.

1/4

Jobsharing-Vertrag

Zwischen

_____
_____

_____

nachfolgend „Arbeitgeber" genannt

und

Herrn/Frau

_____
_____

_____

nachfolgend „Mitarbeiter" genannt

wird folgender Arbeitsvertrag nach den Regeln des Jobsharing-Systems geschlossen:

Die vertragschließenden Parteien haben vereinbart, dass der Arbeitsplatz als _____ in _____ im Jobsharing besetzt werden soll. Der Arbeitnehmer ist über die Voraussetzungen des Jobsharings informiert worden, er erklärt sich hiermit ausdrücklich einverstanden.

§ 1 Beginn des Arbeitsverhältnisses

1. Das Arbeitsverhältnis beginnt am _____

2. Die ersten 6 Monate gelten als Probezeit. Eine Kündigung des Arbeitsverhältnisses ist unter Einhaltung der im Tarifvertrag festgelegten Fristen möglich.

3. Das Recht zur fristlosen Kündigung nach § 626 BGB bleibt hiervon unberührt.

4. Nach einer Kündigung des Anstellungsvertrages, gleich durch welche Partei, ist der Arbeitgeber jederzeit befugt, den Mitarbeiter von seiner Verpflichtung zur Arbeitsleistung für den Arbeitgeber unter Fortzahlung der Vergütung sofort freizustellen.

Vertrags-Check Arbeitsrecht

IV. Beginn des Arbeitsverhältnisses, Unternehmen mit Tarifbindung
Angestellte, Teilzeit

4 Hier ist die Funktionsbeschreibung einzufügen, wie z. B. Verwaltungsangestellter, Finanzbuchhalter, Sachbearbeiter oder Ähnliches.

5 Es ist sinnvoll, dem Mitarbeiter einen Aufgabenbereich zuzuweisen, der seine Tätigkeit im Unternehmen beschreibt. Möglich ist aber auch die Bezeichnung der Abteilung.

6 Diese Öffnungsklausel erlaubt es Ihnen, den Tätigkeitsbereich zu verändern, ohne dass es einer Änderungskündigung bedarf.

7 Auch bezüglich des Arbeitsortes sollte die Vereinbarung möglichst offen gestaltet sein, um den Mitarbeiter flexibel einsetzen zu können.

8 Die Erstellung eines Arbeitsplanes ist sinnvoll, um zu verhindern, dass die Jobpartner gleichzeitig an ihrem Arbeitsplatz tätig werden wollen. Es bedarf einer genauen Planung und Disziplin, um Jobsharing erfolgreich durchzuführen. Die Vorausplanung sollte mindestens einen, längstens 3 Monate umfassen.

9 Die Festlegung der Stundenanzahl erfolgt, um die Vergütung zu rechtfertigen.

10 Die Festlegung der Arbeitszeit folgt in der Regel den Interessen Ihres Mitarbeiters. Anders als bei einem Abrufarbeitsvertrag soll hier für den Mitarbeiter die Arbeitszeit planbar sein. Durch die folgende Öffnungsklausel werden aber Ihre Interessen hinreichend berücksichtigt.

Jobsharing-Vertrag

§ 2 Tätigkeitsgebiet

4 1. Der Mitarbeiter wird als <u>Sachbearbeiterin</u> für den Aufgabenbereich <u>Export</u> eingestellt. Der Mitarbeiter ist einverstanden, dass sein Teilarbeitsplatz mit dem Teilarbeitsplatz des Arbeitnehmers <u>Frau Lotte Freiberg</u> (Jobpartner) organisatorisch verbunden ist. **5**

2. Der Mitarbeiter verpflichtet sich, während der betriebsüblichen Arbeitszeit den zugewiesenen Arbeitsplatz in Abstimmung mit seinem Jobpartner wechselseitig zu besetzen. Eine zeitgleiche Beschäftigung beider Jobpartner an demselben Arbeitsplatz ist ausgeschlossen.

3. Ist einer der Jobpartner an der Arbeitsleistung verhindert, z. B. wegen Urlaub oder Krankheit, so wird eine Vertretung durch den Arbeitgeber gestellt, soweit die Jobpartner die Vertretung im Einzelfall nicht untereinander regeln können.

6 4. Der Mitarbeiter ist verpflichtet, auch andere – seinen Fähigkeiten und seiner Aus- und Fortbildung entsprechende – zumutbare Tätigkeiten außerhalb seines Aufgabenbereiches zu verrichten.

5. Während der Dauer des Arbeitsverhältnisses ist jede Übernahme einer entgeltlichen oder unentgeltlichen Nebentätigkeit nur mit vorheriger Zustimmung des Arbeitgebers zulässig.

7 6. Der Mitarbeiter übt seine Tätigkeit am Firmensitz in <u>Musterstadt</u> aus. Der Arbeitgeber behält sich vor, den Mitarbeiter auch an einem anderen Ort einzusetzen.

§ 3 Abstimmung mit dem Jobpartner

1. Die Jobpartner haben sich über die Aufteilung ihrer Arbeitszeiten im Rahmen der betriebsüblichen Arbeitszeit untereinander abzustimmen. Sie haben dem Arbeitgeber für einen Zeitraum von jeweils **2** Monaten im Voraus einen Arbeitsplan nach Maßgabe des § 2 dieses Vertrages vorzulegen. **8**

9 2. Die Abstimmung hat so zu erfolgen, dass der Mitarbeiter im Laufe eines Zeitraums von **3** Monaten eine Arbeitszeit von insgesamt **260** Stunden erbringt. Können sich die Jobpartner über die Aufteilung der Arbeitszeit nicht einigen, kann der Arbeitgeber die Aufteilung verbindlich regeln.

§ 4 Arbeitszeit

10 1. Die wöchentliche Arbeitszeit beträgt **20** Stunden.

2. Abweichungen von dieser vereinbarten Arbeitszeit sind in dringenden betrieblichen Fällen möglich. Der Arbeitgeber wird die Abweichung frühestmöglich bekannt geben.

3. Der Arbeitgeber weist ausdrücklich darauf hin, dass Pausen nach Maßgabe des Arbeitszeitgesetzes zu nehmen sind.

Kopiervorlage

Jobsharing-Vertrag

§ 2 Tätigkeitsgebiet

1. Der Mitarbeiter wird als _____ für den Aufgabenbereich _____ eingestellt. Der Mitarbeiter ist einverstanden, dass sein Teilarbeitsplatz mit dem Teilarbeitsplatz des Arbeitnehmers _____ (Jobpartner) organisatorisch verbunden ist.

2. Der Mitarbeiter verpflichtet sich, während der betriebsüblichen Arbeitszeit den zugewiesenen Arbeitsplatz in Abstimmung mit seinem Jobpartner wechselseitig zu besetzen. Eine zeitgleiche Beschäftigung beider Jobpartner an demselben Arbeitsplatz ist ausgeschlossen.

3. Ist einer der Jobpartner an der Arbeitsleistung verhindert, z. B. wegen Urlaub oder Krankheit, so wird eine Vertretung durch den Arbeitgeber gestellt, soweit die Jobpartner die Vertretung im Einzelfall nicht untereinander regeln können.

4. Der Mitarbeiter ist verpflichtet, auch andere – seinen Fähigkeiten und seiner Aus- und Fortbildung entsprechende – zumutbare Tätigkeiten außerhalb seines Aufgabenbereiches zu verrichten.

5. Während der Dauer des Arbeitsverhältnisses ist jede Übernahme einer entgeltlichen oder unentgeltlichen Nebentätigkeit nur mit vorheriger Zustimmung des Arbeitgebers zulässig.

6. Der Mitarbeiter übt seine Tätigkeit am Firmensitz in _____ aus. Der Arbeitgeber behält sich vor, den Mitarbeiter auch an einem anderen Ort einzusetzen.

§ 3 Abstimmung mit dem Jobpartner

1. Die Jobpartner haben sich über die Aufteilung ihrer Arbeitszeiten im Rahmen der betriebsüblichen Arbeitszeit untereinander abzustimmen. Sie haben dem Arbeitgeber für einen Zeitraum von jeweils ___ Monaten im Voraus einen Arbeitsplan nach Maßgabe des § 2 dieses Vertrages vorzulegen.

2. Die Abstimmung hat so zu erfolgen, dass der Mitarbeiter im Laufe eines Zeitraums von ___ Monaten eine Arbeitszeit von insgesamt ____ Stunden erbringt. Können sich die Jobpartner über die Aufteilung der Arbeitszeit nicht einigen, kann der Arbeitgeber die Aufteilung verbindlich regeln.

§ 4 Arbeitszeit

1. Die wöchentliche Arbeitszeit beträgt ___ Stunden.

2. Abweichungen von dieser vereinbarten Arbeitszeit sind in dringenden betrieblichen Fällen möglich. Der Arbeitgeber wird die Abweichung frühestmöglich bekannt geben.

3. Der Arbeitgeber weist ausdrücklich darauf hin, dass Pausen nach Maßgabe des Arbeitszeitgesetzes zu nehmen sind.

Vertrags-Check Arbeitsrecht

IV. Beginn des Arbeitsverhältnisses, Unternehmen mit Tarifbindung
Angestellte, Teilzeit

11 Nach dem Tarifvertragsgesetz (TVG) ist es möglich, übertarifliche Zulagen anzurechnen. Dabei wird lediglich die Zusammensetzung des Gehaltes (Anteil tarifliche Zahlung/Anteil übertarifliche Zahlung) verändert, die Auszahlungshöhe bleibt gleich. Sofern eine Anrechnung erfolgen soll, müssen Sie dies gegenüber dem Mitarbeiter ausdrücklich mitteilen.

12 Üblicherweise sind in Tarifverträgen der Urlaubsanspruch des Mitarbeiters sowie Regelungen bei Arbeitsunfähigkeit und bei Kündigungen enthalten.

13 Sofern Ihr Unternehmen für die Konkurrenz interessante Betriebsgeheimnisse hat, von denen der Mitarbeiter Kenntnis erlangen konnte, kann es unter Umständen sinnvoll sein, eine Vertragsstrafe zu vereinbaren.

Jobsharing-Vertrag

§ 5 Vergütung

1. Der Mitarbeiter wird in die Vergütungsgruppe des jeweils geltenden Tarifvertrages eingruppiert. Zudem erhält er eine übertarifliche Zulage in Höhe von DM 349,--/EUR... Dieser übertarifliche Entgeltbestandteil wird freiwillig gewährt und steht unter dem Vorbehalt des jederzeitigen freien Widerrufs. Die übertarifliche Zulage kann im Fall von Tariferhöhungen nach Maßgabe des Tarifvertrages angerechnet werden.

2. Das Gehalt des Mitarbeiters beträgt daher pro Monat

   DM 2.651,--/EUR... brutto
   DM   349,--/EUR... brutto (übertarifliche Zulage)
   DM 3.000,--/EUR... brutto

   und wird jeweils am Ende des Monats gezahlt. Der Mitarbeiter erklärt sich damit einverstanden, dass sein Gehalt auf ein von ihm zu benennendes Bank- oder Postbankkonto überwiesen wird.

3. Alle Sonderzahlungen, wie z. B. zusätzliches Urlaubsgeld, 13. Monatseinkommen und vermögenswirksame Leistungen des Arbeitgebers, erfolgen entsprechend der jeweils gültigen tariflichen Regelung.

§ 6 Tarifliche Bestimmungen

Für das Arbeitsverhältnis gelten, mit Ausnahme der in diesem Vertrag geregelten Punkte, die Regelungen des  für den Groß- und Außenhandel in der jeweils geltenden Fassung sowie die allgemeinen gesetzlichen Bestimmungen.

§ 7 Verschwiegenheitspflicht, Rückgabe von Unterlagen und sonstigem Firmeneigentum

1. Der Mitarbeiter ist verpflichtet, über alle ihm bekannten Angelegenheiten, Vorgänge, Verträge und Geschäftsbeziehungen innerhalb und außerhalb des Betriebes und auch nach seinem Ausscheiden aus dem Anstellungsverhältnis Verschwiegenheit zu bewahren.

2. Dazu gehören neben Geschäfts- und Betriebsgeheimnissen auch persönliche Verhältnisse der Mitarbeiter und Vorgesetzten.

3. Ein Verstoß gegen die Verschwiegenheitspflicht führt zu einem Schadensersatzanspruch des Arbeitgebers; in Extremfällen kann ordentlich bzw. außerordentlich gekündigt werden.

4. Der Mitarbeiter hat jederzeit auf Verlangen des Arbeitgebers, spätestens aber unaufgefordert bei Beendigung des Arbeitsverhältnisses alles Material, insbesondere alle Unterlagen, Kopien etc. zurückzugeben, die in Zusammenhang mit seiner Tätigkeit für den Arbeitgeber in seinen Besitz gelangt sind. Dem Mitarbeiter steht ein Zurückbehaltungsrecht insoweit nicht zu.

5. Der Mitarbeiter verpflichtet sich durch seine Unterschrift auf einem gesonderten Formblatt, das Datengeheimnis gemäß § 5 Bundesdatenschutzgesetz (BDSG) zu wahren. Die Verpflichtung auf das Datengeheimnis ist Bestandteil dieses Vertrages und zwingend als Anlage zu diesem Vertrag zu führen.

3/4

Kopiervorlage

Jobsharing-Vertrag

§ 5 Vergütung

1. Der Mitarbeiter wird in die Vergütungsgruppe ___ des jeweils geltenden Tarifvertrages eingruppiert. Zudem erhält er eine übertarifliche Zulage in Höhe von _____ Dieser übertarifliche Entgeltbestandteil wird freiwillig gewährt und steht unter dem Vorbehalt des jederzeitigen freien Widerrufs. Die übertarifliche Zulage kann im Fall von Tariferhöhungen nach Maßgabe des Tarifvertrages angerechnet werden.

2. Das Gehalt des Mitarbeiters beträgt daher pro Monat

   _____ brutto
   _____ brutto (übertarifliche Zulage)
   _____ brutto

   und wird jeweils am Ende des Monats gezahlt. Der Mitarbeiter erklärt sich damit einverstanden, dass sein Gehalt auf ein von ihm zu benennendes Bank- oder Postbankkonto überwiesen wird.

3. Alle Sonderzahlungen, wie z. B. zusätzliches Urlaubsgeld, 13. Monatseinkommen und vermögenswirksame Leistungen des Arbeitgebers, erfolgen entsprechend der jeweils gültigen tariflichen Regelung.

§ 6 Tarifliche Bestimmungen

Für das Arbeitsverhältnis gelten, mit Ausnahme der in diesem Vertrag geregelten Punkte, die Regelungen des _____ für _____ in der jeweils geltenden Fassung sowie die allgemeinen gesetzlichen Bestimmungen.

§ 7 Verschwiegenheitspflicht, Rückgabe von Unterlagen und sonstigem Firmeneigentum

1. Der Mitarbeiter ist verpflichtet, über alle ihm bekannten Angelegenheiten, Vorgänge, Verträge und Geschäftsbeziehungen innerhalb und außerhalb des Betriebes und auch nach seinem Ausscheiden aus dem Anstellungsverhältnis Verschwiegenheit zu bewahren.

2. Dazu gehören neben Geschäfts- und Betriebsgeheimnissen auch persönliche Verhältnisse der Mitarbeiter und Vorgesetzten.

3. Ein Verstoß gegen die Verschwiegenheitspflicht führt zu einem Schadensersatzanspruch des Arbeitgebers; in Extremfällen kann ordentlich bzw. außerordentlich gekündigt werden.

4. Der Mitarbeiter hat jederzeit auf Verlangen des Arbeitgebers, spätestens aber unaufgefordert bei Beendigung des Arbeitsverhältnisses alles Material, insbesondere alle Unterlagen, Kopien etc. zurückzugeben, die in Zusammenhang mit seiner Tätigkeit für den Arbeitgeber in seinen Besitz gelangt sind. Dem Mitarbeiter steht ein Zurückbehaltungsrecht insoweit nicht zu.

5. Der Mitarbeiter verpflichtet sich durch seine Unterschrift auf einem gesonderten Formblatt, das Datengeheimnis gemäß § 5 Bundesdatenschutzgesetz (BDSG) zu wahren. Die Verpflichtung auf das Datengeheimnis ist Bestandteil dieses Vertrages und zwingend als Anlage zu diesem Vertrag zu führen.

Vertrags-Check Arbeitsrecht

IV. Beginn des Arbeitsverhältnisses, Unternehmen mit Tarifbindung
Angestellte, Teilzeit

14 Die Speicherung und Verarbeitung von personenbezogenen Daten ist in jedem Betrieb erforderlich. Spätestens bei der Lohnabrechnung (eventuell bei einem mit der Lohnabrechnung beauftragten Steuerberater) müssen Daten des Mitarbeiters in eine DV-Anlage eingegeben und verarbeitet werden.

15 Vertragsänderungen sollten zu Beweiszwecken immer schriftlich verfasst werden.

16 Diese Regelung wird als Teilunwirksamkeitsklausel oder auch salvatorische Klausel bezeichnet. Sie soll verhindern, dass bei einem unwirksamen Teil des Vertrages gleich das gesamte Vertragswerk entfällt. Sie finden diese oder ähnliche Klauseln auch in einer Vielzahl von anderen Verträgen.

Jobsharing-Vertrag

14 **§ 8 Speicherung von Daten**
Der Mitarbeiter ist im Sinne des Bundesdatenschutzgesetzes (BDSG) darüber unterrichtet worden, dass seine persönlichen Daten im Zusammenhang mit dem Anstellungsverhältnis in einer DV-Anlage gespeichert werden, und erklärt sich damit einverstanden.

§ 9 Sonstige Bestimmungen

15 1. Änderungen und Ergänzungen dieses Vertrages bedürfen der Schriftform; dies gilt auch für einen Verzicht auf das Schriftformerfordernis selbst.

2. Mündliche Nebenabreden zu diesem Vertrag bestehen nicht.

16 3. Sollten sich einzelne Bestimmungen dieses Vertrages als unwirksam erweisen, so wird dadurch die Wirksamkeit der übrigen Bestimmungen nicht berührt. Eine ungültige oder unklare Bestimmung ist so zu ersetzen bzw. zu deuten, dass der mit ihr beabsichtigte wirtschaftliche Zweck erreicht wird. Lücken sind dem beabsichtigten wirtschaftlichen Zweck entsprechend zu füllen.

Musterstadt, 01.03.
Ort, Datum

Herbert Übersee
Inhaber
Unterschrift Arbeitgeber

Liesel Vogelsang
Unterschrift Mitarbeiter

Kopiervorlage

4/4

Jobsharing-Vertrag

§ 8 Speicherung von Daten

Der Mitarbeiter ist im Sinne des Bundesdatenschutzgesetzes (BDSG) darüber unterrichtet worden, dass seine persönlichen Daten im Zusammenhang mit dem Anstellungsverhältnis in einer DV-Anlage gespeichert werden, und erklärt sich damit einverstanden.

§ 9 Sonstige Bestimmungen

1. Änderungen und Ergänzungen dieses Vertrages bedürfen der Schriftform; dies gilt auch für einen Verzicht auf das Schriftformerfordernis selbst.

2. Mündliche Nebenabreden zu diesem Vertrag bestehen nicht.

3. Sollten sich einzelne Bestimmungen dieses Vertrages als unwirksam erweisen, so wird dadurch die Wirksamkeit der übrigen Bestimmungen nicht berührt. Eine ungültige oder unklare Bestimmung ist so zu ersetzen bzw. zu deuten, dass der mit ihr beabsichtigte wirtschaftliche Zweck erreicht wird. Lücken sind dem beabsichtigten wirtschaftlichen Zweck entsprechend zu füllen.

_____
Ort, Datum

_____ _____
Unterschrift Arbeitgeber   Unterschrift Mitarbeiter

Vertrags-Check Arbeitsrecht

IV. Beginn des Arbeitsverhältnisses, Unternehmen mit Tarifbindung
Angestellte, Teilzeit

1 Die Befristung eines Arbeitsverhältnisses stellt nach der gesetzlichen Grundregelung (unbefristeter Vertrag) die Ausnahme dar. Kennzeichnen Sie einen Vertrag nicht eindeutig als befristet und ist die Befristung nicht ordnungsgemäß, wird ein unbefristetes Arbeitsverhältnis mit all seinen Nachteilen für Sie als Arbeitgeber begründet.

2 Tragen Sie hier das Datum ein, an welchem das Arbeitsverhältnis beginnen soll. In der Regel wird dies der 1. Tag eines Monats sein. Soll das Arbeitsverhältnis während des laufenden Monats beginnen, so ist das Arbeitsentgelt im 1. Monat nur anteilig zu zahlen.

3 Bei einem befristeten Vertrag muss ein genaues Enddatum angegeben werden.

4 Die Befristung des Arbeitsvertrages kann aufgrund einer Vielzahl von Möglichkeiten erfolgen, es bedarf aber immer eines sachlichen Grundes. Die Möglichkeiten der Befristung sind in den befristeten Vollzeitverträgen dargestellt.

5 Ihr Mitarbeiter kann – sofern er durch Ihre Kündigung demotiviert ist – Ihrem Betrieb erheblichen Schaden zufügen. Die Freistellungsmöglichkeit soll Sie als Arbeitgeber schützen. Wählen Sie die Freistellung, so müssen Sie allerdings während der Freistellung bis zum Ende des Arbeitsverhältnisses das Gehalt fortzahlen.

6 Hier ist die Funktionsbeschreibung einzufügen, wie z. B. Verwaltungsangestellter, Finanzbuchhalter, Sachbearbeiter oder Ähnliches.

7 Es ist sinnvoll, dem Mitarbeiter einen Aufgabenbereich zuzuweisen, der seine Tätigkeit im Unternehmen beschreibt. Möglich ist aber auch die Bezeichnung der Abteilung.

8 Diese Öffnungsklausel erlaubt es Ihnen, den Tätigkeitsbereich zu verändern, ohne dass es einer Änderungskündigung bedarf.

---

1 ▶ Befristeter Teilzeitarbeitsvertrag

Zwischen

Holms Gebäudereinigung
Sauberstraße 3

12345 Musterstadt

nachfolgend „Arbeitgeber" genannt

und

Herrn/Frau
Mechthild Seifert
Brunnengasse 8

12345 Musterstadt

nachfolgend „Mitarbeiter" genannt.

§ 1 Dauer des Arbeitsverhältnisses

2 ▶ 1. Das Arbeitsverhältnis beginnt am __01.04.__ und endet am __30.09.__ ohne dass es einer ◀ **3**
Kündigung bedarf.

4 ▶ 2. Die Befristung des Arbeitsverhältnisses erfolgt aufgrund __des Sonderreinigungsaufwandes anlässlich der Bundesgartenschau__.

3. Die ersten __6__ Monate gelten als Probezeit. Eine Kündigung des Arbeitsverhältnisses ist unter Einhaltung der im Tarifvertrag festgelegten Fristen möglich. Nach einer Kündigung des Arbeitsvertrages, gleich durch welche Partei, ist der Arbeitgeber jederzeit befugt, den Mitarbeiter von seiner Verpflichtung zur Arbeitsleistung für den Arbeitgeber sofort unter Fortzahlung der Vergütung freizustellen. ◀ **5**

4. Das Recht zur Kündigung aus wichtigem Grund gemäß § 626 BGB bleibt hiervon unberührt.

§ 2 Tätigkeitsgebiet

6 ▶ 1. Der Mitarbeiter wird als __Reinigungskraft__ für den Aufgabenbereich __Reinigung Gebäude__ ◀ **7**
__Bundesgartenschau__ eingestellt.

8 ▶ 2. Der Mitarbeiter ist verpflichtet, auch andere – seinen Fähigkeiten und seiner Aus- und Fortbildung entsprechende – zumutbare Tätigkeiten außerhalb seines Aufgabenbereiches zu verrichten.

3. Während der Dauer des Arbeitsverhältnisses ist jede Übernahme einer entgeltlichen oder unentgeltlichen Nebentätigkeit nur mit vorheriger Zustimmung des Arbeitgebers zulässig.

1/3

Kopiervorlage

Befristeter Teilzeitarbeitsvertrag

Zwischen

_____

_____

_____

nachfolgend „Arbeitgeber" genannt

und

Herrn/Frau

_____

_____

_____

nachfolgend „Mitarbeiter" genannt.

§ 1 Dauer des Arbeitsverhältnisses

1. Das Arbeitsverhältnis beginnt am _____ und endet am _____ ohne dass es einer Kündigung bedarf.

2. Die Befristung des Arbeitsverhältnisses erfolgt aufgrund _____ _____.

3. Die ersten ___ Monate gelten als Probezeit. Eine Kündigung des Arbeitsverhältnisses ist unter Einhaltung der im Tarifvertrag festgelegten Fristen möglich. Nach einer Kündigung des Arbeitsvertrages, gleich durch welche Partei, ist der Arbeitgeber jederzeit befugt, den Mitarbeiter von seiner Verpflichtung zur Arbeitsleistung für den Arbeitgeber sofort unter Fortzahlung der Vergütung freizustellen.

4. Das Recht zur Kündigung aus wichtigem Grund gemäß § 626 BGB bleibt hiervon unberührt.

§ 2 Tätigkeitsgebiet

1. Der Mitarbeiter wird als _____ für den Aufgabenbereich _____ _____ eingestellt.

2. Der Mitarbeiter ist verpflichtet, auch andere – seinen Fähigkeiten und seiner Aus- und Fortbildung entsprechende – zumutbare Tätigkeiten außerhalb seines Aufgabenbereiches zu verrichten.

3. Während der Dauer des Arbeitsverhältnisses ist jede Übernahme einer entgeltlichen oder unentgeltlichen Nebentätigkeit nur mit vorheriger Zustimmung des Arbeitgebers zulässig.

Vertrags-Check Arbeitsrecht

IV. Beginn des Arbeitsverhältnisses, Unternehmen mit Tarifbindung
Angestellte, Teilzeit

9 Die Festlegung der Arbeitszeit folgt in der Regel den Interessen des Mitarbeiters. Anders als bei einem Abrufarbeitsvertrag soll für den Mitarbeiter hier die Arbeitszeit planbar sein. Durch die folgende Öffnungsklausel werden aber Ihre Interessen hinreichend berücksichtigt.

10 Auch bezüglich des Arbeitsortes sollte die Vereinbarung möglichst offen gestaltet sein, um den Mitarbeiter flexibel einsetzen zu können.

11 Nach dem Tarifvertragsgesetz (TVG) ist es möglich, übertarifliche Zulagen anzurechnen. Dabei wird lediglich die Zusammensetzung des Gehaltes (Anteil tarifliche Zahlung/Anteil übertarifliche Zahlung) verändert, die Auszahlungshöhe bleibt gleich. Sofern eine Anrechnung erfolgen soll, müssen Sie dies Ihren Mitarbeitern ausdrücklich mitteilen.

12 Üblicherweise sind in Tarifverträgen der Urlaubsanspruch des Mitarbeiters sowie Regelungen bei Arbeitsunfähigkeit und Kündigungen enthalten.

Befristeter Teilzeitarbeitsvertrag

§ 3 Arbeitszeit, Arbeitsort

1. Die wöchentliche Arbeitszeit beträgt <u>24</u> Stunden.

2. In der Regel ist der Mitarbeiter in der Zeit von <u>17:00 Uhr</u> bis <u>20:00 Uhr</u> an folgenden Wochentagen tätig: <u>montags</u> bis <u>samstags</u>.

9 Abweichungen von dieser vereinbarten Arbeitszeit sind in dringenden betrieblichen Fällen möglich. Der Arbeitgeber wird die Abweichung frühestmöglich bekannt geben.

Der Arbeitgeber weist ausdrücklich darauf hin, dass Pausen nach Maßgabe des Arbeitszeitgesetzes zu nehmen sind.

10 3. Der Mitarbeiter übt seine Tätigkeit am Firmensitz in <u>Musterstadt</u> aus. Der Arbeitgeber behält sich vor, den Mitarbeiter auch an einem anderen Ort einzusetzen.

§ 4 Vergütung

1. Der Mitarbeiter wird in die Vergütungsgruppe <u>1a</u> des jeweils geltenden Tarifvertrages eingruppiert. Zudem erhält er eine übertarifliche Zulage in Höhe von <u>DM 102.--/EUR ....</u>. Dieser übertarifliche Entgeltbestandteil wird freiwillig gewährt und steht unter dem Vorbehalt des jederzeitigen freien Widerrufes. Die übertarifliche Zulage kann im Fall von Tariferhöhungen nach Maßgabe des Tarifvertrages angerechnet werden. **11**

2. Das Gehalt des Mitarbeiters beträgt daher pro Monat

   <u>DM 1.398.--/EUR ...</u> brutto
   <u>DM   102.--/EUR ...</u> brutto (übertarifliche Zulage)
   <u>DM 1.500.--/EUR ...</u> brutto

   und wird jeweils am Ende des Monats gezahlt. Der Mitarbeiter erklärt sich damit einverstanden, dass sein Gehalt auf ein von ihm zu benennendes Bank- oder Postbankkonto überwiesen wird.

3. Alle Sonderzahlungen wie zusätzliches Urlaubsgeld, 13. Monatseinkommen und vermögenswirksame Leistungen des Arbeitgebers erfolgen entsprechend der jeweils gültigen tariflichen Regelung.

§ 5 Tarifliche Bestimmungen

Für das Arbeitsverhältnis gelten, mit Ausnahme der in diesem Vertrag geregelten Punkte, die Regelungen des <u>Rahmentarifvertrages für das Gebäudereinigerhandwerk</u> in der jeweils geltenden
12 Fassung sowie die allgemeinen gesetzlichen Bestimmungen.

2/3

Kopiervorlage

Befristeter Teilzeitarbeitsvertrag

§ 3 Arbeitszeit, Arbeitsort

1. Die wöchentliche Arbeitszeit beträgt ___ Stunden.

2. In der Regel ist der Mitarbeiter in der Zeit von _____ bis _____ an folgenden Wochentagen tätig: _____ bis _____.

   Abweichungen von dieser vereinbarten Arbeitszeit sind in dringenden betrieblichen Fällen möglich. Der Arbeitgeber wird die Abweichung frühestmöglich bekannt geben.

   Der Arbeitgeber weist ausdrücklich darauf hin, dass Pausen nach Maßgabe des Arbeitszeitgesetzes zu nehmen sind.

3. Der Mitarbeiter übt seine Tätigkeit am Firmensitz in _____ aus. Der Arbeitgeber behält sich vor, den Mitarbeiter auch an einem anderen Ort einzusetzen.

§ 4 Vergütung

1. Der Mitarbeiter wird in die Vergütungsgruppe ___ des jeweils geltenden Tarifvertrages eingruppiert. Zudem erhält er eine übertarifliche Zulage in Höhe von _____. Dieser übertarifliche Entgeltbestandteil wird freiwillig gewährt und steht unter dem Vorbehalt des jederzeitigen freien Widerrufes. Die übertarifliche Zulage kann im Fall von Tariferhöhungen nach Maßgabe des Tarifvertrages angerechnet werden.

2. Das Gehalt des Mitarbeiters beträgt daher pro Monat

   _____ brutto
   _____ brutto (übertarifliche Zulage)
   _____ brutto

   und wird jeweils am Ende des Monats gezahlt. Der Mitarbeiter erklärt sich damit einverstanden, dass sein Gehalt auf ein von ihm zu benennendes Bank- oder Postbankkonto überwiesen wird.

3. Alle Sonderzahlungen wie zusätzliches Urlaubsgeld, 13. Monatseinkommen und vermögenswirksame Leistungen des Arbeitgebers erfolgen entsprechend der jeweils gültigen tariflichen Regelung.

§ 5 Tarifliche Bestimmungen

Für das Arbeitsverhältnis gelten, mit Ausnahme der in diesem Vertrag geregelten Punkte, die Regelungen des _____ in der jeweils geltenden Fassung sowie die allgemeinen gesetzlichen Bestimmungen.

Vertrags-Check Arbeitsrecht
IV. Beginn des Arbeitsverhältnisses, Unternehmen mit Tarifbindung
Angestellte, Teilzeit

13 Sofern das Unternehmen für die Konkurrenz interessante Betriebsgeheimnisse hat, von denen der Mitarbeiter Kenntnis erlangen konnte, kann es unter Umständen sinnvoll sein, eine Vertragsstrafe zu vereinbaren.

14 Die Speicherung und Verarbeitung von personenbezogenen Daten ist in jedem Betrieb erforderlich. Spätestens bei der Lohnabrechnung (eventuell bei einem mit der Lohnabrechnung beauftragten Steuerberater) müssen Daten des Mitarbeiters in eine DV-Anlage eingegeben und verarbeitet werden.

15 Vertragsänderungen sollten zu Beweiszwecken immer schriftlich verfasst werden.

Befristeter Teilzeitarbeitsvertrag

§ 6 Verschwiegenheitspflicht, Rückgabe von Unterlagen und sonstigem Firmeneigentum

1. Der Mitarbeiter ist verpflichtet, über alle ihm bekannten Angelegenheiten, Vorgänge, Verträge und Geschäftsbeziehungen innerhalb und außerhalb des Betriebes und auch nach seinem Ausscheiden aus dem Arbeitsverhältnis Verschwiegenheit zu bewahren.

2. Dazu gehören neben Geschäfts- und Betriebsgeheimnissen auch persönliche Verhältnisse der Mitarbeiter und Vorgesetzten.

3. Ein Verstoß gegen die Verschwiegenheitspflicht führt zu einem Schadensersatzanspruch des Arbeitgebers; in Extremfällen kann ordentlich bzw. außerordentlich gekündigt werden.

4. Der Mitarbeiter hat jederzeit auf Verlangen des Arbeitgebers, spätestens aber unaufgefordert bei Beendigung des Arbeitsverhältnisses, alles Material, insbesondere alle Unterlagen, Kopien usw. zurückzugeben, die im Zusammenhang mit seiner Tätigkeit für den Arbeitgeber in seinen Besitz gelangt sind. Dem Mitarbeiter steht ein Zurückbehaltungsrecht insoweit nicht zu.

5. Der Mitarbeiter verpflichtet sich durch seine Unterschrift auf einem gesonderten Formblatt, das Datengeheimnis gemäß § 5 Bundesdatenschutzgesetz (BDSG) zu wahren. Die Verpflichtung auf das Datengeheimnis ist Bestandteil dieses Vertrages und zwingend als Anlage zu diesem Vertrag zu führen.

§ 7 Speicherung von Daten

Der Mitarbeiter ist im Sinne des Bundesdatenschutzgesetzes (BDSG) darüber unterrichtet worden, dass seine persönlichen Daten im Zusammenhang mit dem Arbeitsverhältnis in einer DV-Anlage gespeichert werden, und erklärt sich damit einverstanden.

§ 8 Sonstige Bestimmungen

1. Änderungen und Ergänzungen dieses Vertrages bedürfen der Schriftform; dies gilt auch für einen Verzicht auf das Schriftformerfordernis selbst.

2. Mündliche Nebenabreden zu diesem Vertrag bestehen nicht.

Musterstadt, 25.02.
Ort, Datum

Hubert S. Holms
Inhaber
Unterschrift Arbeitgeber

Mechthild Seifert
Unterschrift Mitarbeiter

Befristeter Teilzeitarbeitsvertrag

§ 6 Verschwiegenheitspflicht, Rückgabe von Unterlagen und sonstigem Firmeneigentum

1. Der Mitarbeiter ist verpflichtet, über alle ihm bekannten Angelegenheiten, Vorgänge, Verträge und Geschäftsbeziehungen innerhalb und außerhalb des Betriebes und auch nach seinem Ausscheiden aus dem Arbeitsverhältnis Verschwiegenheit zu bewahren.

2. Dazu gehören neben Geschäfts- und Betriebsgeheimnissen auch persönliche Verhältnisse der Mitarbeiter und Vorgesetzten.

3. Ein Verstoß gegen die Verschwiegenheitspflicht führt zu einem Schadensersatzanspruch des Arbeitgebers; in Extremfällen kann ordentlich bzw. außerordentlich gekündigt werden.

4. Der Mitarbeiter hat jederzeit auf Verlangen des Arbeitgebers, spätestens aber unaufgefordert bei Beendigung des Arbeitsverhältnisses, alles Material, insbesondere alle Unterlagen, Kopien usw. zurückzugeben, die im Zusammenhang mit seiner Tätigkeit für den Arbeitgeber in seinen Besitz gelangt sind. Dem Mitarbeiter steht ein Zurückbehaltungsrecht insoweit nicht zu.

5. Der Mitarbeiter verpflichtet sich durch seine Unterschrift auf einem gesonderten Formblatt, das Datengeheimnis gemäß § 5 Bundesdatenschutzgesetz (BDSG) zu wahren. Die Verpflichtung auf das Datengeheimnis ist Bestandteil dieses Vertrages und zwingend als Anlage zu diesem Vertrag zu führen.

§ 7 Speicherung von Daten

Der Mitarbeiter ist im Sinne des Bundesdatenschutzgesetzes (BDSG) darüber unterrichtet worden, dass seine persönlichen Daten im Zusammenhang mit dem Arbeitsverhältnis in einer DV-Anlage gespeichert werden, und erklärt sich damit einverstanden.

§ 8 Sonstige Bestimmungen

1. Änderungen und Ergänzungen dieses Vertrages bedürfen der Schriftform; dies gilt auch für einen Verzicht auf das Schriftformerfordernis selbst.

2. Mündliche Nebenabreden zu diesem Vertrag bestehen nicht.

_____
Ort, Datum

_____   _____
Unterschrift Arbeitgeber   Unterschrift Mitarbeiter

Vertrags-Check Arbeitsrecht

IV. Beginn des Arbeitsverhältnisses, Unternehmen mit Tarifbindung
Gewerbliche Arbeitnehmer

1 Gewerblicher Arbeitnehmer ist, wer für einen selbstständig Gewerbetreibenden tätig ist. Gewerbliche Tätigkeit ist laut der Rechtsprechung des Bundesverwaltungsgerichts jede fortgesetzte, erlaubte, private, auf Dauer angelegte und auf die Erzielung von Gewinn gerichtete Tätigkeit. Zu den selbstständig Gewerbetreibenden gehören laut Gewerbeordnung (GewO) weder Rechtsanwälte, Notare, Wirtschaftsprüfer, Steuerberater und vereidigte Buchprüfer noch Ärzte, Apotheker, sonstige Heilberufler und diejenigen, die Fischerei und Viehzucht, Bergbau und das Unterrichtswesen und die Erziehung von Kindern gegen Entgelt betreiben. Auf das Arbeitsverhältnis zu gewerblichen Arbeitnehmern ist neben den allgemeinen Regelungen auch noch die GewO anzuwenden. Auswirkungen finden sich hauptsächlich im Bereich der Lohnzahlung und des Arbeitsschutzes.

2 Tragen Sie hier das Datum ein, an welchem das Arbeitsverhältnis beginnen soll. In der Regel wird dies der 1. Tag eines Monats sein. Soll das Arbeitsverhältnis während des laufenden Monats beginnen, so ist das Arbeitsentgelt im 1. Monat nur anteilig zu zahlen.

3 Gewerbliche Arbeitnehmer unterliegen besonderen Arbeitsschutzregelungen. Diese sind z. B. festgehalten in der Arbeitsstättenverordnung, der Druckluftverordnung, der Verordnung über besondere Arbeitsschutzmaßnahmen bei Arbeiten im Freien in der Zeit vom 01.11. bis 31.03. Nach der GewO selbst sind zudem Toiletten sowie – sofern erforderlich – Umkleideräume und angemessene Gemeinschaftsunterkünfte vorzuhalten. Auch die ärztliche Untersuchung für die Eignung der Tätigkeit fällt unter diesen Schutzgedanken.

4 Der Tarifvertrag ist genau zu bezeichnen. Die Grundregeln eines Arbeitsvertrages sind in so genannten Mantel- oder Rahmentarifverträgen enthalten.

5 Fügen Sie hier die Funktionsbeschreibung ein, wie z. B. Produktionsmitarbeiter, Monteur, Kraftfahrer und Ähnliches.

6 Es ist sinnvoll, dem Arbeitnehmer einen Aufgabenbereich zuzuweisen, der seine Tätigkeit im Unternehmen beschreibt. Möglich ist aber auch die Bezeichnung der Abteilung.

7 Diese Öffnungsklausel erlaubt es Ihnen als Arbeitgeber, den Tätigkeitsbereich zu verändern, ohne dass es einer Änderungskündigung bedarf.

8 Auch bezüglich des Arbeitsortes sollte die Vereinbarung möglichst offen gestaltet sein, um den Arbeitnehmer flexibel einsetzen zu können.

▶ 1 Arbeitsvertrag gewerblicher Arbeitnehmer, Vollzeitkraft

Zwischen

Adler Metallverarbeitung GmbH & Co.KG
Stapelfeld 9

12345 Musterstadt

nachfolgend „Arbeitgeber" genannt

und

Herrn/Frau
Dietmar Bach
Flussaue 2

12345 Musterstadt

nachfolgend „Arbeitnehmer" genannt

§ 1 Beginn des Arbeitsverhältnisses

1. Das Arbeitsverhältnis beginnt am __01.02.__ . Die Einstellung erfolgt unter dem Vorbehalt, dass der Betriebsarzt der Firma die Eignung des Arbeitnehmers feststellt.

2. Die ersten 6 Monate gelten als Probezeit. Eine Kündigung des Arbeitsverhältnisses ist unter Einhaltung der im Tarifvertrag festgelegten Fristen möglich.

§ 2 Tätigkeitsgebiet, Ort der Tätigkeit

1. Der Arbeitnehmer wird als __Monteur__ für den Aufgabenbereich __Endmontage Produktion__ eingestellt.

2. Der Arbeitnehmer ist verpflichtet, auf besondere Anordnung auch andere – seinen Fähigkeiten und seiner Aus- und Fortbildung entsprechende – zumutbare Tätigkeiten außerhalb seines Aufgabenbereiches zu verrichten.

3. Der Arbeitnehmer wird seine ganze Arbeitskraft und fachlichen Kenntnisse und Erfahrungen ausschließlich dem Arbeitgeber widmen. Während der Dauer des Arbeitsverhältnisses ist jede Übernahme einer entgeltlichen oder unentgeltlichen Nebentätigkeit nur mit vorheriger Zustimmung des Arbeitgebers zulässig.

4. Der Mitarbeiter übt seine Tätigkeit am Firmensitz in __Musterstadt__ aus. Der Arbeitgeber behält sich vor, den Mitarbeiter auch an einem anderen Ort einzusetzen.

1/3

Kopiervorlage

Arbeitsvertrag

Zwischen

_____

_____

_____

nachfolgend „Arbeitgeber" genannt

und

Herrn/Frau

_____

_____

_____

nachfolgend „Arbeitnehmer" genannt

§ 1 Beginn des Arbeitsverhältnisses

1. Das Arbeitsverhältnis beginnt am _____. Die Einstellung erfolgt unter dem Vorbehalt, dass der Betriebsarzt der Firma die Eignung des Arbeitnehmers feststellt.

2. Die ersten 6 Monate gelten als Probezeit. Eine Kündigung des Arbeitsverhältnisses ist unter Einhaltung der im Tarifvertrag festgelegten Fristen möglich.

§ 2 Tätigkeitsgebiet, Ort der Tätigkeit

1. Der Arbeitnehmer wird als _____ für den Aufgabenbereich _____ eingestellt.

2. Der Arbeitnehmer ist verpflichtet, auf besondere Anordnung auch andere – seinen Fähigkeiten und seiner Aus- und Fortbildung entsprechende – zumutbare Tätigkeiten außerhalb seines Aufgabenbereiches zu verrichten.

3. Der Arbeitnehmer wird seine ganze Arbeitskraft und fachlichen Kenntnisse und Erfahrungen ausschließlich dem Arbeitgeber widmen. Während der Dauer des Arbeitsverhältnisses ist jede Übernahme einer entgeltlichen oder unentgeltlichen Nebentätigkeit nur mit vorheriger Zustimmung des Arbeitgebers zulässig.

4. Der Mitarbeiter übt seine Tätigkeit am Firmensitz in _____ aus. Der Arbeitgeber behält sich vor, den Mitarbeiter auch an einem anderen Ort einzusetzen.

Vertrags-Check Arbeitsrecht

IV. Beginn des Arbeitsverhältnisses, Unternehmen mit Tarifbindung
Gewerbliche Arbeitnehmer

9 Sofern keine Arbeitszeitregelung in Ihrem Betrieb vorhanden ist, kann an dieser Stelle auch die betriebsübliche Arbeitszeit eingesetzt werden.

10 Nach dem Tarifvertragsgesetz (TVG) ist es möglich, übertarifliche Zulagen anzurechnen. Dabei wird lediglich die Zusammensetzung des Gehaltes (Anteil tarifliche Zahlung/Anteil übertarifliche Zahlung) verändert, die Auszahlungshöhe bleibt gleich. Sofern Sie übertarifliche Zahlungen anrechnen wollen, müssen Sie dies dem Arbeitnehmer gegenüber mitteilen.

11 Üblicherweise sind in Tarifverträgen der Urlaubsanspruch des Arbeitnehmers sowie Regelungen bei Arbeitsunfähigkeit und bei Kündigungen enthalten.

12 Der besondere Arbeitsschutz der gewerblichen Arbeitnehmer ist auch im Arbeitssicherheitsgesetz festgelegt. Hiernach sind Sie als Arbeitgeber verpflichtet, eine Gefahrenanalyse (so genannte Gefährdungsbeurteilung) des Arbeitsplatzes vorzunehmen und Ihre Arbeitnehmer im Rahmen einer Arbeitseinweisung auf die besonderen Gefahren aufmerksam zu machen. Aber auch Ihr Arbeitnehmer ist verpflichtet, die Gefahren am Arbeitsplatz zu beobachten und Sie zu informieren, damit Sie geeignete Gegenmaßnahmen treffen können.

Arbeitsvertrag gewerblicher Arbeitnehmer, Vollzeitkraft

§ 3 Arbeitszeit

1. Der Arbeitnehmer stellt seine ganze Arbeitskraft dem Unternehmen zur Verfügung.
2. Die wöchentliche Arbeitszeit beträgt derzeit __37,5__ Stunden.
3. **[9]** Die Arbeitszeiteinteilung erfolgt nach der jeweils gültigen Arbeitszeitregelung, die automatisch Bestandteil dieses Vertrages wird.
4. Der Arbeitgeber weist ausdrücklich darauf hin, dass der Arbeitnehmer verpflichtet ist, arbeitstäglich eine halbstündige Mittagspause einzuhalten, die in der Zeit von __12.00 Uhr bis 14.00 Uhr__ zu nehmen ist.

§ 4 Vergütung

1. Der Mitarbeiter wird in die Vergütungsgruppe __9__ des jeweils geltenden Tarifvertrages eingruppiert. Zudem erhält er eine übertarifliche Zulage in Höhe von __DM 198,--/EUR...__ Dieser übertarifliche Entgeltbestandteil wird freiwillig gewährt und steht unter dem Vorbehalt des jederzeitigen freien Widerrufs. Die übertarifliche Zulage kann im Fall von Tariferhöhungen nach Maßgabe des Tarifvertrages angerechnet werden. **[10]**
2. Das Gehalt des Mitarbeiters beträgt daher pro Monat

   __DM 2.285,--/EUR...__ brutto
   __DM   198,--/EUR...__ brutto (übertarifliche Zulage)
   __DM 2.483,--/EUR...__ brutto

   und wird jeweils am Ende des Monats gezahlt. Der Mitarbeiter erklärt sich damit einverstanden, dass sein Gehalt auf ein von ihm zu benennendes Bank- oder Postbankkonto überwiesen wird.
3. Alle Sonderzahlungen, wie z. B. zusätzliches Urlaubsgeld, 13. Monatseinkommen und vermögenswirksame Leistungen des Arbeitgebers, erfolgen entsprechend der jeweils gültigen tariflichen Regelung.

[11] § 5 Tarifliche Bestimmungen

Für das Arbeitsverhältnis gelten, mit Ausnahme der in diesem Vertrag geregelten Punkte, die Regelungen des __Manteltarifvertrages für das Metallgewerbe__ in der jeweils geltenden Fassung sowie die allgemeinen gesetzlichen Bestimmungen.

§ 6 Arbeitsschutz

Der Arbeitnehmer wird vor Beginn der Arbeit in die jeweiligen Arbeitsschutzvorschriften eingewiesen. Er erhält in der Anlage zu diesem Vertrag eine schriftliche Zusammenfassung der Arbeitsschutzvorschriften. Der Arbeitnehmer verpflichtet sich, die besonderen Gefahren des Arbeitsplatzes zu beachten und den Arbeitgeber über weitere mögliche Gefahren unverzüglich **[12]** zu informieren.

Kopiervorlage

Arbeitsvertrag

§ 3 Arbeitszeit

1. Der Arbeitnehmer stellt seine ganze Arbeitskraft dem Unternehmen zur Verfügung.

2. Die wöchentliche Arbeitszeit beträgt derzeit _____ Stunden.

3. Die Arbeitszeiteinteilung erfolgt nach der jeweils gültigen Arbeitszeitregelung, die automatisch Bestandteil dieses Vertrages wird.

4. Der Arbeitgeber weist ausdrücklich darauf hin, dass der Arbeitnehmer verpflichtet ist, arbeitstäglich eine halbstündige Mittagspause einzuhalten, die in der Zeit von _____ ___ zu nehmen ist.

§ 4 Vergütung

1. Der Mitarbeiter wird in die Vergütungsgruppe _ des jeweils geltenden Tarifvertrages eingruppiert. Zudem erhält er eine übertarifliche Zulage in Höhe von _____ Dieser übertarifliche Entgeltbestandteil wird freiwillig gewährt und steht unter dem Vorbehalt des jederzeitigen freien Widerrufs. Die übertarifliche Zulage kann im Fall von Tariferhöhungen nach Maßgabe des Tarifvertrages angerechnet werden.

2. Das Gehalt des Mitarbeiters beträgt daher pro Monat

   _____ brutto
   _____ brutto (übertarifliche Zulage)
   _____ brutto

   und wird jeweils am Ende des Monats gezahlt. Der Mitarbeiter erklärt sich damit einverstanden, dass sein Gehalt auf ein von ihm zu benennendes Bank- oder Postbankkonto überwiesen wird.

3. Alle Sonderzahlungen, wie z. B. zusätzliches Urlaubsgeld, 13. Monatseinkommen und vermögenswirksame Leistungen des Arbeitgebers, erfolgen entsprechend der jeweils gültigen tariflichen Regelung.

§ 5 Tarifliche Bestimmungen

Für das Arbeitsverhältnis gelten, mit Ausnahme der in diesem Vertrag geregelten Punkte, die Regelungen des _____ in der jeweils geltenden Fassung sowie die allgemeinen gesetzlichen Bestimmungen.

§ 6 Arbeitsschutz

Der Arbeitnehmer wird vor Beginn der Arbeit in die jeweiligen Arbeitsschutzvorschriften eingewiesen. Er erhält in der Anlage zu diesem Vertrag eine schriftliche Zusammenfassung der Arbeitsschutzvorschriften. Der Arbeitnehmer verpflichtet sich, die besonderen Gefahren des Arbeitsplatzes zu beachten und den Arbeitgeber über weitere mögliche Gefahren unverzüglich zu informieren.

Vertrags-Check Arbeitsrecht

IV. Beginn des Arbeitsverhältnisses, Unternehmen mit Tarifbindung
Gewerbliche Arbeitnehmer

13 Die Speicherung und Verarbeitung von personenbezogenen Daten ist in jedem Betrieb erforderlich. Spätestens bei der Lohnabrechnung (eventuell bei einem mit der Lohnabrechnung beauftragten Steuerberater) müssen Daten des Mitarbeiters in eine DV-Anlage eingegeben und verarbeitet werden.

14 Vertragsänderungen sollten zu Beweiszwecken immer schriftlich verfasst werden.

Arbeitsvertrag gewerblicher Arbeitnehmer, Vollzeitkraft

§ 7 Verschwiegenheitspflicht, Rückgabe von Unterlagen und sonstigem Firmeneigentum

1. Der Arbeitnehmer ist verpflichtet, über alle ihm bekannten Angelegenheiten, Vorgänge, Verträge und Geschäftsbeziehungen innerhalb und außerhalb des Betriebes und auch nach seinem Ausscheiden aus dem Arbeitsverhältnis Verschwiegenheit zu bewahren.

2. Dazu gehören neben Geschäfts- und Betriebsgeheimnissen auch persönliche Verhältnisse der Kollegen und Vorgesetzten.

3. Ein Verstoß gegen die Verschwiegenheitspflicht führt zu einem Schadensersatzanspruch des Arbeitgebers; in Extremfällen kann ordentlich bzw. außerordentlich gekündigt werden.

4. Der Arbeitnehmer hat jederzeit auf Verlangen des Arbeitgebers, spätestens aber unaufgefordert bei Beendigung des Arbeitsverhältnisses, alles Material, insbesondere alle Werkzeuge, Arbeitskleidung, Unterlagen, Kopien etc. zurückzugeben, die in Zusammenhang mit seiner Tätigkeit für den Arbeitgeber in seinen Besitz gelangt sind. Dem Arbeitnehmer steht ein Zurückbehaltungsrecht insoweit nicht zu.

13 ▶ **§ 8 Speicherung von Daten**

Der Arbeitnehmer ist im Sinne des Bundesdatenschutzgesetzes darüber unterrichtet worden, dass seine persönlichen Daten im Zusammenhang mit dem Arbeitsverhältnis in einer DV-Anlage gespeichert sind, und erklärt sich damit einverstanden.

§ 9 Sonstige Bestimmungen

14 1. Änderungen und Ergänzungen dieses Vertrages bedürfen der Schriftform; dies gilt auch für einen Verzicht auf das Schriftformerfordernis selbst.

2. Mündliche Nebenabreden zu diesem Vertrag bestehen nicht.

Musterstadt, 15.01.
Ort, Datum

Manfred Adler   Dietmar Bach
Geschäftsführer
Unterschrift Arbeitgeber   Unterschrift Arbeitnehmer

Kopiervorlage

3/3

Arbeitsvertrag

§ 7 Verschwiegenheitspflicht, Rückgabe von Unterlagen und sonstigem Firmeneigentum

1. Der Arbeitnehmer ist verpflichtet, über alle ihm bekannten Angelegenheiten, Vorgänge, Verträge und Geschäftsbeziehungen innerhalb und außerhalb des Betriebes und auch nach seinem Ausscheiden aus dem Arbeitsverhältnis Verschwiegenheit zu bewahren.

2. Dazu gehören neben Geschäfts- und Betriebsgeheimnissen auch persönliche Verhältnisse der Kollegen und Vorgesetzten.

3. Ein Verstoß gegen die Verschwiegenheitspflicht führt zu einem Schadensersatzanspruch des Arbeitgebers; in Extremfällen kann ordentlich bzw. außerordentlich gekündigt werden.

4. Der Arbeitnehmer hat jederzeit auf Verlangen des Arbeitgebers, spätestens aber unaufgefordert bei Beendigung des Arbeitsverhältnisses, alles Material, insbesondere alle Werkzeuge, Arbeitskleidung, Unterlagen, Kopien etc. zurückzugeben, die in Zusammenhang mit seiner Tätigkeit für den Arbeitgeber in seinen Besitz gelangt sind. Dem Arbeitnehmer steht ein Zurückbehaltungsrecht insoweit nicht zu.

§ 8 Speicherung von Daten

Der Arbeitnehmer ist im Sinne des Bundesdatenschutzgesetzes darüber unterrichtet worden, dass seine persönlichen Daten im Zusammenhang mit dem Arbeitsverhältnis in einer DV-Anlage gespeichert sind, und erklärt sich damit einverstanden.

§ 9 Sonstige Bestimmungen

1. Änderungen und Ergänzungen dieses Vertrages bedürfen der Schriftform; dies gilt auch für einen Verzicht auf das Schriftformerfordernis selbst.

2. Mündliche Nebenabreden zu diesem Vertrag bestehen nicht.

_____
Ort, Datum

_____   _____
Unterschrift Arbeitgeber   Unterschrift Arbeitnehmer

Vertrags-Check Arbeitsrecht

IV. Beginn des Arbeitsverhältnisses, Unternehmen mit Tarifbindung
Gewerbliche Arbeitnehmer

[1] Gewerblicher Arbeitnehmer ist, wer für einen selbstständig Gewerbetreibenden tätig ist. Gewerbliche Tätigkeit ist laut der Rechtsprechung des Bundesverwaltungsgerichts jede fortgesetzte, erlaubte, private, auf Dauer angelegte und auf die Erzielung von Gewinn gerichtete Tätigkeit. Zu den selbstständig Gewerbetreibenden gehören laut Gewerbeordnung (GewO) weder Rechtsanwälte, Notare, Wirtschaftsprüfer, Steuerberater und vereidigte Buchprüfer noch Ärzte, Apotheker, sonstige Heilberufler und diejenigen, die Fischerei und Viehzucht, Bergbau und das Unterrichtswesen und die Erziehung von Kindern gegen Entgelt betreiben. Auf das Arbeitsverhältnis zu gewerblichen Arbeitnehmern ist neben den allgemeinen Regelungen auch noch die GewO anzuwenden. Auswirkungen finden sich hauptsächlich im Bereich der Lohnzahlung und des Arbeitsschutzes.

[2] Tragen Sie hier das Datum ein, an welchem das Arbeitsverhältnis beginnen soll. In der Regel wird dies der erste Tag eines Monats sein. Soll das Arbeitsverhältnis während des laufenden Monats beginnen, so ist das Arbeitsentgelt im ersten Monat nur anteilig zu zahlen.

[3] Gewerbliche Arbeitnehmer unterliegen besonderen Arbeitsschutzregelungen. Diese sind z. B. festgehalten in der Arbeitsstättenverordnung, der Druckluftverordnung, der Verordnung über besondere Arbeitsschutzmaßnahmen bei Arbeiten im Freien in der Zeit vom 01.11. bis 31.03. Nach der GewO selbst sind zudem Toiletten sowie – sofern erforderlich – Umkleideräume und angemessene Gemeinschaftsunterkünfte vorzuhalten. Auch die ärztliche Untersuchung für die Eignung der Tätigkeit fällt unter diesen Schutzgedanken.

[4] Der Tarifvertrag ist genau zu bezeichnen. Die Grundregelungen eines Tarifvertrages sind üblicherweise in sogenannten Mantel- oder Rahmentarifverträgen enthalten.

[5] Hier fügen Sie die Funktionsbeschreibung ein, wie z. B. Produktionsmitarbeiter, Monteur, Kraftfahrer und Ähnliches.

[6] Es ist sinnvoll, dem Arbeitnehmer einen Aufgabenbereich zuzuweisen, der seine Tätigkeit im Unternehmen beschreibt. Möglich ist aber auch die Bezeichnung der Abteilung.

[7] Diese Öffnungsklausel erlaubt es Ihnen als Arbeitgeber, den Tätigkeitsbereich zu verändern, ohne dass es einer Änderungskündigung bedarf.

[8] Auch bezüglich des Arbeitsortes sollte die Vereinbarung möglichst offen gestaltet sein, um den Arbeitnehmer flexibel einsetzen zu können.

---

[1] Teilzeitarbeitsvertrag gewerblicher Arbeitnehmer

Zwischen

Kruse Textil
Streifenufer 2
12345 Musterstadt

nachfolgend „Arbeitgeber" genannt

und

Herrn/Frau
Cordula Flink
Hasenstraße 5b
12345 Musterstadt

nachfolgend „Arbeitnehmer" genannt

§ 1 Beginn des Arbeitsverhältnisses

[2] 1. Das Arbeitsverhältnis beginnt am **01.05.** . Die Einstellung erfolgt unter dem Vorbehalt, **[3]** dass der Betriebsarzt der Firma die Eignung des Arbeitnehmers feststellt.

[4] 2. Die ersten 6 Monate gelten als Probezeit. Eine Kündigung des Arbeitsverhältnisses ist unter Einhaltung der im Tarifvertrag festgelegten Fristen möglich.

§ 2 Tätigkeitsgebiet, Ort der Tätigkeit

[5] 1. Der Arbeitnehmer wird als **Näherin** für den Aufgabenbereich **Produktion Hemden** eingestellt. **[6]**

[7] 2. Der Arbeitnehmer ist verpflichtet, auch andere – seinen Fähigkeiten und seiner Aus- und Fortbildung entsprechende – zumutbare Tätigkeiten außerhalb seines Aufgabenbereiches zu verrichten.

3. Der Arbeitnehmer wird seine ganze Arbeitskraft und fachlichen Kenntnisse und Erfahrungen ausschließlich dem Arbeitgeber widmen. Während der Dauer des Arbeitsverhältnisses ist jede Übernahme einer entgeltlichen oder unentgeltlichen Nebentätigkeit nur mit vorheriger Zustimmung des Arbeitgebers zulässig.

[8] 4. Der Arbeitnehmer übt seine Tätigkeit am Firmensitz in **Musterstadt** aus. Der Arbeitgeber behält sich vor, den Arbeitnehmer auch an einem anderen Ort einzusetzen.

1/3

Kopiervorlage

Teilzeitarbeitsvertrag

Zwischen

_____
_____

nachfolgend „Arbeitgeber" genannt

und

Herrn/Frau

_____
_____

nachfolgend „Arbeitnehmer" genannt

§ 1 Beginn des Arbeitsverhältnisses

1. Das Arbeitsverhältnis beginnt am _____. Die Einstellung erfolgt unter dem Vorbehalt, dass der Betriebsarzt der Firma die Eignung des Arbeitnehmers feststellt.

2. Die ersten 6 Monate gelten als Probezeit. Eine Kündigung des Arbeitsverhältnisses ist unter Einhaltung der im Tarifvertrag festgelegten Fristen möglich.

§ 2 Tätigkeitsgebiet, Ort der Tätigkeit

1. Der Arbeitnehmer wird als _____ für den Aufgabenbereich _____ eingestellt.

2. Der Arbeitnehmer ist verpflichtet, auch andere – seinen Fähigkeiten und seiner Aus- und Fortbildung entsprechende – zumutbare Tätigkeiten außerhalb seines Aufgabenbereiches zu verrichten.

3. Der Arbeitnehmer wird seine ganze Arbeitskraft und fachlichen Kenntnisse und Erfahrungen ausschließlich dem Arbeitgeber widmen. Während der Dauer des Arbeitsverhältnisses ist jede Übernahme einer entgeltlichen oder unentgeltlichen Nebentätigkeit nur mit vorheriger Zustimmung des Arbeitgebers zulässig.

4. Der Arbeitnehmer übt seine Tätigkeit am Firmensitz in _____ aus. Der Arbeitgeber behält sich vor, den Arbeitnehmer auch an einem anderen Ort einzusetzen.

Vertrags-Check Arbeitsrecht

IV. Beginn des Arbeitsverhältnisses, Unternehmen mit Tarifbindung
Gewerbliche Arbeitnehmer

9 Tragen Sie hier die mit dem Arbeitnehmer vereinbarte Wochenarbeitszeit ein. Ein Teilzeitarbeitsverhältnis liegt dann vor, wenn vereinbarte Arbeitszeit weniger als die betriebsübliche Arbeitszeit eines Vollzeitbeschäftigten beträgt.

10 Die Festlegung der Arbeitszeit folgt in der Regel den Interessen des Arbeitnehmers. Anders als bei einem Abrufarbeitsvertrag soll hier für den Arbeitnehmer die Arbeitszeit planbar sein. Durch die folgende Öffnungsklausel werden aber Ihre Interessen hinreichend berücksichtigt.

11 Nach dem Tarifvertragsgesetz (TVG) ist es möglich, übertarifliche Zulagen anzurechnen. Dabei wird lediglich die Zusammensetzung des Gehaltes (Anteil tarifliche Zahlung/Anteil übertarifliche Zahlung) verändert, die Auszahlungshöhe bleibt gleich. Sofern Sie übertarifliche Zulagen anrechnen wollen, müssen Sie dies dem Arbeitnehmer gegenüber ausdrücklich mitteilen.

12 Üblicherweise sind in Tarifverträgen der Urlaubsanspruch des Arbeitnehmers sowie Regelungen bei Arbeitsunfähigkeit und bei Kündigungen enthalten.

13 Der besondere Arbeitsschutz der gewerblichen Arbeitnehmer ist auch im Arbeitssicherheitsgesetz festgelegt. Hiernach sind Sie als Arbeitgeber verpflichtet, eine Gefahrenanalyse (Gefährdungsbeurteilung) des Arbeitsplatzes vorzunehmen und Ihren Arbeitnehmer im Rahmen einer Arbeitseinweisung auf die besonderen Gefahren aufmerksam zu machen. Aber auch der Arbeitnehmer ist verpflichtet, die Gefahren am Arbeitsplatz zu beobachten und Sie als Arbeitgeber zu informieren, damit Sie geeignete Gegenmaßnahmen treffen können.

Teilzeitarbeitsvertrag gewerblicher Arbeitnehmer

§ 3 Arbeitszeit

9 1. Die wöchentliche Arbeitszeit beträgt <u>18</u> Stunden.

2. In der Regel ist der Arbeitnehmer an folgenden Wochentagen: <u>Montag, Mittwoch und Freitag</u> in der Zeit von <u>07:00 Uhr bis 13:00 Uhr</u> tätig.

10 Abweichungen von dieser vereinbarten Arbeitszeit sind in dringenden betrieblichen Fällen möglich. Der Arbeitgeber wird die Abweichung frühestmöglich bekannt geben.

Der Arbeitgeber weist ausdrücklich darauf hin, dass Pausen nach Maßgabe des Arbeitszeitgesetzes zu nehmen sind.

§ 4 Vergütung

1. Der Arbeitnehmer wird in die Vergütungsgruppe <u>2a</u> des jeweils geltenden Tarifvertrages eingruppiert. Zudem erhält er eine übertarifliche Zulage in Höhe von <u>DM 22,50/EUR ...</u>. Dieser übertarifliche Entgeltbestandteil wird freiwillig gewährt und steht unter dem Vorbehalt des jederzeitigen freien Widerrufs. Die übertarifliche Zulage kann im Fall von Tariferhöhungen nach Maßgabe des Tarifvertrages angerechnet werden.

2. Das Gehalt des Arbeitnehmers beträgt daher pro Monat

<u>DM 1.222,50/EUR ...</u> brutto
<u>DM 22,50/EUR ...</u> brutto (übertarifliche Zulage)
<u>DM 1.245,-/EUR ...</u> brutto

11 und wird jeweils am Ende des Monats gezahlt. Der Arbeitnehmer erklärt sich damit einverstanden, dass sein Gehalt auf ein von ihm zu benennendes Bank- oder Postbankkonto überwiesen wird.

3. Alle Sonderzahlungen wie zusätzliches Urlaubsgeld, 13. Monatseinkommen und vermögenswirksame Leistungen des Arbeitgebers erfolgen entsprechend der jeweils gültigen tariflichen Regelung.

12 ### § 5 Tarifliche Bestimmungen

Für das Arbeitsverhältnis gelten, mit Ausnahme der in diesem Vertrag geregelten Punkte, die Regelungen des <u>Manteltarifvertrages für die Bekleidungsindustrie</u> in der jeweils geltenden Fassung sowie die allgemeinen gesetzlichen Bestimmungen.

§ 6 Arbeitsschutz

Der Arbeitnehmer wird bei Beginn der Arbeit in die jeweiligen Arbeitsschutzvorschriften eingewiesen. Er erhält in der Anlage zu diesem Vertrag eine schriftliche Zusammenfassung der Arbeitsschutzvorschriften. Der Arbeitnehmer verpflichtet sich, die besonderen Gefahren des **13** Arbeitsplatzes zu beachten und den Arbeitgeber über weitere mögliche Gefahren unverzüglich zu informieren.

2/3

Kopiervorlage

Vertrags-Check Arbeitsrecht, 1. Band: Basisverträge

Teilzeitarbeitsvertrag

§ 3 Arbeitszeit

1. Die wöchentliche Arbeitszeit beträgt ___ Stunden.

2. In der Regel ist der Arbeitnehmer an folgenden Wochentagen: _____
in der Zeit von _____ tätig.

   Abweichungen von dieser vereinbarten Arbeitszeit sind in dringenden betrieblichen Fällen möglich. Der Arbeitgeber wird die Abweichung frühestmöglich bekannt geben.

   Der Arbeitgeber weist ausdrücklich darauf hin, dass Pausen nach Maßgabe des Arbeitszeitgesetzes zu nehmen sind.

§ 4 Vergütung

1. Der Arbeitnehmer wird in die Vergütungsgruppe ___ des jeweils geltenden Tarifvertrages eingruppiert. Zudem erhält er eine übertarifliche Zulage in Höhe von _____. Dieser übertarifliche Entgeltbestandteil wird freiwillig gewährt und steht unter dem Vorbehalt des jederzeitigen freien Widerrufs. Die übertarifliche Zulage kann im Fall von Tariferhöhungen nach Maßgabe des Tarifvertrages angerechnet werden.

2. Das Gehalt des Arbeitnehmers beträgt daher pro Monat

   _____ brutto
   _____ brutto (übertarifliche Zulage)
   _____ brutto

   und wird jeweils am Ende des Monats gezahlt. Der Arbeitnehmer erklärt sich damit einverstanden, dass sein Gehalt auf ein von ihm zu benennendes Bank- oder Postbankkonto überwiesen wird.

3. Alle Sonderzahlungen wie zusätzliches Urlaubsgeld, 13. Monatseinkommen und vermögenswirksame Leistungen des Arbeitgebers erfolgen entsprechend der jeweils gültigen tariflichen Regelung.

§ 5 Tarifliche Bestimmungen

Für das Arbeitsverhältnis gelten, mit Ausnahme der in diesem Vertrag geregelten Punkte, die Regelungen des _____ in der jeweils geltenden Fassung sowie die allgemeinen gesetzlichen Bestimmungen.

§ 6 Arbeitsschutz

Der Arbeitnehmer wird bei Beginn der Arbeit in die jeweiligen Arbeitsschutzvorschriften eingewiesen. Er erhält in der Anlage zu diesem Vertrag eine schriftliche Zusammenfassung der Arbeitsschutzvorschriften. Der Arbeitnehmer verpflichtet sich, die besonderen Gefahren des Arbeitsplatzes zu beachten und den Arbeitgeber über weitere mögliche Gefahren unverzüglich zu informieren.

Vertrags-Check Arbeitsrecht

IV. Beginn des Arbeitsverhältnisses, Unternehmen mit Tarifbindung
Gewerbliche Arbeitnehmer

14 Die Speicherung und Verarbeitung von personenbezogenen Daten ist in jedem Betrieb erforderlich. Spätestens bei der Lohnabrechnung (eventuell bei einem mit der Lohnabrechnung beauftragten Steuerberater) müssen Daten des Arbeitnehmers in eine DV-Anlage eingegeben und verarbeitet werden.

15 Vertragsänderungen sollten Sie zu Beweiszwecken immer schriftlich verfassen.

Teilzeitarbeitsvertrag gewerblicher Arbeitnehmer

§ 7 Verschwiegenheitspflicht, Rückgabe von Unterlagen und sonstigem Firmeneigentum

1. Der Arbeitnehmer ist verpflichtet, über alle ihm bekannten Angelegenheiten, Vorgänge, Verträge und Geschäftsbeziehungen innerhalb und außerhalb des Betriebes und auch nach seinem Ausscheiden aus dem Arbeitsverhältnis Verschwiegenheit zu bewahren.

2. Dazu gehören neben Geschäfts- und Betriebsgeheimnissen auch persönliche Verhältnisse der Kollegen und Vorgesetzten.

3. Ein Verstoß gegen die Verschwiegenheitspflicht führt zu einem Schadensersatzanspruch des Arbeitgebers; in Extremfällen kann ordentlich bzw. außerordentlich gekündigt werden.

4. Der Arbeitnehmer hat jederzeit auf Verlangen des Arbeitgebers, spätestens aber unaufgefordert bei Beendigung des Arbeitsverhältnisses alles Material, insbesondere alle Werkzeuge, Arbeitskleidung, Unterlagen, Kopien etc. zurückzugeben, die im Zusammenhang mit seiner Tätigkeit für den Arbeitgeber in seinen Besitz gelangt sind. Dem Arbeitnehmer steht ein Zurückbehaltungsrecht insoweit nicht zu.

14 § 8 Speicherung von Daten

Der Arbeitnehmer ist im Sinne des Bundesdatenschutzgesetzes (BDSG) darüber unterrichtet worden, dass seine persönlichen Daten im Zusammenhang mit dem Arbeitsverhältnis in einer DV-Anlage gespeichert werden und erklärt sich damit einverstanden.

§ 9 Sonstige Bestimmungen

15 1. Änderungen und Ergänzungen dieses Vertrages bedürfen der Schriftform; dies gilt auch für einen Verzicht auf das Schriftformerfordernis selbst.

2. Mündliche Nebenabreden zu diesem Vertrag bestehen nicht.

Musterstadt, 01.04.
Ort, Datum

Alfred Kruse, sen.
Inhaber
Unterschrift Arbeitgeber

Cordula Flink
Unterschrift Arbeitnehmer

3/3

Kopiervorlage

Teilzeitarbeitsvertrag

§ 7 Verschwiegenheitspflicht, Rückgabe von Unterlagen und sonstigem Firmeneigentum

1. Der Arbeitnehmer ist verpflichtet, über alle ihm bekannten Angelegenheiten, Vorgänge, Verträge und Geschäftsbeziehungen innerhalb und außerhalb des Betriebes und auch nach seinem Ausscheiden aus dem Arbeitsverhältnis Verschwiegenheit zu bewahren.

2. Dazu gehören neben Geschäfts- und Betriebsgeheimnissen auch persönliche Verhältnisse der Kollegen und Vorgesetzten.

3. Ein Verstoß gegen die Verschwiegenheitspflicht führt zu einem Schadensersatzanspruch des Arbeitgebers; in Extremfällen kann ordentlich bzw. außerordentlich gekündigt werden.

4. Der Arbeitnehmer hat jederzeit auf Verlangen des Arbeitgebers, spätestens aber unaufgefordert bei Beendigung des Arbeitsverhältnisses alles Material, insbesondere alle Werkzeuge, Arbeitskleidung, Unterlagen, Kopien etc. zurückzugeben, die im Zusammenhang mit seiner Tätigkeit für den Arbeitgeber in seinen Besitz gelangt sind. Dem Arbeitnehmer steht ein Zurückbehaltungsrecht insoweit nicht zu.

§ 8 Speicherung von Daten

Der Arbeitnehmer ist im Sinne des Bundesdatenschutzgesetzes (BDSG) darüber unterrichtet worden, dass seine persönlichen Daten im Zusammenhang mit dem Arbeitsverhältnis in einer DV-Anlage gespeichert werden und erklärt sich damit einverstanden.

§ 9 Sonstige Bestimmungen

1. Änderungen und Ergänzungen dieses Vertrages bedürfen der Schriftform; dies gilt auch für einen Verzicht auf das Schriftformerfordernis selbst.

2. Mündliche Nebenabreden zu diesem Vertrag bestehen nicht.

_____
Ort, Datum

_____ _____
Unterschrift Arbeitgeber Unterschrift Arbeitnehmer

Vertrags-Check Arbeitsrecht

IV. Beginn des Arbeitsverhältnisses, Unternehmen mit Tarifbindung
Aushilfsarbeitsverträge

[1] Ein Arbeitsverhältnis auf Basis geringfügiger Beschäftigung ist durch die am 01.04.1999 in Kraft getretene Novellierung für den Arbeitnehmer fast nur noch attraktiv, wenn der Beschäftigte keine weiteren Einkünfte im Sinne des Gesetzes hat.

Sobald weitere Einkünfte z. B. aus einem Hauptarbeitsverhältnis, aus Unterhalts- oder Rentenzahlungen hinzutreten, unterliegt auch das Entgelt aus dem geringfügigen Arbeitsverhältnis in vollem Umfang der Sozialversicherungspflicht. Dies bedeutet, dass auch der Mitarbeiter die Hälfte der Sozialversicherungsbeiträge tragen muss. Zudem hat der Mitarbeiter sein Entgelt zu versteuern. Sie können als Arbeitgeber allerdings die Lohnsteuer übernehmen und als pauschale Lohnsteuer abführen.

Ohne weitere Einkünfte des Arbeitnehmers haben Sie die Möglichkeit, für das Entgelt aus dem geringfügigen Beschäftigungsverhältnis pauschal Sozialversicherungsbeiträge abzuführen. Hierfür werden für die Krankenversicherung pauschal 10 % und für die Rentenversicherung weitere 12 % gezahlt.

[2] Bei geringfügig Beschäftigten empfiehlt es sich, die Art der Arbeitsleistung so offen wie möglich zu gestalten, um diese schnellstmöglich und unproblematisch ändern zu können. Nicht ohne weiteres veränderbar ist allerdings die einmal vereinbarte Vergütung für die Tätigkeit.

[3] Auch bezüglich des Arbeitsorts sollte die Vereinbarung möglichst offen gestaltet sein, um den Mitarbeiter flexibel einsetzen zu können.

[4] Der Tarifvertrag ist genau zu bezeichnen. Die Grundsatzbestimmungen tarifvertraglicher Vereinbarungen sind üblicherweise in so genannten Mantel- oder Rahmentarifverträgen enthalten.

Arbeitsvertrag für geringfügig Beschäftigte

Zwischen

Ulrich Tisch GmbH
Industrieweg 6

12345 Musterstadt

nachfolgend „Arbeitgeber" genannt

und

Herrn/Frau
Peter Igor
Meierwiesen 52c

12345 Musterstadt

nachfolgend „Mitarbeiter" genannt

§ 1 Aufgabe

[1] 1. Der Mitarbeiter wird mit Wirkung ab dem <u>01.06.</u> als <u>Aushilfe</u> eingestellt. Das Arbeitsgebiet des Mitarbeiters umfasst folgende Aufgaben: <u>sämtliche Aushilfstätigkeiten, die in der Produktion anfallen.</u>

[2] 2. Der Arbeitgeber behält sich vor, dem Mitarbeiter andere angemessene oder zumutbare Tätigkeiten zu übertragen. Der Mitarbeiter verpflichtet sich, diese anderen Arbeiten zu übernehmen. Eine Lohnminderung ist dabei ausgeschlossen.

§ 2 Arbeitsort

[3] Der Mitarbeiter übt seine Tätigkeit am Firmensitz in <u>Musterstadt</u> aus. Der Arbeitgeber behält sich vor, den Mitarbeiter auch an einem anderen Ort einzusetzen.

§ 3 Tarifliche Bestimmungen

Für das Arbeitsverhältnis gelten, mit Ausnahme der in diesem Vertrag geregelten Punkte, die
[4] Regelungen des <u>Manteltarifvertrages für die Korbwaren-, Korbmöbel- und Kinderwagenindustrie</u> in der jeweils geltenden Fassung sowie die allgemeinen gesetzlichen Bestimmungen.

1/3

Kopiervorlage

Arbeitsvertrag

Zwischen

_____
_____

_____

nachfolgend „Arbeitgeber" genannt

und

Herrn/Frau

_____
_____

_____

nachfolgend „Mitarbeiter" genannt

§ 1 Aufgabe

1. Der Mitarbeiter wird mit Wirkung ab dem _____ als _____ eingestellt. Das Arbeitsgebiet des Mitarbeiters umfasst folgende Aufgaben: _____
_____

2. Der Arbeitgeber behält sich vor, dem Mitarbeiter andere angemessene oder zumutbare Tätigkeiten zu übertragen. Der Mitarbeiter verpflichtet sich, diese anderen Arbeiten zu übernehmen. Eine Lohnminderung ist dabei ausgeschlossen.

§ 2 Arbeitsort

Der Mitarbeiter übt seine Tätigkeit am Firmensitz in _____ aus. Der Arbeitgeber behält sich vor, den Mitarbeiter auch an einem anderen Ort einzusetzen.

§ 3 Tarifliche Bestimmungen

Für das Arbeitsverhältnis gelten, mit Ausnahme der in diesem Vertrag geregelten Punkte, die Regelungen des _____
in der jeweils geltenden Fassung sowie die allgemeinen gesetzlichen Bestimmungen.

Vertrags-Check Arbeitsrecht

IV. Beginn des Arbeitsverhältnisses, Unternehmen mit Tarifbindung
Aushilfsarbeitsverträge

5 Die wöchentliche Arbeitszeit muss bei geringfügig Beschäftigten weniger als 15 Wochenstunden betragen.

6 Die Abrechnung der geringfügigen Beschäftigung richtet sich nach der Frage, ob ein Mitarbeiter auch noch anderweitige Einkünfte hat.

7 Eine solche Freistellungsbescheinigung wird vom Finanzamt oft sehr schnell und problemlos ausgestellt. Nach Vorlage der Freistellungsbescheinigung müssen Sie keine Lohnsteuer für den Mitarbeiter abführen.

Auf der Bescheinigung haben Sie bei Beendigung des Arbeitsverhältnisses bzw. am Ende des Kalenderjahres zu bescheinigen, wie hoch die Einkünfte des geringfügig beschäftigten Mitarbeiters waren.

Arbeitsvertrag für geringfügig Beschäftigte

§ 4 Probezeit/Kündigung

Die ersten <u>6</u> Monate des Arbeitsverhältnisses gelten als Probezeit. Eine Kündigung des Arbeitsverhältnisses sowohl während der Probezeit als auch danach ist unter Einhaltung der im Tarifvertrag festgelegten Fristen möglich.

§ 5 Arbeitszeit

5 ▶ Die regelmäßige Arbeitszeit beträgt <u>14</u> Stunden wöchentlich. Sie verteilt sich auf die einzelnen Wochentage wie folgt: <u>Montag und Freitag jeweils von 08:30 Uhr bis 13:00 Uhr und von 13:30 Uhr bis 15:00 Uhr.</u> Der Arbeitgeber behält sich vor, die Einteilung der Arbeitszeit nach vorheriger Ankündigung den Notwendigkeiten anzupassen.

§ 6 Vergütung

Der Mitarbeiter erhält für seine Tätigkeit <u>DM 630,-/EUR ...</u> pro Monat nach Maßgabe von § 7 dieses Vertrags und des geltenden Tarifvertrags.

Die Zahlung der Vergütung erfolgt bargeldlos am Monatsende. Der Mitarbeiter wird dem Arbeitgeber innerhalb von 10 Tagen nach Beginn des Arbeitsverhältnisses eine Kontoverbindung mitteilen.

6 ▶ § 7 Nebentätigkeit/Lohnsteuer, Sozialversicherung

1. Der Mitarbeiter bestätigt ausdrücklich, dass er zur Zeit neben dieser Tätigkeit keine andere Tätigkeit ausübt. Vor Aufnahme einer weiteren entgeltlichen oder unentgeltlichen Tätigkeit – insbesondere, wenn diese Einfluss auf die Sozialversicherungspflicht und Steuerpflicht des Mitarbeiters hat – ist der Arbeitgeber zu informieren. Jede weitere Tätigkeit, die das Arbeitsverhältnis beeinträchtigt, ist untersagt. Der Mitarbeiter erkennt an, dass Verstöße gegen die Mitteilungspflichten Haftungsansprüche des Arbeitgebers auslösen können.

7 ▶ 2. Unter der Voraussetzung, dass der Mitarbeiter keiner weiteren Beschäftigung nachgeht und keine weiteren sonstigen Einkünfte bezieht und der Mitarbeiter eine Freistellungsbescheinigung seines Finanzamts vorlegt, bleibt das Arbeitsentgelt lohnsteuerfrei.
Der Arbeitgeber trägt in diesem Fall die dann anfallenden Sozialversicherungsbeiträge alleine, und zwar 12 % zur Rentenversicherung und 10 % zur Krankenversicherung. Ansprüche erlangt der Mitarbeiter hieraus nicht. Der Mitarbeiter hat die Möglichkeit, den Rentenbeitrag um 7,5 % des Entgelts auf seine Kosten aufzustocken; er erwirbt dann Anspruch auf alle Leistungen der Rentenversicherung. Legt der Mitarbeiter keine Freistellungsbescheinigung des Finanzamts vor, so wird das Arbeitsentgelt lohnsteuerpflichtig.

3. Bezieht der Mitarbeiter Einkünfte aus mehreren geringfügigen Beschäftigungen oder aus einer geringfügigen Beschäftigung und einer Hauptbeschäftigung, so ist jede einzelne Beschäftigung sozialversicherungs- und lohnsteuerpflichtig. Der Mitarbeiter hat die Sozialversicherungsbeiträge zu 50 % und die Lohnsteuer in vollem Umfang zu tragen. Der Mitarbeiter muss dem Arbeitgeber unverzüglich nach Dienstantritt eine Lohnsteuerkarte vorlegen.

2/3

Kopiervorlage

Arbeitsvertrag

§ 4 Probezeit/Kündigung

Die ersten ___ Monate des Arbeitsverhältnisses gelten als Probezeit. Eine Kündigung des Arbeitsverhältnisses sowohl während der Probezeit als auch danach ist unter Einhaltung der im Tarifvertrag festgelegten Fristen möglich.

§ 5 Arbeitszeit

Die regelmäßige Arbeitszeit beträgt ___ Stunden wöchentlich. Sie verteilt sich auf die einzelnen Wochentage wie folgt: _____
_____ Der Arbeitgeber behält sich vor, die Einteilung der Arbeitszeit nach vorheriger Ankündigung den Notwendigkeiten anzupassen.

§ 6 Vergütung

Der Mitarbeiter erhält für seine Tätigkeit _____ pro Monat nach Maßgabe von § 7 dieses Vertrags und des geltenden Tarifvertrags.

Die Zahlung der Vergütung erfolgt bargeldlos am Monatsende. Der Mitarbeiter wird dem Arbeitgeber innerhalb von 10 Tagen nach Beginn des Arbeitsverhältnisses eine Kontoverbindung mitteilen.

§ 7 Nebentätigkeit/Lohnsteuer, Sozialversicherung

1. Der Mitarbeiter bestätigt ausdrücklich, dass er zur Zeit neben dieser Tätigkeit keine andere Tätigkeit ausübt. Vor Aufnahme einer weiteren entgeltlichen oder unentgeltlichen Tätigkeit – insbesondere, wenn diese Einfluss auf die Sozialversicherungspflicht und Steuerpflicht des Mitarbeiters hat – ist der Arbeitgeber zu informieren. Jede weitere Tätigkeit, die das Arbeitsverhältnis beeinträchtigt, ist untersagt. Der Mitarbeiter erkennt an, dass Verstöße gegen die Mitteilungspflichten Haftungsansprüche des Arbeitgebers auslösen können.

2. Unter der Voraussetzung, dass der Mitarbeiter keiner weiteren Beschäftigung nachgeht und keine weiteren sonstigen Einkünfte bezieht und der Mitarbeiter eine Freistellungsbescheinigung seines Finanzamts vorlegt, bleibt das Arbeitsentgelt lohnsteuerfrei.
Der Arbeitgeber trägt in diesem Fall die dann anfallenden Sozialversicherungsbeiträge alleine, und zwar 12 % zur Rentenversicherung und 10 % zur Krankenversicherung. Ansprüche erlangt der Mitarbeiter hieraus nicht. Der Mitarbeiter hat die Möglichkeit, den Rentenbeitrag um 7,5 % des Entgelts auf seine Kosten aufzustocken; er erwirbt dann Anspruch auf alle Leistungen der Rentenversicherung. Legt der Mitarbeiter keine Freistellungsbescheinigung des Finanzamts vor, so wird das Arbeitsentgelt lohnsteuerpflichtig.

3. Bezieht der Mitarbeiter Einkünfte aus mehreren geringfügigen Beschäftigungen oder aus einer geringfügigen Beschäftigung und einer Hauptbeschäftigung, so ist jede einzelne Beschäftigung sozialversicherungs- und lohnsteuerpflichtig. Der Mitarbeiter hat die Sozialversicherungsbeiträge zu 50 % und die Lohnsteuer in vollem Umfang zu tragen. Der Mitarbeiter muss dem Arbeitgeber unverzüglich nach Dienstantritt eine Lohnsteuerkarte vorlegen.

Vertrags-Check Arbeitsrecht

IV. Beginn des Arbeitsverhältnisses, Unternehmen mit Tarifbindung
Aushilfsarbeitsverträge

[8] Die Speicherung und Verarbeitung von personenbezogenen Daten ist in jedem Betrieb erforderlich. Spätestens bei der Lohnabrechnung (eventuell bei einem mit der Lohnabrechnung beauftragten Steuerberater) müssen Daten des Mitarbeiters in eine DV-Anlage eingegeben und verarbeitet werden.

[9] Vertragsänderungen sollten Sie zu Beweiszwecken immer schriftlich verfassen.

[10] Diese Regelung wird als Teilunwirksamkeitsklausel oder auch salvatorische Klausel bezeichnet. Sie soll verhindern, dass bei einem unwirksamen Teil des Vertrags gleich das gesamte Vertragswerk entfällt. Sie finden diese oder ähnliche Klauseln auch in einer Vielzahl von anderen Verträgen.

Arbeitsvertrag für geringfügig Beschäftigte

§ 8 Verschwiegenheitspflicht, Rückgabe von Unterlagen und sonstigem Firmeneigentum

1. Der Mitarbeiter ist verpflichtet, über alle ihm bekannten Angelegenheiten, Vorgänge, Verträge und Geschäftsbeziehungen innerhalb und außerhalb des Betriebs und auch nach seinem Ausscheiden aus dem Anstellungsverhältnis Verschwiegenheit zu bewahren. Dazu gehören neben Geschäfts- und Betriebsgeheimnissen auch persönliche Verhältnisse der Mitarbeiter und Vorgesetzten. Ein Verstoß gegen die Verschwiegenheitspflicht führt zu einem Schadensersatzanspruch des Arbeitgebers; in Extremfällen kann ordentlich bzw. außerordentlich gekündigt werden.

2. Der Mitarbeiter hat jederzeit auf Verlangen des Arbeitgebers, spätestens aber unaufgefordert bei Beendigung des Arbeitsverhältnisses alles Material, insbesondere alle Unterlagen, Kopien etc. zurückzugeben, die im Zusammenhang mit seiner Tätigkeit für den Arbeitgeber in seinen Besitz gelangt sind. Dem Mitarbeiter steht ein Zurückbehaltungsrecht insoweit nicht zu.

3. Der Mitarbeiter verpflichtet sich durch seine Unterschrift auf einem gesonderten Formblatt, das Datengeheimnis gemäß § 5 Bundesdatenschutzgesetz (BDSG) zu wahren. Die Verpflichtung auf das Datengeheimnis ist Bestandteil dieses Vertrags und zwingend als Anlage zu diesem Vertrag zu führen.

[8] § 9 Speicherung von Daten

Der Mitarbeiter ist im Sinne des Bundesdatenschutzgesetzes (BDSG) darüber unterrichtet worden, dass seine persönlichen Daten im Zusammenhang mit dem Anstellungsverhältnis in einer DV-Anlage gespeichert werden, und erklärt sich damit einverstanden.

§ 10 Sonstige Bestimmungen

[9] 1. Änderungen und Ergänzungen dieses Vertrags bedürfen der Schriftform; dies gilt auch für einen Verzicht auf das Schriftformerfordernis selbst.

2. Mündliche Nebenabreden zu diesem Vertrag bestehen nicht.

[10] 3. Sollten sich einzelne Bestimmungen dieses Vertrags als unwirksam erweisen, so wird dadurch die Wirksamkeit der übrigen Bestimmungen nicht berührt. Eine ungültige oder unklare Bestimmung ist so zu ersetzen bzw. zu deuten, dass der mit ihr beabsichtigte wirtschaftliche Zweck erreicht wird. Lücken sind dem beabsichtigten wirtschaftlichen Zweck entsprechend zu füllen.

Musterstadt, 26.05.
Ort, Datum

Ulrich Tisch
Unterschrift Arbeitgeber

Peter Igor
Unterschrift Mitarbeiter

Kopiervorlage

3/3

Arbeitsvertrag

§ 8 Verschwiegenheitspflicht, Rückgabe von Unterlagen und sonstigem Firmeneigentum

1. Der Mitarbeiter ist verpflichtet, über alle ihm bekannten Angelegenheiten, Vorgänge, Verträge und Geschäftsbeziehungen innerhalb und außerhalb des Betriebs und auch nach seinem Ausscheiden aus dem Anstellungsverhältnis Verschwiegenheit zu bewahren. Dazu gehören neben Geschäfts- und Betriebsgeheimnissen auch persönliche Verhältnisse der Mitarbeiter und Vorgesetzten. Ein Verstoß gegen die Verschwiegenheitspflicht führt zu einem Schadensersatzanspruch des Arbeitgebers; in Extremfällen kann ordentlich bzw. außerordentlich gekündigt werden.

2. Der Mitarbeiter hat jederzeit auf Verlangen des Arbeitgebers, spätestens aber unaufgefordert bei Beendigung des Arbeitsverhältnisses alles Material, insbesondere alle Unterlagen, Kopien etc. zurückzugeben, die im Zusammenhang mit seiner Tätigkeit für den Arbeitgeber in seinen Besitz gelangt sind. Dem Mitarbeiter steht ein Zurückbehaltungsrecht insoweit nicht zu.

3. Der Mitarbeiter verpflichtet sich durch seine Unterschrift auf einem gesonderten Formblatt, das Datengeheimnis gemäß § 5 Bundesdatenschutzgesetz (BDSG) zu wahren. Die Verpflichtung auf das Datengeheimnis ist Bestandteil dieses Vertrags und zwingend als Anlage zu diesem Vertrag zu führen.

§ 9 Speicherung von Daten

Der Mitarbeiter ist im Sinne des Bundesdatenschutzgesetzes (BDSG) darüber unterrichtet worden, dass seine persönlichen Daten im Zusammenhang mit dem Anstellungsverhältnis in einer DV-Anlage gespeichert werden, und erklärt sich damit einverstanden.

§ 10 Sonstige Bestimmungen

1. Änderungen und Ergänzungen dieses Vertrags bedürfen der Schriftform; dies gilt auch für einen Verzicht auf das Schriftformerfordernis selbst.

2. Mündliche Nebenabreden zu diesem Vertrag bestehen nicht.

3. Sollten sich einzelne Bestimmungen dieses Vertrags als unwirksam erweisen, so wird dadurch die Wirksamkeit der übrigen Bestimmungen nicht berührt. Eine ungültige oder unklare Bestimmung ist so zu ersetzen bzw. zu deuten, dass der mit ihr beabsichtigte wirtschaftliche Zweck erreicht wird. Lücken sind dem beabsichtigten wirtschaftlichen Zweck entsprechend zu füllen.

_____
Ort, Datum

_____   _____
Unterschrift Arbeitgeber   Unterschrift Mitarbeiter

Vertrags-Check Arbeitsrecht

IV. Beginn des Arbeitsverhältnisses, Unternehmen mit Tarifbindung
Aushilfsarbeitsverträge

1 Ein kurzfristiges Beschäftigungsverhältnis bleibt sozialversicherungsfrei, wenn die folgenden Voraussetzungen erfüllt sind:

a) die Beschäftigung dauert maximal 2 Monate (bei einer Tätigkeit von mindestens 5 Tagen pro Woche innerhalb eines Bemessungszeitraumes von 12 Monaten) oder maximal 50 Arbeitstage (innerhalb eines Bemessungszeitraumes von 12 Monaten bei einer Tätigkeit von weniger als 5 Tagen pro Woche);

b) die Tätigkeit wird nicht berufsmäßig ausgeübt. Die Beurteilung der Berufsmäßigkeit ist nicht erforderlich, wenn die wöchentliche Beschäftigung weniger als 15 Stunden beträgt und die monatliche Vergütung derzeit DM 630,--/EUR .... nicht überschreitet.

2 Tragen Sie hier das Datum ein, an welchem das Arbeitsverhältnis beginnen soll. In der Regel wird dies der erste Tag eines Monats sein. Soll das Arbeitsverhältnis während des laufenden Monats beginnen, so ist das Arbeitsentgelt im ersten Monat nur anteilig zu zahlen.

3 Hier ist die Funktionsbeschreibung einzufügen, wie z. B. Verwaltungsangestellter, Finanzbuchhalter, Sachbearbeiter oder Ähnliches.

4 Es ist sinnvoll, dem Mitarbeiter einen Aufgabenbereich zuzuweisen, der seine Tätigkeit im Unternehmen beschreibt. Möglich ist aber auch die Bezeichnung der Abteilung.

5 Diese Öffnungsklausel erlaubt es dem Arbeitgeber, den Tätigkeitsbereich zu verändern, ohne dass es einer Änderungskündigung bedarf.

6 Eine kurzfristige Beschäftigung stellt zugleich einen befristeten Arbeitsvertrag dar. Sie müssen daher den Zeitpunkt des Vertragsendes genau bezeichnen.

7 Bezüglich des Arbeitsortes sollte die Vereinbarung möglichst offen gestaltet sein, um den Mitarbeiter flexibel einsetzen zu können.

8 Die ordentliche Kündigung eines befristeten Vertrages muss im Vertrag selbst erwähnt sein. Ansonsten ist eine Kündigung während der Laufzeit nur außerordentlich möglich. Die außerordentliche Kündigung stellt aber gerade im Arbeitsrecht die Ausnahme dar, die bei den Arbeitsgerichten zumeist nur sehr schwer durchzusetzen ist.

---

1 ▶ Arbeitsvertrag für kurzfristig Beschäftigte

Zwischen

Karl Otto Brücke Handelskontor
Kaianlage 8

12345 Musterstadt

nachfolgend „Arbeitgeber" genannt

und

Herrn/Frau
Matthias Koch
Weidenbuschweg 81

12345 Musterstadt

nachfolgend „Mitarbeiter" genannt

wird folgender Arbeitsvertrag geschlossen.

§ 1 Tätigkeitsgebiet, Vertragsdauer

2 ▶ 1. Der Mitarbeiter wird mit Wirkung ab dem <u>01.07.</u> als <u>Koordinator EDV-Umstellung</u> eingestellt. Das Arbeitsgebiet des Mitarbeiters umfasst folgende Aufgaben: <u>Organisation und Koordination der Umstellung der EDV-Anlage, Einspielen von Software, Schulung von Mitarbeitern</u> ◀ **3**
4 ▶

5 ▶ 2. Der Arbeitgeber behält sich vor, dem Mitarbeiter andere angemessene oder zumutbare Tätigkeiten zu übertragen. Der Mitarbeiter verpflichtet sich, diese anderen Arbeiten zu übernehmen. Eine Lohnminderung ist dabei ausgeschlossen.

6 ▶ 3. Das Arbeitsverhältnis endet, ohne dass es einer Kündigung bedarf, mit Ablauf des <u>31.08.</u>

§ 2 Arbeitsort

7 ▶ Der Mitarbeiter übt seine Tätigkeit am Firmensitz in <u>Musterstadt</u> aus. Der Arbeitgeber behält sich vor, den Mitarbeiter auch an einem anderen Ort einzusetzen.

8 ▶ **§ 3 Kündigung**

Während der Dauer des Arbeitsverhältnisses kann dieses von beiden Parteien nach Maßgabe des geltenden Tarifvertrages ordentlich gekündigt werden.

1/3

Kopiervorlage

Arbeitsvertrag

Zwischen

_____
_____

_____

nachfolgend „Arbeitgeber" genannt

und

Herrn/Frau

_____
_____

_____

nachfolgend „Mitarbeiter" genannt

wird folgender Arbeitsvertrag geschlossen.

§ 1 Tätigkeitsgebiet, Vertragsdauer

1. Der Mitarbeiter wird mit Wirkung ab dem _____ als _____ eingestellt. Das Arbeitsgebiet des Mitarbeiters umfasst folgende Aufgaben: _____
_____

2. Der Arbeitgeber behält sich vor, dem Mitarbeiter andere angemessene oder zumutbare Tätigkeiten zu übertragen. Der Mitarbeiter verpflichtet sich, diese anderen Arbeiten zu übernehmen. Eine Lohnminderung ist dabei ausgeschlossen.

3. Das Arbeitsverhältnis endet, ohne dass es einer Kündigung bedarf, mit Ablauf des _____.

§ 2 Arbeitsort

Der Mitarbeiter übt seine Tätigkeit am Firmensitz in _____ aus. Der Arbeitgeber behält sich vor, den Mitarbeiter auch an einem anderen Ort einzusetzen.

§ 3 Kündigung

Während der Dauer des Arbeitsverhältnisses kann dieses von beiden Parteien nach Maßgabe des geltenden Tarifvertrages ordentlich gekündigt werden.

Vertrags-Check Arbeitsrecht

IV. Beginn des Arbeitsverhältnisses, Unternehmen mit Tarifbindung
Aushilfsarbeitsverträge

9 Kurzfristige Beschäftigungen, die auf 2 Monate oder 50 Arbeitstage im Laufe eines Jahres begrenzt sind und die nicht berufsmäßig ausgeübt werden, sind sozialversicherungsfrei; die Dauer der Arbeitszeit und die Höhe des Arbeitsentgeltes spielen dabei keine Rolle.

Ihr kurzfristig beschäftigter Mitarbeiter übt seine Tätigkeit dann berufsmäßig aus, wenn diese für ihn nicht von nur untergeordneter wirtschaftlicher Bedeutung ist, er also unter Berücksichtigung seiner gesamten Lebensumstände seinen Lebensunterhalt mit der kurzfristigen Beschäftigung verdient.

Auf die Berufsmäßigkeit kommt es dann nicht an, wenn die wöchentliche Arbeitszeit 15 Stunden nicht erreicht und das monatliche Entgelt höchstens DM 630,--/EUR ... beträgt.

10 In diesem Beispiel wird davon ausgegangen, dass Ihr Mitarbeiter innerhalb des Grenzwertes von DM 630,--/EUR ... verbleibt, eine Prüfung der Berufsmäßigkeit ist damit entbehrlich.

11 Kurzfristige Beschäftigungen können pauschal mit 25 % Lohnsteuer versteuert werden. Das ist aber nur möglich, wenn auch nach dem Steuerrecht eine kurzfristige Beschäftigung vorliegt. Dies ist dann der Fall, wenn die Stundenlohngrenze von (Stand 2000) DM 22,--/EUR ... nicht überschritten wird, der Aushilfsmitarbeiter bei Ihnen nur gelegentlich und nicht regelmäßig wiederkehrend tätig ist, die Aushilfstätigkeit maximal 18 zusammenhängende Arbeitstage dauert und der durchschnittliche Tagesverdienst (Stand 2000) DM 120,--/EUR ... nicht übersteigt. In diesem Beispiel beträgt die Beschäftigungszeit 2 Monate, so dass mehr als 18 zusammenhängende Arbeitstage vorliegen. Damit kann keine pauschale Lohnsteuer abgeführt werden.

12 Bemessungszeitraum für die kurzfristige Beschäftigung ist ein Zeitraum von 12 Monaten. Hierbei handelt es sich nicht um das Kalenderjahr, sondern um die letzten 12 Monate vor Ablauf des Arbeitsvertrages.

13 Üblicherweise sind in Tarifverträgen der Urlaubsanspruch des Mitarbeiters sowie Regelungen bei Arbeitsunfähigkeit und bei Kündigungen enthalten. Bezeichnen Sie den Tarifvertrag möglichst genau. Die Grundsatzbestimmungen tarifvertraglicher Vereinbarungen finden sich in sogenannten Rahmen- oder Manteltarifverträgen.

Arbeitsvertrag für kurzfristig Beschäftigte

§ 4 Arbeitszeit

9 Die regelmäßige Arbeitszeit beträgt <u>12</u> Stunden wöchentlich. Sie verteilt sich auf die einzelnen Wochentage wie folgt: <u>Montag bis Mittwoch von 14:00 Uhr bis 18:00 Uhr</u>. Der Arbeitgeber behält sich vor, die Einteilung der Arbeitszeit nach vorheriger Ankündigung den betrieblichen Notwendigkeiten anzupassen.

§ 5 Vergütung

10 Der Mitarbeiter erhält für seine Tätigkeit <u>DM 630,--/EUR ...</u> brutto pro Monat nach Maßgabe des jeweils geltenden Tarifvertrages.

11 Die Versteuerung erfolgt nach den Angaben auf der Lohnsteuerkarte. Sind die Voraussetzungen des § 6 dieses Arbeitsvertrages erfüllt, bleibt das Beschäftigungsverhältnis sozialversicherungsfrei. Sofern die dort genannten Grenzen überschritten werden, sind zusätzlich Sozialversicherungsbeiträge abzuführen.

Die Zahlung der Vergütung erfolgt bargeldlos am Monatsende. Der Mitarbeiter wird dem Arbeitgeber innerhalb von zehn Tagen nach Beginn des Arbeitsverhältnisses eine Kontoverbindung mitteilen.

§ 6 Nebentätigkeit

12 Der Mitarbeiter bestätigt ausdrücklich, während der letzten 12 Monate vor Ablauf der Befristung dieses Arbeitsvertrages keine weitere kurzfristige Beschäftigung ausgeübt zu haben, durch die die Grenze von zwei Monaten oder 50 Arbeitstagen der Beschäftigung innerhalb des 12-Monatszeitraumes überschritten wird. Vor Aufnahme einer weiteren entgeltlichen oder unentgeltlichen Tätigkeit ist der Arbeitgeber zu informieren. Jede weitere Tätigkeit, die das Arbeitsverhältnis beeinträchtigt, ist untersagt.

13 § 7 Tarifliche Bestimmungen

Für das Arbeitsverhältnis gelten, mit Ausnahme der in diesem Vertrag geregelten Punkte, die Regelungen des <u>Manteltarifvertrages für den Groß- und Außenhandel</u> in der jeweils geltenden Fassung sowie die allgemeinen gesetzlichen Bestimmungen.

§ 8 Verschwiegenheitspflicht, Rückgabe von Unterlagen und sonstigem Firmeneigentum

1. Der Mitarbeiter ist verpflichtet, über alle ihm bekannten Angelegenheiten, Vorgänge, Verträge und Geschäftsbeziehungen innerhalb und außerhalb des Betriebes und auch nach seinem Ausscheiden aus dem Arbeitsverhältnis Verschwiegenheit zu bewahren. Dazu gehören neben Geschäfts- und Betriebsgeheimnissen auch persönliche Verhältnisse der Mitarbeiter und Vorgesetzten. Ein Verstoß gegen die Verschwiegenheitspflicht führt zu einem Schadensersatzanspruch des Arbeitgebers; in Extremfällen kann ordentlich bzw. außerordentlich gekündigt werden.

2/3

Kopiervorlage

Arbeitsvertrag

§ 4 Arbeitszeit

Die regelmäßige Arbeitszeit beträgt ___ Stunden wöchentlich. Sie verteilt sich auf die einzelnen Wochentage wie folgt: _____. Der Arbeitgeber behält sich vor, die Einteilung der Arbeitszeit nach vorheriger Ankündigung den betrieblichen Notwendigkeiten anzupassen.

§ 5 Vergütung

Der Mitarbeiter erhält für seine Tätigkeit _____ brutto pro Monat nach Maßgabe des jeweils geltenden Tarifvertrages.

Die Versteuerung erfolgt nach den Angaben auf der Lohnsteuerkarte. Sind die Voraussetzungen des § 6 dieses Arbeitsvertrages erfüllt, bleibt das Beschäftigungsverhältnis sozialversicherungsfrei. Sofern die dort genannten Grenzen überschritten werden, sind zusätzlich Sozialversicherungsbeiträge abzuführen.

Die Zahlung der Vergütung erfolgt bargeldlos am Monatsende. Der Mitarbeiter wird dem Arbeitgeber innerhalb von zehn Tagen nach Beginn des Arbeitsverhältnisses eine Kontoverbindung mitteilen.

§ 6 Nebentätigkeit

Der Mitarbeiter bestätigt ausdrücklich, während der letzten 12 Monate vor Ablauf der Befristung dieses Arbeitsvertrages keine weitere kurzfristige Beschäftigung ausgeübt zu haben, durch die die Grenze von zwei Monaten oder 50 Arbeitstagen der Beschäftigung innerhalb des 12-Monatszeitraumes überschritten wird. Vor Aufnahme einer weiteren entgeltlichen oder unentgeltlichen Tätigkeit ist der Arbeitgeber zu informieren. Jede weitere Tätigkeit, die das Arbeitsverhältnis beeinträchtigt, ist untersagt.

§ 7 Tarifliche Bestimmungen

Für das Arbeitsverhältnis gelten, mit Ausnahme der in diesem Vertrag geregelten Punkte, die Regelungen des _____ in der jeweils geltenden Fassung sowie die allgemeinen gesetzlichen Bestimmungen.

§ 8 Verschwiegenheitspflicht, Rückgabe von Unterlagen und sonstigem Firmeneigentum

1. Der Mitarbeiter ist verpflichtet, über alle ihm bekannten Angelegenheiten, Vorgänge, Verträge und Geschäftsbeziehungen innerhalb und außerhalb des Betriebes und auch nach seinem Ausscheiden aus dem Arbeitsverhältnis Verschwiegenheit zu bewahren. Dazu gehören neben Geschäfts- und Betriebsgeheimnissen auch persönliche Verhältnisse der Mitarbeiter und Vorgesetzten. Ein Verstoß gegen die Verschwiegenheitspflicht führt zu einem Schadensersatzanspruch des Arbeitgebers; in Extremfällen kann ordentlich bzw. außerordentlich gekündigt werden.

Vertrags-Check Arbeitsrecht

IV. Beginn des Arbeitsverhältnisses, Unternehmen mit Tarifbindung
Aushilfsarbeitsverträge

[14] Die Speicherung und Verarbeitung von personenbezogenen Daten ist in jedem Betrieb erforderlich. Spätestens bei der Lohnabrechnung (eventuell bei einem mit der Lohnabrechnung beauftragten Steuerberater) müssen Daten des Mitarbeiters in eine DV-Anlage eingegeben und verarbeitet werden.

[15] Vertragsänderungen sollten Sie zu Beweiszwecken immer schriftlich verfassen.

[16] Diese Regelung wird als Teilunwirksamkeitsklausel oder auch salvatorische Klausel bezeichnet. Sie soll verhindern, dass bei einem unwirksamen Teil des Vertrages gleich das gesamte Vertragswerk entfällt. Sie finden diese oder ähnliche Klauseln auch in einer Vielzahl von anderen Verträgen.

Arbeitsvertrag für kurzfristig Beschäftigte

2. Der Mitarbeiter hat jederzeit auf Verlangen des Arbeitgebers, spätestens aber bei Beendigung des Arbeitsverhältnisses unaufgefordert alles Material, insbesondere alle Unterlagen, Kopien etc. zurückzugeben, die in Zusammenhang mit seiner Tätigkeit für den Arbeitgeber in seinen Besitz gelangt sind. Dem Mitarbeiter steht ein Zurückbehaltungsrecht insoweit nicht zu.

3. Der Mitarbeiter verpflichtet sich durch seine Unterschrift auf einem gesonderten Formblatt, das Datengeheimnis gemäß § 5 Bundesdatenschutzgesetz (BDSG) zu wahren. Die Verpflichtung auf das Datengeheimnis ist Bestandteil dieses Vertrages und zwingend als Anlage zu diesem Vertrag zu führen.

[14] **§ 9 Speicherung von Daten**

Der Mitarbeiter ist im Sinne des Bundesdatenschutzgesetzes (BDSG) darüber unterrichtet worden, dass seine persönlichen Daten im Zusammenhang mit dem Arbeitsverhältnis in einer DV-Anlage gespeichert werden, und erklärt sich damit einverstanden.

§ 10 Sonstige Bestimmungen

[15] 1. Änderungen und Ergänzungen dieses Vertrages bedürfen der Schriftform; dies gilt auch für einen Verzicht auf das Schriftformerfordernis selbst.

2. Mündliche Nebenabreden zu diesem Vertrag bestehen nicht.

[16] 3. Sollten sich einzelne Bestimmungen dieses Vertrages als unwirksam erweisen, so wird dadurch die Wirksamkeit der übrigen Bestimmungen nicht berührt. Eine ungültige oder unklare Bestimmung ist so zu ersetzen bzw. zu deuten, dass der mit ihr beabsichtigte wirtschaftliche Zweck erreicht wird. Lücken sind dem beabsichtigten wirtschaftlichen Zweck entsprechend zu füllen.

Musterstadt, 03.06.
Ort, Datum

Karl O. Brücke,
Inhaber
Unterschrift Arbeitgeber

Matthias Koch
Unterschrift Mitarbeiter

Kopiervorlage

Arbeitsvertrag

2. Der Mitarbeiter hat jederzeit auf Verlangen des Arbeitgebers, spätestens aber bei Beendigung des Arbeitsverhältnisses unaufgefordert alles Material, insbesondere alle Unterlagen, Kopien etc. zurückzugeben, die in Zusammenhang mit seiner Tätigkeit für den Arbeitgeber in seinen Besitz gelangt sind. Dem Mitarbeiter steht ein Zurückbehaltungsrecht insoweit nicht zu.

3. Der Mitarbeiter verpflichtet sich durch seine Unterschrift auf einem gesonderten Formblatt, das Datengeheimnis gemäß § 5 Bundesdatenschutzgesetz (BDSG) zu wahren. Die Verpflichtung auf das Datengeheimnis ist Bestandteil dieses Vertrages und zwingend als Anlage zu diesem Vertrag zu führen.

§ 9 Speicherung von Daten

Der Mitarbeiter ist im Sinne des Bundesdatenschutzgesetzes (BDSG) darüber unterrichtet worden, dass seine persönlichen Daten im Zusammenhang mit dem Arbeitsverhältnis in einer DV-Anlage gespeichert werden, und erklärt sich damit einverstanden.

§ 10 Sonstige Bestimmungen

1. Änderungen und Ergänzungen dieses Vertrages bedürfen der Schriftform; dies gilt auch für einen Verzicht auf das Schriftformerfordernis selbst.

2. Mündliche Nebenabreden zu diesem Vertrag bestehen nicht.

3. Sollten sich einzelne Bestimmungen dieses Vertrages als unwirksam erweisen, so wird dadurch die Wirksamkeit der übrigen Bestimmungen nicht berührt. Eine ungültige oder unklare Bestimmung ist so zu ersetzen bzw. zu deuten, dass der mit ihr beabsichtigte wirtschaftliche Zweck erreicht wird. Lücken sind dem beabsichtigten wirtschaftlichen Zweck entsprechend zu füllen.

_____
Ort, Datum

_____   _____
Unterschrift Arbeitgeber   Unterschrift Mitarbeiter

Vertrags-Check Arbeitsrecht

IV. Beginn des Arbeitsverhältnisses, Unternehmen mit Tarifbindung
Aushilfsarbeitsverträge

1 Ein Abrufarbeitsvertrag ist in den Grenzen des Beschäftigungsförderungsgesetzes (BeschFG) zulässig. In § 4 des BeschFG werden die Mindestbedingungen festgelegt. Diese sind in diesem Abrufarbeitsvertrag berücksichtigt. Zudem wird hier davon ausgegangen, dass es sich nicht um ein geringfügiges Beschäftigungsverhältnis handelt.

2 Tragen Sie hier das Datum ein, an welchem das Arbeitsverhältnis beginnen soll. In der Regel wird dies der erste Tag eines Monats sein. Soll das Arbeitsverhältnis während des laufenden Monats beginnen, so ist das Arbeitsentgelt im ersten Monat nur anteilig zu zahlen.

3 Der Tarifvertrag ist genau zu bezeichnen. Die Grundsatzbestimmungen tarifvertraglicher Vereinbarungen sind in so genannten Mantel- oder Rahmentarifverträgen enthalten.

4 Die Festschreibung eines bestimmten Bereiches ist sinnvoll, wenn mehrere Abteilungen mit unterschiedlichen Aufgabenbereichen bestehen. Tragen Sie z. B. ein: Buchhaltung, Sekretariat, Postausgang, Produktion und Ähnliches.

5 Auch bezüglich des Arbeitsortes sollte die Vereinbarung möglichst offen gestaltet sein, um den Mitarbeiter flexibel einsetzen zu können.

6 Sofern Sie eine Stundenzahl nicht festlegen, gilt gemäß § 4 Absatz 1 BeschFG eine wöchentliche Arbeitszeit von 10 Stunden als vereinbart.

7 Die Arbeitszeit kann im Rahmen eines Abrufarbeitsvertrages von Ihnen als Arbeitgeber einseitig festgelegt werden. Allerdings legt das Beschäftigungsförderungsgesetz fest, dass mindestens 4 Tage im Voraus die Arbeitszeit festzulegen ist. Nach der Fristenregelung des Bürgerlichen Gesetzbuchs (BGB) beginnt diese 4-Tage-Frist erst einen Tag, nachdem Sie Ihren Mitarbeiter über die Arbeitszeit informiert haben. Der Tag der Mitteilung zählt also nicht mit. Endet die Frist an einem Sonn- oder Feiertag, müssen Sie einen weiteren Tag hinzurechnen. Wollen Sie für Montag die Arbeitszeit festlegen, müssen Sie bereits am Dienstag der Vorwoche die Arbeitszeit festlegen (vorausgesetzt, der Samstag ist bei Ihnen normale Arbeitszeit. Ist Samstags frei, müssen Sie bereits am Montag die Mitteilung geben).

8 Auch die Mindestbeschäftigungsdauer pro abgerufenem Arbeitstag ist im Beschäftigungsförderungsgesetz festgelegt. Für weniger als 3 aufeinanderfolgende Stunden darf ein Abrufmitarbeiter pro Tag nicht eingesetzt werden.

---

1 ▶ Stunden-Abrufarbeitsvertrag

Zwischen

<u>Richard Kühn GmbH & Co. KG</u>
<u>Webergasse 18</u>

<u>12345 Musterstadt</u>

nachfolgend „Arbeitgeber" genannt

und

Herrn/Frau
<u>Tim Vogelsang</u>
<u>Uferpromenade 106</u>

<u>12345 Musterstadt</u>

nachfolgend „Mitarbeiter" genannt

§ 1 Beginn des Arbeitsverhältnisses, Probezeit, Kündigung

2 ▶ 1. Das Arbeitsverhältnis beginnt am <u>01.08.</u>

3 ▶ 2. Die ersten 6 Monate gelten als Probezeit. Eine Kündigung des Arbeitsverhältnisses ist unter Einhaltung der im <u>Manteltarifvertrag der Bekleidungsindustrie</u> festgelegten Fristen möglich.

§ 2 Tätigkeitsgebiet, Ort der Tätigkeit

4 ▶ 1. Der Mitarbeiter wird als Aushilfe für den Bereich <u>Überwachung der EDV-Anlage</u> eingestellt.

5 ▶ 2. Der Mitarbeiter übt seine Tätigkeit am Firmensitz in <u>Musterstadt</u> aus. Der Arbeitgeber behält sich vor, den Mitarbeiter auch an einem anderen Ort einzusetzen.

§ 3 Arbeitszeit

6 ▶ 1. Die wöchentliche Arbeitszeit beträgt <u>18</u> Stunden.

7 ▶ 2. Der Einsatz des Mitarbeiters erfolgt nach den betrieblichen Erfordernissen und wird vom Arbeitgeber bis Donnerstag der laufenden Woche für die kommende Woche, mindestens jedoch 4 Tage vorher, festgelegt. Der Arbeitgeber bestimmt, an welchen Tagen der Mitarbeiter seine Arbeit zu leisten hat. Er bestimmt auch den Beginn und das Ende der Arbeitszeit an den einzelnen Tagen.

8 ▶ 3. Die tägliche Dauer der Arbeitszeit beträgt mindestens 3 Stunden.

1/3

Kopiervorlage

Abrufarbeitsvertrag

Zwischen

_____
_____

_____

nachfolgend „Arbeitgeber" genannt

und

Herrn/Frau

_____
_____

_____

nachfolgend „Mitarbeiter" genannt

§ 1 Beginn des Arbeitsverhältnisses, Probezeit, Kündigung

1. Das Arbeitsverhältnis beginnt am _____.

2. Die ersten 6 Monate gelten als Probezeit. Eine Kündigung des Arbeitsverhältnisses ist unter Einhaltung der im _____ festgelegten Fristen möglich.

§ 2 Tätigkeitsgebiet, Ort der Tätigkeit

1. Der Mitarbeiter wird als Aushilfe für den Bereich _____ eingestellt.

2. Der Mitarbeiter übt seine Tätigkeit am Firmensitz in _____ aus. Der Arbeitgeber behält sich vor, den Mitarbeiter auch an einem anderen Ort einzusetzen.

§ 3 Arbeitszeit

1. Die wöchentliche Arbeitszeit beträgt ___ Stunden.

2. Der Einsatz des Mitarbeiters erfolgt nach den betrieblichen Erfordernissen und wird vom Arbeitgeber bis Donnerstag der laufenden Woche für die kommende Woche, mindestens jedoch 4 Tage vorher, festgelegt. Der Arbeitgeber bestimmt, an welchen Tagen der Mitarbeiter seine Arbeit zu leisten hat. Er bestimmt auch den Beginn und das Ende der Arbeitszeit an den einzelnen Tagen.

3. Die tägliche Dauer der Arbeitszeit beträgt mindestens 3 Stunden.

Vertrags-Check Arbeitsrecht

IV. Beginn des Arbeitsverhältnisses, Unternehmen mit Tarifbindung
Aushilfsarbeitsverträge

9 Tragen Sie hier den Bruttostundensatz ein.

10 Üblicherweise sind in Tarifverträgen der Urlaubsanspruch des Mitarbeiters sowie Regelungen bei Arbeitsunfähigkeit und bei Kündigungen enthalten.

11 Die Klausel über die Verschwiegenheitsverpflichtung des Abrufmitarbeiters ist entbehrlich, wenn dieser keinen Kontakt mit Betriebs- oder Geschäftsgeheimnissen haben kann.

Stunden-Abrufarbeitsvertrag

§ 4 Vergütung

9 1. Der Mitarbeiter erhält einen Stundensatz in Höhe von __DM 22,-/EUR ...__ brutto nach Maßgabe des jeweils geltenden Tarifvertrags.

Die Vergütung wird jeweils am Ende des Monats gezahlt. Der Mitarbeiter erklärt sich damit einverstanden, dass sein Gehalt auf ein von ihm zu benennendes Bank- oder Postbankkonto überwiesen wird.

2. Das Gehalt steigt oder fällt entsprechend den Vereinbarungen der Tarifpartner __der Bekleidungsindustrie.__

3. Alle Sonderzahlungen wie zusätzliches Urlaubsgeld, 13. Monatseinkommen und vermögenswirksame Leistungen des Arbeitgebers erfolgen entsprechend der jeweils gültigen tariflichen Regelung.

10 § 5 Tarifliche Bestimmungen

Für das Arbeitsverhältnis gelten, mit Ausnahme der in diesem Vertrag geregelten Punkte, die Regelungen des __Manteltarifvertrages der Bekleidungsindustrie__ in der jeweils geltenden Fassung sowie die allgemeinen gesetzlichen Bestimmungen.

11 § 6 Verschwiegenheitspflicht, Rückgabe von Unterlagen und sonstigem Firmeneigentum

1. Der Mitarbeiter ist verpflichtet, über alle ihm bekannten Angelegenheiten, Vorgänge, Verträge und Geschäftsbeziehungen innerhalb und außerhalb des Betriebes und auch nach seinem Ausscheiden aus dem Anstellungsverhältnis Verschwiegenheit zu bewahren.

2. Dazu gehören neben Geschäfts- und Betriebsgeheimnissen auch persönliche Verhältnisse der Mitarbeiter und Vorgesetzten.

3. Ein Verstoß gegen die Verschwiegenheitspflicht führt zu einem Schadensersatzanspruch des Arbeitgebers; in Extremfällen kann ordentlich bzw. außerordentlich gekündigt werden.

4. Der Mitarbeiter hat jederzeit auf Verlangen des Arbeitgebers, spätestens aber bei Beendigung des Arbeitsverhältnisses unaufgefordert alles Material, insbesondere alle Unterlagen, Kopien usw. zurückzugeben, die in Zusammenhang mit seiner Tätigkeit für den Arbeitgeber in seinen Besitz gelangt sind. Dem Mitarbeiter steht ein Zurückbehaltungsrecht insoweit nicht zu.

5. Der Mitarbeiter verpflichtet sich durch seine Unterschrift auf einem gesonderten Formblatt, das Datengeheimnis gemäß § 5 Bundesdatenschutzgesetz (BDSG) zu wahren. Die Verpflichtung auf das Datengeheimnis ist Bestandteil dieses Vertrages und zwingend als Anlage zu diesem Vertrag zu führen.

2/3

Kopiervorlage

Abrufarbeitsvertrag

§ 4 Vergütung

1. Der Mitarbeiter erhält einen Stundensatz in Höhe von _____ brutto nach Maßgabe des jeweils geltenden Tarifvertrags.

   Die Vergütung wird jeweils am Ende des Monats gezahlt. Der Mitarbeiter erklärt sich damit einverstanden, dass sein Gehalt auf ein von ihm zu benennendes Bank- oder Postbankkonto überwiesen wird.

2. Das Gehalt steigt oder fällt entsprechend den Vereinbarungen der Tarifpartner _____ _____

3. Alle Sonderzahlungen wie zusätzliches Urlaubsgeld, 13. Monatseinkommen und vermögenswirksame Leistungen des Arbeitgebers erfolgen entsprechend der jeweils gültigen tariflichen Regelung.

§ 5 Tarifliche Bestimmungen

Für das Arbeitsverhältnis gelten, mit Ausnahme der in diesem Vertrag geregelten Punkte, die Regelungen des _____ in der jeweils geltenden Fassung sowie die allgemeinen gesetzlichen Bestimmungen.

§ 6 Verschwiegenheitspflicht, Rückgabe von Unterlagen und sonstigem Firmeneigentum

1. Der Mitarbeiter ist verpflichtet, über alle ihm bekannten Angelegenheiten, Vorgänge, Verträge und Geschäftsbeziehungen innerhalb und außerhalb des Betriebes und auch nach seinem Ausscheiden aus dem Anstellungsverhältnis Verschwiegenheit zu bewahren.

2. Dazu gehören neben Geschäfts- und Betriebsgeheimnissen auch persönliche Verhältnisse der Mitarbeiter und Vorgesetzten.

3. Ein Verstoß gegen die Verschwiegenheitspflicht führt zu einem Schadensersatzanspruch des Arbeitgebers; in Extremfällen kann ordentlich bzw. außerordentlich gekündigt werden.

4. Der Mitarbeiter hat jederzeit auf Verlangen des Arbeitgebers, spätestens aber bei Beendigung des Arbeitsverhältnisses unaufgefordert alles Material, insbesondere alle Unterlagen, Kopien usw. zurückzugeben, die in Zusammenhang mit seiner Tätigkeit für den Arbeitgeber in seinen Besitz gelangt sind. Dem Mitarbeiter steht ein Zurückbehaltungsrecht insoweit nicht zu.

5. Der Mitarbeiter verpflichtet sich durch seine Unterschrift auf einem gesonderten Formblatt, das Datengeheimnis gemäß § 5 Bundesdatenschutzgesetz (BDSG) zu wahren. Die Verpflichtung auf das Datengeheimnis ist Bestandteil dieses Vertrages und zwingend als Anlage zu diesem Vertrag zu führen.

Vertrags-Check Arbeitsrecht

IV. Beginn des Arbeitsverhältnisses, Unternehmen mit Tarifbindung – Aushilfsarbeitsverträge

12 Die Speicherung und Verarbeitung von personenbezogenen Daten ist in jedem Betrieb erforderlich. Spätestens bei der Lohnabrechnung (eventuell bei einem mit der Lohnabrechnung beauftragten Steuerberater) müssen Daten des Mitarbeiters in eine DV-Anlage eingegeben und verarbeitet werden.

13 Vertragsänderungen sollten Sie zu Beweiszwecken immer schriftlich verfassen.

Stunden-Abrufarbeitsvertrag

12 **§ 7 Speicherung von Daten**
Der Mitarbeiter ist im Sinne des Bundesdatenschutzgesetzes (BDSG) darüber unterrichtet worden, dass seine persönlichen Daten in Zusammenhang mit dem Anstellungsverhältnis in einer DV-Anlage gespeichert werden, und erklärt sich damit einverstanden.

§ 11 Sonstige Bestimmungen

13 1. Änderungen und Ergänzungen dieses Vertrages bedürfen der Schriftform; dies gilt auch für einen Verzicht auf das Schriftformerfordernis selbst.

2. Mündliche Nebenabreden zu diesem Vertrag bestehen nicht.

Musterstadt, 19.07.
Ort, Datum

Richard Kühn
Unterschrift Arbeitgeber

Tim Vogelsang
Unterschrift Mitarbeiter

Kopiervorlage

Abrufarbeitsvertrag

§ 7 Speicherung von Daten

Der Mitarbeiter ist im Sinne des Bundesdatenschutzgesetzes (BDSG) darüber unterrichtet worden, dass seine persönlichen Daten in Zusammenhang mit dem Anstellungsverhältnis in einer DV-Anlage gespeichert werden, und erklärt sich damit einverstanden.

§ 11 Sonstige Bestimmungen

1. Änderungen und Ergänzungen dieses Vertrages bedürfen der Schriftform; dies gilt auch für einen Verzicht auf das Schriftformerfordernis selbst.

2. Mündliche Nebenabreden zu diesem Vertrag bestehen nicht.

_____
Ort, Datum

_____ _____
Unterschrift Arbeitgeber Unterschrift Mitarbeiter

Vertrags-Check Arbeitsrecht

IV. Beginn des Arbeitsverhältnisses, Unternehmen mit Tarifbindung
Aushilfsarbeitsverträge

1 Die Beschäftigung von Schülern im Rahmen von Aushilfsverträgen unterliegt den besonderen Regeln des Jugendarbeitsschutzgesetzes (JArbSchG). Hiernach dürfen Kinder, die noch nicht 15 Jahre alt sind (§ 5 Absatz 1 i. V. m. § 2 Absatz 1 JArbSchG) grundsätzlich nicht beschäftigt werden. Lediglich leichte und für Kinder geeignete Tätigkeiten dürfen mit Einwilligung der Eltern bereits von Kindern ab 13 Jahren ausgeübt werden. Hierbei handelt es sich um das Austragen von Zeitungen, Zeitschriften, Werbezetteln, Botengänge, Reinigungsarbeiten, Babysitten und Ähnliches. Grundlage des hier vorgestellten Schülerarbeitsvertrages ist die Beschäftigung eines Jugendlichen (15 bis 18 Jahre alt).

2 Bei einer Beschäftigungsdauer von weniger als einem Monat hat der Schüler keinen Anspruch auf Urlaub. Gemäß § 5 Bundesurlaubsgesetz entsteht ein Urlaubsanspruch nur für volle Monate des Beschäftigungsverhältnisses.

3 Diese Öffnungsklausel erlaubt es dem Arbeitgeber, den Tätigkeitsbereich zu verändern, ohne dass es einer Änderungskündigung bedarf.

4 Bezüglich des Arbeitsortes sollte die Vereinbarung möglichst offen gestaltet sein, um den Schüler flexibel einsetzen zu können.

---

1 Schülerarbeitsvertrag

Zwischen

Omnibus Reisen Sonnenschein
Italienstr. 23

12345 Musterstadt

nachfolgend „Arbeitgeber" genannt

und

Herrn/Frau
Karina Horst
Ulmenallee 23

12345 Musterstadt

nachfolgend „Schüler" genannt

wird folgender Arbeitsvertrag geschlossen.

§ 1 Vertragsgegenstand

1. Der Schüler wird mit Wirkung ab dem **26.06.** als **Aushilfskraft im Bereich der Reinigung** eingestellt. Das Arbeitsverhältnis endet, ohne dass es einer Kündigung bedarf, am **20.07.** .

2 Der Beschäftigungszeitraum liegt in den Sommerferien des Schülers. Das Arbeitsgebiet des Schülers umfasst folgende Aufgaben: **Reinigung der Omnibusse innen, Aufnahme beschädigter Gegenstände in ein Mängelprotokoll sowie Abfallentsorgung.**

3 2. Der Arbeitgeber behält sich vor, dem Schüler andere angemessene oder zumutbare Tätigkeiten zu übertragen. Der Schüler verpflichtet sich, diese anderen Arbeiten zu übernehmen. Eine Lohnminderung ist dabei ausgeschlossen.

§ 2 Arbeitsort

4 Der Schüler übt seine Tätigkeit am Firmensitz in **Musterstadt** aus. Der Arbeitgeber behält sich vor, den Schüler auch an einem anderen Ort einzusetzen.

§ 3 Kündigung

Das Arbeitsverhältnis kann während der Befristungsdauer mit der im **Manteltarifvertrag für das private Omnibusgewerbe** geltenden Kündigungsfrist ordentlich gekündigt werden. Das Recht zur außerordentlichen Kündigung aus wichtigem Grund bleibt unberührt.

Kopiervorlage

Schülerarbeitsvertrag

Zwischen

_____

_____

_____

nachfolgend „Arbeitgeber" genannt

und

Herrn/Frau

_____

_____

_____

nachfolgend „Schüler" genannt

wird folgender Arbeitsvertrag geschlossen.

§ 1 Vertragsgegenstand

1. Der Schüler wird mit Wirkung ab dem _____ als _____ eingestellt. Das Arbeitsverhältnis endet, ohne dass es einer Kündigung bedarf, am _____. Der Beschäftigungszeitraum liegt in den Sommerferien des Schülers. Das Arbeitsgebiet des Schülers umfasst folgende Aufgaben: _____
_____

2. Der Arbeitgeber behält sich vor, dem Schüler andere angemessene oder zumutbare Tätigkeiten zu übertragen. Der Schüler verpflichtet sich, diese anderen Arbeiten zu übernehmen. Eine Lohnminderung ist dabei ausgeschlossen.

§ 2 Arbeitsort

Der Schüler übt seine Tätigkeit am Firmensitz in _____ aus. Der Arbeitgeber behält sich vor, den Schüler auch an einem anderen Ort einzusetzen.

§ 3 Kündigung

Das Arbeitsverhältnis kann während der Befristungsdauer mit der im _____ _____ geltenden Kündigungsfrist ordentlich gekündigt werden. Das Recht zur außerordentlichen Kündigung aus wichtigem Grund bleibt unberührt.

Vertrags-Check Arbeitsrecht

IV. Beginn des Arbeitsverhältnisses, Unternehmen mit Tarifbindung
Aushilfsarbeitsverträge

5 Jugendliche dürfen pro Tag nicht länger als 8 und pro Woche nicht länger als 40 Stunden beschäftigt werden.

6 Sie dürfen einen Jugendlichen maximal an 5 Wochentagen beschäftigen.

7 Bei einer Beschäftigungszeit von mehr als 4 bis zu 6 Stunden müssen Sie gemäß § 11 JArbSchG einem Jugendlichen eine 30-minütige Pause gewähren. Hierbei hat die Ruhepause frühestens 1 Stunde nach Beginn bzw. spätestens 1 Stunde vor Ende der täglichen Arbeitszeit zu liegen. Beschäftigen Sie einen Jugendlichen mehr als 6 Stunden, so steht ihm eine Pause von mindestens 60 Minuten zu. Hierbei muss die erste Pause nach einer Beschäftigungsdauer von maximal 4 Stunden liegen.

8 Üblicherweise sind in Tarifverträgen Regelungen über Kündigungsmöglichkeiten und Kündigungsfristen enthalten.

9 Schüler haben in der Regel Anspruch auf Steuerfreistellung, es sei denn, sie haben anderweitige steuerpflichtige Einkünfte (z. B. aus umfangreichem Kapitalvermögen oder einer Rente). Sozialversicherungsbeiträge fallen nicht an, sofern es sich nur um eine kurzfristige Beschäftigung von weniger als 50 Arbeitstage handelt.

10 Bemessungszeitraum für die kurzfristige Beschäftigung ist ein Zeitraum von 12 Monaten. Hierbei handelt es sich nicht um das Kalenderjahr, sondern um die letzten 12 Monate vor Ablauf des Arbeitsvertrages.

11 Das Arbeitsverhältnis besteht in diesem Beispielsfall weniger als 4 Wochen. Entgeltfortzahlung schulden Sie als Arbeitgeber aber erst nach 4-wöchiger Dauer des Arbeitsverhältnisses. Insofern bedarf es keines Nachweises über die Erkrankung des Schülers.

Schülerarbeitsvertrag

§ 4 Arbeitszeit

5 Die tägliche Arbeitszeit beträgt **6** Stunden. Sie verteilt sich auf die einzelnen Wochentage wie folgt: **Montag bis Freitag von 07:30 Uhr bis 14:00 Uhr**. Die Arbeitszeit wird durch eine Pause **6** **7** in der Zeit von **10:00 Uhr bis 10:30 Uhr** unterbrochen. Der Arbeitgeber behält sich vor, die Einteilung der Arbeitszeit nach vorheriger Ankündigung den betrieblichen Notwendigkeiten anzupassen.

8 § 5 Tarifliche Bestimmungen

Für das Arbeitsverhältnis gelten, mit Ausnahme der in diesem Vertrag geregelten Punkte, die Regelungen des **Manteltarifvertrages für das private Omnibusgewerbe** in der jeweils geltenden Fassung sowie die allgemeinen gesetzlichen Bestimmungen.

§ 6 Vergütung

Der Schüler erhält einen Stundenlohn von **DM 15.50/EUR ...** brutto unter Berücksichtigung des geltenden Tarifvertrages in der aktuellen Fassung. Es werden nur die tatsächlich geleisteten Stunden bezahlt.

9 Sofern der Schüler eine Steuerfreistellungsbescheinigung des örtlichen Finanzamtes vorlegt, ist der Arbeitslohn steuerfrei.

Sozialversicherungsbeiträge fallen nicht an, sofern es sich um eine kurzfristige Beschäftigung nach Maßgabe des § 7 dieses Arbeitsvertrages handelt.

§ 7 Nebentätigkeit

10 Der Schüler bestätigt ausdrücklich, während der letzten 12 Monate vor Ablauf der Befristung dieses Arbeitsvertrages keine weitere kurzfristige Beschäftigung ausgeübt zu haben, durch die die Grenze von 2 Monaten oder 50 Arbeitstagen der Beschäftigung innerhalb des 12-Monatszeitraumes überschritten wird. Vor Aufnahme einer weiteren entgeltlichen oder unentgeltlichen Tätigkeit ist der Arbeitgeber zu informieren. Jede weitere Tätigkeit, die das Arbeitsverhältnis beeinträchtigt, ist untersagt.

11 § 8 Arbeitsverhinderung

Der Schüler ist verpflichtet, dem Arbeitgeber unter Angabe der Gründe jede Arbeitsverhinderung/Arbeitsunfähigkeit und ihre voraussichtliche Dauer unverzüglich mitzuteilen.

§ 9 Verschwiegenheitspflicht

Der Schüler ist verpflichtet, über alle ihm bekannten Angelegenheiten, Vorgänge, Verträge und Geschäftsbeziehungen innerhalb und außerhalb des Betriebes und auch nach seinem Ausscheiden aus dem Arbeitsverhältnis Verschwiegenheit zu bewahren.

2/3

Kopiervorlage

Schülerarbeitsvertrag

§ 4 Arbeitszeit

Die tägliche Arbeitszeit beträgt ___ Stunden. Sie verteilt sich auf die einzelnen Wochentage wie folgt: _____. Die Arbeitszeit wird durch eine Pause in der Zeit von _____ unterbrochen. Der Arbeitgeber behält sich vor, die Einteilung der Arbeitszeit nach vorheriger Ankündigung den betrieblichen Notwendigkeiten anzupassen.

§ 5 Tarifliche Bestimmungen

Für das Arbeitsverhältnis gelten, mit Ausnahme der in diesem Vertrag geregelten Punkte, die Regelungen des _____ in der jeweils geltenden Fassung sowie die allgemeinen gesetzlichen Bestimmungen.

§ 6 Vergütung

Der Schüler erhält einen Stundenlohn von _____ brutto unter Berücksichtigung des geltenden Tarifvertrages in der aktuellen Fassung. Es werden nur die tatsächlich geleisteten Stunden bezahlt.

Sofern der Schüler eine Steuerfreistellungsbescheinigung des örtlichen Finanzamtes vorlegt, ist der Arbeitslohn steuerfrei.

Sozialversicherungsbeiträge fallen nicht an, sofern es sich um eine kurzfristige Beschäftigung nach Maßgabe des § 7 dieses Arbeitsvertrages handelt.

§ 7 Nebentätigkeit

Der Schüler bestätigt ausdrücklich, während der letzten 12 Monate vor Ablauf der Befristung dieses Arbeitsvertrages keine weitere kurzfristige Beschäftigung ausgeübt zu haben, durch die die Grenze von 2 Monaten oder 50 Arbeitstagen der Beschäftigung innerhalb des 12-Monatszeitraumes überschritten wird. Vor Aufnahme einer weiteren entgeltlichen oder unentgeltlichen Tätigkeit ist der Arbeitgeber zu informieren. Jede weitere Tätigkeit, die das Arbeitsverhältnis beeinträchtigt, ist untersagt.

§ 8 Arbeitsverhinderung

Der Schüler ist verpflichtet, dem Arbeitgeber unter Angabe der Gründe jede Arbeitsverhinderung/Arbeitsunfähigkeit und ihre voraussichtliche Dauer unverzüglich mitzuteilen.

§ 9 Verschwiegenheitspflicht

Der Schüler ist verpflichtet, über alle ihm bekannten Angelegenheiten, Vorgänge, Verträge und Geschäftsbeziehungen innerhalb und außerhalb des Betriebes und auch nach seinem Ausscheiden aus dem Arbeitsverhältnis Verschwiegenheit zu bewahren.

Vertrags-Check Arbeitsrecht

IV. Beginn des Arbeitsverhältnisses, Unternehmen mit Tarifbindung
Aushilfsarbeitsverträge

12 Die Speicherung und Verarbeitung von personenbezogenen Daten ist in jedem Betrieb erforderlich. Spätestens bei der Lohnabrechnung (eventuell bei einem mit der Lohnabrechnung beauftragten Steuerberater) müssen Daten des Schülers in eine DV-Anlage eingegeben und verarbeitet werden.

13 Vertragsänderungen sollten Sie zu Beweiszwecken immer schriftlich verfassen.

14 Diese Regelung wird als Teilunwirksamkeitsklausel oder auch salvatorische Klausel bezeichnet. Sie soll verhindern, dass bei einem unwirksamen Teil des Vertrages gleich das gesamte Vertragswerk entfällt. Sie finden diese oder ähnliche Klauseln auch in einer Vielzahl von anderen Verträgen.

Schülerarbeitsvertrag

12 **§ 10 Speicherung von Daten**
Der Schüler ist im Sinne des Bundesdatenschutzgesetzes (BDSG) darüber unterrichtet worden, dass seine persönlichen Daten in Zusammenhang mit dem Arbeitsverhältnis in einer DV-Anlage gespeichert werden und erklärt sich damit einverstanden.

§ 11 Sonstige Bestimmungen

13 1. Änderungen und Ergänzungen dieses Vertrages bedürfen der Schriftform; dies gilt auch für einen Verzicht auf das Schriftformerfordernis selbst.

2. Mündliche Nebenabreden zu diesem Vertrag bestehen nicht.

14 3. Sollten sich einzelne Bestimmungen dieses Vertrages als unwirksam erweisen, so wird dadurch die Wirksamkeit der übrigen Bestimmungen nicht berührt. Eine ungültige oder unklare Bestimmung ist so zu ersetzen bzw. zu deuten, dass der mit ihr beabsichtigte wirtschaftliche Zweck erreicht wird. Lücken sind dem beabsichtigten wirtschaftlichen Zweck entsprechend zu füllen.

Musterstadt, 12.06.
Ort, Datum

Johann B. Klause
Inhaber
Unterschrift Arbeitgeber

Karina Horst
Unterschrift Schüler

Heidi Horst
Peter Horst
Unterschrift gesetzliche Vertreter

3/3

Kopiervorlage

Schülerarbeitsvertrag

§ 10 Speicherung von Daten

Der Schüler ist im Sinne des Bundesdatenschutzgesetzes (BDSG) darüber unterrichtet worden, dass seine persönlichen Daten in Zusammenhang mit dem Arbeitsverhältnis in einer DV-Anlage gespeichert werden und erklärt sich damit einverstanden.

§ 11 Sonstige Bestimmungen

1. Änderungen und Ergänzungen dieses Vertrages bedürfen der Schriftform; dies gilt auch für einen Verzicht auf das Schriftformerfordernis selbst.

2. Mündliche Nebenabreden zu diesem Vertrag bestehen nicht.

3. Sollten sich einzelne Bestimmungen dieses Vertrages als unwirksam erweisen, so wird dadurch die Wirksamkeit der übrigen Bestimmungen nicht berührt. Eine ungültige oder unklare Bestimmung ist so zu ersetzen bzw. zu deuten, dass der mit ihr beabsichtigte wirtschaftliche Zweck erreicht wird. Lücken sind dem beabsichtigten wirtschaftlichen Zweck entsprechend zu füllen.

_____
Ort, Datum

_____   _____
Unterschrift Arbeitgeber   Unterschrift Schüler

                                                _____
                                                Unterschrift gesetzliche Vertreter

Vertrags-Check Arbeitsrecht

IV. Beginn des Arbeitsverhältnisses, Unternehmen mit Tarifbindung
Aushilfsarbeitsverträge

1 Wenn Sie einen Praktikanten beschäftigen, dient dies seiner Berufsausbildung. Aus diesem Grund fällt der Praktikantenvertrag unter das Berufsbildungsgesetz (BBiG).

---

1 ▶ Praktikantenvertrag

Zwischen

Zipp Groß- und Außenhandel AG
Handelsstr. 6

12345 Musterstadt

nachfolgend „Firma" genannt

und

Herrn/Frau
Sandra Rot
Holmallee 85

12345 Musterstadt

nachfolgend „Praktikant" genannt

wird folgender Praktikantenvertrag geschlossen.

§ 1 Vertragsgegenstand

1. Der Praktikant wird in der Zeit vom **01.09.** bis **30.11.** entsprechend dem Ausbildungsplan der **Universität Musterstadt** zum Erwerb von Erfahrungen und Kenntnissen in der Abteilung **Controlling** bei der Firma in **Musterstadt** ein Praktikum absolvieren.

2. Die arbeitstägliche Ausbildungszeit beträgt **6** Stunden.

§ 2 Vergütung

Der Praktikant erhält nach Maßgabe des geltenden Tarifvertrages eine monatliche Vergütung in Höhe von **DM 850,--/EUR ...** brutto.

Der Praktikant erklärt sich damit einverstanden, dass seine Vergütung auf ein von ihm zu benennendes Bank- oder Postbankkonto überwiesen wird.

1/3

Kopiervorlage

Praktikantenvertrag

Zwischen

_____

_____

_____

nachfolgend „Firma" genannt

und

Herrn/Frau

_____

_____

_____

nachfolgend „Praktikant" genannt

wird folgender Praktikantenvertrag geschlossen.

§ 1 Vertragsgegenstand

1. Der Praktikant wird in der Zeit vom _____ bis _____ entsprechend dem Ausbildungsplan der _____ zum Erwerb von Erfahrungen und Kenntnissen in der Abteilung _____ bei der Firma in _____ ein Praktikum absolvieren.

2. Die arbeitstägliche Ausbildungszeit beträgt ___ Stunden.

§ 2 Vergütung

Der Praktikant erhält nach Maßgabe des geltenden Tarifvertrages eine monatliche Vergütung in Höhe von _____ brutto.

Der Praktikant erklärt sich damit einverstanden, dass seine Vergütung auf ein von ihm zu benennendes Bank- oder Postbankkonto überwiesen wird.

Vertrags-Check Arbeitsrecht

IV. Beginn des Arbeitsverhältnisses, Unternehmen mit Tarifbindung
Aushilfsarbeitsverträge

2 Üblicherweise sind in Tarifverträgen der Urlaubsanspruch des Mitarbeiters sowie Regelungen bei Arbeitsunfähigkeit und bei Kündigungen enthalten.

Praktikantenvertrag

§ 3 Pflichten der Firma

Die Firma verpflichtet sich im Rahmen ihrer betrieblichen Möglichkeiten,

1. die nach dem Ausbildungsplan erforderlichen Erfahrungen und Kenntnisse durch eine oder mehrere geeignete Personen zu vermitteln,

2. die zum Besuch der Fachhochschule notwendige Freizeit zu gewähren,

3. mit der Fachhochschule in allen die Ausbildung betreffenden Fragen zusammen zu arbeiten,

4. dem Praktikanten nach Beendigung des Praktikums ein Zeugnis auszustellen, das neben der Dauer und der Art der Tätigkeit auf Wunsch des Praktikanten auch Angaben über die Beurteilung von Führung und Leistung enthält.

§ 4 Pflichten des Praktikanten

Der Praktikant verpflichtet sich,

1. unter Einhaltung des Ausbildungsplans die Ausbildung gewissenhaft zu betreiben,

2. die entsprechenden Weisungen der/s Ausbilder/s der Firma zu befolgen,

3. die tägliche Ausbildungszeit einzuhalten sowie etwa vorgeschriebene Tätigkeitsberichte anzufertigen,

4. die Unfallverhütungsvorschriften sowie sonstige Betriebsordnungen einzuhalten.

2 ▶ § 5 Tarifliche Bestimmungen

Für das Arbeitsverhältnis gelten, mit Ausnahme der in diesem Vertrag geregelten Punkte, die Regelungen des <u>Manteltarifvertrages für den Groß- und Außenhandel</u> in der jeweils geltenden Fassung sowie die allgemeinen gesetzlichen Bestimmungen.

§ 6 Verschwiegenheitspflicht, Rückgabe von Unterlagen und sonstigem Firmeneigentum

1. Der Praktikant ist verpflichtet, über alle ihm bekannten Angelegenheiten, Vorgänge, Verträge und Geschäftsbeziehungen innerhalb und außerhalb des Betriebes und auch nach seinem Ausscheiden aus dem Arbeitsverhältnis Verschwiegenheit zu bewahren.

2. Dazu gehören neben Geschäfts- und Betriebsgeheimnissen auch persönliche Verhältnisse der Mitarbeiter und Vorgesetzten.

3. Ein Verstoß gegen die Verschwiegenheitspflicht führt zu einem Schadensersatzanspruch des Arbeitgebers; in Extremfällen kann ordentlich bzw. außerordentlich gekündigt werden.

2/3

Kopiervorlage

Praktikantenvertrag

§ 3 Pflichten der Firma

Die Firma verpflichtet sich im Rahmen ihrer betrieblichen Möglichkeiten,

1. die nach dem Ausbildungsplan erforderlichen Erfahrungen und Kenntnisse durch eine oder mehrere geeignete Personen zu vermitteln,

2. die zum Besuch der Fachhochschule notwendige Freizeit zu gewähren,

3. mit der Fachhochschule in allen die Ausbildung betreffenden Fragen zusammen zu arbeiten,

4. dem Praktikanten nach Beendigung des Praktikums ein Zeugnis auszustellen, das neben der Dauer und der Art der Tätigkeit auf Wunsch des Praktikanten auch Angaben über die Beurteilung von Führung und Leistung enthält.

§ 4 Pflichten des Praktikanten

Der Praktikant verpflichtet sich,

1. unter Einhaltung des Ausbildungsplans die Ausbildung gewissenhaft zu betreiben,

2. die entsprechenden Weisungen der/s Ausbilder/s der Firma zu befolgen,

3. die tägliche Ausbildungszeit einzuhalten sowie etwa vorgeschriebene Tätigkeitsberichte anzufertigen,

4. die Unfallverhütungsvorschriften sowie sonstige Betriebsordnungen einzuhalten.

§ 5 Tarifliche Bestimmungen

Für das Arbeitsverhältnis gelten, mit Ausnahme der in diesem Vertrag geregelten Punkte, die Regelungen des _____ in der jeweils geltenden Fassung sowie die allgemeinen gesetzlichen Bestimmungen.

§ 6 Verschwiegenheitspflicht, Rückgabe von Unterlagen und sonstigem Firmeneigentum

1. Der Praktikant ist verpflichtet, über alle ihm bekannten Angelegenheiten, Vorgänge, Verträge und Geschäftsbeziehungen innerhalb und außerhalb des Betriebes und auch nach seinem Ausscheiden aus dem Arbeitsverhältnis Verschwiegenheit zu bewahren.

2. Dazu gehören neben Geschäfts- und Betriebsgeheimnissen auch persönliche Verhältnisse der Mitarbeiter und Vorgesetzten.

3. Ein Verstoß gegen die Verschwiegenheitspflicht führt zu einem Schadensersatzanspruch des Arbeitgebers; in Extremfällen kann ordentlich bzw. außerordentlich gekündigt werden.

Vertrags-Check Arbeitsrecht

IV. Beginn des Arbeitsverhältnisses, Unternehmen mit Tarifbindung
Aushilfsarbeitsverträge

3 Die Speicherung und Verarbeitung von personenbezogenen Daten ist in jedem Betrieb erforderlich. Spätestens bei der Lohnabrechnung (eventuell bei einem mit der Lohnabrechnung beauftragten Steuerberater) müssen Daten des Praktikanten in eine DV-Anlage eingegeben und verarbeitet werden.

4 Vertragsänderungen sollten Sie zu Beweiszwecken immer schriftlich verfassen.

5 Diese Regelung wird als Teilunwirksamkeitsklausel oder auch salvatorische Klausel bezeichnet. Sie soll verhindern, dass bei einem unwirksamen Teil des Vertrages gleich das gesamte Vertragswerk entfällt. Sie finden diese oder ähnliche Klauseln auch in einer Vielzahl von anderen Verträgen.

Praktikantenvertrag

4. Der Praktikant hat jederzeit auf Verlangen des Ausbilders, spätestens aber unaufgefordert bei Beendigung des Praktikums, alle ihm überlassenen Arbeitsmittel (hiervon ausgenommen sind die ihm zum Zweck der Ausbildung ausdrücklich übereigneten Arbeitsmittel) zurückzugeben, die in Zusammenhang mit seiner Tätigkeit für die Firma in seinen Besitz gelangt sind. Dem Praktikanten steht ein Zurückbehaltungsrecht insoweit nicht zu.

5. Der Praktikant verpflichtet sich durch seine Unterschrift auf einem gesonderten Formblatt, das Datengeheimnis gemäß § 5 Bundesdatenschutzgesetz (BDSG) zu wahren. Die Verpflichtung auf das Datengeheimnis ist Bestandteil dieses Vertrages und zwingend als Anlage zu führen.

3 **§ 7 Speicherung von Daten**

Der Praktikant ist im Sinne des Bundesdatenschutzgesetzes (BDSG) darüber unterrichtet worden, dass seine persönlichen Daten in Zusammenhang mit dem Arbeitsverhältnis in einer DV-Anlage gespeichert werden und erklärt sich damit einverstanden.

§ 8 Sonstige Bestimmungen

4 1. Änderungen und Ergänzungen dieses Vertrages bedürfen der Schriftform; dies gilt auch für einen Verzicht auf das Schriftformerfordernis selbst.

2. Mündliche Nebenabreden zu diesem Vertrag bestehen nicht.

5 3. Sollten sich einzelne Bestimmungen dieses Vertrages als unwirksam erweisen, so wird dadurch die Wirksamkeit der übrigen Bestimmungen nicht berührt. Eine ungültige oder unklare Bestimmung ist so zu ersetzen bzw. zu deuten, dass der mit ihr beabsichtigte wirtschaftliche Zweck erreicht wird. Lücken sind dem beabsichtigten wirtschaftlichen Zweck entsprechend zu füllen.

Musterstadt, 22.08.
Ort, Datum

Ulrich Zipp,
Vorstand
Unterschrift Arbeitgeber

Sandra Rot
Unterschrift Praktikant

Kopiervorlage

3/3

Praktikantenvertrag

4. Der Praktikant hat jederzeit auf Verlangen des Ausbilders, spätestens aber unaufgefordert bei Beendigung des Praktikums, alle ihm überlassenen Arbeitsmittel (hiervon ausgenommen sind die ihm zum Zweck der Ausbildung ausdrücklich übereigneten Arbeitsmittel) zurückzugeben, die in Zusammenhang mit seiner Tätigkeit für die Firma in seinen Besitz gelangt sind. Dem Praktikanten steht ein Zurückbehaltungsrecht insoweit nicht zu.

5. Der Praktikant verpflichtet sich durch seine Unterschrift auf einem gesonderten Formblatt, das Datengeheimnis gemäß § 5 Bundesdatenschutzgesetz (BDSG) zu wahren. Die Verpflichtung auf das Datengeheimnis ist Bestandteil dieses Vertrages und zwingend als Anlage zu führen.

§ 7 Speicherung von Daten

Der Praktikant ist im Sinne des Bundesdatenschutzgesetzes (BDSG) darüber unterrichtet worden, dass seine persönlichen Daten in Zusammenhang mit dem Arbeitsverhältnis in einer DV-Anlage gespeichert werden und erklärt sich damit einverstanden.

§ 8 Sonstige Bestimmungen

1. Änderungen und Ergänzungen dieses Vertrages bedürfen der Schriftform; dies gilt auch für einen Verzicht auf das Schriftformerfordernis selbst.

2. Mündliche Nebenabreden zu diesem Vertrag bestehen nicht.

3. Sollten sich einzelne Bestimmungen dieses Vertrages als unwirksam erweisen, so wird dadurch die Wirksamkeit der übrigen Bestimmungen nicht berührt. Eine ungültige oder unklare Bestimmung ist so zu ersetzen bzw. zu deuten, dass der mit ihr beabsichtigte wirtschaftliche Zweck erreicht wird. Lücken sind dem beabsichtigten wirtschaftlichen Zweck entsprechend zu füllen.

_____
Ort, Datum

_____   _____
Unterschrift Arbeitgeber   Unterschrift Praktikant

Vertrags-Check Arbeitsrecht

IV. Beginn des Arbeitsverhältnisses, Unternehmen mit Tarifbindung
Arbeitsverträge für Kleinbetriebe

1 Tragen Sie hier das Datum ein, an welchem das Arbeitsverhältnis beginnen soll. In der Regel wird dies der 1. Tag eines Monats sein. Soll das Arbeitsverhältnis während des laufenden Monats beginnen, so ist das Arbeitsentgelt im 1. Monat nur anteilig zu zahlen.

2 Der Tarifvertrag ist genau zu bezeichnen. Die Grundsatzbestimmungen tarifvertraglicher Vereinbarungen sind in so genannten Mantel- oder Rahmentarifverträgen enthalten.

3 Üblicherweise muss ein Mitarbeiter in einem Kleinbetrieb universell einsetzbar sein. Sofern noch weitere Aufgaben die Tätigkeit Ihres Mitarbeiters prägen sollen, fügen Sie diese bitte ein.

4 Diese Öffnungsklausel erlaubt es Ihnen, den Tätigkeitsbereich zu verändern, ohne dass es einer Änderungskündigung bedarf.

5 Auch bezüglich des Arbeitsorts sollte die Vereinbarung möglichst offen gestaltet sein, um den Mitarbeiter flexibel einsetzen zu können.

Arbeitsvertrag Vollzeitkraft

Zwischen

Peter P. Rubens
Kunstallee 2

12345 Musterstadt

nachfolgend „Arbeitgeber" genannt

und

Herrn/Frau
Claudia Rohr
Stammstraße 8b

12345 Musterstadt

nachfolgend „Mitarbeiter" genannt.

§ 1 Beginn des Arbeitsverhältnisses

1 ▶ 1. Das Arbeitsverhältnis beginnt am 01.03.

2 ▶ 2. Die ersten 6 Monate gelten als Probezeit. Eine Kündigung des Arbeitsverhältnisses ist unter Einhaltung der im Manteltarifvertrag des Einzelhandels festgelegten Fristen möglich.

§ 2 Tätigkeitsgebiet, Ort der Tätigkeit

3 ▶ 1. Der Mitarbeiter wird als Verkäufer eingestellt. Seine Aufgaben umfassen neben der Verkaufstätigkeit alle Tätigkeiten, die innerhalb eines Einzelhandelsgeschäfts verrichtet werden. Hierzu gehören neben dem Auspacken und Auszeichnen der Waren insbesondere auch die Beratung der Kunden und die Bedienung der Kasse.

4 ▶ 2. Der Mitarbeiter ist verpflichtet, auf besondere Anordnung auch andere – seinen Fähigkeiten und seiner Aus- und Fortbildung entsprechende – zumutbare Tätigkeiten außerhalb seines Aufgabenbereichs zu verrichten.

3. Der Mitarbeiter wird seine ganze Arbeitskraft und fachlichen Kenntnisse und Erfahrungen ausschließlich dem Arbeitgeber widmen. Während der Dauer des Arbeitsverhältnisses ist jede Übernahme einer entgeltlichen oder unentgeltlichen Nebentätigkeit nur mit vorheriger Zustimmung des Arbeitgebers zulässig.

5 ▶ 4. Der Mitarbeiter übt seine Tätigkeit am Firmensitz in Musterstadt aus. Der Arbeitgeber behält sich vor, den Mitarbeiter auch an einem anderen Ort einzusetzen.

Kopiervorlage

Arbeitsvertrag

Zwischen

_____
_____

_____

nachfolgend „Arbeitgeber" genannt

und

Herrn/Frau

_____
_____

_____

nachfolgend „Mitarbeiter" genannt.

§ 1 Beginn des Arbeitsverhältnisses

1. Das Arbeitsverhältnis beginnt am _____

2. Die ersten 6 Monate gelten als Probezeit. Eine Kündigung des Arbeitsverhältnisses ist unter Einhaltung der im _____ festgelegten Fristen möglich.

§ 2 Tätigkeitsgebiet, Ort der Tätigkeit

1. Der Mitarbeiter wird als _____ eingestellt. Seine Aufgaben umfassen _____
_____
_____
_____

2. Der Mitarbeiter ist verpflichtet, auf besondere Anordnung auch andere – seinen Fähigkeiten und seiner Aus- und Fortbildung entsprechende – zumutbare Tätigkeiten außerhalb seines Aufgabenbereichs zu verrichten.

3. Der Mitarbeiter wird seine ganze Arbeitskraft und fachlichen Kenntnisse und Erfahrungen ausschließlich dem Arbeitgeber widmen. Während der Dauer des Arbeitsverhältnisses ist jede Übernahme einer entgeltlichen oder unentgeltlichen Nebentätigkeit nur mit vorheriger Zustimmung des Arbeitgebers zulässig.

4. Der Mitarbeiter übt seine Tätigkeit am Firmensitz in _____ aus. Der Arbeitgeber behält sich vor, den Mitarbeiter auch an einem anderen Ort einzusetzen.

Vertrags-Check Arbeitsrecht

IV. Beginn des Arbeitsverhältnisses, Unternehmen mit Tarifbindung
Arbeitsverträge für Kleinbetriebe

6 Gerade in Kleinbetrieben wird von den Mitarbeitern ein hohes Maß an Flexibilität verlangt. Diese Öffnungsklausel gestattet es Ihnen, die Arbeitszeit – allerdings erst nach Absprache – zu verschieben.

7 Üblicherweise sind in Tarifverträgen der Urlaubsanspruch des Mitarbeiters sowie Regelungen bei Arbeitsunfähigkeit und bei Kündigungen enthalten.

8 Sofern das Unternehmen für die Konkurrenz interessante Betriebsgeheimnisse hat, von denen der Mitarbeiter Kenntnis erlangen kann, kann es unter Umständen sinnvoll sein, eine Vertragsstrafe zu vereinbaren.

Arbeitsvertrag Vollzeitkraft

§ 3 Arbeitszeit
Der Mitarbeiter stellt seine ganze Arbeitskraft dem Unternehmen zur Verfügung.

1. Die wöchentliche Arbeitszeit beträgt derzeit **40** Stunden.

6 ▶ 2. Die Arbeitszeiteinteilung richtet sich nach den Öffnungszeiten des Arbeitgebers. In der Regel ist der Mitarbeiter **montags bis freitags von 08:00 Uhr bis 13:00 Uhr und von 15:00 Uhr bis 18:00 Uhr** tätig. Abweichungen von dieser Arbeitszeit sind in dringenden betrieblichen Fällen und nach Absprache möglich.

§ 4 Vergütung
1. Der Mitarbeiter wird in Vergütungsgruppe **3b** des geltenden Tarifvertrages eingruppiert. Sein Festgehalt beträgt pro Monat

   DM 2.350,--/EUR ... brutto

   und wird jeweils am Ende des Monats gezahlt. Der Mitarbeiter erklärt sich damit einverstanden, dass sein Gehalt auf ein von ihm zu benennendes Bank- oder Postbankkonto überwiesen wird.

2. Das Gehalt steigt oder fällt entsprechend den Vereinbarungen der Tarifpartner des Einzelhandels.

3. Alle Sonderzahlungen, wie zusätzliches Urlaubsgeld, 13. Monatseinkommen und vermögenswirksame Leistungen des Arbeitgebers, erfolgen entsprechend der jeweils gültigen tariflichen Regelung.

§ 5 Tarifliche Bestimmungen

7 ▶ Für das Arbeitsverhältnis gelten, mit Ausnahme der in diesem Vertrag geregelten Punkte, die Regelungen des **Manteltarifvertrags für den Einzelhandel** in der jeweils geltenden Fassung sowie die allgemeinen gesetzlichen Bestimmungen.

§ 6 Verschwiegenheitspflicht, Rückgabe von Unterlagen und sonstigem Firmeneigentum

8 ▶ 1. Der Mitarbeiter ist verpflichtet, über alle ihm bekannten Angelegenheiten, Vorgänge, Verträge und Geschäftsbeziehungen innerhalb und außerhalb des Betriebs und auch nach seinem Ausscheiden aus dem Arbeitsverhältnis Verschwiegenheit zu bewahren.

2. Dazu gehören neben Geschäfts- und Betriebsgeheimnissen auch persönliche Verhältnisse der Mitarbeiter und Vorgesetzten.

3. Unter anderem verpflichtet sich der Mitarbeiter, über die Höhe seines Gehalts sowie über Prämien und/oder weitere Bezüge Stillschweigen zu bewahren.

4. Ein Verstoß gegen die Verschwiegenheitspflicht führt zu einem Schadensersatzanspruch des Arbeitgebers; in Extremfällen kann ordentlich bzw. außerordentlich gekündigt werden.

2/3

Kopiervorlage

Arbeitsvertrag

§ 3 Arbeitszeit

Der Mitarbeiter stellt seine ganze Arbeitskraft dem Unternehmen zur Verfügung.

1. Die wöchentliche Arbeitszeit beträgt derzeit ___ Stunden.

2. Die Arbeitszeiteinteilung richtet sich nach den Öffnungszeiten des Arbeitgebers. In der Regel ist der Mitarbeiter _____ _____ tätig. Abweichungen von dieser Arbeitszeit sind in dringenden betrieblichen Fällen und nach Absprache möglich.

§ 4 Vergütung

1. Der Mitarbeiter wird in Vergütungsgruppe ___ des geltenden Tarifvertrages eingruppiert. Sein Festgehalt beträgt pro Monat

   _____ brutto

   und wird jeweils am Ende des Monats gezahlt. Der Mitarbeiter erklärt sich damit einverstanden, dass sein Gehalt auf ein von ihm zu benennendes Bank- oder Postbankkonto überwiesen wird.

2. Das Gehalt steigt oder fällt entsprechend den Vereinbarungen der Tarifpartner des Einzelhandels.

3. Alle Sonderzahlungen, wie zusätzliches Urlaubsgeld, 13. Monatseinkommen und vermögenswirksame Leistungen des Arbeitgebers, erfolgen entsprechend der jeweils gültigen tariflichen Regelung.

§ 5 Tarifliche Bestimmungen

Für das Arbeitsverhältnis gelten, mit Ausnahme der in diesem Vertrag geregelten Punkte, die Regelungen des _____ in der jeweils geltenden Fassung sowie die allgemeinen gesetzlichen Bestimmungen.

§ 6 Verschwiegenheitspflicht, Rückgabe von Unterlagen und sonstigem Firmeneigentum

1. Der Mitarbeiter ist verpflichtet, über alle ihm bekannten Angelegenheiten, Vorgänge, Verträge und Geschäftsbeziehungen innerhalb und außerhalb des Betriebs und auch nach seinem Ausscheiden aus dem Arbeitsverhältnis Verschwiegenheit zu bewahren.

2. Dazu gehören neben Geschäfts- und Betriebsgeheimnissen auch persönliche Verhältnisse der Mitarbeiter und Vorgesetzten.

3. Unter anderem verpflichtet sich der Mitarbeiter, über die Höhe seines Gehalts sowie über Prämien und/oder weitere Bezüge Stillschweigen zu bewahren.

4. Ein Verstoß gegen die Verschwiegenheitspflicht führt zu einem Schadensersatzanspruch des Arbeitgebers; in Extremfällen kann ordentlich bzw. außerordentlich gekündigt werden.

Vertrags-Check Arbeitsrecht

IV. Beginn des Arbeitsverhältnisses, Unternehmen mit Tarifbindung
Arbeitsverträge für Kleinbetriebe

9 Die Speicherung und Verarbeitung von personenbezogenen Daten ist in jedem Betrieb erforderlich. Spätestens bei der Lohnabrechnung (eventuell bei einem mit der Lohnabrechnung beauftragten Steuerberater) müssen Daten des Mitarbeiters in eine DV-Anlage eingegeben und verarbeitet werden.

10 Vertragsänderungen sollten Sie zu Beweiszwecken immer schriftlich verfassen.

11 Diese Regelung wird als Teilunwirksamkeitsklausel oder auch salvatorische Klausel bezeichnet. Sie soll verhindern, dass bei einem unwirksamen Teil des Vertrags gleich das gesamte Vertragswerk entfällt. Sie finden diese oder ähnliche Klauseln auch in einer Vielzahl von anderen Verträgen.

Arbeitsvertrag Vollzeitkraft

5. Der Mitarbeiter hat jederzeit auf Verlangen des Arbeitgebers, spätestens aber unaufgefordert bei Beendigung des Arbeitsverhältnisses alles Material, insbesondere alle Unterlagen, Kopien etc. zurückzugeben, die im Zusammenhang mit seiner Tätigkeit für den Arbeitgeber in seinen Besitz gelangt sind. Dem Mitarbeiter steht ein Zurückbehaltungsrecht insoweit nicht zu.

6. Der Mitarbeiter verpflichtet sich durch seine Unterschrift auf einem gesonderten Formblatt, das Datengeheimnis gemäß § 5 Bundesdatenschutzgesetz (BDSG) zu wahren. Die Verpflichtung auf das Datengeheimnis ist Bestandteil dieses Vertrags und zwingend als Anlage zu diesem Vertrag zu führen.

9 **§ 7 Speicherung von Daten**

Der Mitarbeiter ist im Sinne des Bundesdatenschutzgesetzes (BDSG) darüber unterrichtet worden, dass seine persönlichen Daten im Zusammenhang mit dem Arbeitsverhältnis in einer DV-Anlage gespeichert werden, und erklärt sich damit einverstanden.

§ 8 Sonstige Bestimmungen

10 1. Änderungen und Ergänzungen dieses Vertrages bedürfen der Schriftform; dies gilt auch für einen Verzicht auf das Schriftformerfordernis selbst.

2. Mündliche Nebenabreden zu diesem Vertrag bestehen nicht.

11 3. Sollten sich einzelne Bestimmungen dieses Vertrags als unwirksam erweisen, so wird dadurch die Wirksamkeit der übrigen Bestimmungen nicht berührt. Eine ungültige oder unklare Bestimmung ist so zu ersetzen bzw. zu deuten, dass der mit ihr beabsichtigte wirtschaftliche Zweck erreicht wird. Lücken sind dem beabsichtigten wirtschaftlichen Zweck entsprechend zu füllen.

Musterstadt, 27.02.
Ort, Datum

Peter P. Rubens   Claudia Rohr
Unterschrift Arbeitgeber Unterschrift Mitarbeiter

3/3

Kopiervorlage

Arbeitsvertrag

5. Der Mitarbeiter hat jederzeit auf Verlangen des Arbeitgebers, spätestens aber unaufgefordert bei Beendigung des Arbeitsverhältnisses alles Material, insbesondere alle Unterlagen, Kopien etc. zurückzugeben, die im Zusammenhang mit seiner Tätigkeit für den Arbeitgeber in seinen Besitz gelangt sind. Dem Mitarbeiter steht ein Zurückbehaltungsrecht insoweit nicht zu.

6. Der Mitarbeiter verpflichtet sich durch seine Unterschrift auf einem gesonderten Formblatt, das Datengeheimnis gemäß § 5 Bundesdatenschutzgesetz (BDSG) zu wahren. Die Verpflichtung auf das Datengeheimnis ist Bestandteil dieses Vertrags und zwingend als Anlage zu diesem Vertrag zu führen.

§ 7 Speicherung von Daten

Der Mitarbeiter ist im Sinne des Bundesdatenschutzgesetzes (BDSG) darüber unterrichtet worden, dass seine persönlichen Daten im Zusammenhang mit dem Arbeitsverhältnis in einer DV-Anlage gespeichert werden, und erklärt sich damit einverstanden.

§ 8 Sonstige Bestimmungen

1. Änderungen und Ergänzungen dieses Vertrages bedürfen der Schriftform; dies gilt auch für einen Verzicht auf das Schriftformerfordernis selbst.

2. Mündliche Nebenabreden zu diesem Vertrag bestehen nicht.

3. Sollten sich einzelne Bestimmungen dieses Vertrags als unwirksam erweisen, so wird dadurch die Wirksamkeit der übrigen Bestimmungen nicht berührt. Eine ungültige oder unklare Bestimmung ist so zu ersetzen bzw. zu deuten, dass der mit ihr beabsichtigte wirtschaftliche Zweck erreicht wird. Lücken sind dem beabsichtigten wirtschaftlichen Zweck entsprechend zu füllen.

_____
Ort, Datum

_____   _____
Unterschrift Arbeitgeber   Unterschrift Mitarbeiter

Vertrags-Check Arbeitsrecht

IV. Beginn des Arbeitsverhältnisses, Unternehmen mit Tarifbindung
Arbeitsverträge für Kleinbetriebe

1 Tragen Sie hier das Datum ein, an welchem das Arbeitsverhältnis beginnen soll. In der Regel wird dies der 1. Tag eines Monats sein. Soll das Arbeitsverhältnis während des laufenden Monats beginnen, so ist das Arbeitsentgelt im 1. Monat nur anteilig zu zahlen.

2 Der Tarifvertrag ist genau zu bezeichnen. Die Grundsatzbestimmungen tarifvertraglicher Vereinbarungen sind in so genannten Mantel- oder Rahmentarifverträgen enthalten.

3 Üblicherweise muss ein Mitarbeiter in einem Kleinbetrieb universell einsetzbar sein. Sofern noch weitere Aufgaben die Tätigkeit Ihres Mitarbeiters prägen sollen, fügen Sie diese bitte ein.

4 Diese Öffnungsklausel erlaubt es Ihnen als Arbeitgeber, den Tätigkeitsbereich zu verändern, ohne dass es einer Änderungskündigung bedarf.

5 Auch bezüglich des Arbeitsorts sollte die Vereinbarung möglichst offen gestaltet sein, um den Mitarbeiter flexibel einsetzen zu können.

Unbefristeter Teilzeitarbeitsvertrag

Zwischen

Glaserei Eberhart Markus
Bruchstraße 12

12345 Musterstadt

nachfolgend „Arbeitgeber" genannt

und

Herrn/Frau
Babette Schmidt
Musterstädterstraße 23

12345 Musterstadt

nachfolgend „Mitarbeiter" genannt.

1 § 1 Beginn des Arbeitsverhältnisses

1. Das Arbeitsverhältnis beginnt am **01.07.** .

2 2. Die ersten 6 Monate gelten als Probezeit. Eine Kündigung des Arbeitsverhältnisses ist unter Einhaltung der im Rahmentarifvertrag für das Glaserhandwerk festgelegten Fristen möglich.

§ 2 Tätigkeitsgebiet, Ort der Tätigkeit

3 1. Der Mitarbeiter wird als Bürokraft für den Aufgabenbereich Auftragsannahme, Schriftverkehr, Rechnungsstellung, Vorbereitung der Buchhaltung sowie Führung der Kasse eingestellt.

4 2. Der Mitarbeiter ist verpflichtet, auf besondere Anordnung auch andere – seinen Fähigkeiten und seiner Aus- und Fortbildung entsprechende – zumutbare Tätigkeiten außerhalb seines Aufgabenbereichs zu verrichten.

3. Während der Dauer des Arbeitsverhältnisses ist jede Übernahme einer entgeltlichen oder unentgeltlichen Nebentätigkeit nur mit vorheriger Zustimmung des Arbeitgebers zulässig.

5 4. Der Mitarbeiter übt seine Tätigkeit am Firmensitz in Musterstadt aus. Der Arbeitgeber behält sich vor, den Mitarbeiter auch an einem anderen Ort einzusetzen.

Kopiervorlage

1/3

Teilzeitarbeitsvertrag

Zwischen

_____

_____

_____

nachfolgend „Arbeitgeber" genannt

und

Herrn/Frau

_____

_____

_____

nachfolgend „Mitarbeiter" genannt.

§ 1 Beginn des Arbeitsverhältnisses

1. Das Arbeitsverhältnis beginnt am _____ .

2. Die ersten 6 Monate gelten als Probezeit. Eine Kündigung des Arbeitsverhältnisses ist unter Einhaltung der im _____ festgelegten Fristen möglich.

§ 2 Tätigkeitsgebiet, Ort der Tätigkeit

1. Der Mitarbeiter wird als _____ für den Aufgabenbereich _____ _____ eingestellt.

2. Der Mitarbeiter ist verpflichtet, auf besondere Anordnung auch andere – seinen Fähigkeiten und seiner Aus- und Fortbildung entsprechende – zumutbare Tätigkeiten außerhalb seines Aufgabenbereichs zu verrichten.

3. Während der Dauer des Arbeitsverhältnisses ist jede Übernahme einer entgeltlichen oder unentgeltlichen Nebentätigkeit nur mit vorheriger Zustimmung des Arbeitgebers zulässig.

4. Der Mitarbeiter übt seine Tätigkeit am Firmensitz in _____ aus. Der Arbeitgeber behält sich vor, den Mitarbeiter auch an einem anderen Ort einzusetzen.

Vertrags-Check Arbeitsrecht

IV. Beginn des Arbeitsverhältnisses, Unternehmen mit Tarifbindung
Arbeitsverträge für Kleinbetriebe

6 Tragen Sie hier die mit dem Mitarbeiter vereinbarte Wochenarbeitszeit ein. Ein Teilzeitarbeitsverhältnis liegt dann vor, wenn die vereinbarte Arbeitszeit weniger als die betriebsübliche Arbeitszeit eines Vollzeitbeschäftigten beträgt.

7 Die Festlegung der Arbeitszeit folgt in der Regel den Interessen des Mitarbeiters. Anders als bei einem Abrufarbeitsvertrag soll für den Mitarbeiter die Arbeitszeit planbar sein. Durch die folgende Öffnungsklausel werden aber Ihre Arbeitgeberinteressen hinreichend berücksichtigt.

8 Üblicherweise sind in Tarifverträgen der Urlaubsanspruch des Mitarbeiters sowie Regelungen bei Arbeitsunfähigkeit und bei Kündigungen enthalten.

9 Sofern das Unternehmen für die Konkurrenz interessante Betriebsgeheimnisse hat, von denen der Mitarbeiter Kenntnis erlangen kann, kann es unter Umständen sinnvoll sein, eine Vertragsstrafe zu vereinbaren.

Unbefristeter Teilzeitarbeitsvertrag

§ 3 Arbeitszeit

6 1. Die wöchentliche Arbeitszeit beträgt __24__ Stunden.

7 2. In der Regel ist der Mitarbeiter an folgenden Wochentagen: __Montag bis Donnerstag__ jeweils in der Zeit von __07:00 Uhr bis 13:00 Uhr__ tätig. Aus betrieblichen Gründen sind Abweichungen von dieser vereinbarten Arbeitszeit in dringenden Fällen möglich. Der Arbeitgeber wird die Abweichung frühestmöglich bekannt geben. Der Arbeitgeber weist ausdrücklich darauf hin, dass Pausen nach Maßgabe des Arbeitszeitgesetzes zu nehmen sind.

§ 4 Vergütung

1. Der Mitarbeiter wird in Vergütungsgruppe __1 e__ des geltenden Tarifvertrages eingruppiert. Sein Festgehalt beträgt pro Monat

   __DM 1.575,-/EUR ...__ brutto

   und wird jeweils am Ende des Monats gezahlt. Der Mitarbeiter erklärt sich damit einverstanden, dass sein Gehalt auf ein von ihm zu benennendes Bank- oder Postbankkonto überwiesen wird.

2. Das Gehalt steigt oder fällt entsprechend den Vereinbarungen der Tarifpartner __für das Glaserhandwerk.__

3. Alle Sonderzahlungen, wie zusätzliches Urlaubsgeld, 13. Monatseinkommen und vermögenswirksame Leistungen des Arbeitgebers, erfolgen entsprechend der jeweils gültigen tariflichen Regelung.

8 **§ 5 Tarifliche Bestimmungen**

Für das Arbeitsverhältnis gelten, mit Ausnahme der in diesem Vertrag geregelten Punkte, die Regelungen des __Rahmenvertrags des Glaserhandwerkes__ in der jeweils geltenden Fassung sowie die allgemeinen gesetzlichen Bestimmungen.

§ 6 Verschwiegenheitspflicht, Rückgabe von Unterlagen und sonstigem Firmeneigentum

9 1. Der Mitarbeiter ist verpflichtet, über alle ihm bekannten Angelegenheiten, Vorgänge, Verträge und Geschäftsbeziehungen innerhalb und außerhalb des Betriebs und auch nach seinem Ausscheiden aus dem Arbeitsverhältnis Verschwiegenheit zu bewahren.

2. Dazu gehören neben Geschäfts- und Betriebsgeheimnissen auch persönliche Verhältnisse der Mitarbeiter und Vorgesetzten.

3. Unter anderem verpflichtet sich der Mitarbeiter, über die Höhe seines Gehalts sowie über Prämien und/oder weitere Bezüge Stillschweigen zu bewahren.

4. Ein Verstoß gegen die Verschwiegenheitspflicht führt zu einem Schadensersatzanspruch des Arbeitgebers; in Extremfällen kann ordentlich bzw. außerordentlich gekündigt werden.

2/3

Kopiervorlage

Teilzeitarbeitsvertrag

§ 3 Arbeitszeit

1. Die wöchentliche Arbeitszeit beträgt ___ Stunden.

2. In der Regel ist der Mitarbeiter an folgenden Wochentagen: _____ jeweils in der Zeit von _____ tätig. Aus betrieblichen Gründen sind Abweichungen von dieser vereinbarten Arbeitszeit in dringenden Fällen möglich. Der Arbeitgeber wird die Abweichung frühestmöglich bekannt geben. Der Arbeitgeber weist ausdrücklich darauf hin, dass Pausen nach Maßgabe des Arbeitszeitgesetzes zu nehmen sind.

§ 4 Vergütung

1. Der Mitarbeiter wird in Vergütungsgruppe ___ des geltenden Tarifvertrages eingruppiert. Sein Festgehalt beträgt pro Monat

   _____ brutto

   und wird jeweils am Ende des Monats gezahlt. Der Mitarbeiter erklärt sich damit einverstanden, dass sein Gehalt auf ein von ihm zu benennendes Bank- oder Postbankkonto überwiesen wird.

2. Das Gehalt steigt oder fällt entsprechend den Vereinbarungen der Tarifpartner _____.

3. Alle Sonderzahlungen, wie zusätzliches Urlaubsgeld, 13. Monatseinkommen und vermögenswirksame Leistungen des Arbeitgebers, erfolgen entsprechend der jeweils gültigen tariflichen Regelung.

§ 5 Tarifliche Bestimmungen

Für das Arbeitsverhältnis gelten, mit Ausnahme der in diesem Vertrag geregelten Punkte, die Regelungen des _____ in der jeweils geltenden Fassung sowie die allgemeinen gesetzlichen Bestimmungen.

§ 6 Verschwiegenheitspflicht, Rückgabe von Unterlagen und sonstigem Firmeneigentum

1. Der Mitarbeiter ist verpflichtet, über alle ihm bekannten Angelegenheiten, Vorgänge, Verträge und Geschäftsbeziehungen innerhalb und außerhalb des Betriebs und auch nach seinem Ausscheiden aus dem Arbeitsverhältnis Verschwiegenheit zu bewahren.

2. Dazu gehören neben Geschäfts- und Betriebsgeheimnissen auch persönliche Verhältnisse der Mitarbeiter und Vorgesetzten.

3. Unter anderem verpflichtet sich der Mitarbeiter, über die Höhe seines Gehalts sowie über Prämien und/oder weitere Bezüge Stillschweigen zu bewahren.

4. Ein Verstoß gegen die Verschwiegenheitspflicht führt zu einem Schadensersatzanspruch des Arbeitgebers; in Extremfällen kann ordentlich bzw. außerordentlich gekündigt werden.

Vertrags-Check Arbeitsrecht

IV. Beginn des Arbeitsverhältnisses, Unternehmen mit Tarifbindung
Arbeitsverträge für Kleinbetriebe

10 Die Speicherung und Verarbeitung von personenbezogenen Daten ist in jedem Betrieb erforderlich. Spätestens bei der Lohnabrechnung (eventuell bei einem mit der Lohnabrechnung beauftragten Steuerberater) müssen Daten des Mitarbeiters in eine DV-Anlage eingegeben und verarbeitet werden.

11 Vertragsänderungen sollten Sie zu Beweiszwecken immer schriftlich verfassen.

12 Diese Regelung wird als Teilunwirksamkeitsklausel oder auch salvatorische Klausel bezeichnet. Sie soll verhindern, dass bei einem unwirksamen Teil des Vertrags gleich das gesamte Vertragswerk entfällt. Sie finden diese oder ähnliche Klauseln auch in einer Vielzahl von anderen Verträgen.

Unbefristeter Teilzeitarbeitsvertrag

5. Der Mitarbeiter hat jederzeit auf Verlangen des Arbeitgebers, spätestens aber unaufgefordert bei Beendigung des Arbeitsverhältnisses alles Material, insbesondere alle Unterlagen, Kopien etc. zurückzugeben, die im Zusammenhang mit seiner Tätigkeit für den Arbeitgeber in seinen Besitz gelangt sind. Dem Mitarbeiter steht ein Zurückbehaltungsrecht insoweit nicht zu.

6. Der Mitarbeiter verpflichtet sich durch seine Unterschrift auf einem gesonderten Formblatt, das Datengeheimnis gemäß § 5 Bundesdatenschutzgesetz (BDSG) zu wahren. Die Verpflichtung auf das Datengeheimnis ist Bestandteil dieses Vertrags und zwingend als Anlage zu diesem Vertrag zu führen.

10 ▶ **§ 7 Speicherung von Daten**
Der Mitarbeiter ist im Sinne des Bundesdatenschutzgesetzes (BDSG) darüber unterrichtet worden, dass seine persönlichen Daten im Zusammenhang mit dem Arbeitsverhältnis in einer DV-Anlage gespeichert werden, und erklärt sich damit einverstanden.

§ 8 Sonstige Bestimmungen

11 ▶ 1. Änderungen und Ergänzungen dieses Vertrags bedürfen der Schriftform; dies gilt auch für einen Verzicht auf das Schriftformerfordernis selbst.

2. Mündliche Nebenabreden zu diesem Vertrag bestehen nicht.

12 ▶ 3. Sollten sich einzelne Bestimmungen dieses Vertrags als unwirksam erweisen, so wird dadurch die Wirksamkeit der übrigen Bestimmungen nicht berührt. Eine ungültige oder unklare Bestimmung ist so zu ersetzen bzw. zu deuten, dass der mit ihr beabsichtigte wirtschaftliche Zweck erreicht wird. Lücken sind dem beabsichtigten wirtschaftlichen Zweck entsprechend zu füllen.

Musterstadt, 16.06.
Ort, Datum

Eberhart Markus,
Inhaber
Unterschrift Arbeitgeber

Babette Schmidt
Unterschrift Mitarbeiter

3/3

Kopiervorlage

Teilzeitarbeitsvertrag

5. Der Mitarbeiter hat jederzeit auf Verlangen des Arbeitgebers, spätestens aber unaufgefordert bei Beendigung des Arbeitsverhältnisses alles Material, insbesondere alle Unterlagen, Kopien etc. zurückzugeben, die im Zusammenhang mit seiner Tätigkeit für den Arbeitgeber in seinen Besitz gelangt sind. Dem Mitarbeiter steht ein Zurückbehaltungsrecht insoweit nicht zu.

6. Der Mitarbeiter verpflichtet sich durch seine Unterschrift auf einem gesonderten Formblatt, das Datengeheimnis gemäß § 5 Bundesdatenschutzgesetz (BDSG) zu wahren. Die Verpflichtung auf das Datengeheimnis ist Bestandteil dieses Vertrags und zwingend als Anlage zu diesem Vertrag zu führen.

§ 7 Speicherung von Daten

Der Mitarbeiter ist im Sinne des Bundesdatenschutzgesetzes (BDSG) darüber unterrichtet worden, dass seine persönlichen Daten im Zusammenhang mit dem Arbeitsverhältnis in einer DV-Anlage gespeichert werden, und erklärt sich damit einverstanden.

§ 8 Sonstige Bestimmungen

1. Änderungen und Ergänzungen dieses Vertrags bedürfen der Schriftform; dies gilt auch für einen Verzicht auf das Schriftformerfordernis selbst.

2. Mündliche Nebenabreden zu diesem Vertrag bestehen nicht.

3. Sollten sich einzelne Bestimmungen dieses Vertrags als unwirksam erweisen, so wird dadurch die Wirksamkeit der übrigen Bestimmungen nicht berührt. Eine ungültige oder unklare Bestimmung ist so zu ersetzen bzw. zu deuten, dass der mit ihr beabsichtigte wirtschaftliche Zweck erreicht wird. Lücken sind dem beabsichtigten wirtschaftlichen Zweck entsprechend zu füllen.

_____

Ort, Datum

_____　　　　　　_____

Unterschrift Arbeitgeber　　　　　　Unterschrift Mitarbeiter

Vertrags-Check Arbeitsrecht

IV. Beginn des Arbeitsverhältnisses, Unternehmen mit Tarifbindung
Arbeitsverträge für Kleinbetriebe

1 Tragen Sie hier das Datum ein, an welchem das Arbeitsverhältnis beginnen soll. In der Regel wird dies der erste Tag eines Monats sein. Soll das Arbeitsverhältnis während des laufenden Monats beginnen, so ist das Arbeitsentgelt im ersten Monat nur anteilig zu zahlen.

2 Der Tarifvertrag ist genau zu bezeichnen. Die Grundsatzbestimmungen tarifvertraglicher Vereinbarungen sind in so genannten Mantel- oder Rahmentarifverträgen enthalten.

3 Üblicherweise muss ein Produktionsmitarbeiter in einem Kleinbetrieb universell einsetzbar sein. Sofern noch weitere Aufgaben die Tätigkeit Ihres Arbeitnehmers prägen sollen, fügen Sie diese bitte ein.

4 Diese Öffnungsklausel erlaubt es Ihnen, den Tätigkeitsbereich zu verändern, ohne dass es einer Änderungskündigung bedarf.

5 Auch bezüglich des Arbeitsorts sollte die Vereinbarung möglichst offen gestaltet sein, um den Arbeitnehmer flexibel einsetzen zu können.

Arbeitsvertrag Vollzeitkraft in der Produktion

Zwischen

__Landschaftsbau Claudia Karol__
__Feldweg 6__

__12345 Musterstadt__

nachfolgend „Arbeitgeber" genannt

und

Herrn/Frau
__Harald Jahr__
__Kaiser-Josef-Platz 9__

__12345 Musterstadt__

nachfolgend „Arbeitnehmer" genannt.

§ 1 Beginn des Arbeitsverhältnisses, Probezeit, Kündigungsfristen

1 ▶ 1. Das Arbeitsverhältnis beginnt am __01.04.__

2 ▶ 2. Die ersten 6 Monate gelten als Probezeit. Eine Kündigung des Arbeitsverhältnisses ist unter Einhaltung der im __Bundesrahmentarifvertrag für Garten-, Landschafts- und Sportplatzbau__ festgelegten Fristen möglich.

§ 2 Tätigkeitsgebiet, Ort der Tätigkeit

3 ▶ 1. Der Arbeitnehmer wird als __Landschaftsgärtner__ eingestellt. Seine Aufgaben umfassen __alle Tätigkeiten, die zum Beruf des Landschaftsgärtners gehören.__

4 ▶ 2. Der Arbeitnehmer ist verpflichtet, auf besondere Anordnung auch andere – seinen Fähigkeiten und seiner Aus- und Fortbildung entsprechende – zumutbare Tätigkeiten außerhalb seines Aufgabenbereichs zu verrichten. Eine Minderung der Vergütung ist hierbei ausgeschlossen.

3. Der Arbeitnehmer wird seine ganze Arbeitskraft und fachlichen Kenntnisse und Erfahrungen ausschließlich dem Arbeitgeber widmen. Während der Dauer des Arbeitsverhältnisses ist jede Übernahme einer entgeltlichen oder unentgeltlichen Nebentätigkeit nur mit vorheriger Zustimmung des Arbeitgebers zulässig.

5 ▶ 4. Der Arbeitnehmer übt seine Tätigkeit am Firmensitz in __Musterstadt__ aus. Der Arbeitgeber behält sich vor, den Arbeitnehmer auch an einem anderen Ort einzusetzen.

1/3

Kopiervorlage

Arbeitsvertrag

Zwischen

_____

_____

_____

nachfolgend „Arbeitgeber" genannt

und

Herrn/Frau

_____

_____

_____

nachfolgend „Arbeitnehmer" genannt.

§ 1 Beginn des Arbeitsverhältnisses, Probezeit, Kündigungsfristen

1. Das Arbeitsverhältnis beginnt am _____

2. Die ersten 6 Monate gelten als Probezeit. Eine Kündigung des Arbeitsverhältnisses ist unter Einhaltung der im _____ festgelegten Fristen möglich.

§ 2 Tätigkeitsgebiet, Ort der Tätigkeit

1. Der Arbeitnehmer wird als _____ eingestellt. Seine Aufgaben umfassen ___
_____

2. Der Arbeitnehmer ist verpflichtet, auf besondere Anordnung auch andere – seinen Fähigkeiten und seiner Aus- und Fortbildung entsprechende – zumutbare Tätigkeiten außerhalb seines Aufgabenbereichs zu verrichten. Eine Minderung der Vergütung ist hierbei ausgeschlossen.

3. Der Arbeitnehmer wird seine ganze Arbeitskraft und fachlichen Kenntnisse und Erfahrungen ausschließlich dem Arbeitgeber widmen. Während der Dauer des Arbeitsverhältnisses ist jede Übernahme einer entgeltlichen oder unentgeltlichen Nebentätigkeit nur mit vorheriger Zustimmung des Arbeitgebers zulässig.

4. Der Arbeitnehmer übt seine Tätigkeit am Firmensitz in _____ aus. Der Arbeitgeber behält sich vor, den Arbeitnehmer auch an einem anderen Ort einzusetzen.

Vertrags-Check Arbeitsrecht

IV. Beginn des Arbeitsverhältnisses, Unternehmen mit Tarifbindung
Arbeitsverträge für Kleinbetriebe

6 Gerade in Kleinbetrieben wird von den Arbeitnehmern eine hohes Maß an Flexibilität verlangt. Diese Öffnungsklausel gestattet es Ihnen, die Arbeitszeit – allerdings erst nach Absprache – zu verschieben.

7 Üblicherweise sind in Tarifverträgen der Urlaubsanspruch des Arbeitnehmers sowie Regelungen bei Arbeitsunfähigkeit und bei Kündigungen enthalten.

8 Sofern das Unternehmen für die Konkurrenz interessante Betriebsgeheimnisse hat, von denen der Arbeitnehmer Kenntnis erlangen kann, kann es unter Umständen sinnvoll sein, eine Vertragsstrafe zu vereinbaren.

Arbeitsvertrag Vollzeitkraft in der Produktion

§ 3 Arbeitszeit

Der Arbeitnehmer stellt seine ganze Arbeitskraft dem Unternehmen zur Verfügung.

1. Die wöchentliche Arbeitszeit beträgt derzeit **40** Stunden.

6 2. Die Arbeitszeiteinteilung richtet sich nach den Betriebszeiten des Arbeitgebers. In der Regel ist der Arbeitnehmer **montags bis freitags von 07:00 Uhr bis 15:30 Uhr** tätig. Abweichungen von dieser Arbeitszeit sind in dringenden betrieblichen Fällen und nach Absprache möglich.

3. Der Arbeitgeber weist ausdrücklich darauf hin, dass der Arbeitnehmer verpflichtet ist, arbeitstäglich eine halbstündige Mittagspause einzuhalten, die in der Zeit von **12:00 Uhr bis 14:00 Uhr** zu nehmen ist.

§ 4 Vergütung

1. Der Arbeitnehmer wird in Vergütungsgruppe **8** des geltenden Tarifvertrages eingruppiert. Sein Festgehalt beträgt pro Monat

DM 3.100,–/EUR ... brutto

und wird jeweils am Ende des Monats gezahlt. Der Arbeitnehmer erklärt sich damit einverstanden, dass sein Gehalt auf ein von ihm zu benennendes Bank- oder Postbankkonto überwiesen wird.

2. Das Gehalt steigt oder fällt entsprechend den Vereinbarungen der **Tarifpartner für Garten-, Landschafts- und Sportplatzbau**.

3. Alle Sonderzahlungen, wie zusätzliches Urlaubsgeld, 13. Monatseinkommen und vermögenswirksame Leistungen des Arbeitgebers, erfolgen entsprechend der jeweils gültigen tariflichen Regelung.

7 #### § 5 Tarifliche Bestimmungen

Für das Arbeitsverhältnis gelten, mit Ausnahme der in diesem Vertrag geregelten Punkte, die Regelungen des **Bundesrahmentarifvertrags für Garten-, Landschafts- und Sportplatzbau** in der jeweils geltenden Fassung sowie die allgemeinen gesetzlichen Bestimmungen.

§ 6 Verschwiegenheitspflicht, Rückgabe von Unterlagen und sonstigem Firmeneigentum

8 1. Der Arbeitnehmer ist verpflichtet, über alle ihm bekannten Angelegenheiten, Vorgänge, Verträge und Geschäftsbeziehungen innerhalb und außerhalb des Betriebs und auch nach seinem Ausscheiden aus dem Arbeitsverhältnis Verschwiegenheit zu bewahren.

2. Dazu gehören neben Geschäfts- und Betriebsgeheimnissen auch persönliche Verhältnisse der Arbeitnehmer und Vorgesetzten.

3. Unter anderem verpflichtet sich der Arbeitnehmer, über die Höhe seines Gehalts sowie über Prämien und/oder weitere Bezüge Stillschweigen zu bewahren.

2/3

Kopiervorlage

Arbeitsvertrag

§ 3 Arbeitszeit

Der Arbeitnehmer stellt seine ganze Arbeitskraft dem Unternehmen zur Verfügung.

1. Die wöchentliche Arbeitszeit beträgt derzeit ___ Stunden.

2. Die Arbeitszeiteinteilung richtet sich nach den Betriebszeiten des Arbeitgebers. In der Regel ist der Arbeitnehmer _____ tätig. Abweichungen von dieser Arbeitszeit sind in dringenden betrieblichen Fällen und nach Absprache möglich.

3. Der Arbeitgeber weist ausdrücklich darauf hin, dass der Arbeitnehmer verpflichtet ist, arbeitstäglich eine halbstündige Mittagspause einzuhalten, die in der Zeit von _____ zu nehmen ist.

§ 4 Vergütung

1. Der Arbeitnehmer wird in Vergütungsgruppe ___ des geltenden Tarifvertrages eingruppiert. Sein Festgehalt beträgt pro Monat

   _____ brutto

   und wird jeweils am Ende des Monats gezahlt. Der Arbeitnehmer erklärt sich damit einverstanden, dass sein Gehalt auf ein von ihm zu benennendes Bank- oder Postbankkonto überwiesen wird.

2. Das Gehalt steigt oder fällt entsprechend den Vereinbarungen der _____
_____

3. Alle Sonderzahlungen, wie zusätzliches Urlaubsgeld, 13. Monatseinkommen und vermögenswirksame Leistungen des Arbeitgebers, erfolgen entsprechend der jeweils gültigen tariflichen Regelung.

§ 5 Tarifliche Bestimmungen

Für das Arbeitsverhältnis gelten, mit Ausnahme der in diesem Vertrag geregelten Punkte, die Regelungen des _____ in der jeweils geltenden Fassung sowie die allgemeinen gesetzlichen Bestimmungen.

§ 6 Verschwiegenheitspflicht, Rückgabe von Unterlagen und sonstigem Firmeneigentum

1. Der Arbeitnehmer ist verpflichtet, über alle ihm bekannten Angelegenheiten, Vorgänge, Verträge und Geschäftsbeziehungen innerhalb und außerhalb des Betriebs und auch nach seinem Ausscheiden aus dem Arbeitsverhältnis Verschwiegenheit zu bewahren.

2. Dazu gehören neben Geschäfts- und Betriebsgeheimnissen auch persönliche Verhältnisse der Arbeitnehmer und Vorgesetzten.

3. Unter anderem verpflichtet sich der Arbeitnehmer, über die Höhe seines Gehalts sowie über Prämien und/oder weitere Bezüge Stillschweigen zu bewahren.

Vertrags-Check Arbeitsrecht

IV. Beginn des Arbeitsverhältnisses, Unternehmen mit Tarifbindung
Arbeitsverträge für Kleinbetriebe

9 Die Speicherung und Verarbeitung von personenbezogenen Daten ist in jedem Betrieb erforderlich. Spätestens bei der Lohnabrechnung (eventuell bei einem mit der Lohnabrechnung beauftragten Steuerberater) müssen Daten des Arbeitnehmers in eine DV-Anlage eingegeben und verarbeitet werden.

10 Vertragsänderungen sollten Sie zu Beweiszwecken immer schriftlich verfassen.

11 Diese Regelung wird als Teilunwirksamkeitsklausel oder auch salvatorische Klausel bezeichnet. Sie soll verhindern, dass bei einem unwirksamen Teil des Vertrags gleich das gesamte Vertragswerk entfällt. Sie finden diese oder ähnliche Klauseln auch in einer Vielzahl von anderen Verträgen.

Arbeitsvertrag Vollzeitkraft in der Produktion

4. Ein Verstoß gegen die Verschwiegenheitspflicht führt zu einem Schadensersatzanspruch des Arbeitgebers; in Extremfällen kann ordentlich bzw. außerordentlich gekündigt werden.

5. Der Arbeitnehmer hat jederzeit auf Verlangen des Arbeitgebers, spätestens aber unaufgefordert bei Beendigung des Arbeitsverhältnisses, alles Material, insbesondere alle Werkzeuge, Arbeitskleidung, Unterlagen, Kopien etc. zurückzugeben, die im Zusammenhang mit seiner Tätigkeit für den Arbeitgeber in seinen Besitz gelangt sind. Dem Arbeitnehmer steht ein Zurückbehaltungsrecht insoweit nicht zu.

§ 7 Speicherung von Daten

Der Arbeitnehmer ist im Sinne des Bundesdatenschutzgesetzes (BDSG) darüber unterrichtet worden, dass seine persönlichen Daten im Zusammenhang mit dem Arbeitsverhältnis in einer DV-Anlage gespeichert werden, und erklärt sich damit einverstanden.

§ 8 Sonstige Bestimmungen

1. Änderungen und Ergänzungen dieses Vertrags bedürfen der Schriftform; dies gilt auch für einen Verzicht auf das Schriftformerfordernis selbst.

2. Mündliche Nebenabreden zu diesem Vertrag bestehen nicht.

3. Sollten sich einzelne Bestimmungen dieses Vertrags als unwirksam erweisen, so wird dadurch die Wirksamkeit der übrigen Bestimmungen nicht berührt. Eine ungültige oder unklare Bestimmung ist so zu ersetzen bzw. zu deuten, dass der mit ihr beabsichtigte wirtschaftliche Zweck erreicht wird. Lücken sind dem beabsichtigten wirtschaftlichen Zweck entsprechend zu füllen.

Musterstadt, 01.03.
Ort, Datum

Claudia Karol
Inhaber
Unterschrift Arbeitgeber

Harald Jahr
Unterschrift Arbeitnehmer

Kopiervorlage

3/3

Arbeitsvertrag

4. Ein Verstoß gegen die Verschwiegenheitspflicht führt zu einem Schadensersatzanspruch des Arbeitgebers; in Extremfällen kann ordentlich bzw. außerordentlich gekündigt werden.

5. Der Arbeitnehmer hat jederzeit auf Verlangen des Arbeitgebers, spätestens aber unaufgefordert bei Beendigung des Arbeitsverhältnisses, alles Material, insbesondere alle Werkzeuge, Arbeitskleidung, Unterlagen, Kopien etc. zurückzugeben, die im Zusammenhang mit seiner Tätigkeit für den Arbeitgeber in seinen Besitz gelangt sind. Dem Arbeitnehmer steht ein Zurückbehaltungsrecht insoweit nicht zu.

§ 7 Speicherung von Daten

Der Arbeitnehmer ist im Sinne des Bundesdatenschutzgesetzes (BDSG) darüber unterrichtet worden, dass seine persönlichen Daten im Zusammenhang mit dem Arbeitsverhältnis in einer DV-Anlage gespeichert werden, und erklärt sich damit einverstanden.

§ 8 Sonstige Bestimmungen

1. Änderungen und Ergänzungen dieses Vertrags bedürfen der Schriftform; dies gilt auch für einen Verzicht auf das Schriftformerfordernis selbst.

2. Mündliche Nebenabreden zu diesem Vertrag bestehen nicht.

3. Sollten sich einzelne Bestimmungen dieses Vertrags als unwirksam erweisen, so wird dadurch die Wirksamkeit der übrigen Bestimmungen nicht berührt. Eine ungültige oder unklare Bestimmung ist so zu ersetzen bzw. zu deuten, dass der mit ihr beabsichtigte wirtschaftliche Zweck erreicht wird. Lücken sind dem beabsichtigten wirtschaftlichen Zweck entsprechend zu füllen.

_____
Ort, Datum

_____   _____
Unterschrift Arbeitgeber   Unterschrift Arbeitnehmer

Vertrags-Check Arbeitsrecht

IV. Beginn des Arbeitsverhältnisses, Unternehmen mit Tarifbindung
Arbeitsverträge für Kleinbetriebe

1 Wollen Sie in Ihrem Unternehmen ein Familienmitglied beschäftigen, so sollten Sie zu dessen Schutz unbedingt einen schriftlichen Arbeitsvertrag abschließen. Insbesondere, wenn Ihr Ehegatte eingestellt werden soll, sind Besonderheiten zu beachten. Ein Ehegatte kann bereits aufgrund seiner familienrechtlichen Stellung verpflichtet sein, in Ihrem Betrieb mitzuhelfen. Um die bloße Mithilfe von der Mitarbeit abzugrenzen, ist es erforderlich, Ihr Familienmitglied im Arbeitsvertrag wie einen fremden Mitarbeiter zu behandeln.

2 Tragen Sie hier das Datum ein, an welchem das Arbeitsverhältnis beginnen soll. In der Regel wird dies der 1. Tag eines Monats sein. Soll das Arbeitsverhältnis während des laufenden Monats beginnen, so ist das Arbeitsentgelt im 1. Monat nur anteilig zu zahlen.

3 Der Tarifvertrag ist genau zu bezeichnen. Die Grundsatzbestimmungen tarifvertraglicher Vereinbarungen sind in so genannten Mantel- oder Rahmentarifverträgen enthalten.

4 Üblicherweise muss ein Mitarbeiter in einem Kleinbetrieb universell einsetzbar sein. Sofern noch weitere Aufgaben die Tätigkeit des Mitarbeiters prägen sollen, fügen Sie diese bitte ein.

5 Diese Öffnungsklausel erlaubt es Ihnen, den Tätigkeitsbereich zu verändern, ohne dass es einer Änderungskündigung bedarf.

6 Auch bezüglich des Arbeitsorts sollte die Vereinbarung möglichst offen gestaltet sein, um den Mitarbeiter flexibel einsetzen zu können.

---

1 Arbeitsvertrag für ein mitarbeitendes Familienmitglied

Zwischen

Ziegelei Hannelore Karl
Lehmweg 8

12345 Musterstadt

nachfolgend „Arbeitgeber" genannt

und

Herrn/Frau
Helmut Karl
Lehmweg 8

12345 Musterstadt

nachfolgend „Mitarbeiter" genannt.

§ 1 Beginn des Arbeitsverhältnisses, Probezeit, Kündigungsfristen

2 1. Das Arbeitsverhältnis beginnt am **01.01.**

3 2. Die ersten 6 Monate gelten als Probezeit. Eine Kündigung des Arbeitsverhältnisses während der Probezeit und der sich anschließenden Beschäftigung ist unter Einhaltung der im **Manteltarifvertrag für die Ziegelindustrie** festgelegten Fristen möglich.

§ 2 Tätigkeitsgebiet, Ort der Tätigkeit

4 1. Der Mitarbeiter wird als **technischer Leiter** eingestellt. Seine Aufgaben umfassen **alle Tätigkeiten, die den Bereich der Technik im Betrieb des Arbeitgebers umfassen und berühren.**

5 2. Der Mitarbeiter ist verpflichtet, auf besondere Anordnung auch andere – seinen Fähigkeiten und seiner Aus- und Fortbildung entsprechende – zumutbare Tätigkeiten außerhalb seines Aufgabenbereichs zu verrichten. Eine Minderung der Vergütung ist hierbei ausgeschlossen.

3. Der Mitarbeiter wird seine ganze Arbeitskraft und fachlichen Kenntnisse und Erfahrungen ausschließlich dem Arbeitgeber widmen. Während der Dauer des Arbeitsverhältnisses ist jede Übernahme einer entgeltlichen oder unentgeltlichen Nebentätigkeit nur mit vorheriger Zustimmung des Arbeitgebers zulässig.

6 4. Der Mitarbeiter übt seine Tätigkeit am Firmensitz in **Musterstadt** aus. Der Arbeitgeber behält sich vor, den Mitarbeiter auch an einem anderen Ort einzusetzen.

1/3

Kopiervorlage

Vertrags-Check Arbeitsrecht, 1. Band: Basisverträge

Arbeitsvertrag

Zwischen

_____
_____

_____

nachfolgend „Arbeitgeber" genannt

und

Herrn/Frau

_____
_____

_____

nachfolgend „Mitarbeiter" genannt.

§ 1 Beginn des Arbeitsverhältnisses, Probezeit, Kündigungsfristen

1. Das Arbeitsverhältnis beginnt am _____

2. Die ersten 6 Monate gelten als Probezeit. Eine Kündigung des Arbeitsverhältnisses während der Probezeit und der sich anschließenden Beschäftigung ist unter Einhaltung der im _____ festgelegten Fristen möglich.

§ 2 Tätigkeitsgebiet, Ort der Tätigkeit

1. Der Mitarbeiter wird als _____ eingestellt. Seine Aufgaben umfassen ___
_____

2. Der Mitarbeiter ist verpflichtet, auf besondere Anordnung auch andere – seinen Fähigkeiten und seiner Aus- und Fortbildung entsprechende – zumutbare Tätigkeiten außerhalb seines Aufgabenbereichs zu verrichten. Eine Minderung der Vergütung ist hierbei ausgeschlossen.

3. Der Mitarbeiter wird seine ganze Arbeitskraft und fachlichen Kenntnisse und Erfahrungen ausschließlich dem Arbeitgeber widmen. Während der Dauer des Arbeitsverhältnisses ist jede Übernahme einer entgeltlichen oder unentgeltlichen Nebentätigkeit nur mit vorheriger Zustimmung des Arbeitgebers zulässig.

4. Der Mitarbeiter übt seine Tätigkeit am Firmensitz in _____ aus. Der Arbeitgeber behält sich vor, den Mitarbeiter auch an einem anderen Ort einzusetzen.

Vertrags-Check Arbeitsrecht

IV. Beginn des Arbeitsverhältnisses, Unternehmen mit Tarifbindung
Arbeitsverträge für Kleinbetriebe

7 Gerade in Kleinbetrieben wird von den Mitarbeitern ein hohes Maß an Flexibilität verlangt. Diese Öffnungsklausel gestattet es Ihnen, die Arbeitszeit – allerdings erst nach Absprache – zu verschieben.

8 Üblicherweise sind in Tarifverträgen der Urlaubsanspruch des Mitarbeiters sowie Regelungen bei Arbeitsunfähigkeit und bei Kündigungen enthalten.

9 Sofern das Unternehmen für die Konkurrenz interessante Betriebsgeheimnisse hat, von denen der Mitarbeiter Kenntnis erlangen kann, kann es unter Umständen sinnvoll sein, eine Vertragsstrafe zu vereinbaren.

Arbeitsvertrag für ein mitarbeitendes Familienmitglied

§ 3 Arbeitszeit
Der Mitarbeiter stellt seine ganze Arbeitskraft dem Unternehmen zur Verfügung.

1. Die wöchentliche Arbeitszeit beträgt derzeit **40** Stunden.

7 2. Die Arbeitszeiteinteilung richtet sich nach den Betriebszeiten des Arbeitgebers. In der Regel ist der Mitarbeiter **montags bis freitags von 08:30 Uhr bis 17:00 Uhr** tätig. Abweichungen von dieser Arbeitszeit sind in dringenden betrieblichen Fällen und nach Absprache möglich.

3. Der Arbeitgeber weist ausdrücklich darauf hin, dass der Mitarbeiter verpflichtet ist, arbeitstäglich eine halbstündige Mittagspause einzuhalten, die in der Zeit von **12:00 Uhr bis 14:00 Uhr** zu nehmen ist.

§ 4 Vergütung
1. Der Mitarbeiter wird in Vergütungsgruppe **9** des geltenden Tarifvertrages eingruppiert. Sein Festgehalt beträgt pro Monat

DM 4.350,-/EUR ... brutto

und wird jeweils am Ende des Monats gezahlt. Der Mitarbeiter erklärt sich damit einverstanden, dass sein Gehalt auf ein von ihm zu benennendes Bank- oder Postbankkonto überwiesen wird.

2. Das Gehalt steigt oder fällt entsprechend den Vereinbarungen der Tarifpartner **für die Ziegelindustrie.**

3. Alle Sonderzahlungen, wie zusätzliches Urlaubsgeld, 13. Monatseinkommen und vermögenswirksame Leistungen des Arbeitgebers erfolgen entsprechend der jeweils gültigen tariflichen Regelung.

8 #### § 5 Tarifliche Bestimmungen
Für das Arbeitsverhältnis gelten, mit Ausnahme der in diesem Vertrag geregelten Punkte, die Regelungen des **Manteltarifvertrags für die Ziegelindustrie** in der jeweils geltenden Fassung sowie die allgemeinen gesetzlichen Bestimmungen.

§ 6 Verschwiegenheitspflicht, Rückgabe von Unterlagen und sonstigem Firmeneigentum

9 1. Der Mitarbeiter ist verpflichtet, über alle ihm bekannten Angelegenheiten, Vorgänge, Verträge und Geschäftsbeziehungen innerhalb und außerhalb des Betriebs und auch nach seinem Ausscheiden aus dem Arbeitsverhältnis Verschwiegenheit zu bewahren.

2. Dazu gehören neben Geschäfts- und Betriebsgeheimnissen auch persönliche Verhältnisse der Mitarbeiter und Vorgesetzten.

3. Unter anderem verpflichtet sich der Mitarbeiter, über die Höhe seines Gehalts sowie über Prämien und/oder weitere Bezüge Stillschweigen zu bewahren.

2/3

Kopiervorlage

Arbeitsvertrag

§ 3 Arbeitszeit

Der Mitarbeiter stellt seine ganze Arbeitskraft dem Unternehmen zur Verfügung.

1. Die wöchentliche Arbeitszeit beträgt derzeit ___ Stunden.

2. Die Arbeitszeiteinteilung richtet sich nach den Betriebszeiten des Arbeitgebers. In der Regel ist der Mitarbeiter _____ tätig. Abweichungen von dieser Arbeitszeit sind in dringenden betrieblichen Fällen und nach Absprache möglich.

3. Der Arbeitgeber weist ausdrücklich darauf hin, dass der Mitarbeiter verpflichtet ist, arbeitstäglich eine halbstündige Mittagspause einzuhalten, die in der Zeit von _____ zu nehmen ist.

§ 4 Vergütung

1. Der Mitarbeiter wird in Vergütungsgruppe ___ des geltenden Tarifvertrages eingruppiert. Sein Festgehalt beträgt pro Monat

   _____ brutto

   und wird jeweils am Ende des Monats gezahlt. Der Mitarbeiter erklärt sich damit einverstanden, dass sein Gehalt auf ein von ihm zu benennendes Bank- oder Postbankkonto überwiesen wird.

2. Das Gehalt steigt oder fällt entsprechend den Vereinbarungen der Tarifpartner _____ _____.

3. Alle Sonderzahlungen, wie zusätzliches Urlaubsgeld, 13. Monatseinkommen und vermögenswirksame Leistungen des Arbeitgebers erfolgen entsprechend der jeweils gültigen tariflichen Regelung.

§ 5 Tarifliche Bestimmungen

Für das Arbeitsverhältnis gelten, mit Ausnahme der in diesem Vertrag geregelten Punkte, die Regelungen des _____ in der jeweils geltenden Fassung sowie die allgemeinen gesetzlichen Bestimmungen.

§ 6 Verschwiegenheitspflicht, Rückgabe von Unterlagen und sonstigem Firmeneigentum

1. Der Mitarbeiter ist verpflichtet, über alle ihm bekannten Angelegenheiten, Vorgänge, Verträge und Geschäftsbeziehungen innerhalb und außerhalb des Betriebs und auch nach seinem Ausscheiden aus dem Arbeitsverhältnis Verschwiegenheit zu bewahren.

2. Dazu gehören neben Geschäfts- und Betriebsgeheimnissen auch persönliche Verhältnisse der Mitarbeiter und Vorgesetzten.

3. Unter anderem verpflichtet sich der Mitarbeiter, über die Höhe seines Gehalts sowie über Prämien und/oder weitere Bezüge Stillschweigen zu bewahren.

Vertrags-Check Arbeitsrecht

IV. Beginn des Arbeitsverhältnisses, Unternehmen mit Tarifbindung
Arbeitsverträge für Kleinbetriebe

10 Die Speicherung und Verarbeitung von personenbezogenen Daten ist in jedem Betrieb erforderlich. Spätestens bei der Lohnabrechnung (eventuell bei einem mit der Lohnabrechnung beauftragten Steuerberater) müssen Daten des Mitarbeiters in eine DV-Anlage eingegeben und verarbeitet werden.

11 Vertragsänderungen sollten Sie zu Beweiszwecken immer schriftlich verfassen.

12 Diese Regelung wird als Teilunwirksamkeitsklausel oder auch salvatorische Klausel bezeichnet. Sie soll verhindern, dass bei einem unwirksamen Teil des Vertrags gleich das gesamte Vertragswerk entfällt. Sie finden diese oder ähnliche Klauseln auch in einer Vielzahl von anderen Verträgen.

Arbeitsvertrag für ein mitarbeitendes Familienmitglied

4. Ein Verstoß gegen die Verschwiegenheitspflicht führt zu einem Schadensersatzanspruch des Arbeitgebers; in Extremfällen kann ordentlich bzw. außerordentlich gekündigt werden.

5. Der Mitarbeiter hat jederzeit auf Verlangen des Arbeitgebers, spätestens aber unaufgefordert bei Beendigung des Arbeitsverhältnisses alles Material, insbesondere alle Werkzeuge, Arbeitskleidung, Unterlagen, Kopien etc. zurückzugeben, die im Zusammenhang mit seiner Tätigkeit für den Arbeitgeber in seinen Besitz gelangt sind. Dem Arbeitnehmer steht ein Zurückbehaltungsrecht insoweit nicht zu.

6. Der Mitarbeiter verpflichtet sich durch seine Unterschrift auf einem gesonderten Formblatt, das Datengeheimnis gemäß § 5 Bundesdatenschutzgesetz (BDSG) zu wahren. Die Verpflichtung auf das Datengeheimnis ist Bestandteil dieses Vertrags und zwingend als Anlage zu diesem Vertrag zu führen.

10 §7 Speicherung von Daten

Der Mitarbeiter ist im Sinne des Bundesdatenschutzgesetzes (BDSG) darüber unterrichtet worden, dass seine persönlichen Daten im Zusammenhang mit dem Arbeitsverhältnis in einer DV-Anlage gespeichert werden, und erklärt sich damit einverstanden.

§ 8 Sonstige Bestimmungen

11 1. Änderungen und Ergänzungen dieses Vertrags bedürfen der Schriftform; dies gilt auch für einen Verzicht auf das Schriftformerfordernis selbst.

2. Mündliche Nebenabreden zu diesem Vertrag bestehen nicht.

12 3. Sollten sich einzelne Bestimmungen dieses Vertrags als unwirksam erweisen, so wird dadurch die Wirksamkeit der übrigen Bestimmungen nicht berührt. Eine ungültige oder unklare Bestimmung ist so zu ersetzen bzw. zu deuten, dass der mit ihr beabsichtigte wirtschaftliche Zweck erreicht wird. Lücken sind dem beabsichtigten wirtschaftlichen Zweck entsprechend zu füllen.

Musterstadt, 23.12.
Ort, Datum

Hannelore Karl
Unterschrift Arbeitgeber

Helmut Karl
Unterschrift Mitarbeiter

Kopiervorlage

3/3

Arbeitsvertrag

4. Ein Verstoß gegen die Verschwiegenheitspflicht führt zu einem Schadensersatzanspruch des Arbeitgebers; in Extremfällen kann ordentlich bzw. außerordentlich gekündigt werden.

5. Der Mitarbeiter hat jederzeit auf Verlangen des Arbeitgebers, spätestens aber unaufgefordert bei Beendigung des Arbeitsverhältnisses alles Material, insbesondere alle Werkzeuge, Arbeitskleidung, Unterlagen, Kopien etc. zurückzugeben, die im Zusammenhang mit seiner Tätigkeit für den Arbeitgeber in seinen Besitz gelangt sind. Dem Arbeitnehmer steht ein Zurückbehaltungsrecht insoweit nicht zu.

6. Der Mitarbeiter verpflichtet sich durch seine Unterschrift auf einem gesonderten Formblatt, das Datengeheimnis gemäß § 5 Bundesdatenschutzgesetz (BDSG) zu wahren. Die Verpflichtung auf das Datengeheimnis ist Bestandteil dieses Vertrags und zwingend als Anlage zu diesem Vertrag zu führen.

§ 7 Speicherung von Daten

Der Mitarbeiter ist im Sinne des Bundesdatenschutzgesetzes (BDSG) darüber unterrichtet worden, dass seine persönlichen Daten im Zusammenhang mit dem Arbeitsverhältnis in einer DV-Anlage gespeichert werden, und erklärt sich damit einverstanden.

§ 8 Sonstige Bestimmungen

1. Änderungen und Ergänzungen dieses Vertrags bedürfen der Schriftform; dies gilt auch für einen Verzicht auf das Schriftformerfordernis selbst.

2. Mündliche Nebenabreden zu diesem Vertrag bestehen nicht.

3. Sollten sich einzelne Bestimmungen dieses Vertrags als unwirksam erweisen, so wird dadurch die Wirksamkeit der übrigen Bestimmungen nicht berührt. Eine ungültige oder unklare Bestimmung ist so zu ersetzen bzw. zu deuten, dass der mit ihr beabsichtigte wirtschaftliche Zweck erreicht wird. Lücken sind dem beabsichtigten wirtschaftlichen Zweck entsprechend zu füllen.

_____
Ort, Datum

_____   _____
Unterschrift Arbeitgeber   Unterschrift Mitarbeiter

Vertrags-Check Arbeitsrecht

IV. Beginn des Arbeitsverhältnisses, Unternehmen mit Tarifbindung
Arbeitsverträge für Kleinbetriebe

1 Gewerblicher Mitarbeiter ist, wer für einen selbstständig Gewerbetreibenden tätig ist. Gewerbliche Tätigkeit ist laut der Rechtsprechung des Bundesverwaltungsgerichts jede fortgesetzte, erlaubte, private, auf Dauer angelegte und auf die Erzielung von Gewinn gerichtete Tätigkeit. Zu den selbstständig Gewerbetreibenden gehören laut Gewerbeordnung (GewO) weder Rechtsanwälte, Notare, Wirtschaftsprüfer, Steuerberater und vereidigte Buchprüfer noch Ärzte, Apotheker, sonstige Heilberufler und diejenigen, die Fischerei und Viehzucht, Bergbau und das Unterrichtswesen und die Erziehung von Kindern gegen Entgelt betreiben. Auf das Arbeitsverhältnis zu gewerblichen Arbeitnehmern ist neben den allgemeinen gesetzlichen Vorschriften auch noch die GewO anzuwenden. Auswirkungen finden sich hauptsächlich im Bereich der Lohnzahlung und des Arbeitsschutzes.

2 Tragen Sie hier das Datum ein, an welchem das Arbeitsverhältnis beginnen soll. In der Regel wird dies der 1. Tag eines Monats sein. Soll das Arbeitsverhältnis während des laufenden Monats beginnen, so ist das Arbeitsentgelt im 1. Monat nur anteilig zu zahlen.

3 Gewerbliche Arbeitnehmer unterliegen nach § 120 e GewO besonderen Arbeitsschutzregelungen. Diese sind z. B. festgehalten in der Arbeitsstättenverordnung, der Druckluftverordnung, der Verordnung über besondere Arbeitsschutzanforderungen bei Arbeiten im Freien in der Zeit vom 01.11. bis 31.03. Nach der GewO selbst müssen Sie als Arbeitgeber zudem Toiletten sowie – sofern erforderlich – Umkleideräume und angemessene Gemeinschaftsunterkünfte – unter Trennung der Geschlechter – vorhalten. Auch die ärztliche Untersuchung für die Eignung der Tätigkeit fällt unter diesen Schutzgedanken.

4 Der Tarifvertrag ist genau zu bezeichnen. Die Grundsatzbestimmungen tarifvertraglicher Vereinbarungen sind in so genannten Mantel- oder Rahmentarifverträgen enthalten.

5 Üblicherweise muss ein Arbeitnehmer in einem Kleinbetrieb universell einsetzbar sein. Sofern noch weitere Aufgaben die Tätigkeit des Arbeitnehmers prägen sollen, fügen Sie diese bitte ein.

6 Diese Öffnungsklausel erlaubt es Ihnen als Arbeitgeber, den Tätigkeitsbereich zu verändern, ohne dass es einer Änderungskündigung bedarf.

7 Auch bezüglich des Arbeitsorts sollte die Vereinbarung möglichst offen gestaltet sein, um den Arbeitnehmer flexibel einsetzen zu können.

---

1 Arbeitsvertrag gewerblicher Mitarbeiter

Zwischen

Günter Lerche Uniformen und Fahnen KG
Fadengasse 18

12345 Musterstadt

nachfolgend „Arbeitgeber" genannt

und

Herrn/Frau
Astrid Leuchte
Blumenallee 6b

12345 Musterstadt

nachfolgend „Arbeitnehmer" genannt.

§ 1 Beginn des Arbeitsverhältnisses, Probezeit, Kündigungsfristen

1. Das Arbeitsverhältnis beginnt am **01.01.** . Die Einstellung erfolgt unter der Voraussetzung, dass der arbeitsmedizinische Dienst die Eignung des Arbeitnehmers feststellt.

2. Die ersten 6 Monate gelten als Probezeit. Eine Kündigung des Arbeitsverhältnisses ist unter Einhaltung der im **Manteltarifvertrag für die Bekleidungsindustrie** festgelegten Fristen möglich.

§ 2 Tätigkeitsgebiet, Ort der Tätigkeit

1. Der Arbeitnehmer wird als **Weberin** für den Aufgabenbereich **Produktion Fahnen und Spezialstoffe** eingestellt.

2. Der Arbeitnehmer ist verpflichtet, auf besondere Anordnung auch andere – seinen Fähigkeiten und seiner Aus- und Fortbildung entsprechende – zumutbare Tätigkeiten außerhalb seines Aufgabenbereichs zu verrichten. Eine Minderung der Vergütung ist hierbei ausgeschlossen.

3. Der Arbeitnehmer wird seine ganze Arbeitskraft und fachlichen Kenntnisse und Erfahrungen ausschließlich dem Arbeitgeber widmen. Während der Dauer des Arbeitsverhältnisses ist jede Übernahme einer entgeltlichen oder unentgeltlichen Nebentätigkeit nur mit vorheriger Zustimmung des Arbeitgebers zulässig.

4. Der Arbeitnehmer übt seine Tätigkeit am Firmensitz in **Musterstadt** aus. Der Arbeitgeber behält sich vor, den Arbeitnehmer auch an einem anderen Ort einzusetzen.

1/3

Arbeitsvertrag

Zwischen

_____

_____

_____

nachfolgend „Arbeitgeber" genannt

und

Herrn/Frau

_____

_____

_____

nachfolgend „Arbeitnehmer" genannt.

§ 1 Beginn des Arbeitsverhältnisses, Probezeit, Kündigungsfristen

1. Das Arbeitsverhältnis beginnt am _____. Die Einstellung erfolgt unter der Voraussetzung, dass der arbeitsmedizinische Dienst die Eignung des Arbeitnehmers feststellt.

2. Die ersten 6 Monate gelten als Probezeit. Eine Kündigung des Arbeitsverhältnisses ist unter Einhaltung der im _____ festgelegten Fristen möglich.

§ 2 Tätigkeitsgebiet, Ort der Tätigkeit

1. Der Arbeitnehmer wird als _____ für den Aufgabenbereich _____ _____ eingestellt.

2. Der Arbeitnehmer ist verpflichtet, auf besondere Anordnung auch andere – seinen Fähigkeiten und seiner Aus- und Fortbildung entsprechende – zumutbare Tätigkeiten außerhalb seines Aufgabenbereichs zu verrichten. Eine Minderung der Vergütung ist hierbei ausgeschlossen.

3. Der Arbeitnehmer wird seine ganze Arbeitskraft und fachlichen Kenntnisse und Erfahrungen ausschließlich dem Arbeitgeber widmen. Während der Dauer des Arbeitsverhältnisses ist jede Übernahme einer entgeltlichen oder unentgeltlichen Nebentätigkeit nur mit vorheriger Zustimmung des Arbeitgebers zulässig.

4. Der Arbeitnehmer übt seine Tätigkeit am Firmensitz in _____ aus. Der Arbeitgeber behält sich vor, den Arbeitnehmer auch an einem anderen Ort einzusetzen.

Vertrags-Check Arbeitsrecht

IV. Beginn des Arbeitsverhältnisses, Unternehmen mit Tarifbindung
Arbeitsverträge für Kleinbetriebe

8 Gerade in Kleinbetrieben wird von den Arbeitnehmern ein hohes Maß an Flexibilität verlangt. Diese Öffnungsklausel gestattet es Ihnen, die Arbeitszeit – allerdings erst nach Absprache – zu verschieben.

9 Üblicherweise sind in Tarifverträgen der Urlaubsanspruch des Arbeitnehmers sowie Regelungen bei Arbeitsunfähigkeit und bei Kündigungen enthalten.

10 § 81 BetrVG (Betriebsverfassungsgesetz) verpflichtet Sie, Ihre Arbeitnehmer über Unfall- und Gesundheitsgefahren zu informieren. Diese Informationspflicht trifft Sie übrigens auch dann, wenn Sie keinen Betriebsrat haben.

11 Der besondere Arbeitsschutz der gewerblichen Arbeitnehmer ist auch im Arbeitsschutzgesetz und im Arbeitssicherheitsgesetz festgelegt. Hiernach sind Sie als Arbeitgeber unter anderem verpflichtet, eine Gefahrenanalyse (Gefährdungsbeurteilung) des Arbeitsplatzes vorzunehmen und den Arbeitnehmer im Rahmen einer Arbeitseinweisung auf die besonderen Gefahren aufmerksam zu machen (§ 5 Arbeitsschutzgesetz, §§ 3 ff. Arbeitssicherheitsgesetz). Aber auch der Arbeitnehmer ist verpflichtet, die Gefahren am Arbeitsplatz zu beobachten und den Arbeitgeber zu informieren, damit dieser geeignete Gegenmaßnahmen treffen kann.

Arbeitsvertrag gewerblicher Mitarbeiter

§ 3 Arbeitszeit

1. Der Arbeitnehmer stellt seine ganze Arbeitskraft dem Unternehmen zur Verfügung.

2. Die wöchentliche Arbeitszeit beträgt derzeit **40** Stunden.

8 3. Die Arbeitszeiteinteilung richtet sich nach den Betriebszeiten des Arbeitgebers. In der Regel ist der Arbeitnehmer **montags bis freitags von 08:00 Uhr bis 16:30 Uhr** tätig. Abweichungen von dieser Arbeitszeit sind in dringenden betrieblichen Fällen und nach Absprache möglich.

4. Der Arbeitgeber weist ausdrücklich darauf hin, dass der Arbeitnehmer verpflichtet ist, arbeitstäglich eine halbstündige Mittagspause einzuhalten, die in der Zeit von **12:00 Uhr bis 14:00 Uhr** zu nehmen ist.

§ 4 Vergütung

1. Der Arbeitnehmer wird in Vergütungsgruppe **4** des geltenden Tarifvertrags eingruppiert. Sein Festgehalt beträgt pro Monat

   DM 2.750,--/EUR ... brutto

   und wird jeweils am Ende des Monats gezahlt. Der Arbeitnehmer erklärt sich damit einverstanden, dass sein Gehalt auf ein von ihm zu benennendes Bank- oder Postbankkonto überwiesen wird.

2. Das Gehalt steigt oder fällt entsprechend den Vereinbarungen der Tarifpartner **für die Bekleidungsindustrie.**

3. Alle Sonderzahlungen, wie zusätzliches Urlaubsgeld, 13. Monatseinkommen und vermögenswirksame Leistungen des Arbeitgebers erfolgen entsprechend der jeweils gültigen tariflichen Regelung.

9 #### § 5 Tarifliche Bestimmungen

Für das Arbeitsverhältnis gelten, mit Ausnahme der in diesem Vertrag geregelten Punkte, die Regelungen des Manteltarifvertrags für die Bekleidungsindustrie in der jeweils geltenden Fassung sowie die allgemeinen gesetzlichen Bestimmungen.

§ 6 Arbeitsschutz

10 Der Arbeitnehmer wird bei Beginn der Arbeit in die jeweiligen Arbeitsschutzvorschriften eingewiesen sowie über die Unfall- und Gesundheitsgefahren gemäß § 81 BetrVG belehrt. Er erhält in der Anlage zu diesem Vertrag eine schriftliche Zusammenfassung der Arbeitsschutzvorschriften. Der Arbeitnehmer verpflichtet sich, die besonderen Gefahren des Arbeitsplatzes zu beachten und den Arbeitgeber über weitere mögliche Gefahren unverzüglich zu informieren. **11**

2/3

Kopiervorlage

Arbeitsvertrag

§ 3 Arbeitszeit

1. Der Arbeitnehmer stellt seine ganze Arbeitskraft dem Unternehmen zur Verfügung.

2. Die wöchentliche Arbeitszeit beträgt derzeit ___ Stunden.

3. Die Arbeitszeiteinteilung richtet sich nach den Betriebszeiten des Arbeitgebers. In der Regel ist der Arbeitnehmer _____ tätig. Abweichungen von dieser Arbeitszeit sind in dringenden betrieblichen Fällen und nach Absprache möglich.

4. Der Arbeitgeber weist ausdrücklich darauf hin, dass der Arbeitnehmer verpflichtet ist, arbeitstäglich eine halbstündige Mittagspause einzuhalten, die in der Zeit von _____

   zu nehmen ist.

§ 4 Vergütung

1. Der Arbeitnehmer wird in Vergütungsgruppe ___ des geltenden Tarifvertrags eingruppiert. Sein Festgehalt beträgt pro Monat

   _____ brutto

   und wird jeweils am Ende des Monats gezahlt. Der Arbeitnehmer erklärt sich damit einverstanden, dass sein Gehalt auf ein von ihm zu benennendes Bank- oder Postbankkonto überwiesen wird.

2. Das Gehalt steigt oder fällt entsprechend den Vereinbarungen der Tarifpartner _____ _____.

3. Alle Sonderzahlungen, wie zusätzliches Urlaubsgeld, 13. Monatseinkommen und vermögenswirksame Leistungen des Arbeitgebers erfolgen entsprechend der jeweils gültigen tariflichen Regelung.

§ 5 Tarifliche Bestimmungen

Für das Arbeitsverhältnis gelten, mit Ausnahme der in diesem Vertrag geregelten Punkte, die Regelungen des Manteltarifvertrags für die Bekleidungsindustrie in der jeweils geltenden Fassung sowie die allgemeinen gesetzlichen Bestimmungen.

§ 6 Arbeitsschutz

Der Arbeitnehmer wird bei Beginn der Arbeit in die jeweiligen Arbeitsschutzvorschriften eingewiesen sowie über die Unfall- und Gesundheitsgefahren gemäß § 81 BetrVG belehrt. Er erhält in der Anlage zu diesem Vertrag eine schriftliche Zusammenfassung der Arbeitsschutzvorschriften. Der Arbeitnehmer verpflichtet sich, die besonderen Gefahren des Arbeitsplatzes zu beachten und den Arbeitgeber über weitere mögliche Gefahren unverzüglich zu informieren.

Vertrags-Check Arbeitsrecht

IV. Beginn des Arbeitsverhältnisses, Unternehmen mit Tarifbindung
Arbeitsverträge für Kleinbetriebe

12 Die Speicherung und Verarbeitung von personenbezogenen Daten ist in jedem Betrieb erforderlich. Spätestens bei der Lohnabrechnung (eventuell bei einem mit der Lohnabrechnung beauftragten Steuerberater) müssen Daten des Arbeitnehmers in eine DV-Anlage eingegeben und verarbeitet werden.

13 Vertragsänderungen sollten Sie zu Beweiszwecken immer schriftlich verfassen.

14 Diese Regelung wird als Teilunwirksamkeitsklausel oder auch salvatorische Klausel bezeichnet. Sie soll verhindern, dass bei einem unwirksamen Teil des Vertrags gleich das gesamte Vertragswerk entfällt. Sie finden diese oder ähnliche Klauseln auch in einer Vielzahl von anderen Verträgen.

Arbeitsvertrag gewerblicher Mitarbeiter

§ 7 Verschwiegenheitspflicht, Rückgabe von Unterlagen und sonstigem Firmeneigentum

1. Der Arbeitnehmer ist verpflichtet, über alle ihm bekannten Angelegenheiten, Vorgänge, Verträge und Geschäftsbeziehungen innerhalb und außerhalb des Betriebes und auch nach seinem Ausscheiden aus dem Arbeitsverhältnis Verschwiegenheit zu bewahren.

2. Dazu gehören neben Geschäfts- und Betriebsgeheimnissen auch persönliche Verhältnisse der Kollegen und Vorgesetzten.

3. Ein Verstoß gegen die Verschwiegenheitspflicht führt zu einem Schadensersatzanspruch des Arbeitgebers; in Extremfällen kann ordentlich bzw. außerordentlich gekündigt werden.

4. Der Arbeitnehmer hat jederzeit auf Verlangen des Arbeitgebers, spätestens aber unaufgefordert bei Beendigung des Arbeitsverhältnisses alles Material, insbesondere alle Werkzeuge, Arbeitskleidung, Unterlagen, Kopien etc. zurückzugeben, die im Zusammenhang mit seiner Tätigkeit für den Arbeitgeber in seinen Besitz gelangt sind. Dem Arbeitnehmer steht ein Zurückbehaltungsrecht insoweit nicht zu.

12 #### § 8 Speicherung von Daten

Der Arbeitnehmer ist im Sinne des Bundesdatenschutzgesetzes (BDSG) darüber unterrichtet worden, dass seine persönlichen Daten im Zusammenhang mit dem Arbeitsverhältnis in einer DV-Anlage gespeichert werden, und erklärt sich damit einverstanden.

§ 9 Sonstige Bestimmungen

13 1. Änderungen und Ergänzungen dieses Vertrags bedürfen der Schriftform; dies gilt auch für einen Verzicht auf das Schriftformerfordernis selbst.

2. Mündliche Nebenabreden zu diesem Vertrag bestehen nicht.

14 3. Sollten sich einzelne Bestimmungen dieses Vertrags als unwirksam erweisen, so wird dadurch die Wirksamkeit der übrigen Bestimmungen nicht berührt. Eine ungültige oder unklare Bestimmung ist so zu ersetzen bzw. zu deuten, dass der mit ihr beabsichtigte wirtschaftliche Zweck erreicht wird. Lücken sind dem beabsichtigten wirtschaftlichen Zweck entsprechend zu füllen.

Musterstadt, 06.12.
Ort, Datum

Günter Lerche
Geschäftsführer
Unterschrift Arbeitgeber

Astrid Leuchte
Unterschrift Arbeitnehmer

Kopiervorlage

Arbeitsvertrag

§ 7 Verschwiegenheitspflicht, Rückgabe von Unterlagen und sonstigem Firmeneigentum

1. Der Arbeitnehmer ist verpflichtet, über alle ihm bekannten Angelegenheiten, Vorgänge, Verträge und Geschäftsbeziehungen innerhalb und außerhalb des Betriebes und auch nach seinem Ausscheiden aus dem Arbeitsverhältnis Verschwiegenheit zu bewahren.

2. Dazu gehören neben Geschäfts- und Betriebsgeheimnissen auch persönliche Verhältnisse der Kollegen und Vorgesetzten.

3. Ein Verstoß gegen die Verschwiegenheitspflicht führt zu einem Schadensersatzanspruch des Arbeitgebers; in Extremfällen kann ordentlich bzw. außerordentlich gekündigt werden.

4. Der Arbeitnehmer hat jederzeit auf Verlangen des Arbeitgebers, spätestens aber unaufgefordert bei Beendigung des Arbeitsverhältnisses alles Material, insbesondere alle Werkzeuge, Arbeitskleidung, Unterlagen, Kopien etc. zurückzugeben, die im Zusammenhang mit seiner Tätigkeit für den Arbeitgeber in seinen Besitz gelangt sind. Dem Arbeitnehmer steht ein Zurückbehaltungsrecht insoweit nicht zu.

§ 8 Speicherung von Daten

Der Arbeitnehmer ist im Sinne des Bundesdatenschutzgesetzes (BDSG) darüber unterrichtet worden, dass seine persönlichen Daten im Zusammenhang mit dem Arbeitsverhältnis in einer DV-Anlage gespeichert werden, und erklärt sich damit einverstanden.

§ 9 Sonstige Bestimmungen

1. Änderungen und Ergänzungen dieses Vertrags bedürfen der Schriftform; dies gilt auch für einen Verzicht auf das Schriftformerfordernis selbst.

2. Mündliche Nebenabreden zu diesem Vertrag bestehen nicht.

3. Sollten sich einzelne Bestimmungen dieses Vertrags als unwirksam erweisen, so wird dadurch die Wirksamkeit der übrigen Bestimmungen nicht berührt. Eine ungültige oder unklare Bestimmung ist so zu ersetzen bzw. zu deuten, dass der mit ihr beabsichtigte wirtschaftliche Zweck erreicht wird. Lücken sind dem beabsichtigten wirtschaftlichen Zweck entsprechend zu füllen.

_____
Ort, Datum

_____ _____
Unterschrift Arbeitgeber   Unterschrift Arbeitnehmer

Vertrags-Check Arbeitsrecht

V. Änderungen im Arbeitsverhältnis

1 Im Arbeitsvertrag ist der Ort der Arbeitsleistung zumeist durch eine mehr oder weniger genaue Angabe der Arbeitsstätte konkretisiert.

Ihr Direktionsrecht als Arbeitgeber berechtigt Sie jedoch nicht, den Arbeitsort einseitig zu verändern.

Eine Ausnahme gilt nur, wenn Sie sich die Möglichkeit vorbehalten haben, Ihren Mitarbeiter an einem anderen Arbeitsort einzusetzen.

Haben Sie im Arbeitsvertrag ausdrücklich eine Versetzungsbefugnis eingeräumt, ist selbst diese Beschränkungen unterworfen. Denn auch von einer vertraglichen Versetzungsbefugnis dürfen Sie nur nach billigem Ermessen Gebrauch machen, § 315 Bürgerliches Gesetzbuch (BGB). Zu berücksichtigen sind dabei

- das Alter Ihres Mitarbeiters,
- sein Gesundheitszustand,
- eine etwa mit der Versetzung verbundene wirtschaftliche und soziale Verschlechterung innerhalb des Betriebs,
- die familiäre Situation Ihres Mitarbeiters.

2 Auch wenn Sie und Ihr Mitarbeiter die Versetzung an einen anderen Arbeitsort mittels Änderungsvertrag vereinbaren, müssen Sie ein etwaiges Mitbestimmungsrecht des Betriebsrats nach § 99 Betriebsverfassungsgesetz (BetrVG) beachten.

Um eine mitbestimmungspflichtige Versetzung handelt es sich immer dann,

- wenn sich das Tätigkeitsbild Ihres Mitarbeiters durch die von Ihnen angeordnete Maßnahme so ändert,
- wenn der Gegenstand der geschuldeten Leistung ein anderer ist.

Der Versetzungsbegriff umfasst neben inhaltlichen Änderungen der Arbeitsleistung auch solche, die sich auf den Ort beziehen, an dem die arbeitsvertraglich vereinbarte Tätigkeit zu erbringen ist. Soll also Ihr Mitarbeiter an einen anderen Arbeitsort – beispielsweise in einen Ihrer Filialbetriebe – versetzt werden, hat der Betriebsrat ein Mitbestimmungsrecht. Ändert sich hingegen nur die räumliche Lage des Arbeitsplatzes innerhalb Ihres Betriebs, weil die Tätigkeit beispielsweise in einem anderen Büro verrichtet werden muss, handelt es sich nicht um eine Versetzung.

Änderungsvertrag für den Arbeitsort

Zwischen

Firma
Maier-Oberbekleidung
Schildergasse 56
12345 Musterstadt

nachfolgend „Arbeitgeber" genannt

und

Herrn/Frau
Maria Müller
Lungengasse 12
12345 Musterstadt

nachfolgend „Arbeitnehmer" genannt

wird nachfolgende

Änderungsvereinbarung

getroffen:

§ 1
Mit Arbeitsvertrag vom 15.01. wurde der Arbeitnehmer als Verkäuferin in der Hauptbetriebsstätte des Arbeitgebers in Schildergasse 56, 12345 Musterstadt, eingestellt.

1 ▸ § 2
In Abänderung des Anstellungsvertrags sind sich die Arbeitsvertragsparteien einig, dass der Arbeitnehmer mit Wirkung vom 01.07. in der Filiale des Arbeitgebers in Konrad-Adenauer-Strasse 34, 54321 Testhausen, als Verkäuferin beschäftigt wird.

§ 3
Die übrigen Bestimmungen des Arbeitsvertrags vom 15.01. bleiben von diesem Änderungsvertrag unberührt.

2 ▸ § 4
Der Arbeitgeber wird zu diesem Änderungsvertrag unverzüglich die Zustimmung des Betriebsrates einholen. Sollte der Betriebsrat seine Zustimmung verweigern, wird der Arbeitgeber das Zustimmungsersetzungsverfahren nach § 99 Absatz 4 Betriebsverfassungsgesetz (BetrVG) einleiten.

Musterstadt, den 14.06.
Ort, Datum

Firma Maier   Maria Müller
Unterschrift des Arbeitgebers Unterschrift des Arbeitnehmers

Kopiervorlage

Änderungsvertrag

Zwischen

_____
_____
_____

nachfolgend „Arbeitgeber" genannt

und

_____
_____
_____

nachfolgend „Arbeitnehmer" genannt

wird nachfolgende

Änderungsvereinbarung

getroffen:

§ 1

Mit Arbeitsvertrag vom _____ wurde der Arbeitnehmer als Verkäuferin in der Hauptbetriebsstätte des Arbeitgebers in _____, eingestellt.

§ 2

In Abänderung des Anstellungsvertrags sind sich die Arbeitsvertragsparteien einig, dass der Arbeitnehmer mit Wirkung vom _____ in der Filiale des Arbeitgebers in _____ _____, als _____ beschäftigt wird.

§ 3

Die übrigen Bestimmungen des Arbeitsvertrags vom _____ bleiben von diesem Änderungsvertrag unberührt.

§ 4

Der Arbeitgeber wird zu diesem Änderungsvertrag unverzüglich die Zustimmung des Betriebsrates einholen. Sollte der Betriebsrat seine Zustimmung verweigern, wird der Arbeitgeber das Zustimmungsersetzungsverfahren nach § 99 Absatz 4 Betriebsverfassungsgesetz (BetrVG) einleiten.

_____
Ort, Datum

_____ _____
Unterschrift des Arbeitgebers   Unterschrift des Arbeitnehmers

Vertrags-Check Arbeitsrecht

V. Änderungen im Arbeitsverhältnis

[1] Wie die übrigen Arbeitsbedingungen wird auch die Arbeitszeit grundsätzlich durch den Arbeitsvertrag bestimmt. Als Arbeitgeber müssen Sie zwischen Dauer und Lage der Arbeitszeit unterscheiden.

Die Dauer der täglichen, wöchentlichen oder monatlichen Arbeitszeit wird, soweit nicht ein die Arbeitszeit regelnder Tarifvertrag Anwendung findet, einzelvertraglich vereinbart und durch das Arbeitszeitgesetz (ArbZG) begrenzt.

Danach darf die werktägliche Arbeitszeit grundsätzlich 8 Stunden nicht überschreiten. Sie kann jedoch auf 10 Stunden werktäglich verlängert werden, wenn die Überschreitung (Überstunden) innerhalb eines bestimmten Zeitraums (6 Kalendemonate oder 24 Wochen) ausgeglichen wird. Die Lage der Arbeitszeit können Sie als Arbeitgeber im Rahmen Ihres Direktionsrechtes einseitig festlegen, soweit es an einer eindeutigen Regelung im Arbeitsvertrag fehlt.

Ein Änderungsvertrag, mit dem eine andere werktägliche Arbeitszeit vereinbart wird, ist immer dann sinnvoll, wenn Sie bei der beabsichtigten Änderung die Grenzen Ihres Direktionsrechts überschreiten und Ihr Mitarbeiter mit der beabsichtigten Änderung einverstanden ist.

[2] Mitwirkungsrechte des Betriebsrats nach § 99 Betriebsverfassungsgesetz (BetrVG) bestehen nicht, wenn sich Vereinbarungen zwischen Ihnen als Arbeitgeber und Ihrem Mitarbeiter auf die Lage der Arbeitszeit beziehen und sich nur in diesem Bereich Änderungen ergeben.

Eine Zustimmung des Betriebsrates zu einer Verlängerung oder Verkürzung der Wochenarbeitszeit eines Mitarbeiters ist ebenfalls nicht erforderlich.

Gleiches gilt bei einer Verlängerung oder Verkürzung der Mindestwochenarbeitszeit von Teilzeitkräften mit variabler Arbeitszeit. Es ergeben sich aber in diesen Fällen Mitbestimmungsrechte des Betriebsrats aus § 87 Absatz 1 Nr. 2 und 3 BetrVG.

---

[1] Änderungsvertrag für die Arbeitszeit

Zwischen

Firma
Stahlbau GmbH
Industriestraße 10

12345 Musterstadt

nachfolgend „Arbeitgeber" genannt

und

Herrn/Frau
Manfred Maier
Lungengasse 12

12345 Musterstadt

nachfolgend „Arbeitnehmer" genannt

wird folgende

Änderungsvereinbarung

getroffen:

§ 1
Mit Arbeitsvertrag vom **15.01.** wurde der Arbeitnehmer als **Industrieschlosser** in der Betriebsstätte des Arbeitgebers in **Industriestraße 10, 12345 Musterstadt**, eingestellt.

§ 2
In § 3 des Arbeitsvertrags wurde hinsichtlich der Arbeitszeit festgelegt, dass der Arbeitnehmer seine Arbeitsleistung in der Zeit von **6:00 Uhr bis 14:00 Uhr (Tagschicht)** zu erbringen hat.

[2] § 3
In Abänderung dieser Bestimmung sind sich die Arbeitsvertragsparteien einig, dass der Arbeitnehmer mit Wirkung vom **01.07.** seine Arbeitsleistung in **Wechselschicht nach Maßgabe der Wechselschichtvereinbarung** erbringt.

§ 4
Die übrigen Bestimmungen des Arbeitsvertrags vom **15.01.** bleiben von diesem Änderungsvertrag unberührt.

Musterstadt, den 14.06.
Ort, Datum

Firma Stahlbau GmbH   **Manfred Maier**
Unterschrift des Arbeitgebers   Unterschrift des Arbeitnehmers

Kopiervorlage

Änderungsvertrag

Zwischen

Firma

_____

_____

_____

nachfolgend „Arbeitgeber" genannt

und

Herrn/Frau

_____

_____

_____

nachfolgend „Arbeitnehmer" genannt

wird folgende

Änderungsvereinbarung

getroffen:

§ 1
Mit Arbeitsvertrag vom _____ wurde der Arbeitnehmer als _____ in der Betriebsstätte des Arbeitgebers in _____, eingestellt.

§ 2
In § 3 des Arbeitsvertrags wurde hinsichtlich der Arbeitszeit festgelegt, dass der Arbeitnehmer seine Arbeitsleistung in der Zeit von _____ zu erbringen hat.

§ 3
In Abänderung dieser Bestimmung sind sich die Arbeitsvertragsparteien einig, dass der Arbeitnehmer mit Wirkung vom _____ seine Arbeitsleistung in _____ _____ erbringt.

§ 4
Die übrigen Bestimmungen des Arbeitsvertrags vom _____ bleiben von diesem Änderungsvertrag unberührt.

_____
Ort, Datum

_____ _____
Unterschrift des Arbeitgebers Unterschrift des Arbeitnehmers

Vertrags-Check Arbeitsrecht

V. Änderungen im Arbeitsverhältnis

1 Es kann sein, dass Sie als Arbeitgeber den Tätigkeitsbereich Ihres Mitarbeiters ändern wollen. Ist die beabsichtigte Versetzung nicht von Ihrem Direktionsrecht gedeckt, ist stets der Abschluss eines Änderungsvertrags mit Ihrem Mitarbeiter erforderlich. Ist Ihr Mitarbeiter mit der Änderung nicht einverstanden, müssen Sie eine Änderungskündigung aussprechen. Die beabsichtigte Versetzung ist nicht mehr von Ihrem Direktionsrecht gedeckt, wenn Ihrem Mitarbeiter im Arbeitsvertrag eine bestimmte Tätigkeit zugewiesen wurde und ihm nun eine andersartige Tätigkeit zugewiesen werden soll. Von Ihrem Direktionsrecht gedeckt ist jedoch die Zuweisung jeder Arbeit, die bei der Einstellung Ihres Mitarbeiters fachlich umschrieben wurde (zum Beispiel Verkäufer) und die sich innerhalb des vereinbarten Berufsbildes hält. Wurde die zu verrichtende Tätigkeit im Arbeitsvertrag nur generalisierend umschrieben (zum Beispiel kaufmännischer Angestellter), dürfen Sie dem Mitarbeiter jede Arbeit zuweisen,

- die billigem Ermessen entspricht,
- bei Vertragsschluss vorhersehbar war und
- typischerweise von solchen Mitarbeitern verrichtet wird.

2 Selbst wenn Ihr Mitarbeiter auf einer Konkretisierung seines Arbeitsbereichs besteht, sollten Sie hier möglichst generalisierende Beschreibungen aufnehmen, um Ihr Direktionsrecht nicht unnötig zu beschneiden. Je konkreter die Stelle im Arbeitsvertrag oder im Änderungsvertrag beschrieben ist, desto schwieriger kann es werden, dem Mitarbeiter andere als die im Vertrag aufgenommenen Tätigkeiten zuzuweisen.

Änderungsvertrag für den Aufgabenbereich

Zwischen

Firma
Maier-Oberbekleidung
Schildergasse 56

12345 Musterstadt

nachfolgend „Arbeitgeber" genannt

und

Herrn/Frau
Maria Müller
Lungengasse 12

12345 Musterstadt

nachfolgend „Arbeitnehmer" genannt

wird nachfolgende

Änderungsvereinbarung

getroffen:

§ 1

Mit Arbeitsvertrag vom **15.01.** wurde der Arbeitnehmer als **Verkäuferin** in der Betriebsstätte des Arbeitgebers in **Schildergasse 56, 12345 Musterstadt**, eingestellt.

1 ▶ § 2

In Abänderung des Arbeitsvertrags sind sich die Arbeitsvertragsparteien einig, dass der Arbeitnehmer mit Wirkung vom **01.07.** als **Bürogehilfin** in der Betriebsstätte der Arbeitgeberin beschäftigt wird.

2 ▶ § 3

Das Aufgabengebiet des Arbeitnehmers als **Bürogehilfin** umfasst folgende Tätigkeiten:

1. **allgemeine Schreibarbeiten**
2. **Ablage**
3. **Vorbereitung von Konferenzen und Besprechungen.**

1/2

Kopiervorlage

Änderungsvertrag

Zwischen

Firma

_____

_____

_____

nachfolgend „Arbeitgeber" genannt

und

Herrn/Frau

_____

_____

_____

nachfolgend „Arbeitnehmer" genannt

wird nachfolgende

Änderungsvereinbarung

getroffen:

§ 1
Mit Arbeitsvertrag vom _____ wurde der Arbeitnehmer als _____ in der Betriebsstätte des Arbeitgebers in _____, eingestellt.

§ 2
In Abänderung des Arbeitsvertrags sind sich die Arbeitsvertragsparteien einig, dass der Arbeitnehmer mit Wirkung vom _____ als _____ in der Betriebsstätte der Arbeitgeberin beschäftigt wird.

§ 3
Das Aufgabengebiet des Arbeitnehmers als _____ umfasst folgende Tätigkeiten:

1. _____
2. _____
3. _____

Vertrags-Check Arbeitsrecht

V. Änderungen im Arbeitsverhältnis

3 Auch wenn Sie und Ihr Mitarbeiter die Versetzung an einen anderen Arbeitsplatz mit einer anderen Tätigkeit mittels Änderungsvertrag vereinbaren, müssen Sie ein etwaiges Mitbestimmungsrecht des Betriebsrats nach § 99 Betriebsverfassungsgesetz beachten. Eine mitbestimmungspflichtige Versetzung liegt immer dann vor,

- wenn sich das Tätigkeitsbild Ihres Mitarbeiters durch die von Ihnen angeordnete Maßnahme so ändert, dass der Gegenstand der geschuldeten Leistung ein anderer ist.

Dazu gehört die Änderung des Arbeitsbereichs, also des konkreten Arbeitsplatzes und die Beziehung zur betrieblichen Umgebung in räumlicher, technischer und organisatorischer Hinsicht. Ändern sich durch die Versetzung die äußeren Rahmenbedingungen, unter denen die Arbeitsleistung künftig zu erbringen ist, müssen Sie stets von einem Mitbestimmungsrecht des Betriebsrates ausgehen.

Änderungsvertrag für den Aufgabenbereich

§ 4
Die Parteien sind sich darüber hinaus einig, dass die im Arbeitsvertrag vom <u>15.01.</u> vereinbarte monatliche Brutto-Vergütung in Höhe von <u>DM 3.800,-/EUR...</u> weiterhin gezahlt wird.

§ 5
Die übrigen Bestimmungen des Arbeitsvertrages vom <u>15.01.</u> bleiben von diesem Änderungsvertrag unberührt.

3 ▶ **§ 6**
Der Arbeitgeber wird zu diesem Änderungsvertrag unverzüglich die Zustimmung des Betriebsrats einholen. Sollte der Betriebsrat seine Zustimmung verweigern, wird der Arbeitgeber das Zustimmungsersetzungsverfahren nach § 99 Absatz 4 Betriebsverfassungsgesetz (BetrVG) einleiten.

<u>Musterstadt, den 14.06.</u>
Ort, Datum

<u>Firma Maier</u>   <u>Maria Müller</u>
Unterschrift des Arbeitgebers   Unterschrift des Arbeitnehmers

Änderungsvertrag

§ 4
Die Parteien sind sich darüber hinaus einig, dass die im Arbeitsvertrag vom _____ vereinbarte monatliche Brutto-Vergütung in Höhe von _____ weiterhin gezahlt wird.

§ 5
Die übrigen Bestimmungen des Arbeitsvertrages vom _____ bleiben von diesem Änderungsvertrag unberührt.

§ 6
Der Arbeitgeber wird zu diesem Änderungsvertrag unverzüglich die Zustimmung des Betriebsrats einholen. Sollte der Betriebsrat seine Zustimmung verweigern, wird der Arbeitgeber das Zustimmungsersetzungsverfahren nach § 99 Absatz 4 Betriebsverfassungsgesetz (BetrVG) einleiten.

_____
Ort, Datum

_____   _____
Unterschrift des Arbeitgebers   Unterschrift des Arbeitnehmers

Vertrags-Check Arbeitsrecht

VI. Beendigung des Arbeitsverhältnisses

1 § 623 Bürgerliches Gesetzbuch (BGB) sieht seit dem 01.05.2000 für die Beendigung von Arbeitsverhältnissen durch Kündigung oder Aufhebungsvertrag zwingend die Schriftform vor. Beachten Sie in diesem Zusammenhang die Abgrenzung des Auflösungsvertrages vom Abwicklungsvertrag, der vom Formzwang zumindest nicht ausdrücklich erfasst wird. Mit einem Aufhebungsvertrag soll ein Arbeitsverhältnis für die Zukunft beendet werden. Demgegenüber regeln Sie mit einem Abwicklungsvertrag, wie sich das Arbeitsverhältnis mit dem gekündigten Mitarbeiter in Bezug auf sein tatsächliches Ausscheiden gestalten soll.

2 Die Formulierung des Beendigungsgrundes ist für Ihren Mitarbeiter von erheblicher Bedeutung, wenn er nach Beendigung des Arbeitsvertrags Arbeitslosengeld beziehen möchte. Nach § 144 Absatz 3 Sozialgesetzbuch III (SGB III) tritt eine Sperrzeit von 12 Wochen ein, wenn

- der Arbeitnehmer das Beschäftigungsverhältnis löst oder durch ein arbeitsvertragswidriges Verhalten Anlass für die Lösung des Beschäftigungsverhältnisses gegeben hat und
- er dadurch vorsätzlich oder zumindest grob fahrlässig die Arbeitslosigkeit herbeigeführt hat.

Die Rechtsprechung geht bei Abschluss eines Aufhebungsvertrags grundsätzlich davon aus, dass der Arbeitnehmer das Arbeitsverhältnis aufgelöst hat. Mangels einer vorsätzlichen oder grob fahrlässigen Herbeiführung der Arbeitslosigkeit wird jedoch dann keine Sperrzeit verhängt, wenn der Arbeitnehmer ohnehin – also unabhängig vom Abschluss des Aufhebungsvertrags – arbeitslos geworden wäre.

3 Unabhängig vom Anlass der Beendigung des Arbeitsverhältnisses ruht der Anspruch Ihres Mitarbeiters auf Arbeitslosengeld nach § 143 a Absatz 1 SGB III für die Zeit

- zwischen dem tatsächlichen Ende des Arbeitsverhältnisses durch Abschluss des Aufhebungsvertrags und
- dem Tag, an dem das Arbeitsverhältnis bei Einhaltung der regulären Kündigungsfrist geendet hätte.

Maßgeblich für das Ende der Kündigungsfrist ist der Tag der Kündigung. Wurde eine Kündigung nicht ausgesprochen, ist das Datum auf den Tag abzustellen, an dem der Aufhebungsvertrag abgeschlossen wurde.

4 Für Sie als Arbeitgeber kann es sinnvoll sein, Ihren Mitarbeiter von seiner Arbeitspflicht bis zum vereinbarten Vertragsende freizustellen. Das ist etwa der Fall, wenn bei leitenden Angestellten weiterhin Zugang zu wettbewerbsrelevanten Informationen möglich ist oder Sie Ihrem Mitarbeiter Zeit zur Suche nach einer Anschlussanstellung geben wollen. Gegen den Willen Ihres Mitarbeiters, der einen generellen Beschäftigungsanspruch bis zum Ende des Arbeitsverhältnisses hat, können Sie diesen nur freistellen, wenn

- der Verdacht einer strafbaren Handlung gegen ihn vorliegt oder
- sonstige schwere Vertragsverletzungen vorliegen oder aber
- es sich um einen Geheimnisträger handelt.

---

1 ▶ Aufhebungsvertrag, ohne Tarifbindung

Zwischen

Firma
Stahlbau GmbH
Industriestraße 10

12345 Musterstadt

nachfolgend „Arbeitgeber" genannt

und

Herrn/Frau
Werner Müller
Waldgasse 12
12345 Musterstadt

nachfolgend „Arbeitnehmer" genannt

§ 1 Beendigung des Arbeitsverhältnisses

2 ▶ Das Arbeitsverhältnis der Parteien wird auf Veranlassung des Arbeitgebers zur Vermeidung einer betriebsbedingten Arbeitgeberkündigung aus dringenden betrieblichen Gründen unter Einhaltung der ordentlichen Kündigungsfrist zum __31.03.__ beendet. ◀ **3**

§ 2 Freistellung

4 ▶ Bis zum Ende der in dieser Vereinbarung getroffenen Beschäftigungsdauer wird der Arbeitnehmer unwiderruflich von seinen vertraglichen Verpflichtungen freigestellt. Die Freistellung erfolgt unter Anrechnung des noch bestehenden Resturlaubsanspruchs von __15__ Urlaubstagen sowie der noch abzugeltenden __8__ Überstunden. ◀ **5**

§ 3 Vergütung

6 ▶ Bis zur Beendigung des Arbeitsverhältnisses erhält der Arbeitnehmer weiterhin die im Arbeitsvertrag vom __30.04.__ vereinbarten Bezüge.

1/4

Kopiervorlage

---

5 Wenn Sie eine Freistellung Ihres Mitarbeiters im Rahmen des Aufhebungsvertrags vereinbaren, sollten Sie zugleich regeln, wie mit seinem restlichen Urlaubsanspruch und der Abgeltung von Überstunden zu verfahren ist. Fehlt eine solche Regelung, hat Ihr Mitarbeiter unabhängig von einer etwaigen Abfindungszahlung Anspruch auf Bezahlung des Resturlaubsanspruchs und der Überstunden.

6 Der Vergütungsanspruch Ihres Mitarbeiters im Freistellungszeitraum ergibt sich aus § 615 BGB, wonach das reguläre Gehalt abzüglich ersparter Aufwendungen wie etwa Fahrtkostenzuschuss zu zahlen ist.

Aufhebungsvertrag

Zwischen

_____
_____
_____

_____

nachfolgend „Arbeitgeber" genannt

und

Herrn/Frau
_____
_____
_____

nachfolgend „Arbeitnehmer" genannt

§ 1 Beendigung des Arbeitsverhältnisses

Das Arbeitsverhältnis der Parteien wird auf Veranlassung des Arbeitgebers zur Vermeidung einer betriebsbedingten Arbeitgeberkündigung aus dringenden betrieblichen Gründen unter Einhaltung der ordentlichen Kündigungsfrist zum _____ beendet.

§ 2 Freistellung

Bis zum Ende der in dieser Vereinbarung getroffenen Beschäftigungsdauer wird der Arbeitnehmer unwiderruflich von seinen vertraglichen Verpflichtungen freigestellt. Die Freistellung erfolgt unter Anrechnung des noch bestehenden Resturlaubsanspruchs von ___ Urlaubstagen sowie der noch abzugeltenden ___ Überstunden.

§ 3 Vergütung

Bis zur Beendigung des Arbeitsverhältnisses erhält der Arbeitnehmer weiterhin die im Arbeitsvertrag vom _____ vereinbarten Bezüge.

Vertrags-Check Arbeitsrecht

VI. Beendigung des Arbeitsverhältnisses

7 Der Mitarbeiter, der von seiner Arbeitsverpflich-tung freigestellt wird, muss sich grundsätzlich den Verdienst anrechnen lassen, den er in diesem Zeitraum aufgrund eines neuen Beschäftigungsverhältnisses erzielt hat, § 615 Satz 2 BGB. Trotzdem sollten Sie eine solche Vereinbarung in den Aufhebungsvertrag aufnehmen, wenn Sie eine ausdrückliche Freistellungsregelung mit Ihrem Mitarbeiter vereinbaren.

8 Sie sind im Rahmen der Vertragsfreiheit berechtigt, mit Ihrem Mitarbeiter unterschiedliche Regelungen über die Gewährung von Sonderzahlungen (zum Beispiel Urlaubsgeld, Weihnachtsgeld) zu vereinbaren. Sie können daher grundsätzlich auch Vereinbarungen aufnehmen, wonach Ihr Mitarbeiter trotz vorzeitigen Ausscheidens Anspruch auf die volle Sonderzahlung oder andererseits keinen Anspruch auf die Sonderzahlung haben soll.

9 Die Höhe der Abfindung können Sie mit Ihrem Mitarbeiter frei vereinbaren. Anders als bei einer gerichtlichen Aufhebung des Arbeitsverhältnisses sind Sie nicht an die gesetzlichen Vorgaben der §§ 9 und 10 Kündigungsschutzgesetz (KSchG) gebunden.

10 Den Fälligkeitszeitpunkt der Abfindung sollten Sie stets in den Aufhebungsvertrag aufnehmen. Andernfalls wird die Abfindung mit der rechtlichen Beendigung des Arbeitsverhältnisses sofort fällig. Einigen Sie sich mit Ihrem Mitarbeiter erst nach der rechtlichen Beendigung des Arbeitsverhältnisses auf eine Abfindungsleistung, wird diese in jedem Fall sofort fällig. Aus steuerrechtlichen Gesichtspunkten kann es für den Mitarbeiter günstiger sein, den Fälligkeitszeitpunkt für die Abfindung in das Folgejahr zu verlegen.

11 Steuerlich sind Abfindungen Zahlungen, die der Arbeitnehmer als Ersatz für entgangenen oder entgehenden Arbeitslohn oder aber für den Verlust einer Tätigkeit erhält. Diese Zahlungen sind lohnsteuerpflichtig. Nach § 3 Nr. 9 Einkommensteuergesetz (EstG) bleiben Abfindungszahlungen bis zu bestimmten Höchstbeträgen steuerfrei:

Freibetrag	Alter des Arbeit-nehmers	Betriebs-zugehörigkeitsdauer
16.000 DM	ohne Bedeutung	ohne Bedeutung
20.000 DM	mindestens 50 Jahre	mindestens 15 Jahre
24.000 DM	mindestens 55 Jahre	mindestens 20 Jahre

Soweit die Höhe der Abfindung die angegebenen Freibeträge übersteigt, berechnet sich die Steuer nach der so genannten Fünftelungsregelung. Danach beträgt die Steuer auf den die Freibeträge übersteigenden Betrag

- das 5-Fache der Differenz zwischen
- der Steuer für die Einkünfte ohne Berücksichtigung der Abfindung
- und der Steuer der Einkünfte zuzüglich 1/5 des steuerpflichtigen Anteils der Abfindung.

Bitte fragen Sie Ihren Steuerberater. Sozialversicherungsrechtlich ist eine Abfindung kein Arbeitsentgelt und damit nicht beitragspflichtig, wenn sie für den Verlust des Arbeitsplatzes gezahlt wird. Das gilt auch für den steuerpflichtigen Teil der Abfindung.

12 Nehmen Sie in den Aufhebungsvertrag unbedingt Vereinbarungen über die Rückzahlung eines Ihrem Mitarbeiter gewährten Darlehens auf. Andernfalls verlieren Sie aufgrund der allgemeinen Erledigungsklausel Ihre Rückzahlungsansprüche.

Aufhebungsvertrag, ohne Tarifbindung

§ 4 Anrechnung von anderweitigem Verdienst
7 Der Arbeitnehmer hat sich diejenigen Bezüge in voller Höhe auf den Vergütungsanspruch anrechnen zu lassen, die er während des Freistellungszeitraums durch die Aufnahme eines neuen Arbeitsverhältnisses erzielt. **8**

§ 5 Gratifikation
Der Arbeitnehmer erhält die vertraglich zugesagte Gratifikation unter Berücksichtigung der vorzeitigen Beendigung des Arbeitsverhältnisses anteilig mit dem **Märzgehalt** zu **3/12** ausgezahlt.

§ 6 Abfindung
9 Der Arbeitgeber verpflichtet sich, dem Arbeitnehmer wegen des Arbeitsplatzverlustes entsprechend der §§ 9 und 10 Kündigungsschutzgesetz (KSchG) eine Abfindung in Höhe von **DM 80.000,-/EUR ...** zu zahlen. Dieser Betrag wird mit dem letzten Monatsgehalt abgerechnet und ausgezahlt. **10**

Im Rahmen der gesetzlichen Vorschriften wird die Abfindung sozialversicherungs- und steuerfrei ausgezahlt. Der über der maßgeblichen Höchstgrenze liegende Abfindungsbetrag wird mit dem für den Arbeitnehmer derzeit geltenden Steuersatz versteuert. Eine etwa ermäßigte Besteuerung **11** wird der Arbeitnehmer im Rahmen seiner Einkommensteuererklärung erzielen.

§ 7 Arbeitgeberdarlehen
Die Restschuld von **DM 5.000,-/EUR ...** des dem Arbeitnehmer am **06.05.** aufgrund entsprechender Vereinbarung gewährten Darlehens in Höhe von **DM 15.000,-/EUR ...** wird mit **12** dem Netto-betrag der Abfindung verrechnet.

§ 8 Dienstwagen
Der Arbeitnehmer ist berechtigt, den ihm überlassenen Dienstwagen auch während der Zeit der Freistellung privat zu nutzen. Das Fahrzeug ist spätestens am **31.03.** nebst Fahrzeug- **13** papieren, Schlüsseln, Zubehör und Tankberechtigungskarte dem Arbeitgeber zurückzugeben.

§ 9 Zeugnis
14 Der Arbeitnehmer hat Anspruch auf ein Zeugnis, das ihm spätestens mit dem in § 1 vereinbarten Vertragsende zugeleitet wird und das sich auf Wunsch des Arbeitnehmers auch auf Leistung und Führung erstreckt.

§ 10 Wettbewerbsverbot
15 Das mit dem Arbeitnehmer im Arbeitsvertrag vom **30.04.** vereinbarte Wettbewerbsverbot bleibt von dieser Vereinbarung unberührt.

Kopiervorlage

2/4

---

13 Die Rückforderung des Dienstwagens bereits zu Beginn einer vereinbarten Freistellung Ihres Mitarbeiters kann problematisch sein. Das ist der Fall, wenn die private Nutzung des Kraftfahrzeugs eine zusätzliche Gegenleistung für die geschuldete Arbeitsleistung darstellt. Denn als Arbeitgeber müssen Sie auch Naturalvergütungen während der Freistellung Ihres Mitarbeiters weiterhin erbringen. Hingegen ist eine Rückgabeverpflichtung bereits zu Beginn des Freistellungszeitraums dann unproblematisch, wenn Sie sich im Arbeitsvertrag eine jederzeitige Rücknahmemöglichkeit der Fahrzeugüberlassung vorbehalten haben.

14 Der Zeugnisanspruch Ihres Mitarbeiters entsteht grundsätzlich bei der Beendigung des Arbeitsverhältnisses entweder mit Ablauf der Kündigungsfrist oder anlässlich des tatsächlichen Ausscheidens. Das Zeugnis muss stets Art und Dauer des Dienstverhältnisses angeben – einfaches Zeugnis – und hat sich auf Wunsch Ihres Mitarbeiters auch auf Führung und Leistung während des Arbeitsverhältnisses zu erstrecken – qualifiziertes Zeugnis.

15 Wurde im Arbeitsvertrag ein Wettbewerbsverbot vereinbart, kommen bei einem Aufhebungsvertrag mehrere Möglichkeiten in Frage: Zum einen kann das Wettbewerbsverbot durch Bezugnahme auf den Arbeitsvertrag aufrechterhalten bleiben. Sie können jedoch auch mit Ihrem Mitarbeiter vereinbaren, ein vertragliches Wettbewerbsverbot aufzuheben oder ein solches anlässlich des Aufhebungsvertrags erstmals festzuschreiben, falls nicht bereits im Arbeitsvertrag vereinbart.

Aufhebungsvertrag

§ 4 Anrechnung von anderweitigem Verdienst

Der Arbeitnehmer hat sich diejenigen Bezüge in voller Höhe auf den Vergütungsanspruch anrechnen zu lassen, die er während des Freistellungszeitraums durch die Aufnahme eines neuen Arbeitsverhältnisses erzielt.

§ 5 Gratifikation

Der Arbeitnehmer erhält die vertraglich zugesagte Gratifikation unter Berücksichtigung der vorzeitigen Beendigung des Arbeitsverhältnisses anteilig mit dem _____ zu _____ ausgezahlt.

§ 6 Abfindung

Der Arbeitgeber verpflichtet sich, dem Arbeitnehmer wegen des Arbeitsplatzverlustes entsprechend der §§ 9 und 10 Kündigungsschutzgesetz (KSchG) eine Abfindung in Höhe von _____ zu zahlen. Dieser Betrag wird mit dem letzten Monatsgehalt abgerechnet und ausgezahlt.

Im Rahmen der gesetzlichen Vorschriften wird die Abfindung sozialversicherungs- und steuerfrei ausgezahlt. Der über der maßgeblichen Höchstgrenze liegende Abfindungsbetrag wird mit dem für den Arbeitnehmer derzeit geltenden Steuersatz versteuert. Eine etwa ermäßigte Besteuerung wird der Arbeitnehmer im Rahmen seiner Einkommensteuererklärung erzielen.

§ 7 Arbeitgeberdarlehen

Die Restschuld von _____ des dem Arbeitnehmer am _____ aufgrund entsprechender Vereinbarung gewährten Darlehens in Höhe von _____ wird mit dem Netto-betrag der Abfindung verrechnet.

§ 8 Dienstwagen

Der Arbeitnehmer ist berechtigt, den ihm überlassenen Dienstwagen auch während der Zeit der Freistellung privat zu nutzen. Das Fahrzeug ist spätestens am _____ nebst Fahrzeugpapieren, Schlüsseln, Zubehör und Tankberechtigungskarte dem Arbeitgeber zurückzugeben.

§ 9 Zeugnis

Der Arbeitnehmer hat Anspruch auf ein Zeugnis, das ihm spätestens mit dem in § 1 vereinbarten Vertragsende zugeleitet wird und das sich auf Wunsch des Arbeitnehmers auch auf Leistung und Führung erstreckt.

§ 10 Wettbewerbsverbot

Das mit dem Arbeitnehmer im Arbeitsvertrag vom _____ vereinbarte Wettbewerbsverbot bleibt von dieser Vereinbarung unberührt.

Vertrags-Check Arbeitsrecht

VI. Beendigung des Arbeitsverhältnisses

16 Die Rücknahme einer von Ihrem Mitarbeiter vorsorglich eingelegten Kündigungsschutzklage gegen Ihre etwa zur Fristwahrung ausgesprochene Arbeitgeberkündigung dürfte selbstverständlich sein. Die unterlegene Partei im erstinstanzlichen Verfahren vor dem Arbeitsgericht ist nicht verpflichtet, der obsiegenden Partei die außergerichtlichen Kosten wie etwa für den Rechtsanwalt zu erstatten. Sie können daher im Aufhebungsvertrag auch vereinbaren, dass Sie die außergerichtlichen Kosten Ihres Mitarbeiters ganz oder zu einem bestimmten Bruchteil übernehmen.

17 Trotz Aufnahme dieser Klausel in den Aufhebungsvertrag können Sie unter Umständen dennoch ein Zurückbehaltungsrecht geltend machen, wenn Ihr Mitarbeiter nach Abschluss des Aufhebungsvertrags eine grobe Vertragsverletzung begeht. Die Arbeitspapiere müssen Sie Ihrem Mitarbeiter allerdings in jedem Fall aushändigen.

18 Mit Aufnahme dieser Klausel haben Sie keine Möglichkeit, etwaige Forderungen gegen Ihren Mitarbeiter mit der Abfindung aufzurechnen. Abfindungen genießen jedoch ohnehin den Schutz der §§ 850 ff. Zivilprozessordnung (ZPO), so dass Ihr Aufrechnungsrecht auch beschränkt ist, wenn Sie eine solche Vereinbarung nicht in den Aufhebungsvertrag aufnehmen.

19 Sie können eine über die Beendigung des Arbeitsverhältnisses hinausgehende Verschwiegenheitsverpflichtung unbedenklich vereinbaren. Die Verletzung der Geheimhaltungspflicht kann Schadensersatzansprüche gegen Ihren ausgeschiedenen Mitarbeiter begründen.

20 Ihr Mitarbeiter ist zwar aufgrund des arbeitsvertraglichen Treueverhältnisses verpflichtet, die ihm überlassenen Arbeitsunterlagen an Sie zurückzugeben. Sie sollten jedoch im Aufhebungsvertrag die Rückgabepflicht hinsichtlich Umfang, Rückgabezeitpunkt und empfangsberechtigter Person unbedingt präzisieren.

21 Besondere Hinweispflichten für Sie als Arbeitgebers auf etwaige rechtliche Konsequenzen eines Aufhebungsvertrags bestehen grundsätzlich nicht. Nach der Auffassung des Bundesarbeitsgerichts muss sich jeder Arbeitnehmer vor Abschluss eines Aufhebungsvertrags Klarheit über die rechtlichen Folgen seines Handelns verschaffen. Andererseits sind Sie selbstverständlich verpflichtet, auf bestimmte Fragen Ihres Mitarbeiters korrekt zu antworten. Dabei bleibt es Ihnen unbenommen, Ihren Mitarbeiter auch an Verwaltungsbehörden zu verweisen.

Aufhebungsvertrag, ohne Tarifbindung

§ 11 Kündigungsschutzklage und Kostenregelung

16 Der Arbeitnehmer verpflichtet sich, die beim **Arbeitsgericht Musterstadt, Aktenzeichen: 3456 AS 34/00**, vorsorglich eingelegte Kündigungsschutzklage unverzüglich nach Unterzeichnung dieser Vereinbarung zurückzunehmen. Jede Partei trägt dabei ihre außergerichtlichen Kosten sowie die Hälfte der entstandenen Gerichtskosten.

§ 12 Zurückbehaltungsrecht

17 Den Parteien steht hinsichtlich der sich aus diesem Vertrag ergebenden Verpflichtungen kein Zurückbehaltungsrecht zu.

§ 13 Aufrechnungsverbot

18 Eine Aufrechnung des Arbeitgebers mit etwaigen Gegenforderungen gegenüber den in diesem Vertrag vereinbarten finanziellen Verpflichtungen ist nicht möglich.

§ 14 Verschwiegenheitspflicht

19 Die arbeitsvertraglich vereinbarte Verschwiegenheitspflicht besteht auch nach Vertragsende fort.

§ 15 Arbeitsunterlagen

20 Der Arbeitnehmer verpflichtet sich, alle noch in seinem Besitz befindlichen und dem Arbeitgeber zustehenden Unterlagen wie Schlüssel, Geschäftsunterlagen und Arbeitsmittel spätestens am **20.03.** zu Händen von **Frau Wallmann, Personalabteilung**, zurückzugeben.

§ 16 Belehrung

21 Der Arbeitnehmer bestätigt, über sämtliche Konsequenzen der Auflösung des Arbeitsvertrages unterrichtet worden zu sein, insbesondere darüber, dass er Nachteile beim Bezug von Arbeitslosengeld haben kann. Ihm ist in diesem Zusammenhang bewusst, dass über den Bezug von Arbeitslosengeld das Arbeitsamt verbindlich entscheidet, das zur Erteilung von Auskünften verpflichtet ist.

Aufhebungsvertrag

§ 11 Kündigungsschutzklage und Kostenregelung

Der Arbeitnehmer verpflichtet sich, die beim _____ _____, vorsorglich eingelegte Kündigungsschutzklage unverzüglich nach Unterzeichnung dieser Vereinbarung zurückzunehmen. Jede Partei trägt dabei ihre außergerichtlichen Kosten sowie die Hälfte der entstandenen Gerichtskosten.

§ 12 Zurückbehaltungsrecht

Den Parteien steht hinsichtlich der sich aus diesem Vertrag ergebenden Verpflichtungen kein Zurückbehaltungsrecht zu.

§ 13 Aufrechnungsverbot

Eine Aufrechnung des Arbeitgebers mit etwaigen Gegenforderungen gegenüber den in diesem Vertrag vereinbarten finanziellen Verpflichtungen ist nicht möglich.

§ 14 Verschwiegenheitspflicht

Die arbeitsvertraglich vereinbarte Verschwiegenheitspflicht besteht auch nach Vertragsende fort.

§ 15 Arbeitsunterlagen

Der Arbeitnehmer verpflichtet sich, alle noch in seinem Besitz befindlichen und dem Arbeitgeber zustehenden Unterlagen wie Schlüssel, Geschäftsunterlagen und Arbeitsmittel spätestens am _____ zu Händen von _____, zurückzugeben.

§ 16 Belehrung

Der Arbeitnehmer bestätigt, über sämtliche Konsequenzen der Auflösung des Arbeitsvertrages unterrichtet worden zu sein, insbesondere darüber, dass er Nachteile beim Bezug von Arbeitslosengeld haben kann. Ihm ist in diesem Zusammenhang bewusst, dass über den Bezug von Arbeitslosengeld das Arbeitsamt verbindlich entscheidet, das zur Erteilung von Auskünften verpflichtet ist.

Vertrags-Check Arbeitsrecht

VI. Beendigung des Arbeitsverhältnisses

22 Als Arbeitgeber müssen Sie bei Beendigung eines Arbeitsverhältnisses alle Tatsachen bescheinigen, die für den Anspruch auf Arbeitslosengeld von Bedeutung sein können. Wegen der Sperrzeitenregelung in § 144 SGB III kommt insbesondere dem Grund für die Beendigung große Bedeutung zu.

23 Auf Ansprüche aus einem Tarifvertrag oder einer Betriebsvereinbarung kann Ihr Mitarbeiter nur verzichten, wenn der Betriebsrat oder die Tarifvertragsparteien zustimmen. Auf gesetzliche Urlaubs- oder Urlaubsabgeltungsansprüche sowie auf den Lohnfortzahlungsanspruch kann Ihr Mitarbeiter nicht verzichten.

24 Die Aufnahme einer salvatorischen Klausel empfiehlt sich grundsätzlich auch bei Aufhebungsvereinbarungen. Dadurch wird die in § 139 BGB bestimmte Folge ausgeschlossen, dass durch einen unwirksamen Teil des Aufhebungsvertrags auch der Rest unwirksam wird. Beachten Sie aber, dass salvatorische Klauseln stets wirkungslos sind, wenn ein wesentlicher Vertragsteil nichtig ist. Deshalb muss der Klauseltext auch die Verpflichtung der Vertragsparteien enthalten, eine unwirksame Klausel durch eine Regelung zu ersetzen, die dem Zweck der unwirksamen Bestimmung möglichst nahe kommt.

Aufhebungsvertrag, ohne Tarifbindung

§ 17 Arbeitsbescheinigung
Gemäß § 312 Absatz 1 SGB III stellt der Arbeitgeber dem Arbeitnehmer eine Arbeitsbescheinigung aus. Die Begründung zur Beendigung des Arbeitsverhältnisses wird wie folgt lauten: **22** _Einvernehmliche Auflösung des Arbeitsverhältnisses auf Veranlassung des Arbeitgebers zur Vermeidung einer betriebsbedingten Arbeitgeberkündigung aus dringenden betrieblichen Gründen._

§ 18 Ausschlussklausel
23 Sämtliche gegenseitigen Ansprüche aus dem Arbeitsverhältnis und aus Anlass seiner Beendigung sind mit der Erfüllung der vorstehenden Verpflichtungen erfüllt.

§ 19 Sonstige Bestimmungen
24 Im Falle der Unwirksamkeit einer Bestimmung dieser Vereinbarung wird die Wirksamkeit der übrigen Bestimmungen nicht berührt. Unabhängig hiervon verpflichten sich die Parteien, anstelle der unwirksamen Bestimmung eine dieser möglichst nahe kommende wirksame Regelung zu treffen.

Musterstadt, den 15.12.
Ort, Datum

Stahlbau GmbH _Werner Müller_
Unterschrift des Arbeitgebers Unterschrift des Arbeitnehmers

Kopiervorlage 4/4

Aufhebungsvertrag

§ 17 Arbeitsbescheinigung

Gemäß § 312 Absatz 1 SGB III stellt der Arbeitgeber dem Arbeitnehmer eine Arbeitsbescheinigung aus. Die Begründung zur Beendigung des Arbeitsverhältnisses wird wie folgt lauten: _____

_____

§ 18 Ausschlussklausel

Sämtliche gegenseitigen Ansprüche aus dem Arbeitsverhältnis und aus Anlass seiner Beendigung sind mit der Erfüllung der vorstehenden Verpflichtungen erfüllt.

§ 19 Sonstige Bestimmungen

Im Falle der Unwirksamkeit einer Bestimmung dieser Vereinbarung wird die Wirksamkeit der übrigen Bestimmungen nicht berührt. Unabhängig hiervon verpflichten sich die Parteien, anstelle der unwirksamen Bestimmung eine dieser möglichst nahe kommende wirksame Regelung zu treffen.

_____

Ort, Datum

_____   _____

Unterschrift des Arbeitgebers   Unterschrift des Arbeitnehmers

Vertrags-Check Arbeitsrecht

VI. Beendigung des Arbeitsverhältnisses

1 Mit Wirkung ab dem 01.05.2000 müssen Aufhebungsverträge schriftlich abgeschlossen werden. Die nachfolgend aufgeführten Klauseln finden unter Umständen nicht alle für den Sie betreffenden Fall Anwendung. Streichen Sie die Klauseln, die aufgrund der Tätigkeit des Mitarbeiters für Ihr konkretes Aufhebungsproblem nicht von Bedeutung sind.

2 Die Formulierung des Beendigungsgrundes ist für den anschließenden Bezug von Arbeitslosengeld von besonderer Bedeutung. Die hier gewählte Formulierung erleichtert es Ihrem Mitarbeiter, Arbeitslosengeld zu bekommen. Nach § 144 Absatz 1 Nr. 1 Sozialgesetzbuch Drittes Buch (SGB III) tritt eine Sperrzeit von 12 Wochen ein, wenn der Mitarbeiter das Beschäftigungsverhältnis löst oder durch arbeitsvertragswidriges Verhalten Anlass für die Aufhebung des Beschäftigungsverhältnisses gegeben hat, und er dadurch vorsätzlich oder zumindest grob fahrlässig die Arbeitslosigkeit herbeigeführt hat. Aus der Festlegung, dass das Arbeitsverhältnis ansonsten aus betrieblichen Gründen von Ihnen gekündigt worden wäre, wird deutlich, dass der Mitarbeiter ohne sein Verschulden Arbeitslosengeldempfänger wird.

3 Im Interesse Ihres Mitarbeiters sollten Sie bei einer Aufhebungsvereinbarung die ordentliche Kündigungsfrist einhalten. Gemäß § 143 a Absatz 1 SGB III ruht der Anspruch auf Arbeitslosengeld für die Zeit zwischen dem tatsächlichen Ende des Arbeitsverhältnisses durch Abschluss des Aufhebungsvertrages und dem Tag, an dem das Arbeitsverhältnis bei Einhaltung der regulären Kündigungsfrist geendet hätte.

4 Für Sie als Arbeitgeber kann es sinnvoll sein, Ihren Mitarbeiter bis zum vereinbarten Vertragsende von seiner Arbeitspflicht freizustellen. Das ist etwa dann der Fall, wenn ein leitender Angestellter weiterhin Zugang zu wettbewerbsrelevanten Informationen hat. Gegen den Willen Ihres Mitarbeiters, der einen generellen Beschäftigungsanspruch bis zum Ende des Arbeitsverhältnisses hat, können Sie diesen nur freistellen, wenn der Verdacht einer strafbaren Handlung besteht, sonstige schwere Vertragsverletzungen vorliegen oder es sich bei dem Mitarbeiter um einen Geheimnisträger handelt.

5 In jedem Fall sollten Sie eine Freistellung nur unter Anrechnung von Urlaubsansprüchen und/oder Überstunden gewähren. Fehlt eine solche Regelung, hat Ihr Mitarbeiter – unabhängig von einer etwaigen Abfindungszahlung – Anspruch auf Bezahlung des Resturlaubs und/oder der Überstunden.

6 Sofern der Mitarbeiter noch Überleitungsaufgaben abzuwickeln hat, sollten Sie diese konkret bezeichnen, in etwa so, wie in diesem Beispiel vorgeschlagen. Haben Sie Ihren Mitarbeiter jedoch bereits mit Abschluss des Aufhebungsvertrages freigestellt, entfällt dieser Absatz.

---

1 ▶ Aufhebungsvertrag, mit Tarifbindung

Zwischen

Jörg Bein GmbH & Co. KG
An der Pferdeweide 85

12345 Musterstadt

nachfolgend „Arbeitgeber" genannt

und

Herrn/Frau
Jolanda Weiß
Gerlindenweg 13a

12345 Musterstadt

nachfolgend „Mitarbeiter" genannt

Präambel

Das zwischen den Parteien seit dem **01.05.** bestehende Arbeitsverhältnis wird auf Veranlassung des Arbeitgebers zur Vermeidung einer betriebsbedingten Arbeitgeberkündigung aus **2 ▶** dringenden betrieblichen Gründen unter Einhaltung der ordentlichen Kündigungsfrist zum **◀ 3** **31.07.** beendet.

4 ▶ § 1 Freistellung

Der Mitarbeiter wird vom **16.07.** bis **31.07.** unter Anrechnung seines Resturlaubsanspruches in Höhe von **10** Werktagen und **28** Überstunden freigestellt. **◀ 5**

6 ▶ § 2 Überleitung der Aufgaben

Der Mitarbeiter verpflichtet sich, bis zu seinem Ausscheiden folgende Aufgaben durchzuführen: Übergabe des Projektes „Weihnachtsaktion Firma Zurbrügge" an Frau Hold, Übergabe und Erläuterung der Buchhaltungsunterlagen für die letzten 3 Monate

Der Mitarbeiter verpflichtet sich, die vorstehend genannten Aufgaben nach bestem Wissen und Gewissen zu erfüllen. Bei grob fahrlässiger und/oder vorsätzlicher Schadenszufügung behält sich der Arbeitgeber ausdrücklich Schadensersatzansprüche vor.

1/3

Kopiervorlage

Aufhebungsvertrag

Zwischen

_____
_____

_____

nachfolgend „Arbeitgeber" genannt

und

Herrn/Frau

_____
_____

_____

nachfolgend „Mitarbeiter" genannt

Präambel

Das zwischen den Parteien seit dem _____ bestehende Arbeitsverhältnis wird auf Veranlassung des Arbeitgebers zur Vermeidung einer betriebsbedingten Arbeitgeberkündigung aus dringenden betrieblichen Gründen unter Einhaltung der ordentlichen Kündigungsfrist zum _____ beendet.

§ 1 Freistellung

Der Mitarbeiter wird vom _____ bis _____ unter Anrechnung seines Resturlaubsanspruches in Höhe von ___ Werktagen und ___ Überstunden freigestellt.

§ 2 Überleitung der Aufgaben

Der Mitarbeiter verpflichtet sich, bis zu seinem Ausscheiden folgende Aufgaben durchzuführen:
_____
_____

Der Mitarbeiter verpflichtet sich, die vorstehend genannten Aufgaben nach bestem Wissen und Gewissen zu erfüllen. Bei grob fahrlässiger und/oder vorsätzlicher Schadenszufügung behält sich der Arbeitgeber ausdrücklich Schadensersatzansprüche vor.

Vertrags-Check Arbeitsrecht

VI. Beendigung des Arbeitsverhältnisses

7 Bis zum Ablauf des Arbeitsverhältnisses hat der Mitarbeiter Anspruch auf die Zahlung seiner Vergütung. Das gilt auch dann, wenn Sie ihn freistellen.

8 Während der Freistellungszeit muss sich Ihr Mitarbeiter auf sein von Ihnen zu zahlendes Entgelt anrechnen lassen, was er anderweitig verdient. Er ist allerdings nicht verpflichtet, eine anderweitige Beschäftigung aufzunehmen. Sofern er dies dennoch vor Beendigung des mit Ihnen abgeschlossenen Arbeitsvertrages tun sollte, hat er das zweite Arbeitsverhältnis bei dem neuen Arbeitgeber mit der Lohnsteuerklasse VI zu versteuern.

9 Sofern der Tarifvertrag keine Gratifikation vorsieht, entfällt diese Klausel. Gleiches gilt für den Fall, dass eine Gratifikation laut Tarifvertrag nur dann geschuldet ist, wenn der Mitarbeiter zum Auszahlungszeitpunkt in einem ungekündigten Arbeitsverhältnis steht.

10 Die Höhe der Abfindung ist zwischen Ihnen und Ihrem Mitarbeiter frei verhandelbar, sofern nicht ein mit dem Betriebsrat geschlossener Sozialplan vorliegt. In Arbeitsgerichtsprozessen wird in der Regel von Abfindungsbeträgen in Höhe von etwa 1/2 bis 1 Monatsgehalt pro vollem Jahr der Beschäftigungsdauer ausgegangen. Die Höhe der Abfindung ist auch davon abhängig, wie gut Ihre Chancen vor einem Arbeitsgericht wären. Steht Ihr möglicher Kündigungsgrund auf wackeligen Füßen, wird Ihr Mitarbeiter nur gegen Zahlung einer hohen Abfindung zur Aufhebung des Arbeitsverhältnisses bereit sein.

11 Steuerlich sind Abfindungen Zahlungen, die der Mitarbeiter als Ersatz für entgangenen oder entgehenden Arbeitslohn oder aber für den Verlust des Arbeitsplatzes erhält. Diese Zahlungen sind lohnsteuerpflichtig. Nach § 3 Nr. 9 Einkommensteuergesetz (EStG) bleiben Abfindungszahlungen bis zu bestimmten Höchstbeträgen steuerfrei:

Freibetrag	Alter des Mitarbeiters	Betriebs-zugehörigkeitsdauer
16.000 DM	ohne Bedeutung	ohne Bedeutung
20.000 DM	mindestens 50 Jahre	mindestens 15 Jahre
24.000 DM	mindestens 55 Jahre	mindestens 20 Jahre

Soweit die Höhe der Abfindung die angegebenen Freibeträge übersteigt, berechnet sich die Steuer nach der so genannten Fünftelungsregelung. Danach beträgt die Steuer auf den die Freibeträge übersteigenden Betrag das Fünffache der Differenz zwischen der Steuer für die Einkünfte ohne Berücksichtigung der Abfindung und der Steuer der Einkünfte zuzüglich eines Fünftels des steuerpflichtigen Anteils der Abfindung. Sozialversicherungsrechtlich ist eine Abfindung kein Arbeitsentgelt und damit nicht beitragspflichtig, wenn sie für den Verlust des Arbeitsplatzes gezahlt wird. Das gilt auch für den steuerpflichtigen Teil der Abfindung.

Aufhebungsvertrag, mit Tarifbindung

§ 3 Vergütung

7 1. Bis zur Beendigung des Arbeitsverhältnisses erhält der Mitarbeiter weiterhin die laut Tarifvertrag geschuldeten Bezüge zzgl. eventuell zu zahlender übertariflicher Entgeltbestandteile.

8 2. Der Mitarbeiter hat sich Bezüge, die er durch die Aufnahme eines neuen Arbeitsverhältnisses erzielt, in voller Höhe auf den Vergütungsanspruch gemäß § 4 Absatz 1 dieses Vertrags anrechnen zu lassen. Er verpflichtet sich, dem Arbeitgeber die Höhe seines anderweitigen Verdienstes unaufgefordert mitzuteilen.

9 3. Der Mitarbeiter erhält die tariflich geschuldete Gratifikation unter Berücksichtigung der vorzeitigen Beendigung des Arbeitsverhältnisses anteilig mit dem _Juli-Gehalt_ ausgezahlt.

§ 4 Abfindung

10 1. Der Arbeitgeber verpflichtet sich, dem Mitarbeiter aufgrund des Arbeitsplatzverlustes eine Abfindung in Höhe von _DM 40.000,-/EUR ..._ zu zahlen. Dieser Betrag wird mit dem _Juli-Gehalt_ abgerechnet und ausgezahlt.

11 2. Bis zur Höhe der gesetzlichen Freibeträge wird die Abfindung sozialversicherungs- und steuerfrei ausgezahlt. Der über der maßgeblichen Höchstgrenze liegende Abfindungsbetrag wird mit dem für den Mitarbeiter derzeit geltenden Steuersatz versteuert. Eine etwa ermäßigte Besteuerung kann der Mitarbeiter im Rahmen seiner Einkommensteuererklärung erzielen.

12 § 5 Arbeitgeberdarlehen

Die Restforderung aus dem dem Mitarbeiter am _12.02._ gewährten Arbeitgeberdarlehen beträgt inklusive der bis zum Ende des Arbeitsverhältnisses anfallenden Zinsen _DM 3.021,89/EUR ..._ und wird mit dem Nettobetrag der Abfindung verrechnet.

§ 6 Dienstwagen

Der Mitarbeiter ist berechtigt, den ihm überlassenen Dienstwagen auch während der Zeit der Freistellung privat zu nutzen. Das Fahrzeug ist spätestens am _31.07._ nebst Fahrzeugpapieren, Schlüsseln, Zubehör und Tankberechtigungskarte dem Arbeitgeber zurückzugeben. Im Übrigen **13** gilt die Rückgaberegelung der am _15.01._ geschlossenen Dienstwagenvereinbarung.

14 § 7 Kündigungsschutzklage und Kostenregelung

Der Mitarbeiter verpflichtet sich, die beim Arbeitsgericht _Musterstadt_, Aktenzeichen _3 Ca 34/00_ vorsorglich eingelegte Kündigungsschutzklage unverzüglich nach Unterzeichnung dieser Vereinbarung zurückzunehmen. Jede Partei trägt dabei ihre außergerichtlichen Kosten sowie die Hälfte der entstandenen Gerichtskosten.

§ 8 Arbeitsunterlagen

Der Mitarbeiter verpflichtet sich, alle noch in seinem Besitz befindlichen und dem Arbeitgeber zustehenden Unterlagen wie Schlüssel, Geschäftsunterlagen und Arbeitsmittel am _31.07._ bei _Frau Junge_ in der Personalabteilung abzugeben.

2/3

Kopiervorlage

---

12 Sofern Sie noch Ansprüche gegen Ihren Mitarbeiter haben, sollten Sie diese in dem Aufhebungsvertrag regeln. Hierzu gehört z. B. die Rückforderung eines gewährten Arbeitgeberdarlehens. Versäumen Sie dies, so verlieren Sie nach der allgemeinen Erledigungsklausel gemäß § 12 dieses Vertrages Ihre Ansprüche auf Rückzahlung des Restdarlehens.

13 Die Rückforderung des Dienstwagens bereits zu Beginn einer vereinbarten Freistellung Ihres Mitarbeiters kann problematisch sein. Das ist der Fall, wenn die private Nutzung des Kraftfahrzeugs eine zusätzliche Gegenleistung für die geschuldete Arbeitsleistung darstellt. Denn als Arbeitgeber müssen Sie auch Naturalvergütungen während der Freistellung Ihres Mitarbeiters weiterhin erbringen. Hingegen ist eine Rückgabeverpflichtung bereits zu Beginn des Freistellungszeitraums dann unproblematisch, wenn Sie sich im Arbeitsvertrag bzw. in der Dienstwagenvereinbarung eine jederzeitige Rücknahme des Fahrzeuges vorbehalten haben.

14 Wurde vom Mitarbeiter bereits Kündigungsschutzklage erhoben, so ist diese durch den Aufhebungsvertrag hinfällig geworden. Im Verfahren vor Arbeitsgerichten trägt jede Partei ihre Kosten selbst, gleichgültig, ob sie gewinnt oder verliert.

Aufhebungsvertrag

§ 3 Vergütung

1. Bis zur Beendigung des Arbeitsverhältnisses erhält der Mitarbeiter weiterhin die laut Tarifvertrag geschuldeten Bezüge zzgl. eventuell zu zahlender übertariflicher Entgeltbestandteile.

2. Der Mitarbeiter hat sich Bezüge, die er durch die Aufnahme eines neuen Arbeitsverhältnisses erzielt, in voller Höhe auf den Vergütungsanspruch gemäß § 4 Absatz 1 dieses Vertrags anrechnen zu lassen. Er verpflichtet sich, dem Arbeitgeber die Höhe seines anderweitigen Verdienstes unaufgefordert mitzuteilen.

3. Der Mitarbeiter erhält die tariflich geschuldete Gratifikation unter Berücksichtigung der vorzeitigen Beendigung des Arbeitsverhältnisses anteilig mit dem _____ ausgezahlt.

§ 4 Abfindung

1. Der Arbeitgeber verpflichtet sich, dem Mitarbeiter aufgrund des Arbeitsplatzverlustes eine Abfindung in Höhe von _____ zu zahlen. Dieser Betrag wird mit dem _____ abgerechnet und ausgezahlt.

2. Bis zur Höhe der gesetzlichen Freibeträge wird die Abfindung sozialversicherungs- und steuerfrei ausgezahlt. Der über der maßgeblichen Höchstgrenze liegende Abfindungsbetrag wird mit dem für den Mitarbeiter derzeit geltenden Steuersatz versteuert. Eine etwa ermäßigte Besteuerung kann der Mitarbeiter im Rahmen seiner Einkommensteuererklärung erzielen.

§ 5 Arbeitgeberdarlehen

Die Restforderung aus dem dem Mitarbeiter am _____ gewährten Arbeitgeberdarlehen beträgt inklusive der bis zum Ende des Arbeitsverhältnisses anfallenden Zinsen _____ und wird mit dem Nettobetrag der Abfindung verrechnet.

§ 6 Dienstwagen

Der Mitarbeiter ist berechtigt, den ihm überlassenen Dienstwagen auch während der Zeit der Freistellung privat zu nutzen. Das Fahrzeug ist spätestens am _____ nebst Fahrzeugpapieren, Schlüsseln, Zubehör und Tankberechtigungskarte dem Arbeitgeber zurückzugeben. Im Übrigen gilt die Rückgaberegelung der am _____ geschlossenen Dienstwagenvereinbarung.

§ 7 Kündigungsschutzklage und Kostenregelung

Der Mitarbeiter verpflichtet sich, die beim Arbeitsgericht _____, Aktenzeichen _____, vorsorglich eingelegte Kündigungsschutzklage unverzüglich nach Unterzeichnung dieser Vereinbarung zurückzunehmen. Jede Partei trägt dabei ihre außergerichtlichen Kosten sowie die Hälfte der entstandenen Gerichtskosten.

§ 8 Arbeitsunterlagen

Der Mitarbeiter verpflichtet sich, alle noch in seinem Besitz befindlichen und dem Arbeitgeber zustehenden Unterlagen wie Schlüssel, Geschäftsunterlagen und Arbeitsmittel am _____ bei _____ in der Personalabteilung abzugeben.

Vertrags-Check Arbeitsrecht

VI. Beendigung des Arbeitsverhältnisses

15 Besondere Hinweispflichten für Sie als Arbeitgeber auf etwaige rechtliche Konsequenzen eines Aufhebungsvertrages bestehen grundsätzlich nicht. Nach der Auffassung des Bundesarbeitsgerichts muss sich jeder Mitarbeiter vor Abschluss eines Aufhebungsvertrages Klarheit über die rechtlichen Folgen seines Handelns verschaffen. Andererseits sind Sie verpflichtet, auf bestimmte Fragen Ihres Mitarbeiters korrekt zu antworten. Dabei bleibt es Ihnen unbenommen, Ihren Mitarbeiter auch an Verwaltungsbehörden zu verweisen.

16 Als Arbeitgeber müssen Sie bei Beendigung eines Arbeitsverhältnisses alle Tatsachen bescheinigen, die für den Anspruch auf Arbeitslosengeld von Bedeutung sein können. Wegen der Sperrzeitenregelung in § 144 SGB III kommt insbesondere dem Grund für die Beendigung große Bedeutung zu.

17 Diese Regelung wird als Teilunwirksamkeitsklausel oder auch salvatorische Klausel bezeichnet. Sie soll verhindern, dass bei einem unwirksamen Teil des Vertrages gleich das gesamte Vertragswerk entfällt. Sie finden diese oder ähnliche Klauseln auch in einer Vielzahl von anderen Verträgen.

Aufhebungsvertrag, mit Tarifbindung

15 **§ 9 Belehrung**

Der Mitarbeiter bestätigt, über sämtliche Konsequenzen der Aufhebung des Arbeitsvertrages unterrichtet worden zu sein, insbesondere darüber, dass die Aufhebung ihm Nachteile beim Bezug von Arbeitslosengeld bringen kann. Ihm ist in diesem Zusammenhang bewusst, dass über den Bezug von Arbeitslosengeld das Arbeitsamt verbindlich entscheidet.

§ 10 Arbeitsbescheinigung, Zeugnis

16 1. Der Arbeitgeber stellt dem Mitarbeiter gemäß § 312 Absatz 1 SGB III eine Arbeitsbescheinigung aus. Die Begründung zur Beendigung des Arbeitsverhältnisses wird wie folgt lauten: Einvernehmliche Auflösung des Arbeitsverhältnisses auf Veranlassung des Arbeitgebers zur Vermeidung einer betriebsbedingten Arbeitgeberkündigung aus dringenden betrieblichen Gründen.

2. Der Mitarbeiter erhält bei Beendigung des Arbeitsverhältnisses ein Zeugnis, welches sich auf Wunsch des Mitarbeiters auch auf Führung und Leistung erstreckt.

§ 11 Ausgleichsklausel

1. Alle wechselseitigen Ansprüche aus dem Arbeitsverhältnis oder aus Anlass seiner Beendigung sind mit Durchführung dieses Aufhebungsvertrages erfüllt.

2. Der Mitarbeiter erklärt durch seine Unterschrift unter diesen Vertrag, auf das Recht zu verzichten, sonstige Ansprüche aus dem Arbeitsverhältnis gerichtlich geltend zu machen.

§ 12 Sonstiges

1. Das vereinbarte Wettbewerbsverbot bleibt durch diese Regelung unberührt. Die nachvertragliche Verschwiegenheitsverpflichtung des Mitarbeiters bleibt ebenfalls unabhängig von dieser Vereinbarung weiter bestehen.

2. Der Mitarbeiter verpflichtet sich, über den Inhalt dieser Vereinbarung Stillschweigen zu bewahren.

3. Mündliche Nebenabreden zu diesem Vertrag bestehen nicht.

17 4. Sollten sich einzelne Bestimmungen dieses Vertrags als unwirksam erweisen, so wird dadurch die Wirksamkeit der übrigen Bestimmungen nicht berührt. Eine ungültige oder unklare Bestimmung ist so zu ersetzen bzw. zu deuten, dass der mit ihr beabsichtigte wirtschaftliche Zweck erreicht wird. Lücken sind dem beabsichtigten wirtschaftlichen Zweck entsprechend zu füllen.

Musterstadt, 08.07.
Ort, Datum

Jörg Bein
Geschäftsführer
Arbeitgeber

Jolanda Weiß
Mitarbeiter

Aufhebungsvertrag

§ 9 Belehrung

Der Mitarbeiter bestätigt, über sämtliche Konsequenzen der Aufhebung des Arbeitsvertrages unterrichtet worden zu sein, insbesondere darüber, dass die Aufhebung ihm Nachteile beim Bezug von Arbeitslosengeld bringen kann. Ihm ist in diesem Zusammenhang bewusst, dass über den Bezug von Arbeitslosengeld das Arbeitsamt verbindlich entscheidet.

§ 10 Arbeitsbescheinigung, Zeugnis

1. Der Arbeitgeber stellt dem Mitarbeiter gemäß § 312 Absatz 1 SGB III eine Arbeitsbescheinigung aus. Die Begründung zur Beendigung des Arbeitsverhältnisses wird wie folgt lauten: Einvernehmliche Auflösung des Arbeitsverhältnisses auf Veranlassung des Arbeitgebers zur Vermeidung einer betriebsbedingten Arbeitgeberkündigung aus dringenden betrieblichen Gründen.

2. Der Mitarbeiter erhält bei Beendigung des Arbeitsverhältnisses ein Zeugnis, welches sich auf Wunsch des Mitarbeiters auch auf Führung und Leistung erstreckt.

§ 11 Ausgleichsklausel

1. Alle wechselseitigen Ansprüche aus dem Arbeitsverhältnis oder aus Anlass seiner Beendigung sind mit Durchführung dieses Aufhebungsvertrages erfüllt.

2. Der Mitarbeiter erklärt durch seine Unterschrift unter diesen Vertrag, auf das Recht zu verzichten, sonstige Ansprüche aus dem Arbeitsverhältnis gerichtlich geltend zu machen.

§ 12 Sonstiges

1. Das vereinbarte Wettbewerbsverbot bleibt durch diese Regelung unberührt. Die nachvertragliche Verschwiegenheitsverpflichtung des Mitarbeiters bleibt ebenfalls unabhängig von dieser Vereinbarung weiter bestehen.

2. Der Mitarbeiter verpflichtet sich, über den Inhalt dieser Vereinbarung Stillschweigen zu bewahren.

3. Mündliche Nebenabreden zu diesem Vertrag bestehen nicht.

4. Sollten sich einzelne Bestimmungen dieses Vertrags als unwirksam erweisen, so wird dadurch die Wirksamkeit der übrigen Bestimmungen nicht berührt. Eine ungültige oder unklare Bestimmung ist so zu ersetzen bzw. zu deuten, dass der mit ihr beabsichtigte wirtschaftliche Zweck erreicht wird. Lücken sind dem beabsichtigten wirtschaftlichen Zweck entsprechend zu füllen.

_____
Ort, Datum

_____   _____
Arbeitgeber   Mitarbeiter

Vertrags-Check Arbeitsrecht

Stichwortverzeichnis

A
Änderungsvertrag..374 ff
Arbeitsort, Änderung..374
Arbeitsvertrag, ohne Tarifbindung, unbefristet.................82
Arbeitsvertrag, mit Tarifbindung, unbefristet..................252
Arbeitsvertrag, ohne Tarifbindung, befristet aus sachlichem Grund.........90
Arbeitsvertrag, mit Tarifbindung, befristet aus sachlichem Grund.........258
Arbeitsvertrag, ohne Tarifbindung, befristet nach dem Beschäftigungsförderungsgesetz.......98
Arbeitsvertrag, mit Tarifbindung, befristet nach dem Beschäftigungsförderungsgesetz......264
Arbeitsvertrag, ohne Tarifbindung, befristet zur Probe.........114
Arbeitsvertrag, mit Tarifbindung, befristet zur Probe..........276
Arbeitszeit, Änderung..376
Aufgabenbereich, Änderung...378
Aufhebungsvertrag, ohne Tarifbindung.........................382
Aufhebungsvertrag, mit Tarifbindung............................390
Aushilfe, ohne Tarifbindung, geringfügig beschäftigt.......166
Aushilfe, mit Tarifbindung, geringfügig beschäftigt..........314
Aushilfe, ohne Tarifbindung, kurzfristig beschäftigt..........172
Aushilfe, mit Tarifbindung, kurzfristig beschäftigt............320
Aushilfe, ohne Tarifbindung, Abrufarbeitsvertrag.............178
Aushilfe, mit Tarifbindung, Abrufarbeitsvertrag................326
Aushilfe, ohne Tarifbindung, Schülerarbeitsvertrag..........184
Aushilfe, mit Tarifbindung, Schülerarbeitsvertrag.............332
Aushilfe, ohne Tarifbindung, Praktikantenvertrag.............190
Aushilfe, mit Tarifbindung, Praktikantenvertrag................338

B
Befristeter Arbeitsvertrag, sachlicher Grund, ohne Tarifvertrag.......90
Befristeter Arbeitsvertrag, sachlicher Grund, mit Tarifvertrag........258
Befristeter Arbeitsvertrag, Beschäftigungsförderungsgesetz, ohne Tarifvertrag.....098
Befristeter Arbeitsvertrag, Beschäftigungsförderungsgesetz, mit Tarifvertrag......264
Befristeter Arbeitsvertrag, ohne Tarifbindung, Erziehungsurlaubsvertretung......106
Befristeter Arbeitsvertrag, mit Tarifbindung, Erziehungsurlaubsvertretung.......270
Beschäftigungsförderungsgesetz, befristeter Arbeitsvertrag, ohne Tarifbindung.....098
Beschäftigungsförderungsgesetz, befristeter Arbeitsvertrag, mit Tarifbindung......254
Beschäftigungsförderungsgesetz, befristeter Arbeitsvertrag für Kleinbetriebe ohne Tarifbindung....214
Bewerber..4
Bundesdatenschutzgesetz..20

D
Datengeheimnis...18
Dienstvertrag, Fremdgeschäftsführer............................24
Dienstvertrag, Gesellschafter-Geschäftsführer...............38
Dienstvertrag, sozialversicherungspflichtiger Gesellschafter-Geschäftsführer........50

E
Erziehungsurlaubsvertretung, ohne Tarifbindung...........106
Erziehungsurlaubsvertretung, mit Tarifbindung..............270

F
Familienmitglieder, mitarbeitende, Kleinbetrieb ohne Tarifbindung......230
Familienmitglieder, mitarbeitende, Kleinbetrieb ohne Tarifbindung......362
Fragebogen, Bewerber..4
Fragebogen, geringfügig Beschäftigter..........................12
Fragerecht..4
Fremdgeschäftsführer...24

G
Geringfügig Beschäftigte, Fragebogen..........................12
Geringfügig Beschäftigte, ohne Tarifbindung, Aushilfsarbeitsvertrag........166
Geringfügig Beschäftigte, mit Tarifbindung, Aushilfsarbeitsvertrag........314
Gesellschafter-Geschäftsführer...................................38
Gesellschafter-Geschäftsführer, sozialversicherungspflichtig......50
Gewerblicher Arbeitnehmer, Vollzeit, ohne Tarifbindung.....150
Gewerblicher Arbeitnehmer, Vollzeit, mit Tarifbindung......302
Gewerblicher Arbeitnehmer, Teilzeit, ohne Tarifbindung....158
Gewerblicher Arbeitnehmer, Teilzeit, mit Tarifbindung......308
Gewerblicher Arbeitnehmer, Kleinbetrieb ohne Tarifbindung....238
Gewerblicher Arbeitnehmer, Kleinbetrieb mit Tarifbindung....368

H
Handelsregister, Prokura..62

J
Jobsharing-Vertrag, ohne Tarifbindung.........................132
Jobsharing-Vertrag, mit Tarifbindung............................288

K
Kleinbetrieb, ohne Tarifbindung, Vollzeitkraft.................196
Kleinbetrieb, mit Tarifbindung, Vollzeitkraft....................344
Kleinbetrieb, ohne Tarifbindung, unbefristeter Teilzeitarbeitsvertrag......206
Kleinbetrieb, ohne Tarifbindung, befristeter Arbeitsvertrag nach dem Beschäftigungsförderungsgesetz.....214
Kleinbetrieb, ohne Tarifbindung, Vollzeitkraft in der Produktion.....222
Kleinbetrieb, mit Tarifbindung, Vollzeitkraft in der Produktion......356
Kleinbetrieb, ohne Tarifbindung, mitarbeitendes Familienmitglied.....230
Kleinbetrieb, mit Tarifbindung, mitarbeitendes Familienmitglied......362
Kleinbetrieb, ohne Tarifbindung, gewerblicher Arbeitnehmer.....238
Kleinbetrieb, mit Tarifbindung, gewerblicher Arbeitnehmer......368
Kurzfristig Beschäftigter, ohne Tarifbindung..................172
Kurzfristig Beschäftigter, mit Tarifbindung.....................320

L
Leitender Angestellter, ohne Tarifbindung......................72
Leitender Angestellter, mit Tarifbindung........................246

M
Mündliche Kündigung..76

N
Nachträgliches Wettbewerbsverbot..............................58

O
Öffnungsklausel, Tätigkeitsgebiet................................196

P
Praktikantenvertrag, ohne Tarifbindung........................190
Praktikantenvertrag, mit Tarifbindung...........................338
Probearbeitsverhältnis, ohne Tarifbindung...................114
Probearbeitsverhältnis, mit Tarifbindung......................276
Prokurist...62

S
Salvatorische Klausel..60
Schülerarbeitsvertrag, ohne Tarifbindung.....................184
Schülerarbeitsvertrag, mit Tarifbindung........................332
Stunden-Abrufarbeitsvertrag, ohne Tarifbindung...........178
Stunden-Abrufarbeitsvertrag, mit Tarifbindung..............326

T
Teilzeitarbeitsvertrag, ohne Tarifbindung, unbefristet.....124
Teilzeitarbeitsvertrag, mit Tarifbindung, unbefristet.......289
Teilzeitarbeitsvertrag, ohne Tarifbindung, befristet........142
Teilzeitarbeitsvertrag, mit Tarifbindung, befristet..........296
Teilzeitarbeitsvertrag, ohne Tarifbindung, gewerblicher Arbeitnehmer......158
Teilzeitarbeitsvertrag, Kleinbetrieb ohne Tarifbindung, unbefristet......206
Teilzeitarbeitsvertrag, Kleinbetrieb mit Tarifbindung, unbefristet........350

U
Unbefristeter Arbeitsvertrag, ohne Tarifbindung.............82
Unbefristeter Arbeitsvertrag, mit Tarifbindung..............252
Urheberrechtserklärung..22

V
Verpflichtung auf das Datengeheimnis..........................18
Verfallsklausel..88
Vertragsstrafe..88
Vollzeitkraft, ohne Tarifbindung....................................82
Vollzeitkraft, mit Tarifbindung.....................................252
Vollzeitkraft, Kleinbetrieb, ohne Tarifbindung...............196
Vollzeitkraft, Kleinbetrieb, mit Tarifbindung.................344
Vollzeitkraft in der Produktion, Kleinbetrieb ohne Tarifbindung....222
Vollzeitkraft in der Produktion, Kleinbetrieb mit Tarifbindung......356

W
Wettbewerbsverbot, nachträgliches.............................60

Nachbemerkung

Liebe Leserin, lieber Leser,

der Gesetzgeber verlangt von Ihnen als Arbeitgeber und Personalverantwortlichem in immer stärkerem Maße, dass Sie Arbeitsverträge schriftlich schließen. Nehmen Sie nur einmal das Nachweisgesetz, das Sie verpflichtet, die wichtigsten Vertragsbedingungen schriftlich niederzulegen, oder die Tatsache, dass seit dem 01.05. 2000 befristete Verträge nur noch wirksam sind, wenn sie schriftlich abgeschlossen werden.

Mit dem **Vertrags-Check Arbeitsrecht, Band 1 Basisverträge** halten Sie die wichtigsten Muster-Arbeitsverträge in Ihren Händen. Dieses Formularbuch wurde exklusiv für den Fachverlag für Recht und Führung zusammengestellt.

Besonders komfortabel ist hierbei die Handhabung der Vertragsmuster: Sie sind bereits in Originalgröße abgedruckt und müssen von Ihnen nur noch kopiert und entsprechend ausgefüllt werden. Oder Sie übernehmen die Verträge direkt von der beiliegenden CD-ROM in Ihre Textverarbeitung. Schneller, einfacher – und vor allem rechtssicher – geht es nicht!

Ausfüllbeispiele sowie zahlreiche **Erläuterungen, Tipps** und alle wichtigen **Sonderklauseln** sind zu jedem Vertrag vorhanden.

Apropos Ausfüllbeispiel: Die Ausfüllbeispiele können Ihnen natürlich nicht die Arbeit abnehmen, den jeweiligen Mustervertrag an Ihren konkreten Fall anzupassen. Bitte bedenken Sie, dass sämtliche Namen, Daten und Zahlen in unseren Beispielen erfunden sind.

Gilt ein Tarifvertrag oder gilt er nicht? Diese Frage müssen Sie vorab klären. Ein Tarifvertrag findet auf jeden Fall dann auf ein Arbeitsverhältnis Anwendung, wenn er für **allgemeinverbindlich erklärt** wurde. Eine Liste der für allgemeinverbindlich erklärten Tarifverträge können Sie beim Bundesministerium für Arbeit- und Sozialordnung anfordern.

Weiterhin gilt ein Tarifvertrag, wenn sowohl Sie als Arbeitgeber durch die Mitgliedschaft in einem **Arbeitgeberverband**, als auch Ihr Mitarbeiter als **Gewerkschaftsmitglied tarifgebunden** sind.

Häufig werden Arbeitgeber durch Ihre Mitgliedschaft im Arbeitgeberverband zudem verpflichtet, die nicht in der Gewerkschaft organisierten Mitarbeiter genauso zu behandeln wie die tarifgebundenen Mitarbeiter. In diesem Fall gilt der Tarifvertrag aber nicht aufgrund beiderseitiger Tarifbindung, sondern aufgrund der Vereinbarung zwischen Ihnen und Ihrem Mitarbeiter.

Fehlt Ihnen ein Vertrag? Band 2 des **Vertrags-Check Arbeitsrecht** schließt diese Lücke mit einer Vielzahl von **Spezialverträgen**: Vereinbarungen über Erfolgsprämien, Reisekosten, Dienstwagennutzung sowie eine Vielzahl von Sonderverträgen sind in diesem Band aufgeführt.

Aber Sie werden auch noch weitere Arbeitsverträge in Band 2 finden: Außendienst-, Ausbildungs-, Kampagne- oder Saisonverträge und – dieser Bereich wird immer wichtiger – auch Telearbeitsverträge sind als Muster enthalten. Natürlich ebenfalls mit Ausfüllbeispielen und umfangreichen Erläuterungen versehen.

Der **Vertrags-Check Arbeitsrecht** ermöglicht es Ihnen, zu jeder Zeit den richtigen Musterarbeitsvertrag zur Hand zu haben. Mit diesen beiden Bänden schaffen Sie die optimale Vertragsstruktur im Personalbereich Ihres Unternehmens.

Ihre

Rechtsanwältin Kirsten Weigmann
Verantwortliche Autorin
Vertrags-Check Arbeitsrecht

Personal-Check

Liebe Leserin, lieber Leser,

wie sieht Ihr Alltag in Ihrem Büro aus? Was kennzeichnet Ihren Arbeitstag als Chef und Vorgesetzter? Die zentralen Themen drehen sich sicher auch bei Ihnen um Führungsfragen, Arbeitsrecht und Organisation.

Ist es nicht so: Ärger mit Mitarbeitern, Streit unter Kollegen, und schon sind Sie **Krisenmanager**. Sie müssen an alles denken, Sie dürfen keine Fehler machen, Sie müssen Entscheidungen treffen und oftmals sofort umsetzen.

Gerade der sensible Bereich **Personal** erfordert Wissen, Sachkompetenz und Fingerspitzengefühl. Da ist schnell der richtige Moment für ein klärendes Gespräch verpasst, ein böses Wort zuviel gesprochen oder ein Fehlverhalten zu spät erkannt. Und schon sinkt die Motivation Ihrer Mitarbeiter, die Arbeitslust, die Zuverlässigkeit, und damit auch Ihr Erfolg und der Erfolg Ihres Unternehmens.

Jetzt gibt es eine neuartige **Formularsammlung**, mit der Sie alle arbeitsrechtlichen Aspekte, alle wiederkehrenden Aufgaben und alle Motivationsstrategien auf einen Griff verfügbar haben. Im Falle des Falles und bei der täglichen Arbeit. Das hocheffiziente Formularbuch

Personal-Check – als Kopiervorlage und auf CD-ROM

Sie müssen eine **Stellenbeschreibung** formulieren und einen geeigneten Bewerber auswählen? Seite 12 des **Personal-Check** zeigt Ihnen auf der linken Seite, worauf Sie achten sollten, und auf der rechten Seite haben Sie bereits die fertige Checkliste „So suchen Sie erfolgreich Personal per Inserat".

Geprüfte aktuelle **Musterformulare** und **-vereinbarungen** bieten Ihnen **Rechtssicherheit** und ersparen Ihnen Anwaltskosten, Zeit und Ärger. Damit treten Sie ab sofort bei allen Personalfragen sicher und souverän auf. Antworten Sie noch heute und testen Sie das Formularbuch **Personal-Check**.

Sie müssen eine **Kündigung** aussprechen und gegebenenfalls vorher den **Betriebsrat anhören**? Auf Seite 138 erklären wir Ihnen, worauf Sie achten sollten. Mit dem fertigen Formular auf der gegenüberliegenden Seite können Sie die Kündigung und Ihr Anhörungsschreiben im Handumdrehen erstellen.

Oder Sie wollen Ihr **Führungsverhalten** testen und Ihren **Führungsstil** bestimmen? Nutzen Sie die Testauswertung auf Seite 46 und wenden Sie diesen Test auch auf Ihre Führungskräfte in Ihrem Unternehmen und Ihre Mitarbeiter an.

Für alle **Rechts- und Führungsfragen im Personalbereich** haben Sie ab sofort eine kurze, sachlich fundierte und rechtlich abgesicherte Antwort zur Hand. Nutzen Sie das Formularbuch **Personal-Check** für Ihren Erfolg – jeden Tag!

Ihre

Anke Bahlmann

Anke Bahlmann
Redaktion und Produktmanagement

P.S. Sie können jedes Blatt als fertige Kopiervorlage zeitsparend in der täglichen Personalarbeit nutzen. Die Daten der CD-ROM können Sie in Ihre eigene Textverarbeitung übernehmen und bearbeiten oder direkt über Ihren Drucker ausdrucken.

Geben Sie vor der nächsten Sitzung das Formular **Teambesprechung** aus (Seite 148). Das Formular kann gleich nach der Sitzung ausgefüllt und anschließend verteilt werden. So weiß jeder sofort, wer was bis wann zu erledigen hat. Viel Erfolg!

Antworten Sie noch heute – Sie gehen keinerlei Risiko damit ein!

Bestellen Sie einfach:

Per Telefon: Rufen Sie jetzt bei unserem freundlichen Kundenservice an **02 28 / 95 50 130**
Per E-mail: Schicken Sie Ihre Bestellung einfach an **bm@vnr.de**
Per Fax: Kopieren Sie dieses vorbereitete Bestellformular und schicken Sie es per Fax an **02 28 / 35 97 10**

Ja, ich möchte die wichtigen Formulare, Checklisten und Planungshilfen stets griffbereit und einsetzbar haben und das Formularbuch **Personal-Check** 4 Wochen unverbindlich testen. Wenn ich das Formularbuch **Personal-Check** und die CD-ROM danach behalten will, zahle ich einmalig DM 149,80.

PEC 0122

_____   _____   X _____
Name/Vorname   Ggfs. Firma   Datum/Unterschrift
_____   _____
Straße/Nr.   PLZ/Ort

4-Wochen-Test-Garantie

Das Formularbuch **Personal-Check** bekommen Sie 4 Wochen zur Ansicht. Kostenlos und ohne Risiko. Innerhalb dieser 4 Wochen nach Erhalt können Sie das Formularbuch **Personal-Check** jederzeit wieder zurückschicken. Zur Fristwahrung genügt die rechtzeitige Absendung an den Fachverlag für Recht und Führung, Frau Anke Bahlmann, Theodor-Heuss-Str. 2-4, 53095 Bonn.

Das Formularbuch **Personal-Check** erscheint im Fachverlag für Recht und Führung, ein Unternehmensbereich der VNR Verlag für die Deutsche Wirtschaft AG, Sitz: Bonn, AG Bonn, HRB 8165, Vorstand: Helmut Graf.